LES SECRETS
DE L'AFFAIRE
JEAN MOULIN

Du même auteur

BIBLIOGRAPHIE

Kamo, l'homme de main de Lénine
Fayard, 1972

La « Bande à Baader »
Champ libre, 1972

Sur 1905
Champ libre, 1974

« Historique cloaque », postface à
Sans patrie ni frontières, de Jan Valtin
Jean-Claude Lattès, 1975

La Terreur sous Lénine
en collaboration avec A. Skirda, Le Sagittaire, 1975

Ravachol et ses compagnons
illustrations de Flavio Costantini, Le Chêne, 1976

Mai retrouvé, contribution à l'histoire de Mai 68
Robert Laffont, 1978

Les Socialistes-Révolutionnaires russes, 1881-1917
Robert Laffont, 1979

Le Roman de Tatiana
Denoël, 1985

Le Cheval blême
roman, Denoël, 1988

La Révolution gorbatchévienne
Gallimard, 1989

FILMOGRAPHIE

Fiction cinéma

Le Grand Soir
réalisé par Francis Reusser, Léopard d'or au festival de Locarno, 1976

L'Air du crime, réalisé par Alain Klarer, 1983

Derborence, d'après l'œuvre de C. F. Ramuz
réalisé par Francis Reusser, sélection officielle Cannes, 1986

L'Inondation, réalisée par Igor Minaïev, 1992

Fiction télévisée

La Victoire des ténèbres, réalisée par Igor Maslennikov, 1992

La Clef, réalisée par Pavel Tchoukraï, 1992

Le Tchékiste, réalisé par Alexandre Rogochkine, 1992

Au bord de l'Irtych, réalisé par Viatcheslav Sorokine, 1992

Le Manuscrit, réalisé par Alexandre Mouratov, 1992

JACQUES BAYNAC

LES SECRETS DE L'AFFAIRE JEAN MOULIN

CONTEXTE, CAUSES ET CIRCONSTANCES

ÉDITIONS DU SEUIL
*27, rue Jacob, Paris VIe*

ISBN 2-02-033164-0

A tous ceux qui, partout et toujours,
ont résisté, résistent et résisteront.

« La trahison est une affaire de date. »

TALLEYRAND.

« Nous sommes écartelés entre l'avidité de connaître et le désespoir d'avoir connu. »

RENÉ CHAR.

Introduction

Cet ouvrage explore le contexte, les causes et les circonstances de l'arrestation de Jean Moulin, à Caluire, près de Lyon, le 21 juin 1943.

L'intention de l'écrire date de plus de vingt ans, exactement de ce jour de l'automne 1977 où Henri Frenay publia *L'Énigme Jean Moulin*[1]. Le fondateur du plus important des Mouvements de résistance, Combat, y réaffirmait sa conviction, formulée publiquement dès 1950[2], confirmée ensuite plusieurs fois, selon laquelle Moulin avait été un « compagnon de route » des communistes. Appuyés sur des indices mais sur aucune preuve documentée décisive, ses dires provoquèrent un charivari considérable.

Lecture faite de son livre, je lui adressai une lettre de commentaires. « Je redoute, concluai-je, que la vérité soit encore pire que celle que vous tentez d'établir. »

Frenay m'invita chez lui, à Neuilly, le 8 décembre 1977. Un peu méfiant, il se détendit en apprenant que mon intérêt pour cette histoire remontait à l'enfance, quand mes parents et leurs amis, anciens modestes résistants, parlaient souvent du cas Hardy tandis que les journaux relataient presque quotidiennement les enquêtes à son sujet, puis ses procès. Ensuite, j'avais lu tout ce qui paraissait.

Je repartis perplexe. Frenay m'avait beaucoup plu, sa sincérité était évidente, son honnêteté intellectuelle aussi. Mais je trouvais qu'il avait rejeté un peu trop vite mon hypothèse. Je sais maintenant qu'il avait raison.

Plus tard, avait-il réfléchi ? Était-ce dû au retour de Barbie en France ? Toujours est-il que Frenay prit l'initiative de m'écrire.

Le 19 mars 1984, nous nous revîmes à Boulogne, dans la résidence de retraite, cossue mais sans excès, où il demeurait à présent. Notre

1. Henry Frenay, *L'Énigme Jean Moulin*, Robert Laffont, Paris, 1977 ; éd. complétée, 1989.

2. *Cf.* lettre de Frenay du 13 juillet 1950, *in* Colonel Passy, *Missions secrètes en France. Souvenirs du BCRA, novembre 1942-juin 1943*, Plon, Paris, 1951, p. 389-415.

première rencontre ayant été rappelée, nous parlâmes plusieurs heures de la Résistance, d'histoire et de politique. A partir de là, toujours à l'initiative de Frenay, nos relations prirent un tour de plus en plus confiant, faites de fréquentes conversations téléphoniques, de lettres et de visites auxquelles Mme Frenay assistait souvent.

A la fin du mois d'octobre 1986, Frenay proposa une nouvelle rencontre. Cette fois, Philippe Monod était présent. Frêle autant que son ami était solide, l'air un peu absent, il avait l'œil vif. En fait, il ressemblait exactement au portrait qu'en fit Charles d'Aragon : « On pouvait l'imaginer chasseur de papillons, pasteur de village, poète ou jurisconsulte et pourquoi pas penseur ? Il aurait très bien pu, faute d'avoir mieux à faire, écrire quelques pages sur le hasard et la nécessité [3]. »

Prié de raconter ma vie, je le fis sans rien dissimuler de ma jeunesse quelque peu agitée, ni de mes opinions nettement plus radicales que les leurs. Tout cela leur convint sans doute assez puisqu'ils me proposèrent d'écrire un livre basé sur des documents préparés à mon intention.

C'était la correspondance de la Délégation en Suisse des Mouvements unis de résistance (MUR), les lettres échangées, de 1943 à 1944, entre Monod, installé à Genève, et Pierre de Bénouville, d'abord basé à Lyon, ensuite à Paris. C'était un trésor pour lequel plus d'un historien aurait sinon vendu son âme, du moins beaucoup donné.

Surpris et touché, je repartis après avoir promis de tout lire rapidement avant de m'engager.

J'y consacrai la nuit. Au matin, j'étais convaincu que Frenay et Monod avaient oublié le contenu de ces papiers. Il était en particulier évident que la lettre du 17 juin 1943 de Bénouville à Monod était susceptible de valoir bien des tracas à son auteur. Cependant, une missive de Frenay m'arriva, qui le montrait parfaitement conscient : « J'espère que la navigation dans les archives ne vous donnera pas le mal de mer », concluait-il ironiquement.

Je répondis en demandant une conversation au sujet de l'affaire Hardy. Quand nous nous retrouvâmes, Frenay et Monod se montrèrent étonnés de me voir rapporter le dossier et souligner à quel point certains des documents qu'il contenait pouvaient être embarrassants. Dans un bel ensemble et avec une bonne foi insoupçonnable, ils se récrièrent que, pas du tout, il n'y avait là rien de tel, et que, d'ailleurs, Bénouville était au courant de nos discussions et projets. Du reste, une rencontre était même prévue sous peu.

---

3. Charles d'Aragon, *La Résistance sans héroïsme*, Éd. du Seuil, Paris, 1977, p. 138.

Six mois plus tard, nous l'attendions encore.

Le 22 avril 1987, je demandai à consulter les originaux des documents, n'en ayant vu jusque-là que des photocopies. S'ensuivit une période tendue, mais Frenay comprit finalement le bien-fondé de mon point de vue. Le 28 mai 1987, il m'autorisa par écrit à accéder au dépôt fait peu avant aux Archives nationales.

La veille, la rencontre tant attendue avec Bénouville avait eu lieu au domicile de celui-ci. Elle dura plusieurs heures. Notre hôte s'y montra charmant et déterminé. Comme j'évoquais la nécessité de faire des recherches dans les archives de l'*Office of Strategic Services* (OSS), le service secret américain, à Washington, il déclara : « Aucun problème. Bill Casey, le patron de la CIA, est un ami. » De même pour les archives suisses : « J'ai longtemps eu d'excellentes relations avec le brigadier Masson, le chef du service de renseignement de l'armée helvète pendant la guerre [4]. »

Le soir même, Frenay me téléphona. Il était ravi. Le lendemain, il m'écrivit :

> « Après conversations et rencontres avec Philippe Monod et moi-même dans les mois écoulés ; après la réunion du 27 mai chez Pierre de Bénouville, il a été décidé – et vous l'avez accepté – que, de cette documentation de base, vous feriez un livre de caractère historique relatant la création et l'action de la délégation en les plaçant dans le cadre originel qui fut le sien./ Naturellement Bénouville, Monod et moi-même vous apporterons nos témoignages et nous serons heureux de nous concerter avec vous au fur et à mesure de l'avancement de vos travaux dont vous aurez, cela va sans dire, l'entière responsabilité. »

En attendant des nouvelles de Bénouville, j'interviewai Monod et me préparai à faire de même avec Frenay, alors en vacances en Corse. Le 12 août, de Porto-Vecchio, il m'écrivit :

> « Mon cher Jacques (c'est plus simple et ... plus vrai),/ Je n'ai pas été tellement surpris que vous n'ayez eu aucune nouvelle de Pierre de Bénouville./ En organisant moi-même notre réunion à son appartement... En lui faisant renouveler ce jour-là l'engagement qu'il avait pris antérieurement, j'ai fait ce qu'il était en mon pouvoir de faire (...). Pour Monod et moi-même, vous le savez, aucun problème. Nos inten-

4. Après guerre, on reprocha à Masson d'avoir entretenu des relations par trop confiantes avec le général SS Walter Schellenberg, chef du SD nazi. *Cf.* Pierre Accoce et Pierre Quet, *La guerre a été gagnée en Suisse*, Librairie académique Perrin, Paris, 1966, p. 64 et suiv., et, surtout, Willi Gautschi, *Le Général Guisan*, Payot, Lausanne, 1989.

tions et nos actes n'ont pas varié mais il nous manque le nerf de la guerre (…). »

De retour de vacances, Frenay m'apprit en septembre que Bénouville n'avait pas aimé mon précédent ouvrage. Il doutait que là fût la seule explication de l'inertie de son ancien subordonné.

Frenay ressentit alors les premiers symptômes de la maladie qui allait l'emporter. Le 4 février 1988, de Corse où il était reparti se reposer, il m'écrivit :

> « Si je ne vous ai pas appelé plus tôt c'est que je pensais pouvoir surmonter les différences d'optique existant entre nous trois sur la suite à donner au projet que nous avons fait avec vous./ Il serait trop long de vous en parler dans cette lettre. Il serait plus facile, et peut-être plus fructueux, que je vous rencontre à Paris à notre retour. (…) Sachez simplement que, de mon côté, je souhaite aujourd'hui comme hier que notre projet suive son cours initialement prévu sous réserve d'une ou deux mises au point entre vous et nous. »

De retour à Paris, Frenay fut hospitalisé. En avril 1988, il m'adressa un mot promettant de faire signe quand il irait mieux. En juin, il m'invita à le visiter. Ce fut notre dernière rencontre. Il ne fit aucune des mises au point évoquées précédemment. J'avais apporté des photocopies du dossier, préparé des questions, mais il était fatigué. Nous parlerions à son retour de Corse…

Il mourut le 6 août 1988.

Le 1er novembre 1991, Mme Frenay m'écrivit : « Si vos recherches vous amènent parfois en pays étranger, tâchez d'avoir accès aux archives. » En 1995, je lui écrivis mon intention d'entamer la rédaction du présent ouvrage. Elle disparut à son tour en juillet 1997.

Peut-être verra-t-on quelque paradoxe au fait que Frenay, qui, si longtemps, défendit l'hypothèse d'un Jean Moulin « compagnon de route » des communistes, fût à l'origine d'une thèse différente. Mais, dès notre première rencontre, il savait ma volonté de n'exclure *a priori* aucune hypothèse, mon sentiment que beaucoup était encore à découvrir, mon intuition que la clé de l'énigme était dans le contexte mondial autant que dans le contexte national et local. Par la suite, il ne m'entendit jamais varier et maintes fois me déclara n'avoir pu trouver la preuve décisive qui aurait validé définitivement sa thèse. Naturellement, il nourrissait l'espoir que je découvrirais ce qui lui avait manqué, mais il n'entendait pas limiter mon « entière responsabilité ».

Pour y avoir souvent pensé, je crois pouvoir dire que, s'il prit l'initiative de nouer une relation entre nous, puis la décision de me confier la correspondance de la Délégation en Suisse, c'est que lui-même se demandait si son hypothèse rendait compte de toute la réalité.

La preuve qu'il apercevait une autre dimension et qu'il voulait la voir explorée, c'est que, sans me le signaler, il avait pris soin de déchiffrer des noms codés et/ou chiffrés dans les documents de la Délégation. Ainsi, au-dessus du groupe 21. 4. 16. 6. 18. 14. 14. 2., il avait écrit un nom de femme. On verra plus loin l'extrême intérêt de ce nom. En revanche, le groupe 15. 24. 9. 10. 3. 4. 14. 18. 18. 21. 7. avait été laissé tel quel. Mais il connaissait assez ma curiosité pour deviner que, vu l'importance des documents dans lesquels ce nom apparaissait, je ferais tout pour le connaître. De surcroît, lors de nos conversations avec Monod, il s'était plusieurs fois arrangé pour discrètement attirer mon attention sur le nom d'un agent américain, Max Shoop.

Henri Frenay avait en somme balisé le début d'une piste.

Restait à la suivre.

A la recherche des archives perdues

Dès le début, l'affaire de Caluire s'est révélée explosive. Sans que l'on sache vraiment pourquoi, toutes les tentatives pour en parler ont déclenché les passions. Comme si elle recelait quelque épouvantable secret, comme si chercher à savoir était enfreindre des tabous, comme si un certain « historiquement correct » s'imposait.

Maintes causes ont concouru au verrouillage de la recherche, mais la principale tient moins au manque d'acharnement des chercheurs qu'à la pénurie d'archives.

Explorer les Archives nationales, à Paris, suffit à le constater : les innombrables cartons consacrés à la Résistance sont bourrés de récits recueillis après guerre et peu fournis en documents d'archives proprement dits. Cela tient, d'abord, à ce que les mouvements clandestins ne produisent guère de papiers et en laissent encore moins derrière eux. Carnets de rendez-vous, journaux intimes, comptes rendus de discussions et d'activités sont rares quand la menace est permanente, les risques de perquisition grands et les probabilités d'arrestation considérables. Noter peu, mémoriser beaucoup, voilà la règle de base de la sécurité personnelle et collective. Une règle qui, on le verra, a souffert nombre d'exceptions ; lesquelles, on le verra aussi, ont provoqué bien des drames.

La pénurie d'archives n'est toutefois pas réductible à cette cause. En réalité, à la fin de la guerre subsistaient beaucoup plus de documents qu'on ne le pense. Les organisations de résistance n'avaient pas manqué de sécréter une bureaucratie, certes légère et nomade, mais qui produisait néanmoins directives, rapports, plans, messages, notes de renseignements, correspondances. Une partie de ces papiers circulait en France et y demeura aux mains d'anciens responsables et militants ou dans les institutions spécialisées. Une autre partie, fort importante en volume comme en intérêt, était sortie de France. Transmis par radio à Londres ou ailleurs, transportés par des messagers, des sous-marins et des avions clandestins, ces documents avaient été dûment archivés par les destinataires. En héritèrent le plus souvent les services secrets des pays concernés, qui les gardèrent dans leurs chambres fortes. Beaucoup y sont toujours, rarement accessibles aux chercheurs.

Sans même parler de la France, où, dit-on, les services secrets conservent à l'abri des regards indiscrets jusqu'à des coupures de journaux, on notera qu'après la guerre le service secret suisse a officiellement détruit ses dossiers. Explication moins hypocrite toutefois que celle donnée par les Britanniques, selon lesquels un incendie a, hélas, détruit au moment opportun la plupart des archives de l'*Intelligence Service* (IS) et du *Special Operation Executive* (SOE), l'organisme créé par Churchill, en 1940, pour, selon son mot fameux, « mettre le feu à l'Europe ». Les Soviétiques, bien relayés par les Russes, ont pour leur part décidé une fois pour toutes de ne rien montrer d'intéressant, et surtout pas les dossiers, qu'ils reconnaissent avoir, sur certains résistants français proches de Moulin. Quant aux Américains, en champions de la démocratie, ils ont « déclassifié » énormément d'archives et autorisé, par une loi spéciale, la consultation de beaucoup de dossiers administratifs. Ceux obtenus auprès du FBI sont cependant caviardés à tel point qu'ils en deviennent parfois presque muets. Et ceux de l'OSS sont expurgés, les plus intéressants ayant été rendus inaccessibles par une « reclassification » en faveur de la CIA. C'est ainsi, par exemple, que si l'on trouve dans les immenses archives de l'OSS (plusieurs kilomètres linéaires de cartons) des documents concernant nombre de résistants français, des plus fameux aux plus humbles, on n'en trouve aucun comportant même seulement le nom de Jean Moulin. Ce qui est en soi une information fort instructive [5].

En France, la rétention volontaire de documents est un fait avéré. En 1986, un ancien chef de l'espionnage révéla la présence dans les locaux

5. Selon Daniel Cordier, *Jean Moulin, l'inconnu du Panthéon*, Jean-Claude Lattès, Paris, t. 3, 1993, p. 89, 1346, le dossier 811-111 du Département d'État serait consacré à Moulin. Effectivement répertorié dans les *Decimal Files* (NARA, RG 59), ce dossier contient seulement, à en juger par l'inventaire, des documents sur Marius Moutet, Pierre Cot et Pierre Mendès France, ainsi que les visas accordés à Moulin par les États-Unis.

du SDEC (maintenant DGSE) de dix tonnes d'archives de l'Abwehr, le service secret de l'armée allemande. Elles recelaient, assura-t-il, des preuves que « des personnalités ayant pignon sur rue, qui avaient été, ou le prétendaient, des résistants ou de bons patriotes (...) émargeaient aux Services allemands. Ils signaient même les reçus des deniers de la trahison [6] ». On n'en sut pas davantage, et personne n'en reparla. Désintérêt remarquable quand on sait que l'Abwehr trempa dans l'affaire de Caluire et qu'un rapport du chef de tous les services de sécurité nazis, Ernst Kaltenbrunner, mentionne l'existence d'un informateur dans l'état-major de l'Armée secrète (AS).

De fait, plus on s'approche de l'affaire de Caluire, moins l'accès aux documents essentiels est aisé. Il fallut à l'auteur de ces lignes une longue patience pour obtenir enfin les dossiers d'instruction des deux procès Hardy, et ce alors même que d'autres chercheurs les avaient précédemment vus. Autre exemple, cas vraisemblablement unique dans les annales : en 1947, à peine le premier procès Hardy clos, le sténogramme des débats fut partiellement saisi par la police dans les locaux de l'entreprise chargée d'en établir la version définitive. A ce jour, les pages disparues demeurent inaccessibles [7].

Les institutions ne sont pas seules responsables des entraves mises à la recherche. D'anciens résistants ont également conservé des archives par-devers eux. En 1983, lors d'un colloque consacré à Jean Moulin, l'un de ses anciens secrétaires déclara : « Je possède les archives de Jean Moulin. » Un résistant de premier plan, Christian Pineau, ne manqua pas de s'étonner : « Ce qui me paraît le plus grave dans la déclaration de Cordier, c'est qu'il puisse exister quelque part des archives inconnues [8]. » Depuis, Cordier a utilisé une partie de ces documents pour écrire sa biographie de Jean Moulin [9].

On connaît de longue date l'existence d'un autre lot d'archives. En 1945, Guillain de Bénouville, nom de plume de Pierre de Bénouville, écrivit : « Je continuais mes voyages en Suisse et par cette voie j'expédiais des tonnes de documents [10]. » En 1957, on eut quelques nouvelles,

---

6. Alexandre de Marenches (en collaboration avec Christine Ockrent), *Dans le secret des princes*, Stock, Paris, 1985, p. 140.

7. AN, 334 AP 24, sténogramme du premier procès Hardy.

8. *Jean Moulin et le Conseil national de la Résistance*, colloque de l'IHTP 1983, CNRS, Paris, 1983, p. 51.

9. Daniel Cordier, *op. cit.*

10. Guillain de Bénouville, *Le Sacrifice du matin*, La Palatine, Genève, 1945, p. 362. Sauf indication contraire, les citations de cet ouvrage sont prises dans cette édition, les suivantes, de 1946 à 1983, ayant subi de nombreuses et parfois considérables modifications.

sinon de ces « tonnes » de papiers, du moins de la correspondance échangée entre Bénouville et Monod.

Cette année-là, deux historiens assurèrent avoir pris connaissance de cette « correspondance complète » [11]. L'un d'eux, Marie Granet, qui en avait copié des passages et noté des extraits, les déposa ensuite aux Archives nationales, la correspondance elle-même demeurant entre les mains de Monod.

Trois décennies plus tard, à l'approche du procès Barbie, et à l'occasion de débats que l'on présageait tumultueux, on reparla de cette correspondance et des extraits dus à Marie Granet. Le journaliste Ladislas de Hoyos cita quelques mots de la lettre de Bénouville à Monod datée du 17 juin 1943 et rapporta aussi des rumeurs circulant au sujet d'un autre courrier, le courrier « 1 000 » [12]. S'ensuivit une nouvelle polémique à laquelle Bénouville mit un terme en confiant à Henri Amouroux les photocopies de trois de ses lettres à Monod (celles des 17, 21, 27 juin 1943). Amouroux fit reproduire dans un magazine le début de la première et assura « levés les mystères [13] ». C'était peut-être un peu prématuré.

En 1995, Serge Ravanel, ancien chef national des Groupes francs (GF) des MUR, publia à son tour ses Mémoires, avec, en annexe, deux nouveaux documents issus de la correspondance Monod-Bénouville [14]. L'un et l'autre de grand intérêt, ils montraient que, dès le 28 juin 1943, une semaine exactement après l'arrestation de Moulin, on en savait à Genève à peu près autant que l'on en sait aujourd'hui. Cette publication passa inaperçue, comme si elle n'apportait rien de nouveau, ou comme si l'ardeur des infatigables polémistes s'était enfin un peu calmée.

Il avait donc fallu plus d'un demi-siècle pour que, sur la masse des papiers expédiés en Suisse, on en vît deux intégralement rendus publics, un troisième très partiellement reproduit et quelques autres cités plus ou moins approximativement sur la base d'extraits de seconde main. C'était peu, mais suffisant pour donner naissance à une nouvelle légende selon laquelle la vérité sur l'affaire de Caluire se trouvait tout entière dans la correspondance de la Délégation en Suisse.

C'était exagéré. Elle ne contient pas le fin mot de l'énigme. Mais,

---

11. Marie Granet et Henri Michel, *Combat. Histoire d'un mouvement de résistance de juillet 1940 à juillet 1943*, PUF, Paris, 1957, p. 3, 3n. Dans AN, 397 AP 2, Marie Granet écrit à Henri Michel : « La correspondance de Genève est complète, ou peu s'en faut. »

12. Ladislas de Hoyos, *Barbie*, Robert Laffont, Paris, nouv. éd., 1987, p. 303-304.

13. *Le Figaro-Magazine*, n° 13313, 20 juin 1987.

14. Serge Ravanel, *L'Esprit de résistance*, Éd. du Seuil, Paris, 1995, p. 423-424.

conjuguée à d'autres documents qu'il fallut aller chercher à Washington, Londres, Berne, Budapest et dans toute la France, elle contribue à bouleverser les données et à changer la compréhension de l'événement.

Fragilité et incohérence de la thèse officielle

Les faits sont d'une banalité tragique.

Le lundi 21 juin 1943, vers 15 heures, un petit commando d'Allemands dirigé par Klaus Barbie investit une paisible maison de la place Castellane, à Caluire, faubourg situé au nord-est de Lyon. Outre le Dr Dugoujon, qui occupe les lieux, y loge et y consulte, sa bonne, des patientes et un passant trop curieux, huit hommes sont présents : Raymond Aubrac, Henri Aubry, René Hardy, le colonel Albert Lacaze, Bruno Larat, André Lassagne, Jean Moulin, le colonel Schwartzfeld. Déjà dirigeants de l'Armée secrète (AS) ou sur le point d'être nommés en remplacement de chefs précédemment arrêtés, ils s'apprêtent à siéger sous la présidence de Jean Moulin, délégué en France du général De Gaulle et homme clé de la Résistance intérieure.

La Gestapo arrête tout le monde. A l'instant où il va être embarqué dans un véhicule, René Hardy s'élance. Des coups de feu éclatent. Poursuivi, il disparaît. Réfugié dans une maison lyonnaise amie, blessé au bras gauche, il est peu après interrogé par des policiers de Vichy. Récupéré ensuite par les Allemands, il recouvrera la liberté le 3 août suivant.

Entre-temps, Jean Moulin est mort.

Ces données sont parmi les rares à n'avoir jamais été contestées. Presque toutes les autres, avant Caluire, pendant et après, ont fait l'objet de discussions féroces, donné lieu à des polémiques furibondes, suscité des interprétations furieuses. Tant et si bien que, cinquante-six ans après les faits, le dossier de l'affaire se présente comme une épaisse stratification de données contradictoires, de témoignages antagonistes et d'hypothèses incompatibles, une seule conviction unifiant cet embrouillamini : il y eut trahison.

Sans doute est-ce le général De Gaulle qui, sans précaution excessive puisqu'il s'exprimait en privé, alla le plus loin. Le 3 février 1947, après le premier acquittement de René Hardy, il lâcha :

> « Tout ce qu'on peut dire, sans trop de risques de se tromper, c'est que les ténèbres de cette affaire cachent des abîmes d'infamie. Des hommes ont été livrés jusqu'à une certaine date… Les camarades de résistance en sont arrivés à cette infamie, à cette extrémité d'infamie

> – de livrer leurs frères. Pourquoi ? Pour arriver… pour arriver premiers à la Libération ! Ils ont fait cela. Ils l'ont fait alors que les Allemands avaient le genou sur leur gorge, ils l'ont fait *par les Allemands* [15]. »

C'est net : il y eut trahison, le mobile fut l'ambition, et il y eut conjuration.

Mais qui étaient les conjurés et qui était le traître, cela De Gaulle ne le dit pas, se bornant à reprocher au tribunal d'avoir « laissé entièrement dans l'ombre les principales questions posées, des questions auxquelles la Justice, en d'autres temps, eût sans doute trouvé ou essayé de trouver les réponses [16] ».

Un demi-siècle plus tard, en dépit d'un second procès fait à Hardy, en 1950, cette fois devant un tribunal militaire, qui, lui aussi, prononça un acquittement, et malgré les flots d'encre et de salive déversés depuis, nous en sommes au même point, face à une conjuration sans conjurés et à une trahison sans traître.

Sortir de l'incohérence et de l'incertitude exige d'abord d'extirper de l'ombre la question principale.

Elle est aussi simple qu'évidente : s'il y eut trahison, qu'est-ce qui fut trahi, la réunion en général ou Jean Moulin en particulier ?

D'après plusieurs témoignages unanimement considérés comme fiables, c'est seulement dans la soirée du 21 juin que les Allemands auraient appris la présence de Moulin parmi leurs prisonniers. Ils l'auraient donc arrêté par hasard. En revanche sont souvent discutées les affirmations selon lesquelles ce serait le 23, deux jours après leur coup de filet, que les Allemands auraient identifié le détenu Jacques Martel, artiste peintre selon ses papiers d'identité, comme étant Moulin.

A faire fond sur ces données, la conclusion s'impose donc d'elle-même : la réunion a été trahie, mais Moulin ne l'était pas.

Ce constat a une conséquence logique immédiate : si traître il y eut, il savait qu'une réunion aurait lieu dans l'après-midi du 21, mais ignorait que Moulin y participerait. Sont dès lors exclus de la liste des coupables possibles les six hommes régulièrement convoqués à la rencontre qui, c'est une certitude absolue, savaient tous que Moulin serait là. Quant au septième, Hardy, on est catégoriquement sûr qu'il savait pouvoir rencontrer Moulin à la réunion. De son propre aveu comme d'après les témoignages d'autres participants à la rencontre, c'est pour parler à Moulin qu'il était allé à Caluire. Il doit donc, lui aussi, être rayé de la liste.

---

15. Claude Guy, *En écoutant de Gaulle. Journal 1946-1949*, Grasset, Paris, 1996, p. 237. Italiques de C. Guy.

16. *Ibid.*

On ne peut, par ailleurs, trouver aucune explication satisfaisante à l'unique autre solution qui permettrait d'incriminer l'un des sept hommes présents à la réunion. Si l'un d'eux était le traître, il aurait donné la réunion tout en cachant que Moulin y serait. Pour quelle raison ce traître aurait-il tu le plus important ? Pourquoi aurait-il commis une demi-trahison ?

En résumé, la culpabilité de l'un quelconque des sept résistants arrêtés à Caluire apparaît improbable, sinon exclue.

Néanmoins, Hardy est toujours réputé avoir été le traître. Hormis son avocat, et malgré deux acquittements – ce qui, il est vrai, ne prouve rien –, personne, à part lui, n'a jamais cru pouvoir contester publiquement sa culpabilité.

Les raisons de s'interroger ne manquent pourtant pas dès que l'on examine son cas de plus près.

Et d'abord à propos de sa présence à Caluire. S'il a informé l'ennemi de l'existence de cette réunion, que va-t-il y faire, sachant qu'il y sera arrêté ? L'explication avancée est que, ignorant où elle aurait lieu, il a dû s'y rendre en compagnie d'une personne mieux informée tout en se laissant filer par un agent allemand. C'est logique.

Ce qui ne l'est guère, c'est qu'Hardy ait accepté de jouer ce jeu. Car il ne pouvait pas ne pas prévoir qu'on ne manquerait pas, après coup, de se demander pourquoi il était venu à une réunion à laquelle il n'était pas convoqué. Et il pouvait d'autant moins s'illusionner à ce sujet que depuis quelques jours couraient à son sujet des rumeurs dangereuses. Des dirigeants de la Résistance le soupçonnaient – à juste titre – de cacher qu'il avait été arrêté et relâché deux semaines auparavant et, plus grave encore, le soupçonnaient de surcroît – à tort, cette fois – d'avoir provoqué l'arrestation des deux principaux chefs de l'AS, le général Delestraint et le commandant Gastaldo, pris à Paris, le 9 juin. Dans ces circonstances, accepter d'être filé jusque chez le Dr Dugoujon, puis, après l'arrestation, s'enfuir selon un scénario mis au point avec les Allemands revenait à se désigner soi-même comme le suspect numéro un.

Comme c'est très exactement ce qui se produisit, on ne peut expliquer la conduite irrationnelle d'Hardy qu'en postulant qu'il n'agissait pas librement, qu'il était tenu pieds et poings liés par la Gestapo, qu'un pacte l'asservissait à Klaus Barbie au point de le contraindre à agir contre ses propres intérêts immédiats et futurs. Là encore, l'explication est logique.

Mais, si l'on admet l'existence de ce pacte, dont Barbie a proclamé la réalité tandis qu'Hardy la nia toujours, si donc, malgré tout, Hardy était le jouet des Allemands, s'il faisait tout ce qu'ils voulaient et s'il n'avait par conséquent rien à leur refuser, alors on retombe sur la question précédente : pourquoi leur aurait-il caché la présence de Moulin à la réunion, présence qu'ils avaient toutes chances de découvrir rapidement, leur confiance en leur nouvel agent se voyant ainsi compromise, sinon ruinée ?

On le voit, malgré son apparente solidité, l'explication réputée permettre la compréhension de la trahison d'Hardy est fragile, et la psychologie qu'elle suppose est incohérente.

Faiblesses de l'accusation

Si l'on examine maintenant les principaux éléments censés prouver la culpabilité d'Hardy, leur ambiguïté, leur fragilité ou leur vacuité ne tardent pas à apparaître. Il s'agit du mobile, de deux témoignages et de trois documents.

Faiblesse majeure du dossier, on s'est toujours perdu en conjectures sur le mobile. Hardy a-t-il agi pour sauver sa vie, comme on peut l'imaginer aisément ? Par lâcheté, comme on l'a soutenu ? Pour, comme on l'a cru, protéger sa compagne, Lydie Bastien, dont il était alors fort épris ? Par appât du gain, comme on l'a même dit ? Par anticommunisme, comme beaucoup le subodorent et comme lui-même l'a finalement laissé entendre ? Pour une ou plusieurs raisons demeurées inconnues ? On n'en sait rien du tout. Mais plusieurs mobiles supposés n'en font pas un prouvé.

La théorie du pacte avec Barbie pallie cette carence. Elle a été lancée, fait remarquable, avant même que ce pacte ait produit son effet. C'est dans la matinée du 21 juin, plusieurs heures avant le coup de filet, qu'une jeune femme répand la nouvelle dans les milieux de la Résistance militaire lyonnaise. Elle a vu un certain Didot, pseudonyme d'Hardy, dans les locaux de la Gestapo. Il a donné une réunion prévue pour l'après-midi. Barbie l'a chargée, elle, de suivre ce Didot jusqu'au lieu du rendez-vous. Elle racontera plus tard s'être conformée à cet ordre et avoir rapporté l'adresse ainsi découverte. En même temps, elle reconnaîtra Didot en la personne d'Hardy.

Le doute n'est plus permis.

Le problème est que ce témoin essentiel, Edmée Delétraz, est un agent multiple. Elle travaillait avec l'IS britannique et également avec le réseau du colonel Groussard, étroitement lié aux services du rival de De Gaulle, le général Giraud. De plus, ayant été précédemment arrêtée par la Gestapo de Lyon, elle travaillait aussi avec les Allemands, dont le plus redoutable agent, Robert Moog, un Français au service de l'Abwehr, était son amant. Elle l'avait aidé à arrêter des résistants, notamment Berty Albrecht [17].

Et c'est donc elle qui, de son propre aveu, a filé Hardy et deux autres résistants jusque chez le Dr Dugoujon, bien entendu sans les avertir de son rôle et du danger qu'ils couraient, et ce alors qu'elle aurait pu le faire puisqu'elle n'était pas elle-même suivie. La crédibilité de ce témoin est, pour le moins, sujette à caution.

Le second témoin de l'accusation, c'est Barbie. De 1948 à 1990, pendant quarante-deux ans, il a raconté la même version aux Français : Hardy a été arrêté par Moog et Multon (un résistant passé au service des Allemands depuis quelques semaines) à bord d'un train l'amenant à Paris dans la nuit du 7 au 8 juin. Hardy s'est laissé « retourner » le 10. Relâché le 11, c'est Hardy, et lui seul, qui, quelques jours plus tard, a donné la réunion de Caluire, précisant que Moulin s'y trouverait.

En 1948, selon un agent du contre-espionnage militaire américain en Allemagne, Barbie a fourni une version bien différente de l'affaire. Barbie a rédigé un article en principe destiné à la presse dans lequel Hardy, arrêté dans le train, n'avait pas collaboré et lui avait échappé, son rôle dans les événements de Caluire n'étant nullement mentionné [18].

A cette deuxième version Barbie en a ajouté une troisième. En juillet 1990, enfin emprisonné à Lyon après avoir été ramené de Bolivie, il signe un document selon lequel, le dimanche 20 juin, Lucie Aubrac, affiliée au mouvement Libération, lui a téléphoné qu'une réunion aurait lieu le lendemain, son mari, Raymond Aubrac, dirigeant de Libération et de l'AS, le sachant depuis la veille. En soi, cette prétendue révélation détruit les versions précédentes. Imputer la trahison à un autre qu'Hardy revient à suggérer que l'incrimination du seul Hardy ne rendait pas compte de la réalité et à reconnaître que l'accusation proférée contre lui ne reposait, tout comme celle lancée contre Lucie Aubrac, sur rien.

Au demeurant, on aurait pu – et dû – montrer depuis longtemps l'incohérence de l'accusation lancée par Barbie contre Hardy. Cela pour plusieurs raisons, et principalement parce que dans la matinée du 10 juin, à Bourg-en-Bresse, Moog avait déclaré à l'épouse et à la fille du général Delestraint, au domicile duquel il perquisitionnait, que Didot (Hardy) était le dénonciateur lui ayant permis d'arrêter leur époux et père la veille, à Paris.

---

17. Inspiratrice, compagne et secrétaire d'Henri Frenay, arrêtée à Mâcon le 28 mai 1943.

18. *Cf.* Ehrard Dabringhaus, *L'Agent américain Klaus Barbie*, Pygmalion-Gérard Watelet, Paris, 1986, p. 146-156.

Absolument mensongère, cette déclaration de Moog dynamitait par avance le pilier sur lequel repose toute la construction de Barbie. Pourquoi Barbie aurait-il engagé Hardy comme agent double puisque Moog venait de le dénoncer comme traître, le brûlant irrémédiablement aux yeux de la Résistance ? Un agent double brûlé d'avance par son employeur, c'est rare. Et inutile.

Les documents qui permettent d'étayer l'accusation sont nettement plus impressionnants.

Il y a d'abord les aveux manuscrits d'Hardy, signés le 24 mars 1947, après sa seconde arrestation par la police française [19]. On les cite parfois de façon peu scrupuleuse. Extraire la phrase : « Je suis identifié comme chef de la Résistance Fer par Lunel *[Multon]* », et omettre la suite : « Je nie*[,]* aucun papier n'a été saisi sur moi prouvant mon activité (...) », procure à peu de frais un aveu caractérisé.

En effet, Hardy ayant été arrêté dans le train, dans la nuit du 7 au 8 juin, sous son vrai nom, s'il a été identifié sur-le-champ, ou dans les deux jours suivants, comme Didot, résistant particulièrement recherché, et s'il ne l'a pas nié, il n'a pu évidemment se faire passer pour un quidam à peine mêlé à la Résistance, et sa mise en liberté n'a donc pu être obtenue que contre un pacte de trahison.

Seulement, Hardy affirme avoir nié avec succès. Et ce n'est pas invraisemblable. Car ce Lunel, en réalité Jean Multon, qui aurait identifié Hardy dans le train comme étant Didot, n'était pas en mesure d'être catégorique. De fait, il ne l'a jamais été. Il avait brièvement rencontré Hardy quelques mois plus tôt, à Marseille. Mais pas sous ce nom, ni sous celui de Didot. Et il semble qu'il ait alors ignoré son activité précise dans la Résistance. Si tout cela est bien exact (on ne peut en être certain car tout repose sur des témoignages), Hardy était en effet à même de nier victorieusement être Didot. Dès lors, il pouvait s'en tirer par de vagues promesses de collaboration, comme il l'écrit dans ses aveux. Bien d'autres résistants ont usé du même stratagème avec succès.

Le deuxième document est la pierre de touche de l'accusation. Il s'agit d'un volumineux rapport de la Gestapo marseillaise, récupéré à la Libération.

Le rapport « Flora », daté du 19 juillet 1943, un mois après les arrestations de Caluire, contient quatre listes de noms :

La première concerne 105 résistants arrêtés depuis mars. Les patronymes véritables et les pseudonymes sont donnés. La liste précise en

---

19. AN, 72 AJ 1910, p. 4. Reproduit *in* René Hardy, *Derniers Mots*, Fayard, Paris, 1984, p. 419.

toutes lettres, dates et patronymes à l'appui, que 5 de ces prisonniers, parmi lesquels Multon, sont passés au service des Allemands. Hardy n'y figure pas, ni sous son nom ni sous un pseudonyme, à aucun titre.

La deuxième liste concerne 17 des 105 personnes précédentes, qui ont été relâchées. Hardy n'y figure pas plus que Didot.

La troisième liste, intitulée « Personnes – autres que celles arrêtées à Paris et qui concernent l'affaire *"Grossfurst"*, BDS de Paris », compte 10 noms. Didot n'y figure pas, Hardy non plus.

La quatrième liste, forte de 109 noms[20], est intitulée : « Autres membres des MUR identifiés dans l'affaire Flora ». Elle donne les patronymes réels lorsqu'ils sont connus, les pseudonymes lorsqu'ils ne le sont pas. Par exemple : « *[n°]* 34 – Aubrac (nom de guerre). Inspecteur de l'AS. Arrêté il y a quatre mois environ avec Michin *[Méchin, pseudonyme de Morin-Forestier]* par détachement de Lyon ».

Le n° 106 est ainsi caractérisé :

> « Didot (pseudonyme)/ chef national "Sabotage trains" des Mouvements Unis/ qui, par la suite, en qualité d'agent double de l'EK de Lyon, permit l'arrestation, à l'occasion d'une rencontre à Lyon, le 25 juin 1943, de
>
> 54 Moullin Jean
> alias MAX/ alias RÉGIS/ Délégué personnel de de Gaulle/ Président du Comité Directeur des MUR/ en même temps que de 5 chefs des Mouvements Unis[21]. »

C'est confondant. Mais la question est de savoir d'où vient l'information.

« Flora » a été dactylographié entre le 14 et le 19 juillet[22], c'est-à-dire, comme le rapport le signale, à un moment où Multon se trouvait à Marseille[23]. L'architecture du document montre clairement qu'on a ajouté la notice sur Didot *in extremis*. Elle arrive en 106e position sur les 109 que compte la quatrième et dernière liste, précédée par la

---

20. Elle ne compte que 108 numéros, mais Didot et Delestraint sont tous deux répertoriés sous le même numéro 106.

21. AN, 72 AJ 104, original allemand et traductions françaises, dont une très fautive (Didot n'y figure pas). Cité ici d'après la traduction du colonel Camille Scheider, reproduite par Madeleine Baudoin, dans sa thèse de doctorat d'État, *Témoins de la Résistance en Région 2*, université Aix-Marseille, 1977, p. 58-118. L'orthographe fautive « Moullin » est dans l'original, comme la date erronée de Caluire, 25 juin, au lieu de 21. Le chiffre de cinq chefs arrêtés est lui aussi inexact : ils étaient sept, plus Moulin.

22. « Flora » intègre des données dactylographiées jusqu'au 14 juillet (le quinzième nom de la deuxième liste est donné comme libéré le 14 juillet). Ensuite, jusqu'en juillet 1944, des annotations manuscrites, de deux types, ont actualisé le rapport.

23. « Flora », notice 97 de la quatrième liste : « D'après des informations données aujourd'hui par l'agent double Multon (...). »

notice sur Berty Albrecht et suivie par celles concernant Delestraint, Gastaldo et « Terrier[24] ».

Multon a trempé dans ces cinq arrestations et c'est certainement sur la base de ses indications qu'ont été rédigées les notices 105 à 109. Mais autant il était en mesure de donner des informations de première main sur les arrestations, autant il ne pouvait parler des suites de celle d'Hardy et, tout particulièrement, de son rôle dans l'affaire de Caluire. Multon avait en effet quitté Lyon vers le 15 juin et était arrivé à Marseille le 15 juillet, après un mois de vacances dans sa famille. N'ayant pas assisté aux préparatifs du coup de filet, n'y ayant pas participé, n'étant pas repassé par Lyon, il ne savait rien sur Caluire. Dans ces conditions, de retour à Marseille il n'avait pu qu'entériner la version répandue par Barbie parmi ses collègues gestapistes tout en se gardant d'y ajouter quoi que ce soit. La preuve ? Il n'a même pas dit à l'auteur de « Flora » que Didot s'appelait Hardy[25].

En somme, le rapport « Flora » a l'air de recouper l'accusation venant de Barbie mais, en réalité, ne fait que la reproduire. « Flora » n'est pas une source indépendante. Il n'apporte rien.

Le dernier document est accablant pour Hardy. Il s'agit d'un rapport signé le 29 juin 1943 par le chef de toutes les polices nazies, Ernst Kaltenbrunner. On ignore qui l'a rédigé – car, naturellement, Kaltenbrunner ne l'a pas écrit lui-même – et l'on peut seulement supposer qu'il a été élaboré sur la base des informations fournies par Barbie et transmises par la direction parisienne des services de sécurité allemands. Adressé à von Ribbentrop, ministre des Affaires étrangères du Reich, le texte, qui sera vu par Hitler, est formel :

> « Didot a pu, grâce à la participation de V-mann *[agents]* du Sipo de Lyon et de l'antenne d'information PARIS du Service Abwehr de Dijon, être arrêté. Il s'agit de l'ingénieur français des chemins de fer et lieutenant de réserve
>
> René Louis Hardy
>
> (...) Au cours d'un jeu d'agent réalisé avec lui, le *Einsatzkommando* de la Sipo et du SD de Lyon, en coopération avec le *Sonderkommando*

---

24. En réalité, Jean-Louis Théobald, collaborateur de Delestraint.

25. On rappelle que Moog et Multon avaient arrêté Hardy sous son vrai nom. Un autre document de la Gestapo marseillaise, jamais évoqué nulle part, confirme l'ignorance de celle-ci du vrai nom de Didot. Il s'agit de l'organigramme des MUR-AS, reproduit en annexe du présent ouvrage. Complet et véridique, le tableau situe Didot immédiatement sous Jean Moulin et au même niveau que les chefs des Mouvements et des services centraux de la Résistance, dont les noms véritables sont donnés. Un ajout signale l'arrestation de Didot. Mais il est impossible de déterminer si cela fait référence à celle du 7/8 juin ou à celle du 21.

> mis à sa disposition par le RSHA afin de combattre l'Armée secrète, a réussi à mettre la main sur une réunion de personnes dirigeantes des "Mouvements de résistance unis" et de l'Armée secrète (...)[26]. »

Suit la liste des résistants arrêtés à Caluire. Y manquent le nom de Raymond Aubrac, omis sans explication, et celui de Jean Moulin, qui, selon le rapport, aurait échappé à l'arrestation, ayant « été probablement retenu par une rafle de la police française ».

Le rapport indique encore :

> « Au cours de son interrogatoire, le chef du sabotage des chemins de fer Hardy, alias Didot, a fait une ample déposition et a, entre autres, avoué avoir élaboré un plan d'environ 150 pages sur les opérations de sabotage des chemins de fer à réaliser dans le cadre d'une invasion anglo-américaine et l'avoir remis à son chef pour examen./ Son plus étroit collaborateur et adjoint dans le domaine du sabotage des chemins de fer et en même temps responsable des grèves de cheminots était le juif Heilbronner, alias Arel, alias Hennequin, qui, grâce à l'aide d'Hardy, a pu être arrêté lors d'un rendez-vous./ Hardy a pu, en raison de ses amples déclarations et de sa volonté de collaborer de bonne grâce, être employé déjà plusieurs fois avec succès pour des rendez-vous et il a en plus reconstitué de mémoire le plan des sabotages des chemins de fer au bénéfice des Services allemands. »

L'affaire est entendue. Le 29 juin, huit jours après Caluire, Berlin connaît le vrai nom d'Hardy, son pseudonyme, ses fonctions, toute l'étendue de sa trahison.

On peut néanmoins faire trois remarques :

D'abord, le rapport n'indique nulle part la date de l'arrestation d'Hardy. Dans un compte rendu aussi précis, pareil oubli ne laisse pas d'intriguer.

Ensuite, il ne mentionne pas quand Hardy a commencé à collaborer. En restant dans le vague, l'auteur du rapport autorise à penser que des données ne lui ont pas été transmises.

Enfin, dès qu'il sort du flou chronologique en évoquant un fait bien établi et qui nous permet donc de dater le début de la trahison d'Hardy, il se heurte au démenti catégorique des faits. Le rapport accuse en effet Hardy d'avoir fait arrêter son plus étroit collaborateur, « le juif Heilbronner », en réalité Max Heilbronn, pris le 12 juin, à Lyon, quelques minutes après avoir eu un rendez-vous avec Hardy. Mais Heilbronn, qui n'aimait pas du tout Hardy, l'a, dès son retour de déportation,

---

26. Cité d'après la traduction de Gérard Hisard (AN, 72 AJ 36). RSHA = Service central de la sécurité du Reich.

constamment défendu, face aux enquêteurs comme devant la justice ou encore dans ses déclarations à la presse. Pour lui, Hardy n'était pour rien dans son arrestation, la preuve indiscutable étant que, aussitôt arrêté, on l'avait durement et longuement battu pour lui faire avouer qu'il était Didot [27].

Ce point est capital. Il confirme ce que l'absence de date laissait déjà subodorer. Ignorant l'arrestation d'Aubrac, prétendant que Moulin a échappé par hasard au coup de filet de Caluire, chargeant Hardy d'une trahison réfutée par la victime, ce rapport est le résultat d'une information partielle et partiale, le fruit d'une désinformation. Vicié, le rapport Kaltenbrunner est sujet à caution.

Mobile indéterminé, témoins suspects, documents controuvés, telles sont les bases de l'accusation.

Bénouville n'eut sans doute pas tort d'écrire à Hardy : « Aucune preuve de *[ta]* trahison n'a finalement pu être apportée par personne [28]. » Mais il n'eût pas été mal avisé d'ajouter : « Aucune preuve de ton innocence n'a non plus jamais été apportée par personne. »

Car mettre en lumière la fragilité de l'accusation visant le résistant ne saurait conduire à s'aveugler sur l'homme.

Hardy n'était pas l'ange innocent qu'il prétendait être. Courageux mais pas moins ambitieux, amoureux transi mais simultanément séducteur invétéré, honnête mais aimant l'argent, sérieux mais hâbleur à l'occasion, c'était un homme sans doute attachant mais assurément complexe.

C'était aussi un fieffé menteur. Du 11 juin 1943 jusqu'au 24 mars 1947, il nia l'évidence en affirmant publiquement, même devant un tribunal et des témoins catégoriques, n'avoir pas été arrêté dans la nuit du 7 au 8 juin 1943. Jusqu'à son dernier souffle, il donna des explications confuses sur son emploi du temps entre le 11 et le 17 juin. Enfin, il n'expliqua jamais ce que même son avocat, Me Maurice Garçon, une star du barreau, dut concéder lors du second procès de son client, à savoir que, le dimanche 20 juin, en fin de matinée, au pont Morand, à Lyon, Barbie avait assisté de loin à un rendez-vous entre Hardy et d'autres résistants. « Hardy, plaida le défenseur, prétend ne pas l'avoir reconnu, ayant mal regardé et occupé qu'il était de ce qu'il avait à faire. C'est possible [29]. »

Possible, peut-être ; mais vrai, certainement pas.

---

27. Voir AN, 397 AP 1, témoignage Heilbronn, 22 décembre 1950, p. 6.
28. Lettre du 3 février 1984, reproduite *in* René Hardy, *op. cit.*, p. 489.
29. Maurice Garçon, *Plaidoyer pour René Hardy*, Fayard, Paris, 1950, p. 115

Intelligent, et si prompt à exploiter à son profit la moindre faille du dossier que le président du tribunal militaire s'exclama un jour : « Voyez-vous, Hardy, vous m'effrayez un peu par votre habileté [30] », Hardy est la figure même de l'ambiguïté. Ni tout à fait noir, ni vraiment blanc, il se détache, longue silhouette maigre à peine éclairée par le bleu perçant des yeux, sur un fond de grisaille, celui de la clandestinité, des secrets et des agents secrets.

Vieilles explications et nouvelles hypothèses

S'il y eut trahison de la réunion en général et *a fortiori* s'il s'agissait de perdre Jean Moulin, quelqu'un, quelque part, a nécessairement pris un jour la décision. Et celui-là avait un but.

Hormis De Gaulle, pour qui, on l'a vu, la trahison s'explique par la soif de pouvoir de certains résistants, quatre auteurs seulement se sont préoccupés du mobile éventuel de la trahison et ont tenté de l'inscrire dans une stratégie.

Dès 1945, Henri de Kerillis, alors farouche adversaire de De Gaulle, soupçonna l'entourage « cagoulard » du Général et son service secret, le Bureau central de renseignements et d'action (BCRA), de n'avoir pas été pour rien dans la disparition de Moulin [31]. Il n'en dit pas davantage, mais c'était assez pour ouvrir la voie aux spéculations, toutes fondées sur un fait réel : les fortes divergences apparues au début de 1943 entre Jean Moulin et les deux principaux chefs du BCRA, Pierre Brossolette et André Dewavrin (Passy). Prudemment laissée implicite, la thèse de Kerillis visait à insinuer que Caluire avait été un règlement de compte politique franco-français s'inscrivant dans la rivalité entre Résistance extérieure et Résistance intérieure.

Exactement cinquante ans plus tard, l'*Intelligence Service* britannique et certains de ses agents français, notamment le colonel Groussard, étaient incriminés par les auteurs d'un ouvrage astucieux [32]. Leur thèse, assez explicite, était qu'on avait voulu se défaire d'un homme de gauche pas loin d'être un révolutionnaire. Elle reposait – et c'était un aspect crucial – sur la mise en évidence d'une grave divergence politique apparue entre De Gaulle et Moulin en mai 1943, à propos du Conseil national de la résistance (CNR) et du rôle du général Giraud.

30. AN, 334 AP 50, second procès Hardy, audience du 26 avril 1950, interrogatoire, p. 204.

31. Henri de Kerillis, *De Gaulle dictateur*, Beauchemin, Montréal, 1945, p. 65.

32. Michel Cuny et Françoise Petitdemange, *Fallait-il laisser mourir Jean Moulin ?*, éd. des auteurs, Lyon, 1995.

Entre-temps, à l'approche du procès de Klaus Barbie, son avocat, Me Jacques Vergès, avait voluptueusement répandu l'idée qu'un conflit politique interne à la Résistance et envenimé par les Américains était à l'origine des arrestations [33]. Me Vergès fondait sa thèse sur la réalité de la violente querelle qui avait opposé, d'avril à juin 1943, Moulin à des chefs des Mouvements de résistance, principalement Henri Frenay, coupable, selon Moulin, d'avoir établi des relations directes avec la base en Suisse du service secret américain, l'OSS. Assortie de sous-entendus ravageurs, cette théorie valut quelques désagréments à son sulfureux porte-parole. On le fit si bien taire que certains en conclurent à l'excellence de sa thèse.

Enfin, en 1990, un autre avocat, celui-là d'Henri Frenay, décédé deux ans plus tôt, y alla d'un renversement osé. Un conflit politique était bien à l'origine de la trahison de Caluire, mais le traître était… Jean Moulin. Communiste plus ou moins avéré, il avait voulu se débarrasser des autres participants de la réunion. Son arrivée en retard à celle-ci – fait exact et très important – prouverait cette théorie. Ensuite, il aurait pu disparaître à l'Est [34].

Indépendamment de leur pertinence, ces hypothèses ont trois points communs. Toutes font d'un conflit politique, interne ou externe, la cause de la trahison. Toutes, ouvertement ou implicitement, incriminent des services secrets. Mais aucune, fait notable, ne suspecte les services les plus susceptibles d'avoir voulu la perte de Moulin.

Nul plus que les services nazis n'était désireux de mettre fin à l'action de l'« unificateur » de la Résistance intérieure. Mais d'où est venue l'information décisive ? D'une écoute téléphonique ? car on avait utilisé le téléphone. D'un message intercepté ? car on s'était envoyé des billets en clair. D'une discussion surprise ? car on fréquentait d'abondance cafés et restaurants. Ou bien d'une révélation extorquée sous la menace et les coups ? car les services allemands étaient à l'offensive depuis quelque temps, arrêtant tous azimuts et n'hésitant pas à employer les pires moyens. Ou bien encore d'une trahison délibérée ? On l'ignore et tout est envisageable.

Quelques informations et plusieurs rumeurs, qui confortent la thèse de la trahison, ont filtré dans les années 80, à partir du moment où Klaus Barbie a été repéré en Bolivie, puis ramené *manu militari* à Lyon.

De sources française et américaine, les informations établissent sans

---

33. Notamment sur Antenne 2, le 12 novembre 1983.

34. Charles Benfrejd, *L'Affaire Jean Moulin. La contre-enquête*, Albin Michel, Paris, 1990, p. 76.

conteste qu'après la guerre Barbie fut un agent des services de renseignements britanniques, puis des services américains, lesquels le protégèrent longtemps des demandes d'extradition timidement formulées par la France. Pareille protection ne pouvait pas ne pas éveiller la suspicion et susciter des rumeurs. Il finit par se murmurer que Barbie aurait travaillé pour les Anglo-Saxons déjà pendant la guerre. Il n'y eut aucune confirmation.

Sur ce, des auteurs américains relièrent plus ou moins solidement le cas Barbie à l'existence d'une ou deux organisations ultra-secrètes qui auraient existé pendant la guerre[35]. Des Allemands anticommunistes mais pas nécessairement nazis auraient discrètement collaboré avec des collègues officiellement ennemis pour liquider leur pire adversaire commun : des communistes avoués ou non, en train d'étendre leur influence dans la Résistance. Les manigances de cette internationale anticommuniste auraient été abritées par une structure nommée « Technica », à laquelle Barbie se serait intéressé et dont Hardy aurait pu être membre[36]. Que « Technica » ait bel et bien existé, c'est un fait. C'était la couverture d'une partie du 2e Bureau français[37]. D'où ne s'ensuit nullement que le reste soit exact. Et en particulier que ces croisés de l'anticommunisme aient liquidé Moulin à cause de ses opinions.

Cette éventuelle légende est peut-être née de faits réels, récemment mis au jour. Des relations ultra-secrètes existaient bel et bien depuis les premiers mois de 1943 entre l'OSS et l'Abwehr[38]. Or, et cela est bien connu depuis longtemps, à la même époque un conflit mortel opposait l'amiral Canaris, chef de l'Abwehr, aux autres services secrets allemands, de stricte obédience hitlérienne, notamment au SD de Kaltenbrunner. Comme les deux structures se dissimulaient des informations et se faisaient volontiers des coups tordus, on peut imaginer un scénario dans lequel l'Abwehr et l'OSS, tenant Moulin pour communiste, auraient décidé sa liquidation d'un commun accord, Klaus Barbie, du SD, étant chargé de faire le sale travail et recevant la bonne information au bon moment sans même se douter qu'il était manipulé. Comme Barbie s'est targué d'avoir changé le cours de

---

35. Ehrard Dabringhaus, *op. cit.*, ainsi que John Loftus, *L'Affreux Secret*, Plon, Paris, 1985, et John Loftus et Mark Aarons, *Des nazis au Vatican*, Olivier Orban, Paris, 1991.

36. Ehrard Dabringhaus, *op. cit.*, p. 147-148.

37. Henri Navarre, *Le Service de renseignements, 1871-1944*, Plon, Paris, 1978, p. 220.

38. *Cf.* notamment John Ranelagh, *The Agency, the Rise and Decline of the CIA*, Simon & Schuster, New York, 2e éd. revue et corrigée, 1987 ; Anthony Cave Brown, *Wild Bill Donovan, The Last Hero*, Time Books, New York, 1982, p. 292-293.

l'Histoire en arrêtant Moulin, qui, selon lui, aurait fini par supplanter De Gaulle, la France devenant communiste sous sa houlette, et comme Hardy n'a pas toujours caché qu'il croyait Moulin communiste, cette construction peut faire illusion.

Du moins tant que l'on oublie ses deux points faibles : on n'a jusqu'ici pas plus trouvé de preuve du communisme de Moulin que de la réalité du complot anticommuniste abrité par « Technica ».

Un autre service de renseignement et d'action est susceptible d'être mis sur la sellette, celui du général Giraud.

En juin 1943, à Alger, Giraud, « poulain » de la Maison-Blanche, et De Gaulle, bête noire du président américain, se livraient une bataille décisive pour le pouvoir. Mis à part sa volonté, De Gaulle avait un seul atout maître en main : l'appui de la Résistance intérieure contrôlée par Moulin. Que l'idée de priver leur rival de sa meilleure carte, voire de la lui ravir, ait pu germer parmi des giraudistes est loin d'être inimaginable lorsque l'on sait à quel degré d'hostilité certains étaient parvenus. L'hypothèse, certes fâcheuse, est d'autant plus troublante qu'est frappante la concomitance des événements majeurs du conflit Giraud/De Gaulle avec les moments clés de l'affaire de Caluire. Du reste, même si ce scénario n'a jamais été explicité, il est sous-jacent chez ceux, et ils sont nombreux, prêts à voir dans la chute de Moulin la main de dirigeants de Combat tentés de rallier Giraud. La faille de cette hypothèse est, on le verra, que Combat abhorrait Giraud.

Me Vergès excepté, nul n'a publiquement suspecté le service secret américain, l'OSS, d'être pour quelque chose dans la fin de Moulin. Pourtant le président Roosevelt vouait une véritable haine à De Gaulle, tandis que le Département d'État, Robert Murphy, représentant des États-Unis à Alger, et des dirigeants de l'OSS étaient d'une hostilité inouïe à son égard. Depuis des années, tous complotaient contre ce général indocile, tous rêvaient de l'affaiblir, tous voulaient le remplacer. Dans pareil climat, on peut imaginer deux hypothèses.

Au printemps 1943, si les dirigeants américains considéraient Moulin comme le loyal lieutenant de De Gaulle, ils auraient pu décider de perdre le premier pour atteindre le second qu'ils tenaient alors pour une marionnette de Staline.

Ou bien, plus habilement, ils auraient pu tenter de jouer sur les contradictions apparues entre Résistances intérieure et extérieure pour attirer de leur côté l'homme qui venait de prendre la tête du CNR, institution certes embryonnaire et clandestine, mais seule en mesure de parler avec quelque apparence de crédibilité au nom de la nation et donc de trancher la question de la légitimité des prétendants rivaux, De Gaulle et Giraud.

Il saute cependant aux yeux que la condition même de la mise en œuvre de cette éventuelle stratégie américaine suppose l'existence d'une faille entre De Gaulle et Moulin, éventualité contre laquelle l'historiographie s'inscrit massivement en faux. « Jusqu'à sa mort, il *[Moulin]* ne déviera ni dans ses écrits ni dans son action de la ligne qui lui sera assignée *[par De Gaulle]* », assure le dernier en date des meilleurs spécialistes [39].

Peut-être est-ce le moment de s'en souvenir : l'Histoire n'est pas une science exacte.

Complexité de Caluire

« Un casse-tête enrobé d'énigme et farci de mystère », telle apparaît maintenant, pour reprendre un mot de Winston Churchill à un tout autre sujet, l'affaire de Caluire.

Caluire est un casse-tête parce qu'il est le produit tragiquement simple d'une réalité extrêmement complexe, le résultat mortel de conflits emboîtés comme des poupées russes. Entre le niveau mondial, où fait rage le conflit entre l'Axe et les Alliés, et le niveau individuel, où s'affrontent les caractères, s'étagent une quinzaine de conflits interactifs.

Militairement uni, le camp allié est politiquement déchiré. Conflit idéologique masqué qui oppose les États-Unis et la Grande-Bretagne à l'Union soviétique, conflit impérialiste feutré qui oppose la puissance américaine montante à la britannique déclinante, conflit politique ouvert qui oppose Roosevelt et Churchill à De Gaulle ; mais aussi, dans le camp français, outre le conflit entre tout ce qui résiste et Vichy, conflit entre De Gaulle et Giraud, conflit larvé pour la suprématie entre Résistance extérieure et Résistance intérieure, conflit d'autorité entre les Mouvements qui composent celle-ci et le délégué de celle-là, conflit de rivalité entre les Mouvements, conflit personnel entre Henri Frenay et Jean Moulin ; mais encore, conflit entre Moulin et le BCRA, doublé d'un conflit entre De Gaulle et Moulin ; enfin, conflits internes aux services secrets, vecteurs et acteurs de ces batailles, conflit entre l'Abwehr et le SD nazi, conflit entre l'IS et le SOE britanniques, conflits entre progaullistes et antigaullistes de l'OSS.

---

39. Jean-Louis Crémieux-Brilhac, *La France libre, de l'appel du 18 Juin à la Libération*, Gallimard, Paris, 1996, p. 247.

Caluire est enrobé d'énigme parce que, somme inavouable du choc des Puissances et des ambitions, on a, lassitude aidant et intérêts le suggérant, réduit la réalité traîtresse à la vérité du traître.

Hardy en portait les stigmates avant même d'en revêtir l'habit. Il mentait aux siens, jouait avec les autres, trichait avec tous. Le masque du Mal lui allait si bien…

Mais qui donc était masqué ? L'auteur d'une trahison historique ou l'acteur d'un accident de l'Histoire ?

Caluire est plein de mystère parce que, reste horrible du politique, son legs est une poignée de cendres. Cendres symboliques d'une lutte de libération nationale grosse d'un désir de révolution politique et sociale, inextricablement mêlées à celles, réelles, d'un inconnu panthéonisé. Qu'Henri Frenay ait titré son livre iconoclaste *L'Énigme Jean Moulin*, et que Daniel Cordier ait sous-titré son grand œuvre hagiographique *L'inconnu du Panthéon*, cela confirme seulement la pertinence d'une phrase d'Henri Michel, premier biographe du légendaire « Max » : « Tout portrait de Jean Moulin clandestin comporte une bonne marge d'obscurité et laisse une large part à l'hypothèse [40]. »

Ni démon mesquin ni ange inconsolable, Jean Moulin échappe à ses détracteurs comme à ses thuriféraires. C'était un politique – et un grand. Mais de ses sentiments véritables, indéchiffrables même par ses collaborateurs proches [41], mais de sa vraie idéologie, indécidable même à la lecture de ses rares écrits, on ne sait rien qui n'entretienne le mystère au lieu de le dissiper. A gauche avant la guerre, se fit-il gaulliste par calcul ou par conviction ? Demeura-t-il le loyal second ou devint-il le premier rival ? Joua-t-il avec le feu ou fut-il le jouet des conflits qui embrasaient le monde ? Bref, fut-il victime de la trahison ou des circonstances ?

Autant à cause de sa discrétion que du secret inhérent à la clandestinité à laquelle il était astreint et dans laquelle il se mouvait avec une aisance qui surprenait les vieux routiers du renseignement britannique [42], les réponses nous échappent. Mystérieux par devoir, silencieux par fonction, soucieux de sa sécurité, tout a concouru à notre ignorance. Des pans entiers de son action nous sont soustraits, un grand nombre de ses relations et contacts nous sont inconnus, et même son emploi du temps des derniers jours nous reste opaque. On le

40. Henri Michel, *Jean Moulin, l'unificateur*, Hachette, Paris, 1971, p. 64.

41. Daniel Cordier, lettre à Pierre Meunier, 5 novembre 1992, *in* Id., *op. cit.*, t. 3, p. 1431.

42. Éric Piquet-Wicks, *Quatre dans l'ombre*, Gallimard, Paris, 1957, p. 56 : « Il nous semblait extraordinaire que cet homme qui, jusqu'à la guerre, avait mené une vie paisible et sans la moindre complication, eût appris à vivre avec tant d'aisance dans la clandestinité. »

croyait jusqu'ici à Lyon, des historiens lui attribuant des rendez-vous, il n'y était pas ; on le disait à Paris [43], il était dans le Midi. Il avait disparu trois jours avant de disparaître pour toujours.

Les mystères de Jean Moulin ne ressortissent pas tous à la clandestinité commune, certains relèvent de lui seul. De par la solitude des pouvoirs qui lui avaient été conférés et qu'il avait patiemment étendus, de par la position charnière qu'il occupait entre la nation réelle révoltée et l'État virtuel rebelle, de par la situation de trait d'union entre Résistances extérieure et intérieure qu'il incarnait, enfin de par les instruments d'autorité qu'il maîtrisait – transmissions, transports, finances –, Jean Moulin disposait d'un champ d'action presque illimité, d'une liberté de manœuvre presque sans bornes, d'une autonomie presque sans contrôle.

Tout son mystère est dans ces « presque », bornes frontières entre loyauté et souveraineté. En juin 1943, le choix s'imposait. Les jours de De Gaulle étaient comptés et l'ordre de liquider le gaullisme donné.

---

43. Raymond Aubrac, *Où la mémoire s'attarde*, Odile Jacob, Paris, 1996, p. 95.

CHAPITRE 1

Le 17 juin de Franklin D. Roosevelt

Quand, après trois ans de douleurs, de malheurs et d'horreurs, quand, après avoir déjà coûté la vie à plus d'hommes que la Première Guerre mondiale, quand, donc, la Deuxième entra dans sa quatrième année, l'Allemagne ne l'avait pas encore perdue, mais elle ne pouvait plus la gagner. Ses réserves mobilisables étaient de l'ordre du million d'hommes, celles de ses ennemis cinquante fois supérieures.

De surcroît, trois décisions prises par Hitler en 1940 et 1941 avaient fini par placer ses forces dans une situation stratégique précaire. Des experts militaires pensent maintenant qu'il aurait pu jusqu'au printemps 1941 tenter d'envahir l'Angleterre avec des chances raisonnables de succès. Y avoir renoncé à l'automne 1940 avait laissé son flanc ouest à la merci du fortin britannique nécessairement appelé à devenir une base d'assaut rendue chaque jour plus puissante par l'Amérique. A la même époque, après sa victoire éclair en France, le chef nazi aurait pu s'installer au Maghreb presque sans coup férir. Avoir refusé d'écouter les conseils en ce sens de Goering et Guderian avait placé son flanc sud à la portée des Alliés anglo-saxons qui, le 8 novembre 1942, y avaient débarqué. Enfin, cause probable de ces fautes, l'impatience du Führer à se jeter sur l'Est lui avait coûté un prix exorbitant. Arrêté sous Moscou et bloqué devant Leningrad dès l'hiver 1941, il s'était condamné. Un an plus tard, en novembre 1942, onze jours après le débarquement allié au Maroc et en Algérie, l'Armée rouge avait lancé une offensive victorieuse autour de Stalingrad. Le 2 février 1943, les derniers des 300 000 hommes du maréchal von Paulus s'étaient rendus. Les autres troupes allemandes retraitaient depuis.

L'arme atomique aurait seule pu modifier le cours de l'Histoire. Mais l'unique physicien apte à en doter Berlin, Werner Karl Heisenberg, avait orienté délibérément la recherche sur une voie de garage. Eût-il changé d'avis que l'Amérique y aurait mis le holà. En 1943, l'OSS avait recruté un proche de Heisenberg, le savant suisse Paul Scherrer. « C'est lui qui mit en contact le savant allemand et l'agent de l'OSS Morris Berg, chargé d'assassiner Heisenberg[1]. »

Au début du printemps 1943, une nouvelle donne stratégique avait donc été créée. Et si les plus épouvantables massacres restaient à venir, l'espoir avait changé de camp. Mais avec la perspective de la victoire, calculs et ambitions remontaient en surface.

Cassure Est/Ouest

Vitale sur le plan militaire, l'alliance nouée en 1941 entre l'Empire britannique, les États-Unis et l'Union soviétique était de circonstance et avait seulement mis entre parenthèses le conflit idéologique mortel entre capitalisme et soviétisme. Deux décennies plus tôt, des troupes britanniques et des contingents américains avaient guerroyé en Russie contre les Rouges, quatre ans auparavant Moscou avait signé un pacte de non-agression avec Berlin, et tout le temps la propagande stalinienne n'avait cessé d'agiter le drapeau d'une révolution mondiale dont le Kremlin ne voulait pas.

Aussi, le 23 juin 1941, au lendemain même de l'agression nazie contre l'URSS, le secrétaire d'État adjoint américain, Sumner Welles, s'était-il hâté de rappeler l'incompatibilité de la philosophie américaine avec la soviétique, selon lui semblable à celle de Hitler :

> « Les États-Unis soutiennent que la liberté d'adorer Dieu selon l'inspiration de leur conscience est le droit fondamental de tous les peuples. Ce droit a été refusé à leurs peuples par les gouvernements nazis et soviétiques (...). Ni l'un ni l'autre de ces modes de suzeraineté imposée n'a et ne pourra recevoir un appui quelconque, ou avoir une influence sur le genre de vie ou le système de gouvernement du peuple américain. »

Après quoi, il constatait : « Les armées de Hitler sont aujourd'hui le plus grand danger[2]. »

Le lendemain, le sénateur Harry Truman, futur vice-président et successeur de Roosevelt, écrivait dans le *New York Times* :

> « Si nous voyons l'Allemagne prendre le dessus nous devrons aider la Russie, si les chances sont du côté de la Russie nous devrons aider l'Allemagne, de sorte qu'il y ait le plus de tués possible[3]. »

---

1. Pierre-André Stauffer, « L'histoire secrète de la bombe suisse », *L'Hebdo*, Lausanne, 2 mai 1996. Voir aussi Thomas Power, *Le Mystère Heisenberg, L'Allemagne nazie et la bombe atomique*, Albin Michel, Paris, 1993.
2. Cité par Henri Amouroux, *La Grande Histoire des Français sous l'Occupation*, t. 3 : *Les Beaux Jours des collabos, juin 1941-juin 1942,* Robert Laffont, Paris, 1978, p. 236.
3. Cité par Charles Tillon, *Les FTP*, Julliard, Paris, 1962, p. 157.

On prit partout bonne note de ces déclarations. A Vichy et Berlin, certains se mirent à caresser le chimérique espoir d'un renversement des alliances. A Washington, on se mit au projet « Manhattan » et à Moscou à espionner celui-ci.

Chargé de produire l'arme atomique, le général Groves comprit vite de quoi il s'agissait. « Quinze jours après avoir pris en charge le projet, je ne me faisais plus aucune illusion, déclara-t-il officiellement plus tard. La Russie était notre ennemie et c'est à partir de là que le projet devait être développé [4]. » Il en était assez sûr pour avoir officieusement mis, dès 1944, des scientifiques dans la confidence [5].

Le strict secret dont « Manhattan » était entouré n'avait naturellement pas empêché les Soviétiques d'en avoir vent. Dès 1941, leur agent britannique John Cairncross avait, le premier, fait savoir que Britanniques et Américains travaillaient à la bombe et comptaient la posséder dans un délai de deux ou trois ans [6]. En juin 1942, l'URSS en savait assez sur la base ultra-secrète de Los Alamos pour lancer de fructueuses opérations d'espionnage [7].

Non contents de se prémunir pour le futur, les Soviétiques s'étaient également occupés du présent. Sept agents OSS ont été ensuite identifiés comme à la solde de l'URSS, et il y en avait certainement davantage. Des travaux universitaires américains basés sur les archives du Komintern ont récemment permis d'établir la présence d'agents soviétiques dans les sections russe, espagnole, balkanique, hongroise et latino-américaine de la division Recherche et Analyse de l'OSS, ainsi que parmi les « opérationnels » des sections coréenne, japonaise, indonésienne, hongroise, italienne, espagnole, allemande [8]. Même l'assistant personnel de William Donovan, le chef de l'OSS, travaillait, dit-on, pour un service soviétique [9].

Pénétrer ce nouveau service de renseignement avait été relativement

---

4. Walter et Miriam Schneir, *Invitation to an Inquest,* Pantheon, New York, 1983, p. 26, citant la déposition de Groves, en 1954, devant l'*US Atomic Energy Commission.*

5. Témoignage de Joseph Rotblat dans le film documentaire *The Red Bomb*, Rapide Productions, 1994.

6. Youri I. Modine, *Mes camarades de Cambridge*, Robert Laffont, Paris, 1994, p. 114-115.

7. Voir Anatoli et Pavel Soudoplatov (en collaboration avec Jerrold et Leona Schecter), *Missions spéciales*, Éd. du Seuil, Paris, 1994, ainsi que Vladimir Tchikov et Gary Kern, *Comment Staline a volé la bombe atomique aux Américains,* Robert Laffont, Paris, 1996. Les autorités américaines actuelles, cela va de soi, minimisent les faits.

8. Harvey Klehr, John Earl Haynes, Frederick Igorevitch Firsov, *The Secret World of American Communism*, Yale University Press, New Haven-Londres, 1995, p. 276.

9. Christopher Andrew et Oleg Gordievsky, *Le KGB dans le monde 1917-1990*, Fayard, Paris, 1990, p. 286.

facile. Derniers arrivés sur le marché de l'espionnage civil, les Américains avaient souvent dû recruter les laissés-pour-compte des Britanniques et des Français. Ayant d'emblée conçu l'OSS comme un service mondial [10], les lieutenants de Donovan avaient cherché partout et dans tous les secteurs sociaux. des agents fortement motivés par l'antifascisme. Ils étaient naturellement tombés sur beaucoup de socialistes de toutes nuances, y compris des communistes ayant rompu lors du pacte germano-soviétique, mais aussi quelques-uns demeurés discrètement fidèles à Staline ou à la « patrie du socialisme », voire seulement à leur idéal. Bien incapables, faute d'expérience, de séparer le bon grain de l'ivraie et sans moyen de vérifier les biographies de leurs recrues, les débutants de l'OSS ne firent finalement ni mieux ni pire que les as britanniques dont les secrets étaient allégrement violés par une bande de joyeux drilles sortis de Cambridge. Du reste, pragmatisme américain et contrôle tatillon se conciliaient mal à une époque où USA et URSS jouaient aux alliés. En 1954, interrogé par une commission du Sénat, Donovan déclara : « J'aurais porté Staline sur les états financiers de l'OSS si j'avais pensé que cela pût nous aider à battre Hitler [11]. » Il s'abstint toutefois d'insister sur son voyage à Moscou, en 1943. A sa proposition d'échanger des informations et de coopérer étroitement, ses interlocuteurs avaient opiné, tout pris et, que l'on sache, rien dit.

En 1943, quoiqu'une partie de l'administration américaine, notamment le Département d'État, fût aussi infiltrée, la perspective de la défaite nazie amena les dirigeants américains à s'inquiéter des projets de Staline en Europe. Depuis Stalingrad, l'URSS jouissait d'un prestige grandissant dans les pays occupés où croissait simultanément la part prise par les partis communistes dans une Résistance en plein essor. Jusqu'où rouleraient les blindés de l'Armée rouge et jusqu'à quand le Kremlin empêcherait-il les partis communistes européens de prendre le pouvoir à la faveur de la Libération ?

Des questions on passa vite aux précautions. En conséquence, les Britanniques, qui, non sans susciter l'amertume rentrée des Américains, avaient conféré à leurs services le monopole de l'action et du renseignement sur le Continent, veillèrent à ne pas armer convenablement les communistes. En France, les Francs-Tireurs et Partisans (FTP) reçurent la portion congrue d'un armement chichement attri-

10. NARA, RG 226, E 190, B 265, F 915, *Project of the Organization of an American Intelligence Service in Continental Europe, The North African Colonies and the Near East*, août 1941, anonyme mais certainement de la main de Donovan.

11. Harvey Klehr *et al.*, *op. cit.*, p. 276.

bué : seulement 600 tonnes d'armes furent envoyées en France jusqu'au 1er janvier 1944 et, au total, 10 000 tonnes, l'équivalent d'un unique cargo, furent distribuées [12].

La même année 1943, la question des alliances posée par Sumner Welles et Harry Truman revint au premier plan. Le rouleau compresseur soviétique avait l'air bien parti pour défaire les forces hitlériennes ; fallait-il continuer à l'approvisionner ou devait-on se préparer à un éventuel face-à-face mouvementé ?

Auraient-ils souhaité ne pas avoir à envisager l'hypothèse, les États-Unis n'auraient pu l'éviter. Les petits cercles de l'opposition allemande saisissaient toutes les occasions pour poser le problème. Que ce soit par le biais du Vatican [13] ou par d'autres voies, ils avançaient toujours la même idée : un complot débarrasserait l'Allemagne de Hitler et de sa clique, après quoi les nouveaux dirigeants mettraient un terme au conflit à l'Ouest pour, de préférence avec les Anglo-Saxons, lancer toutes les forces à l'Est.

En janvier 1943, le diplomate allemand Adam Trott zu Solz profita d'un voyage à Genève pour prendre langue avec les États-Unis. Membre de la société fabienne, tout comme, du reste, Otto Abetz, ambassadeur à Paris, il connaissait personnellement Donovan depuis 1937, était également en rapport avec un autre dirigeant de l'OSS, Whitney Shepardson [14], et l'OSS le savait depuis 1942 lié à l'opposition anti-hitlérienne [15]. Son message était clair : si l'exigence de reddition sans condition décidée lors de la conférence d'Anfa, au Maroc, était maintenue, l'opposition anti-hitlérienne n'aurait d'autre choix que de s'entendre avec l'URSS [16].

Le 26 février 1943, l'amiral Canaris, chef de l'Abwehr, séjourna secrètement à Berne [17]. Il avait eu des relations indirectes avec l'antenne OSS en Suisse et avec son chef Allen Dulles, la communication passant par quatre relais au moins : Hans Bernd Gisevius (officiellement diplomate en Suisse, mais en réalité agent de l'Abwehr et de surcroît lié aux cercles allemands anti-hitlériens qui, en juillet 1944, orga-

---

12. *Cf.* Michael R. D. Foot, *SOE in France*, HMSO, Londres, 1966, p. 474, ainsi que *Cahiers de l'IHTP*, juin 1994, et Serge Ravanel, *op. cit.*, p. 281-282. 6354 tonnes d'armes furent distribuées après le 6 juin de la même année.

13. John Loftus et Mark Aarons, *op. cit.*, p. 31-32.

14. Whitney Shepardson (1890-1960), avocat et homme d'affaires, chef du *Secret Intelligence* (SI) de l'OSS à Londres avant de prendre la direction du SI à Washington.

15. Pierre de Villemarest, *GRU*, Stock, Paris, 1988, p. 312, et Anthony Cave Brown, *op. cit.*, p. 215. Villemarest affirme que von Trott zu Solz appartenait au GRU, le service secret militaire soviétique.

16. Hans Berndt Gisevius, *Jusqu'à la lie*, Payot, Lausanne, 1947, t. 2, p. 209.

17. Anthony Cave Brown, *op. cit.*, p. 293.

niseront un attentat contre le Führer), deux intermédiaires, Wetjen et Bancroft, et un Allemand naturalisé américain, Gero S. von Gaevernitz. On sait seulement que Canaris fit savoir à Dulles son désir d'établir un contact direct en Suisse, mais on ignore si cela se fit sur-le-champ. En revanche, « des rumeurs dans l'OSS, selon lesquelles Donovan et Canaris se seraient rencontrés en Espagne en avril 1943 », ont été rapportées par l'un des biographes du chef de l'OSS [18].

Le 2 mars suivant, c'est le chef du SD allemand, le général SS Walter Schellenberg, qui arriva en Suisse pour converser avec le chef de l'armée helvétique, le général Guisan [19]. Le 13 mars, Fabian von Schlabhendorff plaça une bombe dans l'avion de Hitler. L'engin, fourni aux conjurés par l'Abwehr, était d'origine britannique. Il n'explosa pas. Deux mois plus tard, après la défaite allemande en Tunisie, le général Beck, leader de l'opposition antinazie, proposa à nouveau un renversement d'alliance. Pas plus que les précédentes, cette offre ne se traduisit par un changement visible de l'attitude américaine.

Informés de ces contacts par leurs agents, les Soviétiques en tirèrent des conclusions soupçonneuses. De sorte qu'avant la mi-1943 les espions des deux camps purent à nouveau s'en donner à cœur joie. Tout en collaborant officiellement contre l'ennemi nazi commun, ils se livraient mutuellement une sourde guérilla. L'historien Cave Brown a résumé la réalité de ce qu'il nomme un « nid de vipères » :

> « (...) des agents britanniques de gauche travaillaient avec les Russes contre les Américains, tandis que des agents américains travaillaient avec les Russes contre les Britanniques... On put même voir un agent britannique (...) travailler avec les Allemands contre les Russes *et* les Américains [20]. »

Bien des événements indéchiffrables trouvent sans doute leur source dans cette partie clandestine de poker menteur qui, après guerre, servit de prétexte aux procès Rajk et Slansky à l'Est, tandis qu'en Amérique l'épuration des éléments communistes dans l'administration dégénérait en chasse aux sorcières maccarthyste.

---

18. *Ibid.* Une autre rencontre aurait eu lieu à Istanbul à la fin de l'été 1943 ou à la fin de la même année.

19. La visite de Canaris est ignorée des sources suisses. Celle de Schellenberg fut, entre autres, à l'origine des ennuis connus après guerre par le brigadier Masson, chef du SR de l'armée suisse.

20. Anthony Cave Brown, *La Guerre secrète, le rempart des mensonges*, Pygmalion, Paris, 1981, t. 1, p. 300.

Les Britanniques n'étaient pas les derniers à s'inquiéter des plans de Staline. Ennemi acharné de la révolution bolchevique mais devenu le premier partisan de l'alliance militaire avec l'URSS, Winston Churchill était loin de se douter que ses services secrets, du MI 5 et du MI 6 au *Special Operation Executive*, étaient noyautés au sommet par la bande à Philby ou pénétrés sur le terrain par des vieux routiers des appareils secrets soviétiques.

Pour prendre un seul exemple français, le toujours jeune Frank Boujard, vieux baroudeur de l'Internationale des marins rouges pour le compte de laquelle il avait notamment participé à l'armement de l'Espagne républicaine, résistait, avec d'autres camarades de même obédience, sous la couverture de réseaux SOE actifs de Marseille à Thonon[21]. Autre exemple, de l'autre côté du lac Léman, à Lausanne, un radio, Alexander Foote, envoyait à Moscou des informations rassemblées par les branches suisses de l'« Orchestre rouge ». Censées provenir de taupes implantées au cœur de l'état-major allemand, elles arrivaient en fait de Londres, où les Britanniques décryptaient les messages ennemis mais ne voulaient pas que ceux-ci le devinent et pas davantage que les Soviétiques s'en doutent. Pour plus de sûreté, le soi-disant agent soviétique Foote était un communiste anglais qui s'était engagé dans la guerre d'Espagne mais avait été recruté par l'*Intelligence Service*[22].

Friand de ce genre d'intrigues, Winston Churchill ne dédaignait pas de s'en mêler. Mais il avait d'autres soucis. Dès l'instant où l'Amérique était entrée dans le conflit, à la fin de l'année 1941, il avait dû partager la conduite de la guerre avec Roosevelt. Or celui-ci nourrissait une piètre opinion de la France. « Dans mes moments de plus profond pessimisme, pensait-il, je suis inévitablement amené à croire le pire de la France et de son avenir[23]. » Pour le leader britannique, la France, à laquelle il avait, en juin 1940 et par le truchement de De Gaulle, proposé une fusion totale, devait au contraire redevenir forte pour être son alliée privilégiée sur le Continent. Pris entre la nécessité d'éviter tout conflit avec la puissante Maison-Blanche et sa volonté de ne pas

---

21. *Cf.* la biographie romancée de Boujard, par Francis Pornon, *Le Beau Frank. La vie aventureuse d'un homme de l'Internationale*, Le Temps des cerises, Paris, 1997. Voir aussi Dominique Grisoni et Gilles Hertzog, *Les Brigades de la mer*, Grasset, Paris, 1979, p. 134, et Roger Faligot et Rémi Kauffer, *Service B*, Fayard, Paris, 1985, p. 87.

22. Anthony Read et David Fischer, *Operation Lucy. Most Secret Spy Ring in the Second World War*, Cowan, McCan & Geoghegan, New York, 1980.

23. Cité par Milton Viorst, *Les Alliés ennemis. De Gaulle-Roosevelt,* Denoël, Paris, 1967, p. 83.

la laisser profiter des circonstances pour décider seule du futur nouvel ordre européen et mondial, Churchill n'avait cessé de jouer la carte française.

De la France de Vichy il n'avait jamais attendu grand-chose. Certes, depuis l'automne 1941 et l'enlisement des nazis en Russie, des pétainistes et des collaborateurs se demandaient s'ils avaient fait le bon choix. Mais leur phobie du « péril rouge » était telle que, sans prise sur le cours des événements, la plupart se raccrochaient à la politique de collaboration, seuls quelques subtils commençant à miser sur le « bon sens » américain tel que le *Bulletin des cadres de la Milice* le définirait en 1943 :

> « Le rapprochement germano-américain que cherchent à mener les négociateurs officieux réunis à Lisbonne, rapprochement qui devrait avoir pour conséquence une sorte de renversement des alliances (...), nouvelle Sainte-Alliance des peuples dirigée contre le bolchevisme, est, parmi les hypothèses formulées, celle dont la réalisation est souhaitée par tous les esprits pondérés [24]. »

Pour Churchill restait donc à jouer la carte De Gaulle, honni de l'allié américain.

Fracture à l'Ouest

Irréductible, la cassure Est/Ouest ne tarda guère à servir de justification à la fracture du camp occidental. Incompatibilité de caractères, différences de culture, calculs politiques inavouables ? Le fait est que De Gaulle déplut très vite à Roosevelt, qui, l'ayant pris en grippe, finit par lui vouer une aversion presque paranoïaque. Un observateur américain rapporte qu'à Anfa, en janvier 1943, « De Gaulle se trouva pendant tout l'entretien *[avec Roosevelt]* sous la menace des mitraillettes » des gardes du corps présidentiels cachés derrière des tentures [25]. Après quoi, Roosevelt inventa carrément, et propagea à l'envi, un propos prêté à De Gaulle : « Je suis Jeanne d'Arc, je suis Clemenceau [26] », légende répercutée par « tous les journaux, toutes les revues [27] ». Le

---

24. AN, 72 AJ 2116, dossier Service d'ordre légionnaire (SOL). Ce *Bulletin*, daté d'octobre 1943, cite une circulaire du même mois adressée par la Banque de Paris et des Pays-Bas aux agents de change parisiens.

25. Harry Hopkins, cité par Milton Viorst, *op. cit.*, p. 197.

26. Cordell Hull, *Memoirs*, MacMillan, New York, 1957-1958, p. 1208.

27. Milton Viorst, *op. cit.*, p. 203.

secrétaire d'État Cordell Hull « vouait une véritable haine[28] » à De Gaulle. Et son Département d'État écrivait, dans le mémorandum *Pourquoi nous ne pouvons pas faire confiance à De Gaulle*, qu'on connaissait son « instabilité mentale[29] ». Un diplomate français relate qu'« on ne cessait, à la Maison-Blanche, de se moquer de lui et de raconter des plaisanteries insultantes et parfois grossières à son égard[30] ». Un diplomate américain – et, soit dit en passant, agent soviétique – qui, en 1945, participa à la conférence de Yalta a noté : « Combien de fois au cours des discussions, De Gaulle n'a-t-il pas été traité de "grand con"[31]. »

Pareille inimitié eût dû demeurer privée. Mais elle devint si irrépressible qu'en 1943 elle amena Roosevelt à décider de liquider De Gaulle. Le 8 mai, il écrivit à Churchill : « Je ne sais que faire de De Gaulle. Peut-être souhaiterez-vous en faire le gouverneur de Madagascar[32]. »

Souvent excédé lui-même par l'arrogant Français, Churchill avait déjà eu l'occasion de réfréner la vindicte présidentielle. Cette fois, il en prit bonne note. Un de ses diplomates venait de l'informer des dernières billevesées washingtoniennes : « A un certain moment, quelques membres du Département *[d'État]*, en particulier M. Sumner Welles, furent influencés par la croyance que De Gaulle et son entourage étaient pratiquement des fascistes, mais ceci a changé, et il est maintenant *[mars 1943]* accusé au contraire d'être dans la poche des communistes[33]. »

La victoire soviétique à Stalingrad datait d'un mois : le « fasciste » De Gaulle était rhabillé en « communiste ».

De Gaulle gênait Roosevelt. A ses yeux le monde serait dirigé par les quatre futurs vainqueurs : les USA, la Grande-Bretagne, l'URSS et la Chine de Tchang Kaï-chek. Quant à la France, à condition de copier le modèle politique américain, ce serait une puissance de second rang, privée de l'Indochine où l'OSS flirtait déjà avec Hô Chi Minh, voire de l'Afrique du Nord où les intérêts américains devraient être considérés[34].

---

28. Raoul Aglion, *De Gaulle et Roosevelt*, Plon, Paris, 1984, p. 237.
29. Vincent Tournier, « Quand de Gaulle menaçait de faire tirer sur les Américains », *Le Monde*, 11-12 juin 1995, p. 10, citant un document du 20 janvier 1944.
30. Raoul Aglion, *op. cit.*, p. 237.
31. Alger Hiss, cité par Nerin E. Gun, *Pétain, Laval, de Gaulle*, Albin Michel, Paris, 1979, p. 422. Hiss a noté d'autres pensées des trois Grands : « Combien de fois n'a-t-on pas hurlé : "*We will fuck Hitler !*" Les Russes parlaient de ces merdeux de Polaks. Quant aux Italiens, ils devenaient "ces fils de putes qui nous cassent les couilles". »
32. *Ibid.*, p. 394, et François Kersaudy, *De Gaulle et Churchill*, Plon, Paris, 1981, p. 231.
33. Rapport du 10 mars 1943, cité par le colonel Passy, *op. cit.*, p. 270.
34. Voir Nerin E. Gun, *op. cit.*, p. 325.

En attendant, Pétain convenait à la France. Et ce n'était pas l'ambassadeur américain à Vichy, l'amiral Leahy, qui ferait changer Roosevelt d'avis. Adorant le Maréchal, Leahy exécrait l'homme de Londres : « Je suis certain, indiquait-il au Département d'État, que le Maréchal éprouve vis-à-vis de De Gaulle une inimitié personnelle et que le fait d'écarter celui-ci ferait beaucoup pour rapprocher le vieux soldat du premier britannique [35]. »

La voix de Leahy était relayée à Washington par celles d'émigrés français. Loin d'être le seul adversaire de De Gaulle, le diplomate Alexis Léger (plus connu sous son nom de poète, Saint-John Perse) avait pour lui de « manifester une haine extraordinaire à l'égard » du chef de la France libre [36]. Selon l'auteur de ce jugement, Léger lui confia en avril 1942 : « On pense à faire sortir un vrai militaire des geôles allemandes. On pense à un vrai général, qui soit un héros de la guerre et qui n'ait jamais collaboré, qui ait un grade élevé et qui surtout ne fasse pas de politique. En dehors de son action militaire, il sera alors créé un organisme civil ou un office pour administrer les affaires françaises jusqu'à la libération complète et les élections [37]. »

Parfaite antithèse de De Gaulle, ce « vrai militaire » doté d'assez de bon goût pour laisser les amis de la Maison-Blanche administrer les affaires françaises devait être, on le sait, le général Giraud.

Mais avant de le mettre en lice, Washington avait misé sur d'autres poulains.

Son premier candidat fut le général de corps d'armée Fornel de La Laurencie [38]. L'un de ses anciens élèves à l'École de guerre, le général Legge, alors attaché militaire américain à Berne et plus discrètement chef pour l'Europe des services secrets de l'*US Army*, l'avait poussé en avant.

---

35. Milton Viorst, *op. cit.*, p. 230.

36. Sur les constantes menées antigaullistes de Léger auprès des Américains, *cf.* notamment NARA, INT-12FR-787, 27 juillet 1942, et INT-12FR-630, 22 juin 1944. Le premier document, une synthèse OSS, s'achève sur ces mots : « En bref, c'est la conviction de M. Léger que si De Gaulle s'installait en France, un régime aux intentions et buts identiques à celui du Vichy d'aujourd'hui en résulterait probablement. » Le second document, du *State Department*, montre que Léger décrivait aux Américains un De Gaulle instrument de la politique britannique contre la politique américaine. Il l'accusait aussi de dispenser des fonds pour mener en Amérique une campagne contre Roosevelt.

37. Raoul Aglion, *op. cit.*, p. 230. L'auteur n'indique pas la date exacte de cet entretien. D'après le compte rendu d'une conversation entre Allen Dulles et Raoul Aglion, transmis par Donovan le 8 juin 1942, il se situe probablement en avril. *Cf.* William Langer, *Le Jeu américain à Vichy*, Plon, Paris, 1948, p. 273. Langer précise qu'à la même époque Léger, Chautemps et Pierre Cot s'efforçaient de former un gouvernement français en exil. Jacques Maritain en aurait pris la tête.

38. Sur les relations de La Laurencie avec Vichy et Darlan, *cf.* AN, 2 AG 2/2, 82 L 618 et 2 AG 82 SP 10 L.

D'abord délégué général du gouvernement de Vichy à Paris, La Laurencie, à peine relevé de ses fonctions, reçoit, en 1941, Henri Frenay. Capitaine, ancien du 2e Bureau français mais déjà engagé dans la Résistance, Frenay cherche des fonds pour développer son action et aussi un moyen de transmettre aux Alliés les informations glanées à diverses sources, dont le 2e Bureau. Après l'entrevue, Frenay se réjouit : « La Laurencie est en rapport personnel avec l'amiral Leahy. Il sait que nous sommes pauvres[39]. » En juin 1941, La Laurencie lui fait remettre 100 000 francs, en promet 250 000 autres sous peu, espère en verser autant chaque mois. En octobre, il lui présente deux mystérieux Américains, qui se révéleront être Legge et Allen Dulles, futur patron de l'OSS pour l'Europe. Le 15 décembre, La Laurencie revoit encore Frenay, cette fois accompagné par Emmanuel d'Astier de la Vigerie, fondateur du mouvement Libération. Ayant rejeté l'idée d'un accord avec De Gaulle, qu'il aura tout de même la bonté d'amnistier[40], La Laurencie a l'intention, écrit d'Astier à Londres, d'« organiser un gouvernement en dehors des gaullistes, et il se dit certain de l'appui américain (...). La Laurencie déclare finalement que si les USA et Londres l'invitent officiellement à le faire, il se placera lui-même sous le "symbole De Gaulle"[41] ».

« Les Américains, conclut Frenay, avaient, pour la première fois, tenté de susciter un concurrent à De Gaulle, un concurrent qui bénéficierait de tout leur appui, mais montrerait à leur égard plus de docilité[42]. »

Pour la première fois aussi, aurait-il pu ajouter, l'Amérique avait tenté de mettre la main sur la Résistance intérieure.

Frenay et d'Astier ayant rompu avec La Laurencie, on chercha un remplaçant.

Bien avant d'entrer en guerre, les États-Unis avaient remarqué la faute commise par Hitler en Afrique du Nord et pensaient à s'emparer de celle-ci. Choisi par Roosevelt en personne, le diplomate Robert Murphy avait été chargé de préparer le terrain. En poste en Allemagne puis à Paris pendant dix ans, ce catholique aussi à droite qu'adroit allait faire tant et si bien que De Gaulle dira : « Roosevelt a chargé Murphy de me détruire[43]. » Conclusion identique d'un diplomate fran-

---

39. Henri Frenay, *La nuit finira*, Robert Laffont, Paris, 1973, p. 53.

40. L'idée d'amnistier De Gaulle apparaît le 10 mai 1941 dans une lettre d'une « éminente personnalité américaine ». *Cf.* William Langer, *op. cit.*, p. 175.

41. AN, 3 AG 2 378, « Rapport Bernard » (d'Astier), reçu à Londres le 23 décembre 1941.

42. Henri Frenay, *La nuit finira*, *op. cit.*, p. 130.

43. Nerin E. Gun, *op. cit.*, p. 293.

çais qui décrit Murphy « habité par une véritable haine du général De Gaulle et de la France combattante, de sorte que, pendant toutes nos négociations *[à Alger, en juin 1943]*, nous n'avions pas cessé d'avoir en sa personne un ennemi [44] ».

Le 18 décembre 1940, Murphy prend pied en Afrique. Au mieux avec le général Weygand, qui gouverne à Alger au nom de Pétain, au mieux avec l'amiral Darlan, héritier désigné du Maréchal, il enregistre son premier grand succès quand, le 10 juin 1941, les premiers de ses douze adjoints arrivent en Afrique du Nord. Ce sont officiellement des vice-consuls, mais « il était convenu par tous les intéressés – depuis Pétain jusqu'à Weygand – que ces Américains seraient en réalité des agents de renseignements [45] ». Ils appartenaient au *Coordinator Office for Information* (COI), première mouture de l'OSS qui sera officiellement créé en 1942.

Murphy fut moins heureux dans sa tentative de recruter Weygand. Churchill, le premier, avait pensé à lui. Fâché contre De Gaulle après le malencontreux échec de Dakar (Murphy, soit dit en passant, ne manqua pas d'expliquer cette expédition par la proximité des 1 500 tonnes d'or de la réserve de la Banque de France [46]), le premier Britannique avait écrit à Weygand pour lui offrir son appui s'il prenait la tête d'un gouvernement dissident. Weygand avait froidement transmis la lettre à Pétain. Un an plus tard, Murphy revient à la charge, cette fois au nom du gouvernement américain. Weygand refuse à nouveau de franchir le Rubicon. Pas découragés pour autant et sûrs d'avoir trouvé en lui l'homme de leurs vœux, les USA profitent de sa soudaine disgrâce et de sa retraite forcée dans le Midi de la France pour le relancer. Douglas MacArthur II, qui, à l'ambassade américaine de Vichy, s'occupe des affaires délicates et secrètes, va à Grasse lui promettre le soutien total des États-Unis s'il prend la tête d'un mouvement séparatiste en Afrique du Nord. « Le général répondit poliment

---

44. Guy de Girard de Charbonnières, *Le Duel Giraud-de Gaulle*, Plon, Paris, 1984, p. 44.

45. Robert Murphy, *Un diplomate parmi les guerriers*, Robert Laffont, Paris, 1965, p. 99. Les vice-consuls étaient, à Tunis : Harry Woodruff et John Utter, deux banquiers ayant vécu longtemps à Paris ; à Alger : John Boyd et John Knox, le premier ex-patron de *Coca-Cola* à Marseille, le second ancien de Saint-Cyr, ainsi que Kenneth Pendar, installé à Paris depuis 1936 ; à Oran : Ridgeway Knight et Leland Rounds, le premier ex-représentant de *Cartier* ; au Maroc : David King, Stafford Reid, Sidney Bartlett, Franklin Canfield, remplacé par Frederick Culbert. La plupart ont fait par la suite de brillantes carrières dans les affaires ou la diplomatie. *Cf.* Kenneth Pendar, *Alger, 1942*, La Table ronde, Paris, 1966, p. 35-36. Cette version est incomplète ; version intégrale aux Éd. Beauchemin, Montréal, 1946.

46. Robert Murphy, *op. cit.*, p. 81.

“non” et répéta son refus aux propositions renouvelées qui lui furent faites après les débarquements alliés *[de novembre 1942]* [47]. »

Ayant dû renoncer à Weygand et à l'« espoir d'en faire un autre De Gaulle [48] », la Maison-Blanche tourna ses regards vers Vichy.

Depuis qu'en décembre 1940 un complot « cagoulard » avait renversé Laval et après l'intermède Flandin, l'amiral Darlan était devenu l'homme fort de la zone non occupée. A la tête de la puissante flotte de guerre française, il tenait entre ses mains un atout important. Cette armada serait-elle passée du côté nazi que l'équilibre des forces en mer en eût été changé au détriment de la *Royal Navy*, l'approvisionnement de l'Angleterre déjà précaire risquant d'être définitivement compromis. Du reste, Churchill avait pris langue avec l'amiral dès le mois de décembre 1940 et il avait eu la satisfaction de recevoir par retour la promesse solennelle que la marine française demeurerait neutre. C'était un signe positif. C'était surtout l'indice que l'homme était retors.

Zélé partisan de la collaboration avec l'Allemagne, Darlan avait à l'évidence un féroce appétit de pouvoir. Quand la Maison-Blanche subodora qu'il n'était pas pour rien dans la disgrâce de Weygand, elle se demanda si l'amiral l'avait provoquée pour contrer les États-Unis ou pour les obliger à lui parler directement. On se mit à surveiller son évolution de près.

L'échec nazi en Russie fit douter Darlan de l'invincibilité allemande et l'amena, semble-t-il, à considérer une idée alors en vogue dans les milieux cagoulards. Il convenait, d'une part, de jouer sur l'anticommunisme américain pour favoriser une paix séparée entre l'Allemagne et les États-Unis, et, d'autre part, de miser sur l'antigaullisme de Roosevelt pour se poser en recours. Par le biais du cagoulard Eugène Deloncle, Darlan sonda son collègue allemand, Canaris [49], et, par d'autres voies, envoya des signaux à Washington. Quand Laval lui reprit la direction des affaires, il força l'allure. Il dépêcha un émissaire auprès de Murphy. Le diplomate reçut l'envoyé le 8 mai 1942. Le message apporté par l'amiral Fenard était prudent : « Darlan craignait que les Américains commettent l'erreur d'entrer en Afrique avec des forces trop mesurées pour l'emporter d'emblée sur les Allemands [50]. » En clair, c'était une offre de service conditionnelle. Darlan se donnerait au plus fort.

---

47. *Ibid.*, p. 104.
48. William Langer, *op. cit.*, p. 222.
49. Pierre Péan, *Le Mystérieux Docteur Martin, 1895-1969*, Fayard, Paris, 1993, p. 337 ; Philippe Bourdrel, *La Cagoule*, Albin Michel, Paris, 1970, p. 264 ; Robert Murphy, *op. cit.*, p. 126.
50. Robert Murphy, *ibid.*, p. 127.

L'offre était tentante. Darlan avait certes dû céder la place à Laval, mais demeurait l'héritier désigné de Pétain ainsi que le chef des armées et de la flotte. Avec son aide, le débarquement prévu au Maghreb serait moins risqué. C'était là un point crucial pour les Américains. Sans expérience en matière d'invasion maritime, ignorant la valeur de leurs troupes, redoutant la réaction de l'opinion en cas d'échec sanglant, ils tenaient énormément à réussir une opération placée sous leur direction. Un insuccès des généraux américains rendrait la main aux militaires britanniques.

Anticommuniste au-dessus de tout soupçon, antigaulliste frénétique, Darlan possédait donc ainsi deux des qualités du candidat idéal recherché par Washington, et même son anglophobie n'était pas pour déplaire à certains. Quant à son exécrable réputation dans la presse anglo-saxonne, elle pourrait servir à le ramener à plus de modestie si l'idée lui venait de ne pas jouer le jeu. Au total, c'était un homme que l'on pouvait utiliser en se bouchant le nez. Plus tard, Roosevelt déclara à des gaullistes atterrés : « J'accepterais même la collaboration d'un autre diable si cette collaboration livrait Paris aux Alliés [51] ! » De son côté, Churchill, taisant des arrière-pensées politiques dont on reparlera, affichait le même pragmatisme guerrier. Deux mois avant le débarquement en Afrique du Nord, le 17 septembre 1942, parlant de Darlan, il déclara au général Eisenhower, commandant en chef des forces alliées : « Léchez-lui le cul s'il le faut, mais ayez le soutien de la marine française [52]. »

Au cours des six mois qui suivirent leur prise de contact, Fenard et Murphy restèrent en relation, tandis que le fils de l'amiral, Alain Darlan, servait aussi d'intermédiaire [53]. Trois semaines avant le débarquement, Darlan était en Afrique du Nord. Il était censé inspecter les défenses. Et quoique Murphy se fût défendu de l'avoir rencontré alors [54], il n'en demeure pas moins que c'est au même moment que Murphy « recommanda *[d']*encourag*[er]* » Darlan [55], que Roosevelt autorisa à traiter avec lui [56], et qu'Eisenhower formula un compromis entériné par Churchill. A Darlan iraient le commandement des forces françaises, plus, le cas échéant, le poste de commandant en chef

51. Nerin E. Gun, *op. cit.*, p. 332.
52. Stephen Ambrose, *Eisenhower*, Flammarion, Paris, 1986, p. 69.
53. Robert Murphy, *op. cit.*, p. 127.
54. *Ibid.*, p. 128 : « Bien qu'à diverses reprises nous nous soyons trouvés à Alger en même temps, Darlan avait délibérément évité de me rencontrer. Son fils me fit ressortir que l'amiral était surveillé par des espions allemands. »
55. William Langer, *op. cit.*, p. 338.
56. Robert Murphy, *op. cit.*, p. 144.

adjoint des troupes de débarquement, le gouvernement civil et militaire en Afrique du Nord revenant au général Giraud [57].

Car, entre-temps, Giraud avait été, lui aussi, promu au rang de rival de De Gaulle.

A vrai dire, les USA avaient d'abord espéré en un autre général français, Robert Odic. A la mi-1941, l'amiral Leahy avait attiré l'attention sur cet ancien commandant en chef de l'armée de l'air en Afrique du Nord [58]. Passé à Londres en décembre, aussitôt reçu par De Gaulle, Odic, choqué par les propos entendus, avait demandé à réfléchir. Le 3 février 1942, il avait rompu avec De Gaulle. Pour lui, « Vichy et Carlton Garden *[adresse de De Gaulle]* n'étaient que deux concurrents [59] ». Arrivé aux États-Unis, il avait remis un mémoire bien senti au Département d'État : « La haine mutuelle entre Darlan-Laval et De Gaulle ne provient que de la rivalité de leurs ambitions (...). Les USA, futurs libérateurs de la France, ne doivent pas prendre parti dans les querelles d'émigrés (...) [60]. » C'était exactement ce qu'il ne fallait pas dire. Il ne lui restait plus qu'à attendre le printemps 1943 pour se rallier à Giraud [61].

Fait prisonnier le 19 mai 1940, Giraud s'était évadé le 17 avril 1942 du château de Königstein, au sud de la Pologne. On discute encore aujourd'hui des causes et des circonstances d'un exploit qui, à l'époque, fit grand bruit.

Même si, dans ses Mémoires, Giraud dénie tout rôle aux Britanniques dans son évasion, c'est sûrement eux qui songèrent à lui. Inquiets de voir les Américains tentés de miser sur l'anglophobe Darlan, ils avaient tout intérêt à aider en sous-main les services secrets vichystes. Leur intervention et leurs calculs sont attestés par deux documents. Dès son retour en France, Giraud les remercia par télégramme de lui avoir fourni les horaires exacts des trains allemands à bord desquels il avait voyagé de Pologne en Alsace [62]. D'autre part, aussitôt qu'il sut Giraud

57. Milton Viorst, *op. cit.*, p. 146.

58. *Ibid.*, p. 140.

59. Kenneth Pendar, *op. cit.*, p. 209-213.

60. Nerin E. Gun, *op. cit.*, p. 388.

61. Sur les relations d'Odic avec les États-Unis, *cf.* NARA, INT-12 FR, documents 20, 23, 24, 29, 65, 124, 144, 151, 198, 448, 449, 527, 553, 554, 617, 633, de 1942 à 1943.

62. AN, 72 AJ 74, « Résistance Fer », lettre du 28 décembre 1968 de Paul Durand à Henri Michel, rapportant une information fournie par Sherrington, officier britannique chargé pendant la guerre de la recherche sur les transports en Europe. Son service avait rassemblé les horaires ferroviaires européens et turcs. Ils « avaient permis d'organiser les bombardements et mitraillages des trains (...) et l'évasion de Giraud qui remercia par un télégramme disant : "horaires exacts" ».

arrivé à bon port, Churchill câbla à Roosevelt : « Cet homme pourrait jouer un rôle décisif pour créer l'état de choses que vous souhaitez [63]. » On ne pouvait plus clairement suggérer d'en faire l'anti-De Gaulle.

Des agents français ayant toutefois été les artisans de cette surprenante aventure [64], on peut s'interroger sur les mobiles de Vichy. On ne pouvait pas ne pas y être informé d'une opération dont les conséquences sur les relations avec l'Allemagne étaient imprévisibles. Selon une note du service de renseignement de l'armée suisse, l'opération « avait été organisée par une poignée de cagoulards et des membres du Mouvement Synarchique d'Empire formant une conjuration nettement antigaulliste à l'origine. Cette conjuration était née dans la métropole en janvier 1942, avec le plein appui du gouvernement de Vichy et le parfait accord des autorités d'occupation et de l'ambassade du Reich en France [65] ».

L'entourage de Giraud comptait en effet nombre de cagoulards ou de sympathisants et aussi des personnalités réputées appartenir à la Synarchie [66]. Par ailleurs, la facilité avec laquelle ce sexagénaire à la silhouette caractéristique échappa aux recherches pendant son long trajet clandestin dans un Reich très surveillé ne laisse pas d'intriguer. Auteur du plus sérieux ouvrage sur ces événements, l'historien Elmar Krautkramer s'appuie sur les archives de la police nazie pour souligner fortement que la police judiciaire attendit trois jours pour lancer l'ordre de recherche de Giraud, et jusqu'au 22 avril, date à laquelle l'évadé était déjà hors d'atteinte, en Suisse, pour diffuser son signalement et sa photo [67]. Enfin, il faut noter que, peu avant la fin de la guerre, c'est grâce à Walter Schellenberg, chef du SD nazi, que les membres de la famille Giraud détenus en Allemagne furent remis aux autorités helvétiques [68].

Le rôle du SR suisse peut aussi être noté. Pris en charge dès son

---

63. Cité par Milton Viorst, *op. cit.*, p. 141.

64. Henri Amoretti, *Lyon capitale, 1940-1944*, France-Empire, Paris, 1964, p. 91-97, relate avec beaucoup de détails le rôle du SR français lors des préparatifs et de l'exécution de l'évasion.

65. BA, E 4320 (B) 1990/266.

66. Le *State Department* s'intéressa beaucoup à la Synarchie. *Cf.* le fort dossier NARA, RG 84, Box 2, *Vichy Embassy, Confidential Files*, 1940-1942, chemise « Banque Worms », qui contient, notamment, une copie du rapport Chavin et un organigramme des synarchistes en fonction dans l'appareil d'État.

67. Elmar Krautkramer, *Vichy-Alger, 1940-1942*, Economica, Paris, 1992, p. 92.

68. BA, 2001 (D) 3. Le 5 avril 1945, le brigadier Masson, chef du SR suisse, écrit au général Guisan que, le 2, il a remis à Giraud les treize membres de la famille Giraud détenus en Allemagne. Il précise : « Cette affaire a pu être réalisée, malgré les difficultés de diverses natures, grâce à l'intervention personnelle de Schellenberg. »

arrivée sur le territoire de la Confédération par le lieutenant Surdez, officier de renseignements (dont le frère, naturalisé américain, a appartenu aux services de renseignements militaires des USA)[69], Giraud, reçu à Berne par le brigadier Masson, est ensuite conduit à Genève, où il loge à l'*Hôtel de la Paix*[70]. Par un heureux hasard, dans ce même établissement réside aussi, depuis son premier séjour à Genève, le 8 février 1942, l'agent de l'OSS Max Shoop[71].

A la frontière française, passée grâce aux bons soins du service suisse, Giraud est pris en charge par le commandant de Linarès, dont nous reparlerons. Le 29 avril, l'évadé déjeune avec Pétain. Le 4 mai, il signe une déclaration de loyauté au Maréchal. Ni la Résistance intérieure ni la Résistance extérieure ne l'oublieront.

Les services américains n'avaient pas été absents de cette épopée ambiguë, Giraud en convient lui-même. Dans *Mes évasions*, il mentionne l'aide apportée dès le début par Léon de Rosen, d'origine russe, chargé de répartir en France des secours humanitaires américains. Peut-être ignorait-il que la Croix-Rouge de ce pays, comme d'autres organisations humanitaires de même nationalité, servait, depuis la révolution russe, de couverture aux services secrets. Mais il le comprit après son retour en France, quand de Rosen le présenta à Constance Harvey, vice-consul des États-Unis à Lyon, et bien connue des chefs de la Résistance pour ses relations avec les services américains[72]. Au demeurant, Giraud note dans ses Mémoires : « Je comprends bien vite que Mlle Harvey n'agit pas sans ordres (...). Elle peut facilement aller à Berne, où l'attaché militaire américain *[Legge]* m'est tout dévoué, affirme-t-elle[73]. »

Le 29 avril 1942, jour où Giraud déjeune avec Pétain, l'ambassade américaine à Vichy câble à Washington : « Si l'occasion s'en présente, Giraud sera l'homme désigné pour conduire l'armée française contre l'ennemi[74]. »

Le portait-robot si justement esquissé par Alexis Léger venait de trouver son incarnation parfaite. Giraud était un « vrai général » qui ne ferait surtout pas de politique, non que l'ambition d'en faire lui fît

---

69. Denys Surdez, *La Guerre secrète aux frontières du Jura, 1940-1944*, Transjura, s. l., 1985, p. 104-109.

70. Henri Giraud, *Mes évasions*, Julliard, Paris, 1947, p. 127-129.

71. BA, C 163812, « Rapport de l'inspecteur Épars », 18 février 1943.

72. Henri Frenay, *La nuit finira*, *op. cit.*, p. 110.

73. Henri Giraud, *op. cit.*, p. 151, et, du même, *Un seul but, la victoire. Alger, 1942-1944*, Julliard, Paris, 1949, p. 16. Constance Harvey effectua sa première liaison avec la Suisse le 30 août 1941 ; *cf.* son rapport de mission du 8 septembre, *in* NARA, RG 84, B 4, F 4, *Lyon Reports, Vichy Embassy, Confidential Files*, 1940-1942.

74. Nerin E. Gun, *op. cit.*, p. 319.

défaut mais parce qu'il y était inapte. « En politique, c'est un enfant, un bon général de division rien de plus », ricanait Darlan [75]. C'était bien préférable à ce De Gaulle dont Donovan disait pis que pendre : « Un dictateur virtuel, (...) totalement isolé, (...) ivre de pouvoir, (...) presque fou [76]. »

Une voie royale vers le pouvoir s'ouvrait devant Giraud, cela, du moins, le comprit-il : « J'avais répété au Maréchal, qui était pleinement d'accord avec moi, qu'il fallait s'appuyer sur l'Amérique pour rentrer dans la guerre. J'ai commencé à le faire dès le mois de juin *[1942]* [77]. » Mais il dérapa à sa première incursion sur le terrain politique. Roosevelt lui ayant fait demander s'il était disposé à travailler avec lui, il assortit sa réponse positive d'une exigence exorbitante, celle d'être nommé commandant en chef des troupes alliées « là où des troupes françaises combattront ». Interloqué, Roosevelt répondit par un vague « OK ».

Tout l'été 1942, les échanges se multiplient de part et d'autre de l'Atlantique et de la Méditerranée. A Alger, où Giraud croit avoir un ami sûr en la personne de Murphy, alors que celui-ci, rappelons-le, accueille avec faveur les avances de Darlan, un groupe de giraudistes mené par le cagoulard Lemaigre-Dubreuil, très introduit à Vichy et Washington, complote d'arrache-pied [78]. Giraud se voit déjà à la tête des 300 000 hommes de l'armée d'Afrique rééquipée de neuf par les États-Unis, et De Gaulle, qui a salué son évasion, peut-être même envisagé de se placer sous ses ordres, n'a qu'à bien se tenir.

Octobre passe sans entamer la sérénité de Giraud. Convaincu d'être un stratège hors pair, il a décrété les Anglo-Saxons incapables de débarquer avant les premiers mois de 1943 et croit l'armée d'armistice prête à profiter du futur événement pour reprendre le combat en France même.

Pendant que Giraud rêvait, Murphy et ses vice-consuls agissaient. Le diplomate américain soulignait combien les cadres vichystes sur place étaient réticents à l'idée de se retrouver placés sous la houlette de Giraud, combien le risque était grand qu'ils ordonnent de résister au débarquement, combien, somme toute, il était déraisonnable de s'entêter à jouer la carte Giraud alors que le chef du service de renseignements français demandait « si les États-Unis étaient prêts à payer le prix qu'il fallait pour obtenir l'appui de l'armée et de la marine fran-

75. Cité par Robert Murphy, *op. cit.*, p. 146.

76. Nerin E. Gun, *op. cit.*, p. 286, résumant la position de Donovan.

77. Henri Giraud, *Mes évasions*, *op. cit.*, p. 145.

78. *Cf.* Crusoë (Lemaigre-Dubreuil), *Vicissitudes d'une victoire*, Éd. de l'Ame française, Paris, 1946.

çaises, *[c'est-à-dire]* à soutenir le commandant en chef des forces françaises, l'amiral Darlan [79] ».

Embarrassé, Roosevelt avait laissé Eisenhower se débrouiller. Il avait promis le pouvoir militaire à l'amiral et réservé le civil au général. Et ordonné de n'en rien dire à celui-ci.

Giraud floué, restait à écarter De Gaulle. Murphy s'en était occupé dès le 5 septembre en câblant à Donovan : « La question se pose de savoir si le général De Gaulle (...) serait capable de traîtrise dans le cas où les États-Unis se livreraient à une intervention militaire en Afrique du Nord [80]. » Le chef de l'OSS tenant De Gaulle dans la haute opinion que l'on sait et ne rêvant, depuis la fin de 1941, que de le remplacer, de préférence par Édouard Herriot [81], Roosevelt avait décidé de l'exclure du secret et Churchill avait entériné d'autant plus aisément qu'en octobre ses services avaient opportunément déniché deux occasions de reprocher aux gaullistes leur laxisme en matière de sécurité.

Réduit à une quasi-impuissance déprimante [82], le « traître potentiel » et « dictateur virtuel » n'ignorait pourtant pas l'essentiel. Les journaux français et même la presse japonaise parlaient ouvertement du futur débarquement [83] sur lequel son entourage parvenait malgré tout à recueillir des informations. Pierre Billotte, chef de l'état-major particulier, avait un cousin chef du service secret de la *Royal Air Force*, lui-même lié à son homologue français, le général Ronin, giraudiste de poids [84]. Le cousin bien placé ne cachait pas tout à Billotte. Le même Billotte avait par ailleurs un ministre britannique dans sa paren-

---

79. Milton Viorst, *op. cit.*, p. 145-146.

80. William Langer, *op. cit.*, p. 310, « Mémo de Murphy à Donovan ». Cette note concourut à suspendre la collaboration entre le BCRA et l'OSS, de même qu'« un câble du chef d'état-major à Washington adressé au bureau de Londres *[demandant]* de s'abstenir de toute forme de discussion ou d'engagement concernant la collaboration tripartite en matière de renseignement » (*in* version non expurgée de l'histoire interne de l'OSS, NARA, RG 226, E 190, B 239, F 544, p. 60). Mais le prétexte concret était ce que l'on appela l'« affaire Clamorgan », dont on parlera plus loin.

81. Richard Dunlop, *Donovan, America's Master Spy*, Rand McNally & Company, Chicago, 1982, p. 342. *Cf.* aussi NARA, RG 226, E 92, B 45, F 9, « Mémo d'une conversation avec le Rév. Howard L. Brooks, 27 mai 1942 », dans lequel l'auteur, J. C. Hughes, rapporte que Jouhaux a demandé 10 000 dollars par l'intermédiaire de Varian Fry, du Comité américain de secours (CAS), à Marseille, et lettre du 12 mai 1942 d'Allen Dulles à Hugh R. Wilson favorable au paiement (*in* NARA, RG 226, E 92, B 40, F 58), ainsi que (même réf.) réponse de Donovan à Hugh Wilson : *« Hugh, by all means, let us look into this suggestion. »*

82. Guy de Girard de Charbonnières, *op. cit.*, p. 94, mentionne que De Gaulle surmonta sa dépression seulement après s'être imposé à Giraud, en juillet 1943.

83. Milton Viorst, *op. cit.*, p. 148.

84. *Cf.* Jean Bézy, *SR Air*, France-Empire, Paris, 1988.

tèle qui lui faisait aussi des confidences. Enfin, une cousine germaine de l'irremplaçable Billotte était la secrétaire personnelle du Dr Beck, l'homme qui faisait pour Churchill la synthèse quotidienne des renseignements secrets. Elle avait aussi des faiblesses pour son cousin. Celui-ci savait sans doute de quoi il parlait lorsqu'il estimait après guerre : « Les services américains travaillaient avec Giraud par l'intermédiaire du jeune MacArthur qu'aidaient les *[services secrets]* polonais. Laval, au courant, facilitait les choses, rêvant de susciter des dissidences dans la dissidence, dissidence à gauche avec Jouhaux, qu'il aiderait au moyen d'argent anglais [85], dissidence à droite, avec Giraud, financé par l'argent américain (...). Le malheur pour tous fut qu'il y eut à la tête de l'Amérique un gangster à visage d'ange [86]. »

Fin octobre 1942, De Gaulle se savait hors jeu et Giraud ignorait qu'il était mis sur la touche. Le 23 octobre, ses plénipotentiaires, secrètement réunis à Cherchell avec des chefs militaires américains amenés par sous-marin comprirent soudainement que leur partenaire avait joué sur deux tableaux. Outrés et bien décidés à ne pas partager le pouvoir avec Darlan, ils obtinrent de Giraud une lettre qui durcissait ses exigences. Murphy répondit le 1er novembre par des mensonges : « Je reconnais que j'ai ainsi trompé Giraud et son entourage [87]. »

Début novembre, tous les services secrets français savent le débarquement imminent. Le 2, le général Ronin, chef du SR Air, lié à l'attaché militaire américain à Vichy, le colonel Schow, dont la sécurité est assurée par le Contre-espionnage de Paul Paillole [88], met son organisation en alerte et fait préparer des avions [89]. Le 4, les Américains d'Alger apprennent au représentant de Giraud la date du débarquement. Le lendemain matin, Vichy est mis au courant.

Chef des armées, Darlan décide alors de partir pour Alger voir son fils Alain. Victime de la poliomyélite, son état s'est aggravé. Tandis que les patrons des services secrets de Vichy s'envolent pour Alger, il embarque dans son propre avion. Il s'est muni du code secret personnel qui lui permettra de communiquer sans intermédiaire avec Pétain. Et il a emporté son uniforme de parade.

---

85. De nombreux documents conservés dans les dossiers de l'OSS et du Département d'État témoignent que les États-Unis aidaient aussi Jouhaux et les syndicats français, principalement par l'intermédiaire de Guigui.

86. AN, 72 AJ 220, « Entretien de Billotte avec Mlle Gouineau », 4 et 11 juillet 1950, p. 16-17.

87. Robert Murphy, *op. cit.*, p. 135.

88. Jean Bézy, *op. cit.*, p. 35.

89. *Ibid.*, p. 87.

On s'est toujours beaucoup interrogé sur l'arrivée de Darlan à Alger. L'état de santé de son fils en était-il la cause ou le prétexte ? Alain Darlan était réellement malade et son état s'était sans doute vraiment aggravé le 31 octobre. Darlan avait donc attendu cinq jours pour se rendre au chevet de son fils ; il avait surtout attendu l'avant-veille du débarquement pour le faire. Le 5 novembre, date de son arrivée, les médecins disaient Alain Darlan au plus mal, vingt-quatre heures après ils le considéraient hors de danger [90]. Le débarquement était pour le lendemain. Ce jour-là, le père, que rien ne retient plus à Alger et qui sait qu'une flotte de guerre passe au large d'Oran, décide de rester trois ou quatre jours encore et câble à Vichy : « Je ne pense pas qu'une action délibérée contre territoires français soit actuellement envisagée par Anglo-Saxons [91]. »

Tous les services de renseignements allemands et vichystes affirment le contraire. Le SR Air tout comme le réseau « Alliance », lié aux Britanniques, ont informé Darlan, précisant bien que cette flotte se dirige vers l'Algérie, une autre cinglant vers le Maroc, et non pas, comme Darlan le câble malgré tout à Vichy, vers la Tripolitaine ou la Cyrénaïque.

Si l'on pouvait jusqu'à présent soupçonner le hasard d'avoir un peu trop bien arrangé le destin de Darlan, l'absence de document interdisait d'affirmer que la maladie de son fils avait servi de couverture aux manigances américaines. Mais la preuve se trouve dans les archives de l'OSS.

Chef du *Secret Intelligence* (SI) de l'OSS-Alger, c'est-à-dire chef du service de renseignement proprement dit, le lieutenant-colonel W. Arthur Roseborough était l'un des hommes les mieux informés du dessous des cartes. Dressant un bilan politique des événements, il écrit à ses supérieurs :

> « Nos conseillers politiques et nos chefs militaires ont commis l'erreur initiale en comptant sur Giraud pour jouer le coup ici en A*[frique du]* N*[ord]*. Quand cela échoua, ainsi qu'on le leur avait dit, ils paniquèrent et perdirent leurs nerfs. Darlan n'était peut-être pas aussi mauvais que certains de nous le croyaient, mais *en l'appelant pour nous sauver* nous nous sommes perdus nous-mêmes (...) [92]. »

---

90. Elmar Krautkramer, *op. cit.*, p. 148 et suiv. Alain Darlan fut ensuite pris en charge par Roosevelt, qui le fit transporter à la clinique de Warm Springs, Californie, où il avait été lui-même soigné. Après l'assassinat de l'amiral, sa veuve fut invitée par le gouvernement américain à rejoindre son fils (Robert Murphy, *op. cit.*, p. 159).

91. Cité par Elmar Krautkramer, *op. cit.*, p. 150.

92. NARA, RG 226, E 97, B 14, F 237, W. Arthur Roseborough, *North African Situation, Algiers SI-INT-1 & 2*, mi-février 1943, p. 3. Souligné par nous.

Pendant que Darlan s'installait en maître à Alger, Giraud comprenait enfin à quel point il avait été berné. Dans la nuit du 5 au 6 novembre, il s'embarque, mais, le trompant jusqu'au bout, les Américains l'amènent d'abord à Gibraltar et l'y font lanterner. C'est seulement dans l'après-midi du 7 qu'il peut rencontrer Eisenhower. Au cours d'une réunion qualifiée d'« agitée » par Giraud lui-même [93], le commandant en chef allié déclare froidement tout ignorer des promesses de Roosevelt. Le 9 enfin, Giraud arrive à Alger. Le 12, les Américains tranchent souverainement. Revenant sur le compromis élaboré par Eisenhower en octobre, ils donnent à Darlan la direction politique et à Giraud le commandement des troupes françaises. « Je crains d'avoir été un peu naïf dans cette affaire – pour ne pas dire plus (...) », commenta plus tard un Giraud désabusé et pour une fois lucide [94].

La suite est trop connue pour qu'on s'y attarde. Mérite quand même d'être notée la décision de Darlan qui, le 9 décembre, sans soulever de protestation américaine, maintient ou prend des mesures antisémites dans l'armée [95] (soit dit en passant, Giraud les abrogera seulement en mai 1943, sous la pression d'une virulente campagne de presse en Amérique [96]). Le 13 décembre, Staline cautionne l'arrangement : « Selon mon opinion, aussi bien que selon celle de mes collègues, la politique d'Eisenhower à l'égard de Darlan, Boisson, Giraud et d'autres est parfaitement correcte. Je pense que c'est une grande prouesse que vous ayez réussi à amener Darlan et les autres dans l'orbite des Alliés (...) [97]. »

Tout le monde n'est pas de cet avis, ni dans l'OSS, comme on l'a vu avec Roseborough, ni dans la presse anglo-saxonne, déchaînée contre

---

93. Henri Giraud, *Un seul but, la victoire*, *op. cit.*, p. 24-25.

94. *Ibid.*, p. 44.

95. NARA, 12-INT-FR 582 contient une série de directives prises par ordre de l'amiral Darlan et après consultation du Haut Conseil impérial. La note 582/ MSP/CAB, du 30 décembre 1942, adressée par le général Prioux aux unités, prévoyait, en son point 4 : « Pour les Juifs, mobilisation dans les camps de travailleurs ou pionniers. » La note 220/BC du 1er Bureau de l'état-major prévoyait que les chefs de corps adresseraient à leur supérieur compétent « un état nominatif des israélites français » se trouvant dans l'armée. La note 40 COMGI/CAB, du 30 janvier 1943, affirmait que les mesures de regroupement des juifs dans les unités spéciales de pionniers visaient « à ne pas engager l'avenir sur la question du statut qui sera donné à la population juive après la guerre ». La note du général Lascroux, commandant supérieur des troupes au Maroc, signée par le colonel Bondis, chef d'état-major, prévoyait : « Le personnel médecins et pharmaciens israélites devra être maintenu à 3 % de l'effectif total de leur catégorie. »

96. NARA, même référence que ci-dessus, avec notamment la lettre de Jacob Landau, directeur d'*Overseas News Agency*, du 28 avril 1943, qui transmet à Moses B. Beckelmann, de l'OSS, les notes citées *supra*.

97. Michael R. D. Foot, *op. cit.*, p. 221.

Darlan. Contraint de qualifier l'amiral d'« expédient provisoire », Roosevelt refuse malgré tout sa démission lorsque, sentant sa fin prochaine, il l'offre, demandant seulement un visa américain pour son épouse et lui-même. Le 24 décembre, dans des conditions toujours obscures, il est abattu, et son jeune meurtrier aussitôt exécuté. Quel qu'ait été le commanditaire du meurtre – il semble qu'il y en eut plusieurs [98]–, la voie est désormais libre pour Giraud.

Reconnu le 26 décembre comme commandant en chef civil et militaire, il aborde l'année 1943 en position de force. De Gaulle a perdu la première manche. Reste à le faire plier. Simple formalité aux yeux de Roosevelt. Connaissant le personnage, Churchill en doute.

Il fallut rien de moins que la menace de lui couper les vivres pour contraindre De Gaulle à aller à la conférence d'Anfa. Le 26 janvier 1943, à la fureur de l'Américain et à l'irritation peut-être assortie d'une pointe de satisfaction de Churchill, De Gaulle ne consent à rien. C'est tout juste s'il serre la main de Giraud, et encore interdit-il qu'on diffuse la photo. Et c'est à peine s'il accepte de signer un communiqué commun d'exactement quatre phrases. Les deux premières sont on ne peut plus lapidaires : « Nous nous sommes vus. Nous avons causé. » Les deux autres ne promettent rien.

Malgré tout, Giraud quitte Anfa vainqueur. Roosevelt a promis de lui équiper onze divisions, dont trois blindées. Roosevelt a signé un mémorandum secret lui donnant autorité pour préserver les intérêts français dans tous les domaines. Roosevelt lui a confié le soin d'unir les Français.

Le destin de De Gaulle paraît scellé.

Fissure dans la Résistance

Tandis que la cassure Est/Ouest servait à élargir la fracture du camp occidental, celle-ci contribuait à révéler une fissure entre Résistance extérieure et Résistance intérieure.

Depuis son triomphe d'Anfa, Giraud cherchait à acquérir une image démocratique dont l'absence lui valait les rebuffades d'une large partie de la presse anglo-saxonne. Conscients du problème en même temps que des limites politiques de leur homme, les Américains lui avaient dépêché un conseiller de confiance, Jean Monnet. Le 14 avril, celui-ci ayant rédigé un discours antivichyste, démocratique et républicain,

---

98. *Cf.* notamment le témoignage de Mario Faivre, *Nous avons tué Darlan, Alger 1942*, La Table ronde, Paris, 1975.

Giraud le prononça. A peine descendu de la tribune, il rassura en ces termes l'un de ses proches stupéfait : « C'est un discours politique, je n'en crois pas un mot[99] ! »

Commentaire de Harold Macmillan, « l'œil » de Churchill à Alger : « Il est certain que les théories politiques du général Giraud ne sortent pas de sa propre cervelle. On ne peut même pas les comparer à un costume coupé par un tailleur : il est clair qu'il l'a acheté en confection et qu'il ne lui va pas trop bien[100]. »

De Gaulle réplique le 4 mai par un discours sans illusion. Il critique Giraud mais satisfait aux lourdes pressions anglo-saxonnes : « Nous sommes prêts à nous rendre à Alger immédiatement. »

La réaction de Jean Monnet montre à quel degré d'hostilité on en est arrivé et quelle panique provoque la perspective de négocier : « C'est le type parfait du discours hitlérien et l'application de ses méthodes. Ceci étant, il faut se résoudre à conclure que l'entente est impossible avec *[De Gaulle]* : qu'il est un ennemi du peuple français et de ses libertés/ qu'il est un ennemi de la reconstruction européenne dans l'ordre et la paix/ qu'en conséquence, il doit être détruit, dans l'intérêt des Français, des Alliés et de la paix[101]. »

« Naturellement, commente l'historien qui a découvert cette diatribe, il n'est pas question de faire disparaître le général *[De Gaulle]* : "il faut donc le détruire" désigne la mouvance et non l'individu[102]. »

Détruire la mouvance gaulliste, c'est en dernière analyse battre le Général sur le terrain de la légitimité.

De Gaulle avait, lui aussi, tiré les leçons d'Anfa. Sans les Anglo-Saxons derrière lui, Giraud n'était rien ; mais sans la France avec lui, De Gaulle n'était rien non plus. L'unique parade opposable à Giraud était la légitimité. Seule la Résistance intérieure pouvait la conférer.

Jusque-là, le chef de la Résistance extérieure n'avait guère plus accordé d'importance à la Résistance intérieure que ne le faisaient les états-majors alliés. Ces petits groupes mal armés, ces réseaux fragiles, ces Mouvements squelettiques, certes utiles comme collecteurs de renseignements et agitateurs, compteraient peu quand viendrait l'heure des gros bataillons, de la Libération et de la restauration de la France en tant que puissance. Mais maintenant leur poids politique apparais-

---

99. Éric Roussel, *Jean Monnet, 1888-1979*, Fayard, Paris, 1996, p. 317.

100. *Ibid.*, p. 350.

101. Archives Marianne Monnet-Nobécourt, cité par Roussel, *ibid.*, p. 335.

102. Roussel, *ibid.*, p. 336. Plus tard, écrivant à Harry Hopkins, Monnet réitéra ses jugements et suggéra de demander aux Britanniques de couper les vivres à De Gaulle tout en le privant de moyens de communication (p. 339 et 346).

sait. En voie d'unification grâce à Jean Moulin, qui, non sans mal, atténuant ici les rivalités de chefs et calmant là les querelles de boutiques, avait su placer ces cohortes de rebelles-nés sous l'autorité du symbole De Gaulle, la clandestinité devait être à même d'exprimer son choix d'une seule voix.

Le 14 février, Jean Moulin atterrit en Angleterre. Le 21, sur sa proposition, De Gaulle l'enjoint de créer, « dans les plus courts délais possible[103] », un Conseil de la Résistance[104] dont la nature est peu après fixée : « un embryon de représentation nationale ».

« C'était l'objectif majeur, la pensée suprême », résume justement un historien[105]. Expression de la vraie France, de la France rebelle, de la nation en armes, le Conseil de la Résistance tient le sort de De Gaulle entre ses mains.

Rentré en France le 20 mars, Moulin rédige le samedi 8 mai un câble pour De Gaulle. Il parvient au destinataire le vendredi 14 au soir. Le texte rendu public par les journaux gaullistes du lendemain est celui espéré par De Gaulle. Le Conseil de la Résistance est constitué et il a tranché. L'essentiel de son message est :

> « Tous les mouvements, tous les partis de la résistance de la zone nord et de la zone sud, à la veille du départ pour l'Algérie du général De Gaulle lui renouvellent, ainsi qu'au Comité national, l'assurance de leur attachement total aux principes qu'ils incarnent (...). Ils affirment en outre (...) que *le peuple de France n'admettra jamais la subordination du général De Gaulle au général Giraud* (...)[106]. »

Jacques Soustelle, alors commissaire à l'Information, commentera plus tard : « Cette nouvelle nous arrivait au plus épais des difficultés et des intrigues (...). La pression étrangère était prodigieuse. Chez nous, même certains faiblissaient et prêchaient les concessions. Je m'empressai de publier les nouvelles concernant le CNR qui ne pouvaient que renforcer notre position. On ne saurait imaginer quelle fut la fureur du *Foreign Office*. Il interdit à la BBC de faire la moindre allusion au Conseil de la Résistance, veto qui ne fut levé qu'après plusieurs jours[107]. »

---

103. « Nouvelles instructions », document reproduit *in* Daniel Cordier, *Jean Moulin et le Consiel national de la Résistance,* CNRS, Paris, 1983, p. 187-188.

104. C'est seulement à la fin de 1943 ou au début de 1944 que le qualificatif « national » s'imposa. *Cf. ibid.*, p. 162-163.

105. Jean-Louis Crémieux-Brilhac, *op. cit.*, p. 519.

106. Charles de Gaulle, *Mémoires de guerre*, Plon, Paris, 1954-1959, 3 vol., t. 2 : *L'Unité*, p. 105. Souligné par nous.

107. Jacques Soustelle, *Envers et contre tout*, t. 2 : *D'Alger à Paris*, Robert Laffont, Paris, 1950, p. 170-171.

Au silence radio l'adversaire ajoute bientôt la rumeur. Il met en doute l'authenticité du message et même la réalité du Conseil de la Résistance. De Londres, Roger Cambon et Pierre Commert, du journal *France*, très critique envers le gaullisme, écrivent à Jean Monnet que le document porte des signatures « authentiques ou non » et qu'il est « impossible *[d'en]* vérifier l'authenticité »[108].

Le 18 mai, l'ambassadeur américain à Londres, John Winant, rapporte que, selon Maurice Dejean, chef de cabinet du commissaire aux Affaires étrangères, « le message du soi-disant Conseil de la Résistance française (...) était seulement l'œuvre d'André Philip[109] », commissaire à l'Intérieur.

Le même jour, deux câbles de Murphy arrivent à Washington. Selon le général Catroux, plénipotentiaire de De Gaulle à Alger : « La prétention de De Gaulle à être considéré comme le chef de la résistance en France (...) est simplement une manœuvre pour affermir sa position. Des informations arrivant à Catroux de sources en France contredisent cette prétention[110]. »

Les doutes semés par Catroux sont si ravageurs que De Gaulle lui donne sa « parole quant à l'authenticité de ces textes et de ces références, authenticité qui est d'ailleurs parfaitement connue des services de l'*Intelligence* britannique[111] ».

Mais cette assurance ne convainc nullement Catroux. Il envisage de démissionner, recommande aux Britanniques d'utiliser « les amples moyens » dont ils disposent contre De Gaulle, et prête pour la première fois une oreille attentive aux « voix républicaines » qui, à Alger, lui offrent le pouvoir[112].

Les remous algérois ne sont cependant rien auprès de la tempête déclenchée à Washington. Roosevelt ne pouvait évidemment être satisfait d'un document qui, en refusant la subordination de De Gaulle à Giraud, légitimait De Gaulle. Mais qu'il ait trouvé dans ces lignes l'argument irrésistible pour convaincre Churchill de se défaire au plus

---

108. Cité par Éric Roussel, *op. cit.*, p. 353-354.

109. Cité par Daniel Cordier, *Jean Moulin et le Conseil national de la Résistance, op. cit.*, p. 128.

110. *Ibid.*, p. 174. Le second câble, adressé à Roosevelt, n'apporte rien de plus.

111. Charles de Gaulle, *Lettres, notes et carnets*, Plon, Paris, 1980-1983, 3 vol., t. 1 : *Juillet 1941-mai 1943*, p. 593-594.

112. Guy de Girard de Charbonnières, *op. cit.*, p. 136-138. En juillet 1943, Monnet écrira à Roosevelt que Catroux « a l'ambition manifeste de les remplacer tous les deux *[Giraud et De Gaulle]*. D'après ce qu'il m'a déclaré, il considère que De Gaulle est une menace et doit être éliminé à la première occasion favorable (...). Je doute sérieusement que Catroux soit capable de triompher de l'ambition et de l'énergie de De Gaulle » (*in* Éric Roussel, *op. cit.*, p. 374).

tôt de De Gaulle laisse supposer quelque non-dit, un élément caché, un fait connu des deux leaders anglo-saxons et assez grave pour justifier leur décision.

Les messages émis par la Résistance intérieure étaient reçus en Angleterre par les services britanniques qui les transmettaient au BCRA. Le *Foreign Office* connaissait les termes exacts des câbles de Moulin [113], par conséquent Churchill aussi. Il put de la sorte apprendre que celui envoyé le 8 mai par Moulin n'était pas celui publié le 15 par De Gaulle et sur l'authenticité duquel il avait engagé sa parole. Ils différaient du tout au tout sur le point essentiel. Là où le texte du 15 refusait la subordination à Giraud, l'original du 8 disait exactement :

> « Suite départ de Gaulle Algérie tous Mouvements et partis résistance zone Nord et Sud renouvellent général de Gaulle et Comité national attachement total aux principes qu'ils incarnent (...) Tiennent à déclarer fermement primo (...) – Secundo (...) – *Tertio que subordination de Gaulle à Giraud comme chef militaire* – Quarto quelle que soit l'issue des négociations de Gaulle demeurera pour tous seul chef résistance française – Fin [114]. »

Signé par Moulin, le message avait politiquement légitimé De Gaulle tout en légitimant militairement Giraud. Or la légitimité militaire primait la politique aux yeux des Anglo-Saxons. Le 19 mai, à Washington, s'adressant au Congrès, Churchill, sans citer De Gaulle une seule fois, déclare qu'en bonne démocratie le commandement en chef est l'attribut présidentiel par excellence.

Le premier Britannique était arrivé à Washington le 11 mai pour conférer avec Roosevelt. Honneur exceptionnel, il logeait à la Maison-Blanche, vivant avec le président, le voyant à toute heure. « Les dispositions de Washington à l'égard du général De Gaulle deviennent de plus en plus hostiles, relate-t-il dans ses Mémoires. Il ne se passait pas de jours que le Président ne m'en parlât (...). Il me remettait presque chaque soir quelque document accusateur contre le général, provenant du Département d'État ou du service secret américain [115]. »

La pression présidentielle conjuguée à l'affaire du message trafiqué finit par produire l'effet désiré sur un Churchill excédé : Giraud, chef des troupes françaises de l'Empire, doit le demeurer et détenir le pouvoir politique.

---

113. Jean-Louis Crémieux-Brilhac, *op. cit.*, p. 542.

114. Daniel Cordier, *Jean Moulin et le Conseil national de la Résistance, op. cit.*, p. 172. Souligné par nous.

115. Winston Churchill, *Mémoires. La Deuxième Guerre mondiale*, Plon, Paris, 1948-1950, 6 vol., t. IV, vol. 2, p. 405-406.

Le 21 mai, Churchill voit Alexis Léger, qui, en s'affirmant « d'accord avec le mouvement gaulliste *[tout en]* pens*[ant]* que s'il était débarrassé de De Gaulle, ce serait de bon augure pour la France [116] », introduit une distinction capitale entre le mouvement et sa figure de proue. Le même jour, Churchill câble à Anthony Eden, qui le supplée en son absence : « Je demande à mes collègues d'examiner d'urgence la question de savoir si nous ne devrions pas, dès maintenant, éliminer De Gaulle en tant que force politique. »

Proposant de couper les vivres aux dirigeants gaullistes, il reprend à son compte l'argument de Léger et pointe l'existence d'une fissure entre la Résistance intérieure et ce De Gaulle impliqué du mauvais côté de la cassure Est/Ouest :

> « Je serais quant à moi tout à fait disposé à (...) montrer à tout le monde que le mouvement de résistance en France qui est au cœur même de la mystique gaulliste *ne s'identifie plus* à cet homme vaniteux et malveillant *[qui]* a maintenant fait alliance avec le mouvement communiste de France alors qu'il prétend être le seul rempart contre ce mouvement [117]. »

Prémonition ou indiscrétion, la direction gaulliste sent passer le vent du boulet. Ce même 21 mai, elle publie un communiqué salvateur : « Une réalisation rapide de l'unité de l'Empire est désormais en vue. Il semble désormais possible d'aboutir dans un bref délai à la formation à Alger d'un pouvoir central français provisoire qui combinera l'autorité du Comité national *[gaulliste]* avec celle qui est actuellement exercée par le commandement d'Afrique du Nord. »

Arrogance mise à part, De Gaulle a plié. Deux jours plus tard, le cabinet britannique refuse la rupture demandée par Churchill, lequel, le 26 mai, quitte Washington pour Alger.

Le lendemain, à Paris, le Conseil de la Résistance se réunit pour la première fois. Quatorze Mouvements, partis et syndicats sont là. Présidé par Jean Moulin, le Conseil adopte une motion dont nous reparlerons mais qui maintient, sous forme de « souhait ardent », l'exigence formulée le 8 mai : commandement militaire à Giraud, gouvernement provisoire à De Gaulle.

Pareil compromis ne pouvait plaire ni aux uns ni aux autres. Les Britanniques interdisent durablement la diffusion de la motion. Les gaullistes la gardent longtemps sous le coude en arguant d'une trans-

---

116. Raoul Aglion, *op. cit.*, p. 232.

117. Cité par Henri-Christian Giraud, *De Gaulle et les Communistes*, Albin Michel, Paris, 2 vol., t. 1, 1988, p. 446. Souligné par nous.

mission radio défectueuse qui l'aurait rendue presque indéchiffrable.

A Alger pour huit jours, Churchill voit arriver De Gaulle le 30 mai. C'est tout de suite le fiasco avec Giraud. Le lendemain, c'est le conflit. On se dispute sur presque tout. De Gaulle claque la porte. Giraud lui envoie un poulet au vitriol, l'accusant de vouloir établir en France un régime copié sur le nazisme, appuyé sur des SS, avec un BCRA Gestapo[118]. La tension monte prodigieusement. On s'accuse mutuellement de préparer un putsch. L'amiral Muselier, ennemi juré de De Gaulle et rallié à Giraud, met les troupes en alerte, appelle des blindés, bloque les aéroports. De Gaulle, inquiet, convoque Macmillan, qui le rassure. Dans son coin, Churchill, rejoint par Eden, observe et peut se convaincre du bien-fondé des vues sarcastiques de Macmillan sur Giraud : « Les gens sont déjà las de cette négociation qui se prolonge, et dans quelque temps ils seront lassés par le général lui-même. Il n'est pas bien difficile d'être ennuyé par le général (...) ; il n'a pas un caractère très passionnant[119]. »

De son côté, Monnet se demande si De Gaulle est « un dangereux démagogue, un fou, ou les deux[120] », mais voit aussi qu'il « a le plus souvent raison dans ses critiques des conceptions de Giraud que je ne peux moi-même soutenir jusqu'au bout[121] ». Là-dessus, Catroux offre sa démission, refusée par De Gaulle, qui rédige la sienne, déchirée sans un mot par Billotte[122]. Le lendemain, le Comité français de libération nationale (CFLN) voit enfin le jour. Il a sept membres : trois de chaque bord[123], Catroux étant tacitement considéré arbitre. Le 4, Churchill invite tout le monde à déjeuner et rentre à Londres. A peine a-t-il le dos tourné que Giraud laisse le CFLN décider de doubler son effectif. Il nomme trois des siens (Jules Abadie, Maurice Couve de Murville et René Mayer), De Gaulle en désigne quatre. Il sera majoritaire dès leur arrivée.

Catastrophé, Roosevelt propose de recourir à la force : « L'Afrique du Nord, écrit-il à Churchill, se trouve en dernière analyse sous la loi militaire anglo-américaine. Nous pouvons nous servir, vous et moi,

---

118. Texte dans Charles de Gaulle, *Mémoires de guerre*, t. 2 : *L'Unité*, *op. cit.*, p. 487-488. On attribue souvent ces formules assassines à André Labarthe, nommé le 4 mai 1943 secrétaire à l'Information du pouvoir giraudiste.

119. Éric Roussel, *op. cit.*, p. 350.

120. Journal de Jean Monnet, cité par Roussel, *ibid.*, p. 359.

121. Jean Monnet, *Mémoires*, Fayard, Paris, 1976, p. 237.

122. Henri-Christian Giraud, *op. cit.*, t. 2, p. 24.

123. Pour De Gaulle, outre lui-même, Massigli et Philip. Pour Giraud, outre lui-même, Monnet et le général Georges, que Churchill a envoyé d'urgence quérir en France. Poussé par Monnet, Louis Joxe est secrétaire. Il avait été adjoint de Moulin au cabinet Cot. *Cf.* Louis Joxe, *Victoire sur la nuit*, Flammarion, Paris, 1986.

d'Eisenhower pour tout ce que nous désirons (...). Meilleurs vœux pour une prompte cessation de notre tracas commun[124]. »

Le 8 juin, De Gaulle met le feu aux poudres en demandant au CFLN la réorganisation et la modernisation de l'armée. Outré qu'on touche à ses prérogatives, Giraud menace de démissionner, mais c'est De Gaulle qui claque à nouveau la porte. Et démissionne pour de bon, le 9[125]. « Giraud, note un gaulliste, se remit bien tranquillement dans sa peau de commandant en chef civil et militaire[126]. » Il croit avoir gagné ; Churchill le voit perdant.

« Nous avons *d'autres moyens* de faire notre devoir envers les Français[127] », menace le Premier ministre dans un commentaire officieux qu'il fait publier le 13 juin.

« D'autres moyens » ? Le 11, il a sommé De Gaulle de reprendre place au CFLN sous peine de se voir défendre toute retraite vers Londres ; le 14, il ordonne de lui couper les vivres[128].

Pendant que l'*establishment* gaulliste s'agite pour remotiver le Général qui broie du noir, parle de repartir de zéro, d'aller s'installer à Brazzaville et de ne plus s'appuyer que sur l'URSS, qui, le 16 juin, lui apporte son appui[129], Roosevelt arme le coup de grâce.

Le 17 juin, il télégraphie à Churchill :

> « J'en ai assez de ce De Gaulle, et les intrigues menées en secret par le comité au cours de ces derniers jours montrent bien qu'il nous est impossible de travailler avec lui (...). Je suis d'accord avec vous pour dire qu'il n'aime ni les Anglais ni les Américains et qu'il est prêt à nous doubler tous les deux à la première occasion. Nous devons nous séparer de De Gaulle[130]. »

Reste à fignoler l'accusation. Comme en octobre, ce sera non pas la trahison mais quelque chose d'approchant :

---

124. Winston Churchill, *op. cit.*, t. V, vol. 1, p. 173.

125. Texte de la lettre de démission *in* général Catroux, *Dans la bataille de Méditerranée, 1940-1944*, Julliard, Paris, 1949, p. 376.

126. Guy de Girard de Charbonnières, *op. cit.*, p. 232.

127. *The Observer*, 13 juin 1943. Souligné par nous.

128. Jean-Louis Crémieux-Brilhac, *op. cit.*, p. 561-562.

129. Henri-Christian Giraud, *op. cit.*, t. 2, p. 35, citant *Les Relations franco-soviétiques pendant la Grande Guerre patriotique*, Moscou, t. 1, 1983.

130. Cité par Daniel Cordier, *Jean Moulin et le Conseil national de la Résistance*, *op. cit.*, p. 178, et par François Kersaudy, *op. cit.*, p. 245. Les intrigues secrètes reprochées par Roosevelt visent, notamment, le retournement en cours de Jean Monnet, aussitôt accusé de « trahison » par Murphy.

« La guerre est d'une telle importance, nos entreprises militaires si graves et si risquées que nous ne pouvons pas nous permettre de les voir menacées par de Gaulle [131]. »

Ce valet de Staline mériterait un procès de Moscou. En attendant, le mettre hors d'état de nuire s'impose. Ce même 17 juin, le président américain câble à Eisenhower : « Nous ne permettrons pas à de Gaulle de contrôler l'armée française en Afrique par l'intermédiaire de ses partisans de quelques comités ou directement par lui-même [132]. » Et si Churchill semble finasser pour la forme en voulant « assurer la sécurité de nos forces *[en]* en rend*[ant]* de Gaulle responsable », il abdique sur le fond : « Le gouvernement de Sa Majesté s'associera aux décisions d'Eisenhower [133]. »

Encore le même 17 juin, Roosevelt câble pour la deuxième fois à Eisenhower :

> « Pour votre information très secrète : il faut que vous sachiez que nous allons peut-être rompre avec de Gaulle au cours des quelques jours à venir [134]. »

Le « top » du compte à rebours est donné. « Une campagne de rumeurs accuse de Gaulle d'avoir conclu un accord secret et d'avoir reçu 100 millions de francs de Moscou », constate l'OSS, tandis que la presse aux ordres prépare l'opinion [135].

Un avion dans la nuit

Le lendemain de ces échanges télégraphiques entre Washington, Londres et Alger, le vendredi 18 juin 1943, à 22 heures, un bombardier Halifax de la *Royal Air Force* décolle depuis un aéroport algérien. Churchill a donné personnellement l'ordre de le mettre à la disposition des services secrets. C'est la première fois depuis l'occupation de l'Afrique du Nord par les Anglo-Saxons qu'un appareil va traverser la Méditerranée pour une mission secrète en France.

---

131. *Ibid.*
132. Cité par Éric Roussel, *op. cit.*, p. 366.
133. Winston Churchill, *op. cit.*, t. V, vol. 1, p. 176.
134. Cité par Daniel Cordier, *Jean Moulin et le Conseil national de la Résistance*, p. 179, ainsi que par François Kersaudy, *op. cit.*, p. 246.
135. NARA, RG 226, E 97, B 32, F 559, *Algiers-SI-OP-12*, lettre d'Arthur Goldberg (OSS-Washington) à Gerhard Van Arkel (OSS-Alger), 1er juillet 1943.

A 1 heure du matin, le 19 juin, le pilote est au-dessus de son objectif, le terrain « Arizona n° 1 », à 11 kilomètres du mont Ventoux et à une soixantaine d'Avignon. Il largue quinze colis d'un poids total de 2 270 kilos, émetteurs-récepteurs et armes, parachute aussi un premier agent, français. Un second suit. C'est un agent de l'OSS[136]. Il a reçu pour première mission de rencontrer le président du Conseil de la Résistance, président du Comité directeur des Mouvements unis de résistance de zone sud, président du Comité de coordination des Mouvements de zone nord, Jean Moulin.

Ils ont rendez-vous.

---

136. NARA, RG 226, E 139, B 265, F 3882, *Chronological File April WASH-SO-OP-3-9*, *« Resume of Operations of Intelligence Work in North Africa and France from June 1942 to February 1944, by Captain Frederic Brown »*.

CHAPITRE 2

Le 17 juin de Jean Moulin

Cent mille hommes sont morts dans la débâcle, l'exode de millions de gens bloque les routes, Pétain occupe le pouvoir et la Wehrmacht Chartres, quand, le 17 juin 1940, plutôt que de signer un texte infamant, Jean Moulin, préfet d'Eure-et-Loir, tente de s'ouvrir la gorge ; trois ans plus tard, jour pour jour, il est dans le Midi et se félicite d'avoir récemment exposé dans sa galerie niçoise quatorze toiles du peintre Othon Friesz, du groupe Collaboration.

Mais sous la couverture du galeriste bien-pensant se cache « Max », patron de la Résistance intérieure.

Il aura quarante-quatre ans dans trois jours et se demande s'il tiendra encore longtemps. Fin mai, à Paris, il a voulu rassurer son ami et collaborateur Pierre Meunier en refusant de passer en Suisse et en promettant de revenir fêter son anniversaire en sa compagnie autour d'une bonne bouteille rapportée de Saint-Andiol, sa petite propriété près d'Avignon [1]. Il ne se fait déjà plus beaucoup d'illusions. Le 7 mai, il a prévenu De Gaulle que, recherché par les polices française et allemande, il risque de n'avoir « pas le temps matériel de mettre au courant *[s]*on successeur [2] ».

Trois semaines auparavant, à Pâques, il a fait ses adieux à sa sœur Laure. En cachette de leur mère, il a confié : « Je fais quelque chose de très difficile en ce moment. Si je réussis, comme je l'espère, je passerai de l'autre côté de la Manche, pour me faire oublier quelque temps. Je suis très visé, je dois redoubler de précautions [3]. »

Depuis le 3 mars, il redoute – à tort – que l'arrestation d'Henri Manhès, un autre de ses amis et collaborateurs, ait permis à l'ennemi d'avoir sa photographie. Depuis le 13 février, il a un autre motif d'inquiétude. Cette nuit-là, alors qu'en compagnie du chef de l'Armée secrète (AS),

---

1. Pierre Meunier, *Mon ami Jean Moulin*, Éd. l'Armançon, Paris, 1993, p. 10-104.
2. Jean Moulin, rapport du 7 mai 1943, reproduit *in* Francis Closon, *Le Temps des passions*, Presses de la Cité, Paris, 1974, p. 95-96.
3. Laure Moulin, *Jean Moulin*, Presses de la Cité, Paris, 1975, p. 433.

le général Delestraint, il attend sur un terrain de fortune les Lysander qui doivent les emporter en Angleterre, Manhès descend de l'avion qui le ramène de Londres. Courant vers Moulin, il dit : « Ne pars pas, reste en France [4]. » La mise en garde l'alarme assez pour que le chef des opérations du terrain soit obligé de le saisir par les épaules et le pousser vers l'appareil en criant : « En avant ! J'ai reçu l'ordre de vous faire partir, vous partirez [5]. »

Qu'avait voulu dire Manhès ? Souhaitait-il seulement obliger Moulin à demeurer en France pour y régler quelque affaire urgente ? Savait-il que son ami courait un risque à Londres ?

En 1993, on apprit un fait susceptible d'éclairer cette étrange scène. François Thierry-Mieg avait attendu cinquante ans et d'être proche de sa disparition pour révéler que, en février 1943, à peine nommé à la tête du service de contre-espionnage du BCRA, le chef de l'état-major personnel de De Gaulle l'avait chargé d'enquêter sur Moulin.

Après quinze mois d'étroite collaboration, et si confiante que Moulin était devenu de fait le numéro deux du gaullisme, de Gaulle s'interrogeait.

Thierry-Mieg reçut de Churchill en personne l'autorisation de consulter le dossier du contre-espionnage britannique (MI 5) sur Moulin. Ses conclusions écrites provoquèrent un commentaire sibyllin de De Gaulle : « D'accord, mais j'en sais beaucoup plus long que les Anglais [6]. »

On ignore ce que le Général savait de plus. Mais il y avait en effet d'autres choses à connaître que ce qui figurait dans le dossier montré par les Britanniques. Il y avait des faits connus d'eux et cachés par leurs soins à De Gaulle. Il y avait aussi des faits inconnus d'eux. Car Jean Moulin était un homme discret.

L'ascension

Rien ne prédisposait Jean Moulin à préférer l'ombre du secret à la lumière de son pays natal. Né en 1899, à Béziers, dans une bonne famille républicaine et dreyfusarde, il avait fait des études sans grand éclat et entrepris sans réelle passion une carrière administrative vite interrompue par sa mobilisation, en 1918. Revenu à la vie civile, et

---

4. Pierre Meunier, *op. cit.*, p. 89.

5. Laure Moulin, *op. cit.*, citant Pierre Boutoule, p. 364.

6. Lettre de François Thierry-Mieg (Vaudreuil) à Daniel Cordier, 1er mars 1993, AN, 72 AJ 1972, citée par Daniel Cordier, *op. cit.*, t. 3, p. 66 et 107, ainsi que réponse de sa veuve à l'auteur, le 23 avril 1996.

après s'être un peu frotté à la vie politique provinciale tout en pratiquant le dessin et la peinture sous le pseudonyme de Romanin, ce bon garçon, charmant et charmeur, avait enfin trouvé sa voie. Grâce aux relations de son père, franc-maçon et conseiller général, Jean Moulin, entre-temps licencié en droit, était entré au cabinet du préfet de l'Hérault. Inscrit aux Jeunesses laïques et républicaines, mouvement de jeunesse du parti radical, il était devenu, en février 1922, chef de cabinet du préfet de Savoie. Trois ans plus tard, il était le plus jeune sous-préfet de France. Nommé à Albertville (Savoie), il allait y connaître un avocat de trente ans, candidat de droite malheureux aux législatives de 1924 : Pierre Cot.

Gravissant les échelons de la carrière, Moulin se fait partout où il passe des amis fidèles. Douanier et syndicaliste en poste à la frontière suisse, lui aussi admirateur de Pierre Cot, Gaston Cusin rencontre en 1933 celui qui est maintenant sous-préfet de Thonon. L'année suivante, secrétaire général de la préfecture de la Somme, Moulin retrouve à Amiens un ami d'enfance, le Dr Mans, futur membre de l'Organisation civile et militaire (OCM), un mouvement de résistance très à droite. Préfet à Rodez, Moulin n'y reste pas assez, en 1937, pour s'y faire des relations durables, accueillant toutefois avec plaisir des amis de passage, dont un, André Labarthe, futur ennemi acharné de De Gaulle et agent soviétique, rencontré dans les cabinets ministériels.

Car, entre-temps et grâce à Pierre Cot, Jean Moulin a accédé aux milieux dirigeants.

Émeute fasciste du 6 février 1934, Front populaire, consolidation de l'hitlérisme, guerre d'Espagne, expansion nazie, victoire du franquisme, Munich, pacte germano-soviétique, « drôle de guerre », au fil d'événements de plus en plus graves, Moulin étend son réseau de relations, acquiert une expérience exceptionnelle, se radicalise en même temps que son mentor, Pierre Cot, devenu l'un des « Jeunes-Turcs » du parti radical et ministre depuis 1932.

Il se lie à Pierre Meunier et Robert Chambeiron, radicaux très à gauche, devient l'ami d'Henri Manhès, très engagé dans la guerre d'Espagne, noue des relations de confiance avec Louis Dolivet et Henri Laugier, militants connus dans les rangs antifascistes, mais aussi avec Pierre Kaan, notoire antistalinien de gauche, ou encore avec de hauts fonctionnaires, notamment le préfet de police Roger Langeron.

Mais la guerre d'Espagne lui a fait découvrir un autre monde, celui des secrets d'État, des fonds secrets, des agents secrets, des opérations secrètes. Un monde où la main droite ignore volontiers ce que fait la gauche.

Au début du mois d'août 1936, la France du Front populaire et la

Grande-Bretagne ont décidé de ne pas intervenir dans la guerre civile qui vient d'éclater en Espagne. Mais Léon Blum et Vincent Auriol, respectivement président du Conseil et ministre des Finances, appuyés par d'autres membres du cabinet, dont le ministre de l'Air, Pierre Cot, sont convenus d'aider les républicains en secret. Ils ont chargé deux hommes de l'affaire, Gaston Cusin et Jean Moulin.

On ne sait presque rien de son action dans ce domaine. Il est « délicat de retracer *[son]* rôle précis », se borne à noter son plus prolixe biographe en évoquant seulement quelques avions livrés et une poignée de pilotes recrutés [7]. On a toutefois lieu de penser que Moulin faisait à peu près la même chose que Cusin. Lequel, sur le tard et en tout petit comité, lâcha des confidences mesurées [8].

Un moment intégré sous les ordres de Moulin dans le cabinet de Cot, alors ministre du Commerce [9], Cusin relate qu'ils rencontraient ensemble, au café parisien *Les Deux Magots*, des aviateurs chargés du transport de matériel vers l'Espagne, notamment Saint-Exupéry, ami personnel de Roosevelt et plus tard partisan discret de Giraud. Il révèle également que Cot et Moulin avaient fait passer la frontière à des Morane 416 et, plus tard – trop tard – à trois cents I. 16 soviétiques, plus un prototype de I. 17.

« La communion de Gaston Cusin avec Jean Moulin était entière », a noté Henri Calef en recueillant le témoignage du premier.

Or Cusin n'a pas caché avoir dès le début, et pendant les trois ans de l'aide clandestine à l'Espagne, travaillé avec l'appareil secret du Komintern, les services soviétiques, français et britanniques :

> « Dès que la décision *[d'aider le gouvernement républicain espagnol]* a été prise, Léon Blum a convoqué Thorez, Duclos et Gitton (...). Je représentais le syndicat des Douanes, et Blum a dit à Thorez et Duclos : "C'est Cusin qui va s'occuper de cela" (...). J'ai été appelé, dès le lendemain, rue de Grenelle, chez les Soviétiques [10]. Dès ce moment-là, je n'ai plus eu aucune relation avec le parti communiste, si ce n'est avec Dutilleul, son trésorier. J'avais comme correspondant à Madrid "Pierre" (*[Ernö]* Geroe). Un autre "Pierre" *[Giulio Ceretti [11]]*

7. Daniel Cordier, *ibid.*, t. 2, p. 51-57.

8. Entretien, non daté, de Gaston Cusin avec Julio Alvarez del Vayo, Daniel Mayer et Daniel Blume (26 p.), ainsi que témoignage de Cusin, recueilli le 17 novembre 1977 par Calef et corrigé par Cusin (9 p.).

9. Ministère Camille Chautemps, du 19 janvier au 13 mars 1938.

10. Selon Michel Bergès, *Le Gaullisme historique à Bordeaux*, brochure dactylographiée (Bordeaux, novembre 1989, 69 p., p. 15), le contact de Cusin à l'ambassade était Gretchko, futur maréchal de l'URSS et ministre de la Défense, « suicidé » à la fin de la tentative de putsch d'août 1991.

11. *Cf.* Giulio Ceretti (Pierre Allard), *A l'ombre des deux T. Quarante ans avec*

servait à Paris de plaque tournante pour le Komintern, qui avait pris la responsabilité de l'aide aux républicains, tandis que le gouvernement soviétique, comme les autres, était censé respecter la non-intervention. C'était très simple : "Pierre" et son ami "Paul" *[Combette, responsable des transports]* qui ne manquaient jamais d'appliquer strictement mes instructions, dirigeaient les bateaux vers les ports de mon choix (...). Pendant trois ans, jusqu'au bout, (...) nous avons livré des centaines de bateaux (...). Nous étions des clandestins purs. Le gouvernement se faisait engueuler par le PC sous prétexte qu'il ne faisait rien (...). J'avais donc cette liaison directe avec l'ambassade soviétique, avec des professionnels (...). On avait comme complices l'Union des gens de la mer[12], qui avait à sa tête un militant socialiste danois du réseau de Pierre et Paul[13] (...). Au début, lorsqu'on recevait des marchandises précieuses, on les envoyait à Marseille. Cristofol, du syndicat des Douanes[14], était sur place avec Bourgade, un gars de chez nous (...). Dans une deuxième phase, le Komintern a monté une compagnie, France Navigation, à la tête de laquelle se trouvait *[Georges]* Gosnat[15] (...). Quand nous avions des difficultés en cours de route, quand les consuls allemands ou italiens qui étaient à Riga ou à Bergen, *[dénonçaient un de nos navires]*, alors on l'arrêtait, par exemple à Copenhague, on déchargeait et on chargeait à la place des caisses de riz ou de lait condensé. Je connaissais, en effet, toutes les dépêches du comité de non-intervention, centralisées à Londres. C'était Henri Laugier qui me les donnait (...). Les douanes étaient, jusqu'alors, organisées le long des frontières. Mais il n'y avait aucun service pour faire des recherches sur le territoire (...). On a donc créé une brigade qui s'appelait Service de renseignements sur les fraudes. On l'avait "triée sur le volet". Par la suite, tous ces agents ont été dans la Résistance. Je les ai placés dès 1941 au contact du réseau Buckmaster *[SOE britannique]*[16]. Ils ont travaillé jusqu'au bout... Ils étaient devenus de véri-

---

Palmiro Togliatti et Maurice Thorez, Julliard, Paris, 1973. Voir aussi Stéphane Courtois et Annie Kriegel, *Eugen Fried, le grand secret du PCF*, Éd. du Seuil, Paris, 1997.

12. Sur l'Internationale des marins et dockers et ses liens avec les appareils soviétiques secrets, *cf.* Jan Valtin, *Sans patrie ni frontières*, éd. complète, Le Grand Livre du mois, Paris, 1975. *Cf.* aussi Pierre Villon (Ginsburg), *Résistant de la première heure. Entretien avec Claude Willard*, Éd. sociales, Paris, 1983, où Villon confirme s'en être occupé en 1934-1935 (p. 30).

13. Il s'agissait probablement de Richard Jensen. *Cf.* Erik Nørgaard, *Revolutionen der Udeblev*, Fremad, s. l. (Danemark), 1975.

14. Sur Jean Cristofol et sa vie militante à Marseille, *cf.* Jacqueline Cristofol, *Batailles pour Marseille*, Flammarion, Paris, 1997.

15. Sur France Navigation, *cf.* Dominique Grisoni et Gilles Hertzog, *Les Brigades de la mer*, *op. cit.*, ainsi que Francis Pornon, *op. cit.*

16. Michel Bergès, *op. cit.*, p. 15, note que le contact avec les services britanniques se fit « grâce à Pierre Bertholet chez les Quakers de la Croix-Rouge internationale, qui dissimulait une antenne de l'*Intelligence Service* ». Bertholet, socialiste suisse, plus tard au Comité américain de secours, à Marseille, dont on reparlera, était aussi membre du SOE et impliqué dans une autre affaire, dont on reparlera également.

tables professionnels (...) "gonflés à bloc", ils l'ont d'ailleurs prouvé pendant la Résistance. »

Cusin ne dit naturellement pas tout. Il oublie, par exemple, de signaler que, eu égard aux relations nouées avec les services soviétiques pendant la guerre d'Espagne, le gouvernement lui avait proposé, pendant la « drôle de guerre », le poste d'attaché militaire à Moscou[17]. Il omet également de dire qu'en 1942 et 1943 les « véritables professionnels gonflés à bloc » de son ancien service, désormais dans la Résistance, aidaient en même temps Vichy à faire clandestinement passer en Suisse des dizaines de tonnes d'or. Mais en révélant avoir placé dès 1941 l'élite de ses anciens « au contact » du SOE, dont il avait connu le chef, Hugh Dalton, l'année précédente[18], Cusin a entrouvert la porte de la complexité et nous a plongés dans la perplexité[19]. On n'imaginait pas combien tout était mêlé, embrouillé, emberlificoté.

L'historien Michel Bergès n'a pas tort d'écrire : « Cusin, qui symbolise bien la confluence de cette "paléo-résistance" (...), s'appuya dans son action personnelle sur le réseau de complicités administratives et syndicales tissé au cours de sa mission secrète en faveur de la République espagnole[20]. »

Il y a tout lieu de penser qu'il en alla de même pour la « paléo-résistance » de Moulin. A cette différence près que les circonstances avaient scindé le réseau des amis du préfet révoqué, la plupart étant demeurés en France, quelques autres, noyau restreint mais de poids, étant allés s'installer en Amérique.

---

17. *Ibid.*, p. 18. Ce poste d'attaché est la couverture traditionnelle du 2e Bureau.

18. *Ibid.*, p. 19. Hugh Dalton, devenu ministre du cabinet Churchill, s'occupait de la guerre économique (et du SOE) tandis que Cusin, depuis le 2 avril 1940, avait été chargé, par le gouvernement de Paul Reynaud, de la direction des services du Blocus au ministère dirigé par Georges Monnet. A noter que Philippe Monod était également affecté aux services du Blocus.

19. Voir *ibid.* Nommé par Vichy contrôleur financier des grands ports français, Cusin demeura le patron occulte du SR Douane qui, depuis Bellegarde, Annemasse, Saint-Gingolf, Thonon, établit des filières vers la Suisse, passant « du courrier des réseaux, en relation avec Pierre Bertholet de l'IS », ainsi que des agents, grâce à Robert Lacoste. Son épouse fit aussi « beaucoup d'allers et retours en Suisse ». Cusin indique également avoir, à partir de juillet 1942, « secondé » Tony Brooks (Alphonse), chef du réseau « Pimento » du SOE, et avoir été en relation avec le réseau « Ajax », de Péretti, Yvon Morandat et Simon Cottoni, son ancien condisciple du lycée d'Annecy dont le père était commissaire spécial à Annemasse.

20. Michel Bergès, *op. cit.*, p. 18.

Les amis en France occupée

Emporté comme tant d'autres par le flot de l'armée en déroute, Henri Manhès s'arrête à Chartres à la mi-juin 1940. Moulin et lui envisagent l'avenir et prennent quelques dispositions : sans doute, vu les circonstances, rien de plus qu'un échange de vues et la promesse de se tenir en contact. Trois semaines plus tard, l'épisode de la tentative de suicide surmonté, Moulin se rend à Paris déserté. Chez un ami commun, le professeur de médecine Gustave Roussy, il rencontre Roger Langeron, connu à l'époque des cabinets Cot.

Préfet de police depuis le 20 mars 1934, Langeron est un homme bien informé. Et honnête. C'est lui qui, ayant su par ses services qu'un membre du Bureau politique du PCF renseignait la police, en a touché un mot à Albert Bayet, lequel a glissé la nouvelle à Jean Baby, qui a fait le nécessaire pour que Marcel Gitton, chargé de l'organisation clandestine du parti, soit débarqué sans remous [21]. Pour autant, Langeron n'était pas un sous-marin du PCF. Pendant cet été 1940, alors que les dirigeants du parti essaient d'obtenir des Allemands l'autorisation de faire reparaître légalement *L'Humanité*, il torpille la tentative [22]. Il avait cependant l'esprit large. En 1934, ayant engagé à son cabinet le fils d'un ami, Daniel Ungemacht-Bénédite, il avait découvert que ce jeune homme militait avec les milieux antistaliniens de gauche, le groupe rassemblé autour de René Lefeuvre et des éditions Spartacus comme la Gauche révolutionnaire de la SFIO, dirigée par Marceau Pivert. L'ayant grondé, il l'avait gardé, lui permettant ainsi de rendre des services utiles à la cause des antistaliniens espagnols. Ce jeune homme entreprenant devait se retrouver à Marseille en 1940, au Centre américain de secours (CAS), où nous aurons l'occasion de l'apercevoir [23].

Selon Cordier, la rencontre Langeron-Moulin eut lieu le 5 juillet 1940, et Langeron dut faire devant Moulin un point sur la situation et l'attitude des communistes. « De plus, les relations personnelles *[de Langeron]* avec William Bullitt, ambassadeur des États-Unis, qui demeura en poste à Paris jusqu'au 30 juin, lui avaient permis d'être

21. Jean-Pierre Vernant, « L'apprentissage d'un intellectuel, un militantisme au quotidien », *Raison présente*, n° 118, entretien du 17 octobre 1995. Cusin, dans son entretien cité avec Alvarez del Vayo, indique avoir, en août 1938, dénoncé Gitton comme informateur du 2ᵉ Bureau.

22. AN, 2 W 66, procès de Riom, déposition de Langeron, 10 novembre 1941.

23. Daniel Bénédite, *La Filière marseillaise. Un chemin vers la liberté sous l'Occupation*, Clancier-Guénaud, Paris, 1984, p. 46-47 et 155.

informé avec plus de précision sur les événements internationaux ainsi que sur les réactions du président Roosevelt à la défaite de la France [24]. »

En somme, il s'était agi pour Moulin de recueillir des éléments d'information nécessaires à son orientation politique. Comme tout un chacun, il avait besoin d'une vision globale du panorama politique mondial et des rapports de force qui le structuraient.

Il ne fallait pas être un génie de la stratégie pour comprendre ce que bien d'autres comprennent au même moment.

D'une part, il était inutile de compter momentanément sur l'URSS, liée par pacte à l'Allemagne. Mais ledit pacte avait suscité bien des drames de conscience chez les militants communistes, à la base comme parmi les cadres des appareils secrets. Certains avaient rompu, beaucoup s'étaient tus. D'autres suivaient aveuglément l'orthodoxie : contre la guerre capitaliste et pour la fraternisation, contre l'Angleterre impérialiste et contre les agents de la finance, dont De Gaulle. Mais il en était aussi qui, ouvertement ou secrètement récalcitrants, pouvaient être approchés, contactés, voire recrutés. C'étaient d'excellents militants antifascistes dont une infime minorité, comme Moulin avait pu s'en persuader lors de la guerre d'Espagne, était rompue aux techniques de la clandestinité. Les délaisser eût été une faute politique.

D'autre part, il était non moins évident que si la Grande-Bretagne surmontait le choc de l'écroulement français et résistait à l'invasion, elle deviendrait le bastion d'où, tôt ou tard, partirait la reconquête. Enfin, et c'était la principale conséquence pratique à tirer, Londres, malgré son Empire et sa détermination, ne vaincrait pas sans l'aide massive de Washington.

En dernière analyse, que l'URSS entre ou non dans la guerre, tout dépendra de la Maison-Blanche.

Cette conclusion stratégique, Moulin peut d'autant moins éviter de la tirer que le jour même de sa visite à Langeron, à Mers-el-Kébir, une escadre britannique envoie trois cuirassés et autant de contre-torpilleurs français par le fond, faisant 1 300 morts et des centaines de blessés, provoquant la rupture immédiate des relations diplomatiques entre Londres et Vichy. Déjà humiliée par la défaite, la population va évidemment éprouver du ressentiment pour Churchill. Par contrecoup son protégé en pâtira, ce général De Gaulle qui est de droite et qui est seul. Demeurée immaculée, la puissante Amérique détient la clé de l'avenir.

---

24. Daniel Cordier, *Jean Moulin, l'inconnu du Panthéon*, *op. cit.*, t. 2, p. 354. Voir aussi Roger Langeron, *Paris, juin 40*, Flammarion, Paris, 1946.

Jean Moulin a fixé sa ligne. Reste à la mettre en œuvre. Peut-être à sa propre surprise, il va découvrir que son passé, les amitiés nées ici et là et celles nouées lors de la guerre d'Espagne, ses accointances administratives et ses relations politiques datant du Front populaire, tout peut servir, tout doit être utilisé. Et même l'absence de Pierre Cot multiplie ses chances. Il a, de fait, hérité de l'équipe. Ayant peu de cartes en main, mais bonnes, il est l'homme de la situation.

Début septembre, Pierre Meunier est passé le visiter à Chartres et ils ont ébauché une perspective de résistance dans les deux zones. Insensible au soutien que le général de La Laurencie a apporté à Moulin, Vichy révoque le préfet de Chartres au début de novembre. Le 5, il est à Paris. Accompagné de Meunier, il voit Mme Dangon, épouse d'un imprimeur de *L'Humanité* et grande amie des Cot. Ils sont arrivés aux USA. Elle leur écrit aussitôt la nouvelle [25].

Le même jour, ou peu après, Moulin et Meunier retrouvent Cusin, et peut-être d'autres anciens du cabinet Cot. Cette fois encore, ils sont aux *Deux Magots*. Une large cravate blanche cache les traces de la tentative de suicide.

> « Le récit de sa fière attitude face à la Wehrmacht et son sacrifice délibéré, *relate Cusin*, était pour nous le premier acte de résistance sur le sol français. On ne s'attarda pas à évoquer ce que la situation comportait de hasardeux et d'indécis. Mais un inventaire rapide des hommes qualifiés était le premier objectif de Jean Moulin, désireux d'établir des liaisons avec ceux qu'il allait rejoindre en zone sud. On pouvait déjà faire un premier tri suivant les positions prises avec plus ou moins de courage et aussi de lucidité. L'accord se fit vite sur ceux en qui on pouvait avoir confiance parmi les amis dispersés [26]. »

C'est en zone occupée, dès novembre 1940, et non pas, comme on l'a prétendu, plus tard, en zone libre, que Jean Moulin commence à bâtir ses réseaux. Et, tout de suite, il lance ses amis dans plusieurs directions.

---

25. Daniel Cordier, *Jean Moulin, l'inconnu du Panthéon*, *op. cit.*, t. 2, p. 482-483, et t. 3, p. 53, 54, 935, 1430. Sur Dangon imprimeur, *cf.* Henri Frenay, *L'Énigme Jean Moulin*, *op. cit.*, p. 238-239.

26. Entretien de Gaston Cusin avec Henri Calef, p. 9. Les dernières lignes étant de la main de Cusin, on a adopté la première personne du singulier. D'autres sources, Meunier notamment, situent cette réunion dans d'autres cafés, à Montparnasse le plus souvent. En fait, il dut y avoir plusieurs rencontres ces jours-là, télescopées dans la mémoire des témoins.

Le réseau des douaniers de Cusin, on l'a noté, doit à son origine géographique de s'étendre rapidement vers la Suisse, à ses origines politiques d'avoir des relations avec les anciens d'Espagne et les services secrets britanniques, à sa nature administrative enfin d'être lié au gouvernement de Vichy. De plus, Cusin a fondé, dès septembre 1940, avec Christian Pineau et Louis Vallon, ainsi qu'avec Robert Lacoste, vieil ami politique de Haute-Savoie où il est percepteur, le mouvement Libération Nord [27].

Pierre Meunier est à peine moins actif. Ancien secrétaire particulier de Pierre Cot au ministère de l'Air, travaillant quotidiennement avec Jean Moulin, ils étaient devenus amis. Ils dînaient souvent ensemble dans les brasseries de Montparnasse, appartenaient tous deux à l'aile gauche du parti radical. Mais ils avaient cependant eu une divergence d'opinion. En 1939, Meunier avait approuvé le pacte germano-soviétique, attitude rare en dehors des rangs strictement communistes. Bien que Moulin ne partageât pas cette opinion, ils étaient demeurés proches et s'étaient retrouvés pour jeter les bases de leur action résistante.

Fonctionnaire des Finances, Meunier reste à Paris et recherche les éventuels premiers noyaux résistants. Méfiant envers De Gaulle, général aux idées plus que douteuses à ses yeux, il renoue avec les milieux antifascistes connus avant guerre, notamment avec d'anciens militants du Rassemblement universel pour la paix (RUP) – une organisation contrôlée en sous-main par les Soviétiques [28] –, avec des membres de la Ligue des droits de l'homme et avec des affiliés au Cercle des nations, sorte de club privé en forte odeur de soviétisme [29]. S'étant adjoint, avec l'aval de Moulin, son ami Robert Chambeiron, il contacte Ceux de la Libération, Ceux de la Résistance, et Libération Nord, trois mouvements embryonnaires mais appelés à compter parmi les organisations clandestines de la zone occupée et à siéger au CNR [30].

Dans ses témoignages d'après guerre, Meunier ne dit rien de ses relations avec l'Armée des volontaires (AV). C'était, il est vrai, une organisation plus modeste, et qui a si peu laissé de traces qu'on n'en parle jamais [31]. Elle le mérite pourtant.

---

27. Michel Slitinsky, *L'Affaire Papon*, Alain Moreau, Paris, 1983, p. 142, 142n.

28. Notamment par Willy Münzenberg, agent très connu du Komintern.

29. Thierry Wolton, *Le Grand Recrutement*, Grasset, Paris, 1993, donne de nombreuses informations sur le RUP, ainsi que, p. 181-184, sur le Cercle, ses habitués, ses dessous et son financement par Olof Ashberg, banquier connu pour ses liens avec l'URSS.

30. Pierre Meunier, *op. cit.*, p. 54 et 57-59.

31. Sauf indication contraire, les informations sur l'Armée des volontaires proviennent de AN, 72 AJ 36.

Créée en septembre 1940 et liée au journal clandestin *Pantagruel*, qui, de septembre 1940 à la fin de 1941, paraîtra une vingtaine de fois [32], l'AV est d'abord dirigée par le colonel Lhopital. Comptant jusqu'à 200 hommes, elle a des contacts de la Belgique à Marseille, en passant par Amiens et Nevers [33]. Son groupe dirigeant noue aussi des relations étroites avec des policiers parisiens, ainsi que, par plusieurs voies, avec des agents britanniques (un Anglais employé des Wagons-Lits, ou encore John Hopper et Mme Coopinger, citoyenne américaine active dans les réseaux du MI 9 chargés du rapatriement des aviateurs alliés abattus au-dessus de la France, ou enfin Alphonse Fercot [34]). L'AV aura ses propres terrains de parachutage, dans l'Yonne, la Nièvre [35], le Calvados et la Vienne, et ses émetteurs, au moins quatre dans la région parisienne (à Saint-Maur, chez Paul Coadoux [36], à Pavillons-sous-Bois, chez Bernard Bilinski, ainsi qu'à Gennevilliers, chez Rault et Linossier). L'AV a également des liaisons avec d'autres mouvements, Vengeance par exemple, et avec des chefs résistants importants, parmi lesquels Gilbert Védy, plus connu sous le nom de Jacques Médéric, et Maurice Ripoche, en relation avec Pierre Meunier qui l'a rencontré dès le début de son action clandestine [37].

L'une des premières tâches de l'AV est le recueil de renseignements. Un ancien membre, Alphonse Fercot (Freddy), relate que l'AV envoyait à Londres des informations sur les dépôts d'armes et sur les terrains d'aviation. On a toutefois des raisons de penser que les renseignements recueillis par l'AV partaient aussi ailleurs.

Des dirigeants de l'AV étaient en relation depuis la fin de 1940 ou le début de 1941 avec le commandant Léoni (Rivière). Il travaillait dans la clandestinité sous les ordres du colonel Lamontagne (Jan) [38].

---

32. Robert Cusin « participa à la fondation et à la distribution d'un des premiers journaux de la Résistance, *Pantagruel* », *Le Monde*, 13 décembre 1997, nécrologie.

33. *Cf.* Jean-Claude Martinet, *Histoire de l'Occupation et de la Résistance dans la Nièvre, 1940-1944*, Delayance, La Charité-sur-Loire, 1980.

34. *Cf.* Michael R. D. Foot, *op. cit.*, et J. M. Langley, *MI 9, Escape and Evasion, 1939-1945*, Little, Brown & Co, Boston, 1979.

35. Le terrain de la Nièvre était sous la responsabilité de Labaume, marchand de vin en gros à Cosnes-sur-Loire qui, fait à noter, était parent du commissaire Georges Labaume, chef du service d'information des Brigades spéciales à Paris, chargées de la lutte contre les résistants (*cf.* AN, 72 AJ 36, ordre du SIPO-SD de Paris d'arrestation de Labaume ; *cf.* aussi procès Georges Labaume, mai 1945, AN, Z6 61 dossier 968, qui contient les dépositions de Guy Dauvé, inspecteur à la 1re section, depuis 1943 ; *cf.* enfin Frédéric Couderc, *Les RG sous l'Occupation*, Olivier Orban, Paris, 1992.

36. Paul Coadoux fut exécuté pour trahison le 19 février 1943.

37. Pierre Meunier, *op. cit.*, p. 58 : « (...) ma première rencontre sérieuse fut celle de Ripoche, un ancien Croix-de-Feu (...) qui animait le mouvement Ceux de la Libération ».

38. AN, 72 AJ 36, A II 2, témoignage Léoni, cosigné par Lamontagne, 3 p.

Ce dernier avait appartenu à trois cabinets de Pierre Cot, tous codirigés par Jean Moulin [39]. Lamontagne, qui avait été très actif pendant la guerre d'Espagne, avait, selon le dossier sur l'AV conservé aux Archives nationales, Pierre Meunier, lui-même ancien du cabinet Cot, comme « chef direct ».

Parmi les informations recueillies par l'AV, certaines concernaient les terrains d'aviation français et, plus important, le « programme de la production de l'aviation française pour 1941 et 1942 ». Figurait aussi parmi les renseignements recueillis un document exceptionnel, « le procès-verbal de la séance du 23 mai 1941 de la commission d'armistice de Wiesbaden concernant la fabrication des munitions sur le territoire français non occupé [40] ».

Or, le 24 juin 1941, Henri Robinson (Harry), *résident* en France du service secret militaire soviétique (GRU), envoie à Moscou son câble n° 12 :

> « 1° Informations : d'une source très sûre : documents que je vous transmets concernant la participation active de la France dans le domaine économique. Le 1er traite des livraisons de matériel de guerre, tel qu'il a été décidé à Wiesbaden et contient une observation du 2e Bureau français. Le deuxième se rapporte à l'accord conclu entre la commission d'armistice allemand et l'industrie aéronautique française et contient le plan de production tel qu'il a été accepté. L'informateur dont je vous fournirai le nom sera nommé Claude [41]. »

Presque tous les messages précédents de Robinson contiennent des informations précises sur l'état des aérodromes français [42], et l'on peut

---

39. Ministère Sarraut, du 26 octobre 1933 : ministre de l'Air : Pierre Cot ; chef de cabinet : Jean Moulin ; membre des services militaires du cabinet : commandant Lamontagne. Ministère Camille Chautemps, du 26 novembre 1933 : Cot, Moulin et Lamontagne ont les mêmes fonctions. Ministère Daladier, du 30 janvier 1934 : Cot, Moulin et Lamontagne ont les mêmes fonctions.

40. On note la présence dans la très nombreuse Délégation française à la Commission d'armistice de Wiesbaden de plusieurs agents du 2e Bureau français, ainsi que celle du commandant d'aviation Bailly, probablement le même que celui qui avait appartenu au cabinet Cot, dans le gouvernement Chautemps, du 22 juin 1937. *Cf. La Délégation française auprès de la CAA*, Alfred Costes (éd.), Imprimerie nationale, Paris, 1947, p. 460.

41. Cité d'après la reproduction intégrale des messages « Harry » publiés par Thierry Wolton, *op. cit.*, p. 370.

42. Dès le 2 septembre 1940, « Harry » transmet à Moscou des informations relatives à l'aviation et à l'aéronautique, par exemple la liste et la localisation d'usines allemandes d'aviation, ainsi que des plans complets d'un avion. Autre exemple, dans le télégramme n° 10, du 30 mai 1941, il note : « Le camp d'aviation St.-Jacques près de Rennes est également agrandi dans des proportions énormes, en recevant d'immenses souterrains

se demander si elles ne venaient pas de l'AV. Comme on ignore qui était « Claude », la source de Robinson, on ne saurait conclure que Lamontagne ou Meunier, son chef direct, étaient les auteurs de la fuite.

On ne peut toutefois négliger un fait. Depuis septembre 1940, Maurice Panier, collaborateur de Meunier, Chambeiron et Manhès, connu aussi de Jean Moulin depuis l'avant-guerre, s'était remis à travailler avec Robinson [43]. Panier pouvait servir de passerelle entre l'agent soviétique et les deux anciens du cabinet Cot, Lamontagne et Meunier.

De son côté, Henri Manhès organise son propre réseau, le troisième de ceux liés à Moulin. Baptisé « Frédéric », ce réseau paraît avoir été fondé avant les autres, et Maurice Panier semble en avoir été le premier membre. L'état des effectifs, établi après la guerre, le fait figurer à dater du 10 juillet 1940, Manhès apparaissant seulement le 1er octobre suivant [44].

De dix ans plus âgé que Jean Moulin, Manhès devait au ministre de l'Air Pierre Cot d'avoir été intégré dans l'armée d'active malgré des opinions qui l'avaient, dit-on, amené à se mêler aux Brigades internationales engagées dans la guerre d'Espagne. La débâcle l'avait emporté de la base aérienne de Saint-Cyr-l'École à Oloron-Sainte-Marie, sa démobilisation étant survenue à Lyon, en août.

319 hommes et femmes, d'âges et de conditions très divers, ont été inscrits au réseau « Frédéric ». D'anciens résistants estiment toutefois cet effectif exagéré et le révisent fortement à la baisse. Quoi qu'il en soit, « Frédéric » a indubitablement compté dans ses rangs la fine fleur de l'équipe Jean Moulin.

On y trouve Pierre Meunier (n° 26620), nommé par Moulin secrétaire général du CNR, et Robert Chambeiron (n° 26495), constant équipier de Meunier et son *alter ego* au CNR. Membre également, l'amie de Maurice Panier, Noëlle Lecoutour (n° 26598), qui fournira

---

pour les munitions et contre les attaques aériennes. » Les télégrammes précédents d'« Harry » contiennent également nombre d'informations sur la production aéronautique française, mais aussi quantité de renseignements sur le nord de la France, une région qui, selon leurs dires conservés dans le dossier des Archives nationales, intéressait Léoni et ses amis « car, à cette époque, nous nous proposions de nous lier entièrement à la Résistance de la Somme ». Les messages de Robinson sont tous *in* Thierry Wolton, *op. cit.*, p. 319-371.

43. *Ibid.*, p. 275 et 329, message d'« Harry », du 20 septembre 1940 : « Je viens de retrouver M. P. et j'ai commencé à l'intéresser au travail (...) Il travaille actuellement le matin, et le reste de la journée il s'occupe avec moi. »

44. Un second état du réseau Frédéric a plus tard modifié les dates d'entrée des premiers adhérents en les inscrivant au 1er janvier 1942, jour du retour de Jean Moulin en France après son premier séjour à Londres.

de faux papiers d'identité à Jean Moulin. S'y trouve aussi Antoinette Sachs (pas de n°), dont on reparlera, mais qui, selon les citations de sa Croix de guerre avec palmes et de sa Légion d'honneur, fut « secrétaire particulière » de Jean Moulin « dès 1940 » et sa « collaboratrice immédiate, accomplissant les mêmes tâches et courant les mêmes risques » [45].

« Frédéric » compte encore dans ses rangs Charles Henri Porte (n° 26671), commissaire de police connu de Jean Moulin depuis Chartres et qui fut, en 1943, chargé par Meunier d'assurer la sécurité des réunions du CNR, puis de mener l'enquête sur les circonstances de l'arrestation de Jean Moulin. Le commissaire Porte était rien moins que communiste. Il avait fait arrêter à Chartres des militants du PCF ensuite fusillés par les Allemands [46]. Arrêté le 18 décembre 1943, déporté à Buchenwald, il en revint pour découvrir qu'il avait entre-temps subi les rigueurs d'une commission d'épuration policière [47]. Son témoignage ultérieur est un réquisitoire féroce contre l'action des communistes dans les camps où il est passé et une critique générale de la politique du PCF pendant la guerre : « L'action des communistes avait toujours et partout pour but, par-dessus tout, l'intérêt exclusif du parti, tandis que la propagande affichait un patriotisme de commande [48]. »

Max Heilbronn (n° 26574) était aussi membre de « Frédéric ». Ce futur proche collaborateur d'Hardy était réputé se situer dans le camp des pro-Américains.

Louis Henri de Graaf (n° 26522), né le 8 septembre 1888 à Paris, était le père d'Antoine de Graaf, qui, ayant connu Manhès à l'armée, fut embauché, fin 1942, comme collaborateur direct de Jean Moulin. « *[Il]* m'avait chargé de m'occuper de toutes les liaisons avec Manhès qui était, lui, quoique non officiellement reconnu, le chef de la Résistance de la zone Nord », a expliqué de Graaf dès 1943 [49]. Au printemps

---

45. AN, 72 AJ 233, distinctions respectivement accordées le 22 mars 1946 et le 28 février 1949.

46. *Cf.* André Bessière, *L'Engrenage*, Buchet-Chastel, Paris, 1991, p. 99, 166, 259-262, 269-270, 351-352, 372-373. Le 30 avril 1942 ont été fusillés : H. Allard, R. Brousse, J. Cormier, M. Maugé, militants de l'Organisation spéciale (OS) du PCF que Porte avait fait arrêter après un attentat contre la librairie allemande de Chartres, le 15 mars.

47. *Cf.* Christian Ossola, « L'itinéraire d'"Henri", commissaire Porte », *Le Déporté*, février-mars 1994, et interview du même dans *L'Écho républicain* (Chartres), 27 mai 1993, ainsi que lettre de l'auteur à Ossola et réponse de sa veuve, le 10 avril 1997.

48. « Témoignage écrit en 1947 par Charles Porte, commissaire de police, chargé de la sécurité du Conseil national de la Résistance », dactylographié, p. 13.

49. P. 2 de l'« Interrogatoire de De Graaf Antoine, Daniel, dit Tony », par le contre-espionnage du BCRA, Londres, 13 octobre 1943, 41 p.

de cette année-là, il avait remplacé Cordier au secrétariat lyonnais de Jean Moulin. En même temps, usant des relations de son père, courtier financier à Paris, et de son propre apprentissage de banquier à Londres, il était chargé de recevoir, puis de répartir et blanchir l'argent envoyé de Londres à Moulin.

Un dernier nom, demeuré presque anonyme, retient l'attention. Jean Choquet (n° 26499), né le 27 janvier 1918, à Amiens, arrêté le 22 avril 1944, décédé des suites de sa déportation le 6 octobre 1945, eut droit à quelques mots aimables dans la biographie consacrée par Laure Moulin à son frère. Domicilié en Avignon, ce jeune homme gardait chez lui la bicyclette que Moulin utilisait pour se rendre de la cité des Papes à son refuge de Saint-Andiol. Jean Choquet était le fils d'un chef de bureau de la préfecture de la Somme, où, rappelons-le, Moulin avait été en poste. Une autre connaissance amiénoise de Moulin, l'infirmière Jane Boullen, avait retrouvé par hasard le jeune homme à Marseille alors que, convalescent, il errait désemparé. Elle l'avait tout de suite amené à Jean Moulin, retrouvé encore par hasard à Marseille, et, début 1941, celui-ci l'avait aussitôt engagé et posté en Avignon, comme courrier et agent de renseignement [50].

Apparemment due à d'heureux hasards, cette histoire masque une réalité plus complexe.

Il existe des raisons de penser que Jean Choquet connaissait le Dr Mans, l'ami d'enfance de Moulin retrouvé à Amiens où ce médecin joua un rôle notable dans l'OCM. A ce titre, il était en relation avec un groupe de résistants de Saint-Pol-en-Ternoise, groupe auquel appartenait Berthe Choquet, groupe dont un responsable était Maurice Peyrot, pseudonyme du célèbre Jean Cremet qui, dans les années 20, avait été le premier chef de l'appareil secret du PCF, avait ensuite disparu en URSS, puis en Chine, était plus tard rentré en Europe, se liant plus ou moins au couple Malraux, se mêlant de fourniture d'armes aux Espagnols avant de se retrouver dans la Résistance et en relation avec les Britanniques [51].

---

50. Laure Moulin, *op. cit.*, p. 226 et 296 ; et AN, 72 AJ 233, lettre de Laure Moulin à Henri Michel, 25 septembre 1963.

51. Roger Faligot et Rémi Kauffer, *As-tu vu Cremet ?*, Fayard, Paris, 1991, p. 396 et 2e partie *passim*. *Cf.* aussi René Guittard, *Histoire de Frévent*, qui écrit, p. 228 : « Dans notre secteur (...) les groupes de l'OCM et ceux du FN et des FTP ont fait cause commune. » *Cf.* également, sur Cremet et le réseau *rabcor*, Maurice Laporte, *Espions rouges*, Éd. de la Revue française et Alexis Redier éd., Paris, 1929. Sur les connexions entre le Dr Mans et Peyrot-Cremet, *cf.* Gilles Perrault, *La Longue Traque*, Annexe, document rédigé par Roland Farjon, le 16 juin 1944, Fayard, Paris, 1975, p. 512, 514, 515, 517. *Cf.* enfin correspondance de l'auteur avec François Masse, 24 mai 1997.

Pour en revenir à Jean Choquet, Cordier assure qu'il s'occupait exclusivement des liaisons quotidiennes entre Moulin et sa famille, ainsi qu'avec la galerie *Romanin* : « Choquet connaissait la véritable identité de Moulin *[mais]* ignorait tout de sa vie clandestine [52]. » Si tel était vraiment le cas, on se perd en conjectures sur ce qu'ajoute le même auteur : « Quand Moulin était en voyage, Choquet se chargeait de lui apporter le courrier préparé par le secrétariat. En cas d'urgence, j'allais le voir en Avignon [53]. »

Que les nouvelles familiales ou commerciales exigeassent un aller et retour quotidien d'Avignon à Lyon, que, de surcroît, elles demandassent à être apportées à Moulin où qu'il se trouvât, et qu'enfin ce fût à Choquet que le chef du secrétariat dût s'en remettre pour faire parvenir le courrier où que Moulin se trouvât, voilà qui confère au jeune homme un rôle autrement important que celui auquel on voulut le confiner. A l'évidence, depuis 1941, Jean Choquet assurait en permanence une liaison vitale de Moulin.

Ainsi Manhès, selon de Graaf, chef « officiellement non reconnu de la résistance en zone nord », en fait totalement inconnu du BCRA jusqu'au 27 janvier 1943, dirigeait un réseau qui, avec de Graaf, contrôlait les finances du délégué général de De Gaulle, qui, grâce à Meunier et Panier, contrôlait le contact avec Robinson, qui, *via* Choquet, contrôlait une liaison quotidienne de Moulin avec on ne sait qui.

La réponse est peut-être liée à deux autres proches de Moulin, deux femmes qui, chacune à sa façon et dans son domaine, lui ont très tôt apporté des relations précieuses dans des secteurs inattendus.

Brièvement évoquée en tant que membre du réseau Manhès, Antoinette Sachs reçut de Laure Moulin un exemplaire de son *Jean Moulin*. La dédicace était ainsi rédigée :

> « A Antoinette Saxe *[Sachs]* qui fut la compagne et l'amie de Jean Moulin, aux heures sombres de la défaite et de l'occupation, à celle qui ne craignit pas de partager ses risques, qui l'éclaira dans sa solitude et l'aida dans son action, avec ma profonde gratitude et mon affectueuse amitié [54]. »

« La compagne et l'amie ». L'ambiguïté des termes suggère une relation privée. Et l'« affectueuse amitié » finalement mentionnée ren-

---

52. Daniel Cordier, *Jean Moulin, l'inconnu du Panthéon, op. cit.*, t. 1, p. 77.
53. *Ibid.* Souligné par nous. *Cf.*, en outre, Daniel Cordier, « Le secrétariat de Jean Moulin », *Les Réseaux Action de la France combattante, 1940-1944*, publication de l'Amicale des réseaux Action de la France combattante, p. 42.
54. AN, 72 AJ 233.

force l'impression de quasi-parenté. Au demeurant, des rumeurs incontrôlables vont depuis longtemps dans le même sens.

L'ampleur de l'action d'Antoinette Sachs au côté de Moulin est attestée par la citation qui accompagne sa Croix de guerre : « Sans cesse elle l'a accompagné *[Moulin]*, aidé, soutenu, courant journellement les mêmes risques, accomplissant souvent les démarches délicates ou hasardeuses, assurant le transport et le change des fonds de la Résistance, gardant et transportant les pièces les plus compromettantes, souvent suspectée, avec une finesse bien féminine, elle glissa toujours entre les pièges de la police [55]. »

Cette proximité fera d'elle, après la Libération, l'une des rares personnes à agir en faveur de la mémoire de son ami disparu, victime d'un surprenant oubli. Dès le début de l'affaire Hardy, elle mène son enquête sur les causes de Caluire. Concluant à la trahison d'Hardy, elle informe Roger Wybot, chef de la DST, qui la prend de très haut [56]. Par la suite, elle écrit à l'historien Henri Michel sa décision d'écrire un livre : « Je veux que Jean Moulin apparaisse comme il a été – un homme seul (aidé par un seul et unique confident, qui était moi) (...). Il n'aurait pu entreprendre ce qu'il a entrepris entre 1940 et 1944 (*sic*) sans moi [57]. » Parallèlement à ce projet mort-né, elle organisera chaque 17 juin une cérémonie à la mémoire de Jean Moulin. En 1975, Claude Bouchinet-Serreulles profitera de cette opportunité pour condamner la thèse de Frenay sur le crypto-communisme de Moulin.

Antoinette Sachs avait été profondément attachée à Jean Moulin et elle en savait long. Elle n'avait certainement pas tout à fait tort d'affirmer que son ami n'aurait pu entreprendre sans elle ce qu'il fit dès 1940. Non seulement son carnet d'adresses était l'un des meilleurs de Paris, où présidents du Conseil, ministres et élus côtoyaient banquiers, hommes d'affaires et artistes, mais de plus elle avait une sœur, Suzanne Cohn, compagne d'abord, épouse ensuite, du colonel Groussard. Farouche anticommuniste, il avait joué un rôle notoire dans les services secrets d'avant-guerre et, en décembre 1940, naturellement rallié à Vichy, avait procédé à l'arrestation de Pierre Laval. Disgracié, arrêté, Groussard était en 1942 passé en Suisse. Il y avait monté un service de renseignement antigaulliste et giraudiste, sponsorisé par Victor Farrell, consul de Grande-Bretagne à Genève en même temps que chef de l'*Intelligence Service* pour la région. En fait, Farrell était l'un des

55. *Ibid.*

56. AN, 68 Mi 14, lettre du 5 décembre 1944 : « Mme Sachs est absolument incapable de classer ses idées, parle tout le temps, mélange tout, et on ne peut absolument rien tirer de ses dépositions (...). »

57. AN, 72 AJ 233, lettre du 5 septembre 1976.

hommes de confiance de Sir Claude Dansey, véritable patron occulte de l'IS et génie personnifié des « coups tordus »[58].

Que Moulin ait été très tôt en relation de grande confiance avec Groussard n'est pas une nouveauté. Dans son premier rapport remis aux Britanniques et à De Gaulle lors de son arrivée à Londres, en octobre 1941, il le mentionne plusieurs fois, précisant : « Je tiens de bonne source qu'il *[Groussard]* a maintenant abandonné les espoirs qu'il nourrissait au sujet du maréchal. Personnellement, on m'a confié en France la garde d'un dossier très compromettant qu'il a rassemblé sur Pétain et que l'on m'a demandé de publier au cas où quelque chose arriverait à Groussard[59]. »

La liaison Moulin-Groussard, c'est une évidence, était faite par Antoinette Sachs et sa sœur, et cette liaison dura jusqu'à la fin[60]. Il est non moins certain que, par ce biais, Jean Moulin pouvait avoir des relations indirectes avec l'IS et avec les milieux giraudistes, ainsi qu'avec des amis de Groussard demeurés à Vichy.

Trop peu connu, Pierre Kaan est un personnage demeuré au second plan mais qui, à peine mis en lumière, rend encore plus complexe l'image de Moulin.

Engagé très tôt dans le mouvement révolutionnaire, d'abord communiste, Kaan, dès 1926, suit Boris Souvarine dans les cercles marxistes antistaliniens où ce dernier tient un rôle prépondérant[61]. Il n'a plus cessé d'appartenir à cette tendance qui estima jusqu'à la Libération devoir « poursuivre le combat, sur le plan des idées comme sur celui, si possible, de l'action, en continuant à *[se]* démarquer à la fois de la social-démocratie "impuissante", et du communisme, "dégénéré"[62] ».

---

58. *Cf.* colonel Groussard, *Chemins secrets*, Bader-Dufour, Paris-Lausanne, 1948, et, du même, *Services secrets, 1940-1945*, La Table ronde, Paris, 1964. Sur Dansey et ses inénarrables embrouilles, notamment en Suisse, voir sa biographie, forcément approximative, par Anthony Read et David Fischer, *Colonel Z. The Secret life of a Master of Spies*, Viking, New York, 1984, et Ladislas Farago, *The Game of the Foxes*, David McKay Company, New York, 1971.

59. Rapport intégralement reproduit *in* Henri Frenay, *op. cit.*, p. 286-296.

60. Après Caluire, Suzanne Cohn fit prendre sa sœur en charge par des agents du service de Groussard qui l'amenèrent en Suisse. *Cf.* André Devigny, *Je fus ce condamné*, Presses de la Cité, Paris, 1978, p. 307 et 317. Selon cet auteur, Antoinette Sachs était une familière de Paul-Boncour, Pierre Cot, Mendès France et d'autres.

61. Sur la trajectoire politique de Pierre Kaan, *cf.* les Mémoires de son ami de toujours, Charles Ronsac, *Trois Noms pour une vie*, Robert Laffont, Paris, 1988, ainsi que Jean-Louis Panné, *Boris Souvarine, le premier désenchanté du communisme*, Robert Laffont, Paris, 1993, et la préface de Charles Jacquier à l'ouvrage de Jacques Perdu (Soudeille), *La Révolution manquée*, Sulliver, Arles, 1997.

62. Charles Ronsac, *op. cit.*, p. 122.

En 1940, Pierre Kaan échappe à la mobilisation pour cause de mauvaise vue. Professeur de philosophie à Montluçon, il reçoit très tôt les premiers agents liés aux services britanniques (dès l'hiver 1940-1941, assure sa veuve, mais elle se trompe sans doute). Tandis que son épouse, institutrice, va à Lyon voir la direction de Libération, en l'occurrence Raymond Aubrac, il est officiellement recruté comme agent P2 par le BCRA, à compter du 1er février 1942. Détenant à domicile un émetteur-récepteur, il contrôle un terrain d'aviation à Saint-Amand-Montrond. Plusieurs personnalités en partiront pour Londres. A la fin de 1942, à la demande de Moulin, Kaan fera ainsi décoller le commandant de Linarès, bras droit et « cerveau » du général Giraud [63].

A la mi-janvier 1943, Moulin appelle Kaan à Lyon. Il lui confie le secrétariat du Comité général d'études (CGE), « boîte à idées » de la Résistance pour le futur régime. En avril, il est à Paris avec Jean Moulin qui le présente à un contact sous son pseudonyme de Biran [64]. Il y prépare l'installation du CNR et loge chez Jean Perrin, un ancien collègue ministre de Cot, également émigré aux États-Unis [65]. A Pâques, Pierre Kaan est ainsi devenu l'un des hommes de confiance de Moulin.

Cette année-là, Kaan a derrière lui près de vingt ans de critique féroce du « socialisme réel », du stalinisme, et il est extrêmement peu probable qu'il soit porté à la conciliation. A la même époque, son mentor politique, Souvarine, émigré aux USA en 1940, travaille pour William Langer, chef du bureau Recherches et Analyses de l'OSS. En février 1943, au moment même où Moulin promeut Kaan à un poste de responsabilité politique stratégique, Souvarine signe un rapport intitulé « De Gaulle et les communistes » dans lequel il écrit :

> « En échange de sa reconnaissance par un pouvoir majeur *[l'URSS]*, de Gaulle s'est apparemment subordonné lui-même au Kremlin pour devenir un atout dans le jeu politique de Moscou. Cela est déjà devenu évident en Afrique du Nord ; des signes similaires apparaissent en France, spécialement dans la résistance intérieure [66]. »

---

63. Les informations précédentes viennent de AN, 72 AJ 233, dos. 1, doc. 20, manuscrit de Mme Pierre Kaan, décembre 1963.

64. Même réf., doc. 13, lettre de Jacques Destrée à Henri Michel, 26 septembre 1963.

65. Dans le ministère Blum du 14 mars 1938, Cot étant ministre du Commerce, Moulin et Cusin membres de son cabinet, le secrétaire d'État à la Recherche scientifique était Jean Perrin, son chef de cabinet étant Edmond Wehllof (nom de jeune fille de la mère de Tony de Graaf), tandis qu'André Labarthe était chargé de mission.

66. NARA, INT-12-FR 538. Ce rapport de Souvarine, transmis le 2 mars par Langer à un collègue, n'est apparemment pas le premier. Il sera suivi par d'autres. Jean-Louis Panné, *op. cit.*, fait allusion, p. 294, à celui cité ici, mais en donne un autre très court extrait, moins éclairant.

Après avoir agrémenté son texte de révélations stupéfiantes, selon lesquelles, par exemple, les 2e et 5e Bureaux français ont renforcé la liaison entre les communistes français et les gaullistes, le « cagoulard » Passy n'étant pas le dernier à jouer ce jeu, Souvarine assure : « *[Les]* communistes s'empareront bientôt du *leadership* dans le mouvement clandestin français au détriment des partisans inexpérimentés de De Gaulle. » Il ajoute : « Leur prépondérance a été favorisée par la formation de trois groupes clandestins de résistance – Libération, Combat et Franc-Tireur –, ce qui leur permet d'utiliser à plein leurs talents. » En conclusion :

> « Les communistes étant ce qu'ils sont, il est difficile de collaborer avec eux sans sacrifier la fin aux moyens. Vu que de Gaulle et ses partisans sont inexpérimentés, leur mouvement menace de devenir un instrument supplémentaire dans les mains expertes des stratèges militaires et diplomatiques russes. Cependant, ce danger peut être aisément conjuré [67]. »

Kaan et Souvarine ont été trop longtemps en parfait accord idéologique pour que leurs analyses divergent du tout au tout au printemps 1943. Antistaliniens ils étaient, antistaliniens ils demeurent, Souvarine tournant visiblement à l'anticommunisme pur et simple. En confiant à Kaan un poste hautement politique, Moulin peut difficilement avoir voulu faire le jeu des communistes. Au contraire, en le plaçant au CGE, puis en charge de la sécurité du CNR, où il devait collaborer avec le commissaire anticommuniste Porte, il semble avoir voulu en faire un verrou.

Les sentiments de Souvarine et Kaan envers le stalinisme ne doivent toutefois pas occulter ceux que leur inspire De Gaulle. Souvarine, c'est net, est suspicieux, sinon hostile. Quant à Pierre Kaan, c'est pire.

Un document tardivement versé aux Archives nationales par Mme Kaan le prouve. Il s'agit d'une note écrite par Pierre Kaan, où il relate ses entretiens, à Vichy, les 4, 5 et 6 août 1943. Un mois après la mort de Moulin, il discute d'abord avec Jardel et Ménétrel, deux des plus proches collaborateurs de Pétain, ensuite avec le Maréchal lui-même [68].

67. Même réf., p. 4 et 7.

68. Michel Bergès, *op. cit.*, p. 22, note que Cusin, en mai 1942, à Vichy, vit Jean Jardel, ancien condisciple de Robert Lacoste, pour lui demander de libérer 600 détenus de gauche, parmi lesquels des communistes, du camp de Compiègne, ce que Jardel fit rapidement.

La note commence par rappeler qu'il a été voir Pétain

> « comme je l'avais fait si souvent depuis le jour, en octobre 1940, où j'étais le seul à lui conseiller de donner l'ordre à Boisson de rendre Dakar au général de Gaulle et de donner à tout l'Empire l'ordre de reprendre la lutte [69] ».

La stupeur éprouvée en apprenant que l'un des proches de Moulin voyait régulièrement Pétain depuis trois ans n'a d'égale que celle provoquée par la suite du document.

Rappelons que la scène a lieu en août 1943. A Alger, au dam de Roosevelt, De Gaulle est en train de marginaliser Giraud, et c'est cet instant que choisit Kaan pour conseiller à Pétain de « transférer la légalité à Alger, *[et de]* nommer un président du Conseil des ministres avec pleins pouvoirs et ordre de siéger à Alger et de débarquer Laval en même temps ». Sinon, plaide-t-il, « rien ne pourra empêcher de Gaulle de prendre le pouvoir, il a tous les atouts en main ». Car pour lui, le président du Conseil à nommer d'urgence n'est pas De Gaulle. Ce sera un tiers moins marqué, flanqué de deux vice-présidents, « De Gaulle avec autorité sur l'administration civile, Giraud sur les trois départements militaires ».

En clair, Pierre Kaan propose à Pétain de sauver un Giraud en perdition et de couler De Gaulle. D'un mot, et quoique, contre toute logique, sa note prétende que le but de la manœuvre était de favoriser De Gaulle, Kaan a repris le programme américain.

Apparemment insensée, surtout venant d'un proche de Jean Moulin, la proposition était en fait en cohérence avec les vues affichées par d'autres amis de Moulin, ceux installés en Amérique.

Quand, le 2 novembre 1940, Vichy l'a limogé, Moulin n'a pas quitté sa préfecture sans en profiter pour se munir de faux papiers au nom de Joseph Mercier. Son cap bien fixé, ses amis rassemblés, ses premiers réseaux lancés, il peut un mois plus tard passer à la seconde phase de son plan. Avant de gagner la zone non occupée, celle de la révolution nationale, du pétainisme et de la collaboration, il peut mesurer le travail accompli en si peu de temps. Panier a renoué avec Robinson et les services secrets de l'Armée rouge, Meunier noue des liens avec les mouvements naissants et avec l'Armée volontaire, Cusin a des hommes sûrs, des liens avec Libération Nord et des relations avec les services

69. AN, 72 AJ 1910, « Entretiens de Vichy, 4, 5, 6 août 1943 », 5 p., remis par Mme Kaan à Yvette Gouineau.

britanniques, Manhès a jeté les bases de son réseau, Antoinette Sachs a dans son inépuisable carnet d'adresses celle du colonel Groussard, Kaan a ses entrées chez Pétain, Langeron a les siennes à l'ambassade américaine.

Le 1er décembre, il passe en zone libre.

Les amis américains

La ligne de démarcation franchie, Jean Moulin ne perd pas de temps. Il veut quitter la France, il doit aller en Amérique. Le 7 décembre, moins de huit jours après être arrivé chez sa mère et sa sœur, à Montpellier, il va à Toulouse [70] demander au secrétaire général de la préfecture de l'aider à quitter clandestinement le territoire. L'ex-collègue le dénonce dès qu'il a tourné les talons. Un avis de surveillance est lancé aux frontières. L'affaire en reste là [71].

Le temps de faire de Saint-Andiol sa base, celui de retrouver Antoinette Sachs, Jane Boullen et Jean Choquet, le temps d'aller à Cagnes-sur-Mer voir Manhès et de discuter avec lui « un plan pour la guerre secrète *[à]* entreprendre en France [72] », le voici déjà à la recherche d'un vrai-faux passeport français et d'un d'authentique visa américain. Mais le consulat marseillais des États-Unis exige du soi-disant Joseph Mercier des papiers complémentaires et une forte caution [73].

Décembre 1940 s'achève, 1941 commence. Le 4 février, il affirme aux Français être Joseph Mercier, professeur, domicile habituel n° 7c de la 5e Avenue, à New York, enseignant à l'Institut international où il doit aller occuper son poste. Le 7, il est en possession du passeport convoité et du non moins indispensable visa français de sortie, *via* l'Espagne et le Portugal.

Ce double succès montre qu'il a reçu des États-Unis, courant janvier-début février, les documents qui justifient son identité d'emprunt. Pierre Cot a plus tard indiqué : « Ma femme et moi avons fait toutes

---

70. A signaler : une ancienne compagne de Dolivet, Herta Jurr-Tempi, par ailleurs vieille routière du Komintern, travaillait depuis septembre 1940 pour l'USC comme responsable du bureau toulousain. *Cf.* Sabine Jansen, « Louis Dolivet », *Communisme,* nos 40-41, L'Age d'homme, Paris, 1995, p. 128, citant un document d'archives du Komintern, CRCEDHC, 495/12,123. 2.

71. Daniel Cordier, *Jean Moulin, l'inconnu du Panthéon, op. cit.*, t. 3, p. 86-87 et 1345, cite et reproduit les documents officiels. Aucun n'indique où Moulin comptait se rendre.

72. Laure Moulin, *op. cit.*, p. 223.

73. Daniel Cordier, *Jean Moulin, l'inconnu du Panthéon*, *op. cit.*, t. 3, p. 1430.

les démarches nécessaires aux États-Unis pour obtenir (...) les documents, garanties morales, financières, etc., qui devaient lui permettre de sortir de France [74]. »

Compte tenu de la vitesse du courrier et du délai nécessaire aux Cot pour réunir et envoyer les indispensables papiers, Moulin a dû communiquer avec eux en décembre 1940-janvier 1941. Laure Moulin, reprise par Cordier, croyait qu'un certain pasteur Brown avait servi d'intermédiaire. Mais ce pasteur Brown n'a jamais existé et le pasteur Brooks, bien réel, lui, n'a pas davantage pu faire office de facteur : il arrivera en France fin mai [75]. Louis Dolivet, parti pour les États-Unis le 13 décembre après avoir intensément fréquenté Moulin à Marseille, a certainement été le messager.

Le 20 février, Moulin voit le vice-consul général à Marseille, Hugh S. Fullerton [76]. Le 25, il se fait établir à son nom véritable un certificat attestant sa bonne santé. Le lendemain, Fullerton délivre au nom de Jean-Pierre Moulin un visa d'entrée aux USA, valable quinze jours [77].

Le diplomate a donc donné un visa à un homme qu'il sait user d'une double identité puisque le visa français de sortie est au nom de Mercier. Et il l'a fait sans attendre la caution bancaire exigée. Il s'agissait de 3 000 dollars. Au cours officiel, cette somme représentait 132 000 francs, plus de cinq ans du salaire d'un fonctionnaire débutant, ou bien, au cours parallèle, 438 000 francs [78]. La somme sera finalement virée par l'*Irving Trust Company*, de New York, à la Banque franco-indochinoise pour le commerce et l'industrie, de Marseille, au nom de Joseph Mercier, et seulement le 7 mars [79].

La célérité avec laquelle Fullerton a délivré le visa (soit dit en passant, d'innombrables demandeurs attendirent le leur longtemps, si même ils l'obtinrent), visa donné en passant outre à la légalité, ne doit rien à la légèreté. Fullerton était l'homme des affaires secrètes du

---

74. AN, 72 AJ 233, lettre de Pierre Cot à Henri Michel, 23 octobre 1963.

75. Laure Moulin, *op. cit.*, p. 228 ; Daniel Cordier, *Jean Moulin, l'inconnu du Panthéon*, *op. cit.*, t. 3, p. 93. Sur la date d'arrivée de Brooks, NARA, RG 226, E 92, B 45, F 9, mémo de J. C. Hughes sur sa conversation avec H. L. Brooks, 16 mai 1942.

76. Henri Frenay, *L'Énigme Jean Moulin*, *op. cit.*, p. 266, affirme que Moulin et Dolivet ont vu Robert Murphy à l'ambassade de Vichy. Dolivet ayant quitté la France le 13 décembre, la rencontre a pu se produire, Murphy ayant pour sa part quitté Vichy pour l'Afrique le 18. Frenay n'indique pas sa source, Murphy n'évoque pas la rencontre. Plausible, elle n'est pas avérée.

77. NARA, *State Department, Decimal Files*, E 200, B 861, *Name Index*, 1940-1944, et dossier 811-111, « Moulin Jean-Pierre ».

78. Données de la Banque de France.

79. Daniel Cordier, *Jean Moulin, l'inconnu du Panthéon*, *op. cit.*, t. 3, p. 94 et 1346.

consulat, des documents l'attestent dans les archives du Département d'État[80]. Il savait qui était ce Mercier-Moulin.

Il le savait parce que l'un de ses adjoints était le jeune Hiram Bingham, lui aussi chargé des affaires discrètes[81]. Ce jeune homme était le fils d'Alfred Bingham, ex-ambassadeur et sénateur du Connecticut. Engagé dans les activités humanitaires en faveur des Européens victimes de la guerre, le sénateur Bingham appartenait notamment au *New World Resettlement Fund*, où il côtoyait l'écrivain John Dos Passos, connu pour son engagement en faveur de la République espagnole, et Suzanne La Follette, parente d'un sénateur progressiste du Wisconsin[82]. Il prenait aussi la parole dans des réunions publiques. Selon le *Yale News* du 5 mars 1941, le sénateur Bingham s'exprima devant une audience universitaire en même temps qu'un autre orateur, professeur invité de cette université : Pierre Cot.

Lors de son séjour à Marseille, Moulin a fréquenté Hiram Bingham. En témoigne son premier entretien avec les services britanniques : « Il rencontra également M. Bingham, le vice-consul US[83]. »

En conclure que les documents envoyés par Cot à Moulin passèrent par le jeune diplomate peut sembler hâtif, même si Hiram Bingham se montrait extrêmement dévoué envers Moulin. Selon la déclaration de Moulin citée ci-dessus, c'est lui qui permit à l'ancien préfet de rencontrer à Marseille « des sympathisants pro-Britanniques et le cercle des Quakers américains ainsi que les Unitariens[84] ». Et nous allons voir que, ce faisant, le jeune Bingham a joué un rôle central dans les relations de Moulin avec les États-Unis.

Que Hiram Bingham ait introduit Moulin auprès des Unitariens n'a

---

80. NARA, RG 84, B 44, *Marseille Consulate, General Records*, 1941, vol. XXXIII, et aussi RG 84, B 4, F 1, *Vichy Embassy, Confidential Files*, 1940-1942, lettres à Freeman Matthews. En outre, *in* AN, 72 AJ 233, lettre de Fullerton à Henri Michel, du 28 novembre 1963 ; le premier indique que, depuis l'été 1940, après avoir pris en charge les intérêts britanniques, par suite de la rupture des relations diplomatiques entre Vichy et Londres après l'affaire de Mers-el-Kébir, il utilise un « agent clandestin de liaison (...) ».

81. NARA, REG, E 92, B 27, F 19, Hiram Bingham, dossier personnel. Celui de son frère William est sous la cote REG, E 92, B 198, F 18.

82. NARA, RG 84, B 44, *Marseille Consulate, General Records*, 1941, vol. XXXIII, lettre de V. Fry, du CAS, à Fullerton, 1er juillet 1941. On ignore si le *New World Resettlement Fund* était lié à l'association *Free World* évoquée ci-après.

83. Interrogatoire de Moulin à la *Royal Patriotic School*, à Londres, 23 octobre 1941 ; texte en anglais reproduit *in* Daniel Cordier, *Jean Moulin, l'inconnu du Panthéon, op. cit.*, t. 3, p. 1239.

84. *Ibid.* Le représentant de l'*American Friends Service Committee*, quaker, était le pasteur Howard Kirshner. *Cf.* AN, 72 AJ 233, I, 15, lettre de Fullerton à Henri Michel, et NARA, RG 84, B 44, *Marseille Consulate, General Records*, 1941.

rien d'étonnant. C'est principalement sur la recommandation du jeune diplomate qu'en 1940 l'*Unitarian Service Committee* (USC), organisation humanitaire basée à Boston (USA), avait recruté, puis désigné comme représentant à Marseille un certain Noel Haviland Field.

Lors d'une audition devant une commission du Sénat américain, en 1957, Franck S. Ketcham, avocat de l'USC, répondit au sénateur Morris :

> « Le directeur de l'USC affirme aussi que Mr Field était bien connu de Mr Hiram Bingham, le consul américain de Marseille, qui a dit que Field était un homme aux compétences spéciales et que le Comité ne pourrait nulle part trouver un meilleur candidat./ MORRIS : Ceci avant 1941./ KETCHAM : Oui ; vous pouvez voir ainsi, Sénateur, que M. Field arriva très hautement recommandé [85]. »

Les « compétences spéciales » prêtées à Noel Field par Hiram Bingham mènent droit au cœur de la polémique sur l'idéologie de Jean Moulin. Henri Frenay a souligné que, s'il avait connu en 1941 la vérité sur Field et sur ses rapports avec les amis de Moulin émigrés en Amérique, son attitude à l'égard de celui-ci « aurait été différente et son destin aussi [86] ».

Car Noel Field était un agent soviétique.

Cela, Frenay l'apprit comme tout le monde après la guerre, lorsque Field défraya la chronique en passant à l'Est, puis en y étant arrêté et mêlé aux procès Slansky et Rajk [87].

Mais Field était aussi un agent américain.

Cela, Frenay l'ignorait, comme il ignorait si Moulin avait rencontré Field, et si oui à quel titre : en tant qu'agent de Moscou ou de Washington ?

---

85. *Hearings before the Subcommittee to Investigate the Administration of the Internal Security Act and Other Internal Security Laws of the Committee of the Judiciary United States Senate, 85th Congres, 1st session*, 13 mai et 22 août 1957, vol. 61, GOP, Washington, 1957, p. 3953 et suiv.

86. Henri Frenay, *L'Énigme Jean Moulin*, *op. cit.*, éd. complétée, p. 254.

87. Arrêté à Prague en 1949, Noel Field sert à justifier l'accusation dans plusieurs « procès » dont l'objet véritable est de liquider le projet de Fédération balkanique imaginé par des dirigeants communistes chevronnés qui s'étaient illustrés pendant la lutte clandestine antinazie et qui espéraient ainsi créer un nouveau modèle socialiste. Field et son épouse furent épargnés et libérés en 1956. Ils décidèrent de rester à Prague. Leur fille adoptive, Erika Glaser, membre de l'OSS avant d'être arrêtée par les Soviétiques, connut le Goulag avant de gagner les États-Unis. Sur l'affaire Field, *cf.* le documentaire de Werner Schweitzer, *Noel Field, l'espion fabriqué*, 1996, ainsi que Flora Lewis, *Pion rouge, l'histoire de Noel Field*, Gallimard, Paris, 1967.

L'USC, Field et les autres

En janvier 1941, Louis Dolivet arrive aux USA. Il y retrouve de vieux amis, les Cot et Henri Laugier, l'homme qui, on s'en souvient, avait aidé Cusin à déjouer les manœuvres allemandes et italiennes contre les bateaux d'armes pour l'Espagne. Avec d'autres exilés, Julio Alvarez del Vayo, lui aussi ami de Gaston Cusin, le banquier Olof Ashberg, qui avait été lié au RUP et au Cercle des nations, l'éditeur et publiciste Lucien Vogel, ou encore le Russe Vassili Soukhomline [88], ils créent l'association *Free World*. Le but est d'aider ceux qui, dans les pays occupés, veulent lutter contre l'hitlérisme.

Sachant leur ami Moulin déjà à l'œuvre et plein de projets, ils décident tout naturellement d'établir une liaison avec lui. Il faut un messager.

Selon un rapport du FBI, le

> « Révérend Howard L. Brooks partit à l'étranger en avril 1941, en mission pour *Free World Inc.*, afin de contacter des groupes de résistance, à la demande de Louis Dolivet et Pierre Cot. Avant de faire ce voyage, Brooks avisa Robert Dexter, qui conféra avec l'*Office of Strategic Services*, et Dexter approuva son voyage, faisant son possible pour que Brooks aille en Europe sous les auspices de l'USC. Noel Field avait été auparavant chargé du bureau de l'USC à Marseille [89] ».

La boucle est ainsi bouclée. Hiram Bingham, qui a cautionné Field comme chef de l'USC à Marseille et qui a aidé Moulin, va pouvoir présenter celui-ci à Brooks, envoyé par Cot et Dolivet, l'OSS ayant donné sa bénédiction.

Selon Laure Moulin, son « frère vit plusieurs fois » celui qu'elle appelle le « père Brown », peut-être un pseudonyme utilisé par Brooks pendant sa mission. « Jean, ajoute-t-elle, riait de la naïveté du brave homme [90]. »

---

88. Sur Dolivet et *Free World*, *cf.* Sabine Jansen, art. cit., p. 117-129. Sur V. Soukhomline, *cf.* Thierry Wolton, *op. cit.*, p. 229 et 304.

89. FOIPA, FBI, n° 348.580, Pierre Cot, mémo du 15 septembre 1967, « Louis Joseph André Labarthe », p. 9-10, citant un mémo précédent (antérieur à 1947) sur *Unitarian Service Committee*. Notre citation provient des documents d'archives du FBI sur l'USC, référencés 100-23793-3 et 65-5513-24. C'est probablement de là que vient l'affirmation non référencée de Frenay, in *L'Énigme Jean Moulin*, *op. cit.*, éd. complétée, p. 49. En 1942, Robert Dexter fut nommé représentant de l'USC à Lisbonne, en remplacement du Dr Charles Joy, que Dolivet avait vu lors de son passage à Lisbonne, fin 1940, sur la route des USA ; *cf.* Daniel Bénédite, *op. cit.*, p. 323-324, et Henri Calef, *Jean Moulin, une vie*, Plon, Paris, 1980, p. 184.

90. Laure Moulin, *op. cit.*, p. 228.

La naïveté était chez Laure. Les archives du FBI le prouvent. Son chef, John Edgar Hoover, écrit :

> « L'Association unitarienne américaine a organisé l'USC (...) pour s'occuper des réfugiés pendant la Deuxième Guerre mondiale. Le FBI n'a pas enquêté sur l'USC ; cependant, des informations sont venues à notre connaissance, indiquant que ce groupe, organisé en 1938, est devenu un canal de transit des religieux américains vers le parti communiste. Ce groupe a aussi été donné de façon crédible comme ayant été en complète coopération avec le *Joint Anti-Fascist Refugee Committee* en Europe de 1940 à 1946[91]. »

Sur l'essentiel, les assertions de Hoover sont fondées. Après la mort de Staline, dans une lettre au comité central du PC de l'Union soviétique, Field a écrit :

> « Beaucoup de dirigeants unitariens se situaient politiquement très à gauche : il y avait un certain nombre de sympathisants du parti et parmi eux quelques membres./ Un dirigeant de la centrale de Boston était membre du parti (j'ai oublié son nom). Le rédacteur du mensuel officiel était communiste (s'il était membre du parti, je l'ignore) et s'appelait Stephan Frichtman. Dans le groupe bostonien de l'USC, il y avait plusieurs sympathisants et John Finley, directeur de la section de la jeunesse et de celle qui avait pour mission l'assistance en Amérique même (notamment pour les Noirs), était membre du parti. Le mouvement de jeunesse unitarien avait une orientation communiste : une de ses dirigeantes était Frances Damon, future secrétaire de la *Weltjugendbund*. Le premier directeur général, Dexter, se présenta longtemps comme un sympathisant. Or, plus tard (en tant que directeur à Lisbonne), après l'entrée en guerre de l'Amérique, il travailla pour l'OSS et s'affirma après la fin de la guerre de plus en plus ouvertement anticommuniste (...)[92]. »

Sur d'autres points Hoover arrange la réalité à sa façon. Le FBI, dit-il, n'a pas enquêté sur l'USC. En réalité, il avait établi un dossier de plusieurs centaines de pages à son sujet. En ressort que l'USC a effectivement coopéré avec le *Joint Anti-Fascist Refugee Committee* (JAFRC), organisation réputée prosoviétique, et peut-être davantage, mais l'affirmation selon laquelle la coopération fut « complète » doit être nuancée. En décembre 1946, le vice-président de l'USC, Seth.

91. FOIPA, FBI, *Unitarian Service Committee*, dossier 100-23792-3, doc. 88, 15 avril 1968.
92. Archives de la Sécurité d'État hongroise, Noel Field, « Lettre au CC du PCUS », 1954, document communiqué par W. Schweitzer.

T. Gano, publia l'histoire de son organisation pendant la guerre. L'accord USC-JAFRC, conclu en 1943, prévoyait que l'USC représentait le JAFRC en France et gérait les fonds mis par celui-ci à sa disposition pour aider les réfugiés espagnols dans ce pays, « sans sectarisme ni discrimination ». L'USC avait cependant douze autres sources de financement, notamment para-gouvernementales. De sorte que, « sur les millions de dollars reçus par l'USC depuis sa fondation », de 1943 à 1946 seulement « 269 280 étaient venus du JAFRC [93] ». Le poids réel du JAFRC dans l'USC n'était pas aussi écrasant que celui estimé par Hoover.

Selon un copieux mémorandum établi en 1947 par le FBI sur l'USC, la mainmise communiste sur l'USC aurait été « principalement due au fait que *[nom caviardé dans le document communiqué au public]*, posant au Quaker, a mené pendant les trois dernières années *[c'est-à-dire depuis 1943]* une activité de pénétration [94] ».

Le nom caché est celui de Noel Field.

Là encore, les dires de Hoover simplifient outrageusement – et volontairement – une réalité infiniment plus complexe et qui réserve des surprises de taille.

Né en 1904 de parents quakers plutôt huppés (le père était un ami personnel de l'ancien président Woodrow Wilson), diplômé de Harvard en 1924, Noel Field travaille ensuite une année à Boston dans un service d'aide psychiatrique aux détenus. En 1926, il entre au Département d'État avec rang de vice-consul. Les dix années suivantes sont bien remplies. De 1927 à 1930, il s'occupe de la Suisse et de la Société des nations (SDN), basée à Genève. Secrétaire assistant de la délégation américaine à la Conférence navale de Londres, en 1930, il est aussi, de 1930 à 1935, membre de la délégation américaine à la Conférence sur le désarmement. En 1934, il est assistant du chef de la délégation américaine à la nouvelle Conférence navale de Londres. Deux ans plus tard, à la même conférence, il est secrétaire de la délégation américaine. Membre de la division Désarmement de la SDN en 1938-1940 et secrétaire du Troisième Comité de l'Assemblée générale de la SDN, il est alors nommé à un poste destiné à marquer son *curriculum vitae*, celui de secrétaire de la Commission militaire de la SDN pour l'évacuation des soldats étrangers en Espagne, Brigades internationales comprises. D'octobre 1938 à mars 1939, il court de Barcelone à Valence et de Madrid à Perpignan. Il s'y fait naturelle-

93. *Christian Register*, supplément au numéro de décembre 1946, p. 519, 504, 505, Boston, Massachusetts.

94. FOIPA, USC, 100-23792-2, doc. 32, mémo du 15 mai 1947, 46 p., p. 28.

ment des relations, tant parmi les cadres du Komintern et des services secrets soviétiques que parmi les Espagnols.

En octobre 1940, la Ligue résilie son contrat pour cause de conflit mondial[95]. Field a vu venir le licenciement. En août, il a postulé pour la place de courrier diplomatique à l'ambassade des États-Unis à Berne. Celle-ci lui ayant échappé, en octobre on songe à le nommer au poste très important d'assistant exécutif du haut-commissaire américain aux Philippines. Il accepte l'idée.

Le 18 novembre 1940, Alger Hiss, l'un des « jeunes loups » du *State Department* mais plus tard condamné comme agent soviétique, écrit une lettre de quatre pages au haut-commissaire aux Philippines. Après enquête auprès de neuf éminents fonctionnaires, un seul ayant émis des réserves, il recommande de choisir Field. Prudent, Hiss n'a pas manqué de faire état des accusations portées contre son candidat devant une commission du Sénat américain. Mais il les déclare « sans fondement ». Du reste, il joint à sa lettre un « affidavit » rédigé par Field, le 6 juin 1939, où il nie catégoriquement ces accusations :

> « Je ne suis pas et n'ai jamais été communiste. Je ne suis pas et n'ai jamais été membre du parti communiste ou d'une autre organisation radicale. Je n'ai jamais été engagé dans aucune activité radicale. Il est impossible d'imaginer que ma brève appartenance au Mouvement de la Jeunesse pour la Paix pendant mes années universitaires puisse être considérée comme une activité "radicale"[96]. »

Le 3 février 1941, le poste philippin échappe à Field[97]. Sans emploi, recommandé par des personnalités dont les noms – celui de Hiram Bingham excepté – ne sont jamais cités dans les documents disponibles, il accepte l'offre de l'USC.

A l'évidence, un haut fonctionnaire si prometteur ne s'embarque pas pour l'Europe en guerre et pour cette mission si particulière sans l'accord de son administration, laquelle, ce n'est pas moins clair, n'objecte pas.

Or, le communisme de Field était notoire au *State Department*, la Maison-Blanche le sachant même accusé d'être un agent soviétique.

Le 23 novembre 1926, quatorze ans avant d'être engagé par l'USC, le FBI avait ouvert un dossier sur lui après avoir reçu une lettre le

95. Données sur la carrière extraites de *Hearings*, *op. cit.*, p. 3955.

96. FOIPA, FBI, Noel Field, 105-2175-2, mémo du 1er mars 1950, p 17.

97. Les données sur le poste de courrier et sur celui aux Philippines viennent de NARA, RG 59, B 403, F 123, *Decimal Files*, 1940-1944, RG 59, B 663, F 124, 11B/31-58, 124. 10/12, 124. 11B 6, 124. 11B/31-58.

dénonçant comme élément subversif, sa mère et son épouse étant aussi accusées. Sept autres personnalités américaines ayant été directement mises au courant par le dénonciateur, John Edgar Hoover avait aussitôt informé le Département d'État [98].

Le 7 novembre 1938, J. B. Matthews, ex-militant du PC américain, avait révélé devant un comité du Sénat que Field était au PC depuis 1928. En 1939, lors d'une audience publique de la Commission présidée par le sénateur Martin Dies, un autre dissident du PC, Whittaker Chambers, avait confirmé les dires de Matthews. La même année, Walter Krivitsky, l'un des chefs des services secrets soviétiques en Europe, réfugié aux USA après avoir rompu, avait révélé à ses interrogateurs américains que Field avait été une de ses sources à Genève [99].

Dans la nuit du 2 septembre 1939, à Washington, au domicile privé d'Adolf A. Berle, conseiller spécial du président Roosevelt pour les affaires de sécurité [100], Whittaker Chambers, accompagné par Isaac don Levine, menchevik russe émigré aux USA, avait donné une liste de plusieurs dizaines de noms de militants communistes impliqués, selon lui, dans des activités illégales et d'espionnage. Parmi ces noms figuraient ceux des frères Hiss, Donald et Alger (ce dernier assistant du haut-commissaire aux Philippines), ainsi que celui de Noel Field. Adolf Berle avait écrit une note mais n'avait informé ni les services de sécurité ni le *State Department*, tout en faisant part au président des déclarations de Chambers. Selon Isaac don Levine, « Roosevelt rigola des accusations relatives à un réseau d'espionnage soviétique dans le gouvernement [101] ».

Après la guerre, le FBI recueillit une foule d'informations sur Field. Elles confirmaient que nombreux étaient ceux qui avaient connu ses attaches politiques. L'un affirma que des fonctionnaires du Département d'État lui avaient dit savoir depuis des années que Field était un

98. FOIPA, FBI, Noel Field, 105-2175-1, doc. X.

99. Allen Weinstein, *Perjury. The Hiss-Chambers Case*, Alfred A. Knopf, New York, 1978, p. 200. *Cf.* aussi Walter Krivitsky, *Agent de Staline*, Coopération, Paris, 1940, et Élisabeth K. Poretski, *Les Nôtres*, Denoël-Les Lettres nouvelles, Paris, 1969, p. 159, sur les relations d'« Ignace Reiss » avec les parents de Noel Field.

100. A. J. Berle (1895-1971), avocat, professeur, auteur, avait été l'un des premiers membres du *brain-trust* de Roosevelt et, comme assistant du secrétaire d'État, un proche conseiller du président de 1934 à 1938.

101. Allen Weinstein, *op. cit.*, p. 330. C'est l'ouvrage le plus complet sur le sujet, mais la controverse continue à propos d'Alger Hiss. Isaac don Levine publia sa version des faits dans son article « L'étrange cas de Laurence Duggan », *Plain Talk*, février 1949. En 1948, après que l'affaire Field eut éclaté à l'Est, Berle eut quelque peine à justifier le fait qu'il n'avait communiqué sa note au FBI que sur requête de Hoover, en 1943. Il argua que Chambers avait indiqué que tel n'était pas son souhait…

« agent du GuéPéOu russe[102] ». On découvrit aussi qu'une autre personne avait été interrogée le 15 février 1941, qu'elle avait révélé avoir informé le Département d'État de l'appartenance de Field au PC, que des officiels lui avaient répondu « être conscients de ces connexions », et que tout le monde s'était abstenu de bouger[103].

On peut donc en être certain : quand Field part prendre son poste à Marseille, Washington sait à quoi s'en tenir sur lui. On ne saurait être catégorique, mais il est hautement vraisemblable qu'on le laisse aller en France, sous la couverture de l'USC, parce que ses opinions sont connues et parce que ses relations avec les services soviétiques sont au moins soupçonnées. Et si on le voit d'un bon œil s'établir à Marseille, c'est, sans aucun doute, qu'on sait présents dans la région de très nombreux réfugiés, dont beaucoup de communistes allemands et d'Europe centrale, sans parler d'une masse de réfugiés républicains espagnols, vieilles connaissances de Field, et qu'on a décidé d'utiliser tous ces gens.

Le texte fondateur du COI-OSS stipule :

> « En France occupée et non occupée il y a un mouvement clandestin. Malgré les persécutions, la tendance communiste ne peut être éradiquée (...). Les nombreux émigrés d'Allemagne, d'Italie et des pays occupés répartis dans toute la France constituent d'excellents cadres pour le renseignement[104]. ».

Quantité d'informations jusqu'à présent passées sous silence incitent à désigner Allen Dulles, officiellement entré à la direction du COI-OSS en décembre 1941, mais très actif en Europe depuis un an, comme le protecteur de Field tout au long de cet épisode.

Il connaissait bien toute sa famille. En 1918, apprenti espion à la légation américaine à Berne, il avait été chargé d'interroger le père de Noel qui accusait le consul américain de trahison. Ils devaient rester liés. Plus tard, il avait retrouvé Noel au Département d'État, et, détail sympathique, s'était abstenu de dire à la hiérarchie qu'il l'avait vu manifester à Washington contre la ségrégation raciale dans un cinéma, le jeune homme ayant poussé l'inconscience jusqu'à proposer à son aîné de participer à l'action. Ensuite, ils s'étaient souvent revus au fil de carrières qui se recoupaient. Par exemple en 1926, quand Dulles

---

102. FOIPA, FBI, Field, 105-2175-3, p. 74, mémo de Nichols à Tolson, 2 septembre 1948.

103. *Ibid.*, p. 14, *WFO Report*, 3 mai 1941.

104. NARA, RG 226, E 190, B 265, F 915, *« Project of the Organisation of an American Intelligence Service in Continental Europe »* (août 1941), p. 32 (France).

était délégué à Genève pour la Conférence préparatoire sur le désarmement, ou encore lorsque Dulles était conseiller juridique de la délégation américaine à la Conférence navale, ou enfin, en 1932 et 1933, quand Dulles était conseiller à la Conférence sur le désarmement. « Leurs pas s'étaient croisés souvent, au *State Department* à Washington, à la Ligue des nations à Genève, à la Conférence du désarmement à Paris », note discrètement le biographe de la famille Dulles [105].

Quand la guerre arriva, Allen Dulles n'avait aucune raison d'avoir oublié son jeune et remuant ami. Et quand l'USC demanda son feu vert à l'OSS pour envoyer Field à Marseille, ce n'est pas Allen Dulles qui s'y opposera. C'est d'hommes comme Field dont Dulles avait besoin. On lui tailla donc un statut spécial.

En 1941, à Marseille, Field peut communiquer avec le Département d'État (preuve qu'il est toujours lié à son administration d'origine) en utilisant le chiffre de l'ambassade, contrôlé par le jeune Douglas MacArthur, chargé des affaires secrètes (preuve qu'il en est reconnu) ; mais on lui facture les frais de transmission (preuve qu'il agit en *outsider*) [106].

En 1942, son statut gagne en clarté. Robert Dexter quitte Lisbonne pour séjourner quelques semaines à Marseille et aller à Genève avec Field. A en croire les déclarations faites plus tard par Field, il entend alors pour la première fois parler de l'OSS. Dexter lui dit y appartenir et l'incite à en faire autant, tout en lui promettant pour son activité à l'USC de 5 000 à 10 000 dollars sortis des caisses de l'OSS [107].

Cet épisode, il est utile de le noter, se situe peu avant le débarquement en Afrique du Nord. L'OSS est en train de prendre ses dispositions et Allen Dulles de préparer son installation en Suisse en tant que chef de l'OSS pour l'Europe. Après plus de deux mois de démarches officielles, il quitte enfin Washington et, *via* les Açores, gagne Lisbonne, où il arrive le 2 novembre. Par Madrid, autre capitale stratégique pour l'OSS, il rejoint la France le 8 [108]. A Port-Bou, il apprend le succès du débarquement et se met en route pour Berne, passant la frontière juste

105. Leonard Mosley, *Dulles, a Biography of Eleanor, Allen and John Foster Dulles and Their Family Network*, Dell Book, New York, 1979, p. 146.

106. NARA, RG 84, B 44, *Marseille Consulate, General Records*, 1941, vol. XXXIII, lettre de Fullerton à Freeman Matthews, 23 septembre 1941, lettre de Douglas MacArthur à Fullerton, 6 octobre 1941, réclamant la somme de 244,30 francs pour l'envoi, le même jour, du télégramme codé de Field au Département d'État, et lettre de Fullerton, 8 octobre, réclamant la somme à Field.

107. Interrogatoire de Noel Field par la sécurité d'État hongroise, juillet 1954. A noter que Daniel Bénédite, *op. cit.*, p. 323 et suiv., confirme qu'en septembre 1942 Dexter le recruta pour organiser le premier réseau OSS.

108. NARA, RG 226, E 194, B 25, F 376.

avant sa fermeture par les Allemands en train d'envahir la zone encore libre [109]. Simultanément, par chemin de fer au départ de Marseille, Max Shoop, bras droit de Dulles à Genève [110], et le couple Field passent aussi en Suisse. Ils y arrivent le 11 novembre 1942 [111].

Le temps de s'installer et, le 1er décembre, l'OSS-Washington transmet à Dulles l'adresse genevoise de Field [112]. Les deux hommes se voient au consulat américain de Genève [113]. Dès lors, les relations se multiplient. Le 11 janvier 1943, l'OSS-New York informe l'OSS-Washington d'un échange de télégrammes impliquant l'OSS-Lisbonne et l'OSS-Londres et concernant Noel Field, ainsi que Charles Joy, de l'USC, à propos d'un de leurs protégés [114]. Tout incite à penser que les relations entre Field et Dulles s'intensifièrent pour atteindre un haut degré d'intimité. Un document en donne une idée : le 4 avril 1944, Dulles écrit à la comtesse Wally Castelbarco-Toscanini. Fille de l'illustre musicien et par ailleurs maîtresse d'un chef de la Résistance italienne, Feruccio Parri, elle n'est pas pour autant insensible au charme de Dulles [115]. Elle doit se mettre en relation avec Mme Field (car Noel se repose en montagne) pour régler la question des 10 000 dollars donnés par Toscanini aux Quakers et à l'USC [116].

Outre ces relations personnelles, Dulles emploie Field comme agent. « Il connaissait aussi les connexions étendues de Noel avec l'*underground* communiste européen. Par Noel, l'OSS envoyait de l'argent aux clandestins en échange d'informations. Le total, pense Dulles, n'excéda pas 10 000 dollars, ce qui, pour deux années d'opération, était assez peu », a remarqué, dubitatif, un journaliste américain [117].

A Genève, Field est en effet presque comme chez lui et la clandestinité communiste a peu de secrets pour lui. Ses relations secrètes avec Jules Humbert-Droz, ancien pasteur jurassien fondateur du Komintern et leader du PC helvétique, ses liens cachés avec le père et le fils

109. Allen Dulles, *Les Secrets d'une reddition*, Calmann-Lévy, Paris, 1967, p. 20-24.

110. AN, 397 AP 1, note de Philippe Monod.

111. NARA, RG 59, B 403, F 123, *Decimal Files, General Records*, 1940-1944, télégramme de Genève, 12 novembre 1942, au secrétaire d'État à Washington, qui informa par téléphone Charles Joy, de l'USC, au *Burlington Hotel*, le 14.

112. NARA, RG 226, E 194, B 85, F 376, lettre à Charles Joy, 1er décembre 1942.

113. Noel Field, interrogatoire par la sécurité d'État hongroise, juillet 1954.

114. NARA, même référence que note 111.

115. Leonard Mosley, *op. cit.*, p. 161-162.

116. NARA, RG 226, E 123, B 13, F 147 « C, Folder 3 », *Bern-SI-PTS-1-9*.

117. Craig Thompson, « What Has Staline Done With Noel Field? », *Saturday Evening Post*, 15 décembre 1951. Le *Cleveland Plain Dealer*, du 4 mars 1951, fut plus explicite : « Field avait servi pendant la 2e Guerre mondiale dans l'OSS comme officier de liaison avec la clandestinité communiste en Europe. »

Nicole, réputés appartenir à l'appareil secret soviétique [118], ou encore ses contacts avec Rado, responsable genevois d'une des branches de l'« Orchestre rouge », ne lui étaient pas moins utiles que ses relations avec les organisations humanitaires basées en Suisse pour effectuer le travail confié par Dulles [119].

Mais quel était exactement son rôle ? Servait-il de simple « interface » entre les services américains et la clandestinité communiste ? Était-il un agent double soviétique infiltré dans l'OSS ? Fut-il en toutes circonstances aussi fidèle aux Soviétiques qu'il l'a affirmé ? Même si l'on n'est pas tenu de prendre pour argent comptant des déclarations de loyauté faites alors qu'il était détenu à l'Est et menacé à l'Ouest, Noel Field, tout le prouve, était bien un agent soviétique et en même temps un agent américain. Et qui le rencontrait n'était pas nécessairement informé de sa double qualité.

Rien ne permet de soupçonner Moulin d'avoir connu l'une ou l'autre des facettes de Field parce que rien n'autorise à dire qu'il l'a seulement rencontré. Nos recherches n'ont mis au jour aucune trace de relation directe entre eux. On peut uniquement constater que Field et son épouse sont arrivés fin mars 1941 à Marseille [120], alors que Jean Moulin s'y trouvait [121].

Une proximité géographique ne saurait fonder une parenté idéologique.

---

118. Sur ces relations, Flora Lewis, *op. cit.*, p. 135 et suiv. Jules Humbert-Droz, dans *La Sentinelle*, 25 novembre 1954, révèle que Field lui fit part de son appartenance aux services soviétiques. Sous le titre « The Strange Case of Noel Field », un auteur anonyme, mais fort bien renseigné, a indiqué dans le journal *Labor Action* (organe de l'*Independant Socialist League*) du 27 février 1950, avoir vu, à Genève, Field avec Pierre Nicole, et cite longuement un autre article d'Humbert-Droz, confirmant ses dires mais rendant hommage au travail humanitaire de Field en faveur de beaucoup de prisonniers détenus dans les camps français.

119. NARA, INT-10 EU-280, *International Relief Personalities in Switzerland*, 18 novembre 1943, 4 p. Dans ce document, probablement établi par Field, sont passés en revue huit dirigeants des organisations humanitaires, la préférence de l'auteur allant visiblement au révérend Waitstill Sharp, de l'*Unitarian Relief Committee*, précédemment en poste en Tchécoslovaquie, de 1938 à 1939, puis en France et au Portugal, de 1940 à 1941.

120. Noel Field au CC du PCUS, 1954.

121. Le 10 avril, Fullerton appuie la demande de permis de séjour déposée par l'ambassade US à Vichy (NARA, RG 84, B 43, *Marseille Consulate, General Records*, vol. XXXII, ainsi que vol. XXXIII, dossiers Noel Field, USC, YMCA). Il déploie ensuite une intense activité pour l'USC, qui lui vaudra les éloges de sa direction bostonienne et aussi les soupçons de Daniel Bénédite, déjà évoqué à propos du préfet Langeron. Employé au Comité américain de secours (CAS), à Marseille, il fréquentait Field, notant sa propension à s'occuper des réfugiés communistes orthodoxes et à identifier les hérétiques (socialistes, surréalistes, anarchistes et autres) qui faisaient le gros de la « clientèle » du CAS (Daniel Bénédite, *op. cit.*, p. 319).

Louis Dolivet

Il en va autrement de Louis Dolivet. Ami proche de Moulin et de Pierre Cot, ami de Field aussi, il avait partagé avec celui-ci un bureau à Genève et sa maîtresse, Herta Jurr-Tempi, agent chevronné du Komintern[122].

Dolivet a incontestablement été un agent du Komintern, les archives soviétiques ouvertes le prouvent à profusion[123]. Mais tout comme son patron, Willy Münzenberg, génial chef d'orchestre de la propagande antifasciste stalinienne pendant des années, il n'avait pu se résoudre à approuver le pacte germano-soviétique. En 1941, Robinson, *résident* du GRU à Paris, ne cachait pas sa méfiance : « *Radio Boston* : l'émission française de cette station est dirigée par Dolivet, l'ancien secrétaire du RUP, élément qui m'a semblé louche[124]. »

Robinson avait ses raisons pour se méfier, l'OSS avait les siennes pour utiliser Dolivet. Le tenant à l'œil depuis son arrivée aux USA, elle rédigea une note de synthèse sur le Roumain Ludovic Brecher, *alias* Louis Dolivet, où, après un historique sans complaisance de sa carrière kominternienne, il était fait grand cas de l'opinion des services britanniques :

> « La connexion de Dolivet avec Münzenberg est maintenant considérée comme sans importance étant entendu que Münzenberg a fini comme agent du Deuxième Bureau *[français]* et a été plus tard tué par les communistes eux-mêmes. Des responsables en Angleterre, incluant des membres du gouvernement, ont une haute opinion de Dolivet. Il est admis qu'il a sans aucun doute rompu avec les communistes en 1939 quand, après le pacte germano-soviétique, il fit expulser les communistes du RUP. Il s'acquit alors l'inimitié de l'URSS. C'est pourquoi, qu'il puisse maintenant recevoir des fonds soviétiques *via* les Chinois est vu comme une allégation ridicule. Les Britanniques croient que sa relation avec Pierre Cot est devenue très mince. En substance, l'actuelle opinion britannique sur Dolivet est qu'il est plus révolutionnaire que Del Vayo ou Artucio, qu'il n'a plus aucune connexion avec l'URSS, qu'il peut être cru pour des raisons ayant à voir avec les objectifs immédiats, qu'il est sincèrement antinazi, qu'il a d'intéressantes relations et peut être utilisé, au moins actuellement[125]. »

---

122. Stephen Koch, *La Fin de l'innocence*, Grasset, Paris, 1995, p. 207. Flora Lewis, *op. cit.*, p. 132-133, assure qu'il s'agissait d'un amour platonique.

123. *Cf.* Sabine Jansen, art. cit.

124. Message « Harry », 15 avril 1941, reproduit *in* Thierry Wolton, *op. cit.*, p. 365.

125. NARA, INT-12FR-329, mémo de John C. Wiley pour le colonel Donovan, copie à Allen Dulles, 4 septembre 1942, 8 p, citation p. 7-8.

On ne connaît aucun document prouvant que Dolivet reprit contact avec les Soviétiques après l'attaque de l'URSS par les nazis. Sa biographe, qui se base sur les archives du Komintern, n'exclut pas qu'il ait renoué après juin 1941 afin d'obtenir des fonds nécessaires à son action antifasciste. Mais elle n'apporte aucun élément de preuve[126]. On sait en revanche qu'il avait aidé, en 1940, un émissaire américain à prendre contact avec Édouard Herriot ; que, à la fin de la même année, de passage à Lisbonne, il s'était mis en relation avec l'USC et avec les gaullistes de Londres ; que, enfin, « il était venu aux États-Unis avec l'objectif explicite d'envoyer quelqu'un en France pour établir une liaison avec des groupes de résistance, leur remonter le moral et entretenir leur espoir. Il est supposé avoir voulu disposer de moyens pour aider financièrement ces groupes[127] ».

En l'état actuel des connaissances, Dolivet apparaît en 1940 et 1941 comme un ex-agent komintemien utilisé par des Britanniques circonspects. Et peut-être mal informés, puisque leur affirmation sur la minceur de sa relation avec Pierre Cot est erronée.

Pierre Cot

Objet de polémiques haineuses dès l'avant-guerre, Pierre Cot, qui fait aujourd'hui encore les frais de discussions orageuses, a été le motif principal des soupçons de Frenay.

Frenay voit en lui le stratège occulte du groupe de ses anciens collaborateurs. Son meilleur argument, il le doit à Cot lui-même. Cot ayant déclaré que de tous ses collaborateurs et amis Moulin « était le plus proche de *[s]*a pensée *[et]* le plus à gauche parmi les plus à gauche[128] », Frenay en déduit que, si l'ancien ministre de l'Air était peu ou prou un homme de Moscou, Moulin pouvait fort bien en être un autre.

Partagé par certains, violemment rejeté par beaucoup, pareil raisonnement exige d'être validé ou invalidé par des documents. Comme il

---

126. Sabine Jansen, art. cit., p. 125. On peut opposer à son hypothèse le fait que Dolivet était alors marié à Béatrice Straight, héritière d'une très riche famille américaine. Mais on doit aussi noter que le frère de celle-ci, Michael Straight, avait été recruté, en Angleterre, par l'agent soviétique Anthony Blunt, l'un des fameux « cinq de Cambridge » (Stephen Koch, *op. cit.*, p. 206-207). Et il faut aussi indiquer qu'en 1943 Alger Hiss proposa à Field de s'adresser à Michael Straight, dont il soulignait le lien familial avec Dolivet, pour publier des articles dans le journal *New Republic*, appartenant aux Straight et dirigé par Michael (FOIPA, FBI, Field, 105-2175-5, copie intégrale de la lettre de Hiss à Field, 7 mai 1943).

127. *Cf.* note 125 ci-dessus, cit. p. 2.

128. AN, 72 AJ 233, lettre de Pierre Cot à Henri Michel, 23 octobre 1963.

ne fait pas de doute que les Américains ont fourni la plupart des munitions contre Cot, on évoquera donc successivement les archives accessibles du FBI, du *State Department* et de l'OSS.

Seule certitude initiale : contrairement à son ami Dolivet, Cot n'est pas protégé par les Britanniques. Aussi, à peine arrivé aux États-Unis, le FBI le prend dans son collimateur.

Le 25 septembre 1940, une première dénonciation donne l'alerte. Se faisant l'écho des accusations lancées contre Cot par l'extrême droite française, prenant prétexte de son inculpation dans le procès intenté par Vichy aux prétendus responsables de la défaite, rappelant qu'il s'est souvent et fermement prononcé en faveur d'un traité franco-soviétique (mais oubliant son refus du pacte germano-soviétique), pointant enfin ses interventions publiques en Amérique, le premier dénonciateur et ses nombreux imitateurs à son instar s'offusquent de voir Pierre Cot enseigner à Yale [129]. D'abord passif, le FBI réagit en 1941 à cause d'un autre Français, Roland Sarrazin, arrivé lui aussi aux USA, et suspecté d'avoir été complice de Cot dans le prétendu sabotage de l'aviation française. Ensuite, parce que Cot fait parler de lui dans la presse. Enfin, parce que, étant l'époux de Luisa Phelps, fille de William Phelps, Américain installé à Caracas, Venezuela, où il a fait fortune dans l'export-import, Cot jouit en Amérique d'un réseau de relations qui lui ouvre des portes au Département d'État et mène jusqu'à la Maison-Blanche.

Le 21 novembre 1941, l'OSS se réveille à son tour. Donovan en personne demande un rapport sur Cot. Le 2 décembre, par messager spécial, Hoover transmet sept pages de réponse. Biographie, ragots, publications, interventions aux USA, *Free World*, tout y est. Dont ceci :

> « La police politique suisse a toujours considéré Cot comme un agent communiste, et, en 1935 ou 1936, a refusé carrément de l'autoriser à s'adresser à une réunion publique à Genève [130]. »

Le 8 mai 1942, sur ordre personnel de Hoover, une enquête est ouverte sur les Cot. Il s'agissait de « déterminer les activités présentes de ces individus et *[de]* constater s'ils peuvent être engagés dans des activités d'espionnage ou d'autres contraires à la sécurité intérieure [131] ».

Le FBI ne perdra pratiquement jamais plus les Cot de vue. On interroge les employés de la Bibliothèque du Congrès, où Cot fait des

---

129. FOIPA, FBI, dossier Pierre Cot, n° 348. 580/190-HQ-1013723.
130. FOIPA, FBI, Cot, mémo Pierre Cot, 1er décembre 1941, p. 3.
131. *Ibid.*, lettre de J. E. Hoover à l'agent spécial chargé de Washington DC, 8 mai 1942.

recherches pour écrire un livre [132], on note les pérégrinations de la famille et ses adresses successives, on fait des enquêtes de voisinage, on s'intéresse aux employés (une nurse et le secrétaire sont suisses) et aux relations, on examine les comptes en banque, on s'empare de brouillons, on lit le courrier, on écoute le téléphone. « Les investigations sur Pierre et Louise Cot furent suspendues en juin 1943, quand il fut constaté qu'il n'y avait pas d'informations indiquant qu'ils étaient engagés dans une activité inamicale pour les USA ou violant les lois de ce pays. De plus, aucune information n'avait été obtenue indiquant que Cot était membre du parti communiste ou avait jamais participé à aucune réunion de cette organisation [133]. »

Suspendue à l'époque de la disparition de Jean Moulin, la surveillance, plus tard reprise et maintenue à perpétuité, avait donné quelques résultats.

On avait appris que Pierre Cot n'était pas rémunéré pour ses conférences à l'université de Yale et que c'était Mme Cot qui « réglait toutes les factures ». Elle obtenait de l'argent de son père, auquel elle câblait fréquemment pour lui demander d'envoyer un mandat, généralement 1 000 dollars. Au début de 1943, le compte de la *Bank of Bethesda* (Maryland) étant à sec et celui de l'agence de la *National City Bank*, 142e Rue à New York, n'allant pas mieux, le 20 janvier et le 25 février arrivèrent ainsi deux chèques de ce montant [134]. A l'évidence, les Cot n'avaient pas de revenus personnels considérables et l'on peut se demander s'ils avaient eu, en 1941, les moyens d'envoyer, sur leurs fonds propres, 3 000 dollars à Jean Moulin, et ce depuis l'*Irving Bank*, où ils n'avaient pas de compte.

L'espionnage des Cot montra aussi que la générosité de William Phelps était conditionnelle. Le 22 novembre 1942, il avait indiqué téléphoniquement à Mme Cot que son épouse et lui-même n'étaient « pas intéressés par la politique internationale ni par la politique intérieure, de sorte que si James (?) se restreint de lui-même aux deux autres domaines, ils continueront à bien s'entendre, car, à présent, ce n'est pas le moment pour autre chose que pour les efforts directs en vue de gagner la guerre et d'améliorer les relations latino-américaines. Il semble, conclut le FBI, que le "James" dont il est question soit un membre de la famille Phelps [135] ».

---

132. Pierre Cot, *Le Procès de la République*, Éd. de la Maison française, New York, s.d., 2 vol.

133. FOIPA, FBI, Cot, n° 348. 580, mémo du 24 mars 1949, 6 p., cit. p. 3.

134. *Ibid.*, mémo du 23 janvier 1943, 14 p., cit. p. 10, et mémo du 4 juin 1943, 14 p., cit. p. 13.

135. *Ibid.*, mémo du 23 janvier 1943, p. 10.

Il semble surtout que ce « James » était Pierre Cot, mis en garde par un beau-père mécontent de le voir se mêler de politique internationale et de politique américaine.

De fait, à cette époque, le FBI s'inquiète de plus en plus. Le 27 octobre, le président du *Russian War Relief* a remercié Cot d'avoir participé à une conférence tenue à New York. Le 16 novembre, le FBI apprend que Cot est tenu informé de l'organisation d'un meeting des Amitiés américano-soviétiques. Le FBI a-t-il alerté la belle-famille ? On l'ignore, mais cela pourrait expliquer la mise au point téléphonique faite six jours plus tard.

Les informations les plus intéressantes sont recueillies en 1943. A la mi-février, il apparaît que Pierre Cot est en relation avec le *Joint Anti-Fascist Refugee Committee* (JAFRC), réputé communiste et déjà évoqué à propos du financement de l'*Unitarian Service Committee* (USC), à peine moins suspect. Or le JAFRC est l'une des bêtes noires du FBI. Pis encore, Cot est en contact avec Jack Bjoze, secrétaire exécutif de la Brigade Abraham-Lincoln (celle des Américains engagés dans la guerre d'Espagne), autre hantise du FBI qui ignore apparemment que l'OSS est en affaire avec les anciens brigadistes américains [136].

Simultanément, en dérobant du courrier adressé à Cot, le FBI découvre que l'OSS lui sert de facteur. Dans une enveloppe envoyée par l'OSS, il y avait deux lettres : l'une proposait à Cot de publier son livre sur Marx en exil – une horreur pour le FBI ; l'autre avait été postée à Rabat le 21 décembre 1942, trois jours avant l'assassinat de Darlan. Écrite par un homme politique français, elle apprenait à Cot l'existence d'un projet de formation d'un gouvernement en Afrique du Nord, sans vichystes mais avec des gaullistes [137].

Peu au fait des dessous de la politique internationale, le FBI n'accorde visiblement pas d'importance particulière à d'autres informations qui, avec le recul du temps, en ont une.

« Le 19 janvier 1943, Louis Dolivet parla *[à Cot]* d'une lettre reçue de *[nom caviardé]*, à Londres, le pressant, ainsi que Cot, d'aller à Londres où ils seraient beaucoup plus utiles dans la situation présente », indique un mémo du FBI [138].

---

136. *Ibid.*, mémo du 6 avril 1943. Le JAFRC demandait à Cot d'appuyer une démarche en faveur des antifascistes toujours détenus en Algérie. J. Bjoze demandait de signer une lettre à Roosevelt sur le même sujet. Sur les relations entre ex-brigadistes et OSS, *cf.* Harvey Klehr *et al.*, *op. cit.*, p. 263 et 267-269.

137. FOIPA, FBI, Cot, mémo du 4 juin 1943, p. 11. Le nom de cet homme politique est caviardé dans le document communiqué par le FBI.

138. *Ibid.*, p. 10.

Fernand Grenier, envoyé comme représentant du PCF auprès de De Gaulle, avait quitté Paris le 4 janvier et était arrivé dans la capitale britannique le 11.

Le 23 janvier, un membre haut placé du *Daily Worker*, journal du PC américain, écrit à Cot :

> « Cher Pierre,/ Vous trouverez ci-joint les articles d'André Marty ainsi que notre dépêche de Londres, qui contient sans doute le compte rendu le plus complet de l'interview de Fernand Grenier. Je vous serais très reconnaissant si vous m'appeliez la prochaine fois que vous serez en ville. Il y a beaucoup d'autres aspects de la situation, dont nous n'avons pas publié les détails, que vous apprécierez [139]. »

Par Dolivet comme par le PC américain, Pierre Cot avait donc été rapidement tenu au courant des événements londoniens impliquant le PCF. C'était après tout bien naturel puisqu'il ne se cachait pas d'être un acteur politique, mais cela montrait que des réseaux d'informations discrets aboutissaient à lui. Constat qui donne plus de poids à ses déclarations d'après-guerre sur les liaisons maintenues avec son ancienne équipe, avec Chambeiron et Meunier, mais aussi avec Jean Moulin, qui, dit-il, « quand il s'est mis en rapport avec moi, aux États-Unis, a agi avec beaucoup de prudence et de discrétion, et c'est par des intermédiaires que nous avons correspondu [140] ».

Le Département d'État, en ce qui le concerne, a d'abord fait preuve de mansuétude envers les Cot. Le 26 mai 1942, en réponse à une

---

139. *Ibid.*

140. AN, 72 AJ 233, lettre de Pierre Cot à Henri Michel, 23 octobre 1963. Daniel Cordier, *Jean Moulin, l'inconnu du Panthéon*, *op. cit.*, t. 2, p. 722, indique que Mme Dangon a donné des nouvelles de Moulin à Cot « par l'intermédiaire de Billy Phelps », qu'il n'identifie pas comme étant le père de Mme Cot, dont le prénom William a « Bill » ou « Billy » pour diminutif. D'autres filières familiales de courrier étaient possibles. Un parent de Mme Cot demeuré en France, Livingston Phelps, fils de Charles H. Phelps, et né à Paris, en 1885, s'y trouvait encore en mars 1941, et avait fait renouveler son passeport à Lyon, le 28 février 1941. Depuis Genève il réclama, en 1942, la restitution d'un appartement à Paris, saisi au titre de la confiscation des biens juifs alors que « pas une goutte de sang juif n'existe dans ma famille » ; *cf.* NARA, RG 59, *Decimal Files*, 1940-1944, B 5455, 861. 111/836. 20210/12-544, quatre documents, dont un mémo d'Adolf Berle à J. E. Hoover, en mai 1942, qui affirme : « Les dossiers du Département d'État ne montrent aucune activité politique d'aucune sorte de Louise Cot, mais ont à voir seulement avec la protection de sa propriété en France occupée. » D'autre part, on trouve dans NARA, RG 84, B 43, *Marseille Consulate, General Records*, 1941, vol. XXXII, une lettre de W. Peck, consul des États-Unis, à Roux, chef du service des étrangers à Marseille, du 19 décembre 1941, au sujet de Harvey Lincoln Phelps, arrivant de Paris et en attente de départ, *via* Lisbonne, pour les USA, et momentanément domicilié chez le pasteur Arnera-Minault, à Aubagne.

demande de renseignements émanant de Hoover, Adolf Berle assure que Mme Cot n'a aucune activité politique – affirmation osée, on le verra plus loin. Quant à Pierre Cot, son dossier au Département est vide. Seul fait mentionné par Berle : en avril 1933, lors d'un entretien avec un membre du gouvernement américain, Cot avait parlé du désarmement, ses vues « ne pouvant être considérées comme nuisibles à la France ou favorables à l'URSS [141] ».

Berle avait ainsi implicitement rejeté les soupçons du FBI. Dix-huit mois plus tard, il était devenu méfiant.

Le 19 octobre 1943, il adresse à cinq collègues trois pages de compte rendu d'une conversation qu'il vient d'avoir avec Cot. A la veille de son départ pour Alger, sa famille demeurant aux États-Unis et lui souhaitant pouvoir y revenir si nécessaire, il sollicite l'appui de son interlocuteur afin d'obtenir des visas de sortie et de retour. Mais, ajoute Berle,

> « la raison profonde de cette visite était une raison secrète. Il a dit être parvenu à la conclusion que le Général de Gaulle ne pensait pas à établir un gouvernement démocratique en France, mais sa dictature personnelle militaire. Ses amis et lui-même sont opposés à cela. Ils sont aussi opposés à la politique apparente de de Gaulle qui vise à faire de l'URSS le seul allié de la France, tandis que, dans sa conception, et celle de ses amis, la France doit participer à la reconstruction européenne avec les États-Unis et la Grande-Bretagne. Il sait que le comité de de Gaulle se bat activement contre les États-Unis et la Grande-Bretagne par tous les moyens, excepté les militaires. Il a dit que le résultat inévitable serait l'isolement complet de la France (au cas où les trois puissances majeures parviendraient à un accord, "la Russie jetterait la France par-dessus bord"), ou, si elles échouent à s'accorder, la France deviendra au mieux une marionnette de l'URSS [142] ».

Entendre Cot exprimer sur De Gaulle des soupçons identiques à ceux nourris par la Maison-Blanche aurait dû satisfaire Berle, et l'écouter formuler des craintes à propos de l'URSS aurait pu le conduire à manifester son soulagement. Son mémo ne fait état d'aucune réaction. Une touche finale d'ironie exceptée, il est empreint d'une prudente réserve.

Berle continue :

> « *[Cot]* a dit alors qu'il voulait confier un secret qui pourrait nous être utile. La tête du Conseil National de la Résistance en France était un

---

141. NARA, RG 59, *Decimal Files*, 1940-1944, B 5455, lettre de Berle à Hoover, 23 mai 1942.

142. *Ibid.*, BC 153, F 1.

> nommé Moulin, dont le nom n'était pas beaucoup apparu publiquement de peur qu'il soit tué. En décembre dernier, Moulin a décidé de se joindre aux forces gaullistes ; mais il n'était pas heureux de cette situation. Pierre Cot espère, lorsqu'il sera en Afrique du Nord, trouver lui-même les voies et moyens de communication avec Moulin, et a suggéré fortement qu'il aimerait avoir notre aide. En tout cas, il aimerait mettre Moulin en contact direct avec les autorités américaines de façon à ce que Moulin puisse communiquer avec nous directement plutôt qu'à travers de Gaulle. Cot a dit avoir souhaité me dire cela parce qu'à vrai dire il s'attend à être assassiné en Afrique du Nord, ayant observé que les gens qui ne suivent pas de Gaulle ont l'habitude de disparaître (...). Moulin, a-t-il observé, n'a pas seulement été un ami personnel cher mais son *chef de cabinet* et son assistant personnel pendant de longues années. Il préférerait plutôt que nous lui donnions la possibilité de communiquer directement avec Moulin. Mais si nous ne l'utilisons pas à cette fin, il pense qu'en tout cas nous devrions être en communication directe avec Moulin./ J'ai remercié M. Cot pour l'information. J'ai dit que nous allions voir pour les permis de sortie et de retour. (C'est déjà arrangé)[143]. »

En réponse, H. Freeman Matthews, chef de la division Europe du Département d'État et réputé fin connaisseur de la France où il a été un fervent soutien de Pétain, affirme partager les idées exprimées par Cot mais refuse sa confiance : « Il est parfaitement capable de parler dans un sens avec vous et tout à fait différemment en arrivant à Alger[144]. »

Hâtivement examiné, ce document, l'unique, soulignons-le, à mentionner Moulin dans les archives américaines accessibles, semble constituer la preuve de l'absence de communication entre Cot et Moulin d'octobre 1941 à juin 1943. Et c'est dans cette optique qu'il a été utilisé par les adversaires de la thèse de Frenay.

En réalité, c'est un chef-d'œuvre d'ambiguïté.

S'il n'a eu aucune nouvelle, comment Cot sait-il que Moulin s'est rallié sans joie à De Gaulle, événement qui remonte à novembre

---

143. *Ibid.* Daniel Cordier donne 17 lignes sur les 63 de l'original, in *Jean Moulin, l'inconnu du Panthéon*, *op. cit.*, t. 3, p. 1430.

144. NARA, RG 59, *Decimal Files*, 1940-1944, B 5149 F 8, 851.01/2900-841.01 : 3269, mémo de F. H. Matthews à Berle, 22 octobre 1943, en réponse à mémo de Berle, 21 octobre, même réf., mais carton C 153, F 1. En vertu de sa méfiance et de la crainte que Cot finisse par mettre le Département d'État dans l'embarras, Matthews demandait à ce que ne soit écrite nulle part la mise en rapport du Français avec Robert Murphy et E. Wilson, à Alger. En novembre, ces deux derniers firent parvenir au secrétaire d'État des copies et des traductions des articles publiés en Algérie par Cot, ne manquant pas d'informer aussi de l'entrée de Cot à l'Assemblée consultative. *Cf.* NARA, même réf., B 5149, F 3.

1941 ? Et d'où tient-il que Moulin était à la tête du CNR, un fait vieux de cinq mois seulement et qu'il dit lui-même être un secret ? Et pourquoi commence-t-il par « suggérer fortement » qu'on l'aide, quand il sera à Alger, à trouver un moyen de communiquer avec Moulin, demande dont l'évidente justification est que, sans nouvelles depuis quatre mois pour cause de Caluire, il se demande, inquiet, si les Américains n'en ont pas ? Enfin, s'il ne sait rien du sort tragique de son ami, pourquoi Cot parle-t-il de Moulin au passé : « La tête du CNR était un nommé Moulin » ?

L'argument massue de ceux qui nient l'existence d'une liaison fréquente entre Moulin et Cot ne manque pas de pertinence. Puisque, raisonnent-ils, Cot propose en octobre 1943, alors que Moulin a disparu depuis quatre mois, de mettre les Américains en contact avec lui, preuve est faite qu'il en est coupé [145]. Impressionnant, ce discours autorise une seule conclusion : quand Cot fait son offre, il ignore le sort de son ami et nous savons, nous, qu'il en est nécessairement coupé depuis la fin juin. Conclure de cette absence de communication pendant les cinq derniers mois qu'aucune n'exista jamais est impossible.

Relu d'un œil raisonnablement critique, le compte rendu de Berle apparaît comme une magnifique partie de poker menteur.

Lorsque Cot révèle son grand secret sur Moulin, Berle reste coi. Non, certes, que la révélation le rende muet de stupeur, mais parce que, en la faisant, Cot a dévoilé un autre secret : il a caché jusqu'à ce jour sa relation ancienne avec le chef de la Résistance intérieure et dissimulé qu'ils communiquaient. Mis en alerte, Berle a noté l'insistance avec laquelle son interlocuteur a prôné l'établissement d'une communication directe entre les USA et Moulin, le diplomate ne pouvant pas ne pas comprendre que son interlocuteur guette sa réaction. En effet, s'il n'a jamais entendu parler de ce chef de la Résistance intérieure susceptible de discuter avec les États-Unis en dehors de De Gaulle, l'énormité de la révélation doit le pousser à vouloir en savoir davantage ; s'il ne pose pas de question, c'est qu'il sait déjà. Berle restant de marbre, Cot sait que les États-Unis ont une liaison avec Moulin. Sa ruse a réussi.

---

145. Daniel Cordier, *Jean Moulin, l'inconnu du Panthéon*, *op. cit.*, t. 3, p. 935 : « S'ils *[Cot et Moulin]* avaient entretenu une correspondance régulière, sa brusque interruption aurait, pour le moins, alerté l'ancien ministre. Il s'en doutait si peu qu'il avait proposé aux Américains, le 19 octobre 1943, de les mettre en relation avec son ami (…). » Le même auteur, même référence, voit aussi « la preuve qu'il n'y eut jamais de correspondance suivie entre les deux amis » dans une lettre du 3 novembre 1943, de Cot à son épouse, dans laquelle il faisait part de son émotion lorsqu'il avait appris, en Algérie, l'arrestation de Moulin. Toutefois, p. 1430, cet auteur admet n'avoir pas vu cette lettre qui est demeurée introuvable.

Car il s'agissait à coup sûr d'une ruse. Cot avait feint de croire Moulin toujours en place. La nouvelle de l'arrestation de Moulin avait été transmise à Londres et à Alger, d'où, le 7 juillet, était parti pour les USA l'un des amis de Moulin et de Cot, un homme très bien renseigné parce que secrétaire à l'Information de Giraud, et proche en même temps d'une excellente source de renseignement, les services soviétiques dont il était un agent : André Labarthe.

Que Cot et Labarthe ne se soient pas rencontrés alors et qu'ils n'aient pas parlé à cette occasion de leur ami Moulin est peu vraisemblable. La comparaison de leurs positions politiques atteste leur concertation à cette époque. Face à leurs auditeurs américains, ils affichaient des positions voisines.

Le 29 juillet 1943, un agent de l'OSS rend compte de sa conversation avec un Labarthe

> « convaincu que le mouvement gaulliste est entièrement fasciste, tant dans ses tactiques que dans son idéologie réelle *[et que]* si nous continuons selon la ligne actuelle d'inaction politique, le résultat sera une guerre civile en France, conduisant à une dictature fasciste, sous la direction des éléments synarchistes du Comité français, ou au triomphe complet de la Russie en Europe de l'Ouest. (Ces deux solutions pouvant ne pas être incompatibles) [146] ».

Si l'on se souvient que début août Pierre Kaan agitait devant Pétain des hantises similaires, tandis qu'en octobre Cot déclarait à Berle son hostilité et celle de ses amis à la politique de dictature militaire personnelle de De Gaulle et à sa volonté de faire de l'URSS l'unique allié de la France, il est difficile de douter de l'existence d'une liaison entre eux.

L'OSS avait aussi placé Pierre Cot et son épouse dans sa ligne de mire. Le 23 avril 1942, Donovan reçut un mémo personnel et secret sur Mme Cot. John C. Wiley, de l'OSS, la connaissait depuis l'enfance [147] et venait de voir celle qu'il appelait familièrement « Nena ». De retour du Venezuela, elle lui avait remis un rapport qu'elle avait

146. NARA, INT-12FR-625, mémo du 29 juillet 1943, A. Labarthe et Eleanor Clark. Labarthe demeura aux États-Unis. Le 22 janvier 1944, il déclara à la même interlocutrice « être contre l'envoi d'armes aux groupes de la résistance française parce qu'elles pourraient servir à un *coup d'État* gaulliste et *[déplorer]* notre échec à en envoyer aux groupes non gaullistes, tels que l'OCM (Organisation civile et militaire) » (NARA, INT-12FR-727, mémo de Clark après un entretien à New York avec Labarthe).

147. J. C. Wiley (1893-1967), diplomate de carrière, en poste notamment en France et dans les pays Baltes, était alors chef du *Plan group* « Russie » à l'OSS.

rédigé sur la situation dans ce pays. Auparavant, elle en avait donné un autre exemplaire à l'une de ses relations, le vice-président Henry A. Wallace.

Très marqué politiquement, ce qui n'étonna pas outre mesure Wiley qui considérait Mme Cot « comme étant aussi ardemment à gauche que son mari Front populaire », le rapport critiquait les dirigeants vénézuéliens de droite, s'élevait contre la *Standard Oil Company* et soutenait le président de la République, Médina, « d'après elle un flambeau de la démocratie et pro-américain ».

Ayant fait comprendre à « Nena » qu'elle ne devait pas compter sur l'OSS pour « sponsoriser ses activités », Wiley l'avait éconduite avant d'écrire à Donovan :

> « Il est clair qu'elle et son mari sont politiquement très proches, et vous pouvez vous souvenir que nous avons vu des indications qu'il recevait de l'argent de l'ambassade soviétique à Paris. Il y a aussi des indications selon lesquelles les directives du Komintern pour l'Amérique latine insistent sur l'utilité d'avoir des agents travaillant derrière une façade démocratique. Pierre Cot pourrait être une telle façade *par excellence./* Comme mesure prophylactique, cela ne serait pas une mauvaise idée de passer le rapport de Mme Cot à Larry Dugan *[du Département d'État]*, avec des commentaires appropriés [148]. »

L'OSS aussi soupçonnait Cot de duplicité.

Cela ne l'empêchait pourtant pas de lui soutirer des informations. Au début de 1943, l'OSS lui avait demandé son avis sur le représentant du PCF tout juste arrivé à Londres. D'après Cot, Fernand Grenier n'était pas un aigle d'intelligence ni d'habileté. Mais son arrivée à Londres était

> « une indication que les communistes prenaient si au sérieux la visible menace de domination de l'Afrique du Nord par des intérêts financiers et militaires qu'ils en étaient venus à abandonner leur habituelle répugnance à collaborer (...). L'effet le plus immédiat, dit cet informateur, est de fournir à de Gaulle une influence considérablement augmentée sur les forces clandestines réelles. Quoique les clandestins communistes aient jusqu'à présent coopéré avec les organisations gaullistes, on les dit refuser d'être aux ordres ou de participer aux plans systématiques de sabotage. Le rôle de Grenier au Comité national, est-il

148. NARA, INT-FR12-77, mémo au colonel Donovan par John C. Wiley, 3 p., 23 avril 1942. Les mots en italiques sont en français dans l'original. Laurence Dugan fut plus tard soupçonné d'avoir été un « compagnon de route » du communisme. Il se suicida le 27 décembre 1948. *Cf.* Allen Weinstein, *op. cit.*, p. 64 et 302.

> estimé, sera de donner à de Gaulle un contrôle vital et efficace sur les opérations clandestines [149] ».

En octobre 1943, le jour de son rendez-vous avec Berle, Cot a encore renseigné Wiley sur Guérin de Beaumont, membre de la représentation aux USA de la France libre, profitant de l'occasion pour évoquer en passant la démission de Raoul Aglion due, selon lui, « à un antisémitisme grandissant parmi les Français libres [150] ».

A en juger par les documents disponibles, Pierre Cot saisissait chaque occasion pour tenir des propos antigaullistes, anticommunistes et antisoviétiques. Peut-être pensait-il plaire ainsi à ses interlocuteurs américains, mais ceux-ci doutaient de sa sincérité. Déjà convaincus d'avoir affaire à un agent soviétique, ils ne changèrent jamais d'idée, et toujours ils tentèrent d'en faire la preuve.

En 1995, une commission d'historiens français se basant notamment sur certains des documents cités ici – mais elle en laissa d'autres de côté – a rendu ses conclusions sur la nature des relations de Pierre Cot avec les autorités soviétiques :

> « L'affirmation selon laquelle Pierre Cot aurait été un agent soviétique ne repose sur aucune base historique sérieuse et ne saurait être tenue pour valide [151]. »

Les services secrets américains, *National Security Agency* (NSA) et *Central Intelligence Agency* (CIA), ont répliqué en 1996 par la publication des décryptages de messages radio clandestins échangés entre des agents soviétiques à l'étranger et Moscou (messages « Vénona »). Selon cette source, le message de Moscou à New York, n° 424, du 1er juillet 1942, concernait Pierre Cot, auquel le centre attribuait le pseudonyme de « Daedalus » [152].

Avalisée par l'un des historiens qui venaient de proclamer le

---

149. NARA, INT-12FR-501, mémo de A. Heckscher à McKay, 19 janvier 1943.

150. *Ibid.*, INT-12FR-664, mémo de J. S. Kronthal, 19 octobre 1943.

151. Serge Bernstein, Robert Frank, Sabine Jansen, Nicolas Werth (éd.), *Rapport de la commission d'historiens constituée pour examiner la nature des relations de Pierre Cot avec les autorités soviétiques*, B & Cie, Paris, 1995, p. 70,.

152. Robert L. Benson et Michael Warner (éd.), *Venona, Soviet Espionage and the American Response, 1939-1957*, National Security Agency, Central Intelligence Agency, Washington DC, 1996, p. 205. Dans *L'Histoire interdite*, Jean-Claude Lattès, Paris, 1998, p. 197-204, Thierry Wolton a publié, en français, tous les décryptages « Vénona » relatifs à Cot.

contraire[153], l'identification de Pierre Cot comme « Daedalus » laisse deux questions pendantes.

Entre 1940 et le 1er juillet 1942, Pierre Cot était-il en relation secrète avec l'URSS ?

Il semble certain qu'il a proposé ses services à Moscou en novembre 1940, par l'entremise du chef du PC américain[154]. Mais tout indique qu'on l'a éconduit jusqu'en juillet 1942. Sauf révélation ultérieure, on peut tenir pour acquit qu'entre 1940 et 1942 le réseau reliant les collaborateurs de Cot entre eux et avec lui s'était spontanément installé en utilisant des moyens artisanaux, familiaux et amicaux.

Seconde question : après le 1er juillet 1942, Pierre Cot et ses amis séparés par l'Atlantique ont-ils défendu la même ligne générale vis-à-vis de De Gaulle et de l'URSS ? La réponse est globalement positive. Était-ce la ligne de l'URSS ? La réponse est non.

En 1943, Cot, Labarthe, Kaan dénonçaient De Gaulle et agitaient l'épouvantail soviétique, confortant ainsi l'hostilité américaine. Or, dès l'automne 1942, et sans variation fondamentale ensuite, la diplomatie stalinienne œuvrait en sens exactement opposé : « *[De Gaulle]* sait que nous allons le soutenir dans sa lutte pour une France forte et indépendante. *[Il s'agit]* de fortifier les positions de la France dans l'arène internationale, où elle sera regardée comme notre allié potentiel sur le continent européen[155]. »

Pour peu que l'on veuille bien s'en tenir aux faits connus, tout pousse à conclure que Pierre Cot joua un jeu personnel entre 1940 et 1942. Très à gauche, il cherchait à se donner un espace politique entre les deux Grands, alliés militaires de circonstance mais ennemis politiques sur le fond. Sans autre moyen à sa disposition qu'une duplicité ne trompant guère ses interlocuteurs, il espérait contribuer à l'émergence d'une troisième force en France, autonome, habile à jouer des contradictions entre l'URSS et les USA et entre ceux-ci et De Gaulle. Vu d'Amérique, il pouvait croire que, pour la première fois depuis longtemps, ce courant populaire, appelée par la force des choses et la

---

153. Sabine Jansen, « Pierre Cot », *in* Claude Pennetier (éd.), *Dictionnaire biographique du mouvement ouvrier*, Paris, 1996, t. 44, p. 146-150.

154. Notes de Beria et de Fitine, chef de la Direction des relations extérieures du NKVD, archives du Komintern, CRCEDHC, Fonds 495/74 : 478, reproduites *in* Serge Berstein *et al.*, *op. cit.*, p. 72.

155. Note de synthèse d'Alexandre Bogomolov (représentant de l'URSS à Vichy puis auprès des gouvernements alliés en exil à Londres) à Molotov, ministre des Affaires étrangères, 15 octobre 1942, citée par Thierry Wolton, *La France sous influence*, Grasset, Paris, 1997, p. 37.

dynamique du mouvement à se radicaliser et à s'armer, serait apte le moment venu à imposer des changements fondamentaux. Cette troisième force en train de se constituer dans le combat antifasciste, c'était la Résistance intérieure. En 1943, dans les différents secteurs de celle-ci œuvraient ses anciens collaborateurs. A sa tête se trouvait le CNR présidé par Jean Moulin.

Mais il avait fallu bien des événements pour en arriver là.

Moulin voyage

Le 8 avril 1941, la direction londonienne du SOE reçoit un câble de New York : « L'ancien préfet de Chartres arrivera à Lisbonne, venant de France, dans environ une semaine[156]. » Les diplomates américains en France avaient avisé l'OSS-New York du départ de Jean Moulin, laquelle, installée au *Rockefeller Plaza*, bureau 3663, avait passé la nouvelle au bureau 3603, siège de l'antenne aux USA du SOE britannique. De là, l'information était partie pour Londres[157].

Déduire de ce télégramme que le service secret américain et son homologue britannique savent déjà l'essentiel sur Moulin serait exagéré si, en 1966, le second, le SOE, n'avait reconnu que l'ancien préfet était en relation avec lui « dès avril 1941 », par l'intermédiaire du consulat des États-Unis à Marseille[158] et peut-être aussi par « F2 », réseau polonais travaillant avec les Britanniques et les Américains[159]. Le contact avait eu lieu en avril, au bar marseillais *Le Cintra*, où Moulin avait rencontré Toussaint Raffini, chef d'un secteur de « F2 ». Ils avaient discuté des moyens de gagner Londres, un projet qui ne mobilisait pas vraiment Moulin puisqu'il s'en désintéressa aussitôt[160]. L'entretien n'avait cependant pas échappé à Paul Paillole, chef du bureau local des Menées antinationales (MA), organe vichyste de contre-espionnage. En témoigne un rapport du commissaire Léonard, de la Sûreté du territoire :

156. Daniel Cordier, *Jean Moulin, l'inconnu du Panthéon, op. cit.*, t. 3, p. 467 et 1385.

157. *Cf.* Henry M. Hyde, *Room 3603*, Farrard, Strauss & Giroud, New York, 1965, et Anthony Read et David Fischer, *Colonel Z, op. cit.*, p. 310 et suiv.

158. Michael R. D. Foot, *op. cit.*, p. 180. L'ambassade et les consulats américains avaient la gestion des intérêts britanniques depuis la rupture des relations diplomatiques entre Vichy et Londres.

159. Une annotation manuscrite sur le premier jet du projet de création d'un service de renseignements américain, rédigé en juillet 1941, mentionne que le major Zychow, du 2e Bureau polonais, est impliqué.

160. Henri Calef, *op. cit.*, p. 190-191.

« M. Perrier *[Paul Paillole]* vient de fournir au CST de Marseille une documentation très importante sur une organisation de l'IS à Marseille et région (...). Le grand chef de l'organisation est le nommé Horowitz Claude. Sont d'autre part considérés comme agents de la même organisation : 1) Un nommé Mercier ou Moulin, qui serait ancien préfet ou sous-préfet de l'Indre-et-Loire (...) [161]. »

Mais, à l'encontre des prévisions des diplomates américains, Jean Moulin ne quitte pas la France. S'il prend effectivement la route le 3 avril, ce n'est ni pour New York ni pour Londres, c'est pour Paris [162].

Il passe la ligne de démarcation grâce à un ami d'Antoinette Sachs, l'ancien ministre Paul-Boncour, qui vit retiré dans une propriété à cheval sur cette ligne. Cinq jours plus tard, il est à Paris.

Il y revoit le Dr Mans, Pierre Meunier et Robert Chambeiron, rencontre grâce à eux Marcel Ripoche et Jacques Lecompte-Boinet, chefs de Ceux de la Libération et de Ceux de la Résistance, confère avec « des hommes politiques et des fonctionnaires [163] », ainsi qu'avec Henri Manhès, avec lequel il « élabore une esquisse d'organisation tendant à préparer un rassemblement des différents groupes de résistance [164] ». L'idée d'unifier les forces vient d'émerger.

On ne sait rien de plus du contenu de ces diverses conversations. C'est fâcheux car un épisode significatif en résulte.

L'apprécier correctement demande qu'on se mette à la place de Moulin. Retrouvant des amis pas vus depuis cinq mois, la joie le pousse aux confidences. Rien d'anormal dans le fait de rapporter à ses équipiers les points forts de son activité dans le Sud, de relater ses histoires de faux papiers et de visa américain, d'évoquer son futur départ de France. Mais, sans doute emporté par son récit et peut-être pas mécontent d'impressionner les siens, en bon Méridional il ne peut vraisemblablement pas s'empêcher de dire qu'il a appris la création d'un service de renseignement américain.

---

161. Rapport Léonard, 31 octobre 1941, reproduit par René Fallas, « A propos du Bulletin 15-16 de *Mémor* », dactylographié, 21 juin 1993, 9 p. Dans *Service B*, *op. cit.*, Roger Faligot et Rémi Kauffer rapportent, p. 176, que Claude Horowitz entra « très tôt dans le réseau "Azur", basé sur Marseille », réseau dont on reparlera au chap. 4.

162. Daniel Cordier, *Jean Moulin, l'inconnu du Panthéon, op. cit.*, t. 3, p. 103 et suiv. ; Pierre Vidal-Naquet, *Le Trait empoisonné. Réflexions sur l'affaire Jean Moulin*, La Découverte, Paris, 1993, p. 118, se trompe en écrivant : « dès le 1er avril il *[Moulin]* avait gagné la zone libre ».

163. Interview du major Sutton avec Moulin, à Londres, le 4 novembre 1941, cité par Daniel Cordier, *Jean Moulin, l'inconnu du Panthéon*, *op. cit.*, t. 3, p. 1348. A noter que Sutton situe le séjour de Moulin à Paris en mai et non pas en avril.

164. Henri Calef, *op. cit.*, p. 192.

Or, le 15 avril, l'agent soviétique Robinson envoie son message n° 6 à Moscou :

> « 2° *Organisation d'un service spécial américain* : j'ai toutes les raisons de croire que les Américains organisent un service d'information. Ainsi un de leurs informateurs qui se trouve actuellement à Paris, un ancien collaborateur de Cot, a pu venir ici avec des documents faux, fournis par un service américain. Je pense pouvoir suivre cette affaire. Cet informateur nous a dit que les Américains arriveront à provoquer un incident avec l'Allemagne à propos d'un bateau se dirigeant sur l'Irlande, que les Allemands attaqueraient. Ceci permettrait aux États-Unis *[de]* convoyer les transports [165]. »

On ignore d'où Robinson tient l'information, mais il ne fait guère de doutes que la source a à voir avec Moulin [166].

Quel autre personnage correspond aussi bien au portrait-robot tracé par l'agent du GRU ? Ancien collaborateur de Cot, de passage à Paris, parlant aux Américains et en ayant obtenu de faux documents, Moulin peut en effet avoir appris la création d'un service américain par Fullerton ou par Bingham, voire par Noel Field, arrivé à Marseille fin mars.

Quant à l'intention prêtée aux USA de convoyer les navires dans l'Atlantique, pour n'être pas moins exacte elle résulte certainement de spéculations provoquées par l'annonce, le 9 avril, de la mise sous protectorat du Groenland par les États-Unis qui patrouillent depuis l'Atlantique Nord [167].

Maurice Panier a pu transmettre l'information à Robinson. Mais l'agent du GRU a écrit : « cet informateur nous a dit ». Ce « nous » peut signifier qu'il a lui-même recueilli l'information, en présence d'un autre témoin. Sans doute ne saura-t-on jamais ce qu'il en fut exactement, mais l'identité de la source (indirecte ou directe) n'est guère problématique.

Jean Moulin regagne la zone sud par la même voie clandestine empruntée à l'aller. Après avoir témoigné à Riom devant la cour réunie pour juger les prétendus responsables de la défaite, dont Pierre Cot, il rencontre l'émissaire américain envoyé par Laugier, Dolivet et Cot.

---

165. Texte conforme à l'original reproduit par Thierry Wolton, *op. cit.*, p. 364.

166. Daniel Cordier, *Jean Moulin, l'inconnu du Panthéon*, *op. cit.*, t. 3, p. 57, admet que ce passage du message de l'agent soviétique « pourrait désigner » Moulin.

167. Anthony Cave Brown, *La Guerre secrète*, *op. cit.*, t. 1, p. 287.

Le pasteur Brooks

Howard Lee Brooks, pasteur unitarien mandaté officiellement par l'USC et officieusement par l'OSS, débarque à Lisbonne le 29 avril 1941. Immédiatement repéré par un espion de Vichy, il arrive néanmoins sans encombre à Marseille le 22 mai[168].

Dans son « Rapport confidentiel à *Free World* » comme plus tard dans ses entretiens avec l'OSS, Brooks passe sous silence ses relations avec Jean Moulin, pourtant attestées par deux témoignages, ceux de Laure Moulin et du Dr Recordier. Ses rapports sont toutefois assez explicites pour nous fournir une bonne image de l'ample besogne abattue en trois mois, le simple énuméré des villes où il passa étant en soi éloquent : Genève, Lyon, Toulouse, Pau, Perpignan, Chambéry, Grenoble, Nîmes, sans parler des villages et des camps d'internement d'étrangers visités au titre de sa mission USC officielle : Gurs, Le Vernet.

La seconde mission de Brooks, officieuse, lui avait été confiée par « Pierre Cot, Louis Dolivet et Henri Laugier *[en vue d']*établir un service de communication capable d'apporter à l'opinion française des nouvelles plus fréquentes et plus authentiques sur la guerre *[et également à même]* de faire sortir de France des nouvelles venant directement des différents mouvements de Résistance[169] ».

L'expression « service de renseignement » ayant été évitée, l'honneur était en quelque sorte sauf.

Avant de quitter les États-Unis, Brooks avait eu une conversation avec Dolivet et celui-ci lui avait transmis les noms de plusieurs personnes à contacter. Quoique l'on n'en possède pas la liste, on peut raisonnablement supposer que celui de Jean Moulin y figurait. Mais le contact fut difficile à établir, le personnage pivot désigné par Dolivet, M. Li Yu-ying[170], ayant entre-temps quitté Marseille pour gagner les USA. Sans doute décontenancé par cette absence, Brooks repart à

---

168. NARA, RG 226, E 92, B 99, F 17, *Central Files, Wash-REG-AD-7*, Howard Brooks, *« Confidential Report on France »*, s.d. (septembre 1941), 15 p., adressé à *Free World Association*, ainsi que, même référence, F18, et aussi, NARA, RG 226, E 92 B 45 F 9.

169. *Ibid.*, *« Confidential Report on France »*, p. 1.

170. AN, 72 AJ 233, dos. 1, témoignage de Holdos, ex-consul de Tchécoslovaquie à Marseille en 1940, daté du 11 juin 1971 et remis par Mme Kaan. Holdos rapporte avoir été invité à déjeuner par Moulin, en compagnie de Dolivet, Apratto, éditeur, à Genève, du *Journal des nations*, ainsi que de Lin Ling, « président de l'Académie chinoise », et du « consul chinois à Marseille ».

peine arrivé pour la Suisse, où sa mission prévoit d'installer une filière de communication télégraphique entre un certain M. Lang, de Genève, et une Miss Olson, de New York. Les 25 et 26 mai, l'affaire est promptement réglée grâce à l'aide d'un certain M. Sullivan, de Berne. S'agissait-il d'un faux nom d'Allen Dulles, ex-associé du bureau d'avocats *Sullivan & Cromwell* ? On l'ignore. Le 6 juin, la filière commence à fonctionner. Par la suite, elle servira deux fois par semaine, avec l'attaché commercial américain à Lyon comme relais entre la France et la Suisse.

Mais, ajoute Brooks dans son « Rapport confidentiel à *Free World* », Miss Olson ne reçut aucun câble : « Deux d'entre eux contenaient d'importantes informations sur l'Afrique du Nord, un autre concernait le propagande de la France libre (...) d'autres contenaient des informations vitales pour *Free World* (...). » Qu'en conclure, sinon que quelqu'un contrôlait la filière et censurait les messages à Cot, Dolivet et Laugier ?

Cela fait, Brooks regagne Marseille. L'agent OSS qui auditionna le pasteur en 1942 a noté : « Il me dit n'avoir pas été en mesure de localiser la plupart des gens dont les noms lui avaient été donnés par Dolivet. Cependant, il entra en contact avec un homme qui, après quelque temps, le mit en contact avec d'autres. »

L'un des noms fournis par Dolivet était celui du Roumain Maurice Verzéanu, étudiant en médecine employé par le Comité américain de secours (CAS), dirigé par l'Américain Varian Fry[171].

Fry n'appartenait pas à l'OSS et n'y appartint jamais – on le jugeait incontrôlable[172]. Il faisait néanmoins du renseignement, ce qui lui valut des ennuis avec Vichy et l'obligea finalement à quitter la France plus vite qu'il ne l'eût souhaité[173]. Grâce à Verzéanu, Brooks est présenté à Fry et à Daniel Bénédite, l'ancien protégé du préfet de police Langeron devenu employé du CAS avant d'être du premier réseau

171. Sur Verzéanu et le CAS *cf.* Daniel Bénédite, *op. cit.*, p. 51-52. Sur la mission Brooks, les informations précédentes comme les suivantes viennent de NARA, RG 226, E 92, B 45, F 9, *Central Files, Washington-REG-AD*, mémo des conversations avec Brooks, 16 et 27 mai 1942, les deux par Hugh R. Wilson. Voir également, Howard L. Brooks, *Prisoners of Hope, Report on a Mission*, L. B. Fisher, New York, 1942, décevant car très caviardé.

172. NARA, RG 226, E 136A, B 3, F 58, lettres de l'été 1942 proposant puis refusant le recrutement de Fry. Sur l'action de Fry à Marseille, NARA, RG 84, B 43 et 44, *Marseille Consulate, General Records*, 1941, vol. XXXII et XXXIII.

173. NARA, RG 84, *Vichy Embassy, Confidential Files*, 1940-1944, B 4, F 1, lettre du 14 août 1941 de Fullerton à Freeman Matthews : « La police nous a dit ce matin que si Varian Fry franchissait la frontière des Bouches-du-Rhône, il serait immédiatement arrêté (...). »

OSS en France[174]. Bénédite introduit ensuite le pasteur auprès de son ami Jean Gemähling, simple employé du CAS en train de devenir chef du service de renseignement de Combat. Sans plus attendre, ils entreprennent de dresser une liste de personnes sûres. Outre André Malraux et Jean Giono, elle contient les noms de l'abbé Glasberg, de Lyon, proche du cardinal Gerlier, de Silvio Trentin, antifasciste italien établi à Toulouse, du sénateur François, futur auteur de notes d'analyse politique appréciées de l'OSS[175], du cégétiste Pierre Ferri-Pisani, auxquels s'ajoutent ceux de vingt autres personnes, parmi lesquelles un certain Defarro et le patron d'un restaurant du Vieux-Port, *La Dorade,* dont on aura l'occasion de reparler[176].

Par Ferri-Pisani, Brooks se met en relation avec Léon Jouhaux. N'ayant pu le rencontrer, il apprend par Fry son désir de quitter la France et, en attendant, son besoin d'une somme de 10 000 dollars destinée à un « certain travail en France[177] ».

Sans désemparer, Brooks va à Lyon (où il croise Fry) afin d'y voir André Philip, futur commissaire à l'Intérieur de De Gaulle, pour l'heure simple professeur. Ils nouent des relations si amicales que Brooks fait sortir de France les cinq enfants de Philip[178].

Un mois après son arrivée, le révérend est déjà repéré par les services français. Le 1er juin, Fullerton informe Freeman Matthews, de l'ambassade des États-Unis à Vichy, que Brooks vient d'être par deux fois soumis à des contrôles très serrés et qu'il envisage d'abréger son séjour, souhaitant repartir par Alger et le Maroc, à la rigueur par Lisbonne[179]. Ce n'est qu'une fausse alerte.

---

174. Daniel Bénédite, *op. cit.*, p. 323 et suiv. Le père de Théodora, l'épouse de Daniel Ungemach-Bénédite, vivait en Grande-Bretagne. *Cf.* NARA, RG 84, *Marseille Consulate, General Records*, 1941, vol. XXXI, lettre du 27 juillet 1941 de Théodora à Abbott, du CAS.

175. NARA, RG 226, E 125, B 6, F 92, *Bern-OSS-INT-72*, note « État d'esprit de la population en France », 9 juin 1943, signée « François ».

176. *Ibid.*, E 97, B 8, F 118, *Personal Algiers*, lettre de Jurkie (?) à Roseborough, 8 avril 1943. Le nom de Defarro, rue du Pavillon, à Marseille, pourrait être la déformation de celui de Gaston Defferre.

177. En mai 1942, lorsque Donovan apprit cette demande de Jouhaux, il ordonna de la satisfaire « par tous les moyens », NARA, RG 226, E 92, B 45, F 9, *Central Files, Washington REG-AD*, mémos du 12 mai 1942 de Hugh R. Wilson à A. Dulles, ainsi que, *ibid.*, B 40, F 58. Brooks chercha aussi le contact avec d'autres syndicalistes. On ne sait qui lui parla de Robert Lacoste, percepteur à Thonon et très actif. Il vit aussi des hommes politiques, notamment le sénateur Reveillon.

178. André Philip, reconnaissant, écrit à Brooks, le 10 décembre 1941 : « Je parle librement, jusqu'à présent sans incident, à mes étudiants », NARA, RG 226, E 92, B 45, F 9.

179. NARA, RG 84, B 44, *Marseille Consulate, General Records*, 1941, vol. XXXIII, lettre de Fullerton à Matthews, 13 juin 1943.

L'activisme de Brooks avait de quoi inquiéter Vichy. Outre les contacts précédents, il avait déniché les grands mouvements naissants de la zone sud.

Par le Dr Zimmer, collaborateur de l'USC et bien connu de Noel Field[180], il a vu Jean-Pierre Lévy, dirigeant de Franc-Tireur. L'ayant pourvu de quelque argent[181], il le présente à Fullerton, qui, à son tour, met Lévy en relation avec Blanchard, secrétaire du consulat des États-Unis à Nice[182].

Brooks a également rencontré un ou des représentants de Libération, particulièrement intéressés par l'action armée : « Ils ont organisé des groupes prêts et décidés à prendre les armes quand sera venu le moment stratégique. » On se demande si ce n'était pas un peu exagéré et l'on s'interroge sur l'identité du contact de Brooks – peut-être Raymond Aubrac déjà spécialisé dans les affaires militaires ?

Beaucoup plus difficile à trouver avait été Henri Frenay. C'est seulement deux mois après son arrivée, c'est-à-dire à la fin de juillet 1941, que Brooks le rencontre enfin. Frenay ne mentionne pas le fait dans ses Mémoires, parlant seulement d'un message reçu de Brooks[183]. Lequel est cependant catégorique : il eut deux rencontres avec le chef de Libération nationale, première mouture de Combat. « La seconde réunion eut lieu au consulat britannique à Lyon. Étaient présents deux vice-consuls américains, L. N. *[Libération nationale = Frenay]*, un prêtre catholique et moi-même. »

Tout cela lui avait permis de se faire une idée.

Liberté, le groupe de François de Menthon pas encore fusionné avec Combat, lui avait paru être surtout peuplé d'intellectuels et moins important que Libération, qui, d'après lui, recrutait plutôt parmi les

---

180. Dans sa lettre au CC du PC de l'URSS, Field critique vivement Zimmer, qui « ne travaillait qu'à mi-temps pour nous », qui avait soutenu un « renégat connu du PC allemand », et qui, à dater de l'automne 1942, « entretenait des relations avec l'OSS ».

181. Dominique Veillon, *« Le Franc-Tireur », un journal clandestin, un mouvement de résistance, 1940-1944*, Flammarion, Paris, 1977, écrit, p. 158 : « Comme il *[J.-P. Lévy]* manque cruellement d'argent, Brooks lui en donne un peu. »

182. A propos de Blanchard, *cf.* C. L. Flavian, *Ils furent des hommes*, Nouvelles Éditions latines, Paris, 1948, p. 365. Dominique Veillon, *op. cit.*, p. 64, le dit interprète au consulat américain de Nice et ajoute qu'il mit Lévy en contact avec un réseau belge d'évasion. Il n'est toutefois pas exclu qu'il se soit agi de « Blanchard », pseudonyme occasionnel de Philippe Monod, en relation avec le consulat de Marseille depuis mai 1941 ; *cf.* NARA, RG 84, B 42, *Marseille Consulate, General Records*, 1941, vol. XXXI, lettre du 14 mai 1941, signée « G. M. A. ».

183. Henri Frenay, *La nuit finira*, *op. cit.*, p. 36 et 108, où Brooks apparaît sous le nom de « Howard » et où l'auteur indique avoir rencontré le pasteur dès l'année précédente. Dans *L'Énigme Jean Moulin*, *op. cit.*, éd. complète, p. 16 et 49, Frenay revient longuement sur le rôle du pasteur, désormais identifié comme étant Brooks.

petits commerçants et les employés. Cela n'avait pas retenu Brooks de mettre en contact « l'un des dirigeants » de Liberté avec Frenay dont le mouvement l'avait impressionné. Diffusant son journal, *Les Petites Ailes*, à 35 000 exemplaires et recrutant en grand nombre officiers et soldats, il avait, selon Brooks, une « forte influence dans le secteur militaire ». Frenay lui avait confié avoir pris langue avec l'attaché militaire américain à Vichy, le major Schow, et, grâce à lui, envoyé un message à Londres pour obtenir des armes. On lui avait répondu : « Comment voulez-vous les recevoir, par avion ou par bateau ? » Comme convenu, il avait en échange fourni des informations *via* la Suisse. Rien n'était venu.

Au cours des conversations, Frenay avait insisté sur les trois besoins fondamentaux de son Mouvement : il lui fallait des communications directes avec les Britanniques, des armes et des munitions, de l'argent.

Il avait aussi parlé de De Gaulle et des gaullistes :

> « Très méfiant envers les de Gaullistes *[Frenay]* ne souhaite pas travailler avec eux. Il explique son attitude de la manière suivante. Les de Gaullistes ont fait plusieurs grosses gaffes *[blunders]*, d'abord à Dakar. Des gens en France savent maintenant que, dix jours avant Dakar, "tout le monde à Londres" parlait de ce qui allait arriver (...). Libération Nationale pense aussi que De Gaulle a sérieusement gaffé en Syrie parce qu'il ne comprenait pas la situation militaire. De Gaulle lui-même est vu comme un militaire, un symbole de courage mais pas un démocrate, sans plan social, et sérieusement handicapé par sa sottise politique. Bien qu'ils espèrent son succès militaire, ils pensent qu'il est loin d'être le représentant idoine du peuple français [184]. »

Ce point de vue fortement tranché n'émut pas Brooks outre mesure. Il jugea Libération nationale le plus crédible des huit Mouvements rencontrés et, dans son « Rapport confidentiel à *Free World* », endossa sans état d'âme apparent l'accord conclu avec les vice-consuls américains lors de la réunion de Lyon. On ferait parvenir au moins 500 000 francs par mois à Libération nationale, soit par la filière genevoise, soit directement de New York. De même nota-t-il qu'à la même réunion avait été décidé de régler, depuis Berne, la question de la fourniture de renseignements : « Si (...) Berne ne peut garantir que l'information ira directement aux Britanniques et ne passera pas par des canaux de la France libre, l'information ne sera pas envoyée. »

En 1942, entendu par l'OSS, Brooks recommanda de financer les trois grands Mouvements de la zone sud : Combat, Libération et

---

184. Howard L. Brooks, *« Confidential Report on France »*, p. 7-8.

Franc-Tireur, mais suggéra de « vérifier tout cela auprès des Britanniques » ou auprès de « Jean Rollin *[qui]* avait été fréquemment en contact avec des membres *[du]* mouvement *[de Frenay]* ».

« Jean Rollin » était-il Jean Moulin [185] ?

C'est fort possible, car Howard Brooks l'a également vu. L'intrépide et toujours aussi chanceuse Jane Boullen ayant, dit-on, connu le pasteur, elle avait fait le contact avec Moulin. Ils se sont rencontrés « plusieurs fois [186] ». Hormis les quelques éléments fournis par la naïve Laure Moulin, on ignore tout du contenu réel de leurs discussions, mais on sait que c'est l'infatigable pasteur qui provoqua la rencontre entre Jean Moulin et Henri Frenay [187].

L'entrevue se déroule fin juillet [188], à Marseille, au n° 67 de la rue de Rome, domicile du Dr Recordier.

Il faut s'arrêter un instant sur ce médecin et sur le fait qu'il héberge la première rencontre entre le futur délégué du général De Gaulle et le chef du premier mouvement de résistance.

---

185. L'erreur a pu venir aussi bien de l'auteur du compte rendu, J. C. Hughes, que d'une confusion ou d'un lapsus commis par Brooks. Vu ses ennuis avec la police, il est peu probable que celui-ci ait voulu parler d'Henri Rollin, alors directeur de la Sûreté à Vichy (*cf.* correspondance de l'auteur avec J.-L. Crémieux-Brilhac, 10 octobre 1997). Si « Jean Rollin » est Jean Moulin, il s'agit là du seul document trouvé dans les archives américaines qui le concerne, mis à part les demandes de visa et le mémo de la conversation avec P. Cot. La sagacité des archivistes chargés de retirer des dossiers ouverts tout document relatif à Moulin aura été mise en échec par cette erreur.

186. Laure Moulin, *op. cit.*, p. 226 et 228.

187. AN, 72 AJ 233, lettre de M. Recordier à H. Michel, 30 décembre 1963. Recordier précise que le pasteur « Brown », en fait Brooks, lui avait été adressé par un professeur d'anglais, Mlle Monod. Laure Guille, précise, dans AN, 397 AP3, avoir été liée avec Jacques Monod, professeur au lycée Thiers, à Marseille. Lié aux parents de Laure Guille depuis l'époque de l'aide aux réfugiés de la guerre d'Espagne, Monod, futur prix Nobel et frère de Philippe Monod, futur responsable de la Délégation en Suisse des MUR, avait reçu de Mestre, du consulat du Chili à Marseille, l'offre d'un émetteur radio. Ne disposant pas d'opérateur, il avait renoncé. Avec Laure Guille, il fournissait dès 1941 des renseignements aux services secrets américains basés au Portugal. Jacques Monod, entré aux FTP, y occupa des fonctions importantes.

188. Daniel Cordier, *Jean Moulin, l'inconnu du Panthéon, op. cit.*, t. 3, p. 93, se trompe en estimant que Brooks, qu'il appelle Brown et à propos duquel il observe un silence surprenant, aurait pu aider Moulin à régler le problème du visa américain et de la caution bancaire. Ces événements sont antérieurs à l'arrivée de Brooks. D'autre part, p. 111, il ne situe pas la date à laquelle Jane Boullen mit Moulin en relation avec Brooks. Il serait surprenant que la rencontre n'ait pas eu lieu rapidement, courant juin. Enfin, p. 113-114, Cordier situe la rencontre Moulin-Frenay au printemps 1941, vraisemblablement en mai. C'est impossible si elle a été provoquée par Brooks qui affirme n'avoir connu Frenay que deux mois après son arrivée, c'est-à-dire fin juillet. Si Brooks dit vrai, Frenay a raison de dater sa rencontre avec Moulin de fin juillet (*L'Énigme Jean Moulin, op. cit.*, p. 15, et *La nuit finira, op. cit.*, p. 108-109).

Selon Laure Moulin, son frère fréquentait Recordier depuis les tout premiers jours de 1941[189]. Or c'était un homme de confiance des services secrets français qui cachèrent une partie de leurs archives dans sa propriété de campagne[190]. C'était aussi un ami d'enfance de Paul Paillole[191] qui, en avril, au *Cintra*, sous sa casquette des Menées antinationales, avait espionné Moulin, mais qui, sous son autre casquette, celle de chef du contre-espionnage militaire, était proche de certains chefs des SR de Vichy, qui étaient eux-mêmes en relation avec leurs homologues britanniques tout en fréquentant les agents américains déguisés en diplomates.

Obscure clarté qu'affectionnent les services secrets, dans laquelle il est difficile de se retrouver – mais c'est fait pour !

En tout cas, pour citer seulement l'ouvrage d'un ancien de ces services, on ne relève pas moins de six mentions de relations différentes établies entre services français et anglo-saxons, et ce pendant la seule période allant de l'été 1940 au suivant[192]. Par ailleurs, maints témoignages et documents attestent la collaboration constante du 2ᵉ Bureau de Vichy, des SR Terre et Air et du Contre-espionnage avec leurs homologues anglo-saxons. « Les Américains se rendirent compte très rapidement que la sagesse pour eux était de travailler en liaison de plus en plus étroite avec les services français et anglais qui avaient sur eux une avance considérable », indique une source française[193]. Dès octobre 1940, le capitaine Daru, du 2ᵉ Bureau, était à New York[194] et, à dater d'avril 1942, il faisait la liaison avec sa vieille connaissance Donovan, communiquant directement par code spécial avec sa direction en France[195]. L'année suivante, la section VI (renseignement) du SD nazi, lors d'une réunion tenue à Paris les 17 et 18 juillet, conclut : « Il semble que l'OSS travaille sous le couvert du 2ᵉ Bureau[196]. »

Ainsi, pour Brooks comme pour Moulin, être en relation avec Recordier revenait à l'être indirectement avec les services français liés aux services anglo-saxons.

---

189. *Ibid.*, p. 221.

190. Henri Noguères et Marcel Degliame-Fouché, *Histoire de la Résistance en France*, Robert Laffont, Paris, 1982, t. 3, p. 44.

191. Paul Paillole, *Services spéciaux (1939-1945)*, Robert Laffont, Paris, 1975, p. 305, et Michel Garder, *La Guerre secrète des services spéciaux français, 1935-1945*, Plon, Paris, 1967, p. 306.

192. *Ibid.*, p. 192, 203, 209, 216, 226, 251.

193. AN, 72 AJ 515, doc. Galimand, I, 1, « La Résistance et OSS ».

194. NARA, INT-12FR-810, note « Daru, major Bruno ».

195. Anthony Cave Brown, *Wild Bill Donovan, op. cit.*, p. 237, ainsi que Pierre Péan, *op. cit.*, p. 347.

196. AN, 72 AJ 82, « Réunion des chefs de sections VI », p. 2.

Disons immédiatement que les relations de Jean Moulin avec Recordier sont, autant que l'on sache, restées bonnes. Quand il revint en France, le 1er janvier 1942, c'est par lui qu'il renoua avec Frenay. Et sa qualité de proche du 2e Bureau était connue de Moulin. En octobre 1941, à son arrivée à Londres, lors de ses entretiens avec les services britanniques, il déclare avoir consacré une partie du temps passé à Marseille à « chercher le contact avec des agents actifs ». Immédiatement après, il cite, dans cet ordre, Fullerton, Bingham, Recordier[197].

Pour son dernier biographe, l'expression « agents actifs » dans la bouche de Moulin désigne « tous les militants de l'action clandestine ». Mais, s'il doit convenir qu'« il serait parfaitement plausible et normal que Moulin, comme tous les résistants, ait tenté de faire passer aux Alliés les renseignements qui pouvaient leur être utiles, d'autant plus qu'il disposait d'une filière grâce aux relations qu'il entretenait avec le consul des États-Unis à Marseille[198] », il ne va pas jusqu'à admettre l'évidence, à savoir que, dès janvier 1941, l'ancien préfet était en rapport avec le 2e Bureau.

Revenons à la réunion chez le Dr Recordier. Le médecin est également un vieil ami de Frenay, lui-même ancien du 2e Bureau[199]. Se rencontrant en terrain de connaissance et se sachant réunis par l'entremise de Brooks, Moulin et Frenay sont en confiance. D'après Frenay, source unique puisqu'on ne dispose pas du point de vue de Moulin, Recordier ayant pour sa part toujours dit avoir laissé ses hôtes en tête à tête, Moulin décline d'emblée sa véritable identité et confirme ce que son interlocuteur sait déjà par Brooks : il veut établir une liaison avec Londres et cherche à rassembler avant son départ des informations utiles sur la Résistance.

Certain d'avoir affaire à un protégé de ces Américains avec lesquels il est lui-même en relation, Frenay se confie. Il révèle en passant connaître Constance Harvey, vice-consul des USA à Lyon[200], qu'il sait liée aux services américains, et fait part de ses desiderata. Il lui faut savoir où envoyer directement les renseignements recueillis par son organisation et il a besoin de recevoir de l'argent pour faire vivre celle-ci et la développer.

Envers De Gaulle, même s'il est moins critique qu'il ne l'a été devant Brooks, il se montre réservé. Il le voit comme « un symbole

197. Daniel Cordier, *Jean Moulin, l'inconnu du Panthéon, op. cit.*, t. 3, p. 97 et 1274.
198. *Ibid.*
199. Henri Frenay, *op. cit.*, p. 30.
200. *Ibid.*, p. 110.

extérieur à la Résistance et qui, de ce fait, pourra être le fédérateur ». « Il n'y a que la croix de Lorraine et de Gaulle qui puissent jouer ce rôle », insiste-t-il en associant une image à l'homme du 18 Juin afin de bien signifier leurs natures identiques à ses yeux [201]. Pour lui De Gaulle est symbole, pas chef. Autocréation, la Résistance intérieure doit être autonome du leader extérieur autoproclamé.

Après quatre heures de discussion, Moulin laisse Frenay ravi et presque conquis.

En fait, il a été berné. Moulin l'a écouté, mais n'a pas bougé en l'entendant conclure : « Mon tableau est bien incomplet car il existe sûrement ici et là, en zone occupée plus encore qu'en zone libre, de nombreuses activités clandestines que j'ignore (...). » A cette date, Moulin connaissait les grands mouvements du Nord en gestation, sans parler de ses propres réseaux. Il n'a rien dit.

Moulin quitte la France

De l'activité de Moulin durant les mois suivants on ignore presque tout. Le 28 juin, six jours après l'attaque de l'URSS par les nazis, les Américains, avec une complaisance sans faille, renouvellent son visa [202]. A Cagnes-sur-Mer, Manhès lui donne des nouvelles de l'OCM, dirigée par Heurteaux, vieil ami de Groussard. A-t-il retiré de la banque les 3 000 dollars reçus en mars et tenus à sa disposition jusqu'au 1er juin, on l'ignore, mais, le 27 août, il en encaisse 570 à l'agence de la Société générale de Châtelguyon, petite ville située à une cinquantaine de kilomètres de Vichy [203].

Le 16 août, le pasteur Brooks quitte la France [204] où Fullerton demeurera encore deux mois avant de gagner Lisbonne et de là Washington [205]. Le 20, Moulin fait ses adieux à sa mère et à sa sœur [206].

Pourtant, sans que l'on sache la cause de ce nouveau délai, il ne se met en route que le 9 septembre. Le 12, dès son arrivée à Lisbonne, il se rend à l'ambassade américaine où l'accueille un certain Makinsky [207].

---

201. *Ibid.*
202. NARA, RG 84, E 200, B 861, *Name Index*, 1940-1944, 811-111.
203. Henri Calef, *op. cit.*, p. 199.
204. NARA, RG 84, *Vichy Embassy, Confidential Files*, 1940-1942, B 4, F 1, lettre du 14 août 1941 de Fullerton à F. Matthews, ainsi que RG 226, E 92, B 45, F 9, *Central Files Washington-REG-AD*, mémo de J. C. Hughes à A. Dulles, 16 mai 1942.
205. NARA, RG 84, *Marseille Consulate*, 1941, vol. XXXIII.
206. Daniel Cordier, *Jean Moulin, l'inconnu du Panthéon, op. cit.*, t. 3, p. 133.
207. Laure Moulin, *op. cit.*, p. 259, et Éric Piquet-Wicks, *op. cit.*, p. 53.

Ensuite seulement, recommandé par les diplomates américains, il se présente à l'ambassade britannique [208]. Il n'est toujours pas certain de sa prochaine destination : « Le professeur Mercier *[Moulin]* entreprend des démarches pour obtenir un billet de passage sur un bateau en partance pour les États-Unis [209]. »

Quoi que l'on prétende ici ou là, on ignore quand exactement Jean Moulin a renoncé à se rendre aux USA. Seule certitude, c'est pendant son long séjour au Portugal que Londres est devenu sa destination.

De même ignore-t-on pourquoi il reste bloqué six semaines à Lisbonne. Mis à part quelques détails peu éclairants (il rencontre une connaissance de Marseille, change d'hôtel, apprend comme tout le monde la constitution, à Londres, du Comité national français présidé par De Gaulle), on ne sait rien de son emploi du temps et des causes de la durée de son séjour. Rareté des avions, mauvais temps qui les empêche de voler, lenteurs bureaucratiques, vive tension entre Churchill et De Gaulle pour cause d'affaire de Syrie, autant d'explications insuffisantes.

La seule hypothèse cohérente avec les données connues est que les Britanniques brûlaient de l'embaucher à leur service exclusif tandis que les Américains n'y tenaient pas. Parlant des services britanniques, son biographe note :

> « Le personnage les intéressait d'autant plus qu'il n'était pas un gaulliste inconditionnel et qu'il se proposait de choisir le partenaire le plus capable selon lui d'aider la résistance à s'organiser, se battre et gagner (...) [210]. »

Pertinente, cette explication a le défaut de masquer l'essentiel. Ce n'étaient pas les Britanniques qui avaient ouvert beaucoup de portes à Moulin, l'avaient pourvu de faux documents et l'avaient amené jusque-là, c'étaient les Américains. Et s'ils avaient dû le présenter à l'ambassade britannique au Portugal, c'est parce que celle-ci était chargée de filtrer les émigrants à destination des pays anglo-saxons. Les Américains, déjà beaucoup plus hostiles à De Gaulle que ne l'était le gouvernement de Sa Majesté, entendaient utiliser à leur profit celui qui « n'était pas un gaulliste inconditionnel », qui avait été en contact

---

208. Henri Michel, *op. cit.*, p. 56.

209. Henri Calef, *op. cit.*, p. 201. Daniel Cordier, *Jean Moulin, l'inconnu du Panthéon, op. cit.*, t. 3, p. 1346, semble contester ce point en contredisant, sur un autre point, un témoignage de Dolivet relatif à l'existence, fin 1940, d'un billet de bateau pour les États-Unis qu'aurait possédé Moulin. Mais les deux faits sont sans rapport immédiat.

210. Daniel Cordier, *Jean Moulin, l'inconnu du Panthéon, op. cit.*, t. 3, p. 476.

avec leurs diplomates et leur agent Brooks, qui, à l'évidence, les avait choisis comme « partenaire le plus capable d'aider la Résistance ».

Mais les chefs des services britanniques, eux aussi hostiles à De Gaulle, ne l'étaient pas moins à l'idée de voir leurs concurrents américains prendre pied sur le Continent. L'Europe occupée était leur chasse gardée et ils n'eurent de cesse qu'ils n'aient obligé les USA à l'admettre. Jusqu'en 1942, l'OSS ne put implanter aucun réseau à elle en France, l'IS et le SOE s'y étant arrogé le monopole du renseignement et de l'action. En revanche, les États-Unis ayant gardé leurs représentations diplomatiques et consulaires dans la France de Vichy, leurs diplomates, chargés de la défense des intérêts britanniques, servaient de relais aux agents de l'IS et du SOE. D'où l'imbroglio lisboète quand Moulin arrive. L'OSS le veut sien quand le SOE le croit à lui.

En outre, les deux branches du SOE se disputent cette recrue de choix. Il est réclamé par la section RF du SOE, chargée de l'action coordonnée avec les gaullistes et le 2e Bureau de Vichy, et par la section F, chargée de travailler indépendamment du mouvement gaulliste.

Invité le 4 octobre à gagner Londres « aussi vite que possible [211] », Moulin dut attendre encore deux semaines. Sans doute ce délai servit-il à régler le différend entre SOE/F et SOE/RF, en tout cas ils considérèrent ensuite Moulin comme l'agent « Rex » du SOE, comme le « plus important homme du SOE et du BCRA envoyé en France », le « seul rallié à De Gaulle en mesure de le supplanter » [212].

Le 19 octobre, veille de son départ pour Londres par hydravion, Jean Moulin écrit à Pierre Cot : « Tu sais depuis longtemps que j'ai en effet décidé de ne pas aller en Amérique, pensant que je pourrais rendre plus de services à notre pauvre pays en suivant une autre voie et en étant plus proche de nos amis anglais [213]. »

« Nos amis anglais »... De Gaulle n'est même pas cité dans cette lettre. Rien d'étonnant. « Jean Moulin n'était pas gaulliste » avant d'aller à Londres, note son dernier biographe [214]. Et il n'en revint pas converti : « Est-ce réellement un démocrate ? », s'interrogea-t-il devant François de Menthon [215].

Le 20 octobre, Moulin est à Londres. Il voit les représentants des services britanniques et gaullistes, De Gaulle aussi. Le rapport sur

211. *Ibid.*, p. 477 et 1386.
212. Michael R. D. Foot, *op. cit.*, p. 118, 182 et 238.
213. Fac-similé de la lettre *in* Pierre Meunier, *op. cit.*
214. Daniel Cordier, *Jean Moulin et le Conseil national de la Résistance*, *op. cit.*, p. 75.
215. Jean-Raymond Tournoux, *Jamais dit*, Plon, Paris, 1971, p. 98.

l'état de la Résistance en France qu'il remet le présente comme « simple messager accrédité » par les trois Mouvements de zone sud. Il ne dit mot, ne fait pas même allusion aux Mouvements de la zone nord avec lesquels ses collaborateurs et lui-même sont en contact. Il est muet sur ses propres réseaux. Il ne dit rien de ses rencontres avec Brooks.

Le 5 novembre, De Gaulle signe un ordre de mission qui fixe à Jean Moulin le cadre de son action sur le seul plan militaire. « La centralisation et la coordination se feront à Londres », la finalité politique ultime étant la « prise de possession des pouvoirs civils./ Toutes *[l]*es opérations se déclench*[a]*nt sur l'ordre personnel du général de Gaulle[216] ». Une ambiguïté lourde de conséquences vient de naître.

Le 24 décembre, treize jours après l'entrée en guerre des USA et alors que, ce jour-là, De Gaulle défie autant Vichy que Washington en faisant débarquer ses marins à Saint-Pierre-et-Miquelon, Moulin voit ses pouvoirs étendus au plan politique. Devenu représentant personnel du Général et délégué du Comité national, il a pratiquement carte blanche pour unifier la Résistance. Le mandat concerne la seule zone sud, mais il n'a de compte à rendre qu'à De Gaulle.

Prise dans l'ignorance de pans entiers de l'activité de Moulin, cette décision était grosse de quatre conflits :

• Échappant au contrôle du BCRA, le délégué devait tôt ou tard apparaître à celui-ci comme un rival.

• Représentant auprès des Mouvements l'embryon d'État rebelle incarné en De Gaulle, l'autorité du délégué leur deviendrait intolérable en cas de divergence entre De Gaulle et eux.

• Représentant auprès de De Gaulle l'âme de la nation révoltée incarnée dans la Résistance intérieure, le poids de son délégué semblerait excessif au chef de la Résistance extérieure en cas de divergence entre elle et lui.

• Agissant seul et sans contrôle sur le terrain de la clandestinité quotidienne, son autorité d'un côté et son poids de l'autre croissant au rythme même du succès de sa mission, sa réussite porterait en elle une dynamique propre de pouvoir et, en cas de divergence, rendrait presque inévitable un conflit entre De Gaulle et lui.

D'un mot, tout reposait sur la capacité de Moulin à concilier les vues et les intérêts de la Résistance intérieure avec celles et ceux de la Résistance extérieure.

En dernière instance, tout dépendrait de sa loyauté.

---

216. Document reproduit pour la première fois par Henri Calef, *op. cit.*, p. 409.

1942

Parachuté non loin de Saint-Andiol dans la nuit du 1er janvier 1942, Jean Moulin consacre les quatorze mois suivants à atteindre son but politique : unifier la Résistance intérieure.

Avec opiniâtreté, lucidité et habileté, sans oublier une volonté de chaque instant dans un pays affamé par les réquisitions, apeuré par les exactions toujours plus nombreuses de l'occupant, effrayé par les déportations et les exterminations de pauvres gens seulement coupables d'être nés, décervelé par le mensonge permanent du prétendu « État français » qui a aboli la République, bafoué ses valeurs, renié ses principes, pays, enfin, désespéré par l'apparente invincibilité des armées nazies qui ravagent l'URSS, asservissent presque entièrement l'Europe occidentale et occupent la quasi-totalité du pourtour méditerranéen, tandis que l'allié japonais domine l'Asie – dans ces circonstances tragiques, Jean Moulin, inlassable tisseur d'avenir, réussit l'impossible malgré les arrestations, les exécutions, les trahisons, les passions, les divisions qui frappent la maigre cohorte des résistants.

A la fin de l'année 1942, il préside le Comité directeur des MUR, union de Combat, Libération et Franc-Tireur, a bâti autour de lui un petit appareil centralisé qui contrôle la répartition des fonds, les relations radio avec Londres ainsi que les liaisons aériennes, a noué beaucoup de nouvelles relations dans tous les secteurs.

Dominant ainsi la zone sud qui lui a été dévolue, il a de sa seule autorité largement investi la zone nord où les grands Mouvements – OCM, Libération Nord, Ceux de la Libération – s'acheminent vers une coordination sous sa direction. Avec, en novembre, l'occupation totale de la France, la division de la Résistance a perdu de sa justification. Le temps vient de l'unifier en une seule grande force populaire, déjà en voie de radicalisation et d'armement, et qui, un jour prochain, pourra imposer des changements fondamentaux [217].

Fin 1942-début 1943, deux pas restent à faire, essentiels l'un et l'autre aux yeux de Moulin. Il faut doter la Résistance intérieure d'une armée et d'un parlement.

Justement, une Armée secrète est en gestation dans la Résistance intérieure, également grosse d'un Conseil qui la représentera tout entière en incluant Mouvements, partis résistants et syndicats.

---

217. Sur 1942 on peut se reporter, en ce qui concerne l'action de Jean Moulin, à l'ouvrage d'Henri Calef ; pour ce qui est de la Résistance intérieure à celui, fragilisé par les recherches ultérieures, d'Henri Noguères et Marcel Degliame-Fouché ; enfin, à propos de la France libre, à Jean-Louis Crémieux-Brilhac.

En janvier 1943, Jean Moulin définit le contenu du futur Conseil :

> « Il ne saurait y avoir de place dans ledit Conseil ni pour les ouvriers de la dernière heure ni pour ceux qui hésiteraient devant les solutions révolutionnaires qui s'imposent [218]. »

Les quatre conflits latents vont exploser.

Moulin en conflit avec le BCRA

Henri Manhès part pour Londres dans la nuit du 26 au 27 janvier 1943. Passy, chef du BCRA, va être « stupéfait » de découvrir en même temps son existence et la tâche que lui avait confiée Moulin « dès le début de 1942, *[celle]* d'organiser l'action en zone nord (...). Si Moulin ne nous l'avait pas envoyé, nous l'eussions pris pour un imposteur ou pour un agent provocateur [219]. »

Allant de surprise en surprise, mais sans comprendre que Manhès s'est mis à l'œuvre dès 1940, le chef du BCRA constate que Moulin n'a pas signalé les contacts pris en zone nord, n'a rien dit de l'existence – inconnue jusque-là à Londres – de Ceux de la Libération, et n'a pas davantage parlé d'un Cercle qui, selon Manhès, groupe plusieurs centaines de francs-maçons vus comme autant de futurs cadres. De plus, affirmation peu crédible venant d'un homme ayant noué les contacts précédemment évoqués, Manhès, à l'entendre, n'a eu presque aucune relation avec l'Organisation civile et militaire (OCM), pas davantage avec Libération Nord, et aucune avec le Front national (FN), l'organisation « frontiste » du PCF dont dépendent officiellement les Francs-Tireurs et Partisans (FTP), groupes paramilitaires du PCF. « Tout cela nous parut à la fois curieux et un peu flou [220] », note Passy.

Est-ce par hasard que Moulin a choisi de dévoiler Manhès en janvier 1943 ?

Certainement pas. En décembre, le BCRA avait informé Moulin de son intention d'envoyer un délégué spécial en zone occupée. Aussitôt, Moulin avait répliqué qu'il comptait venir sous peu à Londres avec son propre adjoint pour la zone nord, Manhès. A l'en croire, les dirigeants de la zone occupée « ne voulaient avoir affaire qu'à lui ou à

---

218. Jean Moulin, note sans titre ni date (avant le 23 janvier), reproduite par Daniel Cordier in *Jean Moulin et le Conseil national de la Résistance*, *op. cit.*, annexe, p. 183.
219. Colonel Passy, *op. cit.*, t. 3, p. 54.
220. *Ibid.*, p. 55.

Frédéric *[Manhès]*[221] ». Son refus mal déguisé de voir un homme du BCRA s'installer sur le territoire qu'il s'était approprié cachait à peine son souci de défendre celui-ci face aux appétits d'un rival ambitieux, Pierre Brossolette, l'homme choisi par Passy.

Ainsi, en exhibant soudain Manhès, Moulin avait pensé rendre superflue la mission Brossolette. Sans doute la ruse ne passa-t-elle pas inaperçue puisque Brossolette débarqua tout de même dans la nuit du 26 au 27 janvier 1943. La même nuit, un autre avion emporta Manhès à Londres, Moulin, peu soucieux de laisser le champ libre à Brossolette, ayant finalement décidé de rester en France. Il attendait « Brumaire » (Brossolette) de pied ferme.

L'un des buts essentiels de Brumaire était de « procéder en zone nord (…) à l'inventaire de toutes les forces capables, soit dans le cadre des groupements de Résistance, soit dans le cadre de groupements spécifiques comme l'OCM, soit dans le cadre des organisations politiques, syndicales ou religieuses, de jouer un rôle dans le soulèvement national en vue de la libération[222] ».

Dès leur première entrevue, le 4 ou le 5 février, à Lyon, Moulin et Brossolette s'affrontent à fleurets encore mouchetés. Apprenant à cette occasion l'intention de Moulin d'aller bientôt à Londres, Brossolette insiste par télégramme afin de hâter la venue de Passy. « Sans doute, *suppute justement son biographe*, voulait-il arrêter les structures à mettre en place, en France et immédiatement, avant que son ordre de mission ne soit éventuellement modifié par le séjour que Rex *[Moulin]* s'apprêtait à faire à Londres[223]. »

Bien qu'un chef de service de renseignement ne soit jamais autorisé à aller sur le terrain, les risques étant trop grands en cas d'arrestation, Passy quitte Londres et part rejoindre son ami. Mais pas seul, le SOE l'ayant doublé d'un ange gardien en la personne de son directeur des Opérations spéciales, Forest Yeo-Thomas[224].

221. Guillaume Piketty, *Pierre Brossolette, un héros de la Résistance*, Odile Jacob, Paris, 1998, p. 249, citant les télégrammes échangés entre le BCRA et Moulin, 1er et 31 décembre 1942, ainsi que 2 et 3 janvier 1943, *in* AN, 3 AG 2 401/212/221, 3 AG 2 400/139. Pour plus de sûreté, Moulin se faisait appuyer par le commandant Manuel (Pallas), alors en France.

222. Documents reproduits par Gilberte Brossolette, *Il s'appelait Pierre Brossolette*, Albin Michel, Paris, 1976, p. 278 et 281. En outre, « Brumaire » devait procéder en zone nord à la séparation des activités de renseignements et des activités politico-militaires. Enfin, il aurait à rechercher les cadres à nommer au jour de la Libération.

223. Guillaume Piketty, *op. cit.*, p. 254.

224. Gilberte Brossolette, *op. cit.*, p. 191, ne cache pas qu'on soupçonna les Anglais d'avoir envoyé Yeo-Thomas « pour "marquer" Passy et Pierre (…), pour les espionner, en un mot ».

Brossolette n'avait pas tort de craindre la réaction de Moulin. A son arrivée à Londres, le 14 février, ce dernier prend connaissance des directives préparées à son intention et signées le 8 par De Gaulle. Elles prévoient la création en zone nord d'un Comité de coordination symétrique du Comité directeur qui existe en zone sud. Les deux comités seront subordonnés à un autre, national, où les Mouvements auront la portion congrue avec deux représentants seulement, les syndicats devant en avoir autant et les partis quatre. Élaboré à Londres, ce projet marginalise les Mouvements.

Moulin rejette la formule. Il ne faut pas mêler action politique et direction de l'action clandestine dans le Comité national, dit-il. Il faut un Comité pour l'action, composé des seuls représentants des Mouvements. Ce Comité permanent de cinq membres sera choisi au sein d'un Conseil politique de la Résistance composé des représentants de tous les grands Mouvements, partis et syndicats.

Les nuances sont de taille. Le Comité permanent sera le gouvernement de la Résistance intérieure dont le Conseil national sera le parlement.

Avec ce modèle de république jacobine, la Résistance intérieure se dote d'un pouvoir centralisé très fort, sorte de Comité de salut public, et se donne avec une sorte de Convention restreinte l'instrument de l'expression directe d'une légitimité dont la Résistance extérieure ne dispose pas. De fait, le Conseil national, expression souveraine de la nation en armes, détient la capacité de déléguer – ou non – une légitimité *indirecte* à qui veut incarner l'État. Bref, la Résistance intérieure domine l'extérieure.

Le 21 février, De Gaulle, qui, pour s'imposer face à Giraud, a un besoin urgent et vital d'être légitimé par la Résistance intérieure, annule la précédente instruction et entérine le projet de Moulin :

> « Rex *[Moulin]*, déjà délégué du général de Gaulle en zone non occupée, devient dorénavant le seul représentant du général de Gaulle et du Comité national pour l'ensemble du territoire métropolitain. *[Il doit]* créer dans les plus courts délais possibles un Conseil de la résistance pour l'ensemble du territoire métropolitain et présidé par Rex [225]. »

---

225. « Nouvelles instructions », signées par De Gaulle, reproduites *in* Cordier, *Jean Moulin et le Conseil national de la Résistance, op. cit.*, p. 187-188. La mission assignée au Conseil est floue. S'il est « avec de Gaulle dans le combat qu'il mène pour libérer le territoire et redonner la parole aux Français », il ne lui est pas explicitement soumis. Il « a pour tâche d'arrêter dans leurs grandes lignes les directives à donner aux formations représentées ». Sauf cas d'urgence, il agira « en application des instructions du général de Gaulle ». Or, à l'évidence, l'urgence sera la règle et le sera davantage encore pour la Commission permanente des cinq.

C'est une victoire pour Jean Moulin.

« Impressionnant de conviction et d'autorité [226] », selon le mot de De Gaulle, Moulin pousse aussitôt son avantage. Il faut doter la Résistance intérieure du dernier – mais essentiel – attribut du pouvoir qui lui manque encore : une armée.

Ce n'est pas pour rien qu'il a amené à Londres le chef choisi pour diriger l'Armée secrète, le général Charles Delestraint. Déjà âgé, mais doté d'un grand courage et du sens de l'honneur, il avait été proposé par Henri Frenay, inventeur du concept de l'Armée secrète, « armée de parachutistes déjà sur place ». Accepté par les Mouvements de zone sud, Delestraint l'avait aussi été par De Gaulle, l'un de ses anciens subordonnés dans l'arme blindée [227].

Début mars, Moulin et Delestraint, escortés par Billotte, voient le chef de l'état-major impérial, le directeur du SOE pour l'Europe occidentale, l'ambassadeur des États-Unis auprès des gouvernements en exil, et, le 19 mars, trois chefs de l'OSS-Londres [228].

Le colonel Bruce, chef de l'OSS-Londres, informe Donovan :

> « La suspicion avec laquelle se regardent mutuellement Français Combattants et Britanniques rend possible pour les Américains d'entretenir avec les différents éléments français, gaullistes ou autres, une relation plus proche que ne le peuvent les Britanniques [229]. »

L'OSS vient d'entrevoir la possibilité de battre en brèche la mainmise britannique sur la Résistance en France. A condition de jouer habilement des contradictions internes entre « gaullistes ou autres » et de se faufiler dans la faille existant entre Britanniques et Français, bien des espoirs lui sont permis.

---

226. Charles de Gaulle, *Mémoires de guerre*, t. 2 : *L'Unité*, Le Club français du livre, Paris, 1969, p. 96.

227. Sur Delestraint, *cf.* François-Yves Guillin, *Le Général Delestraint, premier chef de l'Armée secrète*, Plon, Paris, 1995.

228. Sur ces rencontres et les mémos rédigés par les Américains pour le BCRA et De Gaulle, *cf.* colonel Passy, *op. cit.*, t. 3, p. 67-69 et 321-326, avec les remarques de Delestraint et Moulin contestant certaines exagérations des mémos.

229. NARA, RG 226, E 190, B 227, F 376, *London-OSS-OP-17*, lettre de Bruce à Donovan, 27 mars 1943. Bruce ajoutait que le grand danger pour l'AS était que les rafles allemandes la privent de recrues. Il faisait ainsi référence à l'institution, le 16 février, du Service du travail obligatoire (STO). Bruce indiquait aussi que les envois d'armes en Savoie s'étaient avérés insuffisants pour être efficaces, « la même situation étant valable pour la soi-disant armée secrète en France ». Enfin, il notait que les volumes d'armes demandés par Moulin et Delestraint posaient des problèmes de transport presque insurmontables.

Pendant ce temps, en France, Brossolette et Passy mettent les bouchées doubles. Abattant une besogne considérable, ils voient pratiquement tout ce qui compte en zone nord, se font une triste idée des collaborateurs de Moulin (Manhès, Meunier, Chambeiron), poussent des reconnaissances en province, font des promesses sur leur droite comme sur leur gauche. A l'OCM ils offrent un statut sur mesure, au Front national une place entière au Comité de coordination.

C'était s'opposer directement à Moulin et c'était le faire en se mettant dans le mauvais cas de violer consciemment les « Nouvelles instructions » qui ont fait de Moulin le grand patron de la Résistance intérieure. Brossolette, qui « ambitionn*[ait]* d'être le délégué politique de la France combattante en zone nord[230] », allait éprouver ce qu'il en coûtait de braver le délégué général.

Dans la nuit du 19 au 20 mars, Moulin et Delestraint rentrent en France. Le 31, Moulin est à Paris. Au bois de Boulogne, un vif incident l'oppose à Brossolette et à Passy : ils ont avantagé l'OCM et profité de l'arrestation de Manhès pour écarter Meunier. Le lendemain, dans un appartement de l'avenue des Ternes, Moulin les confronte à Meunier. Les éclats de voix sont tels qu'ils risquent d'alerter des Allemands logés dans l'immeuble. Selon Meunier, Brossolette a dénoncé l'ambition de Moulin. Lequel, rapportera plus tard Passy, « se mit alors à hurler. Il voyait clair, dit-il, dans le jeu de Brossolette. Celui-ci n'avait cessé de le contrer; il avait essayé d'empêcher le général de Gaulle de lui confier sa représentation en zone nord car il désirait en être chargé. C'était donc lui l'ambitieux, "mais, poursuivit Moulin, j'ai triomphé car je reviens de Londres où j'ai été secrètement nommé membre du Comité national"[231] ».

Moulin était dans son droit. Malgré des rappels à l'ordre venus de Londres, Brossolette et Passy avaient obstinément méconnu les « Nouvelles instructions ».

Sans perdre un jour, il reprend le terrain occupé en son absence. Le 3 avril, Passy et Brossolette faisant tapisserie, il préside le Comité de coordination de zone nord qu'ils ont créé et arrache l'accord sur le futur Comité national tel qu'il l'a composé : il comptera huit représentants de Mouvements (cinq du nord, trois du sud), deux de syndicats, six de partis. Huit contre huit : le président du Comité national sera l'arbitre. Au passage, il a renoncé au Comité permanent de cinq membres. Il s'y serait trouvé seul face aux Mouvements passés en son absence à la fronde ouverte contre lui.

---

230. Jean-Louis Crémieux-Brilhac, *op. cit.*, p. 525-526.
231. Colonel Passy, *op. cit.*, t. 3, p. 181.

Le 12 avril, Passy et Brossolette, réduits à jouer les utilités, le voient présider la réunion d'une autre de leur création, le Comité militaire des Mouvements du nord. Delestraint est là pour exposer les résultats des entretiens de Londres. Il armera 50 000 hommes, ensuite 100 000 autres. L'Armée secrète préparera le jour « J » en s'abstenant d'attaquer prématurément les objectifs ennemis. Les FTP s'insurgent : ils ne viennent pas d'intégrer l'AS pour rester l'arme au pied.

Jean Moulin voit le danger. L'attentisme imposé par Churchill, et accepté par un Roosevelt peu soucieux de favoriser le développement de la résistance armée gaulliste et communiste, va se heurter à l'impatience des combattants dont les effectifs gonflent vertigineusement pour cause de refus du Service du travail obligatoire (STO), décrété à la mi-février par Vichy. Partout les jeunes hommes requis d'aller travailler en Allemagne quittent leur domicile. Des maquis naissent et grossissent, désarmés, affamés, déguenillés, mal chaussés. La grande armée de la Résistance est là. Impossible de l'abandonner. Les partisans de l'action immédiate, parmi lesquels les FTP sont majoritaires, en profiteraient pour l'attirer à eux.

Moulin répond brutalement : les FTP viennent de verser leurs effectifs à l'AS. Ils sont donc désormais des militaires. Ils n'ont qu'à « claquer des talons [232] ». Comme ils grognent, il leur supprime tout soutien financier, décision sur laquelle il ne reviendra jamais [233].

Si les communistes ne gardèrent pas rancune à Moulin, il n'en alla pas de même avec Brossolette et, dans une moindre mesure, avec Passy. Le premier en conçut une colère d'autant plus vive que, le 7 mai, son adversaire adressa un rapport vengeur à De Gaulle [234]. Trois mois après la mort de Moulin, Brossolette se flattait encore d'avoir empêché la réalisation de son plan d'un « gouvernement » issu du Conseil de la Résistance [235], et, peu après, affirmait : « Incontestablement la doctrine Rex *[Moulin]*-Vidal *[Delestraint]* a tout mis cul par-dessus tête pendant deux mois [236]. »

---

232. Compte rendu de Passy, cité par Henri Noguères et Marcel Degliame-Fouché, *op. cit.*, t. 3, p. 312.

233. Jean-Louis Crémieux-Brilhac, *op. cit.*, p. 528.

234. Rapport de Jean Moulin, 7 mai 1943, reproduit *in* Noguères, *op. cit.*, t. 3, p. 273-275. De Gaulle ne fit pas grand cas de cette diatribe contre Brossolette puisqu'il accepta sa nomination comme adjoint de Passy, au détriment de Manuel, proche de Moulin et détesté de Passy comme de Brossolette. Peut-être l'enquête de contre-espionnage menée entre-temps contre Moulin n'avait-elle pas été pour rien dans ces décisions (*cf.* colonel Passy, *op. cit.*, t. 3, p. 60 et 182)

235. AN, 3AG2/42/3(8), lettre de Brossolette à Passy, 7 octobre 1943.

236. AN, F1A/3728, lettre de Brossolette à Passy, 5 novembre 1943.

Claude Bouchinet-Serreulles, qui assura au pied levé l'intérim de Jean Moulin disparu, écrivit plus tard :

> « Depuis 1942 se trouvait auprès du colonel Passy, exerçant sur lui un empire intellectuel souverain, Pierre Brossolette. Ce dernier jugeait qu'en raison des titres acquis depuis 1940 en France, de son expérience politique et de ses capacités intellectuelles, le rôle de coordinateur de la Résistance lui revenait de droit. Jean Moulin était pour lui un rival auquel tout l'opposait (...). Lorsque Moulin tomba, Brossolette et Passy crurent l'heure de la succession arrivée (...) [237]. »

Paul Schmidt (le radio « Kim ») vécut cette époque ainsi :

> « Tous ceux qui avaient travaillé avec Max *[Moulin]* se sont vu traiter, presque du jour au lendemain, avec une certaine désaffection ; quelque chose comme : "Maintenant que l'équipe est éliminée, nous allons prendre les opérations en main." M. Paul Schmidt, *note son interlocuteur*, craint même d'avoir surpris chez certains une sourde mauvaise satisfaction [238]. »

Le conflit d'avril entre Moulin et les deux chefs du BCRA avait donc généré des blessures encore à vif en juin 1943.

Moulin en conflit avec les Mouvements

Les cicatrices laissées par le conflit avec les chefs des Mouvements de zone sud sont encore sensibles aujourd'hui.

Ce conflit a deux causes, intimement mêlées.

D'abord, les chefs de Combat, Libération et Franc-Tireur estiment les anciens partis déconsidérés. Parti communiste excepté, ils n'avaient jusqu'alors joué aucun rôle significatif dans la Résistance. Les chefs des Mouvements trouvaient donc saugrenue l'idée d'inviter ces rivaux aux dents longues au Conseil de la Résistance projeté et l'intention de leur donner autant de sièges qu'aux Mouvements leur semblait politicienne.

Pour Frenay, « la tactique de Moulin a été de (...) noyer la Résistance en faisant entrer au CNR les partis politiques (...) [239] ». Pour Claude

237. AN, 72 AJ 233, lettre de Claude Bouchinet-Serreulles à Henri Michel, 18 novembre 1963.

238. AN, 72 AJ 38, témoignage de Paul Schmidt (Kim) recueilli par Henri Calef les 3, 4, 5 novembre 1977. Calef ne fait pas état de cette déclaration dans son ouvrage.

239. AN, 397 AP 2, entretien de Frenay avec Marie Granet, 9 décembre 1955.

Bourdet, numéro deux de Combat, le résultat étant de déporter à droite le centre de gravité politique de la Résistance intérieure, « cela compromettrait cette “révolution de la Résistance” que, sous une forme ou une autre, nous voulions tous », dira-t-il plus tard [240].

La seconde cause du conflit, c'était l'Armée secrète. Frenay avait inventé et le concept et le nom. Depuis la constitution des Mouvements unis de résistance, il était chargé des affaires militaires au Comité directeur des MUR. De plus, les effectifs de Combat étant plus nombreux, le gros des forces réelles de l'AS en provenait. Quand Frenay vit le général Delestraint, intronisé par lui, faire cause commune avec Moulin à leur retour de Londres, il en éprouva de l'amertume et laissa exploser une colère d'autant plus forte qu'il s'insurgeait en outre contre la composition du CNR et fulminait contre les restrictions budgétaires qui affectaient malencontreusement Combat au même moment.

Peut-être parce que ancien du renseignement, sans doute parce que les faits lui paraissaient flagrants, Frenay aperçut une cohérence dans l'action du délégué de De Gaulle. Cela faisait des mois que d'Astier de la Vigerie et lui-même se plaignaient d'une mise sous tutelle de la Résistance intérieure, privée de relation radio directe, financièrement dépendante, politiquement bridée. En novembre, à Londres, Frenay avait posé carrément à De Gaulle la question de savoir ce qu'il adviendrait en cas de divergence entre eux, c'est-à-dire entre Résistance intérieure et Résistance extérieure. Impérial, le chef de la France libre avait répondu : « Eh bien, la France choisira entre vous et moi [241]. » Et maintenant, il voyait le délégué de De Gaulle en train de dépouiller la Résistance intérieure de son Armée secrète.

En avril, dès le retour de Moulin et Delestraint, Frenay les attaque durement devant le Comité directeur des MUR, qui le suit sur l'essentiel en y mettant les formes. Déstabilisé par ce revers, Moulin veut parer le coup en sollicitant l'appui de De Gaulle et en se faisant entendre par les comités de chaque mouvement qui ne se réunissent plus depuis longtemps. Il câble à Londres :

> « Armée secrète (...) situation très grave. Nef, je dis Nef *[Frenay]*, a profité de mon absence pour bouleverser complètement organisation et mène violente campagne contre Mars *[Delestraint]* dont refuse reconnaître autorité. Tous organismes FFC ont subi tentative d'étouffement (...). Nef a envoyé émissaire personnel en zone nord pour amener mouvements à prendre même attitude indépendante à l'égard de Gaulle et

---

240. Claude Bourdet, *L'Aventure incertaine*, Stock, Paris, 1975, p. 217.
241. Henri Frenay, *La nuit finira*, *op. cit.*, p. 257.

> ses services. Campagne a déjà trouvé accueil complaisant à OCM et risque devenir très dangereuse zone nord. Nef a envoyé en Suisse au nom Mouvements Unis à mon insu général Davet avec mission établir liaison avec les Américains et obtenir aide financière et technique. Américains auraient promis 10 millions par mois et 20 largages. Par ailleurs Nef aurait demandé Américains passage avion direct d'Algérie pour liaison avec Eisenhower et Giraud. Question confiance se pose. Demande à être entendu par ex-comités Combat, Libération et Franc-Tireur. J. G. *[sans doute Joseph Gastaldo, chef du 2e Bureau de l'AS]*, Mars et Rex *[Moulin]* demandent si de Gaulle d'accord pour m'appuyer fermement[242]. »

Tacticien habile, Moulin a ainsi ouvert un second front contre Frenay. L'accuser de collusion avec les Américains et suggérer fortement qu'il est en train de rallier le camp américano-giraudiste, c'est demander à De Gaulle la tête de Frenay.

Mais De Gaulle ne répond pas. Et ses services ont une réaction très mesurée. Le 29 avril, André Philip, « sitôt informé des faux pas de Frenay, l'a invité à venir à Londres[243] ».

Le 7 mai, Moulin repart à l'attaque. Croyant sans doute que le BCRA n'a pas transmis son câble à De Gaulle, il signe un long rapport qu'il fait porter à Londres par un émissaire spécial chargé de le remettre en main propre au chef de la France combattante[244].

Après s'en être pris à Brossolette, son rapport réitère et aggrave les accusations contre Frenay. Déjà coupable d'agressions verbales envers Delestraint, lequel refuse désormais de collaborer avec Frenay qui veut le placer sous l'autorité du Comité directeur, le chef de Combat a envenimé l'affaire. Ses émissaires, assure Moulin,

> « ont demandé de l'argent aux Américains et ont promis, en contrepartie, de leur livrer tous les renseignements militaires recueillis par les Mouvements (...). Qu'on le veuille ou non, le fait de donner des sommes de l'ordre de plusieurs dizaines de millions par mois, il est question de 40 millions, est considéré par les Américains comme mettant les mouvements qui, jusqu'à ce jour, ne voulaient traiter qu'avec de Gaulle, à la disposition de Giraud (...). J'ai appris que le samedi 8 mai devait avoir lieu à Berne une réunion des attachés militaires où sont convoqués les représentants de Nef *[Frenay]* (...), le chef du 2e Bureau de Vichy et celui de Giraud ».

---

242. AN, 3 AG 2/400/11, 12, 13, télégrammes Rex du 25 avril 1943.
243. Jean-Louis Crémieux-Brilhac, *op. cit.*, p. 534.
244. *Cf.* Francis Closon, *op. cit.*, p. 80-96 et 96-102, les commentaires de Closon sur ce rapport.

Comme si le coupable de ce coup de poignard dans le dos de De Gaulle n'était pas encore assez accablé, Moulin rapporte (en affirmant ne pas les partager) les « griefs » faits à Frenay dans de « nombreux milieux : ambition personnelle, relations avec le 2e Bureau de Vichy et avec Giraud, attitude politique équivoque, activité brouillon, manque de sang-froid », seuls les permanents « appointés » par lui le défendant encore. En outre, tandis qu'il « cherche à prendre en main tous les leviers de commande, et alors qu'il négocie avec Giraud et, par la fatalité des choses, avec les Américains, les tenants de Combat entreprennent une campagne non déguisée contre les communistes, voire même contre les socialistes ». De surcroît, le journal *Combat* a enlevé de sa manchette la mention « Un seul chef, de Gaulle ». Enfin, il est « pénible à nombre d'entre nous d'entendre Nef *[Frenay]*, comme il l'a fait au cours d'un des derniers CD, déclarer en propres termes : “le général de Gaulle a agi avec légèreté et a commis une erreur en nommant Mars *[Delestraint]* commandant en chef de l'AS sans restrictions, ni réserves”[245] ».

Apprécier le bien-fondé des principaux griefs de Moulin envers Frenay amène à mettre au jour sa politique réelle et quelques effets de celle-ci sur sa relation avec De Gaulle.

Reproche fondamental : Frenay a noué une relation avec l'OSS-Berne. On verra plus loin, en détail et documents à l'appui, ce qu'il en fut réellement. En attendant, observons que, début mai, Moulin demande à Joseph Gastaldo d'aller en Suisse. Gastaldo est le chef du 2e Bureau de l'AS et l'homme de confiance de Delestraint. Il est à Genève les 5 et 6 mai[246]. Si l'on ignore comment il s'y prend exactement[247], le résultat de sa mission est connu. Informés par Gastaldo que l'aide promise à Combat a déclenché une tempête, les Américains optent pour un compromis : ils maintiennent leur offre de subvention mais, au lieu de transiter par la Délégation en Suisse des MUR, les fonds passeront par Moulin. Le 10 mai, André Philip lui écrit : « Vous

245. Jean Moulin, rapport du 7 mai 1943, *ibid.*, p. 89-91.

246. Correspondance de la Délégation en Suisse des MUR, désormais DS-MUR, lettre du 7 mai 1943, de Dunoyer (Davet) à Xaintrailles (Frenay), et AN, 397 AP 3, « Note de Gastaldo », 15 juillet 1945.

247. Guillain de Bénouville, *op. cit.*, p. 379, affirme avoir « surpris » Gastaldo en Suisse, « venu à notre insu demander aux Alliés, à la prière de la Délégation du Comité national », c'est-à-dire Moulin, « de rompre les relations avec nous », c'est-à-dire les MUR et leur Délégation en Suisse.

êtes seul compétent pour tous les fonds, y compris ceux que les Américains fourniront par la Suisse [248]. »

Survient alors un fait unique. Pour la première et dernière fois de toute leur collaboration, De Gaulle envoie un câble personnel à Moulin : « Les questions de parachutage d'armes et de financement ne peuvent être que traitées par moi [249]. »

La rebuffade est patente. A l'instant où il a su Moulin bénéficiaire de l'aide américaine, De Gaulle a défendu ses prérogatives et interdit l'accord.

On comprendra mieux pourquoi si l'on s'intéresse à Gastaldo.

Il n'est pas inutile de savoir que plus tard, pendant la guerre froide, Gastaldo dirigera l'un des réseaux anticommunistes secrets installés en France par les Américains [250]. Implantés dans toute l'Europe, notamment en Italie, où *Gladio* défraya longuement la chronique, ils furent dirigés par des hommes de longue date réputés sûrs. C'était le cas de Gastaldo.

Il avait commencé sa carrière d'officier de renseignement à Prague, poste d'observation privilégié sur l'URSS. Affecté en février 1942 au 2e Bureau de la 7e division militaire de Bourg-en-Bresse, il y avait eu notamment pour tâche le recueil du renseignement en Suisse, plaque tournante de l'espionnage. Membre de Combat [251], lorsqu'il s'était agi de trouver un chef pour l'AS, c'est lui qui avait pensé au général Delestraint, également domicilié à Bourg. Parvenu à la tête de l'AS, celui-ci avait placé Gastaldo à la direction du 2e Bureau avant, quelques mois plus tard, d'en faire aussi son chef d'état-major. Lors du conflit entre Frenay, d'une part, et, d'autre part, Delestraint et Moulin, Gastaldo avait été du bon côté. Il n'y a par conséquent aucune raison connue de suspecter une divergence d'opinion ou de pratique entre lui et ses deux patrons. Delestraint et Moulin lui gardèrent d'ailleurs leur confiance jusqu'au dernier jour.

Plus d'un historien est donc demeuré « perplexe » [252] en lisant une note écrite par Gastaldo dès son retour de déportation, en 1945. Il relate que, « à partir de février 1943 », époque où il est déjà en relation

---

248. Cité par Daniel Cordier, *Jean Moulin, l'inconnu du Panthéon, op. cit.*, t. 1, p. 231 et 770.

249. *Ibid.*, p. 233 et 770. La date du télégramme donnée p. 770 est erronée, il faut lire « 19 mai 1943 ».

250. Roger Faligot et Rémi Kauffer, *Les Maîtres espions*, Robert Laffont, Paris, 1972, 2 vol., t. 2, p. 58.

251. Jean-François Perrette, *Le Général Delestraint*, Presses de la Cité, Paris, 1972, p. 113, et 72 AJ 1899, lettre du 7 octobre 1953 de Mme Appleton.

252. Notamment Gérard Chauvy, *Histoire secrète de l'Occupation*, Payot, Paris, 1991, p. 77.

étroite avec Moulin, il a franchi « plus de vingt fois la frontière suisse ».

Gastaldo ayant été arrêté le 9 juin 1943, il se rendait donc en Suisse une fois par semaine en moyenne. Qu'allait-il y faire ?

« C'est ainsi que je fis personnellement la liaison à Berne avec le général américain Legge et le général anglais West. » West, attaché militaire, s'occupait naturellement des services britanniques en Suisse. Quant à Legge, nous l'avons vu intimement mêlé aux tentatives de promotion des généraux La Laurencie et Giraud comme rivaux de De Gaulle.

Pour le compte de qui Gastaldo faisait-il « la liaison » ? Il ne le dit pas.

« J'avais également des contacts avec (...) le SR du général Giraud (commandant Pourchaud *[Pourchot]*) », précise enfin Gastaldo [253].

Est-il vraisemblable que Gastaldo ait laissé Moulin dans l'ignorance de ses relations avec l'OSS-Berne et avec le responsable des services britanniques, avec le chef du SR du général Giraud, sans compter celles avec le SR suisse dont il fait aussi état ? Moulin connaissait certainement la relation entre Gastaldo et l'OSS-Berne puisque, lorsqu'il s'était agi de rappeler celle-ci à l'ordre, c'est Gastaldo qu'il dépêcha en Suisse où, en quelques heures, Dulles fit marche arrière et suspendit les promesses faites à Frenay.

Inadmissibles pour Moulin quand c'étaient les émissaires de Frenay qui les avaient, les contacts avec les services militaires américain et britannique étaient donc licites à la même époque quand il s'agissait de Gastaldo.

La question financière n'est guère plus limpide. Une confidence faite tardivement par Gastaldo à une amie nous apprend que « Legge voulut même remettre de suite une somme importante à Gastaldo qui refusa, n'étant pas chargé de la question trésorerie. Ce fut Guillain de Bénouville, chargé *[de cela]* par les MUR qui eut à s'occuper de cette question [254] ».

Si Gastaldo dit vrai, force est de se demander quel jeu jouait Moulin et si sa colère contre Frenay ne venait pas en partie du fait que les émissaires de celui-ci avaient détourné vers les MUR un financement qu'il espérait.

---

253. Citations extraites de AN, 397 AP 3, papiers Granet, doc. Gastaldo du 15 juillet 1945.

254. AN, 72 AJ 1899, papiers Mme Appleton, « Note de Mme Appleton », 26 mai 1950.

Deuxième reproche de Moulin : l'attitude complaisante de Frenay envers Giraud.

Là encore, le témoignage de Gastaldo est éclairant. Il indique avoir été en relation avec le commandant Pourchot, responsable en Suisse des services giraudistes, et ajoute que, ayant été « l'un des premiers » à parler à Legge,

> « j'insistai auprès de lui ainsi qu'auprès de l'attaché militaire anglais pour qu'une solution soit rapidement donnée à la crise d'Alger, afin que l'entente entre les généraux de Gaulle et Giraud soit le prélude à l'entente entre les mouvements gaullistes et le mouvement giraudiste naissant dans les milieux militaires de la métropole et hostile initialement à l'AS du général Vidal (Delestraint) ».

Ainsi, à partir de février 1943, date de son premier contact avec Legge et West, Gastaldo, collaborateur de confiance de Moulin, plaidait auprès d'eux pour une entente rapide entre De Gaulle et Giraud, entente que De Gaulle n'avait alors aucune hâte de réaliser, et aussi pour une entente entre l'AS et les forces giraudistes naissantes en France, entente dont ni De Gaulle ni les Mouvements ne voulaient, jugeant l'Organisation de résistance de l'armée (ORA) beaucoup trop réactionnaire.

Gastaldo avait-il pu prendre sur lui de faire pareilles ouvertures dans des domaines politiques si cruciaux ? Pouvait-il défendre si tôt le principe d'une double entente sans en avoir reçu mandat de Moulin ? Est-il vraisemblable qu'il ait – lui qui refusait de prendre l'argent de Legge parce qu'il n'avait pas été chargé de cette question – outrepassé son mandat ? Gastaldo était un militaire. Peut-être ne claquait-il pas les talons devant Moulin, mais il obéissait.

L'« affaire suisse », comme les mémorialistes et les historiens sont convenus de la nommer, apparaît sous un jour tout nouveau. Bénouville ayant, le 4 avril 1943, pris en charge pour le compte de Combat, puis des MUR, les contacts avec les services secrets anglo-saxons en Suisse, il apparaît que Gastaldo, homme de confiance de Delestraint et de Moulin, l'avait précédé, tout comme il avait devancé Monod qui, lui, avait noué le premier contact avec l'OSS-Berne à la mi-mars [255].

Étaient donc seules pendables les relations financières et politiques

255. Henri Frenay, « Chronologie des événements se rapportant directement ou indirectement à l'"affaire suisse" », manuscrit confié à l'auteur, situe l'action de Monod le 8 mars – celui-ci, *in* AN, 397 AP 1, « Entretien », 18 juin 1955, et « Note de Monod à propos de l'ouvrage de Bénouville *(Le Sacrifice du matin)* », la datant du 15 mars.

avec l'OSS-Berne qui échappaient à Moulin. Frenay était condamné quand Gastaldo était absous.

Une question s'impose alors : la détermination mise par Moulin à torpiller les relations de Frenay avec l'OSS-Berne avait-elle pour seul objectif de restaurer son autorité sur un chef de mouvement récalcitrant ou visait-elle à protéger ses propres relations avec l'OSS ?

Troisième reproche : la tentation de Frenay de rallier Giraud.

Il est notoire que Jean Moulin connaissait au moins un proche de Giraud : André Labarthe, agent soviétique et fervent antigaulliste. Aucun document connu ne permet d'affirmer qu'ils aient été en contact entre 1940 et 1943. Bien au contraire, Moulin a déclaré à sa sœur n'avoir pas cherché à voir Labarthe lors de son séjour londonien, en 1941 [256].

En revanche, on note dès février 1942 une liaison de Moulin avec des milieux giraudistes.

Ce mois-là, il rencontre Marguerite Moret. Parisienne repliée en 1941 à Lyon, elle a été mariée à un Américain, M. Olivier, dont elle a une fille, Suzanne Olivier, courrier de Jean Moulin. Selon celle-ci, sa mère « travaillait pour le "2e Bureau" : collecte et transmission de renseignements, envoi de courrier, hébergement de Résistants [257] ». C'est apparemment dans cette dernière activité que Marguerite Moret fait la connaissance de « Charles Daguerre », pseudonyme de Daniel Cordier, secrétaire de Moulin [258].

Mais Marguerite Moret a bien d'autres relations et activités. Elle travaille officiellement au Centre des réfugiés et expulsés non rapatriables, l'organisation d'entraide des Alsaciens-Lorrains, au 54, quai Jules-Courmont, à Lyon. Le directeur de cet organisme est Me Paul J. Kalb, avocat au barreau de Colmar. Les dossiers de l'OSS contiennent plusieurs documents le concernant. En mai 1941, Me Kalb écrit une lettre personnelle à Jill Heilbrunner, membre du Conseil d'État. En juin, il est reçu par l'amiral Darlan, auquel, le 22 octobre, il envoie une longue lettre. Le 8 décembre, l'OSS-Lyon adresse un rapport à l'ambassade de Vichy au sujet de Kalb et des Alsaciens-Lorrains. En août 1943, Varian Fry attire encore l'attention de l'OSS sur cette question. Il faut dire que, dès le 4 juin 1941, leur organisation a diffusé à Strasbourg une carte postale qui représente la cathédrale de cette ville, surchargée du mot « France » et accompagnée d'une citation de Roose-

256. Laure Moulin, *op. cit.*, p. 268.

257. AN, 72 AJ 233, dos. 1, doc. 53, lettre de Mme Lebon (Olivier) à Henri Michel, 15 mai 1963.

258. *Ibid.*, lettre de Mme Moret à Henri Michel, 27 mai 1963.

velt : « Le Gouvernement des États-Unis n'admettra la validité d'aucune tentative de diminuer par la force l'indépendance et l'intégrité territoriale de la France [259]. » En février 1943, Me Kalb, devenu un proche de Moulin, partira pour Londres avec lui [260].

Marguerite Moret a d'autres relations. Après son arrestation, le 19 février 1943, le vice-amiral Platon, secrétaire d'État auprès de Pétain, écrit, le 22, au général allemand commandant en chef Ouest, à Vichy : « Le Maréchal m'a chargé de bien vouloir intervenir auprès des hautes autorités allemandes pour obtenir la libération de Mme Moret, fille d'un Commandant qui est un de ses amis personnels. » Cinq jours plus tard, le général concerné répond. Marguerite Moret ne sera pas libérée mais détenue en forteresse [261].

Revenons à Me Kalb. Selon Marguerite Moret, « il transmettait en Suisse les renseignements concernant les Allemands, apportés par les Alsaciens [262] ». Des élus alsaciens étaient réfugiés en Suisse, mais leur faire passer des renseignements, c'était en fin de compte les donner aux Britanniques et aux Américains. Moulin ne l'ignorait pas, qui venait souvent au bureau des Alsaciens-Lorrains, ainsi que chez Mme Moret, où il rencontra pour la première fois Delestraint et où, lorsque Cordier était malade, il lui arrivait de dicter son courrier. Jean Moulin, assure Mme Moret, « admettait que des Français soient en relations avec des Anglais ou des Américains ». « Apprenant qu'elle travaillait avec l'IS, il attira d'un ton plaisant son attention sur les conséquences dommageables qui pourraient résulter d'une trop grande dispersion de ses activités. » Toujours selon elle : « Kalb était en relations avec des officiers antiallemands du 5e Bureau de l'Armée d'armistice, dont le commandant de Linarès [263]. »

Passons sur le fait que ce 5e Bureau était peuplé de giraudistes, pour nous intéresser à Linarès, un proche de Giraud. Exactement à l'époque où Moulin fait la connaissance de Mme Moret, les services secrets anglo-saxons aident leurs homologues français à organiser l'évasion

259. NARA, RG 226, E 92, B 99, F 16 et RG 84, B 4, *Marseille Consulate, Confidential Files,* ainsi que RG 84, *Vichy Embassy, Confidential Files*, 1940-1942, B 2, B 4, et INT-12FR-637. Cette carte postale est reproduite *in* Dominique Veillon, *op. cit.*, p. 57. Veillon, p. 54 et suiv., évoque le rôle des Alsaciens-Lorrains dans les débuts de la Résistance et de Franc-Tireur.

260. AN, 72 AJ 233, dos. 1, doc. 21, lettre de Me Kalb à Henri Michel, 17 octobre 1963. Selon Hugh Verity, *We Landed by Moonlight*, Air Data Publications, Manchester, 1995, p. 68, Me Kalb aurait manqué l'avion.

261. AN, 393 Mi, R 70-16, p. 57-58.

262. AN, 72 AJ 233, dos. 1, doc. 54, 27 mai 1963.

263. *Ibid.*, lettre de M. Moret à H. Michel, 27 mai 1963. En temps de guerre, le 2e Bureau devient le 5e.

de Giraud[264]. Après le retour en France du futur rival de De Gaulle et alors qu'il a signé son allégeance à Pétain avant de devenir l'homme des Américains, Moulin tente plusieurs fois de le rencontrer[265].

Plus tard, alors que les Anglo-Saxons cachent à De Gaulle le débarquement en Afrique du Nord, Linarès en informe Moulin[266]. Après l'arrivée de Giraud à Alger, Linarès, bloqué en France, en appelle à Moulin. Le 25 novembre 1942, un avion britannique, demandé par Moulin, vient chercher Linarès sur un terrain contrôlé par Pierre Kaan et l'emmène à Londres. Reçu par De Gaulle, il plaide pour l'entente avec Giraud[267].

Dès la fin de 1942, Moulin semble favorable à l'accord Giraud-De Gaulle, un accord que ce dernier mettra six mois à accepter, et seulement sous la pression irrésistible des Anglo-Saxons. Aider, en novembre 1942, le « bras droit » de l'associé de Darlan à aller plaider l'entente, c'était laisser entendre que la Résistance intérieure était d'un avis différent de celui du chef de la Résistance extérieure. C'était miner la position de celui-ci.

Moulin avait une bonne relation personnelle avec Linarès. Arrivé à Alger en janvier 1943, ce dernier occupa aussitôt une fonction importante auprès de Giraud. François de Panafieu, membre du cabinet de Giraud, note : « Bien que Linarès ne fût, théoriquement, que son chef de cabinet militaire, il lui tenait lieu de chef d'état-major et s'occupait aussi de pas mal d'affaires qui dépassaient le cadre strictement militaire[268]. » Et c'est cet homme clé du pouvoir giraudiste qui, proche également de Jean Monnet, va proposer une formule appelée à un bel avenir : « J'estime que de Gaulle doit être déchargé de toute la partie militaire jusqu'à la victoire[269]. »

Or c'est cette formule que Moulin va reprendre dans son câble du 8 mai : « Subordination de Gaulle à Giraud comme chef militaire. » Solution inacceptable pour De Gaulle. En temps de guerre, le chef militaire est l'homme fort. A plus forte raison quand l'un, Giraud, a sous ses ordres les 300 000 hommes de l'Armée d'Afrique rééquipée par les Américains, et l'autre, De Gaulle, 15 000[270].

Entretenir le moindre doute sur l'unité de vues dans ce domaine entre Résistances intérieure et extérieure était fragiliser la seconde, laisser

---

264. Michel Garder, *op. cit.*, p. 226.
265. Claude Bourdet, *op. cit.*, p. 141.
266. Éric Roussel, *op. cit.*, p. 309.
267. *Ibid.*
268. Cité *ibid.*, p. 310.
269. *Ibid.*, p. 311.
270. Jean-Louis Crémieux-Brilhac, *op. cit.*, p. 548n, donne le chiffre d'environ 50 000 hommes réellement disponibles.

entrevoir une faille entre les deux, inciter les ennemis de De Gaulle à exploiter celle-ci, faire miroiter à leurs yeux une éventuelle récupération de la Résistance intérieure.

Bref, les féroces reproches faits par Moulin à Frenay peuvent aussi bien s'appliquer à lui. En tout état de cause, soupçonner le chef de Combat de giraudisme larvé ou dissimulé était particulièrement surprenant venant d'un dirigeant qui, lui, développait en secret une politique vraiment ambiguë.

Moulin en conflit avec De Gaulle

En mai 1943, Jean Moulin déclenche le dernier des quatre conflits latents, celui avec De Gaulle.

Son rapport du 7 mai contient deux phrases peu banales. La première a de quoi satisfaire De Gaulle : « Il s'agit pour vous de prendre le pouvoir contre les Allemands, contre Vichy, contre Giraud, et peut-être contre les Alliés. » La seconde a de quoi l'inquiéter : « Vous devez vous considérer bien plus comme un chef de parti que comme un chef de gouvernement. »

Même assortie de bizarres considérations historiques relatives à la situation de Gambetta après la défaite de 1870, cette vue de Moulin contredisait entièrement celle de De Gaulle. Il se considérait – et entendait l'être – comme le représentant du pays réel (« La France Libre, c'est la France », disait-il) face à un État français à la légalité discutable et assurément illégitime. Il ne voulait nullement représenter une partie de la France, ni diriger un parti français. Pour lui, le (la) parti(e) gaulliste était aussi grand(e) que le Tout.

Dans ces conditions, lui conseiller de se voir comme un chef de parti revenait à mettre en doute sa légitimité historico-politique globale.

C'était aussi, paradoxalement, reprendre l'idée de Frenay qui, depuis des mois, militait, même devant De Gaulle, pour qu'on considérât les Mouvements comme des partis soutenant un chef de gouvernement, De Gaulle en l'occurrence. Inciter De Gaulle à se voir en chef de parti président du Conseil par la grâce d'autres partis-Mouvements, c'était le placer au même niveau que Frenay, d'Astier de la Vigerie ou Lévy. En filigrane, c'était donner le dernier mot à la nation en armes contre l'État embryonnaire. Claude Bouchinet-Serreulles a bien résumé la question : « Les uns (…) raisonnaient en termes d'État… et les autres en termes de nation [271]. »

---

271. Cité par Henri Noguères, *Le Monde*, 15 novembre 1989.

D'un autre point de vue, conseiller à De Gaulle de se voir davantage en chef de parti qu'en chef de gouvernement revenait à épouser discrètement le point de vue de Roosevelt, lequel refusa jusqu'à l'été 1944 de reconnaître De Gaulle en tant que tel. Pour Roosevelt, De Gaulle était seulement le chef de son propre parti et ne pouvait au mieux prétendre survivre qu'à condition de se subordonner à Giraud, seul maître des affaires militaires et donc du vrai pouvoir.

Mettre sur le compte d'une maladresse d'expression ce conseil donné à De Gaulle est impossible. Il s'agissait de la première escarmouche. Le prouve le fameux télégramme envoyé dès le lendemain, 8 mai, qui, au nom d'un CNR qui ne s'est encore jamais réuni, demande la subordination militaire de De Gaulle à Giraud. En atteste enfin l'immédiate réaction de De Gaulle qui, dès réception du câble, s'enferme plusieurs heures dans son bureau avec André Philip [272] pour en ressortir avec un texte qui fait dire au CNR l'exact contraire de ce qu'a écrit Moulin : « Le peuple de France n'admettra jamais la subordination du général de Gaulle au général Giraud. »

Ajoutée à l'enquête de contre-espionnage menée par Thierry-Mieg, la falsification du texte de Moulin, lui-même usurpation de la voix du CNR, montre clairement qu'entre février et mai 1943 un soupçon est né chez De Gaulle. Ses écrits en conservent des traces, des formules sibyllines ayant depuis longtemps attiré l'attention : « Je savais qui *[Moulin]* était (...). Homme de foi et de calcul, ne doutant de rien et se défiant de tout, apôtre en même temps que ministre [273]. »

Étranges compliments posthumes qui, à coup de mots choisis, dressent autant le portrait d'un collaborateur dévoué que celui d'un froid calculateur habité par une croyance, d'un Janus.

Les soupçons de De Gaulle n'ont certainement pas été calmés par la motion adoptée par le CNR lors de sa première réunion, le 27 mai. Rédigée par Georges Bidault sur les instructions de Moulin, elle réclame la direction du gouvernement pour De Gaulle, mais rend un hommage aussi intempestif qu'outrancier à Giraud « qui a préparé et assuré avec les Alliés la victoire en Afrique du Nord ».

On sait à quel point c'était exagéré. Pourtant, comme si cela n'avait pas suffi à doucher De Gaulle, le texte contenait une provocation explicite. En faisant écrire par Bidault et approuver par la réunion

> « *[le CNR]* souhaite ardemment que le général Giraud (...) prenne le commandement de l'Armée française ressuscitée »,

---

272. Éric Roussel, *op. cit.*, p. 353.
273. Charles de Gaulle, *Mémoires de guerre*, t. 1 : *L'Appel*, Plon, Paris, 1954, p. 233.

l'inspirateur du message réitérait le troisième point du câble du 7 mai. Ce faisant, il donnait entière satisfaction à Roosevelt qui, rappelons-le, refusait inébranlablement de « permettr*[e]* (...) que l'armée française d'Afrique soit dirigée par le général de Gaulle [274] ».

Non moins inacceptables par De Gaulle étaient le ton et le style de la motion du CNR. Le Conseil s'affirmait sans ambages comme l'expression de la nation et s'exprimait au nom de la France : « La France aspire à (...), la France ne peut concevoir (...), elle entend que (...), elle souhaite ardemment (...). » Et c'est sur le ton du maître que le CNR avait conclu : « Le Conseil tient pour assuré que cette volonté parfaitement claire sera traduite sans délai et sans mutilation. »

Giraud et De Gaulle n'avaient plus qu'à obéir.

Ce n'étaient pas des divergences qu'avait notées le CNR. Il avait rédigé une déclaration de guerre. Un énorme problème venait de surgir. On sait comment il fut masqué en prétextant une mauvaise transmission qui aurait rendu le message indéchiffrable. Lorsqu'il redevint lisible, les passages sur Giraud avaient disparu [275].

Après l'incident de frontière du 8 mai et la mobilisation du 27, Jean Moulin passe à l'offensive.

Début juin, le Comité de coordination zone nord lui en fournit l'occasion. Présidé par Pierre Meunier, il se prononce pour une coprésidence De Gaulle-Giraud. Le 10, De Gaulle étant démissionnaire à Alger, Moulin se saisit de l'affaire. Il écrit à Pierre Kaan, secrétaire du Comité, « en qui il a toute confiance [276] ». Il lui explique que Combat, Liberté et Franc-Tireur (apparemment Libération est d'un autre avis) ne sont pas d'accord avec le texte de la zone nord, et expose ensuite un point de vue radicalement nouveau. Si la zone sud n'est pas d'accord (et c'est aussi son point de vue), c'est parce qu'elle « estime que la résistance "gaulliste" doit maintenir sa position "gaulliste" [277] ».

La suite éclaire le sens des guillemets quelque peu énigmatiques.

Homme d'État, De Gaulle, explique Moulin, a été amené sous l'empire « de nécessités politiques et extérieures du moment (...) à composer et à accepter certaines formules transactionnelles ». Mais, « la résistance intérieure, qui veut maintenir sa pureté et son indépendance, doit, elle, maintenir sa ligne, sous peine de faillir à tous ses engagements ».

---

274. Daniel Cordier, *Jean Moulin et le Conseil national de la Résistance*, *op. cit.*, p. 178, et Éric Roussel, *op. cit.*, p. 366.

275. « Note de Boris », 6 juillet 1943, *in* Daniel Cordier, *Jean Moulin et le Conseil national de la Résistance*, *op. cit.*, p. 178 et 131.

276. Daniel Cordier, *Jean Moulin, l'inconnu du Panthéon, op. cit.*, t. 3, p. 69.

277. Cité *ibid.*

Autrement dit, De Gaulle a, lui, failli à tous ses engagements, a changé de ligne, a perdu sa pureté, a composé.

Formulé différemment : si la résistance “gaulliste” doit rester “gaulliste”, c’est que les gaullistes sans guillemets ne sont plus des “gaullistes” avec guillemets.

En clair, la politique gaulliste sans guillemets, celle de la Résistance extérieure, celle de l’État, celle de De Gaulle, ne se confond plus avec la politique “gaulliste” avec guillemets, celle de la Résistance intérieure, celle des Mouvements, celle de Moulin.

Et Moulin va jusqu’au bout du raisonnement. En reprenant à son compte la revendication essentielle des Mouvements, l’*indépendance* de la Résistance intérieure, il signifie le contenu de sa nouvelle ligne politique : la Résistance intérieure doit faire du gaullisme sans De Gaulle, voire contre De Gaulle.

« Onze jours plus tard Moulin était trahi, arrêté et torturé à mort », note sobrement Cordier aussitôt après avoir rapporté le contenu explosif de la lettre de Moulin sans l’analyser [278].

Le 10 juin 1943, Moulin était en opposition avec Brossolette et le BCRA, avec Frenay et Combat, avec De Gaulle. Il s’était isolé mais avait esquissé une nouvelle ligne politique pour la Résistance intérieure.

Son dernier biographe n’a peut-être pas exagéré en le désignant comme « l’homme à abattre [279] ».

La dernière semaine de Moulin

Le samedi 12 juin, deux jours après avoir écrit à Pierre Kaan, Moulin apprend l’arrestation, à Paris, du général Delestraint. Le long week-end de la Pentecôte commence et il ne peut faire grand-chose. L’un de ses premiers soins est d’envoyer un mot à Colette Pons, directrice de sa galerie à Nice, pour annuler la visite qu’ils devaient rendre ensemble au sculpteur Maillol, installé en Avignon : « Impossible de me déplacer en ce moment. Vous aurez de mes nouvelles à la fin de la semaine prochaine [280]. »

Il part à la campagne et reprend ses activités lyonnaises le mardi 15. A l’arrestation de Delestraint, entre-temps confirmée, il faut ajouter

278. *Ibid.* Cordier n’indique pas la provenance de la lettre à Pierre Kaan.
279. *Ibid.*, t. 1, p. 148.
280. Henri Calef, *op. cit.*, p. 375.

celle de Gastaldo. Réorganiser la direction de l'AS s'impose. Après avoir annoncé la nouvelle à De Gaulle, il consacre le mardi 15 et le mercredi 16 à des consultations et à des décisions.

Des historiens ont fait état de rendez-vous de Jean Moulin, à Lyon, le jeudi 17 [281] ; aucun n'en a mentionné pour le vendredi 18.

En fait, on a très longtemps tout ignoré de ses activités entre le mercredi 16 au soir et la mi-journée du samedi 19. On ignorait même qu'il pût y avoir là un problème. Laure Moulin, qui, elle, le savait, n'en avait rien dit [282]. Elle possédait pourtant une lettre manuscrite de son frère, datée du 17 juin, à Nice [283].

Adressée à sa mère et à sa sœur, cette lettre parle exclusivement des affaires de la galerie *Romanin*.

Que Jean Moulin ait subitement délaissé l'urgente réorganisation de l'AS pour aller s'occuper de peinture est plutôt surprenant. Et ce l'est davantage si l'on se souvient que les mêmes circonstances l'avaient amené quatre jours plus tôt à annuler tout déplacement et à promettre seulement des nouvelles à sa correspondante pour le 18 ou le 19.

A l'évidence, entre le 12 et le 16, Moulin avait eu confirmation d'un rendez-vous attendu dans la région méditerranéenne. Et ce rendez-vous était assez important à ses yeux pour qu'il s'y rende toutes affaires cessantes.

Le contexte politique explique sa hâte. A Alger, la crise est à son paroxysme. Démissionnaire du CFLN, De Gaulle a involontairement décapité en même temps son propre gouvernement. Avant de quitter Londres, il avait fait signer à tous ses ministres une lettre remettant leurs « portefeuilles » à sa disposition [284]. N'étant plus rien, ils ne sont pas davantage. Mais un ministre a échappé à la démission pour cause d'absence : Moulin. Objectivement, il demeure l'unique autorité de la Résistance face à Giraud.

Il ne fait pas pâle figure. Outre son titre de ministre du pouvoir gaulliste londonien, il jouit d'une légitimité sans équivalent. Président du CD-MUR au sud, président du Comité de coordination au nord, seul patron de l'AS du fait des arrestations des deux chefs de celle-ci, maître des services de liaison et de transmission de la Résistance intérieure,

---

281. Calef, *ibid.*, p. 378, évoque un rendez-vous avec Claude Bouchinet-Serreulles au parc de la Tête-d'Or. Gérard Chauvy, *op. cit.*, p. 246, fait de même.

282. Laure Moulin, *op. cit.*

283. AN, 72 AJ 233, dos. 2, doc. II. Déposé en 1965 aux Archives par Laure Moulin, le document a été reproduit en 1993 par Sabine Zeitoun (éd.), *Jean Moulin unificateur de la Résistance*, Éd. de la Ville de Lyon/Centre d'histoire de la Résistance et de la déportation, Lyon, 1993, p. 92.

284. Jacques Soustelle, *op. cit.*, t. 2, p. 244.

dispensateur unique des fonds, il préside enfin le CNR. Ses responsabilités sont immenses, son réseau de relations sans équivalent, ses pouvoirs presque illimités. De fait, par lui et en lui plus qu'en quiconque, c'est la nation rebelle qui s'incarne et parle. De Gaulle retiré, lui – et lui seul –, représente toute la Résistance et tient en main celle de l'intérieur.

Sans doute ignorera-t-on longtemps la réponse à la question qui mérite cependant d'être posée : était-ce la décision de Moulin qu'attendait Roosevelt, quand, le 17 juin, il annonçait à Eisenhower l'imminente rupture avec De Gaulle ?

La question doit être posée parce qu'il est établi que, dans la nuit du vendredi 18 au samedi 19 juin, en Algérie, un avion décolle avec à bord un agent OSS qui a rendez-vous avec Moulin. L'opération est si secrète et devra tant le rester que l'on n'en trouve aucune trace dans les archives françaises et britanniques accessibles. Mais la réalité du vol et de la mission est confirmée par les archives de l'OSS[285], qui demeurent toutefois muettes sur sa partie ultra-secrète.

Les archives et la mémoire d'anciens maquisards du Ventoux aident à combler une partie du trou.

Alerté par des messages, le maquis Ventoux a mobilisé des hommes et la Juvaquatre Renault de Charles Ferrenq (Aramis), ainsi que la 402 Peugeot à gazogène de Mézard, transporteur[286]. Max Fischer (Anatole), avocat en butte aux persécutions antisémites devenu l'un des trois chefs du maquis Ventoux, est présent sur le terrain de Saint-Jean-de-Sault[287]. A la première heure du 19 juin, il entend un avion arriver. C'est un bimoteur de la RAF. Il voit descendre dans la nuit quinze parachutes desquels pendent autant de containers. L'un d'eux s'écrase au sol. Les radios qu'il contient sont hors d'usage. Des autres les maquisards extraient des armes et des postes émetteurs-récepteurs. Poids total : 5 000 livres[288]. Fernand Jean et ses maquisards sont heureux, ils vont enfin être armés.

---

285. NARA, notamment RG 226, E 110, B 2, F 23, *France-Field-Int. Reports*, rapport de la 3e mission en France de « Tomy » et annexes. *Cf.* aussi RG 226, E 97, B 40, F 707, *London Correspondance, Algiers-SO-OP-9* ; *cf.* encore RG 226, E 110, B 2, F 12, *Casserta Field Reports, Theater Officer Correspondance*. Pour d'autres références NARA, voir plus bas et chap. 4.

286. NARA, RG 226, E 97, B 39, F 675 et 676, *Arizona Grounds*, repérages du 2 mai 1943 avec photos des terrains de la région de Sault. Sur les pseudonymes des maquisards et certaines des informations suivantes, *cf.* l'excellent ouvrage de Claude Arnoux, *Maquis Ventoux*, Aubanel, Avignon, 1994.

287. Entretien de l'auteur avec Max Fischer, 3 octobre 1997.

288. NARA, RG 226, E 139, B 265, F 3882, *Chronological File April (1944)*, Wash-SO-OP-3-9, *« Resume of Operation of Intelligence Work in North Africa and France from June 1942 to February 1944, by Captain Frederic Brown »*, p. 2.

Max Fischer voit aussi atterrir un grand gaillard, yeux bleus et mâchoire large. Il a un terrible accent, indéfinissable. Sous le choc de l'atterrissage, il a lâché la mallette qui contient son trésor : 10 000 dollars américains, 300 000 lires italiennes, 3 millions de francs français. Joseph Giraud, brigadier du canal à Carpentras, l'ayant retrouvée ensuite, demandera discrètement à Fischer s'il doit la rendre ou la garder.

La question a mérité d'être posée parce que les choses se sont mal passées avec les « étrangers » et la jeune femme venus accueillir l'agent OSS. Ceux-là sont arrivés à bord de véhicules immatriculés dans le Var ou les Bouches-du-Rhône, munis d'*Ausweis* qui les autorisent à circuler de nuit. Arrogants avec les maquisards, ils ont « mauvais genre... gangsters ou nervis, quelque chose comme ça », se souvient encore aujourd'hui Max Fischer, qui se rappelle avoir dû en remettre un à sa place.

Il s'agissait de Max Delabre (« Max » pour l'OSS), kominternien impliqué dans les affaires de France Navigation à l'époque de la guerre d'Espagne. Ses compagnons « gangsters » étaient des policiers aux attaches secrètes multiples. Dont Michel Hacq (« Forain » pour l'OSS), alors commissaire de la Sûreté du territoire à Toulon, devenu après la Libération chef national de la Police judiciaire, puis conseiller d'État. Étaient également là Paul Torricini (« Tomi » pour l'OSS), inspecteur de police toulonnais [289], et des membres du réseau OSS qu'il codirigeait. La jeune femme était Louise Caroline Méré, vingt-huit ans, dite Lili (« Lys » pour l'OSS).

Laissant en tout et pour tout un pistolet-mitrailleur Thomson aux maquisards écœurés, faisant à Fischer l'aumône d'une portion de chocolat dopé qui l'empêchera de dormir pendant vingt-quatre heures, les « étrangers » se dirigent vers les voitures garées près d'un champ de lavande. « Ils sont partis tout de suite après le "partage" des armes dont ils nous avaient carrément évincés », dit Fischer. Ils n'ont pas davantage révélé leur destination qu'ils n'avaient dit leur provenance.

L'une des voitures emporte l'agent OSS « Tomy », *alias* « Fred », immatriculé sous le nom de Frédéric Brown.

Les archives de la Délégation en Suisse des MUR permettent de combler une autre partie du trou.

---

289. Claude Arnoux, *op. cit.*, p. 47, et « Rapport du commissaire principal de police Michel Hacq, réseau Ajax », 5 p., s.d. (été 1943), archives départementales du Var, fonds Masson, ainsi que Paul Torricini, « Rapport à l'OSS », 22 février 1945, 4 p., et « Rapport du commissaire principal de la DST en Algérie Fouquet au secrétaire général pour la police chargé de la DST en Algérie », 28 mars 1946, contenant un rapport sur l'activité de l'OSS du littoral méditerranéen, 24 juillet 1945, un rapport de Michel Hacq, 26 juin 1945, et un rapport du commissaire Jean Goubbil, 3 août 1945.

Cette Délégation avait pour chef officiel le général d'aviation Jules Maurice René Davet, encore récemment collaborateur de l'hebdomadaire *L'Alerte*, dirigé par un proche de Pétain, Léon Bailby. Davet y avait publié fréquemment des articles de souvenirs sur ses anciens camarades pilotes, Hélène Bouchez, Mermoz, Noguès, etc., et aussi sur Toulon, seule ville de France à n'avoir pas été occupée en 1815 [290]. « C'était, dit Charles d'Aragon, un militaire valeureux, cordial et distingué (...) cautionné par le 2e Bureau de l'armée française [291]. » En Suisse, où il était arrivé clandestinement le 12 mai 1943 et où il séjournait « sous contrôle militaire [292] », il entretenait les meilleures relations avec le SR de l'armée qui le considérait comme « une personnalité militaire éminente [293] ».

Mais la véritable tête de la Délégation était Philippe Monod, ancien militant de gauche et du Secours rouge international, ancien avocat international, doté d'une triple nationalité – française, suisse et américaine. « Sa discrétion naturelle, élégante et feutrée, l'amenait à ne pas abuser » des avantages de ses passeports, se souvient Charles d'Aragon, qui ajoute avec une ironie pas si innocente que cela : « Le fait est qu'il avait l'air suisse en Suisse et français en France. Il aurait sans doute eu l'air écossais en Écosse et bien d'autres choses encore [294]. »

Le 2 juillet 1943, l'OSS-Berne reçoit Davet et Monod. Dans la matinée, Allen Dulles les présente aux représentants des services secrets britanniques, ce qui, soulignera Monod, « met fin officiellement à l'isolement dans lequel nous nous trouvions à l'égard des Anglais ». Dans l'après-midi, Dulles introduit auprès d'eux un agent arrivé le 30 juin en Suisse. L'OSS-Berne a contrôlé la réalité de la mission. Il vient d'Alger, envoyé par Arthur Roseborough, de l'OSS-Alger, que nous connaissons déjà [295].

---

290. Parmi les collaborateurs de *L'Alerte*, on trouvait Claude Roy, Kléber Haedens, Pâris de La Bollardière, Pierre Descaves, Bernard Franck, Robert Vallery-Radot, Henry de Montherlant, et aussi, un temps, Pierre Gallet, vice-président de la Légion. Le 22 octobre 1940, *L'Alerte* avait jugé le statut des juifs « humain et objectif ». Ses premiers numéros attaquaient Jean Zay, Mandel et Pierre Cot.

291. Charles d'Aragon, *op. cit.*, p. 137-138. Le commandant Jean Danis, historien du SR Air (lettre à l'auteur, 15 avril 1997), confirme : « Nul doute que la désignation *[de Davet]* a été approuvée par le chef du SR Air Ronin et qu'il a entretenu des relations étroites avec le réseau Pourchot du SR Terre également implanté en Suisse. »

292. BA, C 13 1399, note du 26 mai 1943.

293. BA, B 4121F et B 511371 F 21. 2, lettre de Bonna, chef du Département politique fédéral.

294. Charles d'Aragon, *op. cit.*, p. 138.

295. DS-MUR, lettre 22, du 4 juillet 1943, de « 1 » (Monod) et « 2 » (Davet), à « 3 » (Bénouville). Les noms et mots chiffrés et/ou codés dans l'original sont, sauf exception, donnés en clair.

Le 4 juillet, Monod écrit à Bénouville, responsable des Relations extérieures de Combat et, depuis le départ de Frenay pour Londres, chargé des affaires militaires des MUR :

> « L'envoyé de Roseborough est arrivé de nuit par la voie des airs dans une ville du sud-est, accompagné d'un autre émissaire, et y auraient été reçus, d'après les déclarations mêmes de notre interlocuteur par 20. 12. 4. *[Max = Moulin]*. Ceci se passait quelques jours à peine avant l'arrestation de ce dernier. Ils avaient avec eux de l'argent et du matériel (...). »

Monod donne le nom de son interlocuteur sous forme chiffrée : 3. 24. 10. 19. 22. 7. 20. 2. On n'a pu le décrypter. Mais qu'il soit mentionné et nommé authentifie son existence. Évoqué par Brown dans son rapport de mission : « Le compagnon parachuté suivant convention a été envoyé en Suisse où il est bien arrivé », sa réalité est sujette à caution puisque ni Max Fischer, ni Michel Hacq, ni Paul Torricini ne font état de sa présence à Saint-Jean-de-Sault. De lui on connaît seulement le pseudonyme, « Georges », et sa qualité de capitaine français, ce qui en fait un très probable agent des services giraudistes.

Philippe Monod écrit ensuite :

> « Le fait de la présence de Max à leur arrivée me paraît très intéressant et je me demande s'il était connu de vous. Il confirmerait la rumeur recueillie auprès de Valette d'Osia ou de Montout [296] il y a plus d'un mois et d'après laquelle Max aurait personnellement la haute main sur certains maquis en dehors de la filière MUR, ce qui serait assez bien en somme dans la manière de notre pauvre ami. Ce qui est non moins intéressant, c'est que les Américains d'Alger auraient mis sur pied une organisation très complète, auraient des projets très complets de ravitaillement des centres maquis, et que Roseborough s'occupe en personne de son fonctionnement, ce qui prouve tout d'abord qu'il n'y a pas une politique des maquis mais peut-être deux et qui s'accordent mal. »

En rédigeant sa lettre, Monod ignorait la présence de Moulin dans la région d'arrivée de Frédéric Brown et de « Georges ». Mais ses remarques sur l'existence de deux politiques américaines envers les maquis montrent qu'il était bien informé. Il savait qu'à Berne, le 18 juin, veille de l'arrivée de Brown et de sa rencontre avec Moulin, Allen Dulles et le général Legge avaient paraphé un ordre certaine-

---

296. Valette d'Osia, chef de maquis de Savoie, giraudiste, rallié à l'AS, subventionné directement par l'OSS-Berne, en relation avec Moulin depuis le printemps 1942 (AN, 397 AP2, témoignage F. de Menthon, 28 novembre 1955). « Montout » : pseudonyme d'un chef de maquis de la région lémanique non identifié.

ment venu du plus haut sommet de la hiérarchie militaire et politique anglo-saxonne dont le point essentiel ordonnait

> « la liquidation des “maquis” (...) trop connus ils ont par conséquent perdu leur utilité pratique pour le futur immédiat [297] ».

Et, par « Georges », il venait d'apprendre qu'à Alger Arthur Roseborough avait prévu d'« approvisionner, armer et entraîner des groupes de résistance français, ou des troupes spéciales, ou des unités paramilitaires [298] » et était passé à l'action en envoyant en France son agent Frédéric Brown.

Des documents mis au jour, qui s'enchaînent de façon cohérente dans le tableau d'ensemble, il ressort qu'au matin du 19 juin, « dans une ville du sud-est » qui ne peut être qu'Avignon, avant le départ du train de 9 h 43 pour Lyon, Jean Moulin a rencontré deux agents venus d'Alger « par la voie des airs », l'un probablement giraudiste, l'autre assurément OSS.

Mais aucun document, aucun témoignage, pas le moindre élément ne nous permet de combler le vide essentiel. Nous ignorons si la rencontre eut lieu chez Jean Choquet, mais c'est vraisemblable. Nous ignorons le contenu de la conversation et nous ne savons pas si Brown était porteur d'un message pour Moulin.

Enfin, nous sommes incapables de dire s'il existe quelque part une trace du rendez-vous autre que la lettre de Monod. C'est probable, mais à voir la constance avec laquelle la présence de Moulin dans la région a été cachée pendant cinquante ans et à constater que sa rencontre avec « Georges » et Brown n'a jusqu'ici jamais filtré, l'attente de l'apparition d'une preuve menace d'être aussi longue que celle du Messie.

Cela se conçoit : ce rendez-vous précède de deux jours la fin de Jean Moulin. Et il y a un rapport. Car, en rencontrant l'agent OSS Brown, il avait mis le pied dans un nid d'intrigues locales extrêmement dangereuses, tout en se faisant prendre dans une intrigue étrangère qui opposait une fraction rebelle de l'OSS à sa direction. L'enjeu était le sort de la Résistance intérieure, le contrôle de l'AS, la vie ou la mort des maquis.

Entre-temps, l'affaire Hardy avait tout embrouillé.

---

297. NARA, RG 226, E 133, B 9, F 95, *Bern-SI-INT-57-65*, *Memo re Maquis*, 18 juin 1943, 1 p., préparé par (illisible), non signé, paraphé en marge par Dulles et Legge, ainsi que par Mac (?).

298. NARA, REG 226, E 97, B 8, F 118, *Personnel Algiers-OSS-OP-1 & 2*, mémo du lieutenant-colonel W. A. Roseborough au colonel W. A. Eddy, 11 juin 1943, 1 p.

CHAPITRE 3

Le 17 juin de Pierre de Bénouville

Tandis que Roosevelt brûle de rompre avec De Gaulle et que celui-ci informe ses représentants à Washington, Londres et Moscou de son refus de siéger au Comité français de libération nationale (CFLN)[1], Moulin adressant ce même jour un mot à sa famille, Bénouville écrit à Davet et Monod.

Il leur annonce cinq mauvaises nouvelles. Les chefs giraudistes de l'ORA ont été pris, « par conséquent, cet état-major n'existe plus[2] ». Le chef de l'AS, Delestraint, n'a pas donné de « nouvelles depuis huit jours ». Son adjoint, Gastaldo, a été arrêté à Paris et probablement exécuté. L'amie de Frenay, Berty Albrecht, arrêtée le 28 mai à Mâcon, a été exécutée à la hache, à Fresnes, « il y a eu exactement huit jours dimanche[3] ».

Mais Bénouville a commencé sa triste missive par ce qui l'affecte personnellement le plus :

> « Didot *[René Hardy]* qui, comme vous le savez, était condamné à mort à Paris y a été arrêté. Il est probable qu'à l'heure où je vous écris il a déjà été exécuté. Vous saviez quels étaient mes rapports personnels avec lui. 1 *[« un » = Davet]* n'a certainement pas oublié sa belle attitude à Toulon ; cette dramatique arrestation nous prive non seulement d'un ami très cher, mais encore d'un de nos chefs de service les plus remarquables. Sa suite a été prise par son second[4]. »

---

1. *Cf.* Charles de Gaulle, *Mémoires de guerre*, t. 2 : *L'Unité, op. cit.*, p. 482-483. Sa lettre du 15 juin à Giraud fait une ouverture à condition que le Comité plénier (14 membres) soit réuni.

2. DS-MUR, copie de la lettre B du 17 juin 1943, de Bénouville à Monod et Davet.

3. C'est-à-dire le 6 juin. Berty Albrecht s'est plus vraisemblablement suicidée le 31 mai. Un autre document date toutefois sa mort du 7 juin. *Cf.* Mireille Albrecht, *Berty*, Robert Laffont, Paris, 1986, p. 336-338.

4. Daniel Cordier, *Jean Moulin, l'inconnu du Panthéon*, *op. cit.*, t. 1, p. 249, cite le même passage, mais entaché d'erreurs. Au lieu d'écrire « y a été arrêté », il donne « a été arrêté ». Au lieu d'écrire « 1 », pseudonyme de Davet, il donne « Il ». Enfin, il coupe la dernière phrase, dont on verra plus loin l'importance.

Ces quatre phrases sont au cœur de l'énigme de Caluire. Quarante ans durant, Bénouville a affirmé avoir ignoré l'arrestation d'Hardy. En 1984, il lui écrivait encore :

> « Lorsque je t'ai retrouvé à Lyon, après ton arrestation, que j'ignorais, tu ne m'as jamais dit avoir été arrêté ni interrogé [5]. »

Mais, en 1987, juste après la mort d'Hardy, au moment du procès de Klaus Barbie et alors qu'il était mis sur la sellette par Me Vergès et des journalistes, il fit reproduire dans un magazine [6] le premier paragraphe de sa lettre du 17 juin 1943 – celui que nous venons de citer.

A recenser maintenant les innombrables questions posées par ces dénégations et par ce revirement, on s'égarerait dans un labyrinthe de supputations. Seul point solide de départ, une question : le 17 juin 1943, Bénouville peut-il croire Hardy détenu à Paris, voire exécuté ?

Répondre oblige à remonter loin.

De la Cagoule à L'Alerte

Le 6 février 1934, mêlé aux factieux en train de s'en prendre à la République, Bénouville est furieux de ne pouvoir affronter jusqu'au bout les forces de police qui défendent l'Assemblée nationale [7]. De quinze ans son aîné, Jean Moulin assiste au même spectacle : « Je suis resté deux heures, de 6 à 8, sur le pont de la Concorde et j'ai pu voir avec quelle sauvagerie les "Croix de feu" et les "Camelots du Roi" chargeaient les gardiens de l'ordre désarmés [8]. »

Face-à-face inconscient de deux militants que tout oppose. L'Histoire va mettre neuf ans à provoquer leur tête-à-tête.

Né le 8 août 1914 à Amsterdam, Pierre de Bénouville est un temps élève du collège confessionnel Saint-Paul à Angoulême où il se fait des amis avant d'aller à Paris suivre des études de lettres. Disciple de Maurras, il y noue de nouvelles amitiés d'extrême droite jusqu'à ce que, en décembre 1935, trouvant le penseur de l'Action française par trop accommodant, il se joigne aux purs et durs. Un groupe se forme, où militent Eugène Deloncle, qui devient le chef de la « Cagoule »,

---

5. René Hardy, *op. cit.*, p. 487-489, et Henri Noguères, *La vérité aura le dernier mot*, Éd. du Seuil, Paris, 1985, p. 149.

6. *Le Figaro-Magazine*, n° 13313, 20 juin 1987.

7. Guillain de Bénouville, *op. cit.*, p. 70-73 ; Eugen Weber, *L'Action française*, Livre Club Diderot, Paris, p. 375-377 ; Pierre Péan, *op. cit.*, p. 83.

8. Laure Moulin, *op. cit.*, p. 137.

et Jean Bassompierre, futur milicien. S'y trouvent également deux amis angoumoisins de Bénouville, Jean Bouvyer et Jean Filliol, auquel on prêtera une centaine d'assassinats perpétrés au nom de la Cagoule. En compagnie de son ami François Mitterrand, également connu à Angoulême et retrouvé chez les pères maristes à Paris [9], Bénouville nouera aussi une relation avec André Bettencourt, un proche du banquier de la Cagoule, Eugène Schueller [10].

Pareilles amitiés attirent tout naturellement l'attention de la Cagoule sur Bénouville. Elle lui trouve des « idées saines », mais, le jugeant « un peu exalté », se cantonne à son égard dans la « prudence » [11]. En 1985, Bénouville déclarera : « J'ai été mêlé à toutes les histoires de la Cagoule [12]. » L'exagération n'est pas exclue.

Fidèle à ses idées, Bénouville l'est aussi à ses amis. En 1943, il permettra à François Mitterrand d'entamer son recyclage dans la Résistance en le présentant à Frenay [13]. Durant l'été 1944, Bettencourt pourra, grâce à lui et à Mitterrand, aller passer un peu plus d'un mois à Genève, acquérant ainsi à bon compte un brevet de résistant bien nécessaire pour faire oublier ses activités antérieures, pétainistes ou pires [14].

Bénouville n'est pas moins fidèle aux obscurs. En 1937, Le Maresquier, cagoulard assermenté, doit se réfugier en Espagne, avec Filliol et d'autres [15]. Pendant la guerre, Bénouville l'installe à Genève. Il « aurait à ses ordres deux agents de liaison français fixés en Suisse depuis de longues années [16] ». On ignore ce qu'ils firent. Armand Magescas, également passé en Espagne pour ses activités cagoulardes, proche de Filliol et bien introduit dans les milieux franquistes [17], est, en

9. Emmanuel Faux, Thomas Legrand et Gilles Pérez, *La Main droite de Dieu. Enquête sur François Mitterrand et l'extrême droite*, Éd. du Seuil, Paris, 1994, p. 103.

10. Michel Bar-Zohar, *Une histoire sans fard*, Fayard, Paris, 1997, et Philippe Bourdrel, *op. cit.*, p. 344.

11. *Ibid.*, p. 96.

12. Alain Griotteray, *La droite était au rendez-vous*, Robert Laffont, Paris, 1985, p. 176.

13. Michel Cailliau (Charette), *Histoire du MRPGD ou d'un vrai mouvement de résistance*, Saint-Brieuc, 1987, p. 260. Philippe Bourdrel, *op. cit.*, p. 340, date cette rencontre de la fin de 1942.

14. AN, 72 AJ 47, dos. IV, doc. 6, télégrammes d'Iris (Berne) à Indigo (Alger), n° 60, 22 juillet 1944, de Grainville (Bettencourt) à l'attention de Turgis et Bardet (Bardot – pseudonyme d'Hardy alors à Alger ?) : « Morland *[Mitterrand]* m'a désigné pour les décisions à prendre ici. » *Cf.* aussi télégramme n° 64 réclamant 10 millions de francs suisses pour les besoins du rapatriement des prisonniers.

15. Christian Bernadac, *Dagore, les carnets secrets de la Cagoule*, France-Empire, Paris, 1977, p. 225, 231 et 233.

16. Guillain de Bénouville, *op. cit.*, p. 197, et le même, in *La Revue de Paris*, novembre 1945.

17. Christian Bernadac, *op. cit.*, p. 437, 452, 454, 458 et 469.

1943, sous le pseudonyme de Miranda, l'un des proches de Bénouville et met en place, à la demande de l'OSS, une filière de passage par l'Espagne [18]. En juin 1943, au moment où débute l'affaire Hardy, Magescas loge à Lyon, rue Tronchet, dans l'appartement alors partagé par Bénouville et sa fiancée avec Frenay [19]. Après la guerre, Magescas déclara avoir « constamment travaillé avec Bénouville dont il était l'adjoint, l'alter ego [20] ».

Autre ami cagoulard d'avant la guerre, Jacques Renouvin, « vieux compagnon de nos luttes politiques qui avait, en même temps que nous, démissionné de l'Action française, et qui, avec nous, en 1938, avait combattu Munich de toutes ses forces [21] ». L'exploit le plus fameux de Renouvin avait été de gifler Pierre-Étienne Flandin, ancien président du Conseil, un jour qu'il fleurissait le tombeau du Soldat inconnu. Plus tard, devenu l'un des premiers praticiens de la lutte armée (Dominique Ponchardier le reconnaissait comme son seul concurrent *pistolaccio* [22]), et, surtout, le premier chef des Groupes francs des MUR, Renouvin demeura, jusqu'à son arrestation due à la trahison, un proche de celui qu'il avait amené à Combat [23].

Avant d'en arriver là, bien des événements s'étaient produits. En 1937, Bénouville avait songé à s'engager dans l'armée tchécoslovaque contre l'Allemagne [24]. Trois ans plus tard, mobilisé, il est aspirant en Alsace quand, en mai, Hitler attaque. Défaite. Débâcle. Il se retrouve à Nice. Du désastre lui restent deux nouveaux amis. L'un, Pierre Mussetta, cinq ans de Légion étrangère derrière lui, va, entre autres, devenir son garde du corps [25]. L'autre, Lazare Rachline, fabriquant de literie, codirigera un réseau britannique en France et jouera un rôle lors d'événements liés à l'affaire Hardy [26].

---

18. Guillain de Bénouville, *op. cit.*, p. 439, et DS-MUR, lettres des 14 et 27 juin, 1er juillet 1943, et AN, 397 AP 1, papiers Granet.

19. Guillain de Bénouville, *op. cit.*, p. 402. L'auteur indique s'être ensuite installé à Paris, chez Magescas, rue Saint-Didier, et avoir été employé, sous le nom d'Albert Langlois (p. 409), par son entreprise d'import-export.

20. AN 397 AP 1, témoignage Armand Magescas, 7 janvier 1955.

21. Guillain de Bénouville, *op. cit.*, p. 79-80.

22. Dominique Ponchardier, *Les Pavés de l'enfer*, J'ai lu, Paris, 1969, p. 10.

23. Sur l'arrestation de Renouvin et le rôle de Bénouville dans la tentative d'évasion organisée, *cf.* Claude Antoine, *L'Angoisse de l'aube*, La Fontaine de Siloé, Montmélian, 1996.

24. Alain Griotteray, *op. cit.*, p. 176.

25. Guillain de Bénouville, *op. cit.*, p. 20.

26. *Ibid.*, p. 21 ; AN, 72 AJ 1911, témoignage Lazare Rachline, 1950, 1951 ; AN, 334 AP 50, second procès Hardy, 2 mai 1950, déposition Rachline. Après guerre, Rachline

A l'été 1940, Bénouville est à Nice, désœuvré et désargenté. Dans *Le Sacrifice du matin*, écrit pour raconter la « stricte vérité » sur la Résistance[27], il relate avoir accepté « une collaboration littéraire dans une feuille hebdomadaire en attendant que nous trouvions le moyen de reprendre les armes. A cette époque, un journal était, entre autres choses, un instrument qui permettait de mesurer le régime nouveau[28] ».

La réalité est différente.

Pierre Gallet, proche compagnon du chef milicien Joseph Darnand, rapporte dans ses Mémoires que, à peine arrivé lui aussi à Nice, il y retrouva Darnand et Bassompierre occupés à créer la Légion française des combattants, matrice du Service d'ordre légionnaire (SOL) d'où sortira la Milice. En septembre 1940, Darnand, Bassompierre et Gallet se rendent à Vichy. A l'*Hôtel des Princes*, ils rencontrent le colonel Groussard et un jeune homme « volubile et frétillant » qui vient tout juste de rencontrer Marcel Bloch, beaucoup plus connu ensuite sous le nom de Marcel Dassault et qui, longtemps après, fera de Bénouville son bras droit. Bassompierre explique à Gallet : « Nous le *[Bénouville]* reverrons souvent car Léon Bailby l'a nommé rédacteur en chef d'un hebdomadaire qu'il va lancer à Nice dans quelques jours. Je pense qu'il aura du travail pour toi (...) » Et, en effet, Bénouville confie à Gallet une rubrique pour la jeunesse[29].

Confirmant être allé à Vichy à cette époque, Bénouville dresse un tableau différent de ses sentiments[30]. Groussard, dans ses Mémoires, confirme avoir rencontré Bénouville à l'automne 1940, précisant : « Je n'hésitai pas à lui dire mon secret[31]. »

Être dans le secret de Groussard signifiait se retrouver mêlé à quantité d'intrigues et à un dense réseau de relations avec les services secrets. Aussitôt après avoir évoqué Bénouville, Groussard énumère

---

dirigea un moment l'hebdomadaire *Point de vue*, *cf.* AN, 72 AJ 35, témoignage A. Peretti, 6 juin 1947.

27. Guillain de Bénouville, *op. cit.*, p. 588.

28. *Ibid.*, p. 56.

29. Pierre Gallet, *Une dernière pelletée de terre... Quatre ans auprès de Joseph Darnand*, manuscrit inédit, p. 313-314.

30. Guillain de Bénouville, *op. cit.*, p. 58-62.

31. Colonel Groussard, *Chemins secrets*, *op. cit.*, p. 119. Dans *Services secrets*, La Table ronde, Paris, 1964, p. 100, Groussard ne reproduit pas tout ce qu'il avait écrit sur Bénouville dans l'ouvrage précédent. Il coupe notamment un passage : « Ah ! ce cher Pierre, combien de fois l'ai-je pris en flagrant délit de distraction !... A force de s'occuper de tout, il lui arrive parfois de devenir insaisissable. » Autre omission : « Quand on connaît Bénouville, on a la certitude qu'il est, essentiellement, incapable de malhonnêteté ou de mesquinerie. Mon Dieu, qu'une telle certitude est reposante... »

d'ailleurs les chefs des services auxquels il est lié : Ronin, chef du SR Air et futur chef des Services spéciaux de Giraud ; Baril, chef du 2e Bureau et futur partisan de Giraud ; Verneau, futur chef de l'ORA giraudiste ; Viret, futur aide de camp de Giraud. Mais être lié à Groussard signifiait aussi se trouver proche de la fraction cagoularde qui, dans l'entourage de Pétain, complotait alors l'arrestation de Pierre Laval. Laval qui, en mai 1935, avait signé le pacte franco-soviétique réclamé par Édouard Herriot, Anatole de Monzie et Pierre Cot[32]. Laval qui, en 1942, de retour au pouvoir, fera arrêter Filliol, chef du SR de Deloncle[33]. Laval qui joue maintenant la carte allemande.

Le récit de Gallet est également confirmé par la lecture de *L'Alerte*, le journal de Bailby. Dans le n° 4, du 15 octobre 1940, Gallet y publie, en tant que vice-président de la Légion, son premier article. Un papier antisémite : « Le jour où cette racaille aura été chassée de France après avoir restitué tout ce qu'elle a volé aux vrais Français, le problème du chômage sera largement résolu. »

L'Alerte n'était pas vraiment la vague « feuille » dont parle Bénouville. C'était un hebdomadaire techniquement bien fait, de petit format et d'une vingtaine de pages, illustré de photographies et de caricatures fréquemment antisémites. C'était aussi un journal qui ambitionnait à ses débuts de rassembler de bonnes plumes acquises au régime. Parmi ses collaborateurs occasionnels, on trouvait Henry de Montherlant, Maurice Martin du Gard, Robert Vallery-Radot, Léon Daudet, le général Jules Davet et son fils Michel, Bernard Franck, Kléber Haedens, Pierre Descaves, le lieutenant-colonel Pâris de La Bollardière, Claude Roy, Jean Renoir, etc.

C'était enfin un journal qui ne cachait pas sa ligne politique. Sous-titré « Hebdomadaire de la rénovation française », il avait placé en épigraphe de sa « une » cette citation de Pétain : « La vie n'est pas neutre ; elle consiste à prendre parti hardiment. » L'éditorial du premier numéro s'achevait sur ces mots sans équivoque : « Il faut être avec Pétain ou contre la France. »

L'éditorialiste n'était autre que le patron de *L'Alerte*, Léon Bailby. Vieux routier de la presse, ses mœurs, que l'on qualifiait alors de particulières, lui valaient d'être brocardé par les extrémistes de droite qui le surnommaient « l'Aube » – parce que l'aube est l'attente du jour[34]... De fait, il avait quelque temps dirigé *Le Jour*, un quotidien racheté par le cagoulard Lemaigre-Dubreuil, futur mentor de Giraud.

---

32. Pierre Péan, *op. cit.*, p. 122.
33. Henri Amouroux, *Les Beaux Jours des collabos*, *op. cit.*, p. 283.
34. Christian Bernadac, *op. cit.*, p. 119.

Bailby avait également d'excellentes relations personnelles avec Pétain. Claude Renoir, frère de Jean, le cinéaste, et de Pierre, collaborateur de *L'Alerte*, rapporte qu'il voyait alors « souvent un de ses amis, Léon Bailby, directeur de journal qui est très pétainiste. Bailby déjeune avec le Maréchal une fois par mois et revient avec des informations réconfortantes : Pétain joue le double jeu [35] ».

Que *L'Alerte* fût un instrument qui permettait de prendre la mesure du régime nouveau n'est que trop vrai. Le premier numéro contient des attaques antisémites contre Paul-Louis Weiller, patron de Gnôme et Rhône, Georges Mandel, Jean Zay, Léon Blum et Pierre Cot. Le n° 2 attaque les Rothschild. Le n° 3 consacre toute une page à incendier Pierre Cot. Le n° 4 contient l'article de Gallet déjà cité. Le 5, qui attaque encore Pierre Cot, commente le nouveau statut des juifs : « En résumé, ce statut, s'il ne permet plus à des juifs de mener le pays à la dérive, se révèle humain et objectif. »

Dès le premier numéro, Bénouville publie des articles politiques. Le premier, « La Croix de guerre ? Ne pas confondre avec une médaille commémorative », n'est pas aussi engagé que le deuxième, dans le n° 3, où, sur toute une page titrée « L'heure de l'espérance », il écrit : « Ici, nous voulons vous montrer, heure par heure, les réalisations *[de Pétain]*, cet homme paternel, qui chaque jour crée avec l'amour que lui donnent les Français (...). L'heure de la justice est venue. Enfin, vous êtes véritablement représentés par les organismes purs. Aujourd'hui, la *Légion française des combattants*, le *Rassemblement* de tous les Français. Les coupables vont être jugés. La vie reprend. Avec vous, le Maréchal veut reconstruire. Donnez-vous avec foi et confiance. »

Dans le n° 4, à côté de Gallet qui étale son antisémitisme, et sous le titre « La mort pour les traîtres est un châtiment bien faible », Bénouville écrit : « Il faut être sans pitié comme sans rage. Il faut se souvenir et frapper. Oui, M. Paul Reynaud avait raison : "LA MORT EST UN CHÂTIMENT BIEN FAIBLE POUR LES TRAÎTRES" [36]. »

Cet article et le précédent font manifestement écho aux thèses alors défendues par Darnand et ses légionnaires. Gallet rapporte qu'une grande manifestation était prévue le 6 octobre à Nice pour lancer la Légion. Les orateurs seraient le R. P. Bruckberger, Mélandri, Bassompierre, Gallet et Darnand. Le discours de celui-ci fut préparé par Bassompierre et Gallet, « rejoints presque aussitôt par Pierre de

35. AN, 72 AJ 40, SOE-Buckmaster, A, II, 2, témoignage Claude Renoir. Sur les relations de Bailby avec Pétain, *cf.* AN, 2 AG 2-2, doc. 75 et 120, 2 AG 75 SP2-B, Bailby, 1941-1942, 11 doc., ainsi que 2 AG 120 SP 53, 4 septembre au 2 octobre 1943, 9 doc.

3´ En capitales dans l'original.

Bénouville (...). Qui eût pu prévoir que le garçon de vingt-cinq ans qui ciselait des phrases à son intention, s'esclaffant de plaisir chaque fois qu'il trouvait une formule heureuse, serait quatre ans plus tard général de la Résistance (...) ? » [37].

Le jour de la manifestation, Gallet fit, dit-il, un triomphe devant une foule considérable. Il développa des thèmes proches de ceux défendus par l'article de Bénouville et flétrit de surcroît Blum et Cot, coupables d'avoir « dilapidé nos stocks d'armements pour aider les rouges espagnols (...). Nous avons été sciemment envoyés à l'abattoir et cent mille des nôtres ont trouvé la mort dans un combat perdu d'avance. Le sang des responsables de cette boucherie serait-il plus précieux que le nôtre ? Il faut que justice se fasse. Il faudra que des têtes tombent ! » [38]. « Bruckberger, Bénouville me donnèrent l'accolade », ajoute Gallet [39].

En novembre 1940, Bénouville commence à signer des papiers littéraires. Après avoir parlé de l'auteur du *Grand Meaulnes*, tué, on le sait, pendant la Première Guerre mondiale, il consacre son papier suivant aux clowns Fratellini et Grock, réussissant l'exploit ambigu de clore l'article sur une citation de Maurras.

La signature de Bénouville disparaît des numéros suivants. Cet effacement semble avoir traduit une différenciation politique.

« Au mois d'octobre 1940, rapporte Gallet, nous prenions souvent, Bassompierre et moi, notre repas de midi dans un tout petit restaurant où nous retrouvions Bénouville, un garçon maigriot qui s'appelait Jehan de Castellane et, quand ils s'arrêtaient à Nice entre de mystérieux voyages, Michel de Camaret ou son frère [40]. Au début, nous faisions table commune. Au bout de deux ou trois semaines, nous ne nous réunissions plus, mais nous nous tenions à portée de voix et nous échangions quelques phrases chaleureuses. Un jour que je me présentai seul, un silence soudain accueillit mon entrée. D'instinct, je me sentis de trop. » Un peu plus tard, Bénouville refusa un article antigaulliste de Gallet. « Quelques jours après, Bénouville disparut de Nice » [41].

---

37. Pierre Gallet, *op. cit.*, p. 320.

38. *Ibid.*, p. 322.

39. *Ibid.*, p. 323.

40. Guillain de Bénouville, *op. cit.*, p. 69, indique avoir milité à l'Action française avec Michel de Camaret jusqu'au 6 février 1934. Les frères Camaret s'engagèrent plus tard dans la Résistance. Michel rejoignit les Forces françaises libres en décembre 1942. Décédé en juin 1987, il était député européen, inscrit au groupe du Front national (*Le Monde*, 27 juin 1987). En 1943, Alain de Camaret devint l'adjoint de Bénouville à Combat. Sous le pseudonyme « Nizan », il apparaît plusieurs fois dans la correspondance de la DS-MUR. Arrêté en 1944, il mourut à Bergen-Belsen le 15 avril 1945.

41. Pierre Gallet, *op. cit.*, p. 341. A la même page, Gallet affirme que Bénouville lui proposa par écrit, en 1942, une rencontre à laquelle il se déroba.

Bénouville quitte la France pour Alger le 17 février 1941 [42]. Sa prise de distance avec les extrémistes du pétainisme semble ainsi dater de la fin de 1940 ou de janvier 1941. On ignore s'il existe un rapport avec le fait que, le 13 décembre, Groussard, appuyé par une fraction d'anciens cagoulards, a arrêté Laval, presque aussitôt libéré à la demande de l'occupant. Claude Bourdet rapporte avoir appris chez Georges Batault, un ancien de l'Action française et ami de Bénouville, que l'arrestation de Laval était le premier acte d'un plan plus vaste visant à remplacer Pétain par le général La Laurencie [43].

Chez Batault, à Cagnes-sur-Mer, passaient nombre d'activistes d'extrême droite à la recherche de contacts. Bourdet, qui avait appartenu à ces milieux [44], rencontra là un autre royaliste, le colonel Thierry, ancien attaché militaire en Roumanie. Lié aux services secrets français et américains, Thierry assistera, en 1941, à la rencontre entre Frenay et La Laurencie, accompagné par Legge et Dulles [45]. Bourdet, qui, plus tard, prit le fils du colonel Thierry comme secrétaire, relate aussi avoir nommé un ami de Batault comme responsable de Combat à Cagnes, avoir rencontré chez Batault un agent polonais travaillant pour l'*Intelligence Service* dans le réseau polonais auquel appartint la fameuse « Chatte », ainsi qu'un certain Lefèvre, d'extrême droite, qui, par ailleurs, au hasard d'une conversation dans un train, mettra Frenay en relation avec Batault, puis Bourdet [46].

Chez Batault, un lieu décidément très fréquenté, on pouvait aussi avoir des nouvelles du colonel Jean-Émile Vautrin. Installé à Grasse, il dirigeait le 2e Bureau pour la région sud-est. Avant la guerre, il avait appartenu à des cabinets ministériels, celui de Paul Reynaud et aussi celui de Pierre Cot [47]. Nommé attaché militaire en Suisse en août 1940, le nouveau ministre de la Guerre, Huntziger, avait annulé en septembre sa nomination. Motif : ancien collaborateur de Pierre Cot [48]. Le général

42. AN, 72 AJ 41, Bénouville, « Naissance d'un réseau », manuscrit d'un article paru dans *La Revue de Paris* en novembre 1945.

43. AN, 397 AP 2, témoignage Bourdet, p. 3.

44. Claude Bourdet, *op. cit.*, p. 28-29, signale avoir été influencé par Maurras dans sa jeunesse et évoque aussi ses rapports avec Charles Spinasse, rallié à Vichy en 1940. Il ne parle toutefois pas de sa collaboration avec J. Coutrot et F. Hekking au sein du Centre d'organisation scientifique du travail, réputé avoir été l'un des fiefs de la Synarchie. *Cf.* Pierre de Villemarest, *A l'ombre de Wall Street. Complicités et financements soviéto-nazis*, Godefroy de Bouillon, Paris, 1996, p. 234 et 247.

45. Henri Frenay, *La nuit finira*, *op. cit.*, p. 120.

46. Claude Bourdet, *op. cit.*, p. 31-34.

47. Gouvernement Chautemps, 22 juin 1937, le chef de bataillon Vautrin est officier de liaison au cabinet militaire du ministre de l'Air, Pierre Cot.

48. BA, E 27/9803-9815, dos. Vautrin, lettres des 30 août et 18 septembre 1940.

Weygand en avait conçu de l'humeur, c'est lui qui avait fait nommer Vautrin à Berne où il voulait un homme sûr pour gérer les relations avec les Britanniques et les Américains [49]. Peut-être est-ce là l'origine de l'idée qui devait plus tard aboutir à la Délégation en Suisse des MUR, mais, assurément, là se situent les prémices d'événements dont on reparlera et qui affectèrent l'ambassade de France à Berne au printemps 1943.

C'est enfin chez Batault, dont le fils sera lié à l'OSS et la belle-fille à Max Shoop, bras droit de Dulles à Genève [50], que Bénouville rencontre Claude Bourdet [51] et surtout un homme destiné à jouer un rôle notable dans sa vie [52].

Henri Frager, Alsacien marié à une Russe (Louba), est architecte. Replié à Cannes, il projette de rejoindre Londres quand Bénouville, les Camaret et quelques autres, presque tous d'origine noble [53], cherchent de leur côté à quitter la France. Bénouville et ses amis embarquent finalement avec Frager pour Alger. A l'arrivée, le 19 février 1941 [54], ils sont arrêtés. Bénouville, malade, recouvrera sa liberté de mouvements le 1er avril.

Il en profite pour faire la connaissance d'une certaine comtesse du Luart. Ancienne infirmière de l'armée « blanche » du général Wrangel, anticommuniste féroce, elle « s'était lancée dans la bataille » de la guerre d'Espagne, dit Bénouville sans préciser de quel côté. Elle est maintenant en train d'organiser un convoi d'ambulances pour aller soigner les « indigènes » tout au long du Transsaharien [55]. En réalité, la sémillante Leila organise une « équipe chirurgicale franco-américaine d'avant-garde » et tient Vichy informé de son projet [56].

A nouveau arrêté fin avril, Bénouville est renvoyé à Marseille, puis incarcéré à Toulon.

---

49. AN, 72 AJ 41, témoignage Girard, août 1950, p. 5.

50. NARA, RG 226, E 194, B 93, F 404, « T. Cassady à lieut. col. Debesse, 4 décembre 1944 » : « Certifie que M. Claude Batault est l'officier qui a dirigé les services de renseignements SCLL et S 6 II rattachés aux Services secrets des États-Unis. » Ainsi que, même réf., ordres de mission du 20 octobre 1944 pour Mme Guillemette Batault et Claude Batault. Sur les relations de Mme Batault avec Max Shoop, *cf.* entretien de l'auteur avec Paul de Saugy, ancien du SR suisse, Genève, 17 avril 1997 : « Shoop donnait, dit-on, 40 000 francs par mois à Mme Batault. »

51. AN, 397 AP 2, témoignage Bourdet, p. 11. Bourdet ne reprend pas cette information dans *L'Aventure incertaine*.

52. Guillain de Bénouville, *op. cit.*, p. 66.

53. *Ibid.*, p. 65-66.

54. Id., « Naissance d'un réseau », *La Revue de Paris*, novembre 1945.

55. Id., *op. cit.*, p. 97.

56. AN, 2 AG 2-2, du Luart, et 2 AG 14.

Soutenu de l'extérieur par le général Davet, collaborateur de *L'Alerte* depuis le 3 décembre 1940, il fait alors la connaissance de René Hardy.

Hardy avait été arrêté le 13 mai 1941, alors que, à l'instar de Bénouville quelques semaines plus tôt, il tentait de rejoindre Alger, « en compagnie du fils du général Durmeyer », précise Bénouville. « Je le connaissais très mal, ajoute-t-il, lorsque je le retrouvai à l'hôpital *[de la prison]*, mais je peux vraiment dire que, comme tous mes camarades, déjà je l'aimais (...). J'étais impressionné et attiré par lui [57]. »

En quoi Hardy était-il impressionnant et qu'avait-il pour attirer ? Rien, apparemment. Mais les apparences sont souvent trompeuses. Là, on le verra, elles l'étaient vraiment.

Bénouville est jugé le 7 août 1941, libéré le 8. Tandis que son ami Hardy demeure incarcéré, il se retrouve, après cinq mois et demi d'aventures, dont quatre de prison, à son point de départ. Rejoindre l'un des Mouvements de résistance naissants ne le tente pas. Ils ne lui inspirent guère confiance et leur stratégie ne le convainc pas : « (...) affamé d'action, je préférais de beaucoup m'occuper de groupes montés par les agents alliés [58]. ».

Fin octobre ou début novembre 1941, probablement grâce à Batault, qu'il qualifie de « manager de La Laurencie [59] », il rencontre ce général délaissé par Frenay et d'Astier de la Vigerie. « Je considérais toute cette agitation *[celle des premiers résistants]* avec une certaine terreur (...). J'étais incertain quant à la décision à prendre [60]. »

Il reprend donc du service à *L'Alerte*. Le 22 novembre, le journal annonce la reprise de sa chronique littéraire.

Dans un de ses premiers articles, le chroniqueur fait part de la parution prochaine aux éditions Robert Laffont d'un ouvrage d'Henri Pourrat, *Le Chef français*, consacré au maréchal Pétain [61]. Par la suite, avec quelques interruptions, il publie des papiers consacrés, par exemple, au *Psichari* de Daniel-Rops, à un ouvrage du capitaine

57. Guillain de Bénouville, *op. cit.*, p. 137 et 139. Hardy apparaît sous le nom de « Chauvy ».

58. *Ibid.*, p. 156.

59. *Ibid.*, p. 165.

60. *Ibid.*, p. 171-175. Bénouville date cette rencontre du jour où Colette tira sur Laval et Déat, c'est-à-dire du mois d'août. Dans ce cas, La Laurencie n'a pu lui relater, comme il le dit, sa rencontre où, en compagnie de Legge et Dulles, il a vu Frenay, lequel situe l'événement à la mi-octobre (Henri Frenay, *La nuit finira*, *op. cit.*, p. 119-120).

61. *L'Alerte*, n° 64, 6 décembre 1941. Bénouville signalait aussi la publication par la même maison d'un *Œdipe*. Plus tard, Bénouville sera administrateur des Éditions Robert Laffont, *cf.* Alain Griotteray, *op. cit.*, p. 173.

Accart, *On s'est battu dans le ciel*, à *Croix du Sud* de Joseph Peyré, à *Pilote de guerre* de Saint-Exupéry [62].

Ses écrits ne sont pas tous exempts de phrases ambiguës. En décembre 1941, Bénouville note : « Les circonstances sont telles que les lois et décrets qu'il *[Pétain]* a promulgués ne peuvent satisfaire tout le monde ni vaincre toutes les résistances. Ces textes n'en composent pas moins les directives grâce auxquelles nous commençons de nous redresser et dans l'esprit desquelles nous reconstruisons la patrie [63]. » En juillet 1942, il approuve Pétain dans son analyse de la défaite : « Nul n'a mieux défini les causes de notre désastre que le Maréchal le jour où il a déclaré : "Cette défaite a de nombreuses causes, mais toutes ne sont pas d'ordre technique. Le désastre n'est en réalité que le reflet sur le plan militaire des faiblesses et des tares de l'ancien régime politique." Par cette phrase, notre Chef semble avoir indiqué les limites du champ où les constructeurs de l'avenir, les esprits vraiment soucieux de la renaissance française devront poursuivre leur recherche [64]. »

Le dernier article de Bénouville paraîtra très tardivement, dans le n° 129, le 6 mars 1943. Il est consacré à un ouvrage du politicien suisse Philippe Etter, *Sens et Mission de la Suisse*, paru aux Éditions du Milieu du monde, à Genève. L'article contient une intéressante citation d'Etter : « Précisément parce que nous refusons d'admettre la théorie selon laquelle la race déterminerait l'État et les frontières de celui-ci, nous gardons la liberté et la force de rester conscients de nos affinités avec les trois cultures, allemande, française et italienne. » Commentaire de Bénouville : « Est plus fort dans ce petit pays *[la Suisse]* le sentiment hiérarchique, et, pour ainsi dire, aristocratique, qui triomphe toujours de ce que l'on entend communément par démocratie. »

Il ne précise pas, toutefois, que Philippe Etter, président de la Confédération helvétique l'année précédente et toujours conseiller fédéral (ministre) à l'Intérieur, est un fervent partisan de la « défense spirituelle », et un sympathisant du fascisme italien [65].

Surtout, cet article est imprudent. Il révèle presque ouvertement les liens de son auteur avec la Suisse au moment où celui-ci est en train

---

62. Bénouville nourrissait une admiration certaine pour cet auteur. Il le fréquenta à Alger, en 1944, *cf.* son article « Saint-Exupéry fraternel », *Confluences*, Paris, 1947, n°s 12-14.

63. Cité aussi par Pierre Assouline, *Monsieur Dassault*, Balland, Paris, 1983, p. 235.

64. *L'Alerte*, n° 96, 18 juillet 1942.

65. Etter demeura à la tête du département de l'Intérieur de 1934 à 1959 et fut quatre fois président de la Confédération.

d'y nouer les relations de Combat et des MUR avec l'OSS. Du reste, Léon Bailby ne semble pas avoir apprécié ces allusions pour *happy few*. Dans le même numéro, en écho évident à une controverse avec Bénouville, son éditorial frise la délation :

> « La dissidence qui déchire la France se refuse à tout raisonnement, à toute sérénité de jugement. Elle est même infidèle à ses passions : car c'est un fait qu'aujourd'hui elle n'est plus ni gaulliste ni pro-anglaise. Elle est devenue pro-américaine [66]. »

Bénouville joue Carte

Selon Bénouville, sa seconde collaboration à *L'Alerte*, dont les dates de début et de fin sont omises, motivée d'abord par le besoin de gagner sa vie, servait surtout de couverture à son action clandestine entamée à la même époque, c'est-à-dire peu après septembre 1941 [67].

Selon *Le Sacrifice du matin*, Paul Frager, déjà évoqué à propos de la malheureuse expédition en Algérie, s'était ensuite engagé dans un réseau créé et dirigé par l'artiste peintre et homme du monde André Girard, dont le pseudonyme « Carte » va servir à désigner son organisation aussi bien que lui. Ayant retrouvé Bénouville, Frager le recrute et Carte l'envoie presque aussitôt en Suisse. L'objectif premier de sa mission est d'établir une relation radio stable avec Londres par le truchement des agents et attachés militaires alliés à Berne. Le second est d'étudier avec des banques helvètes un système de compensation qui permettra de disposer de fonds dans des banques françaises [68].

En 1947, peu après la publication en France de son ouvrage, Bénouville voit sa version contestée par André Girard-Carte :

> « D'abord, et ce point est capital, la date de septembre 1941 est fausse./ A cette époque, Frager ne faisait pas partie de notre organisation, dans laquelle il n'entrera que *sept mois* plus tard [69]. Quant à Bénouville, il ne fut sollicité d'y entrer que *quatorze mois* plus tard, en novembre 1942 [70]. »

---

66. *L'Alerte*, n° 129, 6 mars 1943.
67. Guillain de Bénouville, *op. cit.*, p. 176.
68. *Ibid.*, p. 176-182.
69. *In* AN, 72 AJ 41, dos. Carte, témoignage, août 1950, 54 p., Girard déclare, p. 46, avoir recruté Frager fin 1942. Bénouvillle est évoqué seulement en relation avec Frager pour leur voyage commun vers Alger, en février 1941.
70. Carte (André Girard), *Peut-on dire la vérité sur la Résistance ?*, Éd. du Chêne, Paris, 1947, p. 9. Souligné dans l'original.

Réaffirmant ces dates tout au long de sa brochure, Girard contredit presque tout ce que dit Bénouville du réseau et de son chef. Pour lui, c'est fin

> « novembre 1942 que je demandais à Frager, comme à plusieurs autres chefs locaux, s'ils pouvaient me donner des messagers audacieux et sûrs pour franchir la frontière suisse. J'en avais un besoin urgent. L'ambassade américaine à Vichy qui, jusque-là, avait usé de sa valise diplomatique pour passer mon courrier à Berne, venait d'être internée à Lourdes et je voulais pouvoir communiquer avec nos Alliés deux ou trois fois par semaine [71] ».

Minimisant les buts de la première mission de Bénouville, il indique le calendrier de celles réellement confiées :

> « *[Bénouville]* se montre ici "vivant dans le train [72]". C'est beaucoup. Il a fait pour nous un premier voyage à la fin de novembre 1942, puis un second en décembre 1942 et un troisième en janvier 1943. C'est tout [73]. »

Ne manquant pas de jeter au passage le doute sur presque tous les autres événements rapportés par Bénouville – ce qui, en 1947, eu égard aux rebondissements alors en cours de l'affaire Hardy, était peu charitable –, Girard déclare ne pouvoir se « résoudre à employer le mot *mensonge* » et conclut : « Il faudrait un mot nouveau pour qualifier un héros, quand il ne dit pas la vérité » [74].

On ne saurait prendre la version de Girard pour argent comptant. Il avait trop de comptes à régler avec la Résistance, avec les gaullistes, et, semble-t-il, avec Bénouville, pour être d'une objectivité insoupçonnable.

La controverse, c'est clair, porte principalement sur la date d'engagement de Bénouville dans Carte, et, par voie de conséquence, dans la Résistance. Pour l'un, c'est novembre 1942 ; pour l'autre, c'est un an plus tôt.

Claude Bourdet appuie la version de Bénouville : « *[Il]* était, en 1941 et 1942, l'un des adjoints du peintre Girard, chef de l'organisation "Carte" [75]. » Mais, dans son témoignage conservé aux Archives

71. *Ibid.*, p. 14.
72. Guillain de Bénouville, *op. cit.*, p. 192 : « Je faisais donc de nombreux voyages entre la France et la Suisse : j'avais vite pris l'habitude de vivre dans le train. »
73. Carte, *op. cit.*, p. 16.
74. *Ibid.*, p. 54. Souligné dans l'original.
75. Claude Bourdet, *op. cit.*, p. 196.

nationales, Bourdet ne donne aucune indication qui permettrait de dater l'entrée de Bénouville chez Carte [76].

Dans *La nuit finira*, Frenay ne se prononce pas. Il rapporte seulement un dialogue avec Renouvin, qui déclare, semble-t-il à la mi-1942, à propos de Bénouville : « Après la taule, il est entré chez *Carte*, donc chez les Anglais [77]. » Plus loin, Frenay date son premier rendez-vous avec Bénouville du 4 décembre 1942 et dit l'avoir presque aussitôt envoyé en Suisse établir une liaison avec les services britanniques et suisses [78].

L'historien Crémieux-Brilhac cite Bénouville dans deux notes infrapaginales et jamais dans les trois pages consacrées à ce qu'il nomme « l'étrange affaire Carte [79] ».

A l'appui de la version de Girard, on trouve Cordier, qui date l'entrée de Bénouville chez Carte de « l'automne 1942 [80] ». Lazare Rachline, ami de Bénouville depuis 1940, déclare, en 1951, dans son témoignage conservé aux Archives nationales : « La réponse de Carte à son livre *[celui de Bénouville]* est absolument exacte [81]. »

Maurice Diamant-Berger, plus connu sous le nom d'André Gillois, travailla dès le début avec Girard. Pour lui, Bénouville « n'a pas suivi les dédales [82] » des histoires du réseau Carte. Son témoignage conservé aux Archives nationales est encore moins explicite [83]. Gillois étant parti pour Londres le 31 août 1942, ses dires pourraient signifier qu'il n'a pas connu Bénouville avant son départ.

Autre membre de Carte, Poujol, qui, lié à Frager depuis la Noël 1941, ne cite pas le nom de Bénouville [84]. En revanche, le capitaine Bartoli de Mandres, ancien, lui aussi, de Carte, déclare à propos de Poujol et Bénouville qu'« ils ont eu l'un et l'autre un rôle de second plan », mais ne date pas leur entrée en scène [85]. D'autre part, dans un rapport

---

76. AN, 397 AP 2, témoignage Bourdet, p. 11, 54 et 59. Richard Harris Smith, *OSS. The Secret History*, Berkeley, 1972, p. 169, date aussi de 1941 l'entrée de Bénouville dans le réseau Carte, « soutenu par la section Buckmaster du SOE, et, plus tard, par des officiers OSS à l'ambassade américaine de Vichy ».

77. Henri Frenay, *La nuit finira*, *op. cit.*, p. 192.

78. *Ibid.*, p. 269-271.

79. Jean-Louis Crémieux-Brilhac, *op. cit.*, p. 407-409.

80. Daniel Cordier, *op. cit.*, t. 1, p. 207.

81. AN, 72 AJ 1911, témoignage Rachline, 23 octobre 1950, 17 février 1951, 9 octobre 1951, p. 15.

82. André Gillois, *Histoire secrète des Français à Londres, de 1940 à 1944*, Hachette, Paris, 1973, p. 146.

83. AN, 72 AJ 41, témoignage Diamant-Berger, 10 octobre 1946.

84. *Ibid.*, témoignage Poujol, 15 juin 1946.

85. *Ibid.*, témoignage Bartoli de Mandres, 29 juin 1946.

conservé aux Archives nationales, il expose la structure du réseau Carte, sans toutefois indiquer à quelle époque elle fait référence. Il note que le réseau comptait huit sous-secteurs, l'un à Paris, un autre en Belgique, les six derniers dans le Sud-Est de la France. Le sous-secteur d'Antibes, dirigé par Matisse et Masson, avait quatre sections : Golfe-Juan, Vallauris, Juan-les-Pins et Biot. Il indique : « Biot : M. de Bénouville (liaison Suisse)[86]. »

La date d'entrée de Bénouville dans le réseau Carte est donc discutée. Et la lecture attentive du *Sacrifice du matin* n'aide guère à trancher en faveur de la version de son auteur tant la chronologie est floue pour la période allant de l'automne 1941 au suivant.

Quand, soucieux d'inscrire son action dans le contexte général, Bénouville donne des indications datables, il lui arrive de télescoper des événements non concomitants. Relatant l'époque où, pour le compte de Carte, il commence à voyager entre la France et la Suisse, il la situe au moment de la première « conférence des Trois » à Moscou. Cette réunion eut lieu du 12 au 15 août 1942. Ailleurs, s'agissant du même épisode, c'est pendant la « campagne du président Roosevelt pour faire entrer son peuple dans la guerre », donc avant décembre 1941, que cela se passe. Mais quatre lignes plus bas, le même épisode est situé alors que « les Russes se battaient aux barricades dans Stalinegrade (*sic*) déjà presque investie[87] ». C'est après le 15 septembre 1942 que les troupes de von Paulus arrivèrent dans les faubourgs de Stalingrad, puis dans la zone industrielle[88].

Autre imprécision : dans *Le Sacrifice du matin* est évoqué le rôle d'un agent anglais auprès de Girard, « Raoul », pseudonyme de Peter Churchill (homonyme du Premier ministre), arrivé en France à la fin du mois d'août 1942[89]. Mais n'est pas notée la présence de son prédécesseur, l'agent britannique « Olive », pseudonyme de Francis Basin, arrêté le 18 août 1942[90]. S'agit-il d'un oubli, ou bien Basin n'apparaît-il pas parce que Bénouville ne l'a pas connu ?

---

86. *Ibid.*, rapport cap. Bartoli de Mandres, p. 2. *Cf.* aussi, AN, 72 AJ 63, rapport Roddy (commandant Hautier), du réseau Mithridate, installé à Biot et qui avait des liens avec la Suisse.

87. Guillain de Bénouville, *op. cit.*, p. 192.

88. Sir Basil Liddle-Hart, *Histoire de la Seconde Guerre mondiale*, Fayard, Paris, 1973, p. 265. Le passage de la 1re éd. du *Sacrifice du matin* qui contient ces données est intégralement reproduit dans la 2e (Robert Laffont, Paris, 1946, p. 187-188), mais disparaît (29 lignes coupées) dans l'éd. Robert Laffont achevée d'imprimer en février 1983 (p. 127).

89. Carte, *op. cit.*, p. 26. Mais Raoul avait précédemment séjourné en France.

90. AN, 72 AJ 41, témoignage Poujol, p. 6. Henri Noguères et Marcel Degliame-Fouché, *op. cit.*, t. 3, p. 53, signalent que Basin fut libéré à Lyon le 28 novembre 1942.

D'autre part, lorsque Bénouville relate sa première mission et son premier passage clandestin en Suisse, il fournit quelques précisions. Arrivé à Annemasse, ville frontière française, il note la présence de nombreux postes de douane et ajoute : « On ne tardait pas d'ailleurs à constater que les polices allemandes et françaises avaient délégué là bon nombre de leurs représentants [91]. » Selon Jean-François Pierrier (en réalité Gilbert Ceffa), un ancien du SR suisse qui a beaucoup fréquenté ces lieux à cette époque, c'est « à partir du 11 novembre 1942 qui vit la Wehrmacht déferler sur la "Zone libre" *[que]* la présence de douaniers allemands rendit la situation frontalière (…) plus malaisée [92] ».

Poursuivant le récit de ce premier passage, Bénouville relate avoir franchi à gué la rivière Foron qui faisait frontière, marché un peu, sauté le mur d'enceinte d'une maison, s'être ainsi retrouvé dans le jardin d'un curé de grande taille et haut en couleur. « On m'appelle Abraham », dit le brave homme, qui informa aussitôt le service secret suisse de l'arrivée d'un clandestin. Pierrier, qui a visiblement rédigé sa brochure sur la base de documents de son ancien service, révèle qu'« Abraham » était le pseudonyme dans le SR suisse du curé de Thônex, l'abbé Georges Desclouds, un gaillard effectivement mémorable. Contrebandier depuis les années 30, il avait dû renoncer à son péché mignon dès son enrôlement dans les rangs du SR, « en 1942 » [93]. En 1941, il était donc difficile de faire la connaissance d'« Abraham ».

Pierrier, qui consacre un long passage de son texte à Bénouville, photographie récente à l'appui, et qui ne parle de son ancien « client » que dans les termes les plus élogieux, écrit : « A la fin de 1942, *[Carte]* lui confia l'organisation de liaisons sûres entre la France et le représentant des services secrets britanniques à Genève. Mission parfaitement réussie (…). Guillain de Bénouville a franchi clandestinement, de 1942 à 1944, soixante-quatre fois la frontière entre la France et la Suisse (…) [94]. » Si ce chiffre est exact, il ne fait alors aucun doute que le titulaire de ce palmarès unique qui, dans *Le Sacrifice du matin*, relate précisément moins d'une demi-douzaine de passages en Suisse depuis le début de 1943, y alla en moyenne une fois par semaine en 1942 [95].

Particulièrement fondé est le témoignage de Paul de Saugy. A

91. Guillain de Bénouville, *op. cit.*, p. 183.

92. Jean-François Pierrier, *Chronique des années brunes à la frontière genevoise*, Le Courrier, Genève, 1984, p. 29.

93. *Ibid.*, p. 67.

94. *Ibid.*, p. 20-21.

95. Guillain de Bénouville, *op. cit.*, p., 316, 328, 362, 394, 463.

l'époque premier lieutenant du service secret suisse, il était le contact privilégié des résistants français. Demeuré en excellents termes avec Bénouville, il ne se souvient pas de l'avoir vu avant la fin de 1942. « S'il venait à Genève, ajoute-t-il en reprenant une formule déjà employée par Pierrier, c'était peut-être pour autre chose [96]. »

Albert Meyer, aujourd'hui général, mais alors membre du SR giraudisto-américain dirigé, à Berne, par le commandant Gaston Pourchot, déclare qu'aux alentours de septembre 1942 le capitaine Clément, du SR suisse, lui « a demandé d'initier Bénouville aux rudiments de l'action clandestine. Je l'ai fait, à Genève, pendant deux ou trois jours [97] ».

La date d'entrée de Bénouville dans le réseau Carte perd un peu en intérêt si l'on examine l'histoire de cette organisation.

« Stupéfiante entreprise », juge l'historien Crémieux-Brilhac, qui qualifie Girard d'« affabulateur » [98]. « Bluff gigantesque », note Gillois, qui émaille son récit de qualificatifs sévères : « folle entreprise », « farce », « plaisanterie poussée un peu loin », « folie pure », et qui souligne ce qu'eut de « burlesque » ou de « grotesque » la situation dans laquelle il se retrouva en allant servir Carte à Londres [99].

Girard « fabulait certainement beaucoup », convient Bénouville, qui ajoute : « Mais il a tout de même travaillé » [100].

Dansey's business

Là où pullulent les agents de services concurrents, où prospère le double jeu et où l'on n'y entend goutte cinquante ans plus tard, on a toujours raison de chercher la patte de l'expert britannique ès coups tordus, Claude Dansey. Ne pas en trouver trace signifie seulement que ce diable d'homme, parti avec ses secrets et après avoir, dit-on, brûlé ses papiers, a particulièrement bien trafiqué les apparences et truqué la réalité. Ici, par exception, sa marque est évidente. A partir de 1942, Carte a été « managé » par des agents de la section F du SOE sur laquelle il avait la haute main. Et c'est un chef de SOE/F, par ailleurs impliqué dans presque toutes les affaires les plus tortueuses de l'époque,

---

96. Entretien avec l'auteur, 17 avril 1997. Entretien téléphonique avec Gilbert Ceffa, 16 avril 1997.
97. Entretien avec l'auteur, 9 mai 1997.
98. Jean-Louis Crémieux-Brilhac, *op. cit.*, p. 407-409.
99. André Gillois, *op. cit.*, p. 155, 156, 157, 159, 164.
100. Cité *ibid.*, p. 164.

le jeune major Nicolas Bodington, qui, en août 1942, est venu en France déployer la manœuvre manifestement conçue par Dansey.

Tout incite à penser qu'elle consistait à leurrer les services vichystes en feignant de croire au leurre qu'ils avaient eux-mêmes bâti avec l'organisation Carte.

A son début, Carte visait à entretenir les Américains dans leur croyance au double jeu de Vichy. André Girard suggère nettement que l'amiral Darlan lui mit le pied à l'étrier durant l'été 1940[101]. L'année suivante, l'amiral étant au pouvoir et Girard sincèrement décidé à lutter contre l'occupant, la manipulation commence réellement. Le colonel Vautrin, chef du 2e Bureau de la région sud-est où Girard réside, le guide. En relation avec Louis Baril, patron du 2e Bureau, mais aussi avec Henri Rollin, chef de la Sûreté, Georges Groussard et Georges Loustaunau-Lacau, anciens du réseau cagoulard anticommuniste dans l'armée, Girard, connecté aussi avec les Américains Matthews Freeman (chargé des contacts avec la Résistance) et Thomas Cassady (OSS), qui met à sa disposition la valise diplomatique de l'ambassade des États-Unis, fait un peu de recrutement et beaucoup de fiches sur ses maigres troupes[102].

En 1942, tout change. Au début de l'année, son plus proche voisin antibois, le Dr Lévy, auparavant recruté par le SOE[103], lui présente son collègue Francis Basin (Olive).

Sur ces entrefaites, Darlan perd le pouvoir au profit de Laval. La nature et l'objet de l'opération Carte sont alors modifiés. Sachant les Britanniques à la recherche d'une Résistance plus malléable que la gaulliste, Vichy va leur servir Carte sur un plateau, ce que l'anglophobie maladive de Darlan empêchait auparavant. Sans doute fait-on à Girard des promesses mirobolantes ; toujours est-il que, croyant son organisation choisie par l'état-major pour être la structure secrète de l'armée d'armistice, il informe Basin, le présente à Vautrin qui ne fait

---

101. Dans AN, 72 AJ 41, témoignage Girard, août 1950, p. 4, il mentionne sa rencontre déterminante avec un membre de l'état-major, qu'il ne nomme pas, à Nérac, berceau familial de Darlan.

102. AN, 72 AJ 515, Galimand, I, 1, « La résistance et SOE », écrit p. 7 : « Le résultat pur et simple *[de ce fichage]* se traduisit par l'arrestation d'un nombre important de résistants facilement reconnus par ce système véritablement trop dangereux. » Michael R. D. Foot, *op. cit.*, p. 320, note à propos du fichier : « L'organisation Carte, dont le mépris pour les règles de sécurité était notoire (...) ». Guillain de Bénouville, *op. cit.*, p. 177, affirme que le fichier était contenu dans des valises autodestructrices, ce que Girard, *op. cit.*, p. 11, dément vigoureusement. Ce genre de valises a toutefois existé, mais plus tard.

103. Michael R. D. Foot, *op. cit.*, p. 170, 174, 204, 207. Recruté par Guélis, le Dr Lévy « semble avoir alors appartenu en même temps à trois ou quatre groupes opposés ».

rien pour le détromper, achève de le convaincre en exhibant opportunément un télégramme du général de Lattre de Tassigny. Basin alerte Londres. Qui réagit en demandant à voir un émissaire de Carte. En juillet, Frager est en Angleterre où ses interlocuteurs se déclarent convaincus.

En fait, ils se doutent qu'il s'agit d'un leurre. Mais, d'une part, on ne sait jamais, et, d'autre part, leur intérêt est de feindre d'être bernés. Ils pourront en profiter pour évincer leurs rivaux américains et s'ouvriront ainsi une ligne directe avec les services français. Enfin et surtout, ils pourront par ce biais désinformer Vichy et les Allemands. En promettant à Carte monts et merveilles, financement, armement, transmissions, matériel de sabotage, instructeurs militaires, Vichy sera amené à conclure que l'objectif des Alliés est de débarquer sur la rive nord de la Méditerranée, en France, et à négliger la rive sud, l'Afrique du Nord, objectif véritable du débarquement.

Le 30 juillet 1942, une felouque débarque Bodington à Golfe-Juan sous l'œil complaisant des équipages de deux navires de guerre français. En un mois, il conclut un accord global de coopération avec « l'organisation Carte et tout ce qu'elle englobe, *[qui]* n'a absolument rien à voir avec le mouvement gaulliste sous sa forme politique, *[qui]* a des liens étroits avec l'état-major général français, actuellement officiellement en sommeil mais qui procède en réalité au recrutement et à l'entraînement de la jeunesse actuelle et des cadres de l'armée, *[qui]* n'est composée que de spécialistes, c'est-à-dire de gens qui se sont fait une spécialité de préparer des armées secrètes, *[lesquelles]* le moment venu (...) apparaîtront dans leur réalité, les groupes de résistance disparaissant [104] ».

L'accord stipule :

> « En contrepartie de notre aide en matériel et personnel entraîné, nous bénéficierons de l'aide effective, bien que dissimulée, des autorités françaises responsables, et de leur concours pour le développement de nos propres activités comme des leurs dans la mise sur pied d'une organisation de résistance complète sur toute l'étendue du territoire [105]. »

En réalité, Bodington n'a rien vérifié des propos de Girard, de Vautrin et des quelques comparses croisés. Il n'a même pas cherché à le faire. Le moindre contrôle lui aurait permis de comprendre que l'organisation Carte n'avait jamais dépassé le stade embryonnaire.

---

104. Rapport N. Bodington à SOE/F, 12 septembre 1942, 55 p., citations extraites des p. 6, 11, 12, 18. Traduction de Pierre Raynaud.

105. *Ibid.*

Hormis ses relations avec les services qui le manipulaient, Girard touchait surtout le milieu des artistes de variété (Jean Nohain et Mireille, par exemple), quelques littérateurs (Joseph Kessel, Jacques Benoist-Méchin) et journalistes (Jean Nocher, Jean Guignebert), de rares hommes d'affaires (Bérard, patron des disques Columbia) et des dirigeants de la LICA (Lazare Rachline, Max Hymans). Les effectifs combattants qu'il se disait en mesure de mobiliser à brève échéance, de 100 000 à 300 000 hommes, étaient à diviser par 1 000. Les 50 000 pistolets-mitrailleurs Sten demandés à Bodington, et aussitôt promis par celui-ci, n'auraient pas davantage trouvé d'utilisateurs chez Carte que les 600 émetteurs-récepteurs réclamés, également alloués sans barguigner, mais pour lesquels, lorsqu'il s'agira de former des opérateurs, deux volontaires se présenteront en tout et pour tout.

Si Bodington croyait vraiment ce qu'on lui avait dit lors de son séjour clandestin sur la Côte d'Azur, si sa conversation avec Vautrin l'avait convaincu d'avoir eu là « la réunion la plus importante qui ait eu lieu depuis l'armistice [106] », s'il pensait réellement : « On va avoir sur place 100 000 hommes dévoués à notre cause [107] », alors sa naïveté aurait dû lui coûter ses galons.

En effet, l'accord Carte-Bodington ayant prévu d'installer en Angleterre et en Amérique deux stations de radio qui émettraient quotidiennement les directives préparées par Carte à l'intention de son armée fantôme, Henri Diamant-Berger, *alias* André Gillois, et Jean Gandrey-Réty, choisis comme speakers de *Radio-Patrie*, avaient été amenés en Angleterre par Bodington [108]. Mais dès leur arrivée, confrontés aux chefs du SOE (Buckmaster, le général Gubbins, Bourne-Paterson, Piquet-Wicks, Bodington), les deux malheureux sont bien incapables de confirmer l'importance de Carte. Quinze jours plus tard, sans que la carrière de Bodington en souffre le moins du monde, ses mirifiques promesses sont annulées. Les livraisons de matériel à Carte seront « symboliques », les émissions « éducatives » [109], et Girard devra rompre avec l'OSS. « Bodington regrettait que vous *[Girard]* ayez des tractations avec les Américains » ; « *[il]* nous refit une réflexion analogue lorsqu'il apprit comment votre courrier était arrivé en Suisse », écrit Gillois à Girard [110].

---

106. André Gillois, *op. cit.*, p. 151.

107. AN, 72 AJ 41, témoignage Diamant-Berger, 10 octobre 1946, p. 9.

108. N'écoutant que sa générosité, Boddington a également embarqué sur la felouque qui les conduit à Gibraltar la fille et l'épouse de Gillois. Sur ce voyage, voir les ragots cocasses et lestes de Girard (AN, 72 AJ 41, témoignage Girard, 2e partie, p. 5).

109. Jean-Louis Crémieux-Brilhac, *op. cit.*, p. 409.

110. AN, 72 AJ 41, rapport de Diamant-Berger à Girard, Londres, 12 octobre 1942,

Après le débarquement en Afrique du Nord, Carte ne sert plus à rien et *Radio-Patrie* se tait aussitôt [111]. Dansey a gagné la partie et se lave les mains des conséquences.

Car en France, même réduite à presque rien (2 tonnes d'armes et 70 émetteurs livrés en août), l'aide du SOE a profité à Carte, mécontenté les Mouvements, fâché Moulin [112] et attiré l'attention des Allemands [113].

Dans sa région, Girard a tissé des liens avec les milieux policiers [114], a mis en place des liaisons avec la Suisse [115], et s'est doté d'une structure militaire en débauchant quelques éléments d'autres organisations [116].

En mars 1943, un rapport à ce sujet, signé René Hardy, arrive à François Morin (Forestier), alors chef d'état-major de l'AS :

> « Au cours de mon voyage à Nîmes, j'ai été informé qu'une AS se constituerait en marge de l'AS unifiée (...). Le thème de la propagande est sensiblement le même que celui de Radio Patrie (...). Chaque homme recrute deux adhérents. Une fiche numérotée est rédigée par chacun, avec indication de profession, aptitudes militaires, moyens mis à la disposition du mouvement, etc./ Les fonds sont illimités et le chef responsable va régulièrement *en Algérie*. Il obtiendrait *les crédits du côté américain*../ Le premier département organisé a été les Bouches-du-Rhône et maintenant la tentative s'étend au Gard (...). L'hypothèse que (...) Giraud serait derrière ce mouvement a été envisagée par mon correspondant (...) [117]. »

---

p. 11-12. Cette référence au transport du courrier de Carte semble confirmer les dires de Girard assurant que, jusqu'à la rupture des relations diplomatiques, ses messages passaient en Suisse par la filière de l'ambassade américaine à Vichy.

111. Elle ne reprendra jamais la parole, la radio gaulliste *Honneur et Patrie* la remplaçant quelques mois plus tard. *Cf.* André Philip, lettre du 15 février 1943, citée par André Gillois, *op. cit.*, p. 323. Les documents et témoignages consultés ne portent pas trace du rôle de Bénouville dans l'histoire de *Radio-Patrie*. Dans l'édition 1961-1962 du *Who's Who*, la notice le concernant indique : « fondateur de Radio-Patrie ».

112. Télégramme de Moulin du 28 janvier 1943 (AN, 72 AJ 233).

113. Le rapport Kaltenbrunner du 27 mai 1943 (AN, 72 AJ 47) mentionne Carte parmi les organisations qui comptent.

114. AN, 72 AJ 41, rapport Bartoli de Mandres et témoignage Girard, août 1950. A Marseille : inspecteur Théus et ses amis ; à Nice : inspecteurs Dubois, Terrier, Perretti ; à Vichy : un policier informe sur les enquêtes en cours ; à Antibes, le commissaire Valentin fait office de chef du contre-espionnage de Carte. L'une des couvertures de Valentin était une usine de jouets du Gard qui, en 1943, employa officiellement René La Combe, adjoint d'Hardy.

115. A Annecy, le commandant Valette d'Osia et Parcher ont créé deux passages vers Genève, l'un grâce aux pompes funèbres d'Annemasse, l'autre par la petite ligne ferroviaire qui aboutit à la gare des Eaux-Vives.

116. AN, 397 AP 2, témoignage Bourdet, p. 7 et 11 ; Claude Bourdet, *op. cit.*, p. 75 ; Henri Frenay, *La nuit finira*, *op. cit.*, p. 220.

117. AN, 72 AJ 47, documents saisis dans l'affaire Christine Denoyer, cote 110, rapport de Carbon (Hardy) à Mélétraz (Morin), s.d. Souligné dans l'original.

Cet « incident de frontière » conduit Frenay à rencontrer Girard. Lequel, quoique désormais en fâcheuse posture, refuse une fois de plus de rejoindre les rangs de la Résistance gaulliste mais accepte, semble-t-il, les subsides offerts [118].

Peu après, Hardy écrit de nouveau à Morin : « Suite à enquête sur Radio Patrie, le chef du mouvement surnommé Carte ayant été contacté par Tavernier *[Frenay]*, cette affaire demeure (*sic*) sans objet ; néanmoins, ce monsieur ayant fait appeler mon correspondant lui a déclaré être le représentant personnel du général de Gaulle, ne recevant d'ordre que de lui, en liaison permanente avec lui (...) [119]. »

Affabulation qui ne trompe plus personne. Carte se déchire et se défait. Frager se fait embaucher par le SOE/F, Girard par l'OSS et André Labarthe [120]. Profitant des remous, les Allemands se sont « infiltr*[és]* totalement » dans l'organisation [121] avant d'en arrêter une vingtaine de membres à partir d'avril 1943 [122].

Bénouville, qui a sans doute connu le petit groupe de royalistes aggloméré à Carte [123], cherche à récupérer quelques rescapés de l'organisation. Selon ses Mémoires, cela se passe à la fin de 1942 [124] ; en réalité, six mois plus tard.

Le 30 mai 1943, il écrit à Davet et Monod : « Vous savez que j'ai

---

118. AN, 72 AJ 46, témoignage Frenay, février-mars 1948, p. 74. Guillain de Bénouville, *op. cit.*, p. 300, évoque la somme de 500 000 francs par mois promise par Combat à Carte, ce qui semble exagéré eu égard aux difficultés financières traversées alors par l'organisation de Frenay.

119. AN, 72 AJ 47, cote 111, Carbon (Hardy) à Mélétraz (Forestier), s. d.

120. Renvoyé en France organiser un nouveau réseau, Frager sera arrêté en 1944 dans des conditions bizarres, et exécuté en déportation (sur Frager, *cf.* témoignage laconique de sa veuve, Louba, *in* AN, 72 AJ 41, 20 juin 1946). Récupéré par Pendar, l'un des proches de Robert Murphy, Girard ira aux États-Unis où il publiera un récit aussi flou qu'invérifiable : *Bataille secrète en France*, Brentano's, New York-Paris, 1944. Associé à Labarthe, il collaborera à sa revue, *Tricolor*, « édition américaine de *La France libre* », par des articles et des illustrations (*cf.* FOIPA, André Labarthe, 100-288875, section 3).

121. Michael R. D. Foot, *op. cit.*, p. 320.

122. Le rapport « Flora » doit son nom à la déformation du nom de Floiras, radio de Carte arrêté. Il mentionne plusieurs autres militants de cette organisation parmi les personnes arrêtées ou repérées, notamment les policiers Pibouleau et Théus, ainsi que Gisèle Experton, qualifiée d'excellent agent par le rapport de Bodington cité, p. 53. Voir aussi AN, 72 AJ 35, témoignage Léon Théus, 6 mai 1947, qui relate que l'un des résistants arrêtés alors, puis retourné, l'informa six fois des projets allemands.

123. Le rapport Bodington est sévère pour ces royalistes du groupe « Hughes » : « difficile à diriger car il y a trop de factions dans le mouvement royaliste et ils ne sortent pas de leurs discussions politiques ». Mais il les dit bien informés et à même de trouver des renseignements utiles à Vichy.

124. Carte, *op. cit.*, p. 330. Dans l'édition de 1983, il ampute l'original de 18 lignes et le résume par : « à la fin de 1942 », p. 221.

longtemps travaillé avec cette organisation *[Carte]*, et Dufour *[Davet]* est au courant du drame qui la scinda en deux. (…) Les rescapés (…) ont attendu deux mois. Puis, comme ils me connaissaient, ils m'ont envoyé un représentant (…). Ce représentant vient de revenir me trouver : il m'apporte l'adhésion totale des survivants sérieux et triés sur le volet (…). Ils seront répartis entre nos différents organismes (…). Bien entendu, ils ne connaissent rien de nos difficultés et ce sont les M*[ouvements]* U*[nis]* qui les accueillent. Racontez cela sous le sceau du secret à nos amis (…) Cadet *[Américains]* seulement (pas aux Soletau *[Britanniques]*). »

Le 17 juin, redisant que seuls les Américains doivent être informés, Bénouville apprend la fin de l'opération à ses amis genevois. Le 27, il conclut : « Radio Patrie *[Carte]* : opération définitivement réglée [125]. »

Bénouville intègre les MUR

En relation avec Frenay depuis décembre 1942, Bénouville intègre la direction des Mouvements unis de résistance environ trois mois plus tard. Non sans bisbilles, car Michel Brault (Jérôme) s'en verrait bien chargé, on lui confie les Relations extérieures (RE), c'est-à-dire les contacts avec les services secrets.

Ses idées politiques sont peu appréciées. « Il nous accablait souvent de "Vive le Roi !" intempestifs, écrit Claude Bourdet. Il était difficile de l'utiliser, à cause de ses opinions trop affichées, dans les organismes comportant de fréquentes relations avec des militants de gauche [126]. » Même Monod tique et le provoque malicieusement en lui suggérant de faire parvenir un livre de Georges Bernanos « à cette vieille fripouille de Maurras [127] ». Pour sa part, Frenay le traite d'« horrible réactionnaire » et lui donne en conséquence le pseudonyme de « Barrès » [128].

Numéro deux de Libération, Pascal Copeau ne supporte pas que Bénouville parle de « démocrasouillerie [129] ». Et quand l'« affaire suisse » éclate, il est prompt à voir dans l'entente avec l'OSS-Berne un accord

---

125. DS-MUR, lettres de Bénouville à Monod et Davet des 30 mai, 17 et 27 juin 1943. Selon André Gillois, *op. cit.*, p. 164, Bénouville aurait ainsi récupéré une tonne de matériel, une entreprise de transports et une centaine d'hommes.

126. Claude Bourdet, *op. cit.*, p. 196-197.

127. DS-MUR, lettre de Monod à Bénouville, 7 juillet 1943.

128. Henri Frenay, *La nuit finira*, *op. cit.*, p. 308.

129. Notes de Copeau, *in* Pierre Leenhardt, *Pascal Copeau*, L'Harmattan, Paris, 1994, p. 246.

naturel entre réactionnaires. Pour lui, dès lors que se trouvent mêlés à l'affaire Bénouville, qui « ne se cache pas d'être un homme de droite, ancien collaborateur de *L'Alerte*, et lui aussi probablement de l'A*[ction]* F*[rançaise]* », Valette d'Osia, « réactionnaire déclaré dont l'entourage est ouvertement d'AF », Marcel Peck, qui « a été ou est toujours d'AF », Jacques Dhont, « un J*[eunesses]* P*[atriotes]* », enfin Davet, « plus ou moins cagoulard et également ancien collaborateur de *L'Alerte* », l'affaire est entendue [130].

Pourtant, Copeau se trompait peut-être sur l'essentiel. Il existe au moins un témoignage selon lequel les idées de certains chefs de Combat ont desservi le mouvement auprès de l'OSS. Francis Missa, un temps à Combat avant de devenir l'un des dirigeants de Libération pour la région R3 (Montpellier), affirme : « Lorsque Frenay décida d'entrer en rapport avec les Américains en Suisse, il y envoya Bénouville. Or les Américains dirent à celui-ci que Combat ne les intéressait pas parce que c'était un mouvement réactionnaire [131]. »

Témoignage isolé, certes. Mais il n'en demeure pas moins que lorsque l'OSS veut entrer en relation avec Combat, elle s'adresse directement à Philippe Monod dont le long passé de gauche lui est connu et qui, en 1943, se définit lui-même comme un « vieux républicain socialisant [132] ».

Nous voici ramenés à l'« affaire suisse ».

L'« affaire suisse »

On l'a vu à propos des relations de Gastaldo avec l'OSS-Berne, l'« affaire suisse », pour peu qu'on l'expose sans passion sur la base des faits connus et des documents disponibles, n'est pas réductible à la version donnée par Moulin dans ses télégrammes et rapport de mai 1943. Le fond de sa thèse consiste à présenter l'affaire comme l'indice, sinon la preuve, que dans les premiers mois de 1943 le chef de Combat trahit le camp gaulliste, rompt l'unité de la Résistance intérieure, se rallie au camp de Giraud et de Roosevelt.

A la lecture des messages accablants de Moulin, De Gaulle devait comprendre que les Américains soudoyaient Frenay à raison de « 40 millions » par mois, espérant ainsi le voir s'emparer de « tous les

---

130. Lettre de Copeau à d'Astier de la Vigerie, 11 mai 1943, citée par Daniel Cordier, *Jean Moulin, l'inconnu du Panthéon*, *op. cit.*, t. 1, p. 216.

131. AN, 397 AP 3, témoignage Missa, 14 mai 1956, « Note confidentielle ».

132. AN, 397 AP 2, lettre de Monod à Bénouville, 1er mai 1943.

leviers de commande » et comptant sur lui pour entraîner la résistance non communiste.

Ces affirmations et ces insinuations tendaient évidemment à obtenir la mise à l'écart d'un Frenay simultanément critiqué – parfois à bon droit – par certains autres chefs de Mouvement. Pascal Copeau a confié plus tard :

> « Pour tout dire, nous avons beaucoup comploté avec Max *[Moulin]* pour éliminer les chefs historiques, pour qu'ils laissent aux chefs de la deuxième vague la possibilité de travailler sans porter avec eux toutes les histoires du début[133]. »

Pour « éliminer » Frenay, Jean Moulin a usé de moyens discutables, parfois passionnels[134], parfois subtils.

Dans son rapport du 7 mai, il dit avoir appris la tenue, à Berne, le 8 mai, d'« une réunion des attachés militaires où sont convoqués les représentants de Nef *[Frenay]* (maintenant du CD des MU), le chef du 2e B*[ureau]* Vichy et celui de Giraud[135] ». Passons sur « convoqués », qui induit déjà une soumission, pour remarquer que le lecteur non averti comprend qu'à cette réunion participeront le chef du 2e Bureau de Giraud (présence déjà inadmissible aux yeux de De Gaulle), mais aussi le chef du 2e Bureau de Vichy – preuve patente de trahison. En réalité, il s'agissait d'un seul et même homme, le commandant Gaston Pourchot, qui, après avoir été l'homme des services secrets de Vichy à Berne, s'était rallié à Giraud et était payé par l'OSS[136]. La réalité était donc déjà bien assez compromettante comme cela sans qu'il fût besoin d'y rien ajouter.

Autre exemple : en terminant son rapport, Moulin affirme être maintenant recherché par Vichy et par la Gestapo, « en partie grâce aux méthodes de certains éléments des mouvements[137] ». Vu le contexte, il

---

133. Pierre Leenhardt, *op. cit.*, p. 134. Pour sa part, Frenay détestait « cordialement » d'Astier, pour plusieurs raisons politiques et pour son style de vie. Dans AN, 397 AP 2, témoignage Frenay recueilli à partir du 9 décembre 1955 jusqu'en janvier 1957, il reproche à d'Astier d'avoir été antisémite avant-guerre puis de plus en plus lié aux communistes après. Il relate aussi avoir, à Londres, en 1942, trouvé d'Astier « dans son lit, en compagnie de sa maîtresse (une Russe, fille de l'ex-ambassadeur soviétique Krassine et ex-épouse de Gaston Bergery), abrutis par la drogue, incapables de rien faire et de rien comprendre ». Selon Frenay, d'Astier était « indigne de toute confiance ».

134. Colonel Passy, *op. cit.*, p. 192n, juge les faits rapportés par le rapport du 7 mai « à mon avis parfaitement exacts, mais *[par]* Rex *[Moulin]* colorés d'une indiscutable teinte passionnelle ».

135. *Ibid.*, p. 90.

136. BA, E 27/9803-9815, dossier Pourchot, ainsi que les rapports du ministère public fédéral, 20 avril 1942, 4 avril 1945.

137. Francis Closon, *op. cit.*, p. 95.

est aisé de deviner qui est visé. L'assertion est d'autant plus déplacée que si Moulin est effectivement connu de Vichy, ce n'est peut-être pas tout à fait étranger au fait que Pierre Kaan fréquente Pétain, tandis qu'Antoinette Sachs est liée par sa sœur à Groussard.

Dernier exemple : lorsque Jean Moulin écrit « les tenants de Combat » mènent une campagne anticommuniste, il ne touche pas seulement une corde sensible chez De Gaulle alors en plein « flirt » avec Moscou, il joue habilement sur les mots, en l'occurrence sur la différence entre l'article défini « les » et l'article indéfini « des ». Car, s'il est exact qu'à cette époque *des* tenants de Combat, au premier chef Roger Kaeppelin, responsable du SR des MUR pour la région R4 (Toulouse), diffusent auprès des responsables de sa région des critiques de l'Armée rouge et des analyses qui attirent « l'attention sur les difficultés qui se produiront certainement après la guerre entre la Russie et les Alliés [138] », il n'en est pas moins vrai que la direction de Combat a rappelé à l'ordre Jacques Dhont, chef de R4, lequel intervint auprès de son subordonné, l'un et l'autre préférant quitter Combat pour le réseau Mithridate [139].

Quant à l'anticommunisme prêté à Frenay et à Combat, il est loin d'être établi.

La réalité est plus complexe. Le 16 avril 1943, « Fouché », c'est-à-dire Marcel Degliame, dirigeant de Combat, adresse une circulaire à toutes les régions. Au nom des MUR et après avoir rappelé la période du pacte germano-soviétique, il expose la tactique vis-à-vis du parti, qui « s'engage par avance à soutenir le gouvernement qui sera en première ligne l'expression de notre résistance et s'interdit par là même toute tentative de prise de pouvoir (…) [140] ».

Si l'on sait que Degliame déclara ensuite avoir été un militant communiste intégré dans Combat, on peut penser que cette formulation était acceptable pour lui et pour son parti. Du reste, elle ne faisait qu'appliquer les directives données par la direction du PC en avril 1941 et celles de la direction de l'Internationale communiste du mois de juin suivant [141].

Degliame écrivait ensuite : « Pratiquement, l'unité d'action avec le

---

138. AN, 397 AP 2 et 72 AJ 47, témoignages Roger Kaeppelin. Kaeppelin, soixante ans en 1943, était un ancien du 2e Bureau en Pologne et membre de Combat depuis avril 1942.

139. *Cf.* DS-MUR, lettre du 19 juillet 1943 et télégramme de Bourdet à Frenay. Par ailleurs, Kaeppelin relate dans son témoignage qu'au début de 1944, à Paris, Bourdet et d'autres lui demandèrent de créer un réseau politique. « On lui dit qu'on tenait à ce que le chef du réseau inspirât toute garantie du point de vue "non communiste". »

140. AN, 397 AP 2, CD-MUR, 16 avril 1943, « Fouché à toutes régions ».

141. *Cf.* Stéphane Courtois et Annie Kriegel, *Eugen Fried, le grand secret du PCF*, *op. cit.*, p. 367.

PC se traduit par un contact permanent à l'échelon national et par la désignation à l'échelon régional d'un responsable du PC et d'un représentant des MRU *[MUR]* qui étudieront ensemble les actions communes [142]. »

L'unité d'action avec le PCF était donc approuvée et respectée.

Le 28 avril, Frenay montre que la ligne exposée par Degliame est aussi la sienne. Dans la partie confidentielle d'une lettre au général Davet, il expose l'état de

> « nos pourparlers avec le PC. Nous avons réussi à leur faire signer un télégramme adressé à de Gaulle et qui le reconnaît comme chef du futur gouvernement provisoire. C'est un grand succès. Ils ont demandé en contrepartie que nous adressions un télégramme de sympathie au général Giraud, ce à quoi nous avons acquiescé (...) [143] ».

C'est donc à la demande du PCF, et non pas à l'initiative de Combat ou de Frenay, qu'à la mi-avril 1943 un télégramme des MUR a été adressé à Giraud. Cela ne pouvait déplaire aux Américains. Ni à Moulin, dont on a vu la position réelle à ce sujet.

Quant à l'idéologie personnelle de Frenay, que Jean Moulin, dans son rapport du 7 mai ne qualifie pas, sauf indirectement en notant son « attitude politique équivoque », il était alors de bon ton chez certains de la taxer de « fasciste ».

Bénouville écrit le 2 juin 1943 à Monod : « On prétend accuser Henri *[Frenay]* de ce qu'ils appellent "fascisme", parce que nous nous refusons à écarter du travail contre l'ennemi des gens qui font preuve chaque jour de leur courage et de leur loyauté. Les petits politicards régionaux des autres mouvements montent sur leurs grands chevaux dès que l'un de nous est seulement chrétien pratiquant. Mais encore une fois il ne faut voir dans leur perfide mais petite manifestation d'hostilité que la preuve d'un complexe d'infériorité [144]. » Il est clair que la diatribe visait en premier lieu Copeau selon lequel les contacts avec l'OSS-Berne avaient « l'allure d'un complot fasciste [145] ».

En réalité, Frenay, issu d'un milieu de droite – et sa fréquentation du 2e Bureau, quoique contrebalancée par sa relation avec Berty Albrecht, n'avait certes rien arrangé –, se trouva, comme toute la Résistance intérieure, emporté vers la gauche par les événements. S'étant placé

---

142. AN, 397 AP 2, « Fouché à toutes régions », document communiqué par Alban Vistel.

143. *Ibid.*, lettre de Xaintrailles (Frenay) à Dunoyer (Davet), 28 avril 1943.

144. DS-MUR, lettre de Bénouville à Monod, 2 juin 1943.

145. Cité par Daniel Cordier, *Jean Moulin, l'inconnu du Panthéon*, *op. cit.*, t. 1, p. 215.

d'abord sous l'égide de Pétain – mais personne ne peut mesurer exactement quelle part de tactique entrait dans cet affichage –, il se déclare, dès septembre 1941, « socialiste bon teint[146] ». En juillet 1942, il signe, avec Bourdet et André Hauriou, le manifeste « Combat et Révolution » : « La Révolution que nous portons en nous est socialiste[147]. » Et le projet exposé, s'il refuse le principe de la lutte des classes, n'est pas plus fumeux que n'importe quel autre de cette époque. Antinazi de la première heure, antifasciste sans concession, il n'est certes pas internationaliste au sens stalinien du terme. Mais il n'est, lui, jamais anti-boche[148], encore moins anti-allemand. Le 8 novembre 1942, dans une longue lettre manuscrite à De Gaulle, il trace au contraire une vaste perspective d'avenir dans laquelle le peuple allemand et l'Allemagne occupent une juste place[149].

Il n'est pas davantage anticommuniste. En août 1943, alors à Alger, il s'entretient avec le major Robert P. Pflieger, devenu chef du *Secret Intelligence* de l'OSS après le départ de Roseborough. Il a eu la veille une conversation de cinq heures avec De Gaulle. Sans mâcher ses mots sur aucun des sujets abordés, il donne la composition du Gouvernement provisoire qu'il souhaite voir installer en France à la Libération et en attendant des élections : « quelques membres du Comité de Libération *[CFLN]*, plus quelques représentants des syndicats reconstitués et des deux seuls partis politiques existants (socialiste et communiste, ce dernier étant obligé d'assumer sa participation dans la lourde charge de gouverner), et quelques leaders des groupes de résistance[150] ». Ce sera un gouvernement marqué à gauche.

Le 27 mars 1944, devenu commissaire aux Prisonniers, Déportés et Réfugiés, il écrit une lettre personnelle à De Gaulle par laquelle il met son siège en jeu si les communistes n'entrent pas au Gouvernement : « (...) autant je serai fier de partager avec vous et à mon rang les responsabilités du Pouvoir si je savais que vous avez tout fait pour réaliser avec eux *[les communistes]* une union qui s'est avérée impos-

146. AN, 397 AP 3, témoignage Jean Perrin, 15 mars 1946.

147. Texte complet *in* Henri Frenay, *La nuit finira*, *op. cit.*, p. 576-578.

148. Une exception, son mot de décembre 1942 « aux camarades du BCRA » : « On a repris le boulot dans des conditions à peu près normales. Les boches sont là évidemment (...). » Toute la lettre est dans un style très relâché, peu coutumier de Frenay : « L'emmerdement est qu'il y a bien des gens qui n'ont pas compris. Je vais de Comité de coordination en Conseil directeur. C'est la résistance des comitards ! Pendant ce temps l'action n'avance pas » (AN, 72 AJ 47, un demi-feuillet manuscrit).

149. *Ibid.*, lettre à De Gaulle, 15 feuillets : analyse de la situation actuelle, perspectives, sort de l'Allemagne, Europe.

150. NARA, RG 226, E 97, B 42, F 731, lettre de Pflieger au capitaine Paul Van der Stricht, OSS-Londres, 19 août 1943, 3 p.

sible, autant, dans le cas contraire, il me serait impossible de rester à mon poste[151] ».

Mais Frenay n'est pas léniniste et il est antistalinien. Connaissant l'histoire de la révolution russe, il ne se fait pas d'illusions sur la nature du régime, s'en méfie et craint les lendemains qui déchantent. En mars 1943, il explicite son point de vue :

> « La résistance considère les communistes comme des alliés, comme des camarades de combat. Son attitude vis-à-vis d'eux est celle des Nations unies face à l'URSS./ Elle rend hommage au courage des communistes qui, dans la résistance, ont le palmarès le plus sanglant (...) *[Mais elle]* ne se fait aucune illusion. Ses alliés ne sont pas des amis. Si la politique française coïncide actuellement avec celle du Komintern, elle s'en séparera demain. Et les communistes suivront celle de Moscou et non de Paris./ En entrant en relation avec les communistes, la résistance s'est fixé deux buts : le premier est d'unir tout ce qui dans la guerre fait front à l'ennemi commun, le second est de tenter de rendre impossible aux communistes tout essai de révolution à leur profit[152]. »

En clair, la révolution est à faire par la Résistance intérieure, mais pas par les seuls staliniens. Ni par les anciens partis :

> « Nous voulons (...) un régime économique et social juste, non plus seulement en paroles mais en actes, qui tende à la disparition de la condition prolétarienne./ Un rajeunissement des cadres de la République nous apparaît indispensable pour mener la révolution que nous voulons faire (...). Laisser les partis se reconstituer équivaudrait à empêcher la France de participer à la révolution mondiale que tout le monde pressent. Si les mêmes hommes, armés des mêmes programmes qu'hier dirigent demain le pays, ils seront dans l'incapacité d'interpréter les événements révolutionnaires que nous allons vivre[153]. »

D'un mot : la Résistance intérieure est le parti de la révolution dans une France partie intégrante de la révolution mondiale. Elle est le concurrent révolutionnaire du PCF et du Komintern.

Examinons maintenant la question du giraudisme supposé de Frenay. Selon Jean Moulin, en négociant avec les Américains « et, par la

151. AN, 72 AJ 47, lettre à De Gaulle, 27 mars 1944.

152. NARA, RG 226, E 125, B 10, F 172, *Bern-OSS-INT*, Frenay, mars 1943, « Position politique des Mouvements unis ».

153. NARA, *ibid.* En 1946, rencontrant Jean Perrin, Frenay lui déclara, peut-être par manière de provocation amusée, qu'il était « devenu trotskiste ». *Cf.* AN, 397 AP 3, témoignage Jean Perrin, p. 4, 15 mars 1946.

force des choses, avec Giraud », Frenay met les Mouvements « à la disposition » du rival de De Gaulle [154].

Henri Frenay a fait plusieurs fois allusion au texte qu'il adressa aux Américains en mars 1943 [155]. Il ne l'a pas publié. Sans doute était-il perdu. Si tel n'avait pas été le cas, les accusations et insinuations de Moulin n'auraient pas été longtemps prises au sérieux.

Le document original comptait douze pages, simple interligne. La première partie était consacrée à l'AS, elle a disparu. Nous avons retrouvé la seconde, huit feuillets intitulés : « Position politique des Mouvements Unis » [156].

Plus de cent lignes sont consacrées au « problème Giraud-De Gaulle », vu dans la perspective de la « libération et de la révolution ». Le différend est entièrement mis à la charge de Giraud. Dès son évasion, il a refusé, « ainsi que nous l'en sollicitions », de vive voix et par écrit, de « joindre ses efforts à ceux de la résistance et de la France combattante ». Au contraire, il s'est

> « rangé aux ordres de l'amiral Darlan, représentant authentique de Vichy et de la politique de capitulation. Le Gouvernement de l'Afrique du Nord était confié aux hommes de Vichy, à nos ennemis de toujours et Giraud collaborait avec eux ! Dès lors, la résistance française et le général de Gaulle qui en est l'expression ne pouvaient plus, sous peine de renier leur propre attitude, entrer en relation avec ceux qu'il considère comme des traîtres à la cause française./ C'est en vain que le général de Gaulle multiplia les appels à l'adresse de Giraud. Celui-ci ne lui répondit pas. Les patriotes gaullistes incarcérés en AFN restaient internés et leurs ennemis au pouvoir. C'était le comble de l'incohérence et de l'injustice (...) les "élites" françaises se rangèrent derrière Giraud avec un empressement d'autant plus grand qu'elles avaient suivi jusqu'à ce jour et voyaient en Giraud leur bouée de sauvetage (...). Dès lors, il y eut deux résistances, l'une organisée derrière le général de Gaulle et groupant en gros tous les éléments populaires, l'autre inorganique groupant en gros tous les éléments de la bourgeoisie française (...). Réactionnaire par sentiment, entouré d'hommes de Vichy et des trusts, en liaison avec Pétain, il devenait évident que l'opposition *[de Giraud]* à de Gaulle n'était pas une question d'ambition personnelle, mais un calcul politique allant exactement à l'encontre des volontés françaises et qui a manifestement pour but le maintien sous une forme ou une autre du régime de Vichy et le règne des banques et des trusts. A cette manœuvre, il était impossible aux Mou-

---

154. Jean Moulin, rapport du 7 mai 1943.
155. Par exemple dans sa note du 25 mai 1943, reproduite *in extenso* dans *L'Énigme Jean Moulin*, *op. cit.*, éd. complétée, p. 344.
156. NARA, RG 226, E 125, B 10, F 172, *Bern OSS-INT*, mars 1943, « Fresney ».

vements de résistance de s'associer (...). Nous sommes extrêmement surpris et peinés que les Américains se fassent les complices inconscients de cette division si lourde de conséquences (...). Ils *[nous]* précipitent en réalité dans la guerre civile (...)/ La position de la résistance vis-à-vis de Giraud est très simple (...). Que Giraud se sépare de son entourage et l'accord avec de Gaulle est réalisé immédiatement (...) les Américains ont le devoir et le droit d'intervenir pour faire aboutir cette solution ».

La diplomatie n'était pas le fort de Frenay. Ici, dans un texte pourtant écrit à la va-vite, il parvient cependant à condamner Giraud et à ménager les Américains dont il espère l'aide en affectant de croire que c'est par « inconscience » qu'ils sont complices du rival de De Gaulle.

Un an plus tard, Bénouville prendra encore moins de gants. En vingt-cinq pages mordantes, toute la politique américaine est impitoyablement passée en revue. Jamais publié, pas même évoqué par son auteur, ce texte adressé à Allen Dulles condamne Giraud et ses protecteurs :

« Les Résistants français se sont d'abord scandalisés que vous ayez monté l'affaire de l'Afrique Française à l'insu du Général de Gaulle. Leur scandale est devenu de la colère lorsqu'ils ont compris le rôle qu'allait jouer le Général Giraud. Celui-ci, en effet, dès que les départements français d'Afrique du Nord furent libérés, commença par proclamer qu'on y maintiendrait la loi de Vichy. Il ne le pouvait faire qu'avec votre assentiment (...). Si vraiment *[Giraud]* avait représenté l'ordre, vous pourriez vous dire qu'en voulant l'imposer vous avez nui à l'ordre[157]. »

Entre-temps, le 16 avril 1943, Degliame, qui, lui, n'avait pas à faire de diplomatie, avait écrit aux MUR :

« Dès son retour en France, le général Giraud (...) faisait acte de soumission à *[Pétain]*. En même temps, il était mis en rapport par ceux-là mêmes qui l'avaient fait évader avec les membres du complot ourdi entre les États-Unis et les hauts fonctionnaires vichyssois de l'Afrique du Nord (...). »

Il avait enchaîné en réaffirmant la position des MUR et de Combat :

« La résistance française, qui est gaulliste et qui a avec elle tout le pays, ne repousse aucune alliance dans le combat mais elle ne veut pas non plus se faire l'instrument d'une tentative dictatoriale réactionnaire. »

---

157. NARA, RG 226, E 123, B 9, F 95, France Maquis, *Bern-SI-INT-59-65*, Fabri (Bénouville) à Le Dantec (Dulles), 10 février 1944.

Il avait continué en s'en prenant à ceux qui étaient alors en train de constituer la résistance giraudiste, les officiers de l'armée d'armistice :

> « Nous n'oublierons pas qu'ils caressent et caresseront peut-être encore après un accord de Gaulle-Giraud, des projets de guerre civile à la Franco, en tentant de creuser un fossé entre la résistance et le communisme. »

Enfin, il avait exclu *de facto* la bourgeoisie capitaliste et les fascistes anticollaborationnistes, c'est-à-dire les giraudistes :

> « Notre union se fait, de plus, contre la forme bourgeoise et capitaliste de notre société (…). Il est recommandé la plus totale prudence en ce qui concerne les rapports avec les éléments fascistes anticollaborationnistes qui, de l'aveu ou non du général Giraud, poursuivent des buts diamétralement opposés aux nôtres [158]. »

On ne connaît aucun texte de Frenay de cette époque favorable à Giraud ou qui remette en cause le *leadership* de De Gaulle en matière militaire. Au contraire, le 28 avril 1943, il écrit à Davet : « (…) nous ne voulons rien changer à l'attitude que nous avons prise vis-à-vis du général de Gaulle, père et symbole de la résistance (…), nous entendons être à ses ordres dans le domaine militaire [159] ». De surcroît, le 15 juin, le journal *Combat* publie un éditorial rédigé avant le départ de Frenay pour Londres et titré « Unité ». Il salue « avec joie et soulagement » la création, à Alger, du CFLN et déclare De Gaulle « chef incontesté de la résistance française ». Le nom de Giraud n'est pas même cité.

Pendant ce temps, rappelons-le, le 8 mai, lendemain de la rédaction du rapport à De Gaulle accusant Frenay de giraudisme, Moulin se substituait au CNR pour demander la subordination de De Gaulle à Giraud sur le plan militaire et, le 10 juin, prônait l'indépendance de la Résistance intérieure. Neuf jours plus tard, il recevait un agent giraudiste et un autre de l'OSS.

Examinons maintenant le troisième grief : Frenay veut prendre tous les leviers de commande en main, et la sécession menace.

Le 27 avril, deux jours après que Moulin a fait éclater l'« affaire suisse », Frenay envoie à Monod une lettre consternée. Revenant sur les intentions qui ont présidé à la création de la Délégation en Suisse, il écrit :

---

158. AN, 397 AP 2, « Fouché à toutes régions », 16 juin 1943, point 1.
159. *Ibid.*, lettre de Xaintrailles (Frenay) à Dufour (Davet), 28 avril 1943.

> « Nous avions l'espoir que notre force serait accrue et que notre voix, devenue plus puissante et libre, pèserait d'un poids plus grand auprès des Alliés en faveur de de Gaulle lui-même et du Comité National Français. *[Cela]* a violemment choqué Max *[Moulin]* qui, comme vous le savez, (…) interprète nos démarches comme un changement d'attitude à l'égard du gaullisme en général. Il s'agit donc de l'en détromper, ainsi que Londres, non seulement en paroles, mais par des faits [160]. »

Le lendemain, Frenay ordonne à Davet de justifier auprès des Américains la décision de De Gaulle de reporter son départ à Alger :

> « Cette affaire n'est pas sans inquiéter nos amis Américains. Il faut leur faire ressortir qu'il n'y a, de la part de de Gaulle, aucune mauvaise volonté, mais seulement le maintien de la position qu'il a toujours adoptée et qui a reçu l'appui des Mouvements de résistance des deux zones et des partis politiques plus ou moins reconstitués [161]. »

Loin de miner la position de De Gaulle, Frenay la soutient et l'appuie du poids des Mouvements. Il ne fait ainsi que confirmer le principe exprimé dès le début devant Monod : « Les Américains devaient savoir que Combat et les MUR (…) étaient gaullistes et que nous ne deviendrions pas giraudistes, même pour des millions [162]. »

Mais, excédé par la progressive mise en tutelle de la Résistance intérieure par Moulin, tutelle exercée au nom de De Gaulle et du BCRA, le chef de Combat profitait de la même lettre pour réaffirmer sa volonté de demeurer politiquement libre :

> « Si nous ne voulons rien changer à l'attitude que nous avons prise vis-à-vis du général de Gaulle, père et symbole de la résistance, si nous entendons être à ses ordres dans le domaine militaire, nous entendons, en revanche, rester libres de nous exprimer librement, de nous organiser librement et de conserver cette attitude d'indépendance qui seule donne du poids à nos avis tant auprès des Alliés que de de Gaulle lui-même [163]. »

---

160. *Ibid.*, lettre de Frenay à Monod, 27 avril 1943. Non sans naïveté, Frenay recommande à son interlocuteur de tout faire pour gagner les bonnes grâces de Bruno de Leusse qui, ancien consul de Vichy à Lugano, vient de se rallier à De Gaulle et d'être désigné comme représentant officieux de celui-ci en Suisse.

161. *Ibid.*, lettre de Xaintrailles (Frenay) à Dufour (Davet), 28 avril 1943, « Note confidentielle ».

162. AN, 397 AP 1, témoignage Monod, 18 juin 1955, et « Note de Monod sur la Délégation ».

163. AN, 397 AP 2, lettre de Xaintrailles (Frenay) à Dufour (Davet), 28 avril 1943, « Note confidentielle ».

Fin avril-début mai 1943, aucune des accusations politiques lancées par Moulin n'apparaît fondée sur des faits et des écrits. Toutes relèvent d'une stratégie du soupçon et d'une tactique d'insinuation. Si Moulin est en droit de reprocher à Frenay la contestation de son autorité – ce qu'il ne fait pas ouvertement –, s'il peut également lui faire grief de sa décision unilatérale d'entrer en relation avec l'OSS-Berne, l'accabler ainsi qu'il le fait dans son rapport du 7 mai est exagéré.

Dès lors, au lieu de monter l'affaire en épingle, n'eût-il pas été de bonne politique de la maintenir dans ses justes proportions car, très vite, Frenay douta de la pureté des intentions des Américains ?

Francis Closon, parti pour Londres remettre le rapport du 7 mai en main propre à De Gaulle, était assez au fait des réalités pour ajouter ses « Commentaires ». Il écrit :

> « Alors qu'il *[Frenay]* demeurait très ferme à la fin du mois d'avril, il a été, d'après les renseignements qui m'ont été donnés avant mon départ[164], très ébranlé lorsqu'il a constaté que, d'une part, les Américains ont mis son représentant en Suisse en présence du représentant du général Giraud et de Vichy, et que, d'autre part, l'appui qu'on lui avait promis dans la seconde conférence en Suisse est beaucoup moins important qu'il ne l'escomptait et s'en remettra à la décision du général de Gaulle./ Je ne pense pas, dans ces conditions, que les choses puissent s'envenimer comme on le redoutait[165]. »

Closon se trompait. S'il voyait bien la dimension psychologique de l'affrontement de deux fortes personnalités, d'où sa suggestion de régler le conflit par une « conversation, à Londres, entre les chefs de Mouvements et le Général[166] », et s'il discernait aussi certaines dimensions politiques de l'affaire, d'autres lui échappaient. Elles lui faisaient sous-estimer la détermination de Moulin, mais aussi l'embarras de Frenay.

N'avait en effet pu échapper au chef de Combat qu'au moment même où débutait et s'envenimait l'« affaire suisse » de bizarres événements se produisaient entre Berne, Vichy et Alger.

A Berne, le 20 avril, le conseiller fédéral (ministre) Bonna reçoit un mot manuscrit :

> « Le lieutenant-colonel Schapoth vient de me dire que selon les renseignements d'un informateur français du SRS *[Service de renseignement*

164. Closon est parti le 19 mai.

165. AN, 72 AJ 233, dos. 2, doc. 10, II, « Commentaires de Closon sur le rapport de Rex (Moulin) du 7 mai 1943 », reproduits *in* Francis Closon, *op. cit.*, p. 96-102.

166. *Ibid.*

> *suisse]*, il se préparerait une dissidence giraudiste à l'ambassade de France à Berne. Le chef du mouvement serait M. du Moulin *[de la Barthète]* qui aurait offert ses services aux Américains et au général Giraud ; il espère entraîner certains consuls de France, notamment le consul général à Genève, M. Giraudet. L'informateur aurait ajouté que même l'amiral Bard *[l'ambassadeur]* aurait découvert son vieux cœur d'Africain./ Le col. Schap. ne connaissait pas l'écoute ci-joint concernant M. du Moulin. »

L'écoute téléphonique, datée du 14 avril 1943, à 13 h 30, concernait un appel d'Alger. Peyrouton, qui en pratique gouvernait l'Algérie au nom de Giraud, avait appelé du Moulin de la Barthète. Résumé en style télégraphique, il lui avait dit : « Cher ami, souvent pense à vous, garde toute amitié confiante, tâchez de donner parfois des nouvelles, très cordialement[167]. »

En fait, du Moulin de Labarthète, un proche de Pétain devenu attaché financier à l'ambassade de Berne, avait commencé dès le début de l'année 1943 des manœuvres politiques d'envergure. Le 15 janvier, il avait adressé à Allen Dulles un projet de composition d'un gouvernement, selon lui « le plus utile à la France et à nos Alliés ». De Gaulle serait président du Conseil, Giraud vice-président mais « commandant en chef des armées et chef d'état-major général de la France Combattante ». Le général Noguès serait son adjoint. Au total, ce gouvernement compterait six gaullistes, tous à des postes subalternes, six « darlanistes », tous aux postes clés, et deux « indépendants »[168].

Puis, le 6 avril, Marcel Vaidie, de l'ambassade de Vichy à Berne, s'était mis à la disposition de Maurice Couve de Murville qui venait d'abandonner Vichy pour passer à Alger et rallier Giraud. Avec d'autres diplomates français en Suisse, Vaidie voulait « travaill*[er]* étroitement avec nos amis américains, anglais et alliés[169] ». Mais le brouillon de son télégramme montre que sa première intention (et celle de ses amis) était d'obtenir d'Alger d'être « désignés régulièrement » pour assurer

---

167. BA, 2001 (E) 1 B 2221 F2. La note est sans doute du conseiller fédéral von Steiger. L'écoute porte le n° 1252 (C. S.).

168. NARA, RG 226, E 123, B 14, F 117, *Bern-SI-INT.* La lettre de Du Moulin a été vue par Allen Dulles, qui la transmet, le 21 janvier, à son ministre. Les darlanistes étaient : généraux Giraud, Noguès, Juin (chef d'état-major Terre) et Bergeret (chef d'état-major Air), Peyrouton (commissaire à l'Intérieur), Boisson (Amirauté et Colonies). Les gaullistes étaient : De Gaulle, contre-amiral Auboyneau (chef état-major Mer), général d'Astier de la Vigerie (secrétaire général de l'état-major), Pleven (Affaires étrangères), Philip (Justice), Vallin (Communications), Alphand ou Diethelm (Ravitaillement). Il y avait deux « indépendants » : Pose (Finances et Économie) et Faure (Jeunesse).

169. NARA, RG 226, E 123, B 9, F 96, *French Embassy, Bern-SI-INT.*

la « représentation en Suisse des mouvements français auprès des missions américaine, anglaise et alliées [170] ».

Dans ces circonstances, on est fondé à penser que si Frenay n'avait pas immédiatement installé en Suisse la Délégation des MUR, la Résistance intérieure risquait fort d'être représentée par des diplomates vichystes convertis au giraudisme.

Ce n'était pas une éventualité à prendre à la légère. Les giraudistes bernois avaient les moyens de leurs ambitions. A preuve les ahurissantes découvertes faites en remontant la piste née d'un document trouvé dans les archives de l'OSS.

Le 27 mars 1943, Allen Dulles adresse un mémo à Leland Harrison, ambassadeur des États-Unis à Berne :

> « En réponse à votre demande, M. *[du Moulin de Labarthète]* m'a informé comme suit aujourd'hui. Pratiquement la totalité de ce qui restait d'or français, approximativement trois tonnes, vient d'être amené de Clermont-Ferrand et déposé à la Banque Nationale Suisse ici, à Berne. M. dit que moins d'une tonne d'or du gouvernement français reste en France. Il m'a promis un mémorandum donnant tous les détails./ Il avait envoyé Vuillod à la frontière pour aider à passer l'or et un incident de frontière avec les Italiens avait été arrangé dans les faubourgs du Bouveret et l'or est passé [171]. »

Les affirmations de Dulles sont globalement exactes.

Le 16 mars, à Berne, Henry de Torrenté, fonctionnaire du département fédéral de l'Économie, informe ses collègues que la Banque de France enverra prochainement de l'or à la Banque nationale suisse (BNS), et ce « en fraude des autorités d'occupation [172] ».

En réalité, l'opération a déjà eu lieu. Le 11 mars, un train est parti de la Banque de France, à Chamalières, chargé de 2 371,9 kilos d'or destinés à la BNS [173]. Restaient à Chamalières environ 582 kilos d'or [174].

---

170. *Ibid.*

171. NARA, RG 226, E 123, B 11, F 117, *Bern-SI-INT-71-75*. Couve de Murville attendit le 8 juin pour répondre aux offres de service de Vaidie en lui demandant de patienter. Des correspondances furent échangées jusqu'au 11 octobre. *Cf.* NARA, RG 226, E 123, B 9, F 96 et RG 226, E 190, B 24, F 36, *Field Station Bern OSS-OP-19-28.*

172. BA, E 2001 (D) 2/231, « Notice du Département politique. Discussion interne ayant pour objet le développement des relations financières franco-suisses », Berne, 17 mars 1943.

173. Lettre du gouverneur de la Banque de France, Jean-Claude Trichet, à l'auteur, 10 février 1998. La justification de cette opération, effectuée pour le compte du Fonds de stabilisation des changes, n'est pas connue de la Banque de France. Maurice Couve de Murville, lettre à l'auteur du 17 février 1998 et entretien du 4 mars suivant, se souvient d'avoir « sans doute (…) participé à cette opération ».

174. BA, E 2001 (D) 2/230, R. Kholi à Pilet-Golaz, 6 novembre 1942 : « Du Moulin de la Barthète a dit confidentiellement au soussigné qu'il restait en tout 6 000 kilos d'or

Le 12 mars, alors que le train d'or longe la rive savoyarde du lac Léman, la presse suisse romande annonce que la Haute-Savoie est quasiment en état d'insurrection. Plus de 500 jeunes hommes, commandés par le général Cartier ainsi que par des officiers du 27e régiment d'Annecy, ont pris le maquis dans la vallée de l'Arve et ailleurs. « Tous ces groupes seraient armés de mitrailleuses, de modèle américain, dit-on, de fusils, de revolvers, et ceux de Sionzier auraient même, raconte-t-on, des canons de 75 avec des munitions./ Hier matin *[11 mars]*, sept cars transportant chacun 40 à 50 gardes mobiles sont arrivés avec grenades et gaz lacrymogènes à Thonon, qui serait pour ainsi dire en état de siège (…). Comme les jeunes essaient, par tous les moyens, de fuir, les gares sont surveillées (…)[175]. »

Les jours suivants, la presse suisse multiplie les informations sensationnelles. « Depuis le 8 mars, chaque nuit des avions étrangers approvisionnent ces jeunes gens en denrées alimentaires, armes et munitions, plus spécialement en fusils mitrailleurs et surtout en grenades[176]. » « Il y a quelques jours, un groupe d'environ 25 soldats italiens spécialisés ont coupé tous les fils téléphoniques reliant jusqu'à présent Saint-Gingolf à la Suisse et aux autres localités françaises[177]. »

L'affaire fait tant de bruit que Berlin publie un communiqué qui dément tout et accuse les radios américaines et britanniques d'avoir « démesurément grossi » un simple conflit local du travail[178]. Effectivement, la BBC et CBS mènent grand tapage sur les ondes à propos des événements savoyards[179].

Non moins effectivement, une fois n'étant pas coutume, c'est Berlin qui a raison : il ne s'est presque rien passé en Savoie. Il n'y a pas eu de révolte, pas davantage de parachutages massifs, pas plus de mitrailleuses que de grenades et de canons de 75, le général Cartier n'a pas bougé, ni le 27e. Les trois Halifax britanniques prétendument abattus par la DCA ennemie alors qu'ils venaient ravitailler les maquis haut-

---

en France, soit environ 30 millions de francs suisses. » Mais un autre envoi, mentionné plus loin, avait eu lieu le 16, d'un poids de 3 046 kilos.

175. *Feuille d'Avis de Lausanne*, 12 mars 1943.

176. *Ibid.*, 15 mars 1943.

177. *Ibid.* La Suisse confirme des parachutages dans la nuit du 14 au 15.

178. *Ibid.*, 19 mars 1943. Le 20 mars, *Le Petit Dauphinois* publie également un communiqué qui émane du ministère de l'Information vichyssois et dément les allégations des médias étrangers. *Cf.* Michel Germain, *Les Maquis de l'espoir. L'occupation italienne en Haute-Savoie, novembre 1942-septembre 1944*, Le Cercle d'or, Les Sables-d'Olonne, 1990, p. 141 et suiv.

179. *Cf.* Michael Ryan, *History in Sound. A Descriptive Listing of the Kiro-CBS Collection of Broadcasts of the WW II*, Seattle, 1963, et Henning Krabbe, *Voices From Britain : Broadcast History 1939-1945*, All Unwin, Londres, 1947.

savoyards n'ont jamais existé que dans l'imagination fertile du BCRA[180]. Ce charivari a été monté de toutes pièces par les vichystes, les Américains et les Britanniques pour couvrir le passage de l'or. Des sources genevoises non identifiées ont désinformé la presse suisse, tandis que le pouvoir vichyssois, qui avait affolé la jeunesse savoyarde en faisant courir la rumeur de rafles pour le Service obligatoire du travail (STO), décrété le 16 février, prenait prétexte de la panique créée pour amener des forces de police en réalité chargées de protéger le convoi.

Le 13 mars, à la gare du Bouveret, commune suisse limitrophe de Saint-Gingolf, Vuillod, de l'ambassade de Vichy à Berne, remet à la BNS 173 lingots pesant 2 117,2 kilos, ainsi que des napoléons et des souverains, le tout pour une valeur d'environ 12 millions de francs suisses de 1943[181], à peu près 120 millions de francs français, ou, en francs 1998, l'équivalent de 4 milliards.

Il y a plus extravagant encore. Nos recherches ont permis de découvrir que ce transfert secret d'or était le douzième. En 1942, les 20 janvier, 10 et 25 février, 9 et 23 avril, 28 mai, 12 et 25 juillet, 25 août, 1er octobre, 9 novembre, 833 caisses de lingots et sacs de monnaies, d'un poids total de 35 780 kilos et d'une valeur de 1 milliard 636 millions de francs 1942[182], environ 55 milliards de francs actuels, partis de la Banque de France, étaient illégalement passés en Suisse par la même voie.

Francis Belleville était la cheville ouvrière de cette filière. Receveur des douanes à la gare de Saint-Gingolf, il avait, en 1936, succédé à Gaston Cusin, dont il était resté un proche. Les hommes impliqués dans ces transferts effectués à la demande de Vichy et à l'insu des occupants étaient souvent des douaniers et des cheminots, dont des anciens de

180. Colonel Passy, *op. cit.*, t. 3, p. 72, repris par Henri Noguères et Marcel Degliame-Fouché, *op. cit.*, t. 3, p. 255 et suiv., citant le livre blanc du BCRA, dont l'un des rédacteurs fut Cordier. Les historiens Michel Germain et Claude Antoine, l'ancien FTP André Allombert comme M. Contat, président des anciens de l'AS de Haute-Savoie, ont tous démenti, par lettre à l'auteur, la destruction de ces trois Halifax, comme, du reste, la réalité de parachutages massifs à cette époque dans la région. Enfin, l'ouvrage de référence sur les avions alliés abattus (Roger Anthoine, *Aviateurs piétons vers la Suisse, 1940-1945*, Sécavia, Genève, 1997) est muet à ce sujet.

181. Informations communiquées à l'auteur par M. Halbeisen, archiviste de la Banque nationale suisse, 23 février 1998.

182. Ces transferts ont été confirmés à l'auteur par M. Halbeisen le 10 juillet 1998 et par Denis Ferman, sous-gouverneur de la Banque de France, le 6 août 1998. Une curieuse différence apparaît entre les données fournies par Belleville, la BDF et la BDS. Belleville dit avoir passé 1 433 kilos de plus que ceux envoyés par la BDF, mais la BDS dit avoir réceptionné 3 807 kilos de moins que ceux passés par Belleville, soit environ 10 % du poids total. Une commission ?

l'épopée espagnole de l'équipe Cusin. Un vieil ami de Cusin, qui, membre de Libération et agent du SOE/F, a bien connu la Résistance locale, rapporte que le major britannique Tony Brooks (Alphonse), chef du réseau « Pimento », avait confié à Gaston Cusin, « qui en devient le responsable sur l'ensemble de la France, d'entente avec Jean Moulin, Robert Lacoste et Jean Monnier », la direction d'un sous-réseau en charge des transferts d'or [183].

Ainsi donc, en 1942, d'abord sous Darlan, puis sous Laval, une partie au moins de l'organisation clandestine montée par Cusin en collaboration avec le Komintern et les Soviétiques pour armer les républicains espagnols, placée en 1941 par son patron sous la coupe des Britanniques, faisait de la résistance en relation avec Moulin, tout en travaillant à ses moments perdus avec les autorités vichyssoises.

A quoi étaient destinés ces milliards ? Une partie des 35 tonnes d'or passées en 1942 fut affectée à la Banque des règlements internationaux (BRI) et à d'autres banques suisses pour compenser des transactions économiques ou bien, dit-on, pour soutenir le cours du franc – en pure perte d'ailleurs. Mais le transport de mars 1943 ne servit à rien. Il demeura intact, affecté aux comptes « 7 » et « T », dans les coffres de la BNS, qui, le 9 février 1945, le racheta à la France [184].

A quoi était destiné cet or ? Qui avait organisé ce transport dont Belleville ne parle pas ? Quel était l'objet de la réunion tenue au soir du 12 mars à Lyon, au 7, rue de l'Hôtel-de-Ville, durant laquelle des dirigeants de la Résistance « demandèrent à des résistants arrivant de Haute-Savoie de raconter les événements auxquels ils avaient été mêlés [185] » ? A quels événements avaient-ils pris part le jour où,

---

183. André Zénoni, *Entre lac et montagnes du Chablais, haut lieu de la Résistance française, Saint-Gingolf et sa région frontière dans la Résistance, 1940-1945*, Montfort SA, Monthey (Suisse), s.d. (1995), p. 29. Contient de nombreux documents et le compte rendu de F. Belleville sur les transferts d'or de 1942. Il ne signale pas celui du 12 mars 1943. L'auteur spécifie que Cusin est le « grand chef » du réseau (pseudo « Le Grand »), que Belleville organise la filière de l'or à la demande de Zénoni en le « sachant responsable de divers réseaux et mouvements de notre région, eux-mêmes dirigés par Gaston Cusin, Robert Lacoste et d'autres ». R. A. Bourne-Paterson, *The « British » Circuits in France*, document confidentiel, *House of Commons*, Londres, juin 1946, 136 p., relate, p. 73, que Brooks (Alphonse) fut parachuté en juillet 1942 pour établir la liaison avec « un mystérieux gentleman appelé Charles (ensuite Robert), syndicaliste éminent, réputé avoir des groupes d'action dans les chemins de fer en France, et qui avait demandé à Londres un officier pour évaluer leurs besoins, donner des directives et coordonner leurs activités ».

184. Communication Halbeisen, BNS, 23 février 1998.

185. Daniel Cordier, in *Libération*, 9 juillet 1997, p. XIII. On notera que c'est le même 12 mars que, lors d'une autre réunion à Lyon, chez les Aubrac, fut décidé l'envoi en Savoie, Haute-Savoie et Isère de Ravanel, Kriegel-Valrimont et Malleret-Joinville.

précisément, le train d'or passait en Haute-Savoie ? Qui étaient ces résistants retour de Haute-Savoie ? Roger Morandat, du réseau de Brooks[186], dont l'arrestation, à Lyon, officiellement au matin du 15 mars 1943[187], précéda de quelques heures celles d'Aubrac, Kriegel-Valrimont, Ravanel et d'autres, était-il de ceux-là ? On ignore les réponses.

On connaît, en revanche, certains des événements qui affectèrent les milieux vichystes et giraudistes en Suisse durant les semaines suivantes et qui montrent que quelque chose s'y préparait.

Le 13 mai 1943, on note l'arrivée en Suisse du général Rozoy[188], sans doute le même qui, à Londres, deux ans auparavant, avait été mêlé au « putsch » manqué de Muselier contre De Gaulle et qui s'était lui aussi rallié à Giraud. Le même mois, Jacques Benoist-Méchin passe à Genève et à Berne sous une fausse identité. Les Suisses le soupçonnent de comploter avec l'amiral Platon et avec Darnand[189] et se demandent si un coup d'État n'est pas en gestation.

En tout état de cause, tous ces événements bizarres n'avaient pu échapper à Frenay. Qu'il ait alors craint d'être manipulé et entraîné dans une opération combinée américano-vichysto-giraudiste, on peut le supposer en constatant que subitement, en mai, il tente de calmer le jeu avec Moulin.

Conscient que leurs relations personnelles sont trop dégradées pour qu'un compromis sorte de leur éventuelle rencontre, il envoie Bénouville en ambassadeur.

La rencontre a lieu à Paris, aux alentours du 15 mai[190]. De cette

186. Michael R. D. Foot, *op. cit.*, p. 219.

187. Henri Noguères et Marcel Degliame-Fouché, *op. cit.*, t. 3, p. 343, datent l'arrestation de Roger Morandat d'avril 1943.

188. BA, E 4320 (B) C 13-1399, note du 26 mai 1943, signalant l'arrivée de Rozoy Marie, né en 1891, général de brigade de l'air, un ou deux jours après l'arrivée de Davet, lui aussi général d'aviation.

189. BA, E 2001 (D) 3 - B 4421F, notes des 12 et 14 mai 1943. Platon avait participé au complot de décembre 1940 contre Laval, en compagnie, notamment, de Peyrouton, du Moulin de la Barthète, Darlan, Groussard et d'autres ; *cf.* Henri Amouroux, *op. cit.*, p. 123. Selon Pierre Gallet, *op. cit.*, synopsis, p. 2, en novembre 1942, Benoist-Méchin aurait songé à Platon pour prendre la tête d'un nouveau gouvernement à Vichy. Le même auteur indique, à la même page, qu'en 1943 Darnand aurait voulu dissoudre la Milice et rejoindre la Résistance afin d'empêcher les communistes de la dominer. Rejeté par Londres, il se serait tourné du côté nazi. Daniel Cordier, *Jean Moulin, l'inconnu du Panthéon*, *op. cit.*, t. 3, p. 27, affirme que Moulin projeta, à une date indéterminée, d'amener Darnand à Londres.

190. Guillain de Bénouville, *op. cit.*, p. 375-379. D'après les indications données, la rencontre aurait eu lieu le dimanche 16 mai. Frenay, dans sa « Chronologie des événements se rapportant directement ou indirectement à l'"affaire suisse" », comme, du reste, dans *La nuit finira* (*op. cit.*, p. 326), la situe vers la mi-avril. C'est une erreur

entrevue on possède seulement la version donnée par le survivant. D'abord très réticent, Moulin accepte finalement le débat et envisage d'envoyer à Londres de nouveaux télégrammes moins sévères pour Frenay et qui permettront à Bénouville de l'accompagner en Angleterre où ils s'expliqueront avec les autorités gaullistes.

Deux lettres de Bénouville montrent qu'il a cru à un recul de Moulin et à sa bonne foi.

Le 27 mai, il explique à Monod : « En ce qui me concerne, je persiste à croire qu'après avoir engagé les Martin *[gaullistes]* sur le sentier de la guerre, il en éprouve des regrets et voit qu'il est allé trop loin. » Le 27 juin, après l'arrestation de Moulin, il revient sur le sujet et écrit au même correspondant : « Les objections soulevées par Max *[Moulin]* ont été entièrement par moi repoussées avec la vigueur qui convenait. Il était tombé entièrement d'accord avec moi sur le fait qu'il s'était laissé entraîner à commettre une erreur au sujet de laquelle je lui avais demandé et avais obtenu une rétractation qui fait honneur à son caractère »[191].

Si Moulin a réellement tenu les propos conciliants rapportés par Bénouville, ils étaient de circonstance. Tout comme l'était son acceptation d'un départ rapide pour Londres de Frenay et Bénouville.

En fait, lorsque Bénouville voit Moulin, ce dernier lui cache avoir déjà reçu deux télégrammes d'André Philip. Datés du 29 avril et du 8 mai, ils demandent la prompte venue à Londres de Frenay. Moulin cèle aussi qu'un avion capable d'emporter huit passagers viendra incessamment (il arrivera dans la nuit du 19 au 20 mai), mais qu'il a attribué à Closon la place qu'aurait pu et dû occuper Frenay[192]. Le 24 mai, Frenay écrit à Davet : « 3 *[Bénouville]* et moi-même avons attendu en vain le départ qui nous avait été promis[193]. »

Que Moulin ait sciemment retardé le départ de Frenay et de Bénouville est certain. Le 27 mai, ce dernier informe Monod que Moulin

---

si, comme le dit Bénouville (p. 379), l'entrevue eut lieu après le voyage de Gastaldo en Suisse, du 3 au 6 ou 7 mai. Plusieurs passages de la correspondance de la DS-MUR font pencher pour la mi-mai. De surcroît, pour Jean-Louis Crémieux-Brilhac, *op. cit.*, p. 531, comme pour Cordier, *op. cit.*, t. 1, p. 214, c'est seulement le 25 avril que Moulin fit éclater l'« affaire suisse ». L'entrevue Moulin-Bénouville est nécessairement postérieure.

191. DS-MUR, lettres de Bénouville à Monod, 27 mai et 27 juin 1943.

192. Hugh Verity, *op. cit.*, p. 197. *Cf.* aussi AN, 72 AJ 38, « Note du colonel Rivière ». Il n'y eut pas d'arrivants et six départs. Le terrain clandestin était « Orion », près de Lons-le-Saulnier, Jura. Ce qui infirme la version de Frenay qui, dans *La nuit finira* (*op. cit.*, p. 326), indique qu'en avril il attendait de partir depuis un terrain du Jura. Or, le vol d'avril, dans la nuit du 16 au 17, eut lieu sur le terrain « Junod », au sud de Mâcon.

193. DS-MUR, lettre de Frenay à Davet, 24 mai 1943.

« nous a fait loyalement dire hier qu'un télégramme indéchiffrable était parvenu il y a une dizaine de jours à son service et qu'on venait seulement quelques heures auparavant d'en percer le secret. C'était l'ordre de Liliane *[Londres]* de nous faire immédiatement partir là-bas ! Ainsi nous devrions être là-bas ! ».

Ce télégramme prétendument indéchiffrable, parvenu vers le 16 mai, était le troisième envoyé par un André Philip de plus en plus surpris de ne pas voir arriver Frenay. Qu'il ait été indéchiffrable est fort possible, mais que Moulin fît comme s'il n'en avait pas déjà reçu deux autres rend l'affirmation douteuse. Elle l'est d'autant plus que, le 26 mai, lorsqu'il informe Bénouville de la réception du message « indéchiffrable », il vient d'en recevoir un nouveau, le quatrième, daté du 20 mai, toujours d'André Philip au même sujet. Et peut-être a-t-il déjà reçu le cinquième, du 25 mai, encore d'André Philip, maintenant fort irrité de ne pas voir Frenay débarquer.

Crémieux-Brilhac, faute de connaître toute la correspondance de la Délégation en Suisse, interprète mal la multiplication de ces télégrammes : « Philip, sitôt informé des faux pas de Frenay, l'a invité à venir à Londres. Comme il n'obtempère pas assez vite, des télégrammes comminatoires de la part de de Gaulle enjoignent à Rex *[Moulin]* d'expédier le récalcitrant[194]. »

Le « récalcitrant » ignore en réalité que Londres le réclame en bombardant Moulin de télégrammes « comminatoires ». Et tandis que Londres imagine que Frenay refuse d'obtempérer, c'est tout le contraire qui est vrai. Lui et Bénouville se morfondent dans l'attente du départ, se plaignent auprès de leurs amis, s'interrogent.

Bénouville, le 27 mai : « Quelqu'indulgent que je sois encore pour Boissière *[Moulin]*, il n'en est pas moins indiscutable qu'il y a mis *[à notre départ]* une certaine mauvaise volonté. N'aurait-il pas dû me croire puisque nous lui affirmions que nous avions l'accord de Liliane *[Londres]* ? » Dans la même lettre, il indique avoir alerté d'Astier, alors à Londres, afin qu'il les aide à partir le 12, 13 ou 14 juin. Toujours confiant, il ajoute : « Nous demandons la même chose à Boissière qui, je crois, ne fera pas d'objection. » Le 30 mai, encore optimiste, Bénouville minimise la responsabilité directe de Moulin : « Il semble bien évident que tout notre retard n'est que la conséquence lointaine du combat engagé par Boissière. Mais il nous paraît également que, depuis notre entrevue avec Boissière, celui-ci est un peu désarmé. » Le

194. Jean-Louis Crémieux-Brilhac, *op. cit.*, p. 534. Les dates des six télégrammes sont à la même page, note 3, et, par ailleurs, *in* AN, 3 AG2/401. Daniel Cordier, *Jean Moulin, l'inconnu du Panthéon*, *op. cit.*, t. 1, p. 238, écrit, lui, que Frenay « choisit » de partir pour Londres à la mi-juin.

2 juin, prenant toujours les choses du bon côté, Bénouville écrit : « J'ai nettement le sentiment que la situation se détend. Nous serons chez Liliane *[à Londres]* le 12 ou le 13 de ce mois. Nous ferons face et aboutirons certainement (...). La question est de régler à Liliane les attributions de Boissière et tout rentrera dans l'ordre » [195].

Son correspondant, Monod, n'est pas aussi naïf. Le 12 juin, pénétrant et sarcastique, il répond à Bénouville :

> « Seul votre voyage peut nous sortir du bourbier dans lequel nous pataugeons depuis bientôt deux mois (...), ce voyage est une nécessité vitale et (...) ne doit plus être retardé sous des prétextes plus ou moins suspects. Il ne faudrait pas en effet que ce voyage décidé sans grand enthousiasme par des gens qui redoutent votre présence *[à Londres]* ne serve d'excuse à de nouvelles manœuvres. Il ne faut pas permettre qu'on vienne un jour nous dire que des décisions qui mettent en jeu notre existence ont été ajournées en attendant votre arrivée mais que votre voyage étant impossible il a bien fallu trancher la question sans vous. Aux yeux de tous on ferait ainsi figure de beau joueur alors qu'en fait on aurait truqué les cartes. Tout ce que je sais de Boissière *[Moulin]* me fait supposer qu'il est capable de ce genre de combinaison où la morale et l'intérêt sont également sauvegardés. Méfiez-vous [196] ! »

Moulin « obtempère » enfin au sixième télégramme « comminatoire » de Londres, daté du 6 juin. Mais, contrairement à la promesse prise au sérieux par Bénouville, celui-ci ne partira pas. Le 14 juin, il écrit à Monod : « Je vous signale que le patron s'embarque sans doute pour Liliane *[Londres]* demain soir. » Le 23, Monod manifeste son soulagement : « Je n'essaie pas de te décrire notre béatitude à l'annonce du départ de Xaintrailles *[Frenay]*. » Mais il se demande pourquoi Bénouville n'est pas parti. Sans donner l'explication demandée, celui-ci répondra seulement : « J'ai été ennuyé de rester sur le carreau mais je m'y suis résigné, car, comme je venais de passer quinze jours pleins avec Custines *[Frenay]*, il était très au courant de toutes les questions (...) [197]. »

---

195. DS-MUR, lettres de Frenay et Bénouville, 24, 27, 30 mai, 2 juin 1943. Dans sa lettre du 27 mai, Bénouville évoque la possibilité, peu souhaitable à ses yeux, de gagner Gibraltar, puis Londres ou Alger, grâce à une filière SOE (Rachline-Gerson et les Britanniques en Suisse) ou bien par celle mise en place en Espagne par Miranda (Magescas), les Américains et le colonel Malaise, représentant de Giraud à Madrid.

196. *Ibid.*, lettre de Monod, 12 juin 1943. Critiquant ensuite durement ceux qui, à Londres, ont torpillé l'accord financier conclu avec l'OSS-Berne, Monod écrit : « Ces gens-là ont trahi la résistance (...) pour ces messieurs le problème qui se posait n'était pas de nous aider mais au contraire de nous faire couper les vivres bien vite. Croyez-vous que le mot de trahison soit excessif ? »

197. *Ibid.*, lettres de Bénouville et Monod, 14, 23 juin et 15 juillet 1943.

Pourquoi Moulin a-t-il retardé le départ de Frenay ? Observons qu'il ne l'a laissé partir qu'après le 30 mai, c'est-à-dire après que De Gaulle a quitté Londres pour Alger[198]. Craignait-il un tête-à-tête entre le chef de Combat et celui de la France libre ? Redoutait-il que De Gaulle apprenne ainsi les relations de Gastaldo avec l'OSS-Berne ? Pensait-il cette révélation susceptible de conforter De Gaulle dans ses doutes ? Craignait-il que Frenay, hostile à la présence des partis au CNR, révèle que le message du 8 mai, qui avait demandé la subordination militaire de De Gaulle à Giraud, était l'œuvre du seul Moulin, tandis que lui, Frenay, reconnaissait l'autorité militaire de De Gaulle ? Craignait-il que Frenay expose à De Gaulle ses soupçons sur le « jeu particulièrement vilain[199] » dont le chef de Combat soupçonnait alors Moulin ? Craignait-il qu'il l'accuse d'être un « compagnon de route » des communistes ? Car c'est en 1943, selon Michel Cailliau, neveu de De Gaulle et alors assez proche de Frenay, que cette idée germa[200].

On ignore les réponses à ces questions. Mais il est clair que Moulin empêchait Frenay et Bénouville de partir.

Est non moins certain qu'aussitôt après avoir tenu des propos conciliants destinés à rassurer Bénouville, Moulin a relancé la polémique.

Le 20 mai, un télégramme de Moulin parvient à Londres. Cet « additif » au rapport du 7 mai reproche à Frenay de « remettre en question l'accord intervenu le 6 mai au sujet de l'AS. La situation devient intolérable et le mécontentement grandit, aussi bien dans les anciennes équipes de Libé*[ration]* qu'à Tirf *[Franc-Tireur]*. Je ne parle pas de la masse des militants qui est de plus en plus dégoûtée[201] ».

Cette attaque est en fait une contre-attaque préventive. Car, le même 20 mai, Frenay met le point final à une « Note sur l'Armée secrète » dans laquelle il affirme :

> « L'AS (...) est à la fois un instrument militaire et révolutionnaire (...). Le Commandement de l'Armée Secrète est placé aux ordres de l'état-major des FFC *[Forces françaises combattantes]* pour tout ce qui concerne les missions dont l'AS sera chargée dans les opérations mili-

---

198. Daniel Cordier, *Jean Moulin, l'inconnu du Panthéon*, *op. cit.*, t. 1, p. 238, n'a donc pas raison d'affirmer que Frenay « choisit » d'aller à Londres « au lieu de gagner Alger où se trouvait de Gaulle ».

199. AN, 397 AP 2, lettre de Frenay à Davet, 24 mai 1943.

200. Michel Cailliau, *op. cit.*, p. 280 : « (...) à partir de 1943, il a cru que Moulin (...) était pro-communiste ou crypto-communiste, et personne n'a pu faire changer Frenay d'avis depuis lors (...). » Aucun autre témoignage ou document connu ne confirme cette affirmation. Frenay, dans sa lettre à Passy du 13 juillet 1950, n'indique pas la date à laquelle cette idée lui est venue.

201. AN, 72 AJ 233, télégramme de Rex (Moulin) 30/1, arrivé le 20 mai à Londres.

taires. Il est placé sous le contrôle du Comité Directeur des Mouvements Unis pour la coordination de son activité et de celle des autres services [202]. »

En clair : les Mouvements unis doivent exercer un contrôle partiel, politique, sur l'AS.

Informé on ne sait comment de l'existence de cette « note », Moulin, qui, lui, dispose de moyens de transmission, tandis que Frenay n'en a aucun [203], a pris les devants.

Mais De Gaulle s'apprête à signer une nouvelle « Instruction personnelle et secrète » au général Delestraint. Elle revient sur la précédente, qui lui avait conféré les pleins pouvoirs sur l'AS, et donne pratiquement satisfaction à Frenay. Dorénavant, Delestraint exercera « effectivement le commandement de toutes les formations constituant l'armée de l'Intérieur et de tous les corps francs », *mais seulement* au moment du débarquement. Toute l'action immédiate jusqu'au jour « J » (attentats, attaques, maquis, etc.) lui échappe. Ses directives *générales* devront être établies d'accord avec le Comité de coordination des Mouvements et avec les instructions de De Gaulle. Dans tous les autres domaines, Delestraint a *seulement* « les attributions d'un général inspecteur ». Il a *seulement* le pouvoir de « vérifie*[r]* la mise en place du système d'organisation du commandement par le Comité de coordination » et de « met*[tre]* au courant de ses observations le Comité de coordination, qui lui donne tout son appui auprès des organisations » [204].

Delestraint a perdu le pouvoir réel sur l'AS. C'est une défaite pour Moulin. L'« Instruction personnelle et secrète » établit l'existence d'un désaccord politique radical entre Moulin et De Gaulle [205].

Mais, on l'a dit, lorsque Moulin câble son « additif » du 20 mai, il ignore le désaveu qui le guette. Peut-être le subodore-t-il, car il noircit à outrance la situation que, selon lui, Frenay a créée. Affirmant que celui-ci vient de recevoir les « 10 premiers millions des Américains », ce qui est inexact [206], il écrit :

---

202. Henri Frenay, *L'Énigme Jean Moulin, op. cit.*, p. 275 et 277.

203. La « note » de Frenay fut apportée par celui-ci à Londres et archivée en juin.

204. Charles de Gaulle, *Mémoires de guerre*, t. 2 : *L'Unité, op. cit.*, p. 465-466.

205. François-Yves Guillin, *op. cit.*, p. 200-201, interprète *a minima* la portée de l'« Instruction » du 21 mai. Il la reconnaît cependant favorable à Frenay, De Gaulle ne voulant pas « s'aliéner le chef de la plus puissante formation de la zone sud ».

206. Le « cadeau de fiançailles », quelques millions et non pas 10, toujours pas arrivé fin mai (DS-MUR, lettre de Bénouville à Monod, 30 mai), parvint avant le 8 juin (*ibid.*, lettre de Bénouville à Monod, 8 juin).

« La situation est telle qu'un certain nombre d'esprits clairvoyants estiment qu'il sera nécessaire d'arriver à la constitution en zone sud d'un nouveau groupe se rattachant directement à la France combattante ou à la résurrection du Mouvement Liberté[207] avec la même tendance./ Je ferai tout personnellement pour ne pas rompre l'union[208]. »

On ne connaît pas de témoignage qui autoriserait à supposer qu'à cette époque des « esprits clairvoyants » excédés par Frenay pensaient à scissionner de Combat ou à ressusciter Liberté, encore moins à créer un nouveau Mouvement qui, du reste, eût eu quelque peine à trouver un espace dans un champ politique déjà couvert. Il s'agit là d'une pure invention. Elle montre que Moulin, même s'il prend la précaution d'affirmer sa volonté de tout faire pour préserver l'union, n'est pas le dernier à agiter le spectre de la scission. Il est même le premier.

C'est quatre jours plus tard, le 24 mai, que Frenay se raidit jusqu'à envisager la rupture. S'adressant à Davet, il met les points sur les « i » :

« En aucun cas, et *quelles que soient les conséquences*, je n'accepterai une modification profonde du rôle de la délégation chez Coccoz *[en Suisse]*. J'entends qu'elle poursuive sa mission qui n'a jamais eu d'autre but que le bien général. En aucun cas, je n'accepterai que les fonds soient versés en d'autres mains que celles de 1 *[Davet]* et qu'ils soient répartis autrement que par les Planchon *[les résistants]*. Je souhaite simplement qu'ils soient portés au débit de Dorsay *[De Gaulle]* qui remboursera ultérieurement[209]. »

Frenay exprime ensuite l'espoir que son point de vue sera partagé par le Comité directeur des MUR, auquel il va l'exposer. Mais il ajoute :

« Il ne faut cependant pas exclure qu'il en soit autrement. Je suis décidé dans ce cas à reprendre ma liberté totale, ce qui évidemment ne changerait rien au ralliement inconditionnel au symbole Dorsay *[De Gaulle]*. »

Frenay met toutefois une condition *sine qua non* à la rupture :

« Je devrais être assuré auparavant que Cadet *[les Américains]* s'engage à nous donner ce qui est nécessaire à poursuivre notre action. Si nous en arrivons à une semblable extrémité, ce que je ne souhaite pas,

---

207. Liberté, l'une des composantes initiales de Combat.
208. AN, 72 AJ 233, télégramme Rex (Moulin) 30/1, arrivé le 20 mai à Londres.
209. AN, 397 AP 2, Xaintrailles (Frenay) à Dufour (Davet), 24 mai 1943. Souligné par Frenay.

> mais que je dois envisager, nous conserverions en main l'essentiel de la force de Planchon *[la Résistance]* et notamment tout ce qui concerne l'Action immédiate et l'AS. »

La réponse de Monod et Davet est rapide : ils refusent de parler aux Américains. Certes, d'après le représentant de l'OSS à Genève, Max Shoop, les responsables « à Londres et ailleurs ont délibérément torpillé notre action » ; certes « les résultats de cette politique ne sont que trop clairs, ce sont les Planchon *[les résistants]* attendant depuis deux mois l'aide promise, l'AS sans armes, les maquis appelant en vain au secours, tous nos projets d'action paralysés » ; certes « pour satisfaire leurs ambitions et leur rancune, c'est un véritable crime contre la résistance que ces gens-là ont commis », mais c'est non à la sécession :

> « Nous ne voulons pas croire au pire, c'est-à-dire à une rupture de l'unité (...). C'est pour cette raison que nous croyons dangereux de faire allusion devant les Cadet *[Américains]* à une crise qui n'éclatera peut-être jamais. La chose est trop grave pour qu'on risque de compromettre notre prestige auprès des Cadet dont la bonne volonté et l'amitié sont manifestes. Faites-nous confiance : s'il le faut et *dès qu'il le faudra*, nous saurons poser la question (...) [210]. »

Bénouville lui-même renâcle. Répondant à Davet et Monod par retour, il commence par un « en ce qui me concerne » qui le démarque de Frenay, avant d'indiquer qu'il a la « conviction que malgré tout l'unité persistera et que nous triompherons ». Et de suggérer un plan : obtenir de De Gaulle et Giraud qu'ils nomment d'un commun accord Davet à la place de « ce pauvre 5. 12. 16. 14. 24. 5. *[de Leusse]* qui s'est mis tout le monde à dos » [211].

Soit dit en passant, Cordier a saisi ce projet pour échafauder une thèse erronée [212]. Il l'a interprété comme une « opération » montée par

---

210. *Ibid.*, lettre de Monod et Davet à Frenay, 26 mai 1943. Souligné dans l'original.

211. DS-MUR, Bénouville à Davet et Monod, 30 mai 1943. Par sa lettre du 14 juin, Bénouville les informera qu'Allen Dulles a obtenu que de Leusse soit « spécialisé dans les bonnes œuvres ; le rôle politique reviendra au marquis Charles d'Aragon ». Chef départemental de Combat, celui-ci vit Moulin et Bidault à Lyon avant de gagner la Suisse où il ne put exercer les fonctions prévues ; *cf.* Charles Aragon, *op. cit.*, p. 130 et suiv.

212. Cordier semble avoir construit son interprétation sur un ragot rapporté par Georges Boris à André Philip (*cf.* Daniel Cordier, *Jean Moulin, l'inconnu du Panthéon*, *op. cit.*, t. 1, p. 236) et sur une confusion entre l'un des pseudonymes utilisés par Davet à Genève, « Dunoyer » (*cf. Journal de Genève*, 27 novembre 1945), et le nom réel de Dunoyer de Segonzac qui, pour Combat, était « Hughes ».

Frenay pour remplacer Moulin par Dunoyer de Segonzac, ex-chef de l'École nationale des cadres, à Uriage [213]. Mais, outre que Monod et Davet, malgré l'insistance de Bénouville [214], refusèrent de faire acte d'allégeance au CFLN d'Alger tant que la crise De Gaulle-Giraud ne serait pas réglée [215], Bénouville avait explicitement précisé : « il ne s'agit pas bien entendu pour lui *[Davet]* de prendre la place de Boissière *[Moulin]* », mais de prendre celle de De Leusse [216].

De plus, il est invraisemblable que Frenay et Bénouville aient songé à remplacer Moulin par Dunoyer de Segonzac. Bénouville, qui rencontra celui-ci entre le 15 et le 17 juin 1943, cache mal sa réticence : « Hughes *[Dunoyer de Segonzac]* qui m'a appris – je l'ignorais tout à fait *[-]* que depuis deux ans, avec ses hommes, il n'avait jamais cessé de faire de la résistance effective, allant depuis le renseignement jusqu'au sabotage, travaillera avec nous dès le retour de Xaintrailles *[Frenay]*. Je n'ai pas proposé la fusion ou l'intégration pure et simple car il est évident que ces gens ont un esprit et des méthodes qui ne sont pas les nôtres (...) [217]. »

Des maquis en péril

Au début du mois de juin 1943, la bataille pour le contrôle politique de l'AS continue. Le 8, Bénouville note que tous les chefs de région se sont rangés derrière Frenay et que les éléments militaires de la zone nord, tout en approuvant la nomination de Delestraint, « veulent d'abord s'entendre avec nous ». Aussi conclut-il : « Vidal *[Delestraint]* sera donc forcé de tenir compte de ce que nous lui disons./ Je crois d'ailleurs que comme il se rend compte qu'il ne peut rien faire sans nous, nous allons arriver bientôt à l'entente absolue. Comptez sur moi pour m'y employer. »

Du reste, dans cette lettre, écrite la veille des arrestations de Delestraint et Gastaldo, il se réjouit d'avoir rétabli une bonne relation per-

---

213. Daniel Cordier, *Jean Moulin, l'inconnu du Panthéon*, *op. cit.*, t. 1, p. 236. Pierre Bitoun, *Les Hommes d'Uriage*, La Découverte, Paris, 1988, précise, p. 96, que Dunoyer de Segonzac fut limogé fin 1942 et Uriage liquidé le 1er janvier 1943.

214. DS-MUR, lettres de Bénouville à Monod et Davet, 8, 27 juin, 15 juillet 1943.

215. *Ibid.*, lettres de Monod et Davet à Bénouville, « B » du 23 et « A » du 30 juin 1943.

216. *Ibid.*, lettre de Bénouville à Monod et Davet, 30 mai 1943.

217. *Ibid.*, lettre de Bénouville à Monod et Davet, « B, copie », 17 juin 1943. Le 21 juillet, dans sa lettre « 1 008 », Bénouville critique durement Dunoyer de Segonzac : « Hughes vous raconte n'importe quoi. Ce que je sais c'est qu'il n'apporte à peu près rien et n'a qu'un désir, c'est de passer en Afrique du Nord. »

sonnelle avec ce dernier. Ils vont se revoir car il « a organisé pour moi une entrevue avec Vidal *[Delestraint]* »[218].

Reste un énorme point noir : l'argent. Alors que le 27 mai Bénouville se préoccupe de savoir à quel taux on lui changera 1 000 francs français à Washington, Londres ou Genève, la Délégation n'a même pas de quoi payer une nouvelle garde-robe qui permettrait à Frenay d'arriver à Londres convenablement vêtu[219]. Shoop a refusé d'avancer l'argent. Montant sur ses grands chevaux, Bénouville rappelle à l'ordre l'Américain. Shoop, dit-il, « a pris devant moi un engagement absolument formel et qui a provoqué l'installation immédiate de la délégation (...). Cet engagement est simple et je vous le répète. Le chef de la délégation reçoit 2 unités mensuelles *[2 000 francs]*, son adjoint 1 unité 1/2. Béraud *[Jean-Marie Soutou]* 1 unité. Il est prévu que nous pourrons engager (c'est la phrase même de Le Dantec *[Dulles]* lors de notre dernière entrevue à Bordeaux *[Berne]*) "des secrétaires". Tout me semble donc d'une clarté absolue. Je vous conjure d'être au moins très nets sur ce point[220] ».

Plus dramatiques sont les problèmes des maquis. Tandis que depuis des mois l'OSS-Berne finance bien le maquis savoyard de Valette d'Osia[221], les MUR ne voient rien arriver de ce qu'on leur a promis. Le 30 mai, Bénouville adjure ses amis de faire connaître aux Américains « notre appel angoissé ». En réponse, Monod dresse un constat d'échec. Davet a rencontré Legge et Dulles. Ils

> « sont plus que jamais décidés à s'en tenir à une politique d'attente qui leur est imposée mais qu'ils regrettent. La question cadeau de fiançailles nous paraît donc irréalisable pour le moment. Les Cadet *[Américains]* connaissent exactement la situation inextricable des MUR (...). Ils sont donc éclairés et peuvent prendre leurs responsabilités. Je crois qu'ils commettent une lourde faute et qu'ils auraient dû et pu avoir la hardiesse de nous aider provisoirement au risque même de

---

218. *Ibid.*, courrier « 100, copie », lettre de Bénouville à Davet et Monod, 8 juin 1943.

219. *Ibid.*, lettres des 30 mai, 8 et 14 juin, 15 juillet 1943.

220. *Ibid.*, lettres des 30 mai et 8 juin. Le 14, Monod a trouvé l'argent, mais, nouveau problème, n'en a pas pour acheter les deux machines à écrire portables, des Hermes Baby, réclamées par Bénouville et il doit obtenir un crédit. Le 30 juin, Monod écrit qu'il a demandé à Shoop un budget suffisant. En attendant, « c'est de la corde raide chronique ».

221. Entretien de l'auteur avec le général Valette d'Osia, 25 novembre 1997. Valette d'Osia a réclamé 1 000 francs par mois et par maquisard pour un effectif de 5 000 hommes. Quatre jours après sa demande, Dulles, avec l'accord de Washington, commence à lui verser mensuellement 5 millions de francs. Moulin, en relation avec Valette d'Osia depuis 1942, ne condamne pas cet arrangement.

violer la consigne. Nous avons la preuve que la misère de la résistance est en train de devenir un facteur redoutable de désintégration et d'indiscipline. Il est impossible que les chefs soient suivis quand ils laissent leurs subordonnés sans ressources (...). Les chefs locaux en sont maintenant réduits au système de débrouillage individuel, qui est absolument funeste mais qu'il est difficile de reprocher à des hommes arrivés à bout de leurs ressources et qui doivent assurer à tout prix la vie de leurs troupes (...). Il y a des indices très nets, confirmés par Faure *[Valette d'Osia]* et d'autres que nous pourrions bientôt avoir à lutter contre le chapardage et même le vol tout court, ce qui amènera inévitablement un état d'esprit hostile au maquis de la part de la population[222] ».

Le résultat le plus clair de l'« affaire suisse » déclenchée par Moulin aura été de mettre en péril des maquis des MUR.

Une autre conséquence de sa politique avait été de créer une ambiance délétère. Suspicions réciproques, accusations mutuelles, menaces de scission avaient ébranlé l'unité alors que l'ennemi lançait une offensive sans précédent contre la Résistance intérieure.

Offensive allemande

En zone nord, l'occupant n'avait jamais été tendre avec la Résistance. Au début de 1943, il s'attaque à la zone sud envahie. Multiplication des maquis peuplés de réfractaires au STO, opérations armées toujours plus nombreuses, changement perceptible d'atmosphère, tout incite les nazis à agir. L'Armée secrète devient l'ennemi principal.

Avec son implacable sérieux, l'occupant pense que si c'est une armée, c'est du solide. Intoxiquées par les Britanniques, qui veulent faire croire à un débarquement en France durant l'été ou l'automne, les forces répressives, dont l'intérêt bien compris est de gonfler le danger pour demeurer à l'Ouest au lieu de se retrouver sur le front russe, désinforment à leur tour Berlin.

En mai, Kaltenbrunner chiffre à 105 000 hommes les effectifs de l'AS qui disposerait de 6 000 tonnes d'armes et de munitions ainsi que de DCA et de chars légers ! Mais, précise le chef nazi, rien n'échappe

---

222. DS-MUR, lettre de Monod à Bénouville, « A », 7 juillet 1943. Michel Brault (Jérôme), chef national Maquis, confirme cette description dans sa lettre à Monod du 17 juin 1943 : « Je vois, faute de pouvoir tenir mes promesses, toute l'œuvre que j'avais commencé à mettre sur pied et qui est en train de se désagréger (...). Il me faut beaucoup d'argent et, à cette date, 17 du mois, je n'ai reçu que 2 millions sur les 25 promis ! ! »

à la vigilance de ses services : « *[Au]* début de 1943 un de nos agents spéciaux *[a]* obtenu en qualité d'ancien officier français un poste important *[dans l'AS]* [223]. »

Il est exact qu'en mai 1943 l'AS n'a plus beaucoup de secrets pour les Allemands.

En février, elle a subi une vingtaine d'arrestations et des documents ont été saisis. A la mi-mars, à Lyon, des arrestations ont conduit les nazis aux archives centrales de l'AS. Monique Claude Hirsh (Christine Denoyer), pivot du secrétariat de l'AS [224], est prise avec quinze classeurs qui contiennent chacun de nombreux papiers. Le dossier conservé aux Archives nationales compte 137 cotes. Les documents couvrent la période allant du 9 octobre 1942 au 17 mars 1943 [225] Ils concernent tous les domaines d'activité de l'AS et pratiquement tous les services, tous les états-majors régionaux, tous les effectifs, tous les chefs de premier plan dont il ne manque que les noms authentiques, celui de Frenay excepté, mais orthographié « Fresnay ». Ces papiers montrent aussi bien la situation d'ensemble que celle des régions, parfois branche par branche. Directives, ordres, rapports, analyses politiques, études, informations en tout genre (de l'état d'esprit en zone nord, où « l'antisémitisme a pour ainsi dire disparu depuis le déclenchement d'actes odieux [226] », à l'ordre donné par Vichy de ne plus frapper les détenus gaullistes et de les gagner par la corruption, la gentillesse et la compré-

223. Rapport Kaltenbrunner, 27 mai 1943, traduction complète *in* Gérard Chauvy, *op. cit.*, p. 309. On s'est toujours beaucoup interrogé sur l'identité du traître. Le dossier d'instruction de l'affaire Hardy (AN, 68 Mi 17) contient plusieurs documents qui compromettent le commandant Chacun (Carton). Lors de son audition par l'inspecteur principal Hervé Cosquer, le 22 mai 1945, Dunker affirme, p. 14, qu'au début 1943 Chacun donna un rapport où il dévoilait tout sur l'AS et qu'il fut « à la base de nombreuses arrestations ». Le 9 février 1945, Multon déclare que Dunker lui a « dit que Chacun était à l'origine de la vague d'arrestations du printemps 1943 ». Rendant compte du cas Multon à Wybot, chef de la DST, le commissaire de police A. Jouhanneau, écrit : « Le commandant Chacun, alias Carton, ami et agent de renseignement du Kommandeur de Marseille *[lui]* aurait fourni tous les renseignements concernant la Résistance dans le Midi (...). On perd la trace de Chacun depuis décembre 1942, date à laquelle il a quitté Marseille pour gagner Paris, où il se serait occupé d'achats pour les Allemands. »

224. AN, 72 AJ 48, témoignage Monique Claude Hirsh (Christine ou Aubernier ou Christine Denoyer) : « Elle travaillait en contacts étroits avec Delestraint, Bourdet, Frenay, Aubrac et son adjoint Kriegel-Valrimont, avec Hardy et La Combe, à partir de mars 1943 avec Bénouville, avec Michel Brault, Philippe Monod (...), avec Degliame-Fouché, Jean-Guy Bernard et Roger Nathan, dit Murat. »

225. Il s'agit d'un rapport non coté, qui donne des détails sur les maquis de Haute-Savoie, d'où rentrent Morin et Ravanel, ce dernier arrêté le même jour en compagnie de Kriegel-Valrimont et d'Aubrac.

226. AN, 72 AJ 47, cote 87, « Diane MMM à ZZZI-KKKI », s.d. (1943).

hension[227]), ces centaines de pages sont un trésor sans prix pour les policiers nazis[228].

Deux mois plus tard, grâce à cette saisie et à d'autres effectuées ailleurs[229], Kaltenbrunner peut établir en vingt-huit pages et cinq tableaux ou organigrammes un portrait de l'AS. Tout y est globalement exact, y compris la double liaison de Carte avec Combat et avec le SOE.

Les « Considérations finales » du rapport s'intéressent spécialement à « l'ouverture d'un compte dans une banque suisse afin de couvrir les dépenses des agents de liaison auprès des différents représentants diplomatiques ». Il est précisé que l'AS n'ayant que des moyens radio au « débit limité », elle a demandé à utiliser ceux des Américains et des Britanniques en Suisse.

Mais l'un des points les plus lourds de danger est que l'AS fait « parvenir quotidiennement du courrier en Suisse[230] ». Si la Gestapo ou l'Abwehr parviennent à pénétrer la filière du courrier, les meilleures informations tomberont sous ses yeux. Fin mai, nous le verrons, le courrier de la Délégation en Suisse des MUR commencera à être perturbé.

Encore à la mi-mars 1943, dans un autre bâtiment de la rue où les archives de l'AS sont saisies, trois importants dirigeants de l'AS sont arrêtés par la police française[231] : Raymond Aubrac, Maurice Kriegel, Serge Asher (Ravanel)[232].

Avant le 5 avril, l'inspecteur de police Michel Lenz, collaborateur notoire, informe la Gestapo de ces arrestations et reçoit 50 000 francs de récompense[233]. La note d'un service de renseignement de la Résistance ajoute :

---

227. *Ibid.*, cote 109.

228. Ils en ont eu connaissance au plus tard le 23 mars ; *cf.* déposition Colette Aubernier (Hirsh) du 6 mai 1950, lors du second procès Hardy, citée par René Hardy, *op. cit.*, p. 434-435.

229. Me Maurice Garçon, *op. cit.*, p. 136-137, indique que les Allemands disposaient en outre des archives de Buisson, chef régional de l'AS, et de celles de Bernheim, chef des MUR de Marseille, auxquelles, le 28 mai, vinrent s'ajouter celles de Frenay, saisies à Cluny.

230. Rapport Kaltenbrunner, *in* Gérard Chauvy, *op. cit.*, p. 322. Henri Noguères, *La vérité aura le dernier mot*, *op. cit.*, p. 220-221, s'est trop avancé en affirmant que les Allemands, et par le fait Barbie, n'ont appris qu'en mars 1944 « l'existence de la filière suisse » et les « contacts établis en Suisse avec les Américains de l'OSS ».

231. Sur les circonstances ayant précédé ces arrestations, Daniel Cordier a donné des précisions inédites dans *Libération*, 9 juillet 1997, p. VIII.

232. Voir Raymond Aubrac, *op. cit.*, p. 89, et Serge Ravanel, *op. cit.*, p. 102-103, 107-108.

233. NARA, RG 226, E 123, B 9, F 95, France-Maquis, *Bern-SI-INT-57-65*. La citation suivante respecte l'orthographe originale. Le point d'interrogation est dans le document.

« A la suite de cette dénonciation, la Gestapo a demandé à entendre 3 détenus, dont X...alias AUBRAC, qui, après un interrogatoire sommaire, ont été remis à la disposition de la police française ?./ Tous les gaullistes arrêtés sont détenus à la prison St-Paul à Lyon. »

Le 24 mai, une opération montée par la Résistance libère Morin, Ravanel et Kriegel [234]. Quatre jours plus tôt, Monique Claude Hirsh a pu s'évader [235] et, le 12, Raymond Aubrac a signé son « Avis de mise en liberté » provisoire [236].

Autre dirigeant de l'AS pourchassé, Joseph Gastaldo. Le 9 janvier 1943, la Gestapo vient l'arrêter, chez lui, à Bourg-en-Bresse, mais ne le trouve pas. Le 16 février, il est dénoncé par deux colonels français [237]. Recherché depuis le 4 mars 1943 sous son nom véritable et également sous ses pseudonymes les plus connus (Garin et Galibier) [238], il est pris, le 18 mars, sous une fausse identité, par deux inspecteurs de la Sûreté française, qui le relâchent peu après [239]. Le 5 avril, alors que, porteur de documents importants, il s'apprête à passer en Suisse, il est victime de ce qu'il nomme un incident. Tombé dans un piège monté par des douaniers italiens, il s'échappe dans la nuit et

234. Henri Noguères et Marcel Degliame-Fouché, *op. cit.*, t. 3, p. 374-375.

235. AN, 72 AJ 48, dos. I, doc. 13, et Gérard Chauvy, *op. cit.*, p. 52, qui, s'appuyant sur un document officiel du 26 mai, date l'évasion de Christine Denoyer du 21 mai.

236. Document reproduit *in* Henri Noguères, *La vérité aura le dernier mot*, *op. cit.*, annexe n° 8. La date et les circonstances de la libération d'Aubrac font l'objet de polémiques. D'après les documents disponibles, le 4 mai 1943 Me Fauconnet demande la mise en liberté provisoire de Vallet (Aubrac) pour raisons de santé. Le 8, le juge d'instruction Cohendy fait droit à la requête. Le 10, le gardien-chef de la prison Saint-Paul, à Lyon, signe l'avis de mise en liberté pour le même jour. Mais c'est le 12 que Vallet (Aubrac) signe également ce document (tous ces documents sont reproduits *ibid.*, annexes). L'un des motifs de dispute est la date de libération. Plusieurs fois, Lucie Aubrac a indiqué ou suggéré que son époux aurait été libéré en même temps que Morin, Ravanel et Kriegel (*cf.* sa déposition au second procès Hardy, 2 mai 1950, *in* AN, 397 AP 50, p. 28) Dans *Ils partiront dans l'ivresse*, Éd. du Seuil, Paris, 1984, p. 23-27, elle date la libération du 14 mai. En 1991, elle déclare avoir donné cette date « sur le conseil de son éditeur » (*cf.* Raymond Aubrac, *op. cit.*, p. 93). R. Aubrac a également varié. Le 2 mai 1950, au second procès Hardy, il déclare avoir été libéré le 14 mai (AN, 397 AP 50, 2 mai 1950, p. 37). En 1996, dans ses Mémoires (*op. cit.*, p. 92-93), il déclare que cela se passa, « je crois », le 10 mai. Pour sa part, Klaus Barbie a accusé, le 4 juillet 1990, R. Aubrac de s'être mis « à son service après l'arrestation de mars 1943 » (*ibid.*, p. 353). Le 20 mai 1992, R. Aubrac a répliqué par une déposition « réfut*[ant]* point par point le texte nauséabond » de Barbie (*ibid.*, p. 355). Un procès est en cours.

237. AN, 72 AJ 1899, rapport du général Desmazes (adjoint de Delestraint à la direction de l'AS), 3 juillet 1945, p. 8.

238. Circulaire C2 375 de la police française, citée par René Hardy, *op. cit.*, p. 195.

239. AN, 397 AP3, témoignage Gastaldo, 15 juillet 1945, et François-Yves Guillin, *op. cit.*, p. 211.

arrive en Suisse[240]. Le lendemain, il apprend que sa photographie a été diffusée à 40 000 exemplaires dans toute la France, sa tête étant de surcroît mise à prix. Le 6 mai, nouvel incident à la frontière helvétique[241]. Plus inquiétant, selon une information que Bénouville est seul à donner, vers la fin avril ou en mai, Gastaldo aurait été pris « dans un train » et aurait disparu « sans que nous puissions savoir où il avait été amené »[242].

Encore en avril-mai, dans le Sud-Est, mais aussi dans le Sud-Ouest, les Alpes et le Jura, de nombreuses opérations répressives sont menées. Tombent ainsi des militants de Carte, des policiers résistants, des agents britanniques, des cadres plus ou moins importants, de simples courriers, mais qui connaissent beaucoup d'adresses, boîtes à lettres, lieux de rendez-vous, et qui, sous la pression, décrivent aussi parfois physiquement leurs contacts. Parmi les victimes de la répression certaines changent de camp.

Jean Multon est de ceux-là.

Originaire de la Vienne, Multon a eu quelques activités résistantes dans sa région, et aussi des ennuis financiers relevant de la justice. En octobre 1942, il arrive à Marseille avec des amis et l'intention de passer en Espagne. Mais, réfugiés chez un restaurateur, ils sont mis en relation avec Henri Aubry et Jacques Baumel, ainsi qu'avec la secrétaire de Chevance-Bertin, chef régional des MUR[243]. Selon Francis Crémieux, Multon et ses amis n'inspiraient pas au début une confiance totale : « Ils furent observés pendant deux ou trois mois » avant d'être admis[244]. Mais Chevance-Bertin déclare avoir recruté Multon et ses amis dès leur première rencontre : « *[Multon]* va devenir pour moi un secrétaire ponctuel, effacé, efficace[245]. »

Pourquoi cette promotion rapide, vite assortie d'une confiance totale ? Car Multon, devenu « Lunel », fit bientôt office d'adjoint de

---

240. AN, 72 AJ 1899, rapport du général Desmazes, 3 juillet 1945.

241. AN, 397 AP 3, témoignage Gastaldo, 15 juillet 1945.

242. Guillain de Bénouville, *op. cit.*, p. 361. Ce passage est maintenu dans les éditions suivantes (*cf.* p. 235 de l'édition 1983). On ne saurait exclure une confusion avec l'arrestation de Gastaldo, à Paris, le 9 juin. Celle-ci est toutefois rapportée plus loin par Bénouville. Mais, dans l'édition originale, p. 410, le nom de Gastaldo n'est pas cité, tandis qu'il l'est dans l'édition de 1983, p. 268.

243. AN, 397 AP 1, témoignage de Mme Chevance, 2 mars 1956, et Gérard Chauvy, *op. cit.*, p 137. Sur la secrétaire de Chevance, *cf.* le témoignage nuancé de Jean-Louis Belpéer, AN, 72 AJ 48, DI, 15, du 13 juin 1947.

244. AN, 397 AP3, témoignage Francis Crémieux, p. 1.

245. Maurice Chevance-Bertin, *Vingt Mille Heures d'angoisse, 1940-1945*, Robert Laffont, Paris, 1990, p. 111. Cette version est confirmée par le dossier d'instruction Hardy, AN, 68 Mi.

Chevance-Bertin, qu'« il (...) remplaça plusieurs fois quand Bertin alla à Lyon pour quelques jours [246] ». On a beau examiner sa biographie, on ne trouve rien pour justifier sa subite élévation à un poste à hautes responsabilités. Rien, sinon qu'il avait depuis le début de 1943 une maîtresse née en Corse de parents britanniques, Irène Graham [247]. On ignore si elle appartenait à l'IS.

Jusqu'en avril 1943, son travail amène Multon à se déplacer dans la région marseillaise, mais aussi à Lyon. Il connaît les adresses, les lieux de rendez-vous, les boîtes à lettres, assiste à des réunions. « Début avril, il prend part à une conférence qui réunit, à Marseille, Chevance-Bertin, Mlle *[Agnès]* Bidault, Mme Fraize (Mollard) et Berthie Albrecht, adjointe de Frenay [248]. » Peu avant, en mars 1943, à Marseille, au bar *Les Danaïdes*, en compagnie de Chevance-Bertin, il rencontre René Hardy et « Herbinger, un officier du service de renseignement interallié [249] ». Hardy a confirmé cette entrevue qui, selon lui, aurait duré deux ou trois minutes et au cours de laquelle il aurait été présenté à Multon sous le pseudonyme de « Carbon » [250].

Le 28 avril, Multon est arrêté à Marseille, à la *Taverne Charley*. Passé aussitôt au service de la Gestapo, d'abord pour sauver sa peau, ensuite moyennant finances, il travaille pour le redoutable gestapiste Dunker-Delage. Sans perdre une minute, il livre son ancien patron, Chevance-Bertin, qui parvient à s'enfuir. Dès lors, Multon fait des ravages. Certains ont de la chance ou du flair. Le 11 mai, Dunker se présente chez Max Juvénal, à Aix-en-Provence, qui parvient à s'enfuir [251]. A la fin du mois, Claude Raynal croise Multon dans la rue, à Marseille. Il accepte un rendez-vous, mais, trouvant étrange l'attitude de Multon, ne s'y rend pas [252]. D'autres sont pris. Frenay donne l'ordre

---

246. AN, 397 AP 3, témoignage Francis Crémieux.

247. AN, 68 Mi 14, audition Irène Graham, 20 mars 1945. Née Owen, le 28 octobre 1913 à Ajaccio, sa mère étant Louise Hunter, Graham était probablement son nom d'épouse. On ne dispose d'aucune information sur l'éventuel mari. Avant d'être la maîtresse de Multon, Irène Graham avait été l'intime de Francis Crémieux.

248. François-Yves Guillin, *op. cit.*, p. 226. *In* AN, 397 AP 3, témoignage de Claude Raynal, industriel, 28 mai 1957; celui-ci relate avoir déjeuné, en avril 1943, à Marseille, avec « Frenay, Bertie, Chevance, Recordier et Multon ». Pour sa part, Mireille Albrecht, *op. cit.*, p. 346, semble situer cette rencontre dans la deuxième quinzaine de mars.

249. René Hardy, *op. cit.*, p. 201. Pierre-Jean Herbinger (Bressac) était le chef du réseau Mithridate. *Cf.* AN, 72 AJ 63, réseau Mithridate et témoignage Herbinger, 28 octobre 1947.

250. AN, 334 AP 50, second procès Hardy, audience du 2 mai 1950, Hardy en réponse au témoignage de Chevance-Bertin, p. 90-91.

251. AN, 397 AP 3, témoignage Max Juvénal, 12 août 1947.

252. *Ibid.*, témoignage Claude Raynal, 28 février 1957.

aux Groupes francs de Marseille de l'abattre[253]. Selon Bénouville, Multon « allait droit aux restaurants que nous fréquentions » et l'on tenta de l'exécuter, mais « il était méfiant *[et]* jamais seul »[254].

En mai, Multon est amené à étendre ses ravages à Lyon. Il a appris l'adresse d'une boîte à lettres du service d'Hardy : Mme Dumoulin, 14, rue Bouteille, à Lyon. Prêté par la Gestapo marseillaise à celle de Lyon, il communique l'adresse à Barbie[255].

On a souvent écrit que c'est à partir de cette boîte trahie que se sont enchaînées les arrestations d'Hardy (8 juin), Delestraint, Gastaldo et Théobald (9 juin) et celles de Caluire (21 juin), mais il existe au moins une raison d'en douter. Le 7 mai, à Lyon, un autre résistant arrêté a livré certains de ses amis et six boîtes à lettres d'une importance capitale : celle du service d'Hardy (rue Bouteille), celle d'Henri Aubry, directeur de cabinet du général Delestraint (2, rue d'Oran), celle de Gastaldo (cours Tolstoï, à Villeurbanne), celle de Jean Moulin (rue Centrale, à Lyon), celle du *Bulletin de la France combattante*, celle de l'organisation France d'Abord (14, rue Pizay)[256]. Georges Cotton, chef de France d'Abord, affirma maintes fois et catégoriquement : « Ces boîtes ont été surveillées par la Gestapo, le courrier a été lu, photographié et remis en place[257]. »

Ainsi, à la mi-mai, la Gestapo lyonnaise n'avait que l'embarras du choix pour obtenir les meilleures informations dans les boîtes aux lettres de quelques-uns des principaux chefs de la Résistance nationale et locale. Et Barbie n'avait aucune peine à lire les messages : ils étaient tous, toujours, en clair[258].

---

253. Henri Frenay, *La nuit finira*, *op. cit.*, p. 326. Jean Garcin, *Nous étions des terroristes*, Barthélemy, Avignon, 1996, p. 88, reproduit en annexe la fiche de renseignements sur Multon et son inséparable complice « André Braun », plus vraisemblablement Léon Brown.

254. Guillain de Bénouville, *op. cit.*, p. 386.

255. Dans son interrogatoire du 12 mai 1945, Multon indique avoir été amené à Lyon trois ou quatre jours après son arrestation, c'est-à-dire dans les premiers jours de mai. Il affirme n'avoir donné aucune boîte à lettres (AN, 68 Mi 14). Mais, plus vraisemblable, Dunker indique, dans son interrogatoire du 27 mai 1947 (AN, 68 Mi 15) que c'est après l'arrestation du courrier Le Couster, pris le 13 mai 1943 (Flora, 1re liste, n° 58), que Multon fut envoyé à Lyon.

256. AN, Mi 15, audition de Georges Cotton, 9 juin 1948 et AN, 72 AJ 48, dos. II, doc. 15, rapport de Cotton, 13 mars 1951, p. 5-6. Déposition de Marguerite Cotton, P. V. n° 2419/9, reproduite *in* René Hardy, *op. cit.*, p. 560-561. Lettre de Cotton à Mme René Hardy, reproduite *ibid.*, p. 557-559. François-Yves Guillin, *op. cit.*, p. 230. Gérard Chauvy, *op. cit.*, p. 153-157. Cotton a indiqué dans toutes ses interventions que Georges Ranoux n'a jamais été inquiété pour avoir livré ces boîtes à lettres. En fait, Ranoux a été acquitté par la cour de justice de Lyon, le 26 mars 1945.

257. AN, 334 AP 50, second procès Hardy, audience du 27 avril 1950, p. 229.

258. AN, 334 AP 24, premier procès Hardy, interrogatoire, p. 63. AN, 334 AP 50, second procès Hardy, audience du 26 avril, interrogatoire, p. 153 et 155. Il y eut une

Outre Multon, la Gestapo lyonnaise disposait d'autres agents retournés. Parmi lesquels Edmée Delétraz, arrêtée le 16 avril dans une blanchisserie de la rue Béchevelin, à Lyon, qui servait de boîte à lettres au réseau Groussard [259].

D'origine belge, domiciliée à Annemasse, elle travaillait depuis 1940 avec le vice-consul britannique à Genève, Victor Farrell, un homme de Claude Dansey [260]. Également employée par le réseau de Groussard [261], elle appartenait aussi au réseau Pat O'Leary, pseudo du médecin belge Albert Guérisse, un autre homme de Dansey [262], au service Serge, du 2e Bureau français [263], au réseau policier Ajax [264], et était aussi au mieux avec le service de renseignement helvétique, grâce à l'aide duquel elle avait fait passer en Suisse des fugitifs, agents, juifs, résistants.

C'est un « gros poisson » que les nazis venaient de capturer. Et quoiqu'elle se justifiât d'abord en affirmant se trouver à Lyon pour visiter sa sœur hospitalisée pour un cancer – ce qui était exact –, Barbie n'avait pu la croire innocente : elle avait été prise porteuse de plis secrets [265].

Ce n'est donc pas faute de preuve, ainsi qu'elle le prétendra par la suite, que, dès le lendemain, Barbie la libère et la renvoie à Annemasse sous surveillance. S'ensuit dès son arrivée l'arrestation de son chef de réseau, André Devigny, qui, curieusement, défendra toujours farouchement son ancienne amie [266]. Demeurée libre, elle rend compte à

---

seule époque, lorsque Morin-Forestier était chef d'état-major de l'AS, pendant laquelle les messages furent codés. La secrétaire de Moulin confirme que les messages étaient en clair (même réf.).

259. Paul Dreyfus, « Celle qui tenta de sauver Jean Moulin », *Le Dauphiné libéré*, 3-7 juillet 1984, articles intégralement reproduits par Henri Noguères, *La vérité aura le dernier mot*, *op. cit.*, p. 244-257.

260. Anthony Read et David Fischer, *Colonel Z, op. cit.*, p. 174, 191, 238-239, 247, 253.

261. AN, 72 AJ 41, réseau Gilbert.

262. Sur Guérisse et Dansey, voir Michael R. D. Foot et J. M. Langley, *MI 9, Escape and Evasion, 1939-1945*, Little Brown, Boston, 1979, p. 64. Le réseau Pat O'Leary était aussi dirigé par Louis Nouveau (*cf.* Louis Nouveau, *Des capitaines par milliers*, Calmann-Lévy, Paris, 1958, ainsi que Vincent Brome, *Histoire de Pat O'Leary*, Amiot-Dumont, Paris, 1957).

263. AN, 334 AP 50, second procès Hardy, audience du 29 avril 1950, témoignage Delétraz, p. 1.

264. AN, 68 Mi 15, dépositions Devigny, 27 mai et 5 juin 1948.

265. AN, 68 Mi 14, interrogatoire d'Edmée Delétraz, 14 décembre 1944.

266. André Devigny a toujours défendu Edmée Delétraz, devant la police, la justice, la presse. Voir ses ouvrages : *Un condamné à mort s'est échappé*, Gallimard, Paris, 1956 (film de Robert Bresson, 1956), *Je fus ce condamné*, *op. cit.*, et article cité de Dreyfus (ci-dessus, note 259).

Groussard[267]. Probablement d'accord avec Farrell, il lui ordonne d'obtempérer aux ordres de la Gestapo qui lui a enjoint de se présenter à chacun de ses passages à Lyon. On veut en faire un agent triple infiltré dans le camp ennemi, l'une des marottes de Dansey. Après la guerre, Groussard reconnaîtra : « Mme Delétraz a fait ce qu'elle a pu pour accomplir son devoir. Mais elle a été très maladroite et elle a fortement surestimé ses possibilités[268]. »

Il est désormais établi que Delétraz a été utilisée par Robert Moog, membre à la fois du SD nazi et de l'Abwehr[269]. En 1950, lors du second procès Hardy, en plein prétoire, s'appuyant sur la déposition d'un autre agent de la Gestapo lyonnaise, Me Maurice Garçon assura qu'Edmée Delétraz était la maîtresse du beau Moog[270]. Pour quelque raison que ce fût, elle participa à deux souricières. D'abord, celle tendue chez le policier résistant Mefret, 9, place des Célestins, à Lyon, puis, dans la même ville, au 14, rue Bouteille, c'est-à-dire à la boîte aux lettres du service d'Hardy. Là, deux femmes furent arrêtées, Mme Dumoulin, la propriétaire de la boîte, et, le 26 mai, Marie Reynouard (Claire), secrétaire de l'organisation d'Hardy. Le même jour, ou le lendemain, c'est dans cette boîte que fut déposé, et lu par la Gestapo, un message convoquant Didot, c'est-à-dire Hardy, à Paris pour un rendez-vous avec « le général », c'est-à-dire Delestraint[271].

Delétraz a également servi à arrêter Berty Albrecht. Multon, qui, on le sait, avait rencontré celle-ci en avril à Marseille, avait obtenu d'elle un moyen de la contacter. Mireille Albrecht assure que sa mère avait

---

267. C'est Delétraz qui affirme être allée voir Groussard à Genève (*cf.* son interview par Paul Dreyfus, *Le Dauphiné libéré*, 3-7 juillet 1984). Mais, dans AN 68 Mi 16, audition Groussard, 21 juin 1948, celui-ci ne mentionne nullement cette visite, affirmant seulement avoir « isolé » Delétraz après son arrestation.

268. AN, 72 AJ 233, dos. 1, doc. 15, lettre de Groussard à Henri Michel, 19 octobre 1963. Dans ses Mémoires, il évite de parler d'elle.

269. AN, Mi 68 15, déposition Kramer (Abwehr Dijon), 26 janvier 1948.

270. AN, 334 AP 50, audience du 29 avril 1950, témoignage Delétraz, p. 30-31. Témoignage de René Saumande, 19 janvier 1944 (AN, 68 Mi 16) : « Je ne l'ai vue *[Delétraz]* que dans la chambre de Robert Moog. » Moog, qui avait d'autres maîtresses, avait commencé sa carrière à Toulouse en pénétrant l'antenne locale du réseau Groussard. De là, il avait gagné Lyon et s'était introduit dans le même réseau en se faisant passer, comme il l'avait déjà fait à Toulouse, pour agent de l'IS. Le 15 avril 1943, lors de l'affaire de la blanchisserie où E. Delétraz fut arrêtée le lendemain, il joua à l'agent consciencieux venu avertir du danger imminent. Les Allemands venus procéder aux arrestations le menottèrent et le battirent. La scène fut si convaincante que les témoins, interrogés plus tard, ne semblent pas certains qu'il mentait. A les lire, on s'interroge aussi (AN, 68 Mi, témoignages des époux Nony, Joannès et Marguerite, 14 mai 1948, ainsi que témoignage Yvonne Bel, 14 mai 1948).

271. François-Yves Guillin, *op. cit.*, p. 242, citant les dépositions de Mme Raisin des 12 avril et 9 décembre 1948.

donné au futur traître l'adresse où elle vivait avec Frenay, à Cluny, chez les Gouze, les futurs beaux-parents de François Mitterrand[272]. Même s'il est probable qu'un autre traître aida Multon à localiser Berty Albrecht et Frenay, le fait est que Multon savait que pour trouver ce couple il fallait déposer un message à Mâcon, à l'*Hôtel de Bourgogne*. Le 28 mai, Edmée Delétraz, épiée par Moog et d'autres, rencontre Berty Albrecht. « Lorsque les deux femmes se parlent, la femme Albrecht est arrêtée. On trouva dans son sac l'adresse de l'appartement de Frenay (Cluny). L'*Obersturmführer* Barbie, Eilers et K 30 *[Moog]* s'y rendent immédiatement, où ils trouvent les documents permettant de poursuivre l'affaire[273]. »

Mais Frenay leur a échappé.

Lassé d'attendre son départ pour Londres, il a rejoint Lyon où il s'est installé chez Bénouville, rue Tronchet[274]. Il y demeurera « quinze jours pleins », selon celui-ci[275]. Il y est sans doute arrivé vers le 25 mai. Le 30 mai, Bénouville écrit à Monod : « Nous venons Xaintrailles *[Frenay]* et moi de vivre une semaine très dure », et raconte :

> « L'autre soir, *[Frenay]* devait regagner 4. 1. 7. 1. 6. *[Cluny]* par 20. 12. 25. 26. 17. *[Mâcon]*. Un rendez-vous que j'avais et dont le résultat l'intéressait lui a fait différer son départ. Le lendemain encore, pour une raison d'ultime importance, il différait encore une fois son départ. Grâce en soit rendue au Ciel ! Pendant que nous étions ainsi à attendre et à travailler dans la solitude, des drames qui n'ont certes pas une extrême répercussion sur la résistance, mais qui nous ont profondément bouleversés se produisaient. Là 26. 18. 23. 22. 11. 18. 16. 18. *[Allemand ?]* opéraient (ce que d'ailleurs je prévoyais depuis très longtemps) à 20. 12. 25. 26. 17. *[Mâcon]*. Un de nos camarades de la région tombait dans une souricière. 21. 12. 7. 23. 26. 5. 32. *[Berthie]* y était prise à son tour (…). Presque immédiatement des opérations se déroulaient à 4. 1. 7. 1. 6. *[Cluny]*. Une souricière était tendue ; nos hôtes *[les Gouze]* enlevés. C'est donc le drame absolu. Xaintrailles *[Frenay]* n'a échappé à tout cela que par miracle (…). Outre deux amis pris là-bas, nous sommes fort inquiets en ce qui concerne Caumont *[Bourdet]* qui pendant notre absence devait remplacer Xaintrailles, séjournait donc

---

272. Mireille Albrecht, *op. cit.*, p. 346.

273. « Prise de position Gegauf », citée par Gérard Chauvy, *op. cit.*, p. 178 (le document est dans AN, 68 Mi 15, janvier 1948, 2 p. Il faut y ajouter, *ibid.*, interrogatoire de Kramer, 26 janvier 1948, par le commissaire H. Guyader, 8 p., où Kramer conteste l'authenticité de la « prise de position »). Dans son entretien avec Paul Dreyfus, art. cit., Edmée Delétraz n'évoque pas son rôle dans l'arrestation de Berty Albrecht.

274. Henri Frenay, *La nuit finira*, *op. cit.*, p. 326.

275. DS-MUR, lettre de Bénouville à Monod, 15 juillet 1943. Frenay, dans sa « Chronologie des événements se rapportant directement ou indirectement à l'"affaire suisse" », se trompe certainement en datant son installation rue Tronchet du 10 mai.

dans les environs et dont nous sommes sans nouvelles (...). Ne dites rien à Mireille *[Albrecht]* avant que nous n'ayons décidé ce qu'il fallait lui dire. Nous attendons pour cela d'avoir de plus amples renseignements. Pauvre gosse, faites en tout cas tout ce qui sera possible pour elle ; je vous conseille de demander à Perrichon *[Shoop]* de vouloir bien télégraphier à son père en ce qui concerne la question de ses fonds. Il peut fort bien faire face[276]. »

Différente de la version donnée plus tard par Bénouville[277], celle-ci semble attribuer l'arrestation de Berty Albrecht à une souricière dans laquelle serait d'abord tombé « un camarade de la région », les Gouze étant enlevés et Bourdet un temps porté disparu. Peut-être ce récit rédigé très vite et sous le coup d'une émotion perceptible a-t-il souffert d'un manque d'informations précises.

*

* *

Indispensable à la compréhension des événements qui ont conduit à la situation complexe de la mi-juin 1943, notre longue plongée dans le passé a aussi permis d'éclairer sous un jour neuf les circonstances conflictuelles dans lesquelles sont arrivées les cinq mauvaises nouvelles annoncées par Bénouville dans sa lettre du 17 juin 1943. Reste à élucider les contradictions internes de celle-ci.

Un paragraphe de la lettre est consacré à la mort de Berty Albrecht :

> « Troisième nouvelle dramatique dont nous sommes tous malades : Laurence *[Berty Albrecht]*, comme vous le savez arrêtée à Mâcon, a été transférée à Fresnes et exécutée à la hache 48 heures après. Elle est morte il y a eu exactement huit jours dimanche ; l'avis de décès a été communiqué par la Gestapo à la préfecture de Mâcon qui l'a transmise *[sic]* à ses anciens logeurs./ Xaintrailles *[Frenay]* est parti sans connaître l'affreuse nouvelle (...)[278]. »

---

276. *Ibid.*, lettre de Bénouville à Monod, 30 mai 1943. Mireille Albrecht avait été peu avant escortée par Bénouville jusqu'à la frontière suisse et avait été mise à l'abri à Genève. Son père, assez aisé, vivait alors en Angleterre.

277. Guillain de Bénouville, *op. cit.*, p. 402-407, indique que Frenay n'est pas parti à Cluny parce que son réveil n'a pas sonné. Pour Frenay, dans *La nuit finira*, *op. cit.*, p. 331-333, c'est Peck (Battesti) qui, le 27 mai, apporta la mauvaise nouvelle. Se trompant sur la date, il donne de l'arrestation de Berty Albrecht une version conforme dans ses grandes lignes à ce que l'on en sait aujourd'hui. Il avait sur Bénouville l'avantage d'écrire vingt-huit ans plus tard.

278. DS-MUR, Bénouville à Monod et Davet, 17 juin 1943. Frenay n'apprit la nouvelle qu'en juillet ; *cf. ibid.*, lettre de Monod à Bénouville, 28 juillet 1943. Ni Frenay,

Apparemment, c'est tout simple : Frenay est parti pour Londres et, ensuite, avant d'écrire sa lettre, donc le 17 au plus tard, Bénouville a appris la mort de Berty.

Or, à une exception près, Frenay a toujours daté son départ de la nuit du 17 au 18[279]. Dans ces conditions, comment Bénouville peut-il dire Frenay parti sans connaître la nouvelle connue de lui, Bénouville ?

Second problème : dans ses Mémoires, Bénouville précise les circonstances dans lesquelles il apprit la mort de l'amie de Frenay :

> « Nous attendrons jusqu'au lendemain soir le message annonçant son arrivée *[celle de Frenay à Londres]* : "Deux et deux font quatre." Le surlendemain matin, rue Tronchet, je fus réveillé par des coups de sonnette impérieux. La police arrivait-elle déjà ? J'entr'ouvris la porte pour accueillir la fille aînée de M. Gouze dont les parents venaient d'arriver à Lyon. Bouleversée, décoiffée, elle m'apprit que son père et sa mère avaient reçu de la préfecture de Mâcon l'avis de décès de Berthy Albrecht : le sous-officier de gendarmerie qui leur avait rapporté les effets de notre amie leur avait déclaré que le bruit courait que, dès son arrivée à Fresnes, elle avait été décapitée[280]. »

Ici, c'est après avoir reçu le message d'arrivée de Frenay à Londres que Bénouville apprend le décès. Et c'est, dit-il, « le surlendemain » du départ de Frenay.

Si Frenay est parti le 17, le surlendemain de son départ est le 19. Date confirmée par Frenay dans *La nuit finira*, où il décrit ainsi son arrivée à Londres : « Tous les hommes de la France libre à Londres, le regard tourné vers Alger, avaient célébré la veille le troisième anniversaire de l'appel du général de Gaulle./ Nous sommes le 19 juin 1943[281]. »

Comment Bénouville peut-il donner dans sa lettre du 17 une information reçue au plus tôt le 19 ? C'est impossible. Sauf si Frenay est parti deux jours avant la date qu'il a indiquée.

La nuit finira, *op. cit.*, p. 465, ni Mireille Albrecht, *op. cit.*, p. 336, ne confirment l'exécution à la hache. Ils sont convaincus que Berty Albrecht s'est suicidée, probablement par pendaison.

279. Henri Frenay, *La nuit finira*, *op. cit.*, p. 336. AN, 334 AP 50, second procès Hardy ; déposition Frenay, 2 mai 1950, p. 10 ; AN, 72 AJ 47, témoignage Frenay à O. Merlat, 3 novembre 1948, etc. L'unique indication différente donnée par Frenay est dans le tableau synoptique des « Séjours à Londres et en France », dans *L'Énigme Jean Moulin, op. cit.*, annexes, p. 306, où il indique avoir été absent de France à partir du 16 juin 1943.

280. Guillain de Bénouville, *op. cit.*, p. 408.

281. Henri Frenay, *La nuit finira*, *op. cit.*, p. 337.

Quand Frenay est-il parti pour Londres ?

Sur le voyage de Frenay, deux autres témoignages complètent le sien. Le premier est celui du pilote de l'avion, Hugh Verity[282]. S'appuyant sur les archives britanniques, il décrit l'opération *Knuckle-Duster* (Coup-de-Poing). Aux commandes d'un bimoteur Hudson, il a atterri à son troisième essai, dans la nuit du 15 au 16 juin, très sombre et pluvieuse, sur le terrain « Marguerite », près de Mâcon[283]. L'équipage était composé, outre Verity, du capitaine navigateur Philippe Livry-Level et du sergent Shine. L'équipe au sol était composée de Bruno Larat (Luc) et de Geneviève Fassin (Jannick). Il a déposé deux passagers : Claude Bouchinet-Serreulles et Pierre Péri, et en a embarqué neuf : Paul Rivière, Fassin, Frenay, Médéric, Claude Marcus, l'amiral Robert, le général Arnault, Maurice de Cheveigne, Jean Ayral (Pal). Lourdement chargé et l'heure étant avancée, le pilote a décidé, plutôt que de regagner l'Angleterre en devant affronter à l'aube la DCA allemande installée sur la Manche, de voler jusqu'en Algérie. L'avion s'y est posé le 16, à 6 h 50. Il a décollé à 9 h 10 pour Gibraltar, où il a atterri à 12 heures. Reparti le 17 juin, à 22 h 10, il est arrivé en Angleterre le 18 juin, à 0 h 55.

L'autre témoignage est celui de Paul Rivière, organisateur de ce transport clandestin, et qui l'emprunta. Il confirme toutes les données fournies par Verity, mais diverge sur un point : la durée de l'escale à Gibraltar. Pour lui, l'avion n'est reparti que le troisième jour. L'arrivée en Angleterre a donc fort bien pu avoir lieu, comme l'a dit Frenay, le 19 juin[284].

La divergence est tranchée par les archives. Le message radio « Deux et deux font quatre », qui signalait l'arrivée de Frenay à Londres, fut pour la première fois diffusé par la BBC le 18 juin, à 19 h 15[285].

En conclusion, Frenay est certainement arrivé à Londres le 18, après avoir assurément quitté la France dans la nuit du 15 au 16 juin.

Ainsi, Bénouville a en effet pu apprendre la mort de Berty Albrecht

---

282. Hugh Verity, *op. cit.*, trad. fr. : *Nous atterrissions la nuit*, Presses de la Cité, Paris, 1988, p. 166-169 et 321. Dans la réédition anglaise de 1995, l'auteur confirme.

283. AN, 397 AP 3, témoignage André Buxeuil de Roujoux, 30 novembre 1948. Viticulteur à Charnay-lès-Mâcon, il hébergea plusieurs fois Frenay et connaissait bien le terrain « Marguerite », au nord de Mâcon, au bord de la Saône.

284. AN, 72 AJ 38, « Note du colonel Rivière » et témoignage du même, 12 décembre 1949 et 20 février 1950, p. 34-35.

285. AN, 3 AG 2-190, messages personnels diffusés par la BBC. Le message S. 4122 AM, demandé par Nef (Frenay) et transmis par le BCRA-AM, fut diffusé à nouveau les 19 et 20, aux bulletins de 19 h 15 et de 21 h 15.

le 17, « surlendemain » du départ de Frenay et jour où il a rédigé sa lettre à Monod. Mais, dans ce cas, il n'avait, comme affirmé dans *Le Sacrifice du matin*, pas pu recevoir encore le message annonçant l'arrivée de Frenay. C'est, du reste, ce que confirme la lettre du 17 juin, dont la première phrase affirme : « Xaintrailles *[Frenay]* est parti, et je *suppose*[286] qu'il est maintenant arrivé. »

Ce point éclairci, passons au suivant.

Quand Bénouville apprend-il l'arrestation de Delestraint ?

Le deuxième paragraphe de la lettre concerne Gastaldo :

> « Le second malheur qui nous a frappés avant le départ de Xaintrailles *[Frenay]* a été la nouvelle de l'arrestation à Paris par la Gestapo de Galibier *[Gastaldo]*, chef du 2e Bureau de l'AS. Nous avions appris que sa photo avait été tirée à 40 000 exemplaires et répandue sur tout le territoire. Il est probable qu'à l'heure où je vous écris lui non plus n'est plus en vie[287]. »

Le sort de Delestraint est évoqué à la page suivante :

> « Nous sommes très inquiets en ce qui concerne Vidal *[Delestraint]* dont nous sommes sans nouvelles depuis huit jours. Nous craignons que lui aussi n'ait été pris. Il avait été promu récemment, par le Grand Quartier, général d'Armée et commandant en chef. »

Le problème est que ces deux arrestations sont étroitement liées. Elles ont eu lieu toutes les deux le 9 juin, à Paris, à quelques minutes d'intervalle, dans le cadre de la même opération de la Gestapo, et, selon plusieurs sources, indépendantes et fiables, elles ont été connues à Lyon le 12. Dans ces conditions, on s'explique mal que, cinq jours plus tard, Bénouville connaisse celle de Gastaldo et soit encore à s'interroger sur le sort de Delestraint.

François-Yves Guillin, alors secrétaire de Delestraint, relate, avec un luxe de précisions, avoir appris l'arrestation de son chef à Jean Moulin et à son secrétaire lyonnais, Maurice de Graaf, le 12 juin, à 9 heures du matin[288]. Le 13, il en informa aussi André Lassagne,

---

286. Souligné par l'auteur.

287. La sombre prévision de Bénouville sur le sort de Gastaldo ne s'est pas réalisée. Déporté, il a survécu et a fini ses jours à Besançon, le 9 octobre 1955 (AN, 72 AJ 104, doc. Baudouin, p. 47). Delestraint, lui aussi déporté, a été exécuté par les nazis, le 19 avril 1945, à Dachau.

288. François-Yves Guillin, *op. cit.*, p. 253.

adjoint de Gastaldo à la direction du 2e Bureau de l'AS [289]. Le 14 (ou le 15), Moulin a eu confirmation par deux autres sources différentes, Joseph Van Diévort (Léopold) [290] et Daniel Cordier (Alain) [291], tous deux venus de son secrétariat parisien. Le 15, Moulin fait part de la nouvelle à De Gaulle : « J'ai le triste devoir de vous annoncer l'arrestation par la Gestapo, à Paris, de notre cher Vidal *[Delestraint]* (...)/ J'ai tenu secrète l'arrestation de Vidal (...) il faut que personne à Londres et à Alger ne soit au courant et surtout pas les chefs des mouvements [292]. »

Même si Moulin cache la nouvelle à Combat, les dirigeants de ce mouvement peuvent l'apprendre autrement. Elle est connue à Bourg-en-Bresse depuis la matinée du 10 juin, jour où la Gestapo a perquisitionné à son domicile [293], et elle est également connue des maquis de l'Ain [294]. L'historien Henri Calef n'a certainement pas eu tort d'écrire : « La nouvelle de l'arrestation de Delestraint et de Gastaldo s'est répandue dans les milieux des MUR et de la Résistance [295]. »

Selon Frenay, il a appris l'arrestation de Delestraint en même temps que Moulin : « Mais voici, le 12 juin, dans le courrier, un mot laconique : Vidal *[Delestraint]* et Galibier *[Gastaldo]* arrêtés le 9 juin à Paris [296]. » Et quoique Cordier affirme que Frenay est parti pour Londres sans savoir, il est certain que c'est faux. D'abord, parce que Bénouville l'affirme dans sa lettre du 17 juin (« le second malheur qui nous a frappés *avant* [297] le départ de Xaintrailles (...) »). Ensuite, parce que Paul Rivière rapporte en avoir parlé avec Frenay dans l'avion qui les emmenait à Londres : « Ils parlent aussi de l'arrestation récente du général Delestraint, Rivière dit qu'il soupçonne Hardy d'être à la base de l'arrestation du général. Frenay proteste : "C'est absolument faux, Hardy a toute *[s]*a confiance ; Hardy ? C'est moi" [298]. »

Il est donc difficile de mettre en doute la parole de Frenay : il savait Delestraint arrêté depuis le 12, et, en toute hypothèse, avant son départ, donc avant le 15.

---

289. *Ibid.*, p. 254.
290. Gérard Chauvy, *op. cit.*, p. 227.
291. Daniel Cordier, *Jean Moulin, l'inconnu du Panthéon*, *op. cit.*, t. 1, p. 251.
292. Cité par Cordier, *ibid.*
293. François-Yves Guillin, *op. cit.*, p. 251-253.
294. *Ibid.*, p. 255.
295. Henri Calef, *op. cit.*, p. 377.
296. Henri Frenay, *La nuit finira*, *op. cit.*, p. 333.
297. Souligné par l'auteur.
298. AN, 72 AJ 38, témoignage Rivière, p. 35.

D'autre part, Bénouville relate qu'il a rencontré Frenay au moins une fois avant son départ : « vers six heures, le long de la Saône (...), nous nous dîmes au revoir devant l'auto qui allait l'emmener [299] ». Frenay a par conséquent eu la possibilité matérielle d'apprendre l'arrestation de Delestraint à celui qui va le « remplac*[er]* au Comité directeur des MUR et dans la Charge des Affaires militaires de la zone sud [300] ».

Est-il plausible que Frenay parte en oubliant d'informer son remplaçant au Comité directeur des MUR, chargé des affaires militaires de la zone sud, de la plus cruciale des informations militaires, celle qui, à l'évidence, va entraîner la nomination d'un nouveau chef de l'AS et, par conséquent, une bataille politique décisive ?

Il est d'autant plus difficile de le croire que le témoignage de Paul Rivière est formel : Frenay connaissait avant de partir, avant le 15 au soir, les rumeurs qui, déjà, accusaient – à tort – Hardy d'être responsable de l'arrestation de Delestraint. Sachant mieux que quiconque l'amitié unissant Hardy à Bénouville, Frenay pouvait-il partir sans lui avoir parlé de ces soupçons ?

En l'état actuel des connaissances, la lettre du 17 juin n'est pas crédible sur ce point.

Quand Bénouville apprend-il l'arrestation d'Hardy ?

Le 17 juin, Bénouville pouvait-il croire son ami Hardy détenu à Paris, voire exécuté ?

Rappelons ce qu'il écrivit ce jour-là :

> « Avant son départ *[celui de Frenay]* nous avons eu les coups les plus durs. Didot *[Hardy]* qui, comme vous le savez, était condamné à mort à Paris y a été arrêté. Il est probable qu'à l'heure où je vous écris il a déjà été exécuté. Vous saviez quels étaient mes rapports personnels avec lui (...) ; cette dramatique arrestation nous prive non seulement d'un ami très cher, mais encore d'un de nos chefs de service les plus remarquables. Sa suite a été prise par son second. »

Là encore, c'est apparemment très simple : avant le départ de Frenay, avant le 15 au soir, Bénouville a su Hardy arrêté. Cela contredit toutes les dénégations de Bénouville selon lesquelles il ignorait l'arrestation d'Hardy.

---

299. Guillain de Bénouville, *op. cit.*, p. 407.

300. AN, 334 AP 24, premier procès Hardy ; cité par Daniel Cordier, *Jean Moulin, l'inconnu du Panthéon*, *op. cit.*, t. 1., p. 771, note 29a.

L'essentiel n'est pourtant pas là. La question est de savoir si, le 17 juin, Bénouville pouvait croire Hardy détenu, voire exécuté.

Rappelons-le, Hardy a été pris dans la nuit du 7 au 8 juin à bord du train Lyon-Paris, débarqué à la gare de Chalon-sur-Saône, détenu là jusqu'au 10, ramené à Lyon dans la journée du 10 et relâché dans la nuit.

Or son arrestation n'était pas passée inaperçue.

Lors du second procès Hardy, Claudius-Petit, important dirigeant de Libération, déclare qu'un réseau, lié au réseau de renseignement Gallia, auquel lui-même appartenait, avait eu vent des ennuis d'Hardy et « penchait pour la thèse de l'arrestation [301] ». Les archives montrent que Gallia avait un informateur bien placé à la gare de Chalon-sur-Saône : le contrôleur d'exploitation Debachy, agent du réseau Chrysanthème (matricule RC 14101) qui, *via* le sous-réseau Andromède, aboutissait à Gallia. Son « rôle principal était la surveillance des transports à la ligne de démarcation. Les trains faisaient souvent escale près d'une heure pour un changement de machine – il devait noter tout ce qui s'était passé [302] ». C'est vraisemblablement Debachy qui informa Gallia.

Il y avait eu aussi un témoin direct de l'arrestation, le contrôleur des Wagons-Lits Alphonse Morice. Hardy a été arrêté et débarqué sous ses yeux. Après quoi, il a revendu la place devenue libre et établi un bordereau pour signaler le fait et l'encaissement imprévu [303]. Or Lydie Bastien, venue rejoindre Hardy à Paris, ne le trouve pas. Inquiète, elle se renseigne auprès de la Compagnie des Wagons-Lits, où elle apprend qu'il y a eu des arrestations dans le train d'Hardy. Angoissée, elle rentre à Lyon, voit d'abord ses parents. Ils la rassurent : Hardy est libre, il leur a rendu visite dans l'après-midi du 12. Elle voit aussi Bénouville.

Au second procès Hardy, interrogeant le prévenu, le président affirme que Lydie Bastien apprit « dans la journée *[de son retour]* à Lyon, d'abord par de Bénouville [304] » qu'Hardy avait soi-disant échappé à l'arrestation en sautant *in extremis* du train.

---

301. AN, 334 AP 50, second procès Hardy, audience du 29 avril, p. 45, déposition de Claudius-Petit. Sur Gallia, voir Jean-Philippe Meysonnier, *Le Réseau Gallia, 1943-1944*, DEA d'histoire du XXe siècle, IEP de Paris, 1994.

302. AN, 72 AJ 57, témoignage Debachy.

303. AN, 334 AP 50, second procès Hardy, audience du 2 mai 1950, témoignage Morice, p. 101-134.

304. *Ibid.*, second procès Hardy, audience du 26 avril 1950, p. 199. Le président insiste d'ailleurs lourdement sur ce point : « Le 17, vous *[Hardy]* voyez Bénouville et sa fiancée, ainsi que déclaré, et vous leur faites le récit de l'évasion, toujours le même. » Hardy ne conteste pas.

Lydie Bastien a toujours soutenu être rentrée à Lyon le 16 ou le 17[305]. Dans ces conditions, on s'explique mal qu'elle ait oublié de parler à Bénouville des informations troublantes recueillies aux Wagons-Lits, et l'on ne s'explique pas mieux que son interlocuteur, qui le 16 ou le 17 est en mesure de lui annoncer qu'Hardy est sain et sauf, écrive le contraire le 17, allant jusqu'à envisager sa mort.

L'arrestation d'Hardy eut encore d'autres témoins. Dans *Le Sacrifice du matin*, Bénouville rapporte qu'un messager de son ami Rachline vint le voir :

> « Une semaine environ après que Chauvy *[Hardy]* fut parti pour Paris, j'appris de la bouche d'un des seconds de Rachet *[Rachline]* qu'avant de monter dans le train, sur le quai même de la gare de *[Lyon-]*Perrache, Chauvy avait reconnu Rachet, qui partait lui aussi pour Paris, l'avait rejoint et lui avait dit d'une voix précipitée par l'angoisse : "Si je suis fait ce soir dans le train, vous direz à notre ami commun *[Bénouville]* que Lunel *[Multon]* y était aussi et que c'est certainement lui qui m'aura donné"[306]. »

C'est donc « une semaine environ » après le 7 juin, vers le 15 par conséquent, que Bénouville reçoit le messager.

Or Rachline en sait long.

Le soir du 7 juin, se trouvant dans le même train qu'Hardy, il était en compagnie du major Gerson, du SOE, de sa propre épouse et de Mme Pierre-Bloch. Par sécurité, les deux femmes voyageaient dans un autre compartiment. Rachline connaissait Hardy pour l'avoir rencontré deux fois. La première, Hardy déjeunait avec Bénouville dans un restaurant où, à une autre table, se restauraient Rachline et Gerson. Hardy n'ayant plus de cigarettes, Rachline lui en avait offert. La seconde fois, c'était par hasard, un matin de bonne heure, en descendant d'un train, à Lyon, qu'il était tombé sur Hardy et Bénouville.

Le 7 juin, Hardy ayant repéré Multon demande discrètement à Rachline d'informer Bénouville au cas où il lui arriverait malheur. Plus tard, dans le train, Rachline en voit assez pour être certain de l'arrestation d'Hardy. Après l'arrêt de Chalon-sur-Saône, Multon remonte dans le train avec son compère Moog. Se souvenant d'avoir vu Hardy adresser la parole à Rachline, Moog profite de la suite du voyage pour interroger ce dernier longuement, et Gerson aussi. En

305. *Ibid.*, audience du 2 mai 1950, témoignage Lydie Bastien, p. 104. En déclarant, p. 124, avoir ignoré où était Hardy du 8 au 18, « surlendemain de son retour », elle incite à penser qu'elle est rentrée le 16 à Lyon. La suite montrera que c'est plutôt le 17.

306. Guillain de Bénouville, *op. cit.*, p. 411.

dépit de l'accent anglais de Gerson, ils se tirent de ce mauvais pas, non sans maudire Hardy de les y avoir mis. A l'arrivée à Paris, Mmes Rachline et Pierre-Bloch seront également interrogées. Elles s'en tireront par d'habiles mensonges galants[307].

Rachline raconta la suite au second procès Hardy. Arrivé à Paris le 8 au matin,

> « j'ai immédiatement fait savoir à Lyon, à l'un de mes adjoints, qu'Hardy avait été arrêté dans le train, comme il m'avait demandé de le faire, afin que Bénouville puisse savoir ».

Il précisa ensuite que, peu après, il avait rencontré l'adjoint en question à Aix-les-Bains. Confirmant être allé « immédiatement » prévenir Bénouville, le messager avait ainsi raconté l'entrevue :

> « J'ai vu Bénouville ; je lui ai raconté que l'homme qui t'avait interpellé sur le quai de la gare avait été arrêté dans le train (...)[308]. »

Malheureusement, Rachline ne précise pas la date à laquelle son message fut délivré à Bénouville. Selon l'historien Gérard Chauvy : « Jacques Baumel, secrétaire général des MUR, sut par son intermédiaire *[celui de Bénouville]*, dès "le 9 ou le 10 juin", qu'Hardy avait disparu depuis son départ pour Paris[309]. »

Il semble donc bien que Rachline et son messager aient agi rapidement. Toutefois, c'est peut-être seulement le 11 que le messager de Rachline vit Bénouville. On peut l'inférer de la réponse que Bénouville aurait faite au messager :

> « "Dis à Lucien *[Rachline]* qu'il ne s'inquiète pas ; il *[Hardy]* a été extraordinaire ; il a refilé son billet à quelqu'un d'autre et c'est un autre que lui qui a été arrêté." Sur le moment, *commenta Rachline à l'intention du tribunal*, nous avons souri de cette histoire en nous demandant quel brave type avait été arrêté à la place d'Hardy[310]. »

---

307. AN, 334 AP 50 ; à l'audience du 5 mai 1950 on apprit que Mme Pierre-Bloch, par sa déposition du 4 juillet 1944 devant les enquêteurs de la Sécurité militaire, confirmait la version d'Hardy, à savoir que c'était dans le train, et non pas sur le quai de la gare de Lyon, qu'il avait repéré Multon, puis alerté Rachline. Pour sa part, Rachline maintint toujours le contraire. Dans son réquisitoire, le 8 mai 1950, p. 6, le procureur militaire admit que la rencontre avait eu lieu dans le train. Le point doit être souligné car il lave Hardy d'une accusation d'imprudence caractérisée.

308. *Ibid.*, audience du 5 mai 1950, témoignage Rachline, p. 5.

309. Gérard Chauvy, *op. cit.*, p. 226.

310. AN, 334 AP 50, audience du 5 mai 1950, témoignage Rachline, p. 5. On trouve un écho de cette place « refilée » par Hardy à un voyageur inconnu dans la correspondance de la Délégation en Suisse. Le 21 juin 1943, dans le courrier « 1 000 », Bénou-

Ainsi, selon Rachline, lorsque Bénouville voit le messager, il sait déjà Hardy libre. Or celui-ci a été libéré dans la nuit du 10 au 11. La réponse de Bénouville date donc au plus tôt du 11. On peut l'admettre car, cet après-midi-là, a lieu une réunion à laquelle participent Frenay, Aubry, Bourdet, Malacrida, d'Ivernois et Bénouville. Selon Aubry, on y parla d'Hardy : « Il a été fait allusion à l'imprudence d'Hardy, alias Didot, qu'on savait être parti à Paris dans un train dans lequel se trouvait Lunel, alias Multon. Je ne pourrais donner de plus amples détails là-dessus. Ce renseignement a pu être donné par de Bénouville ou un de ses amis [311]. »

Même si Aubry n'en dit pas plus, sa déclaration confirme que le messager de Rachline a dû informer Bénouville avant l'après-midi du 11, sinon on n'aurait pu faire état pendant la réunion de la présence de Multon dans le train. D'autre part, le choix du terme « imprudence » ne témoigne pas d'une profonde angoisse. Or, si Bénouville avait appris du messager l'arrestation d'Hardy sans avoir su, par ailleurs, qu'il avait recouvré sa liberté de mouvements, les participants à la réunion auraient dû s'inquiéter.

En fait, il n'y avait plus lieu d'être inquiet le 11. Dans *La nuit finira*, Frenay écrit :

> « *[Hardy]* a failli être appréhendé par Multon dans le train qui l'emmenait à Paris. *Deux jours après* il a raconté à Bénouville comment il lui avait échappé [312]. »

« Deux jours après », c'est-à-dire le 10 – plus certainement le 11, puisque le 10 Hardy est détenu.

Cette révélation de Frenay, totalement passée inaperçue, a été confirmée par Hardy en 1984, ce qui, cette fois, provoqua une vive réaction de Bénouville. Le 11 juin au matin, assure Hardy, aussitôt après avoir été relâché par Barbie, « n'ayant pas été identifié par l'ennemi comme étant Didot, (…) je me suis confié à lui *[Bénouville]* [313] ».

Les affirmations concordantes de Frenay et d'Hardy pourraient être

---

ville écrit à Monod : « (…) Didot est retrouvé. Poursuivi, il a sauté de son chemin de fer en cours de route et a disparu dans la nuit. Le voyageur à qui sa place avait été revendue et dont l'employé n'avait pas signalé l'identité sur son contrôle a été arrêté à sa place et pourra, nous le lui souhaitons, prouver qu'il n'est pas celui qu'on recherchait. »

311. François-Yves Guillin, *op. cit.*, p. 259, citant l'« exposé » du juge Gonnot, du 27 avril 1949, dans le dossier d'instruction du second procès Hardy. François-Yves Guillin a bien voulu me communiquer le texte plus complet cité ici (lettre du 30 mai 1995).

312. *Op. cit.*, p. 484. Souligné par l'auteur.

313. *Ibid.*, p. 487 ; p. 222n, Hardy avait déjà mentionné le fait.

contestées si elles n'étaient pas confirmées par une troisième source, irrécusable celle-ci : Bénouville lui-même, qui, toutefois, ne parle pas de rencontre.

Le 15 juillet 1943, il ajoute un *post-scriptum* à sa lettre à Monod :

> « *P. S.* concernant 3. 4. 24. 26. 11.*[Hardy]* – ce qui prouve qu'il n'est pas coupable c'est que 1° lorsque l'affaire du train a eu lieu, il savait que 4. 18. 9. 21. 22. 5. 1. *[Custine = Frenay]* était caché chez moi et qu'il connaissait mon adresse. Il aurait pu nous faire prendre tous les deux. Or il nous a prévenus de sa mésaventure par un mot et est reparti en mission (...) [314]. »

A l'évidence, le « nous » désigne Frenay et Bénouville.

On note que c'est précisément à ce moment que le premier quitta l'appartement du second. « Le 6 juin, déclara Frenay lors du second procès Hardy, Hardy est venu rue Tronchet (...). Quelques jours plus tard je n'étais plus dans ce logement, mais dans un autre, quai Saint-Vincent [315]. » C'est quai Saint-Vincent qu'eut lieu la réunion du 11 : « C'était chez lui *[Frenay]*, quai Saint-Vincent, où il logeait à cette époque », indique Aubry [316]. De plus, Frenay a précisé avoir reçu, le 12, à son nouveau logement du quai Saint-Vincent, le mot « laconique » annonçant les arrestations de Gastaldo et Delestraint [317].

Il est donc probable que, le 11, Frenay, informé soit par le mot d'Hardy dont a parlé Bénouville à Monod, soit par Bénouville renseigné par le messager de Rachline ou, peut-être, par Hardy lui-même, a jugé préférable pour sa sécurité de changer d'adresse, Hardy connaissant celle de la rue Tronchet [318]. Auquel cas, la prudence de Frenay était plus grande que sa confiance en Hardy. En revanche, Bénouville ne crut pas devoir se méfier d'Hardy. Il ne changea pas d'adresse et rien de fâcheux ne lui arriva. Pas plus d'ailleurs qu'à quiconque, du moins avant le 21 juin. C'est là un fait incontestable sur lequel Bénouville a toujours publiquement assis sa conviction de l'innocence d'Hardy.

---

314. DS-MUR, Bénouville à Monod, 15 juillet 1943.

315. AN, 334 AP 50, audience du 2 mai 1950, témoignage Frenay, p. 13. Bénouville confirme dans *Le Sacrifice du matin*, *op. cit.*, p. 410-411. Hardy aussi, second procès Hardy, audience du 25 avril 1950, interrogatoire, p. 80 : « au domicile de Bénouville ».

316. AN, 397 AP 2, témoignage Aubry, 3 mai 1955.

317. Henri Frenay, *La nuit finira*, *op. cit.*, p. 333.

318. Dans sa « Chronologie des événements se rapportant directement ou indirectement à l'"affaire suisse" », Frenay note : « Début juin : Frenay quitte la rue Tronchet pour attendre départ quai St-Vincent à Lyon. » Et il situe son déménagement entre le 3 et le 8 juin, où il note : « Arrestation de Hardy qu'il dissimule. »

En l'état actuel des connaissances, nombre d'indices et d'éléments, témoignages et documents, autorisent à penser que la nouvelle de l'arrestation d'Hardy put parvenir à Bénouville par plusieurs voies, peut-être dès le 9 ou le 10 juin, plus certainement le 11. Par ailleurs, plusieurs indices et éléments incitent à conclure qu'il savait Hardy libre aux alentours du 11.

Dans ces conditions, on ne s'explique pas comment le 17, six jours plus tard, Bénouville a pu, avec tant de tristesse évidente, annoncer à Monod l'arrestation d'Hardy, voire son exécution.

Mais il l'a écrit, c'est un fait.

Quand Bénouville retrouve-t-il Hardy ?

Pour déterminer jusqu'à quelle date Bénouville a pu croire Hardy arrêté, voire exécuté, il faut essayer de déterminer à quelle date il a retrouvé Hardy, bien vivant et libre.

Bénouville a relaté l'événement dans *Le Sacrifice du matin* :

> « Pendant plus d'une semaine *[après son départ pour Paris]*, en effet, Chauvy *[Hardy]* ne reparut pas à Lyon. A quelque temps de là, un après-midi, après le départ de Frenay, je me trouvais nez à nez avec lui sur les quais. Il était en compagnie de Lacombe, son adjoint. Mal rasé, l'œil un peu hagard, les vêtements fripés, il avait l'apparence d'un clochard qui vient de passer plusieurs nuits au violon (...). Il venait de reprendre ses contacts et d'apprendre que la réunion organisée par Max *[Moulin]* à la suite de l'arrestation du général Vidal *[Delestraint]* aurait lieu le lendemain à Caluire [319]. »

Il y aurait beaucoup à dire sur ces quelques lignes [320], mais on se bornera à examiner la dernière phrase, selon laquelle la rencontre impromptue aurait eu lieu la veille de la réunion de Caluire.

La veille de Caluire, c'est le 20. Il est établi que la rencontre ne date pas de ce jour-là. Bénouville a déclaré lui-même, en 1987 :

---

319. Guillain de Bénouville, *op. cit.*, p. 411.

320. On pourrait, par exemple, noter que La Combe situe sa rencontre avec Hardy « quatre ou cinq jours » après l'affaire du train, c'est-à-dire, au plus tard, le 15 ou le 16 ; *cf.* AN, 397 AP 2, témoignage La Combe, 25-26 août 1946. On pourrait aussi remarquer que, loin de n'être pas reparu à Lyon pendant plus d'une semaine, c'est-à-dire jusqu'après le 15, Hardy s'y trouva le matin du 11 et, pour le moins, une grande partie de la journée du 12.

« Le 18 juin, le lendemain du jour où j'ai envoyé à mon correspondant en Suisse, Philippe Monod, un courrier annonçant l'arrestation d'Hardy, je me heurte dans la rue à Hardy (...) [321]. »

Lors du second procès Hardy, le tribunal n'a retenu ni la date du 20 ni celle du 18. Par deux fois, à une journée d'intervalle, le président s'adresse à Hardy à ce sujet :

« (...) et vous le quittez *[votre collaborateur]* pour vous rendre au hamman avec le général de Bénouville et sa fiancée.
HARDY : Oui. Je rencontre le général de Bénouville. J'étais avec Bossé, j'allais prendre un bain. J'étais assez fatigué et sale...
LE PRÉSIDENT : Tout cela se passe le 17 juin. Le soir vous allez dîner chez les Bastien et vous retrouvez votre fiancée (...) [322]. »

Autre intervention du président :

« Le 17, vous voyez Bénouville et sa fiancée, ainsi que déclaré (...) [323]. »

Hardy ne conteste pas, son avocat non plus.

Trois personnes sont donc censées avoir assisté à la rencontre : la fiancée de Bénouville, Lydie Bastien, et Roger Bossé, proche collaborateur d'Hardy. La première n'a, sauf erreur, jamais rien dit. La deuxième a toujours affirmé être revenue à Lyon le 16 ou le 17 [324]. Quant à Bossé, lors du second procès Hardy, il assura : « J'ai dû revoir Hardy vers le 15 ou le 16 juin [325]. » Le recoupement des témoignages de Lydie Bastien et de Bossé incite à situer la rencontre entre le 15 et le 17.

Hardy a également varié. A son second procès, il n'a pas démenti la date donnée par le président, le 17. Mais il ne l'a pas non plus validée. Le 2 juin 1972, dans un article publié par *France-Soir*, il écrit : « Très fatigué (j'étais rentré de Paris dans la nuit), nous sommes allés prendre une douche ensemble [326]. » Hardy ayant toujours soutenu être rentré de Paris le 15 au matin, la rencontre aurait eu lieu ce jour-là. Enfin, on l'a dit, dans *Derniers Mots*, il a affirmé avoir vu Bénouville dès sa libération, le matin du 11.

---

321. *Le Figaro-Magazine*, n° 13313, 20 juin 1987.
322. AN, 334 AP 50, audience du 25 avril 1950, p. 107.
323. *Ibid.*, audience du 26 avril 1950, p. 199.
324. *Ibid.*, audience du 2 mai 1950, témoignage Lydie Bastien, p. 103, 123-124.
325. *Ibid.*, audience du 3 mai 1950, témoignage Roger Bossé, p. 103.
326. Cité aussi *in* Henri Noguères, *La vérité aura le dernier mot*, *op. cit.*, p. 43n

Un autre témoin de ces événements, Claude Bourdet, a été plus précis. « Entre le 12 et le 20, nous avons été beaucoup à le voir *[Hardy]* : je l'avais reçu avec Frenay dans un bureau qu'il utilisait à la Croix-Rousse (...)[327]. » Personne n'ayant démenti Bourdet, et Hardy ayant confirmé sa rencontre avec Bourdet et Frenay[328], on est en droit de conclure qu'il les rencontra avant le départ du chef de Combat pour Londres. C'est-à-dire avant le 15 au soir.

On se retrouve alors devant la même difficulté qu'à propos de l'arrestation de Delestraint : se peut-il que Frenay ait omis d'informer son remplaçant au CD-MUR, chargé des affaires militaires en zone sud, qui plus est désormais responsable du service d'Hardy[329], que celui-ci, son ami, était libre, sain et sauf ? Et quand bien même Frenay aurait oublié, se peut-il que Bourdet ait été aussi distrait ?

Frenay n'évoque nulle part sa rencontre avec Bourdet et Hardy, mais il parle d'une autre.

Dans *La nuit finira*, il relate sa conversation avec Bénouville, le 12 décembre 1944. Ils viennent d'apprendre l'arrestation d'Hardy par la police de la République. Ils sont sous le choc :

> « – Voyons, Henri, me dit *[Bénouville]*, j'ai vu René *[Hardy]* dans la semaine qui a précédé ton départ pour l'Angleterre. Quand était-ce exactement ?
> – Je suis parti dans la nuit du 17 au 18 juin.
> – Donc je l'ai vu après la date à laquelle la Gestapo l'aurait pris (...)[330]. »

Si l'on rectifie la date du départ de Frenay, en réalité dans la nuit du 15 au 16 juin, Bénouville a donc vu Hardy entre le moment où celui-ci a été arrêté par la Gestapo (Frenay prend grand soin de le spécifier) et le départ de Frenay. C'est-à-dire entre le 7 et le 15 au soir.

Sachant qu'Hardy est demeuré entre les mains de Barbie jusque dans la nuit du 10 au 11, qu'il s'absente de Lyon à partir de 7 h 15 le 11 (il part pour Nîmes par le train), qu'il est de retour le 12 à 11 h 55, en repart à 22 heures pour Paris, d'où il rentre le 15, soit au train de 6 h 50, soit à celui de 7 h 35[331], Bénouville n'a pu le voir que le 11,

---

327. Claude Bourdet, *op. cit.*, p. 227.

328. AN, 334 AP 24, premier procès Hardy, audience du 20 janvier 1947, p. 73. « HARDY : Entre le 10 et le 21 juin, je suis allé au domicile de Frenay (...). LE PRÉSIDENT : C'est exact. »

329. Témoignage de Bénouville au premier procès Hardy, 1947 : « Depuis le départ de Frenay (...) les services d'Hardy dépendaient de moi », cité par Daniel Cordier, *Jean Moulin, l'inconnu du Panthéon*, *op. cit.*, t. 1, p. 771.

330. *La nuit finira*, *op. cit.*, p. 484.

331. Les indications horaires sont tirées du *Chaix, Sud-Est*, service d'été 1943, édition du 17 mai.

avant 7 h 15, ou bien dans l'après-midi du 12, ou encore le 15, entre l'arrivée du train du matin et le départ de Frenay pour l'aérodrome clandestin, vers 18 heures.

Dans toutes ces hypothèses, Bénouville a vu Hardy, comme Frenay l'affirme, avant le 15 au soir.

Le 17, il ne peut donc le croire arrêté.

La lettre affirme le contraire.

Mais Bénouville a toujours publiquement soutenu le contraire de ce qu'il a écrit dans la lettre du 17.

Il a toujours nié avoir su qu'Hardy avait été pris dans le train et arrêté. Le 21 juin 1943, il donne à Monod une première version, celle du billet « refilé » à un voyageur anonyme arrêté à sa place [332]. En 1945, dans *Le Sacrifice du matin*, deuxième version : « aux environs de Mâcon, angoissé par des allées et venues suspectes autour de lui, *[Hardy]* avait sauté dans la nuit, abandonnant ses bagages [333] ». En 1987, dans *Le Figaro Magazine*, troisième version : retrouvant Hardy à Lyon, il demande ce qui s'est passé. « *[Hardy]* me dit : "Multon m'a vendu, m'a signalé aux Allemands. Ils m'ont emmené dans un compartiment qu'ils avaient, m'ont interrogé, m'ont dit qu'on débarquait à Chalon, il y a eu une faille, je les avais mis en confiance, je me suis évadé" [334]. » Cette fois, Hardy a été arrêté et interrogé dans le train, mais s'est enfui avant d'être incarcéré.

A l'évidence, quelque chose nous échappe. Comment peut-on soutenir jusqu'en 1987 qu'Hardy n'a pas été arrêté, alors qu'on l'a soi-même écrit le 17 juin 1943 ?

Quand Hardy a-t-il été remplacé par son second ?

La dernière phrase consacrée à Hardy dans la lettre du 17 est : « Sa suite a été prise par son second. »

S'il y eut remplacement, quand fut-il ordonné ?

Au second procès Hardy, Eugène Claudius-Petit déclara avoir reçu, après l'incident de Mâcon, un mot disant : « Didot *[Hardy]* arrêté, Bottin *[La Combe]* continue. » Mais « quelques jours après » un autre mot lui arriva, qui démentait l'arrestation d'Hardy.

Claudius-Petit n'a pas indiqué les dates auxquelles ces informations

---

332. C'est à peu près la même version que le messager de Rachline a entendue, *cf. supra*, p. 227, note 310.

333. Guillain de Bénouville, *op. cit.*, p. 411.

334. *Le Figaro-Magazine*, n° 13313, 20 juin 1987.

lui parvinrent. Mais, même s'il a déclaré aussitôt après que sa mémoire n'était pas tout à fait sûre, sa déposition corrobore la lettre du 17 juin et on peut tenir pour assuré qu'Hardy a été remplacé par son adjoint à un moment donné.

Quand ?

Un fait est certain : il est incohérent de faire état le 17 du remplacement d'Hardy par son adjoint parce que celui-ci sait depuis cinq jours que son chef a repris ses fonctions.

Le 12 juin, vers midi, Hardy rentre de Nîmes [335]. Il retrouve son adjoint, La Combe, lequel, après avoir écouté la version édulcorée de l'affaire du train, fait part à son chef des rendez-vous pris en son absence. Max Heilbronn, avec lequel Hardy a mis au point des plans de sabotage des voies ferrées, figure parmi ces rendez-vous. La rencontre a lieu à 14 heures, place Carnot, en présence de La Combe et sous les yeux de « plusieurs jeunes gens, genre agent de liaison (...) six ou sept [336] », précisera Heilbronn au second procès.

Ayant retrouvé son chef, l'ayant vu reprendre ses fonctions, l'adjoint d'Hardy n'a plus aucune raison de le remplacer. S'il avait auparavant reçu l'ordre de prendre sa suite, il est invraisemblable qu'il ait omis d'en faire part à Hardy et il est encore plus impensable que celui-ci, jaloux de son autorité, n'ait pas immédiatement averti son chef de l'inutilité de son remplacement.

Cinq jours plus tard, Bénouville en est pourtant encore à informer Monod du remplacement d'Hardy.

Mais un autre événement – capital – se produit le 12 juin, place Carnot. Après un court entretien, pendant lequel Hardy montre devant Heilbronn un « grand désarroi » et répète : « Ça va mal, ça va mal » [337], ils se séparent. Deux cents mètres plus loin, Heilbronn est arrêté par la Gestapo. Aussitôt interrogé, il entend ses geôliers hurler : « C'est toi Didot. Avoue que tu es Didot [338]. » Battu, il perd conscience. Revenant à lui, il entend l'une des brutes dire à l'autre : « *Es war der andere* (c'était l'autre) [339]. » Ensuite, ils se désintéressent de lui.

---

335. Sachant qu'Hardy emprunte toujours la ligne qui passe par Le Theil, moins surveillée (AN, 334 AP 334 AP 24, audience du 20 janvier 1947, interrogatoire, p. 47), il a pris le seul train du matin, départ de Nîmes à 6 heures, arrivée à Lyon-Perrache à 11 h 55.

336. *Ibid.*, et AN, 334 AP 50, second procès Hardy, audience du 3 mai 1950, témoignage Heilbronn, p. 77.

337. *Ibid.*

338. Déposition Heilbronn, 13 avril 1948, citée par Hardy, *op. cit.*, p. 225 (en majuscules dans l'original), confirmée par Heilbronn, lors du second procès Hardy, audience du 3 mai 1950, p. 78.

339. *Ibid.*, et AN, 397 AP 1, témoignage Heilbronn, 22 décembre 1950.

Mais lors du second interrogatoire, le 16 ou le 17 juin, ils ne lui demandent plus d'avouer qu'il est Didot. Ils savent maintenant, semble-t-il, qui est Didot.

Heilbronn ne cachait pas son aversion pour Hardy, mais il n'a jamais varié. Hardy et ses défenseurs n'ont pas manqué d'utiliser son témoignage à l'appui de leur thèse, leurs adversaires faisant l'impossible pour en affaiblir la portée.

Des propos constants de Heilbronn résulte que, le 12, à 14 heures, la police allemande recherche Didot, alors que dans la nuit du 10 au 11 elle a relâché Hardy. C'est donc qu'elle l'a libéré sans savoir qu'il était Didot.

Mais le 12, il n'en va plus de même. La Gestapo lyonnaise se lance à la chasse de Didot parce qu'elle a entre-temps appris la vérité. Elle sait maintenant qu'Hardy est Didot. La veille, à Paris, Gastaldo en a donné le signalement physique.

Gastaldo a déclaré que, après son arrestation à Paris, le 9 juin, il a été interrogé presque sans désemparer :

> « Le 11 juin, les officiers de la Gestapo me mettent sous les yeux tous les documents qu'ils possèdent concernant l'AS et un télégramme émanant de Lyon dans lequel il est parlé de l'arrestation à Chalon, le 8 juin, de Didot avec lequel nous avions rendez-vous le 9./ Il est parlé également dans ce télégramme d'une réunion, à laquelle il était dit que j'avais pris part sous le nom de Garin avec Max *[Moulin]*, Frenay, Aubrac, Véni, Didot. Mes interrogateurs me demandent le signalement de tous ceux-ci. Je donnai un signalement exact de Didot que je savais arrêté et faux de tous les autres (...) [340]. »

Dans ses multiples dépositions, Gastaldo a souvent précisé l'heure à laquelle on lui avait présenté le télégramme [341]. Finalement, il tint pour

---

340. AN, 397 AP 3, témoignage Gastaldo, 15 juillet 1945, p. 5. Gastaldo a précisé, lors du second procès Hardy, que le télégramme comptait six pages – ou trois, dit-il ensuite. Me Maurice Garçon et Hardy critiquèrent vigoureusement la déposition de Gastaldo et le firent reculer sur plusieurs autres points. Lors de son réquisitoire, le procureur se fonda sur le témoignage de Gastaldo : « Contre le capitaine Hardy, je crois le colonel Gastaldo », conclut-il (audience du 8 mai 1950, p. 89). Personne ne remarqua qu'après les déclarations de Gastaldo aux Allemands, ceux-ci ne pouvaient plus douter qu'Hardy était Didot.

341. AN, 68 Mi 15, audition Gastaldo, 25 juin 1948, ainsi que copie de la déposition Gastaldo au premier procès (10 p.) où il affirme contradictoirement que le télégramme lui fut montré le soir du 10 juin et le 11 à midi, tout en disant tantôt que le texte parlait de l'arrestation d'Hardy, tantôt de celle de Didot, tantôt de celle de Didot-Hardy, mais sans dire qu'il a donné le signalement de Didot. En outre, audition de Gastaldo, à Batna, le 3 juin 1948 : il déclare que le 11 juin, à 6 heures, on lui posa la question : « Savez-

6 heures du matin. Sept heures environ après la libération d'Hardy.

Ainsi, dans la journée du 11 et au plus tard le 12, Barbie avait pu lancer la chasse. Mais ses sbires avaient pris Heilbronn en croyant s'emparer de Didot[342].

Conclusion : le 17 juin, croire Hardy arrêté, voire exécuté, et en conséquence remplacé par son second, est impossible. Presque tous les dirigeants de Combat et jusqu'à son second le savaient libre depuis plusieurs jours. Et Bénouville l'avait vu au moins une fois entre le 11 et le 17.

Les dires de Bénouville en référence à l'arrestation d'Hardy dans le train semblent donc irrecevables.

Mais s'ils se réfèrent à une autre arrestation, postérieure à celle du train et survenue elle aussi avant le départ de Frenay, comme le précise la lettre, deuxième arrestation suivie par une nouvelle libération d'Hardy, vers le 17, alors ils deviennent cohérents et crédibles.

Hardy repris entre le 12 et le 17 juin

Publiquement formulée ici pour la première fois, cette conclusion lève des contradictions autrement insurmontables, permet d'intégrer nombre d'événements autrement inexplicables et est validée par plusieurs éléments qui figurent au dossier d'instruction de l'affaire Hardy.

Car le juge Gonnot, chargé de l'instruction du second procès Hardy, s'était, lui aussi, demandé si Hardy n'avait pas été repris entre l'affaire du train et celle de Caluire.

Le 29 mars 1948, le juge réclame des éclaircissements sur un « message qui aurait été remis vers le 15 ou le 16 juin » à Michel Brault, chef national Maquis. Ce message, croit savoir le juge, aurait été :

---

vous que Didot s'identifiait avec Hardy et qu'il s'occupait de Résistance Fer ? » A noter que cette question n'affirme pas : Hardy est Didot. Comme il ne connaissait pas le vrai nom d'Hardy (il le dit lui-même dans ce document), il n'avait aucune raison de confirmer l'identité Hardy-Didot, et encore moins de donner le signalement de Didot. Le 21 juin 1948 (*ibid.*), Gastaldo écrit à Gonnot, juge d'instruction. Il accable Hardy, fait peser les soupçons sur Lydie Bastien, proteste finalement de son amitié pour Hardy qu'il ne juge plus responsable de son arrestation. Selon lui, elle est due à Delestraint qui avait inscrit le rendez-vous dans son carnet. Il pense qu'Hardy ne l'aurait pas dénoncé puisqu'il n'a pas donné Frenay, Bénouville et d'autres. Mais il le croit toujours coupable. Ces contradictions et ces revirements incohérents montrent un homme très embarrassé.

342. *Ibid.*, lettre de Barbie, 18 juin 1943, à Marchais, intendant de police. Heilbronn a été arrêté « par mon service le 12 juin pour marché noir et attitude antiallemande ». Le 26, Cussonac répond en se référant à cette lettre et à une autre, du 14, absente du dossier.

« Prévenez tous services. Réunion n'a pu avoir lieu. Bardot *[Hardy]* blessé au bras gauche mais en liberté. Service continue. Tout va bien [343]. »

Brault est entendu le 25 mai par la DST. Ses explications sont très confuses et les dates embrouillées à souhait. Mais il confirme l'existence et le contenu du billet. Il l'a reçu le mercredi 16. Il datait de la veille au soir. Quoique l'on ne comprenne pas l'histoire du bras gauche blessé, reste un fait : le 15, un mot avait annoncé une nouvelle aventure d'Hardy [344] : il avait encore failli être arrêté ; une fois de plus, il s'en était tiré.

Le lendemain, Bénouville faisait part à Monod d'une arrestation d'Hardy.

Le juge Gonnot (qui, naturellement, ignorait l'existence de la lettre du 17 juin) tira ses conclusions. Il se demanda si Hardy n'avait pas été repris entre le 11 et le 21 juin. A sa requête, la DST lyonnaise enquêta. Elle fit une découverte étrange. Le registre d'écrou de la prison Montluc avait été amputé d'un certain nombre de pages. La DST apprit qu'un fonctionnaire du ministère des Prisonniers et Déportés, celui dirigé par Frenay et où Hardy avait travaillé jusqu'à son arrestation de décembre 1944, était venu après la Libération voir le registre dont il avait « prélevé une partie des pages [345] ». En juillet 1948, continuant ses investigations, la DST rapporte avoir entendu sept témoins et constate que manquent les pages 21 à 42 du registre, celles du début juin jusqu'au 18 [346]. Un témoin assure qu'elles existaient en 1943 [347]. Le rapport n° 2.094 de la DST de Lyon propose alors de retrouver un autre témoin susceptible de « dire si Hardy a été arrêté entre le 8 et le 21 juin 1943 [348] ». Mais, le 25 août, un policier français en poste à Coblence met un coup d'arrêt à l'enquête en déposant avoir lui-même arraché les pages [349].

---

343. *Ibid.*, commission rogatoire du juge Gonnot, 29 mars 1948. La vingtième question du juge suggère nettement que Brault est soupçonné de quelque chose.

344. *Ibid.*, audition Brault, 28 mai 1948. Brault a tiré de ce message la conviction de la culpabilité d'Hardy. Pour lui, le message est un raté de la mise en scène préparée par les Allemands et Hardy pour la réunion de Caluire. Il ajoute : « J'ai fait part de mes soupçons à tous les camarades, mais je n'ai pas été cru, et j'ai été longtemps le seul à accuser Hardy dans notre groupe. On me l'a beaucoup reproché en prétendant que mes souvenirs me trompaient sûrement sur la date de réception de la note. »

345. *Ibid.*, inspecteur F. Vaudant au commissaire principal de la DST, Lyon, 11 juin 1948.

346. AN 68 Mi 16, F. Vaudant au commissaire principal DST, Lyon, 20 juillet 1948.

347. *Ibid.*, audition Edmond Roussel, 2 juillet 1948.

348. *Ibid.*, note de renseignement sans date, citant le rapport 2 094.

349. *Ibid.*, déposition Louis Raynaud, 25 août 1948.

Les recherches menées pour retrouver le mystérieux fonctionnaire du ministère des Prisonniers et Déportés s'étaient soldées par un échec, voulu ou non. En tout cas, l'histoire fut enterrée.

Un dernier élément milite en faveur d'une deuxième arrestation : Hardy n'a pas été vu à Lyon du 12 au soir au 15. Il a toujours affirmé avoir été à Paris pendant ce temps. Mais ni les Corbet, au domicile desquels il serait passé, ni son agent de liaison à Paris, Mme Renoncourt, ni Lydie Bastien, personne n'a témoigné l'avoir vu les 13 et 14 à Paris [350]. De surcroît, une reconstitution ultérieure n'a rien donné [351]. Enfin, lors du second procès, son brillant avocat, Me Maurice Garçon, fit preuve sur cet épisode d'une concision qui témoignait de son peu de désir de s'étendre sur un sujet délicat : « Le 13, dit-il, il vint à Paris à la recherche de Lydie Bastien. Le 15, il revint à Lyon [352]. » C'est tout.

Ce voyage que rien n'a prouvé a probablement servi à masquer la deuxième arrestation. Et Bénouville semble s'être lui-même demandé d'où sortait Hardy lorsqu'il le retrouva à Lyon : « Mal rasé, l'œil un peu hagard, les vêtements fripés, il avait l'apparence d'un clochard qui vient de passer plusieurs nuits au violon [353]. »

Cette description, qui ne correspond pas du tout à celle d'un homme libéré huit jours plus tôt, colle en revanche parfaitement à celle d'un Hardy sortant en effet d'un nouveau séjour à la Gestapo.

Étant donné tout ce qui précède, on conclura que la lettre du 17 juin ne parle pas de l'affaire du train, vieille de huit jours. Elle concerne une nouvelle arrestation, survenue entre le 12 et le 15, et que Bénouville a dû, comme Michel Brault, apprendre le 16. Ce jour-là ou le lendemain, Lydie Bastien lui révélant n'avoir pas trouvé Hardy à Paris, il en a déduit qu'il s'y était fait arrêter. Sachant que son ami avait déjà été arrêté et relâché huit jours plus tôt, Bénouville avait tout lieu de croire que cette deuxième arrestation avait été fatale à Hardy.

---

350. René Hardy, *op. cit.*, p. 234, l'admet. Il argue cependant que selon les témoignages Corbet et Renoncourt (13 décembre 1945 et 18 juin 1948), le concierge de l'immeuble l'aurait vu le dimanche 13. Cette affirmation de seconde main est d'autant moins probante qu'à notre connaissance le témoignage du concierge ne figure pas au dossier d'instruction DST.

351. AN, 68 Mi 17, déposition de l'Allemand Max Hartwig, 21 août 1947, dixième déposition de celui-ci, où, dans un *post-scriptum* manifestement ajouté à la demande des interrogateurs, il affirme avoir escorté Hardy à Paris du 12 au 14. Mais, le 6 avril 1948, amené sur les lieux de ses prétendues déambulations parisiennes, il se montra incapable de reconnaître aucun des lieux.

352. Maurice Garçon, *op. cit.*, p. 111.

353. Guillain de Bénouville, *op. cit.*, p. 411.

Si telle n'est pas la bonne explication, et sauf à imaginer que Bénouville écrivait n'importe quoi à Monod, alors il faut renoncer à comprendre.

Ou bien il faut tirer les conséquences du fait que le document que nous possédons est une copie de l'original.

Où est la lettre du 17 juin ?

« La sécurité est une règle qui ne souffre pas d'exception », affirme fort justement Bénouville dans *Le Sacrifice du matin*[354]. Il apparaît toutefois qu'en matière de courrier la règle a subi des entorses. A la mi-août 1943, Monod tance ses correspondants dont certaines lettres ne sont pas datées ou numérotées de façon intelligible : « En revoyant vos courriers, je ne puis dire avec certitude s'il y a ou non des manquants[355]. »

La question se pose parce que depuis que Kaltenbrunner a mentionné l'existence d'une filière de courrier de l'AS entre la France et la Suisse, les incidents se sont multipliés. De plus en plus inquiétants, ils ont amené Monod à conclure : « Si notre courrier est pillé et espionné, il faut tout arrêter[356]. »

D'apparence anodine, un premier incident s'est produit fin mai, dans le sens Lyon-Genève. « Je ne comprends pas, écrit Bénouville à Monod, que mon courrier du 28 *[mai]* ait pu avoir du retard. Il est parti normalement d'ici (...)[357]. » Cinq jours plus tard, nouvelle alerte dans l'autre sens. On se rassure en incriminant un responsable de la filière parti en vacances sans prévenir. Le 8 juin, Bénouville mentionne une nouvelle anomalie. Profitant des vacances du chef, un subalterne a examiné le contenu des plis sous prétexte de s'assurer qu'ils ne contenaient pas d'argent. Bénouville a de quoi être surpris et mécontent. Les Suisses craindraient de passer de l'argent alors qu'ils acceptent de passer des armes[358] ?

Le 11 juin, le doute ne devrait plus être permis. Charles-Henri Amar (Judet)[359], de l'équipe de Bénouville, transporte des plis de Lyon à

---

354. *Ibid.*, p. 198.

355. DS-MUR, lettre de Monod à Bénouville, 18 août 1943. Bénouville fera amende honorable le 30 août, en rejetant la responsabilité sur son secrétariat, « dont je ne peux m'absenter plus d'une demi-heure sans que la plus noire pagaïe y règne définitivement ».

356. *Ibid.*, lettre de Monod à Bénouville, 25 juin 1943.

357. *Ibid.*, lettre de Bénouville à Monod, 2 juin 1943.

358. *Ibid.*, 8 juin 1943.

359. Sur Amar, *cf.* Guillain de Bénouville, *op. cit.*, p. 310, 514, 537 et suiv.

Annemasse. Il se fait voler dans le train la serviette du courrier[360]. Pourtant, on se rassure encore en estimant que le voleur s'intéressait seulement au contenant, pas au contenu[361].

Les jours suivants, le responsable de la filière signale que deux de ses passages sont « brûlés[362] ». Puis, confirmation cette fois indiscutable que la filière est espionnée, le courrier du 14 juin de Bénouville arrive à Monod avec plusieurs jours de retard, « éventré du haut en bas » et délesté de plusieurs documents, plans, morasses du journal *Combat*, lettres.

C'est ensuite la lettre de Bénouville du 17 juin qui disparaît corps et biens dans des conditions dont on reparlera.

Puis c'est au tour du courrier du 21 juin d'avoir les pires ennuis. Or c'est un courrier extrêmement important, en volume comme en intérêt. Outre la lettre d'accompagnement écrite par Bénouville et identifiée « 1 000 », il consiste en quatre plis et paquets. L'un contient une liste des nouveaux pseudonymes d'« un certain nombre de nos camarades[363] ». Vient ensuite un dossier de renseignements militaires, un autre de renseignements divers, un troisième qui a trait à la Gestapo et aux attentats et qui contient des photographies destinées à la presse.

Enfin, note Bénouville, le courrier comprenait « un paquet n° 3, comportant un dossier dit d'"Électrification" qui est, je crois, d'une très grande importance, et un ensemble de plans n° 4 (plans et documents)[364] ».

Le dossier « Électrification » et les plans allant avec sont le dossier de sabotage des voies ferrées préparé par Hardy et Heilbronn fin mai, remis à Bénouville au début de juin[365].

---

360. DS-MUR, lettre de Judet (Amar) à Monod et Davet, juin 1943.

361. *Ibid.*, lettre de Bénouville à Monod, 14 juin 1943, et de Monod à Bénouville, 23 juin. Selon celui-ci, ce courrier ne contenait rien d'essentiel. Par la copie figurant au dossier, on note toutefois qu'il était question de l'aide en matériel désormais accordée par le service SOE Vic (Gerson et Rachline) aux GF des MUR et au service de sabotage de Didot.

362. *Ibid.*, lettre de Bénouville à Monod, 14 juin 1943.

363. *Ibid.*, lettre de Bénouville à Monod, 21 juin 1943. La suite de la correspondance ne permet pas d'affirmer que cette liste a été volée.

364. *Ibid.*

365. Gérard Chauvy, *op. cit.*, p. 194 : « Hardy se charge (...) de camoufler son précieux document dans du papier journal portant l'indication apparente : "Plan d'électrification". » Dans AN, Mi 68 16, audition du 5 août 1948 de Samuel Rouyre, cultivateur à La Colle-Colognac (Gard), confirmant, p. 2, qu'Hardy avait inscrit « Électrification » sur son dossier, épais de 2 cm environ. « Mes souvenirs sur ce point sont formels », ajoute-t-il. René Hardy, *op. cit.*, p. 185, précise que le document comportait « 136 pages, plus les cartes ». François-Yves Guillin, *op. cit.*, p. 223, note qu'un exemplaire était « destiné à Bénouville pour les archives de Genève ».

Le 25 juin, Monod informe Bénouville du pillage du courrier « 1 000 ». Manquent des dossiers de renseignements et, surtout, le dossier « Électrification » [366].

On mesure l'importance de cette disparition si l'on sait que l'accusation principale du second procès Hardy fut d'avoir livré ce dossier à l'ennemi.

Cette fois, Monod sonne enfin l'alarme. Ta « lettre *[1 000]*, écrit-il à Bénouville, a été coupée au ras du paragraphe donnant le contenu de l'enveloppe 2, ce qui prouve que ce courrier a été non seulement ouvert mais lu attentivement par quelqu'un qui a ensuite voulu faire disparaître la nomenclature des pièces soustraites [367] ». En d'autres termes, la coupe a été faite pour cacher au destinataire que le courrier contenait le plan de sabotage des chemins de fer. Elle n'a donc rien d'innocent.

Monod enquête et, le 30 juin, livre ses conclusions :

> « C'est du côté Coccoz *[suisse]* que les plis qui nous parviennent depuis quelque temps sont mis en coupe réglée. J'ai la preuve formelle que le "volumineux" courrier 1 000 dont il ne nous est parvenu que des bribes a été intégralement remis par Odier *[?]* au point H. Son préposé l'a remis au préposé Coccoz qui affirme l'avoir remis à Chappuis *[Farquet]* lui-même. Il va falloir que j'aie avec ce dernier un entretien très sincère qui est inévitable. Je continue à croire que Chappuis que je considère comme le plus brave type de la terre n'est pas responsable et que quelqu'un dans ses services lui fait des entourloupettes (...) [368]. »

Sans doute ne saura-t-on jamais qui espionnait le courrier de la Délégation, ni où allaient les informations ainsi recueillies [369]. S'il s'agissait d'un agent nazi infiltré dans la filière suisse ou dans le SR

---

366. DS-MUR, lettre de Monod à Bénouville, 25 juin, envoyée par une autre voie que la normale.

367. *Ibid.*

368 *Ibid.*, lettre de Monod à Bénouville, 30 juin 1943. Le 1er juillet, Camaret écrit à Monod que selon Lombard, le tenancier du buffet de la gare d'Annemasse par lequel le courrier passe la frontière, c'est en effet du côté suisse qu'a été pillé le courrier du 14 juin.

369. Lors de notre entretien avec Paul de Saugy (17 avril 1997), il a spontanément déclaré : « Hardy est venu en Suisse apporter le rapport sur le sabotage des chemins de fer. Cela a beaucoup intéressé le SR suisse. » Nos recherches dans les archives de Saugy (Archives cantonales de Genève) n'ont rien donné. Le 13 juin 1997, l'archiviste d'État, Catherine Santschi, nous a fait part du résultat de ses investigations dans les fonds placés sous sa responsabilité. Elle avait retrouvé la trace d'un Charles-René Hardy, résistant depuis 1942, intégré au SR suisse, puis interné en Suisse à dater de novembre de la même année (dossier Justice et Police Ef 2, n° 751). Peut-être Saugy a-t-il confondu les deux Hardy.

suisse qui la contrôlait en la rendant possible[370], la Gestapo de Lyon était nécessairement l'un des destinataires des informations recueillies.

En tout état de cause, c'est dans ce contexte trouble qu'il convient d'examiner attentivement le sort de la lettre du 17 juin 1943.

Étrangement, ce n'est pas le destinataire, Monod, qui signale sa disparition à l'expéditeur. C'est Bénouville qui, le 21 juin, prévient : « Le pli B dont vous trouverez ci-joint la copie de la lettre d'envoi a disparu au cours du trajet d'ici à vous. J'en suis désolé[371]. »

L'aspect expéditif de l'enterrement n'échappe pas à Monod. Il répond : « Tu me signales, sans autre détail, que ton pli B du 17 juin a disparu en cours de route[372]. » En réponse, Bénouville demeure peu loquace : « J'espère que le courrier va enfin pouvoir passer normalement dans les deux sens[373]. » Le 1er juillet, en l'absence de Bénouville, Armand Magescas n'est pas plus disert : « Comme nous vous l'annoncions dans notre lettre du 21, un courrier du 17 a été perdu en cours de route[374]. »

Volatilisée entre Lyon et Genève, la lettre du 17 juin a été passée par pertes et profits avec un détachement qui ne laisse pas de surprendre.

En effet, excepté le courrier du 8 juin, disparu avec la serviette qui le contenait, les autres sont parvenus à Genève, certes en piteux état, mais, chaque fois, une part du contenu est quand même arrivée. Du courrier du 17 juin Monod n'a rien reçu du tout. Et Lyon ne lui donne aucune explication.

Or les retards de courrier, avant comme après le 17 juin, ont fait l'objet de commentaires, de questions et de réponses, et tous les pillages ont provoqué interrogations et enquêtes. Seul le sort du courrier du 17 juin n'a donné lieu a aucune investigation et n'a suscité que des commentaires succincts. Sa perte a été entérinée avec une désinvolture surprenante.

D'où une question : la copie de la lettre du 17 juin 1943, c'est-à-dire le document présent dans le dossier de correspondance de la Délégation en Suisse et sur lequel nous nous sommes interrogés si longuement, est-il conforme à l'original ?

---

370. NARA, RG 226, E 124, B 6, F 32, X 2 (contre-espionnage) *Handbook Switzerland, German & Italian IS, 1944, Bern-X2-PTS 1*, donne une liste de dix noms d'agents ennemis, dont un retient l'attention. Dans le même dossier, l'étude d'un rapport de l'Abwehr montre que le capitaine Clément, responsable de la filière, était identifié par l'Abwehr dès le 12 avril 1943. Un autre rapport de contre-espionnage sur la Suisse, dans RG 226, E 194, B 61, F 1 (*in box*), *London-X2-OP, Washington Field Station Files*.

371. DS-MUR, lettre de Bénouville à Monod, 21 juin 1943.

372. *Ibid.*, lettre de Monod à Bénouville, 25 juin, par filière spéciale.

373. *Ibid.*, lettre de Bénouville à Monod, 27 juin 1943.

374. *Ibid.*, lettre de Magescas à Monod, 1er juillet 1943.

La copie a été adressée à Monod avec le courrier « 1 000 », lui-même pillé, et daté du 21 juin. C'est-à-dire du jour de Caluire[375]...

Ce dont nous pouvons être certains, c'est que si l'original annonçait la réunion de Caluire et si les Allemands en eurent connaissance, cela ne leur aurait rien appris de bien nouveau. Ils en savaient déjà long par d'autres sources.

Notamment parce que Frédéric Brown était de retour.

---

375. La lettre datée du 21 a certainement été rédigée ce jour-là. Dans son courrier du 25, Monod indique l'avoir reçue le 24 au soir. Le courrier pour Genève partant le mardi, elle a donc été expédiée le mardi 22 pour arriver deux jours après. Elle a pu être écrite – et la copie de celle du 17 de même – entre le moment, en début de soirée, où ont été connues les arrestations de Caluire, et le départ, au train de 23 h 15, de Bénouville, sa fiancée et Camaret, pour Toulouse ; *cf.* Guillain de Bénouville, *op. cit.*, p. 417, et *Chaix*, été 1943, ligne 811.

CHAPITRE 4

Le 19 juin de Frédéric Brown

« Quelques jours après le parachutage de Frédéric Brown, je suis retourné à Saint-Jean-de-Sault. Je voulais le descendre. Je le tenais pour traître », se souvient l'un des chefs du maquis Ventoux, Max Fischer[1].

Il n'est pas le seul à avoir nourri un aussi noir dessein et suspecté l'agent OSS. En 1946, un ancien résistant de la Drôme questionna Francis Cammaerts, ex-chef du réseau SOE « Jockey » : « Devait-on descendre Brown[2] ? » En 1945, Jacques Roux, l'un des anciens radios de Brown, écrivit : « J'ai mis à l'heure actuelle tout en œuvre de façon que si jamais *[Brown]* se présentait chez un des quelques rares agents qu'il a recrutés et qui restent en vie, il soit immédiatement mis en état d'arrestation, car à mon avis la mort de la plupart de nos camarades dépend de lui[3]. »

Le cas Brown était posé depuis deux ans déjà.

En 1943, les services de renseignements giraudistes l'avaient accusé de « complicité avec l'Axe[4] ». La même année, le SOE l'avait soupçonné de double jeu et accusé d'avoir des « connexions avec la Gestapo[5] ».

---

1. Entretiens avec Max Fischer, 3 octobre 1997 et 24 janvier 1998.

2. Lettre de Francis Cammaerts à l'auteur, 3 octobre 1997. Cammaerts répondit : « La guerre est finie, laissez-le » (conversation téléphonique avec l'auteur, 6 octobre 1997).

3. NARA, RG 226, E 194, B 93, F 404, lettre de Jacques Roux, DGER, Marseille, à Evelyne Peyronnel, à propos de Raymond Vincent, 10 avril 1945 et lettre du 16 avril 1945 de Fred R. Ostheimer, *Chief, French Section, HQ Detachment US Army,* au lieutenant-colonel Dulac, DGER, à propos de Peyronnel.

4. Kermit Roosevelt, *The Overseas Targets, War Report of the OSS*, Walker, New York, 1976, chap. « Early Infiltrations », p. 176.

5. NARA, RG 226, E 194, B 99, F 419A, *French Resistance Tomy (Algiers), Paris-SO-OP-1, 4, 14*, télégramme 590, 16 octobre 1943, et, même réf., *Interview with Jockey* [Cammaerts] *with Reference to Fred Brown*, 17 novembre 1943. *Cf.* également lettre du 3 octobre 1997 de Cammaerts à l'auteur, qui relate sa rencontre avec Brown : « Quand j'ai parlé avec lui des risques qu'il courait, il m'a dit : "Je ne crains pas la Gestapo, j'ai des contacts". »

Rivalités de boutiques peut-être, mais prises assez au sérieux par le chef de l'OSS pour l'amener à réagir. En se disant « convaincu que Brown était juif, originaire de Ruthénie [6] », Donovan, qui savait d'origine ruthène plusieurs cadres opérationnels des services soviétiques – par exemple Walter « Krivitsky »-Grinsberg, Ignace « Reiss »-Poretski [7], Alexandre « Orlov »-Feldbine [8] –, avait clairement suggéré dans quelle direction allaient ses soupçons. Et en ajoutant que Brown devrait être exécuté si sa trahison était prouvée [9], il avait donné le feu vert à une enquête de contre-espionnage.

Convoqué à Londres en février 1944, astreint à des mesures de sécurité passablement humiliantes, Brown fut soumis à quatre interrogatoires menés conjointement par le contre-espionnage de l'OSS (X 2), le SOE et le MI 5 britanniques. Si le représentant du SOE, Cyril Miller, décréta d'emblée Brown au-dessus de tout soupçon (« L'un des meilleurs hommes qu*[e j'aie]* jamais vus », dit-il), le rapport final d'enquête trouva qu'il « restait trop de mystère à son sujet » et déclara n'être pas « en état de le laver entièrement de toute suspicion » [10].

Deux jours avant, Robert Blum, du X 2, avait prudemment noté :

> « Aucune preuve n'est actuellement disponible qui pourrait formellement prouver l'accusation de trahison ou même celle d'indiscrétion dans les opérations de Brown en France. A en juger par les réactions visibles de Brown, il ferait face à toute accusation avec la même agressivité qui a caractérisé toutes ses actions et il pourrait probablement arguer d'un puissant soutien [11]. »

En d'autres termes, le contre-espionnage américain avait compris que Brown était protégé par une puissance occulte, la réaction de Cyril Miller indiquant assez clairemen. que celle-ci se situait du côté de Baker Street ou de Brodway, sièges respectifs du SOE et de l'*Intelligence Service*. Et le souci de ne pas faire de vagues avait poussé Blum

---

6. Fabrizio Calvi, *OSS. La guerre secrète en France*, Hachette, Paris, 1990, p. 55. Concernant Frédéric Brown, cet ouvrage s'avère approximatif. Pour citer seulement deux exemples, le parachutage de Saint-Jean-de-Sault est daté de la nuit du 19 au 20 juin 1943, et la mort de F. Brown de 1985, en réalité janvier 1987.

7. *Cf.* Élisabeth K. Poretski, *op. cit.*

8. *Cf.* John Costello et Oleg Tsarev, *Deadly Illusions*, Crown Publishers, New York, 1993.

9. Fabrizio Calvi, *op. cit.*, p. 178.

10. NARA, RG 226, E 194, B 99, F 419A, *French Resistance Tomy (Algiers), Paris-SO-OP-1, 4, 14*, rapport BSSGC/KV/1075, *« Captain Fred Brown, @ Tommy »*, 23 février 1944, p. 3.

11. *Ibid.*, *OSS, X2 Branch, « Report on Captain Frederick Brown, Provisional Summary »*, p. 3, par Robert Blum, 21 février 1944.

à s'abstenir de creuser le cas d'un homme dont l'enquête venait de montrer qu'on ne savait strictement rien de lui, pas même son vrai nom.

Qui est Frédéric Brown ?

A en croire une note anonyme de l'OSS remise après guerre aux Archives nationales françaises, Brown se serait en réalité nommé Crown[12]. Extrêmement circonspect, ce document n'indique pas la source de son affirmation, ni aucun moyen de la vérifier. Il est donc de peu de valeur. Pour sa part, avant 1940 comme après la Libération, Brown s'est toujours fait appeler ainsi en France, a été plusieurs fois décoré sous ce nom et a été inhumé sous cette identité près de Saint-Tropez.

On n'en sait pas davantage sur ses origines. Lors de son second interrogatoire londonien, il déclare être « canadien mais que, enfant, il a été emmené en Europe et que, jusqu'à dix-sept ans, il a vécu au Luxembourg avec un oncle. Après quoi, il a vécu assez longtemps en France et en Belgique et est devenu français./ Quand on lui demande où sont maintenant ses parents, note l'interrogateur, il change de sujet (apparemment il a souvent fait de même quand on le questionnait à ce propos)[13] ».

En 1944, le X 2 a essayé d'en savoir plus. Ses vérifications à Ottawa d'où on le croyait originaire n'ont rien donné et les investigations suivantes annoncées sont sans doute restées infructueuses puisque le dossier X 2 de Brown, dont la dernière pièce est datée du 4 juillet 1945, ne contient rien de neuf à ce sujet. Et on n'y trouve rien non plus sur les résultats de l'enquête que, selon Brown, Robert Murphy aurait fait mener sur lui à Alger, en 1942, pendant quatre mois, avant de l'employer. « Il dit, notent les enquêteurs, qu'il nous suffit de vérifier les dossiers de Murphy ; c'est en train d'être fait. Le dossier de police local *[celui d'Alger]* a été examiné et il est en ordre. Il vivait là avec un passeport du Luxembourg (...)[14]. »

---

12. AN, 72 AJ 86, *OSS Aid to the French Resistance in WW II*, fascicule 22, *« Corsica. Operation Tommy (december 1942) »*.

13. NARA, RG 226, E 194, B 99, F 419A, *French Resistance Tomy (Algiers) Paris-SO-OP-1-4-14, « Second Interrogation of Fred Brown »*, 21 février 1944. Dans AN, 72 AJ 86, *OSS Aid to the French Resistance in WW II*, fascicule 22, *« Corsica. Operation Tommy (december 1942) »*, la notice anonyme indique que « selon ses dires » les parents de Brown étaient canadien-français et français : « Son père avait été tué pendant la Première Guerre mondiale et sa mère décédait peu après. »

14. *Ibid., « Report on Captain Frederick Brown, Provisional Summary »*, par Robert Blum, 21 février 1944.

Tantôt luxembourgeois, tantôt français, Frédéric Brown a toujours affirmé être né au Canada. Selon ses dires rapportés par la notice anonyme de l'OSS déjà évoquée, il aurait vu le jour le 1er janvier 1909 dans une petite ville du Québec, « non loin de Montréal[15] ». Mais un document officiel français le dit né à « Styre-Ontaria »[16] – sans doute Ontario, ce qui n'est pas précisément tout près de Montréal. Du reste, Styre n'est près de rien puisque ni l'ambassade du Canada à Paris ni la poste canadienne n'en trouvent trace.

A notre connaissance, le seul lieu géographique nommé Styr, ou Styre, est en Ukraine, près de la Biélorussie. Si l'on se souvient que Donovan tenait Brown pour un juif de Ruthénie, on peut noter que les Ruthènes, c'est-à-dire des juifs originaires d'Ukraine, n'étaient pas rares dans cette région soviétique.

Plus intéressant, peut-être, est le fait qu'existe en Haute-Autriche une grande ville du nom de Steyr. Steyr n'avait pas d'état civil jusqu'en 1939 et il est donc presque impossible de savoir si Brown y était né, surtout s'il était juif car les nazis ont détruit les synagogues de la région et avec elles les registres de naissance. Un peu moins décevant est le fait que la puissante métallurgie de Steyr travaillait le minerai de fer amené de Styrie, région autrichienne dont le sud, peuplé de Slovènes, avait été, en 1919, par le traité de Saint-Germain, donné à la Yougoslavie et rattaché à la Slovénie. Or, selon nombre de témoins, Brown parlait bien allemand, chose normale s'il avait vécu en Autriche, et, de surcroît, d'après son épouse, parlait également « yougoslave[17] », chose banale s'il avait grandi en Slovénie, voire en Ruthénie, petite zone de la Voïvodine, autre région de la Yougoslavie.

Par ailleurs, tous les témoins de son épopée s'accordent à dire que Brown massacrait le français, ce qui fragilise beaucoup ses dires sur son éducation au moins partiellement française. D'autre part, comme il a lui-même déclaré n'avoir pas su l'anglais jusqu'en 1942[18], son éventuelle enfance dans l'Ontario anglophone est sujette à caution. Finalement, l'indication la plus sûre reste sa connaissance de l'allemand,

15. *Ibid., « Corsisa. Operation Tommy ».*

16. Ordre national de la Légion d'honneur, 30 septembre 1947. Brown a également été décoré de la Croix de guerre avec palme, ainsi que de la médaille de la Résistance avec rosette (31 mars 1947). Il a également obtenu la *Bronze Star Battle Participation*, le 10 novembre 1944.

17. Entretien téléphonique avec Mme Brown, 4 décembre 1996. Elle n'a pas précisé s'il parlait serbo-croate ou slovène.

18. NARA, RG 226, E 99, B 50 F, *MEDTO, Torch Anthology*, vol. III (199), *« Narrative of Captain Frederick Brown, "Tommy" »*, 17 juillet 1945, p. 13. Il s'agit du récit de Brown sur son activité à Alger avant et après le débarquement allié. La suite du récit, six autres parties couvrant la période novembre 1942-février 1943, sont dans *« NATO Anthology »*.

attestée par une fausse carte d'identité au nom de René Shutz, originaire de Dornach, dans le Haut-Rhin [19]. Un agent secret opérant en France occupée n'aurait certainement pas utilisé une identité alsacienne sans connaître la langue.

Dans ces conditions, on conçoit qu'un général français, compagnon dans sa jeunesse de la première mission de Brown en France, en 1943, se demandait encore en 1987 s'il avait eu affaire à un agent double au service de l'Allemagne… ou de l'URSS [20].

L'unique certitude le concernant est qu'il était dans la trentaine en 1940. Même sa taille fait problème – 1,75 mètre selon ses faux papiers au nom de Shutz, mais six centimètres de plus d'après son épouse. Il avait les yeux bleus, dit-elle, certainement à raison, encore que Cammaerts les ait vus noirs. A en croire les documents de l'OSS, il travaillait avant-guerre pour la compagnie *Western Electric*, mais l'OSS n'a pas vérifié. Selon son épouse, qui évoque également l'emploi à la *Western Electric*, il allait de pays en pays installer des salles de cinéma, et c'est ainsi qu'il serait arrivé à Alger en 1938, où, trouvant l'endroit à son goût, il serait resté.

L'*Anschluss* de l'Autriche eut lieu le 12 mars de la même année et l'on ne peut pas ne pas noter que cette même année les Brigades internationales engagées en Espagne furent dispersées.

Plus de 500 Canadiens en faisaient partie, ainsi que près de 900 Autrichiens et des centaines d'Ukrainiens, de Biélorusses, de Yougoslaves [21]. Leurs passeports avaient été réquisitionnés par le Komintern et recyclés pour les besoins des activités secrètes des services soviétiques. Un hypothétique brigadiste originaire de Styrie et recruté par l'une ou l'autre des structures clandestines du mouvement communiste international pouvait très bien se retrouver doté d'une « légende », c'est-à-dire d'une biographie difficile à vérifier et d'une nouvelle identité, par exemple canadienne [22].

---

19. Document reproduit par Sylvain Villard, *La Tragédie de Thines*, Michel Rigaux, Coux, 1993, p. 85.

20. Fabrizio Calvi, *op. cit.*, p. 57, témoignage du général Caillot, compagnon de Brown lors de sa deuxième mission en France, interview du 11 décembre 1987.

21. Données tirées de Rémi Skoutelski, *L'espoir guidait leurs pas. Les volontaires français dans les Brigades internationales, 1936-1939*, Grasset, Paris, 1998, p. 330.

22. A titre d'exemple de « légende », on peut citer celle forgée par le GRU pour Alexander Foote et dont des traits rappellent la biographie de Brown : « Je m'appelais Alfred Mueller, né à Riga en 1905, d'un père allemand et d'une mère anglaise. J'avais donc la nationalité allemande. En 1919, mes parents étaient allés s'installer en Espagne et y étaient morts tous les deux. Devenu ainsi orphelin, je m'étais rendu au Caire, puis en Extrême-Orient. A la fin de 1940, j'étais retourné en Europe (…) » (Alexander Foote, *Les Secrets d'un espion soviétique*, Éd. de la Paix, Paris, 1951, p. 190).

On trouve plusieurs Brown dans les archives des Brigades. Celles de la XVe Brigade montrent par exemple qu'au 57e bataillon, composé principalement de Britanniques, et donc de Canadiens, un certain William Brown fut inscrit comme déserteur le 2 avril 1938, avant d'être, semble-t-il, détenu à Figueras, son destin ultérieur nous étant inconnu[23]. Fort répandu dans les pays anglo-saxons, ce patronyme a souvent été pris pour pseudonyme par les agents soviétiques.

Il n'est peut-être pas inutile de noter que l'année 1938 fut celle où Moscou commença à implanter de nouveaux réseaux dans la perspective du futur conflit avec l'Allemagne. L'installation, cette année-là, en Belgique, de Léopold Trepper, créateur du célébre « Orchestre rouge », est un fait bien connu. On sait moins que, le 13 juillet 1938, Alexandre « Orlov »-Feldbine, chef des services secrets soviétiques en Espagne, abandonna subitement son poste pour, *via* le Canada, aller s'installer clandestinement aux États-Unis. Le FBI mit quatorze ans à le découvrir alors que l'*Attorney general* Francis Biddle et d'autres hauts fonctionnaires de l'Émigration le couvraient depuis 1940[24]. Non moins énigmatique est le fait que, six jours avant de quitter l'Espagne, Orlov, qui, soit dit en passant, se faisait appeler Brown, avait recruté un nouvel agent. Il lui avait alors dit :

> « Je ne rentrerai pas en Russie mais je lui resterai fidèle jusqu'à la fin de mes jours. Nous la servirons ensemble, vous et moi, à l'étranger (...). Pour ce qui est des objectifs d'une telle collaboration, croyez-moi, ils consisteront uniquement à resserrer les relations entre les États-Unis et l'URSS[25]. »

Il existe des raisons de se demander si la défection d'Orlov, assurément le plus talentueux des agents soviétiques, qui, sur ordre personnel de Staline, ne fut jamais pourchassé alors que d'autres défecteurs furent exécutés où qu'ils se trouvassent, n'était pas la première phase d'une opération ultra-secrète de pénétration des services américains dans la perspective du futur conflit avec Hitler. Dans cette hypothèse, on peut seulement s'interroger sur le point de savoir si Moscou n'a pas implanté des agents en Afrique du Nord à la même époque. Mais il faut souligner fortement l'absence de toute preuve qui permettrait de faire de Frédéric Brown l'un de ces éventuels agents, même si, comme

23. RTsKhIDNI 545-3-451 (archives soviétiques), *in* Harvey Klehr, *op. cit.*, p. 164-183.

24. John Costello et Oleg Tsarev, *op. cit.*, p. 339.

25. Vladimir Tchikov et Gary Kern, *op. cit.*, p. 118-119. L'agent recruté était l'Américain Morris Cohen, *alias* Israël Altman, de la brigade Abraham Lincoln. Il entamait ainsi une brillante carrière d'agent soviétique, notamment en matière atomique.

on le verra, il manifesta ensuite une curieuse propension à travailler en France avec des vieux routiers du Komintern précédemment impliqués dans l'aide soviétique à l'Espagne républicaine.

Les premières missions de Brown

Marié à Alger en août 1938, Brown crée et développe une petite entreprise de construction de TSF, *Général Radio Contrôle*. Il a bientôt trois magasins et ateliers, installés aux numéros 7, 43 et 48 de la rue Sadi-Carnot, à Alger, activité à laquelle se serait ajoutée, selon son épouse, une florissante entreprise de transports en France.

D'après lui, c'est en août 1941 que, à peine arrivés à Alger, John Boyd et John Knox, deux des « vice-consuls » de Robert Murphy, le contactent. N'ayant pas d'émetteur-récepteur, ils souhaitent utiliser celui d'une relation de Brown, Jean Van Hecke, chef des Chantiers de la jeunesse en Algérie. En février 1942, Boyd et Knox lui font franchir un pas supplémentaire en lui demandant d'organiser les communications du service de renseignement polonais, ainsi que leur propre liaison radio avec la base tangéroise de l'*Intelligence Service* britannique. Dès lors, Brown collabore simultanément à quatre services : le 2e Bureau français, auquel les Chantiers de jeunesse sont liés, le service polonais, l'IS et l'OSS.

Durant l'été 1942, Brown ajoute la radio *Yankee*, celle des Américains en train de préparer le débarquement, aux stations qu'il supervise déjà et se trouve emporté dans le tourbillon des événements. A l'intensité du trafic qui croît sans cesse s'ajoute sa participation aux préparatifs des réunions secrètes avec les généraux alliés venus par sous-marin discuter avec les émissaires de Giraud, sans oublier ses entrevues avec tout ce qu'Alger compte de comploteurs, le Pr Aboulker, Henri d'Astier de la Vigerie, le commissaire Achiary. En outre, il mène, apparemment de sa propre initiative, une opération d'espionnage peut-être destinée au 2e Bureau : « J'avais aussi, dit-il, une jolie Française blonde en contact avec la Commission allemande d'armistice (...). Par elle, nous eûmes les noms des officiers allemands (...). Cette femme n'avait rien à voir avec le Consulat américain. Elle travaillait pour l'adjoint du chef des Compagnons de France [26]. »

Enfin, après un mois passé à se démener quinze heures par jour, Brown voit arriver la flotte alliée. A partir du 7 novembre, il est de tous les événements. Armé d'un pistolet-mitrailleur, il sert de garde du

26. NARA, RG 226, E 99, B 50F, « *Torch Anthologie* », p. 14.

corps à Robert Murphy (qui prend soin de ne pas le citer dans ses Mémoires), participe aux discussions provoquées par l'attitude de Darlan, se rue au fort Nelson où le carnage menace, s'agite en tout sens jusqu'au dimanche soir, avant de s'écrouler, épuisé.

Quelques jours plus tard, le revoilà sur la brèche. Connaissant les colonels Rivet et Chrétien, chefs des services secrets de Vichy ralliés à Darlan, il les met en relation avec des officiers de l'OSS [27]. Sa proposition d'infiltrer une équipe de renseignement en Corse et d'y installer une radio (*Pearl Harbor*) est adoptée sans coup férir, le sous-marin français *Casabianca* aussitôt affecté à l'expédition par Darlan et Giraud, le commandant « de Saule » désigné par le 2e Bureau comme chef de la mission [28]. L'objectif politique véritable de l'opération est de prendre langue avec la résistance communiste en Corse et, par la même occasion, de doubler au profit de Giraud le réseau gaulliste mis en place par Fred Scamaroni.

Le *Casabianca* quitte Alger le 11 décembre 1942. Dans la nuit du 14, il débarque dans la baie de Chioni une petite équipe, des armes, des émetteurs, de l'argent. Deux nuits plus tard, par une mer démontée, seul Brown parvient à regagner le sous-marin à la nage, exploit qui lui vaudra l'admiration de l'équipage. Il rentre à bon port le 19 [29]. Juste à temps pour être arrêté par les Britanniques, apparemment dans le cadre de l'enquête sur l'assassinat de Darlan. On le tire vite de ce mauvais pas.

Des mois plus tard, quand d'un peu partout fusaient les accusations contre Brown, on l'accusa d'avoir trahi la radio qu'il avait aidé à installer en Corse. « Cette accusation, note le X 2, provenait de codétenus du radio arrêté *[Pierre Griffi]* qui la leur avait communiquée. Mais des documents secrets italiens sont récemment apparus qui lavent entièrement Brown en donnant la véritable explication [30]. »

---

27. AN, 72 AJ 86, *« Corsica. Operation Tommy »*, p. 2.

28. « De Saule » était l'*alias* de l'officier belge Schrevel (ou de Greef), recrue du SR Air français, affecté au poste P4 AV de Lyon. Il était spécialisé dans le travail avec les Alsaciens-Lorrains réfugiés à Lyon, dirigés, comme on l'a vu, par Me Kalb et Mme Moret, proches de Jean Moulin. Après la mission en Corse, de Saule passa à l'OSS et s'installa à Toulouse où il tint « plus d'un an avant d'être arrêté. Il s'en tira de justesse » (Jean Bézy, *op. cit.*, p. 72 et 102).

29. Jean L'Herminier, *Casabianca*, Presses-Pocket, Paris, 1972, p. 57-99.

30. NARA, RG 226, E 194, B 99, F 419A, *French Resistance Tomy (Algiers), Paris-SO-OP-1, 4, 14, « Report on Captain F. Brown, Provisional Summary »*, R. Blum, 21 février 1944.

L'OSS s'installe

Tandis que Frédéric Brown faisait carrière dans l'OSS, celle-ci s'installait à l'échelle mondiale, rivalisait peu à peu avec les services britanniques, et ambitionnait de jouer en France un rôle à sa mesure.

Partout et dans tous les domaines, son arme secrète était l'argent. Son budget prévisionnel pour la période de juillet 1941 à mai 1942 avait été chiffré à 19 millions de dollars. Mais à la fin de cet exercice de dix mois, l'OSS avait dépensé la somme astronomique de 46 780 730 dollars [31], environ 4,67 milliards de dollars actuels. Et les budgets des années suivantes seraient à l'avenant.

Dès la conception du service, en août 1941, Donovan avait pris soin d'évaluer l'attrait de l'argent dans chaque pays. En Suisse, par exemple, le haut standard de vie rendait le dollar moins alléchant qu'en France où « l'argent est toujours apprécié [32] ». La manne devait tomber « sur des éléments locaux, travaillant sous la direction d'un Quartier général installé aux États-Unis et, dans les différents pays, sous celle de dirigeants clandestins recrutés parmi des experts américains ou des personnes soigneusement sélectionnées parmi les éléments locaux [33] ».

Nombre d'anciens résistants ont conservé un souvenir ému de la munificence de l'OSS. Le chef d'un petit réseau spécialisé dans le passage des Pyrénées déclare : « Les Américains avaient de l'argent à profusion et ils avaient ordre de l'utiliser pour “acheter” le plus de gens possible [34]. » Démuni jusqu'à sa rencontre avec l'OSS-Barcelone, il bénéficia dès lors d'un confortable budget mensuel de 650 000 francs. Quant à Brown, les fonds considérables mis à sa disposition lui attirèrent de vives sympathies. Il estimait à 25 000 francs le coût mensuel d'un agent sédentaire – douze fois le salaire moyen d'un employé. Si l'agent se déplaçait deux ou trois fois par semaine, il fallait compter le double, et 100 000 francs n'étaient pas de trop pour un agent itinérant [35]. Du reste, il se montrait personnellement grand seigneur, adepte des chiffres ronds, et peu regardant sur le détail des dépenses. Selon les comptes remis au retour de sa troisième mission en France, il avait

31. NARA, RG 226, E 99, B 92, F 9, budgets OSS, 7 juillet 1942.

32. NARA, RG 226, E 190, B 265, F 915 (*Intelligence Planning) London-OSS-OP-36, « Project of the Organization of an American Intelligence Service »*, p. 28, 32.

33. *Ibid.*, p. 1.

34. AN, 72 AJ 83, témoignage G. Ducros, 28 juillet 1958. Ce réseau était immatriculé SGLL et SG II et travaillait avec Jack Forrester, du consulat US à Barcelone.

35. NARA, RG 226, E 97, B 1, F 2, « Tommy », *debriefing*, 15 mai 1943, p. 5.

versé « à une équipe de baliseurs de parachutage, pour les frais de déplacement, nourriture, etc., 100 000 francs [36] ». On retrouve la trace de ce versement dans la comptabilité du maquis Ventoux (qui avait réceptionné Brown à Saint-Jean-de-Sault), méticuleusement tenue par Charles Ferrenq. En fait, ce n'étaient pas 100 000 francs que Brown lui avait donnés. Le 23 juin 1943, il en avait versé 110 400 en espèces [37].

Au laxisme financier de la base répondait l'improvisation du sommet. Le 30 juin 1943, James G. Rogers, chef du *Plan Group* de la direction générale de l'OSS, notait dans son journal secret : « Donovan est en Afrique – nous bombardant d'ordres et s'agitant en tous sens (...). La moitié du temps nous luttons contre les actes impulsifs de Bill *[Donovan]* et ses arrangements super-secrets – secrets pour nous tous (...). Quelle surprenante organisation que la nôtre ! Une bande d'hommes compétents et réalistes de toutes origines – militaires, juristes, universitaires, diplomates – tous déroutés par les caprices et les désordres, tous patients, amusés et essayant d'aller de l'avant avec la Guerre [38]. »

De fait, l'OSS était dirigée par un groupe de grands *businessmen* et d'avocats d'affaires dont Donovan n'était que l'un des plus connus. Républicain appelé à ce poste par un président démocrate, il avait au moins en commun avec Roosevelt la volonté de se défaire de De Gaulle [39]. Mais pour débarquer en Afrique du Nord, il avait besoin d'informations que seul pouvait fournir le BCRA gaulliste, beaucoup mieux implanté dans la région que tout autre service secret.

Le contact OSS-BCRA est établi en juillet 1942. Passy, Manuel, Bingen, Roy invitent Shepardson et Maddox, chefs de l'OSS-Londres, à « inspecter » leur service. Au vif déplaisir de l'IS qui, selon l'OSS, voit « de Gaulle et son entourage comme (...) la propriété du Gouvernement britannique [40] », un accord est passé, aux termes duquel le BCRA donnera les renseignements recueillis.

---

36. NARA, RG 226, E 110, B 2, F 23, *France Field INT. Reports - Theater Office Correspondance - Draft History*, « Rapport de la troisième mission en France de Tomy », p. 4, 27 octobre 1943.

37. Données communiquées par Claude Arnoux, 27 septembre 1997. Le 13 juillet 1943, Ferrenq inscrit 30 000 francs supplémentaires obtenus de Brown.

38. James Grafton Rogers, *Wartime Washington : The Secret OSS Journal of - -, 1942-1943*, Thomas F. Troy (éd.), University Publications of America, Frederick (Maryland), 1987, p. 113-114.

39. Richard Dunlop, *op. cit.*, p. 342 : « Donovan croyait qu'un leader français autre que de Gaulle devait être trouvé pour s'opposer à l'Axe en Afrique et appuyé par les Britanniques et les Américains. »

40. NARA, RG 226, E 190, B 239, F 544, *London-OSS-OP-25-26, Field Stations Files, « Relations with French »*, 52 p., p. 42. Le différend ne put être surmonté que par une vigoureuse discussion entre Shepardson et « C », Sir Robert Menzie.

En un rien de temps, et quoique en échange l'OSS fournisse seulement quelques rapports de Thomas Cassady, son homme à Vichy, l'OSS-Londres est submergée : « Le matériel s'empilait à un rythme alarmant et c'était très frustrant de savoir qu'il y avait des informations de valeur auxquelles il était physiquement impossible d'accéder. Ce n'est pas avant la mi-septembre 1943 » que la pagaille commença à être résorbée [41].

En réalité, à l'été 1942 l'objectif de l'OSS était moins de thésauriser des renseignements que de jauger le BCRA. Un peu surprise de découvrir que les gaullistes travaillaient vite et bien malgré le manque de personnel qualifié et de moyens, l'OSS le fut bien davantage en devinant que le BCRA espérait trouver en elle le moyen de s'émanciper des Britanniques. Bien placés pour connaître « l'habituelle allergie des Britanniques à voir se développer chez eux un système opérationnel pouvant échapper à leur contrôle », les dirigeants de l'OSS-Londres eurent tôt fait de saisir que les

> « Français manquaient de moyens pour agir indépendamment des Britanniques, *[qu']*ils n'étaient pas satisfaits de la façon dont ceux-ci traitaient leurs transmissions et transports, *[et que]*, là où une aide extérieure leur était indispensable, ils préféraient utiliser les services américains plutôt que les britanniques, tout cela avec l'espoir – non garanti – que les premiers seraient plus généreux, plus respectueux du désir d'indépendance des Français Libres, moins à cheval sur les principes traditionnels d'action, et moins exigeants en retour./ C'est pourquoi le BCRA a demandé la coopération de l'OSS pour fournir du matériel (avions, radios, bateaux légers, armes légères, munitions, papier, etc.) et des services (courrier pour le Maroc et Vichy, émetteur au Libéria) [42]. »

Après avoir examiné les trois réponses possibles (jouer la carte française sans se préoccuper des réactions britanniques, ignorer la demande du BCRA, jouer les uns contre les autres), l'OSS-Londres suggéra à Washington de chercher un compromis qui permettrait de coopérer avec les gaullistes sans se brouiller avec Londres. Sachant De Gaulle au Moyen-Orient et les Britanniques furieux de la politique qu'il y menait, l'OSS-Washington saisit l'occasion et dépêcha d'urgence en Angleterre son plus habile négociateur, Arthur Roseborough, chef du Bureau Europe de l'Ouest du *Secret Intelligence*.

Né en 1900, ancien du *Rhodes College*, cet avocat avait été le secrétaire de Franck Kellog à la Cour de justice internationale avant de

41. *Ibid.*, p. 44.
42. *Ibid.*, p. 46.

passer dix ans à Paris à la tête du bureau parisien du très puissant cabinet d'avocats *Sullivan & Cromwell,* dirigé par Foster Dulles et auquel Allen Dulles était associé [43]. Mais autant les frères Dulles étaient à droite, autant Roseborough était *liberal* au sens américain du terme. Favorable à l'Espagne républicaine, s'étant fait de nombreuses relations en France, il était l'un des rares dirigeants de l'OSS à bien connaître la mentalité, la politique et les affaires françaises. De surcroît, au cours d'un précédent séjour à Londres, il avait noué des relations avec Passy.

Début septembre 1942, aussitôt arrivé en Angleterre, Roseborough multiplie les rencontres avec ses collègues qu'il informe de données ultra-secrètes discutées quelques mois plus tôt à Washington avec le colonel de Chevigné, s'entretient avec le responsable au *Foreign Office* des relations avec les Français Libres, prépare soigneusement ses rencontres avec Billotte et les représentants du BCRA, ainsi que son entrevue avec André Philip [44]. Puis, convaincu de la nécessité de coopérer avec les gaullistes et de les aider, il rallie à ses vues l'amiral Stark, ambassadeur des USA auprès des gouvernements en exil, lequel, selon la version officielle, parvient à les faire partager par les Britanniques.

Si l'on ne comprend guère pourquoi Roosevelt et Donovan, dont le plus cher et le plus constant désir commun était de se débarrasser de De Gaulle, se seraient subitement décidés à équiper de pied en cap son service secret, on ne voit pas du tout la raison pour laquelle Churchill aurait alors autorisé les siens à laisser les Américains marcher sur leurs plates-bandes. Car, en ce mois de septembre 1942 précisément, l'exaspération du Premier ministre britannique envers De Gaulle n'avait jamais atteint un tel degré et sa détermination à le punir n'avait jamais été aussi grande. Furieux de la politique que De Gaulle venait de mener en Syrie, au Liban et à Madagascar, il attendait son retour de pied ferme et s'apprêtait à lui montrer de

---

43. Leonard Mosley, *op. cit.*, p. 104-108. *Sullivan & Cromwell* s'occupait des affaires des plus grandes sociétés américaines, notamment en Allemagne. Son patron, le futur secrétaire d'État et champion de la guerre froide Foster Dulles, avait longtemps et obstinément refusé de changer quoi que ce soit aux relations de *Sullivan & Cromwell* avec l'Allemagne devenue nazie. Pierre de Villemarest, *op. cit.*, p. 45, 196, donne quelques informations sur *Sullivan & Cromwell.*

44. NARA, RG 226, E 190, B 246, F 678, *London-OSS-OP*, lettre de W. Shepardson à D. Bruce, 10 septembre 1942, qui recense les huit mémos rédigés depuis le 3 septembre par Roseborough. Celui du 5, le plus important, reflète le point de vue commun à l'OSS-Londres et Roseborough. Quant au mémo concernant Chevigné, Roseborough l'a écrit de sa main pour éviter les fuites et il devait être conservé dans un coffre-fort à Washington. Nous ne l'avons pas trouvé.

quel bois il se chauffait en cassant un siège sous son nez en criant : « Je vous briserai comme une chaise ! » après lui avoir reproché de « faire la guerre à l'Angleterre au lieu de la faire à l'Allemagne » et décoché ce trait assassin : « Il y a d'autres fractions et d'autres éléments de la France qui pourraient jouer un rôle plus important *[que vous]* »[45].

Certes, en évoquant d'« autres fractions », Churchill songeait certainement à Giraud. Mais qui étaient les « autres éléments » susceptibles de supplanter De Gaulle ?

Il convient de savoir qu'en ce mois de septembre 1942, Jean Moulin, Frenay, d'Astier et Jean-Pierre Lévy devaient se retrouver à Londres. Il s'agissait de parachever le rapprochement de Combat, Libération et Franc-Tireur, de décider la création d'un Comité de coordination commun présidé par Moulin, de mettre enfin en route le processus de création d'une Armée secrète dirigée par le général Delestraint. Tenue sous les auspices du BCRA, cette négociation devait être « le couronnement de la mission initiale de Moulin[46] », résume très justement Crémieux-Brilhac.

Or, si Frenay et d'Astier arrivèrent en Angleterre le 26 septembre, Lévy et Moulin ne s'y montrèrent pas. Mémorialistes et historiens justifient leur absence par un épais et tenace brouillard qui, à partir du 14 septembre, aurait interdit l'atterrissage du Lysander clandestin venu les enlever près de Mâcon, échec redoublé, le 20, par le sous-marin qui aurait dû les embarquer près d'Anthéor[47].

Mais est-ce bien vrai ? On peut se le demander si l'on sait que beaucoup de vols clandestins n'ont pas été rendus publics par les Britanniques, notamment celui d'un Hudson, capable d'emporter une dizaine de personnes, qui eut lieu dans la nuit du 13 au 14 septembre 1942[48]. Et la vérification s'impose d'autant plus qu'existe dans les archives de l'OSS une étrange lettre de Shepardson (SI/OSS-Londres) à Bruce (chef SI/OSS-Washington) rendant compte d'une réunion tenue par Roseborough et lui, à l'ambassade des États-Unis à Londres, le 15 sep-

---

45. Dialogue Churchill-De Gaulle, 30 septembre 1942, cité par Jean-Louis Crémieux-Brilhac, *op. cit.*, p. 414-415.

46. *Ibid.*, p. 416.

47. Henri Calef, *op. cit.*, p. 282 ; Laure Moulin, *op. cit.*, p. 360 ; Dominique Veillon, *op. cit.*, p. 341 ; Henri Noguères et Marcel Degliame-Fouré, *op. cit.*, t. 2, p. 589, et colonel Passy, *op. cit.*, t. 2, p. 246, n'apportent rien de neuf. Hugh Verity, *op. cit.*, p. 192, ne mentionne pas la tentative aérienne ratée.

48. Lettre du *SOE adviser* C. M. Woods à Pierre Raynaud. Le *SOE adviser* Duncan Stuart a éludé la confirmation demandée par l'auteur (lettre de Miss Valerie Collins, 14 septembre 1998).

tembre, avec un certain « lieutenant Mercier » [49]. Or « caporal Mercier » était le pseudonyme londonien de Moulin [50].

Moins hypothétique est l'entrevue de Roseborough avec Frenay et d'Astier. Les deux résistants français ne l'ont jamais révélée, mais une source américaine fiable la mentionne [51], tandis que les rapports rédigés par Roseborough à son retour aux USA reflètent au moins partiellement leur point de vue :

> « Ce qui est d'une importance et d'une signification beaucoup plus grandes pour nous, c'est le fait qu'au cours de ces derniers mois, les groupements de résistance active en France se sont cristallisés derrière de Gaulle, non pas en tant qu'homme – il leur est pour ainsi dire inconnu – mais en tant que symbole de la résistance française [52]. »

Toutefois, notait Roseborough, il était vain d'espérer rallier la Résistance intérieure à Giraud ou à quiconque aurait « fait un "bout de chemin" avec Vichy ». Dans ces conditions, l'unique chose à faire était d'essayer de réconcilier Giraud et De Gaulle [53].

Quoique l'analyse réaliste de Roseborough ait reçu l'appui du *Planning Staff* de l'OSS, les autorités américaines refusèrent de l'endosser. Déterminées à exclure De Gaulle du jeu et à mettre un terme au flirt de l'OSS et du BCRA, elles bondirent sur l'occasion fournie à point nommé par les services britanniques.

En effet, à peine Roseborough avait-il quitté Londres que l'IS s'était fait un plaisir de monter en épingle une histoire réellement fâcheuse pour les gaullistes.

---

49. NARA, RG 226, E 190, B 246, F 678, Bruce David, *London-OSS-OP-30-31*, lettre de Shepardson, 14 septembre 1942, en accompagnement du compte rendu de la discussion avec Mercier. Mais nous n'avons pas trouvé le compte rendu lui-même, qui lèverait toute ambiguïté.

50. Colonel Passy, *op. cit.*, t. 3, p. 62.

51. Richard Harris Smith, *op. cit.*, p. 55. Henri Frenay, *La nuit finira*, *op. cit.*, p. 223, dit seulement avoir vu des chefs du SOE. En fait, Guenther (SO de l'OSS) et Dostert (SI de l'OSS) étaient présents à cette réunion, mais le document NARA, RG 226, E 190, B 239, F 544, *London-OSS-OP-25-26*, *« Relations with French »*, p. 56, ne mentionne pas la présence de Roseborough. La rencontre Frenay-d'Astier-Roseborough eut lieu nécessairement avant le 1er octobre, date du retour du dernier à Washington. Par ailleurs, celui-ci connaissait déjà d'Astier qu'il avait fait venir aux États-Unis en juin 1942 ; *cf.* Richard Harris Smith, *op. cit.*, p. 55. Le colonel Passy, *op. cit.*, t. 2, p. 83-86, rend compte, sur un ton très critique, du déroulement de la mission de D'Astier en Amérique, mais ne tarit pas d'éloges sur Roseborough.

52. W. Arthur Roseborough, *The Present Position of the Fighting French with Relation to Resistance, within France and Policy toward the French,* 21 octobre 1942, cité par William Langer, *op. cit.*, p. 313-314.

53. *Ibid.*

L'affaire avait débuté le 11 août quand, après des mois de négociations et au vif déplaisir des Britanniques, avait été décidé de placer un gaulliste auprès du lieutenant-colonel W. A. Eddy qui, à Tanger, pour le compte de l'OSS, préparait le débarquement en Afrique du Nord. Louis Daniélou (Clamorgan) serait infiltré à Tanger, sous couvert d'un passeport canadien au nom de Charles B. Marcil, de Montréal, et l'on s'arrangerait ensuite afin que son engagement à mi-temps par Eddy passe pour un banal concours de circonstances. Mais, début octobre, l'avion de la RAF qui emportait Daniélou à Gibraltar s'était abîmé en mer, non loin de Cadix.

Bien des rumeurs ont couru sur les causes de cet accident et pas moins sur ses conséquences. Les ouvrages français qui mentionnent l'« affaire Clamorgan » sont d'un laconisme remarquable et dissimulent mal leur gêne [54]. Sans doute parce que Londres n'aurait pu en faire une affaire d'État si son dossier avait été absolument vide.

A en croire la note officielle britannique du 12 octobre, aussitôt transmise à Donovan, le 2 octobre Billotte et un officier français à Washington avaient eu une conversation téléphonique au cours de laquelle le premier avait parlé au second d'agents français qui allaient travailler avec les Américains. Or les Britanniques avaient écouté la ligne et craignaient que les Allemands en aient fait autant. Plus grave encore, ils affirmaient que les Espagnols avaient récupéré le corps de Daniélou et trouvé sur lui des documents plus ou moins codés, dont la liste des sources de renseignements des Alliés en Afrique du Nord et celle de leurs agents et sympathisants. Convaincus que les franquistes avaient transmis ces papiers aux nazis, les Britanniques exigeaient pratiquement la rupture des relations avec les gaullistes.

Si Roosevelt et Churchill ne furent que trop heureux de trouver là une justification concrète à leur décision politique d'exclure les gaullistes des préparatifs du débarquement en Afrique du Nord, l'OSS-Londres comprit tout de suite de quoi il retournait. Les Britanniques avaient « prépar*[é]* un mauvais coup contre les Français », leur « second objectif éta*[n]*t de couper les jarrets de l'OSS *[car ils n'avaient]* jamais été enthousiasmés par le contact direct entre Français et *[OSS]*, même avec leur agrément » [55].

---

54. Le colonel Passy, *ibid.*, p. 345-346, indique seulement : « l'avion qui le transportait se perdit en mer, au large des côtes d'Espagne » et ne dit mot de la tempête soulevée par cette disparition.

55. Câble 15182, Londres-Washington, octobre 1942, cité *in* NARA, RG 226, E 190, B 239, F 544, *« Relations with French »*, p. 56. Le BCRA reconnut que les Allemands avaient pu récupérer des papiers sur le corps de Daniélou mais qu'ils n'étaient pas de nature à mettre en péril les réseaux de renseignement en Afrique du Nord. Toutefois,

Roseborough à Alger

Arrivé à Alger en janvier 1943, Roseborough peut rapidement constater combien ses opinions déplaisent. Outré que les prisonniers politiques arrêtés par Vichy n'aient pas encore été relâchés, il réclame leur libération à l'état-major d'Eisenhower. « Des juifs et des cocos ! lui répond-on. Si vous n'avez pas mieux à faire, retournez donc à Washington [56]. »

Partout il ne voit qu'antigaullistes frénétiques et giraudistes acharnés. Or sa religion est vite faite : Giraud est un « fantoche créé par Roosevelt et sans autre appui en Afrique du Nord que celui des Américains », la section SOE locale est prête à tout « pour maintenir un strict contrôle sur les groupes de résistance gaullistes en France » [57], les services français sont aux mains des giraudistes, et à l'OSS-Alger, hormis lui-même et quelques jeunes du département Recherche et Analyses (H. Stuart, un historien de Harvard, J. Sawyier, un économiste de la même université, et A. Hecksher, un ancien de Yale), Roseborough ne peut compter que sur Gerhard Van Arkel, du *Labor Branch* de l'OSS [58].

Même au SI, Roseborough est entouré d'antigaullistes fervents. C'est le cas de Léon Dostert, un Français naturalisé Américain, qui, en septembre-octobre 1942, avait passé quelques semaines à l'OSS-Londres [59]. C'est surtout celui de Henry Hyde.

Né en France, ce jeune avocat américain avait épousé la fille d'un baron français qui siégeait à la droite du Sénat. Quasiment monar-

---

durent-ils admettre, « Clamorgan » transportait une note de Servais, du BCRA, concernant les services spéciaux en Afrique du Nord. Elle contenait des noms d'agents américains et de contacts français. Ce document était chiffré, mais Daniélou transportait aussi un carnet personnel dans lequel se trouvait peut-être la clé du chiffre. L'OSS décida de « temporiser discrètement ».

56. Richard Harris Smith, *op. cit.*, p. 71, et David Schoenbrun, *Soldiers of the Night. The Story of the French Resistance*, Sutton Press, New York, 1980, p. 232. Selon Robin W. Winks, *Cloak & Gown, Scholars in the Secret War, 1939-1961*, Morrow & Co, New York, 1987, p. 197, l'auteur de la rebuffade aurait été Robert Murphy.

57. Arthur Roseborough, lettre à Richard Harris Smith, 15 décembre 1970, citée par Harris Smith, *op. cit.*, p. 71.

58. En revanche, les journalistes américains en poste à Alger pour le compte de l'*Office of War Information* (OWI) étaient « violemment hostiles à la politique du Département d'État » (*cf.* Kenneth Pendar, *op. cit.*, p. 175). Le chef de l'OWI aux États-Unis était Elmer Davis, commentateur radio très connu et *liberal* notoire. Il va sans dire que l'OWI avait du coup mauvaise réputation. Henry Klehr, *op. cit.*, p. 281-282, la dit même infiltrée par les Soviétiques.

59. Voir le portrait assassin qu'en fait le colonel Passy, *op. cit.*, t. 2, p. 146-147.

chiste, Hyde était de surcroît parent d'André Poniatowski, proche de Giraud et soupçonné d'appartenir à « Intermarium », plus tard souvent citée, avec « Technica », parmi les officines anticommunistes qui auraient trempé dans les événements ayant conduit à la chute de Jean Moulin [60].

Le certain est que Hyde prenait le contre-pied de Roseborough. Dès son arrivée à Alger, le 23 février 1943, il établit les meilleures relations avec la base « Massingham » du SOE et avec les services secrets de Giraud, encouragé en cela, écrit-il dans son « Rapport d'activité », par « l'association très intime entre le général Donovan et le commandant Daru, le représentant du SR français à Washington depuis 1941 [61] ».

A la mi-février 1943, Roseborough laisse libre cours à son indignation. Non content de mettre les pieds dans le plat au sujet de l'arrivée de Darlan à Alger, il se livre à une critique globale et féroce de la politique américaine en Afrique du Nord. Exemples à l'appui, il dénonce

> « 1. L'absence de toute politique claire ou de principes à Washington/ 2. Notre incompétence, notre parfaite ignorance et notre stupidité sur le terrain/ 3. Le caractère et le passé des principaux conseillers politiques de notre commandement ici, apparemment relayés chez nous par le Département d'État et celui de la Guerre/ 4. L'influence des Britanniques/ 5. Les Français avec lesquels nous avons à travailler ici, en Afrique du Nord/ 6. L'absence de coordination et les frictions entre nos départements militaires et civils [62]. »

Mettant au passage violemment en cause le colonel Chrétien, chef de la Sécurité militaire française, rallié à Giraud, « personnage *très* douteux et "ancien" [63] collaborateur notoire », Roseborough s'en prend non moins fermement à Robert Murphy, avant de constater que dans son unique discours « démocratique » Giraud a omis de dire que les Français, après la Libération, choisiraient leurs dirigeants. Enfin, Roseborough critique les chefs américains locaux,

---

60. Sur A. Poniatowski et « Intermarium », *cf. Les Communistes démasqués. Le procès de l'Internationale des traîtres*, Société roumaine d'éditions, Paris, 1953, p. XVIII. Sur « Intermarium », *cf.* John Loftus et Mark Aarons, *op. cit.*, notamment p. 85 : « En 1939, la plupart des dirigeants d'Intermarium avaient lié leur sort à celui de Hitler et des nazis. Après la guerre, ils ont échappé à la justice en collaborant avec les services secrets français et britanniques contre les Soviétiques. »

61. NARA, RG 226, E 97, B 33, F 575, H. Hyde, rapport d'activité, 50 p., *« Relations with Other Intelligences Services »*, p. 1.

62. NARA, RG 226, E 97n, B 14n, F 237, *North African Situation, Algiers-SI-INT-1-2*, rapport Roseborough du 15 février 1943.

63. Soulignage et guillemets dans l'original.

« particulièrement les militaires (...) qui se rassurent en répétant qu'ils ne font pas de politique et ne doivent pas intervenir dans les affaires politiques françaises./ Le résultat est tragique (...). Nous sommes en train de fabriquer une sanglante guerre civile en France. Ceux qui sont responsables de notre politique ici – menée au nom du maintien de l'ordre – pourraient bien être responsables d'une future Europe communiste. La Russie demeure le seul pouvoir vers lequel les peuples d'Europe peuvent se tourner et qui ne les a pas trahis. »

Face à « un aussi noir tableau », ainsi qu'il le qualifie lui-même, des mesures d'urgence s'imposent : « Le renvoi de quelques hommes – Bergeret et Chrétien, à Alger ; Boisson et Forest, à Oran ; Noguès et Lascroux, au Maroc – convaincrait les autres que nous ne sommes pas complètement fous et les mettrait au pas. Il est absurde de dire que six hommes ne peuvent être remplacés [64]. »

Mais avant de lancer son brûlot, Roseborough s'était heurté à une autre difficulté. « Recruter pour la pénétration de l'Europe *[est]* impossible, note-t-il. Les recrues potentielles *[sont]* convaincues que nous ne pouvons ou voulons prendre soin d'elles. » Or, connaissant le désir des Mouvements de résistance de « rompre leur dépendance envers les Britanniques » et les entendant « de plus en plus *[appeler]* l'OSS à les aider matériellement » [65], il devait rapidement envoyer un premier émissaire en France.

C'était plus facile à imaginer qu'à réaliser, car les sous-marins capables de déposer un agent sur l'autre rive de la Méditerranée étaient aux mains des giraudistes, tandis que les avions étaient dans celles des Britanniques, qui, arguant de leur monopole sur le renseignement et l'action en France, refusaient d'y acheminer le moindre agent américain. Dans ces conditions, ne restait plus à Roseborough qu'à composer avec les uns et les autres et à dénicher quelqu'un qu'ils ne pourraient récuser.

Un homme assez téméraire pour partir en France à ses risques et périls, de surcroît acceptable par les giraudistes, les Britanniques, les officiers alliés, les diplomates américains, bref un homme ayant la confiance de tous ceux que Roseborough détestait, il y en avait un seul à Alger. Et c'était Frédéric Brown.

Le colonel Eddy, patron de l'OSS en Afrique du Nord, accepta de

64. Dans NARA, RG 226, E 97, B 14, F 237, *North African Situation, Algiers-SI-INT-1-2*, voir le mémo de King à Donovan, 8 mars 1943, qui approuve totalement Roseborough et ajoute même deux noms à la liste des hommes à limoger : ceux de Poussier, contrôleur civil à Casablanca, et du général Desré.

65. A. Roseborough, lettre à R. Harris Smith, 15 décembre 1970, citée par Richard Harris Smith, *op. cit.*, p. 71.

l'envoyer en France[66], le SR giraudiste accepta de l'y amener contre la fourniture par l'OSS de six émetteurs destinés à son réseau du Sud-Est, et le SOE accepta de l'y voir partir s'il assurait la maintenance de ses émetteurs dans la région.

L'habile Roseborough avait gagné la première manche. La suite allait dépendre de son impétueuse recrue.

La deuxième mission de Brown

Le 2 février 1943, le sous-marin *Casabianca* quitte Alger. A son bord, outre Brown et deux agents à déposer en Corse, se trouvent deux giraudistes, Gilbert Guillaume et Eugène Caillot. Le premier est un vieux routier du contre-espionnage français, le second une vieille connaissance de Brown, qui, quelque temps auparavant, cédant une nouvelle fois à sa manie du contre-espionnage, a fait cambrioler son bureau afin d'y voler des documents[67].

Le 4 février 1943, vers 21 h 30, Brown, Caillot et Germain débarquent non loin de Ramatuelle[68].

Une fois leur volumineux matériel enterré dans un bois, les trois hommes passent la nuit à la belle étoile, consacrent la journée suivante à explorer les parages, puis, après une nouvelle nuit passée bourgeoisement à l'hôtel pour Guillaume et en plein air pour les deux autres, ils gagnent Marseille, où Brown est confié à des amis, Jacques Imbert et le couple Perpère, puis présenté au capitaine Guiraud (Georges Henry), le très giraudiste chef de TR 115, le poste de contre-espionnage marseillais. Le 11 février, sans incident notable, Imbert et Brown vont à Saint-Tropez récupérer le matériel caché et rentrent à Marseille[69] où, en un rien de temps, Brown installe la radio *Mexico*.

Mais les choses se gâtent. Caillot, Guillaume et d'autres agents fran-

---

66. Henry Hyde, dans son rapport d'activité, prend soin de préciser : « Le colonel Eddy a aussi organisé la deuxième mission de Tommy *[Brown]*, cette fois en France, et ici encore le SR *[français]* était impliqué en ce que Tommy organisait pour eux une W/T *[radio]*, et parce que le *Casabianca* était encore le moyen de transport » (NARA, RG 226, E 97, B 33, F 575).

67. Il s'agissait des messages de *Pearl Harbor*, dont Brown avait été entre-temps écarté. Il plaça en lieu sûr les papiers récupérés « dans l'intention de s'en servir par la suite, ce qu'il ne fit jamais », assure Fabrizio Calvi, *op. cit.*, p. 140, en se fondant sur le journal de Brown.

68. Sur cet épisode, *cf.* Jean L'Herminier, *op. cit.*, p. 103-131 ; Gilbert Guillaume, *Mes missions face à l'Abwehr, contre-espionnage, 1938-1945*, Plon, Paris, 1973 ; Fabrizio Calvi, *op. cit.*, p. 139-143.

69. Gilbert Guillaume, *op. cit.*, p. 190-192 ; Michel Garder, *op. cit.*, p. 339.

çais rapporteront plus tard quantité d'anecdotes tendant toutes à démontrer l'inconscience et la dangerosité de Brown. Selon eux, il adorait interpeller les Allemands dans leur langue, les agresser verbalement, voire les bousculer physiquement. En outre, il sortait son pistolet pour un oui ou pour un non, tirait dans la rue sans raison, se faisait photographier par n'importe qui, dilapidait un argent fou, courait le jupon, bavardait dans les cafés avec son accent à couper au couteau, et l'on en passe [70].

L'OSS ne tarda pas à avoir vent des frasques de son homme. L'OSS-Londres informa l'OSS-Alger que Brown se conduisait comme un « casse-cou », ne prenait pas assez de précautions pour ne pas risquer d'être détecté, ne fût-ce qu'à cause de son « accent atroce ». Certes, il était courageux, loyal à l'OSS et intelligent, mais tout de même ! Lui qui avait pourtant été « introduit dans les bons milieux et accueilli comme un ami », qui avait été pourvu par ceux-ci d'une couverture adéquate et de logements sûrs, qui avait même reçu d'eux 1,5 million de francs contre la promesse de « déposer l'équivalent chez quelqu'un à Casablanca », promesse dont on ignorait d'ailleurs si elle avait été tenue, exagérait un peu.

En plus, « dans la nuit du 4 au 5 mars, il a*[vait]* manqué un contact qui devait lui permettre de quitter la France. *[Et]* quelques jours plus tard, il fréquentait une jeune femme, commençant peu après à traiter de vilaine façon ses anciens amis. Il prétendait avoir commencé à travailler avec une nouvelle organisation [71] ».

Plus tard, Brown ne manqua pas de rendre la monnaie de leur pièce à ses détracteurs. Il décrivit certains agents français comme des « gangsters » qui, fin février, avaient refusé de lui restituer 450 000 francs placés en dépôt chez eux, hélas sans reçu. Du reste, il avait dû empêcher ses nouveaux amis résistants d'abattre les indélicats [72].

Ce n'était encore là que peccadilles. Le meilleur était réservé aux services secrets giraudistes :

> « Le Deuxième Bureau a été dissous, mais tous ses anciens membres ou agents sont connus des Allemands (...). Himmler a ordonné que les anciens du Deuxième Bureau n'ayant pas été arrêtés à Toulouse soient laissés libres mais gardés sous surveillance (...), particulièrement ceux

---

70. A ce sujet, voir notamment le témoignage de Fernand Grava, *in* Gilbert Guillaume, *op. cit.*, p. 231-235.

71. NARA, RG 226, E 190, B 254, F 776, *Chrono File April-May 1943, London-OSS-OP-34*, lettre de Maddox à Eddy, 2 mai 1943.

72. NARA, RG 226, E 194, B 99, F 419A, *« First Interrogation of Fred Brown »*, 15 février 1944.

de Clermont-Ferrand, Nice, Toulon, Marseille et Lyon, comme pièges pour les agents britanniques, américains et gaullistes. »

D'après lui, « tous » les chefs des services secrets français passés au giraudisme étaient connus de la Gestapo, de Verneuil (pseudonyme du commandant Lafont, chef du réseau « TR Ancien »), au capitaine Guiraud. D'ailleurs, c'était parce que des agents alliés arrivés après lui avaient pris contact avec Guiraud qu'ils avaient été arrêtés. En outre, l'épouse d'un des chefs des services secrets giraudistes à Alger était, quoique sous constante surveillance allemande, très bavarde. De plus, les liaisons radio des trois chefs des services secrets giraudistes à Alger, Paillole, Villeneuve, Ronin, étaient connues de la Gestapo qui contrôlait vraisemblablement la station réceptrice de Clermont-Ferrand. Du reste, « toutes » les radios clandestines françaises étaient sous contrôle allemand ou italien. Fin février, précisait-il, le radio Hector Richez *(Mexico)*, qui travaillait pour Guiraud, avait dû abandonner son émetteur précipitamment et, le lendemain, la Gestapo avait perquisitionné l'appartement de Richez, y laissant l'émetteur et se désintéressant de Guiraud que Richez voyait pourtant au minimum deux fois par semaine. De surcroît, Guiraud était en étroite relation avec le commissaire Petitjean, de Toulon, parti pour Londres à la mi-avril. Or, « dans les quarante-huit heures suivant le départ de Petitjean, la Gestapo perquisitionna l'appartement *[de Guiraud]* et y plaça une garde ; Henri *[Guiraud]* ne fut ni molesté ni même questionné » [73].

Sans doute exagérées et sentant fort le règlement de compte, les accusations de Brown ne peuvent être ni infirmées ni confirmées catégoriquement puisque les archives des services secrets français sont inconsultables. Mais des éléments donnés par Brown ne sont pas faux.

Il est exact que le commissaire Petitjean avait des relations avec Guiraud, et il est vrai qu'il partit pour Londres dans la nuit du 18 au 19 avril 1943. Il est également exact que le radio Richez travaillait pour Guiraud, duquel Brown n'avait peut-être pas entièrement tort de se méfier. Après la guerre, une résistante connue, Colette Sanson, accusa Guiraud d'avoir provoqué son arrestation, ce qui lui avait valu d'être détenue du 7 août 1941 jusqu'à son évasion, le 21 août 1943 [74]. D'autre part, Guiraud avait bien été repéré par Dunker, de la Gestapo marseillaise, ce dont il avait été averti, en mars 1943, par le chef des services secrets fascistes italiens (OVRA) à Nice, Rosario Baranco,

---

73. Toutes les informations précédentes sont extraites de NARA, RG 226, E 97, B 31, F 538 (France), *Algiers-SI-OP-12*, *« Deuxième Bureau and the Gestapo »*, *debriefing* deuxième mission de F. Brown, s.d. (vers le 15 mai 1943).

74. AN, 397 AP 3, témoignage Sanson, 30 mai 1946, p. 8.

qui, sentant le vent tourner, jouait double jeu [75]. Dans l'entourage de Guiraud se trouvait en outre un autre agent du contre-espionnage français, Manaranche, lequel, selon Dunker, eut (mais sans doute plus tard) des conversations amicales avec lui [76]. De plus, parmi les relations de Guiraud figurait un redoutable agent double des Allemands, Max De Wilde [77]. Il est également avéré que parmi les cinq agents (deux de l'IS, un de l'OSS et deux giraudistes) venus d'Alger et débarqués par le sous-marin *Marsouin* dans la nuit du 7 au 8 mai 1943, deux d'entre eux, effectivement en relation avec Guiraud, furent pris par la Gestapo.

Enfin, il est vrai que Guiraud n'aimait guère les gaullistes et encore moins les communistes. « Bien des gens influents, écrivait-il à cette époque à Paillole, très près d'adhérer au mouvement Giraud, hésitent, en raison de la confiance qu'ils ont accordée au Maréchal Pétain et à la Révolution Nationale (...). On est stupéfait de constater qu'un grand nombre de jeunes officiers aigris ont adhéré à des organisations communistes [78]. »

Pour conclure, il n'était pas insensé de douter des dirigeants des services secrets passés à Giraud. A leur décharge on peut dire aujourd'hui qu'ils avaient à gérer une situation complexe, mais à l'époque on les soupçonnait des pires turpitudes. Par exemple, en 1946, un document d'apparence officielle mit sérieusement en cause Paillole, lui reprochant d'avoir eu des contacts « avec les services secrets américains qui travaillaient contre de Gaulle » et d'avoir été en relation avec Camille Chautemps, Alexis Léger et Labarthe. « On a l'impression, continuait le document, que, misant toujours au moins sur deux tableaux, Paillole, tout en servant le général Giraud, voulait ménager à la fois le général de Gaulle et les Américains, et ceux-ci au cas où le candidat outsider de la Maison-Blanche, Camille Chautemps, viendrait à prendre le pouvoir civil [79]. »

Ainsi, dans des circonstances peu limpides et de son point de vue, Brown ne manquait probablement pas de raisons pour ajouter les considérations suivantes à son rapport :

---

75. Paul Paillole, *op. cit.*, p. 472-474.

76. AN, 68 Mi 17, audition Dunker, 12 mai 1945, p. 19, et AN, 68 Mi 15, audition du 27 mai 1947.

77. Paul Paillole, *op. cit.*, p. 511 ; Michel Garder, *op. cit.*, notamment p. 397 ; C. L. Flavian, *op. cit.*, p. 280.

78. AN, 72 AJ 82, lettre de Guiraud, 22 novembre 1943, écrite sans doute en juillet.

79. *Ibid.*, « Résumé de l'action des services de CE militaire français de juillet 1940 à novembre 1944 », octobre 1946, p. 5.

« La plupart des agents du Deuxième Bureau qui sont en France sont favorables à Giraud et contre de Gaulle ; c'est pourquoi les groupes de résistance n'ont aucune confiance en eux et refusent de travailler avec eux, notamment Combat, Libération et Franc-Tireur. »

Toutefois, d'après Brown, il aurait été erroné de tout miser sur la carte gaulliste. De sa rencontre avec des résistants il avait conclu que l'influence de De Gaulle et de ses partisans était en régulière décroissance, « ce sentiment étant particulièrement manifeste parmi les groupes de Franc-Tireur et de l'Armée Secrète[80] ».

Apparemment, Brown fondait sa conviction sur ses relations avec Franc-Tireur, d'après lui une organisation sans allégeance politique et dont le chef des groupes armés en zone sud, le lieutenant colonel Vialar, basé à Lyon, se targuait d'avoir 80 000 militants sous ses ordres, répartis en petits groupes très autonomes, centrés autour de Marseille, Toulon, Avignon, Lyon, Toulouse.

Ces chiffres fantaisistes (mais tous les Mouvements gonflaient leurs effectifs), la meilleure recrue de Brown s'était bien gardée de les ramener à leurs justes proportions en les divisant au moins par cent. Il s'agissait du chef du service de renseignement de Franc-Tireur pour la région de Marseille, un homme qui avait affirmé à l'agent américain ne rien vouloir d'autre que des armes pour son Mouvement, et pour lui, après guerre, la reconnaissance des services rendus par l'armée des États-Unis. Brown le connaissait sous le nom de « Dick » Vincent.

C'était en réalité Raymond Vincent (pseudonymes pour l'OSS : Dick ou Hervé). Sans doute Brown l'avait-il connu en fréquentant le capitaine Guiraud, qui était lui-même en affaires avec Gaston Vincent, frère de Dick[81]. Et comme Gaston était un radio chevronné, Brown s'était empressé de l'« emprunter » à Guiraud pour l'affecter à la radio *Azur*.

D'autre part, Gaston Vincent avait dans ses relations le pasteur Charles Roux. Impliqué dans les réseaux plus ou moins britanniques d'évasion vers l'Espagne, l'Afrique du Nord et l'Angleterre, le pasteur Roux avait un jeune fils, Jacques, qui, recruté par Brown et promptement formé par lui comme radio, allait être affecté à l'émetteur SOE *Napo*.

Remarquables débuts, puisque en un rien de temps Brown avait réussi à tenir ses engagements envers ses trois commanditaires algé-

80. NARA, RG 226, E 97, B 1, F 2, *debriefing* Brown, 15 et 18 mai 1943, *« Psychological Warfare »*, 7 p.

81. On ignore si Gaston Vincent était le même que celui travaillant pour le SR Air ; *cf.* Henri Navarre, *op. cit.*, p. 251, et Jean Bézy, *op. cit.*, p. 249-265.

rois tout en récupérant sur place des hommes de la fidélité desquels il ne lui restait plus qu'à s'assurer. Sa rupture avec les giraudistes marseillais lui en fournit l'occasion tout en lui permettant de satisfaire une fois encore sa manie de l'espionnage. Ayant chargé les frères Vincent de violer les secrets du service de Guiraud, Brown put bientôt triompher : « Dick Vincent réussit à faire sortir tout ce qu'il voulait de l'ancien Deuxième Bureau de Marseille. Ainsi, j'avais toutes les informations nécessaires sur les hommes de Paillole et de *[Gilbert]* Guillaume à Marseille sans même avoir à les rencontrer [82]. »

Cependant, certaines des recrues de Brown n'étaient pas vraiment ce qu'elles affirmaient être et qu'il disait qu'elles étaient.

Par exemple, le soi-disant militant apolitique de Franc-Tireur Dick Vincent avait un brillant passé communiste.

Son frère et lui étaient nés à Denain (Nord) d'une mère anglaise et d'un père baptiste. Parlant tous deux couramment anglais, ils avaient été employés dans une usine aéronautique de Marignane [83] et, en 1940, avaient pris langue avec le consulat américain de Marseille et avec l'équipe de pasteurs (Donald Caskie, Marcel Heuze, Charles Roux) qui organisaient des filières d'évasion [84]. Liés à Jacques Monod, d'origine protestante mais qui fera une brillante carrière dans les FTP, les frères Vincent étaient liés à l'appareil clandestin du PCF. Moins chanceux que le futur prix Nobel, ils paieront leur courage de leur vie. En septembre 1943, des sbires du gestapiste marseillais Dunker (Jalabert, Tortora et Ricci) arrêteront Dick, qui, blessé par Ricci puis torturé, mourra le 22 septembre dans un hôpital allemand de Marseille [85], son frère Gaston lui survivant quelques mois. Ancien radio militaire pendant la Première Guerre mondiale, marié à une Suissesse, ex-directeur de l'organisation américaine YMCA à Lyon, devenu le « commandant Azur » sous les ordres de Brown, Gaston Vincent sera repéré en mai 1943 et deviendra un radio nomade qui suivra Brown de l'Ardèche [86] à Montélimar [87], avant de se fixer dans le Vercors où, malade, il mourra le 25 juin 1944.

---

82. Brown, cité par Fabrizio Calvi, *op. cit.*, p. 169.
83. AN, 72 AJ 48, Laure Guille, dos. II, doc. 13.
84. Henri Chosson, Marcel Desgranges, Pierre Lefort, *Drôme nord, terre d'asile et de révolte, 1940-1944*, « Azur, le pianiste indomptable », Peuple libre, s.l.n.d., p. 418.
85. Madeleine Baudoin, *op. cit.*, p. 33, et interrogatoire de Thomas Ricci, « Affaire Dick », 28 août 1945, *in* C. L. Flavian, *op. cit.*, p. 333.
86. Louis-Frédéric Ducros, *Montagnes ardéchoises dans la guerre*, Roto-Drôme, 1977, t. 2 : *Tragédie à Thines*, p. 111-122 ; ainsi que Sylvain Villard, *op. cit.*, p. 89, 135, 152.
87. AN, 72 AJ 39, A, n° 21, I, témoignage Paul Pons, réseau « Jockey », Drôme.

En tant que militants communistes, les frères Vincent avaient eu pour responsable un certain « Max », lui aussi recruté par Brown.

Les enquêteurs londoniens s'intéressèrent beaucoup à ce Max. Brown reconnut qu'il le savait « membre actif du parti communiste *[mais]* qu'il était obligé de travailler avec lui pour avoir des informations (...). Par Max, Brown avait appris que les organisations communistes à Lyon étaient en communication radio avec la Russie (...). Comme exemple des connexions de Max avec la Russie, Brown cite l'histoire de l'échange par Max de billets de banque imprimés en Russie contre des billets authentiques qu'il avait amenés d'Alger ».

Brown, notèrent aussi les enquêteurs,

> « ne connaît Max sous aucun autre nom, mais l'information peut être obtenue par Piston *[Jacques Roux]*. Son nom est aussi connu de Lys *[Lili Méré]* (...). C'est le chef de tous les groupes communistes du sud, et il connaît les liaisons entre la France et la Russie. Lys le sait aussi, mais elle n'est pas du tout communiste./ Max est Français, du Nord, et sa femme est également Française. C'est un personnage dur, qui vit de préférence dans les groupes clandestins et parmi les gangsters. Il est changeant et de caractère instable (...) Brown (...) constata qu'en payant bien il obtenait toujours ce qu'il voulait de ces milieux./ Cinquante des armes parachutées dans les environs *[à Saint-Jean-de-Sault]* sont d'une façon ou d'une autre arrivées aux communistes de Marseille, qui les ont vendues aux patriotes. Une Sten, par exemple, est vendue 5 000 F[88]. »

Que Brown n'ait pas connu la véritable identité de Max, c'est possible. Mais sa bonne foi serait plus éclatante si Max n'avait été Alexandre Delabre, militant chevronné de l'appareil secret du PCF[89].

Il n'est guère aisé de se renseigner sur Alexandre Delabre, mais les bribes d'informations disponibles ici et là permettent de se faire une idée de son épaisseur. Le plus significatif semble avoir été sa relation avec Auguste Dumay, ce qui ramène aux événements d'Espagne, aux réseaux clandestins organisés par Gaston Cusin et Jean Moulin pour approvisionner les républicains en armes venues pour l'essentiel d'Union soviétique et souvent transportées par les navires de *France Navigation*. Auguste Dumay, vieux militant du PCF, au demeurant

88. NARA, RG 226, E 194, B 99, F 419A, *French Resistance Tomy (Algiers) Paris-SO-OP-1, 4, 14, « Second Interrogation of Fred Brown »*, 21 février 1944, p. 4.

89. Il apparaît aussi dans le rapport « Flora », 4e liste, n° 16 : « marié, catholique, 30 ans, 1 m 67, corpulence forte, cheveux foncés, teint rouge, mécanicien, habitait avec son épouse, 18 rue des Petites-Maries, 3e étage, à Marseille (...), alias Berger, chef départemental Groupe-Franc (Bouches-du-Rhône) ».

plus anarcho-syndicaliste que bolchevique, était l'un des piliers de *France Navigation* [90].

Puis, pour cause de pacte germano-soviétique ou de la ligne du PCF, Auguste Dumay avait pris quelque recul. Mais la Résistance l'avait replongé dans la lutte, peut-être en tant qu'isolé, peut-être pas. Selon la veuve bien renseignée d'un ancien dirigeant communiste marseillais, il se retrouva dans un camp inattendu, celui des frères Vincent et de Brown : « *[Dumay]* intervint dans l'instauration et la protection des services radio du réseau Azur, à Marseille (...), dirigea un "groupe autonome", envoya des militants isolés et dévoués, comme Alexandre Delabre, vers les groupes francs relevant du mouvement Combat [91]. »

Ainsi, Dumay, Delabre, et sans doute les frères Vincent, auraient été des isolés, au mieux des hommes rassemblés dans un groupe autonome.

Ce n'est pas exclu si l'on songe aux effets du pacte Hitler-Staline dans bien des consciences communistes et aux ravages provoqués par la débâcle militaire, redoublés par les errements de la direction du PCF en 1940, le tout provoquant la quasi-destruction de ce parti. Mais, si l'on songe aussi que certains de ces militants avaient, à l'époque de *France Navigation*, eu des contacts avec les services français et britanniques, on s'étonne moins de les retrouver nageant en 1943 dans les eaux des services giraudistes et anglo-saxons.

Toutefois, les services soviétiques n'avaient probablement pas perdu de vue les anciens de *France Navigation.* Dans cette optique, on peut se demander si Dumay, Delabre et les frères Vincent n'avaient pas agi sur ordre en saisissant l'arrivée de Brown dans la région pour l'entourer, puis occuper les postes clés de son réseau.

Difficile d'en juger, mais d'autres éléments d'information incitent à envisager une manœuvre rien moins que spontanée.

Outre Dumay, Alexandre Delabre connaissait également fort bien l'émérite kominternien Frank Boujard. A l'époque de la guerre d'Espagne, intimement mêlé aux affaires de *France Navigation*, c'est chez les Delabre, « des camarades sûrs », que logeait « le beau Frank »

---

90. Auguste Dumay était l'un des dirigeants officiels de *France Navigation.* Son épouse, Agnès, surnommée « la Pasionaria », membre du Comité mondial des femmes pour la Paix et membre du Bureau fédéral du PC, fut assassinée en Espagne. Le fils, Alphonse, « Fonfon », également membre du PC et beau-frère de Charles Nédélec, avait été officier sur des navires de *France Navigation* avant de faire une résistance particulièrement courageuse, notamment dans le Vaucluse. Il était également lié au maquis Ventoux de Max Fischer (*cf.* Alfred Bizot, « Hommage à "Fonfon" Dumay », *La Marseillaise*, 24 avril 1983, et René Gilli, allocution prononcée aux obsèques de A. Dumay, *ibid.*, 20 avril 1983, ainsi que Jacqueline Cristofol, *op. cit.*, Francis Pornon *op. cit.*, Dominique Grisoni et Gilles Hertzog, *op. cit.*).

91. Jacqueline Cristofol, *op. cit.*, p. 364.

quand il était de passage à Marseille [92]. La Résistance venue, on le retrouve avec Delabre et proche de Jacques Roux, le radio du SOE et de Brown déjà évoqué. Ensemble, ils déménagent l'émetteur pour échapper aux détections, finissent par l'installer en Haute-Savoie, pays natal de Boujard, et aussi, comme on se le rappelle, fief de Cusin. Or, selon le biographe de Boujard, un auteur très bien informé, ils émettaient dans plusieurs directions. Tantôt ils s'adressaient à Londres, siège du SOE et du BCRA, tantôt à Alger, siège des services giraudistes et des mandants de Brown, tantôt à Oufa (URSS), nouveau siège du Komintern et des services soviétiques.

« Qui suis-je dans cet imbroglio ? fait se demander son biographe à Boujard. FTP, AS, internationaliste ou stalinien ? Agent d'un Centre ou franc-tireur ?/ Mais si je ne l'avais pas, cette double casquette, nous n'obtiendrions rien d'Alger ni de Londres ! Et je ne *[pourrais]* proposer la récupération des parachutages aux FTP. Car Londres n'entend que les siens. En fait, l'état-major gaulliste prépare les lendemains à sa façon. Les FTP sont ses adversaires [93]. »

Un second élément conforte l'idée de la pénétration organisée du réseau Brown.

Selon le biographe de Boujard, Delabre travaillait pour « l'Organisation Spéciale (OS) *[du PCF]* et sa sécurité [94] ». Si c'est exact, s'interroger est inutile. Triés sur le volet, les hommes de l'OS obéissaient à leur direction et jamais l'un d'eux ne serait passé sans accord ni ordre de l'OS à l'OSS. Qui l'aurait fait de son propre chef aurait été immédiatement soupçonné et dénoncé, voire abattu : mais qui aurait agi sur ordre aurait également risqué gros. Les acteurs de collusions inavouables ont une espérance de vie limitée.

Et c'est ce qui arriva sans doute à Delabre. Repéré par la Gestapo au printemps 1943 [95], il lui échappa jusqu'en septembre, jusqu'à ce que les sbires de Dunker s'emparassent de lui dans un garage du cours Lieutaud, à Marseille. Mais la chance ne l'avait pas encore tout à fait abandonné puisqu'il parvint à s'enfuir avec d'autres prisonniers dans la nuit du 3 au 4 octobre. Il « reprit contact avec ses camarades », note l'historienne des Groupes francs de la région marseillaise, avant

---

92. Francis Pornon, *op. cit.*, p. 189.

93. *Ibid.*, p. 251.

94. *Ibid.*, p. 233. Plus loin, p. 262, Pornon note que Marie Delabre, épouse de « Max », travaillait également avec Roux et Boujard dans le système radio qui, de Lyon ou Thonon, émettait vers Londres, Alger et Oufa.

95. C. L. Flavian, *op. cit.*, p. 279, reproduit l'audition de Dunker-Delage, 17 mai 1945 : « La Gestapo de Marseille connaissait Max Delabre et Dick *[Vincent]* comme résistants communistes. »

d'ajouter : « Il leur devint suspect à cause de son évasion. » Le 16 avril 1944, on le retrouva avec une balle dans la nuque : « Il s'agit très vraisemblablement d'une exécution sommaire, non imputable à la Gestapo [96]. »

Auguste Dumay – peut-être –, Alexandre Delabre, Raymond et Gaston Vincent – sans aucun doute – appartenaient aux appareils secrets communistes. Avec ou sans l'accord de Brown, ces habiles militants n'avaient pas seulement phagocyté le réseau OSS pour obtenir les fonds et armements refusés aux communistes [97]. Ils avaient agi de la sorte parce que, en 1943, la ligne du PCF et celle de Moscou exigeaient de jouer De Gaulle en même temps que Giraud, d'infiltrer l'OSS au nom de l'Alliance militaire entre Washington et Moscou, et de recueillir tous les renseignements possibles. Dans leur histoire du service secret du PCF, le Service B, Roger Faligot et Rémi Kauffer publient des reproductions de documents transmis par ce service à sa direction. Certains de ces documents relatent en détail comment, en mai et juin 1943, un homme du service B remettait les lettres du général Giraud à son épouse assignée à résidence à Vals-les-Bains. Les autres documents, tous datés de juin et juillet 1943, époque à laquelle Brown était dans la région, rapportent des faits locaux qui concernent Marseille, Salon-de-Provence, Avignon, Aix-en-Provence, Saint-Raphaël. L'origine de chaque renseignement est donnée en toutes lettres : « Source : Service américain [98] ».

Confier à des militants communistes des postes clés d'un réseau OSS était déjà une opération délicate, mais articuler ce surprenant attelage avec un réseau de policiers préexistant, et dont tout donne à penser qu'il était d'inspiration darlaniste, était assurément un tour de force.

C'est pourtant ce que fit Frédéric Brown.

Environ trois semaines après son arrivée, un Hudson clandestin emporta en effet vers Londres une huitaine de personnes [99]. A son bord se trouvaient trois policiers de la Sûreté toulonnaise, les inspecteurs Louis Niger, Henri Nart, Robert Gautier, ainsi qu'un couple composé d'Hélène Cogan, d'origine russe, et de son époux, Henri Rollin, auteur d'ouvrages

96. Madeleine Baudoin, *op. cit.*, p. 33, 33n.

97. Francis Pornon, *op. cit.*, p. 251.

98. Roger Faligot et Rémi Kauffer, *Service B*, *op. cit.*, p. 178-180, 182-183. Un renseignement provient toutefois d'Aulnat, près de Clermont-Ferrand, haut lieu des services secrets giraudistes.

99. Hugh Verity, *op. cit.*, p. 195.

connus sur la révolution russe [100], et qui, de septembre 1941 à avril 1942, avait été le directeur général de la police de Darlan.

Interrogé à son arrivée par les services britanniques, Rollin leur inspira si peu confiance qu'ils le placèrent sous surveillance et refusèrent d'avoir affaire à lui. Cet ancien élève de l'École navale, ancien du service secret de la Marine au Proche-Orient, ancien chef du 2e Bureau au Havre, ancien du premier service de renseignement pétainiste réorganisé à Alger sous la direction du commandant Sanson, avait été appelé à Vichy dès l'accession de Darlan au pouvoir. D'abord affecté au ministère de l'Intérieur et chargé de mission au cabinet de Darlan pour réorganiser la police, puis patron de celle-ci, c'est lui qui, menant tout le temps la vie dure aux agents britanniques, avait, au début de 1942, provoqué la rencontre si controversée entre Frenay et le ministre Pucheu [101]. Peu après, Darlan ayant perdu le pouvoir au profit de Laval et quoique le nouveau chef de la police, René Bousquet, l'eût recruté, Rollin avait été limogé. Il avait alors choisi de s'installer à Toulon.

Là, selon l'OSS, Rollin « était en contact avec le commissaire de police Petitjean (...), avec Herbinger qui le mit en relation avec une filière alliée d'évasion, avec le commissaire Dubois, à Nice, (...) et avec Olivier, chef d'une filière d'évasion (...). Les Britanniques disent que Rollin est largement responsable de la destruction de la filière d'évasion dirigée par Doyen, alias Benoît, et Ney [102] ».

Le principal contact de Rollin était le commissaire Petitjean. Le 1er avril 1941, un mois après que Rollin eut été chargé de réorganiser la police, et « à la demande du ministère de la Marine [103] », fief de Darlan, il avait été placé à la tête de la Surveillance du territoire à Toulon. Anti-allemand comme Rollin, il n'avait pas tardé à faire ce qu'il pouvait pour calmer les ardeurs d'agents allemands un peu trop entreprenants en zone libre, protégeant à l'occasion des personnalités,

---

100. Henri Rollin, *La Révolution russe*, Delagrave, Paris, 1931, 2 vol., ainsi que *L'Apocalypse de notre temps*, Gallimard, Paris, 1939, élucidation de l'origine du *Protocole des Sages de Sion*, célèbre pamphlet antisémite.

101. Henri Frenay, *La nuit finira*, *op. cit.*, p. 152 et suiv. En novembre 1941, Rollin avait eu un entretien avec François de Menthon qui venait d'être arrêté et qu'il fit relâcher. Pour Menthon, Rollin, très anticommuniste et très antigaulliste, était un agent britannique, son épouse, toujours selon lui, travaillant pour les Soviétiques (AN, 397 AP 2, témoignage Menthon, 28 novembre 1955).

102. NARA, RG 226, E 190, B 297, F 42 (*Chrono* 1943), *London-SI-OP-2*, mémo de Justin O'Brien à W. Maddox sur Rollin, 1er novembre 1943, 2 p. Rédigé sur la base d'informations recueillies par le X 2 américain et fondées sur les interrogatoires de Rollin par les MI 5 et MI 6, le mémo ajoute que Paillole accuse Rollin d'avoir pourchassé son service.

103. C. L. Flavian, *op. cit.*, p. 103.

minimisant le cas de Me Goeau-Brissonnière, avocat de Georges Mandel, banalisant une perquisition opérée au domicile de Herbinger, chef du réseau Mithridate [104]. Un an après son arrivée à Toulon, il contrôlait assez bien la situation pour être en relation avec le réseau polonais F2 et avec Carte, tout en participant au réseau Jade-Police, contrôlé par les Britanniques. Enfin, en février 1943, Brown était arrivé, et Petitjean n'avait pas tardé à le rencontrer et à collaborer avec lui.

Le commissaire Michel Hacq, chef de la Sûreté à Toulon, lui aussi mis en place sous Darlan et Rollin, et auquel le commissaire Petitjean passa le relais avant de partir pour Londres, dans la nuit du 18 au 19 avril 1943 [105], a relaté :

> « A son départ pour la Grande-Bretagne, M. Petitjean me mit en relation avec l'officier américain Brown Fred, alias "Tommy", alias "Jim" (...). Mon collègue me sollicita pour continuer l'organisation du réseau Brown, commencée par lui et j'acceptai./ Depuis cette date et jusqu'au 9 juillet 1943, tout en remplissant mes fonctions de chef de la Sûreté à Toulon, je me suis entièrement et uniquement consacré à ce réseau avec mon équipe (...). J'ai constitué un secteur de renseignement pour Toulon et la région côtière et j'ai dirigé les travaux d'un opérateur-radio, le nommé Richez, qui avait été mis à ma disposition avec tout le matériel nécessaire et fut installé sur place. Cet opérateur communiquait directement avec les services d'OSS à Alger [106]. »

Ancien du contre-espionnage à Belfort, Hacq était arrivé en 1941 à Toulon, où, avec les inspecteurs Paul Torricini et Paul Corsini, il avait commencé à aider la Résistance. Lié à Maurice Maurin, ex-secrétaire général du conseil général du Var et membre de Combat, il avait constitué un petit mais solide noyau auquel s'était jointe une secrétaire de la Sûreté, Jeanne Massoni.

Les rapports plus tard adressés par Hacq et Torricini à l'OSS, recoupés par ceux de Brown [107], donnent une image assez précise de la structure du réseau OSS et de son activité.

---

104. AN, 40 Mi 4, perquisition chez Herbinger et affaire Goeau-Brissonnière.

105. Hugh Verity, *op. cit.*, p. 196. A bord du même avion se trouvait Caillot, que Brown avait fait cambrioler à Alger et qui avait débarqué avec lui en France en février.

106. Rapport du commissaire principal de police Michel Hacq adressé au réseau Ajax, 5 p., s.d. (août 1943).

107. NARA, RG 226, E 110, B 2, F 23, *France-Field Int. Reports Theater Officer Correspondance*, « Rapport de la 3e mission en France par Tomy », p. 12. Brown donne une liste de 19 agents, la plupart sous pseudonyme. D'autre part, rapport de Michel Hacq au réseau Ajax, s.d. (août 1943), 5 p. ; rapport de Paul Torricini à l'OSS, 22 février 1945, 4 p. ; lettre du commissaire principal de la DST en Algérie, Fouquet, 28 mars 1946 ; rapport de Michel Hacq au chef du service OSS-Paris, 26 juin 1945, 3 p. ; rapport d'ensemble sur l'activité de l'OSS du littoral méditerranéen, non signé (Hacq ?), Paris, 24 juillet 1945, 6 p.

A Toulon, se trouvaient Michel Hacq (pseudonymes OSS : Forrain, 222), Paul Torricini (Paul 1), le radio Hector Richez [108] (Mexico), Maurice Maurin (Maurice), Jean Mesle (Bicot), Paul Corsini (Paul 2), Jeanne Massoni (Lilas).

A Marseille, on trouvait « Dick » Vincent, « Max » Delabre, Lili Méré (Lys), le radio Jacques Roux (Jacques 1), un « Jean » non identifié qui pourrait fort bien être Frank Boujard, l'inspecteur de police Gaude et, plus tard, un autre radio, Jean Bataillard [109].

Le service de protection du réseau, dirigé par Delabre, aidé par les renseignements des policiers toulonnais et marseillais, comprenait les frères Pierangeli (Sfax et Tunis) et probablement d'autres personnes demeurées inconnues [110].

Le réseau pourvut d'abord Brown d'une fausse identité et d'une « carte officielle de police, avec insigne, *[afin]* de pouvoir circuler librement sur toute la côte, malgré les barrages ennemis, *[ce qui lui permit]* de bénéfici*[er]* ainsi d'une sécurité officielle de tous les instants [111] ». Puis le réseau recueillit quantité de données sur le trafic maritime, l'activité des chantiers navals, les fortifications, les mouvements de troupes allemandes et italiennes, les mouvements de navires, les séjours du maréchal Rommel dans la région. Au risque d'être repéré par les gonios ennemies, Richez transmettait l'essentiel à Alger lors de vacations trop fréquentes et trop longues. Quant aux plans et photos des objectifs militaires ou des terrains destinés aux opérations aériennes, notamment ceux de Saint-Jean-de-Sault, ils étaient conservés en attendant d'être emportés à Alger par Brown, certains étant visibles encore aujourd'hui dans les archives de l'OSS.

Dans les premiers temps, l'efficace attelage des composantes hétéroclites associées à Brown évolua dans une atmosphère amicale. Certes,

---

108. Henri Navarre, *op. cit.*, p. 265n, donne l'adjudant Richez comme membre des services giraudistes.

109. En août 1943, le secteur marseillais, très menacé, migra à Montélimar. Il comprenait les radios Gaston Vincent (Azur) et Jacques Roux (Jacques 1) ; « Dick » Vincent et « Max » Delabre y faisant des apparitions. L'hébergement et l'aide logistique étaient assurés par les époux Lattard, ainsi qu'Issard, le comte d'Ardigné – qui avança 1 million de francs –, Pons, Lathune, Nouvet, Chambrier (*cf.* AN 72 AJ 39, témoignage Paul Pons). A l'automne, le radio Louis Bini (Marc) fut installé à Carcassonne. Il est devenu célèbre dans les annales de l'espionnage sous le nom de « Nikolaï » pour avoir successivement ou simultanément travaillé pour presque tous les services secrets (allemands, soviétiques, américains, français, etc.).

110. Jean-Claude Pouzet, *La Résistance mosaïque*, Jeanne Laffitte, Marseille, 1990, p. 186.

111. Rapport du 24 juillet 1945, non signé (Hacq ?), p. 2. Des reproductions de ces documents figurent dans Sylvain Villard, *op. cit.*, p. 85.

les policiers dirent après coup avoir trouvé « hâtif » le recrutement des « éléments communistes », certes encore, Mme Hacq déclara n'avoir guère apprécié les visites de la « secrétaire » de Brown, c'est-à-dire Lili Méré, qui « fumait beaucoup, de préférence en public, se maquillait trop, s'habillait peu et dormait tout son saoul jusque tard dans l'après-midi [112] », mais enfin la confiance régnait assez pour que, sitôt la guerre finie, Paul Torricini écrive à l'OSS : « Qu'il me soit permis de rendre hommage au courage et à la valeur de notre Chef, le capitaine Brown (...) [113]. »

C'est peu de dire que Brown voyait les choses autrement.

Le compte rendu de son premier interrogatoire à Londres, en 1944, évoque l'équipe des policiers :

> « *[Brown]* les décrit comme une bande de gangsters, dont le seul objectif était de faire de l'argent. Le chef de la police de Toulon *[Petitjean ?]* jurait qu'il travaillait seulement pour Brown, mais celui-ci apprit d'amis sûrs qu'ils travaillaient aussi pour les Britanniques et pour le contre-espionnage allemand. Hag *[Hacq]*, chef de *[la]* Sûreté, jouait le même jeu [114]. »

Bien que le responsable de l'enquête sur Brown ne l'ait en général pas jugé « excessivement violent [115] » dans ces accusations, on peut souligner que Petitjean et Hacq devaient à leurs fonctions de fréquenter la Gestapo et l'OVRA italienne, rien n'autorisant à en faire des gens travaillant pour le contre-espionnage allemand, c'est-à-dire l'Abwehr. Si tel avait été le cas, auraient-ils fait d'aussi brillantes carrières après guerre ?

Sur d'autres points, Brown n'avait pas tort. On l'a vu, en 1945, Hacq assurait l'OSS que, depuis sa rencontre avec Brown et jusqu'au 9 juillet 1943, il s'était « entièrement et uniquement consacré à ce réseau ». C'était inexact. Hacq a indiqué, dans son rapport au réseau Ajax, en août 1943, avoir travaillé avec « le réseau anglais Olivier (IS) en assurant notamment avec *[s]*on équipe la protection de ses émissions radio [116] » et en sauvant, en avril, le matériel d'émission, déménagé de Toulon à

112. Cité par Fabrizio Calvi, *op. cit.*, p. 160.

113. « Rapport à l'OSS du capitaine TOMI Paul » (Torricini), 22 février 1945, p. 2.

114. NARA, RG 226, E 194, B 99, F 419A, *« First Interrogation of Fred Brown »*, 15 février 1944.

115. *Ibid., « Captain Fred Brown », memo BSSGC/ KV/ 1075 à BSS »*, 23 février 1944, p. 1.

116. Le réseau Olivier (il s'agit sans doute du pseudonyme du lieutenant-colonel Claude Arnould), plus connu sous le nom de Jade-Amicol, était un réseau de l'IS britannique. Rappelons que c'est ce réseau qui organisa le départ de Rollin pour Londres (NARA, RG 226, E 190, B 297, F 42, *Chrono 1943, London-SI-OP-2*, O'Brien à Maddox, 1er novembre 1943).

Marseille. Quant à Petitjean, on l'a vu, il travaillait avec le réseau Carte, lié aux Britanniques, était aussi en relation avec Herbinger, chef de Mithridate, un réseau initialement dépendant des services londoniens, à quoi s'ajoutaient, selon l'ancien résistant Flavian, des relations intenses, « dès le début de l'année 1943 », avec le réseau britannique Jade-Fitzroy, pour lequel il communiquait « lui-même et directement à Londres les renseignements d'ordre militaire, maritime, économique et politique, recueillis par des agents recrutés et rétribués par lui (...). Petitjean opérait sous le pseudonyme de "Nic", l'indicatif du poste était 34. 849 » [117].

Lili Méré

De tous ses anciens collaborateurs, le seul à trouver grâce aux yeux de Brown était Lili Méré. Aucun document connu ne mentionne le moindre reproche à son égard. Au contraire, Brown, jamais contredit par les anciens du réseau, la considère apparemment comme au-dessus de tout soupçon.

Brown aurait connu Louise Caroline Méré, dite « Lili », avant la guerre. On ignore dans quelles circonstances et où puisque l'on ne sait presque rien de la biographie de l'agent OSS dans les années qui précédèrent le conflit. Toujours selon Brown, elle aurait été la fille de Charles Méré, président de la Société des auteurs.

Ce point est exact. Charles Méré, né à Marseille en 1883 et décédé à Paris en 1970, auteur de nombreuses pièces de théâtre [118], d'essais et de romans, fut effectivement président de la Société des auteurs et compositeurs dramatiques (SACD) à dater de 1929 et le redevint en 1944, en compagnie de Marcel Pagnol. Il avait deux filles, dont Caroline, dite Lili, née en 1915.

D'après un rapport du contre-espionnage américain, elle serait décédée avant 1946 : « La torture et la mort de Lilli More *[Méré]* sont bien connues de nous [119]. » C'était faux. En 1945, elle a remis une note dactylographiée à la DST [120]. Ensuite, sa trace devient floue. Un auteur

---

117. C. L. Flavian, *op. cit.*, p. 104-105.

118. *Cf.* Charles Méré, *La Captive* (pièce en trois actes), La Sirène, Paris, 1920. Il s'agit d'un drame patriotique sur les méfaits du chauvinisme.

119. NARA, RG 226, E 135, B 62, F 755 *(Columbus 2) Washington-COMMO-OP-71-76*, mémo de DeWitt Clinton, chef SI, basé sur le rapport « AST (Abwehr) Dijon », *« Report on Penetration of OSS »*, 27 février 1946. Le nom de famille est souvent estropié de cette façon dans les documents allemands et anglo-saxons.

120. Fabrizio Calvi, *op. cit.*, p. 165, cite le « Procès-verbal de l'interrogatoire de Lily, Caroline Mere, par l'inspecteur de la DST Marcel Galdin, Marseille, 1945 ». En réalité,

laisse entendre que Brown la revit après la guerre[121]. Un chercheur affirme que Brown tenta d'obtenir pour elle une haute décoration française[122]. On dit aussi qu'elle aurait travaillé pour la CIA à Marseille, en 1947[123]. En 1949, elle a épousé un gangster marseillais d'origine corse, impliqué dans le vol des bijoux de la Bégum, et qui, pendant la guerre, avait, à l'en croire, travaillé à la demande de la Résistance comme agent double dans le « bureau Palmiéri », officine de la Gestapo marseillaise spécialisée dans la chasse aux juifs auxquels de l'argent était extorqué, ce qui ne suffisait pas toujours à leur éviter la déportation[124]. Ce personnage a été immatriculé comme agent P2 dans le même réseau de résistance que Lili Méré, un réseau OSS contrôlé par Henry Hyde.

Nous avons – non sans mal – retrouvé Lili Méré. Elle a opposé une fin de non-recevoir à nos demandes d'entretien[125].

Spécialement opaque est l'année 1943 de Lili Méré.

Tout porte à croire que celle-ci était la jeune femme avec laquelle on avait vu Brown au moment de sa rupture avec les services giraudistes et de son association avec les résistants communistes. Par ailleurs, il semble que, peu de temps après la rencontre Brown-Lili Méré, les Allemands commencèrent à croire que Brown était le pseudonyme d'un certain « capitaine canadien Murchie[126] ».

Se basant sur un document de l'Abwehr-Dijon récupéré après la fin de la guerre, l'OSS écrit :

> « Il est plus que probable que la Lili More mentionnée dans le rapport de l'Abwehr est identique à Lili Mere, alias "Lys" qui apparaît souvent dans l'affaire Fred Brown. Il est probable qu'à cause d'elle les Allemands prirent Murchie pour le vrai nom de Brown. Il se pourrait qu'elle ait suggéré à Brown de prendre le nom de Murchie vu que celui-ci avait quitté la France, ou bien il se pourrait que, après son

---

il ne s'agit pas d'un interrogatoire mais d'une note écrite par Lili Méré et qui n'a donné lieu à aucune question.

121. *Ibid.*, p. 166 : « L'histoire ne dit pas si elle *[Lili Méré]* revit Frédéric Brown. C'est fort possible. »

122. Témoignage Sylvain Villard, autorisé par Mme Brown à voir les archives de son mari.

123. Témoignage Fabrizio Calvi, 8 mai 1997.

124. *Cf.* Isaac Lewendel, *Un hiver en Provence,* Éd. de L'Aube, La Tour-d'Aigues, 1996, notamment p. 319 et suiv.

125. Lettres de l'auteur à Lili Méré et à M^r^ X, 16 septembre 1998. Réponses téléphoniques de celui-ci les 22 et 23 septembre 1998.

126. NARA, RG 226, E 190, B 30, F 122, *Bern OSS-PTS-13, « German Penetration of American Intelligence Activities (Based on AST Dijon Documents) »*, 11 p, non daté, non signé (après 1945).

arrestation, elle ait été interrogée par les Allemands et ait donné Murchie comme chef du réseau pour protéger Brown[127]. »

Quelle que soit l'hypothèse retenue, cela implique que Lili Méré avait connu Murchie.

Charles P. Murchie, capitaine dans la RAF pendant la Première Guerre mondiale, établi ensuite en France et à Marseille après la défaite de 1940[128], était, selon Daniel Bénédite, du Comité américain de secours à Marseille, un sympathique « Écossais rouquin et moustachu, un peu trop porté sur les boissons fortes et les filles de petite vertu ». Il avait succédé aux agents britanniques Fitch et Treacy (on ignore de quel service ils dépendaient, mais ils s'occupaient, semble-t-il, de filières d'évasion). « Son arrestation, ajoute Bénédite, ne m'a surpris que parce qu'elle est intervenue seulement après plusieurs mois de fructueuse activité[129]. »

L'arrestation en France de Murchie n'est pas confirmée par les rapports OSS, mais, se basant sur des données fournies par les Britanniques, le contre-espionnage américain écrit :

> « Un rapport d'avril 1941 dit que le capitaine Murchie aidait les civils britanniques et des prisonniers de guerre évadés à fuir en Espagne par le sud de la France. Murchie lui-même partit en Espagne en avril 1941 et fut emprisonné à Barcelone. Pendant sa détention, il correspondit avec une fille corse "Lilly" qui travaillait au café *La Dorade* à Marseille. Selon un rapport du MI 6, elle était réputée avoir mauvais caractère et pourrait avoir trahi Murchie. »

La Dorade permet d'établir un lien ténu entre la « Lilly » corse de 1941, susceptible d'avoir trahi Murchie en 1941, et la Lili Méré de 1943, « secrétaire » de Brown. *La Dorade*, quartier général d'une bande de truands corses, parmi lesquels figurait celui qu'épousa plus tard Lili Méré, était la propriété des frères Ernest (dit « Nénesse ») et Charles Ferrero, figures de proue du banditisme local. Or, en mars

---

127. NARA, RG 226, E 119, B 4, F 17, *Capt. F. Brown, London-X2-Files, « Counter Intelligence War Room, London »*, mémo d'Alice Withney et Robert Blum, 26 juin 1945.

128. *Ibid.*, *Capt. F. Brown, London-X2-Files*, mémo *« Counter-Intelligence War Room, London »*, adressé à V/48/F et V/48/B, signé par Alice Withney et Robert Blum, 26 juin 1948.

129. Daniel Bénédite, *op. cit.*, p. 109. *Cf.* aussi p. 172 et 291. Le MI 9 n'était pas loin de partager la même opinion. Niant l'avoir employé – mais il ne l'était pas non plus par le SOE, Michael R. D. Foot, *op. cit.*, ne le cite pas –, le MI 9 le considérait comme peu fiable. Comme le MI 5 affirmait n'avoir aucun document contre Murchie en matière de sécurité, sans doute appartenait-il à ce service ou au MI 6.

1943, alors que Brown est dans les parages, le nom du patron de *La Dorade*, un certain « Charles », apparaît dans une liste de contacts communiquée à Roseborough [130].

Un autre indice va dans le même sens. Selon l'ancien résistant Camille Rayon, qui a bien connu Frédéric Brown, mais qui, avec le temps, confond sans doute l'épouse et la « secrétaire », « sa femme était corse [131] ».

Si la « Lilly » corse était bien Lili Méré, elle était en effet en mesure d'induire les Allemands en erreur ; mais s'ils prenaient Brown pour Murchie, cela prouve que, d'une façon ou d'une autre, elle leur mentait. C'est-à-dire que, volontairement ou non, elle leur parlait.

A ce propos, le X 2, qui, au passage, relève suspicieusement : « Brown n'a jamais mentionné le nom de Murchie pendant les interrogatoires », rapporte quelque chose d'encore plus alarmant :

> « Brown était accusé de fréquenter la maîtresse d'un officier de la Gestapo. »

Certes, ajoutait aussitôt le contre-espionnage, « cette accusation vient de sources françaises avec lesquelles Brown admet s'être querellé et desquelles il a une très mauvaise opinion ». Mais, loin d'y voir pure calomnie, le X 2 se bornait à relativiser la crédibilité de l'information tout en n'écartant pas la possibilité que la maîtresse du gestapiste ait été Lili Méré :

> « L'accusation nous est parvenue sous des formes diverses et dans l'une des premières Brown est simplement dit avoir "commencé à aller avec une femme". Il se peut que la femme en question soit Lys *[Lili Méré]* que Brown connaissait avant la guerre et qu'il rencontra à nouveau à Marseille en février 1943 [132]. »

Le moins que l'on puisse dire est que tout ce qui concerne Lili Méré est obscur et tranche singulièrement sur la version officielle complaisamment propagée et selon laquelle si l'Abwehr avait repéré Lili Méré en mars 1943 elle s'en était désintéressée au point d'« abandonn*[er]* momentanément la piste de la jeune femme [133] ».

---

130. NARA, RG 226, E 97, B 8, F 118, *Personnel Algiers-OSS-OP*, mémo de Surkie (?) à Roseborough, 8 avril 1943, communiquant une liste de vingt-cinq noms. Le prénom du « père » de Lili était Charles.

131. Entretien avec Camille Rayon (Archiduc), 5 mars 1998. Mme Suzanne Brown est algéroise.

132. NARA, RG 226, E 194, B 99, F 419A, *French Resistance Tomy (Algiers) Paris-SO-OP-1,4,14, « Report on Captain Frederick Brown »*, par Robert Blum, 21 février 1944.

133. Fabrizio Calvi, *op. cit.*, p. 156.

L'un des policiers du réseau Brown, vraisemblablement Michel Hacq, a donné une version différente : « En mars 1943, l'attention *[des Allemands]* a été attirée pour la première fois sur Mere Louise, dite Lili, et sur Murchie (...). En mai 1943 (...) Lili est encore signalée par un de leurs agents, Jalabert[134]. » Quant à Dunker, de la Gestapo marseillaise, interrogé en 1945 par la police française, il a confirmé que, début mai 1943, « un nommé Jalabert Jean, agent de la Gestapo (...), qui connaissait Louise Mere, dite Lili, la signale à son tour[135] ».

Par deux fois signalée, Lili Méré n'aurait toujours pas été surveillée, maintient contre toute évidence la version officielle. Ce serait seulement le 9 juillet que Dunker serait enfin tombé sur elle, par hasard, en remontant la piste d'une autre femme repérée quelques heures plus tôt, une danseuse du nom d'Yvette Costal, elle aussi mêlée à un réseau d'évasion, et qui, le hasard faisant décidément bien les choses, habitait la même villa *Esperanza* que Lili Méré[136].

Là encore, le gestapiste Dunker a donné sa version. La soi-disant Yvette Costal n'y joue aucun rôle, remplacée par Lili Méré :

> « *[Au]* début de mai 1943, la Gestapo de Marseille, sans rien connaître de l'activité de l'OSS, surveille les agissements de Max *[Delabre]* et Dick *[Vincent]*./ A cette même date, un nommé Jalabert Jean, agent de la Gestapo (...), qui connaissait Louise Mere, dite Lili, la signale à son tour./ C'est ainsi que *[la Gestapo]* arrive à connaître, en mai 1943, l'emplacement du radio, place Saint-Michel, à Marseille, et par filatures la villa Espérance[137]. »

Sur un point décisif, le récit de Dunker est validé par un fait établi. Le 11 mai, la radio *Napo*, celle de Jacques Roux, fut surprise par les Allemands, « Max » Delabre, présent sur les lieux, s'en tirant avec Roux en tuant deux assaillants[138].

---

134. Rapport d'ensemble sur les activités de l'OSS du littoral méditerranéen, 24 juillet 1945, p. 4-5.

135. Audition Dunker, 17 mai 1945, reproduite par C. L. Flavian, *op. cit.*, p. 279.

136. Fabrizio Calvi, *op. cit.*, p. 164, et NARA, RG 226, E 190, B 30, F 122, *Bern-OSS-PTS-13, « German Penetration of American Intelligence Activities (Based on AST Dijon Documents) »*, p. 3 : « Au début juillet 1943, un *V-mann* du SD Marseille découvrit qu'une danseuse marseillaise nommée Yvette Costal était impliquée dans une organisation qui s'occupait de la fuite de travailleurs en Afrique du Nord. Cette organisation utilisait comme planque la villa Esperanza à Marseille. Un raid allemand sur la villa, le 9 juillet, provoqua la capture de renseignements (messages codés et en clair, quartz, plans de transmissions, argent) et, plus important, l'arrestation de plusieurs agents, notamment Lili More ou Mere. »

137. Audition Dunker, 17 mai 1945, reproduite par C. L. Flavian, *op. cit.*, p. 279.

138. NARA, RG 226, E 194, B 99, F 419A, *French Resistance Tomy (Algiers) Paris-SO-OP-1, 4, 14,* « Interrogatoire de Louis Georges Gay @ Ney et Jules », 15 février

Sur un autre point, c'est Lili Méré qui confirme elle-même avoir su avant son arrestation qu'elle était repérée. Dans la note qu'elle a remise en 1945 à l'inspecteur Galdin de la DST, elle écrit : « Étant recherchée par les Allemands, je devais m'embarquer à cet atterrissage *[prévu dans l'Ardèche]* [139] ».

Si Yvette Costal il y eut jamais, elle ne joua qu'un rôle accessoire. Le plus probable est que la prétendue danseuse Yvette Costal était le nom de scène de l'actrice Lili Méré. Laquelle, tout comme Delabre et « Dick » Vincent, les deux plus proches compagnons d'armes de Brown, était repérée depuis mars et filée depuis le début mai.

Dans ces circonstances, Frédéric Brown, qui passait beaucoup de temps avec Lili Méré, pouvait-il longtemps demeurer inconnu ?

Selon Dunker, qui, à notre connaissance, ne signale nulle part une confusion entre Murchie et Brown, son « service avait identifié Fred Brown complètement en tant que Luxembourgeois [140] ». Mais il n'indique pas à quelle date l'identification avait été faite.

Toutefois, selon les documents de l'Abwehr cités par le contre-espionnage américain, qui reproduisent apparemment les copieuses déclarations de Lili Méré à la Gestapo, en 1943 (ce qui, soit dit en passant, ramène à de plus justes proportions les assertions de Brown selon lesquelles elle n'a pas parlé [141]), Brown avait failli être pris en avril et aurait dû à la protection de « la police de Toulon de n'avoir pas été arrêté le 14 ou le 15 [142] ».

Brown n'évoque pas cet événement dans les documents connus et, face aux hommes du X 2, il s'est vivement défendu des rumeurs selon lesquelles on l'avait vu entrer à la Gestapo [143].

Quoi qu'il en soit, la date de son arrestation évitée est rien moins que neutre.

1944. Gay, interrogé par le X 2 dans la même affaire que Brown, raconta avoir été dans l'immeuble lors de l'arrivée des Allemands : « Max s'est aussi échappé après avoir tiré et tué deux Allemands. »

139. Caroline Méré, « Cause de mon arrestation », 1945, p. 1.

140. Audition Dunker, 17 mai 1945, *in* C. L. Flavian, *op. cit.*, p. 279. N'ayant pas examiné le dossier d'instruction de l'affaire Dunker, nous ne pouvons être catégorique.

141. Brown « déclare que les femmes sont plus capables de résister aux interrogatoires que les hommes : Mme Lattard n'a pas parlé, Mme Colombier non plus, ni Lys *[Lili Méré]* » (in *« First Interrogation of Fred Brown »*, 15 février 1944, p. 4, NARA, RG 226, E 194, B 99, F 419A). Fabrizio Calvi, *op. cit.*, p. 165-166, s'appuie visiblement sur l'interrogatoire de Lili Méré pour rapporter ses déclarations aux Allemands. Elle aurait, d'après lui, « endormi leur méfiance ».

142. Rapport *« Amt Ausland »*, 12 octobre 1943, cité par le rapport *« Counter Intelligence War Room, London »*, 26 juin 1945, NARA, RG 226, E 119, B 4, F 17.

143. NARA, RG 226, E 194, B 99, F 419A, *French Resistance Tomy (Algiers), Paris-SO-OP-1,4,14, X 2 Branch, « Report on Captain Frederick Brown, Provisional Summary »*, p. 2, Robert Blum, 21 février 1944.

Le rapport « Flora » indique en effet :

> « L'affaire "Flora" a débuté le 14 avril 1943 par la découverte fortuite, le 10 mars 1943, dans la boîte aux lettres de l'affaire locale "Acropolis", d'un renseignement (...) [144]. »

Conséquences de l'affaire « Acropolis » menée par Hasse-Heine, officier de l'Abwehr à Paris, venu en mars 1943 à Marseille enquêter sur un réseau de rapatriement d'aviateurs britanniques : les arrestations dans l'affaire « Flora » commencèrent les 14 et 15 avril 1943.

Nulle part dans le rapport « Flora » n'apparaissent les noms de Lili Méré (ni d'Yvette Costal), mais ceux de Petitjean, Hacq, Corsini et Théus, un autre policier résistant lié à Brown, figurent dans la liste des personnes identifiées. Le trente-neuvième nom de la liste des personnes arrêtées est le plus surprenant. Il s'agit de

> « Brown *Léon*, Charles, Français, marié, catholique, né le 28. 4. 1920, à Nice, ingénieur radio, domicilié 74, bd de Cessole à Nice, arrêté le 28. 4. 1943, à Toulon, alias Leroy, alias Brunet, *Chef régional de Groupe Franc*, mis au travail le 24. 5. 1943 en qualité d'agent double [145]. »

Léon Brown

L'entrée en scène d'un homonyme de Frédéric Brown n'est pas de nature à éclaircir un tableau déjà embrouillé à souhait. Et cette apparition accroît d'autant plus la confusion qu'en sus de l'homonymie Léon Brown présente des similitudes troublantes avec Frédéric Brown.

Frédéric est un agent américain, Léon est d'origine américaine. Les deux sont des spécialistes radio : Frédéric produit et vend des TSF à Alger, Léon fait de même, avec la société *Caire*, rue Foncet, à Nice [146]. Léon utilise le pseudonyme « Brunet », Frédéric emploie celui de « Brun » [147]. Frédéric aurait échappé à une arrestation à Toulon grâce à la protection de policiers patriotes, Léon avait échappé au « début de l'année 1943 » à une arrestation à Nice grâce à l'obligeance de policiers patriotes [148].

---

144. Rapport « Flora », préambule, doc. cit.

145. Souligné dans l'original. La traduction donnée par Madeleine Baudoin dans sa thèse d'État est fautive sur la date d'arrestation de Léon Brown : elle donne le 8 au lieu du 28 avril 1943.

146. « Attestation au sujet du nommé Brown Léon », par le commissaire Jean Goubbil, de la Surveillance du territoire, 3 août 1945, reproduite par C. L. Flavian, *op. cit.*, p. 298-300.

147. Fabrizio Calvi, *op. cit.*, p. 145.

148. Attestation du commissaire Goubbil, *in* C. L. Flavian, *op. cit.*, p. 298-300.

Ces ressemblances en ont troublé plus d'un. La guerre finie, Frédéric Brown fut, on l'a dit, fortement suspecté de trahison et plusieurs fois menacé de mort. En 1946, il craignait le pire. Il « était devenu très difficile à vivre, ne savait plus ce qu'était le sommeil », dit son épouse, qui se souvient aussi qu'il alla un temps habiter dans une propriété du Loiret[149]. Finalement, il demanda au secrétaire général de la police d'Alger d'éclaircir les choses. Le 22 février 1946, celui-ci signa une note qu'il annexa au dossier – inconsultable – de l'intéressé, « n° 230, à la DST, à Alger » :

> « J'ai connu Brown Frédéric quelques jours après mon *[son]* arrivée en France, le 11 février 1943. Une confusion est née entre Brown Léon, agent de la Gestapo, et Brown Fred, agent de l'OSS, qui n'a rien à voir avec le précédent. En ce qui concerne l'activité pro-alliée de Brown Fred, je sais, pour l'avoir contrôlée depuis le début de la Libération, et pour avoir entendu tout témoin, qu'*elle est absolument irréprochable.* Si Brown Fred a fait quelques fautes techniques, le même reproche peut être fait à chacun de ceux qui ont fait du "renseignement" en France sous l'Occupation, à moi comme aux autres, il n'en reste pas moins que son activité au point de vue pro-alliés et français ne peut être l'objet du plus léger soupçon et moins encore de la plus petite accusation[150]. »

Toute ambiguïté est ainsi levée. Mais on ignore l'identité du rédacteur de cette note. L'auteur qui l'a publiée après l'avoir vue dans les archives personnelles de Frédéric Brown n'en dit rien. Selon Suzanne Brown, le signataire serait un certain Martin[151]. En réalité, la note est certainement du commissaire Petitjean, qui, en 1946, était secrétaire général pour la police à Alger[152].

Vu le rôle précédent de Petitjean dans le réseau OSS et vu que le premier procès Hardy approchait, l'intérêt général commandait de lever le quiproquo qui pouvait déboucher sur l'arrestation ou sur l'exécution sommaire de Frédéric Brown. Calmer le jeu s'imposait si l'on ne voulait ni risquer d'entendre un Brown arrêté révéler sa rencontre

---

149. Entretien avec Suzanne Brown, 4 décembre 1996.

150. Fabrizio Calvi, *op. cit.*, p. 177-178n. Italiques dans le texte.

151. Entretien avec Suzanne Brown, 4 décembre 1996.

152. L'auteur de la note indique avoir connu F. Brown le 11 février 1943. Michel Garder, *op. cit.*, p. 339, indique : « Le 11 *[février]*, il fallut récupérer le matériel caché près de Ramatuelle. Cette délicate opération fut réalisée par Georges Henry *[cap. Guiraud]* lui-même (…) accompagné par M. Brown. » On pourrait donc attribuer la note à Guiraud si Gilbert Guillaume, l'un des agents débarqués en même temps que Brown et bien au fait de la suite immédiate des événements, ne rapportait la même action en en excluant Guiraud (Gilbert Guillaume, *op. cit.*, p. 190-192). Guiraud aurait seulement prêté la voiture et le chauffeur.

du 19 juin avec Jean Moulin, ni, en cas de mort violente, risquer de voir publier quelque chose à ce sujet[153].

Quoi qu'il en soit, Petitjean avait eu raison de rendre à Léon Brown ce qui n'appartenait pas à Frédéric Brown. On possède assez de traces incontestables de l'activité de Léon Brown dans la région méditerranéenne après le départ de Frédéric Brown de France pour être sûr de l'existence de deux Brown.

Mais que Frédéric n'ait pas connu l'autre Brown est beaucoup moins certain. Dans le compte rendu de sa deuxième mission, Frédéric indique avoir travaillé avec le « lieutenant-colonel Vialar qui est le chef des groupes de Franc-Tireur pour toute l'ancienne zone non occupée avec quartier général à Lyon ».

Vialar était peut-être un pseudonyme du colonel Duboin, chef de l'AS pour la région R2 (Marseille), qui, arrêté à Toulon, le 28 avril, préféra s'empoisonner plutôt que de risquer de parler[154]. Frédéric Brown connaissait Duboin. Il le désigne plusieurs fois sous son pseudonyme le plus connu, « Camille ». Déjà évoqué dans le rapport de la deuxième mission de Brown, il l'est également dans celui de la troisième : « Le colonel Camil *[sic]* de l'Armée secrète, résidant à Toulon (...) arrêté par 8 hommes de la Gestapo (...). Son arrestation a été due à une indiscrétion d'un membre de l'Armée secrète. *[D']*après dernières informations, le Colonel se serait suicidé au moment de l'arrestation[155]. »

Brown mentionne encore Duboin en décembre 1943. Alors à Alger, Brown ronge son frein. Désireux de repartir en France, il conçoit un plan grandiose. Il s'agit d'envoyer, en trois vagues, 550 « forteresses volantes » parachuter sur un triangle délimité par le lac Léman, la Lozère et l'Esterel 55 000 pistolets mitrailleurs et 55 millions de cartouches, autant de pistolets Colt 45, 150 mitrailleuses lourdes, 87 mortiers, 47 000 grenades, 2 800 mines antichars, sans compter les équi-

---

153. Brown se targuait volontiers d'avoir conservé par-devers lui nombre de documents plus ou moins explosifs, notamment ceux récupérés dans ses opérations privées de contre-espionnage ; *cf.* Fabrizio Calvi, *op. cit.*, p. 140, 154, 167.

154. « Vialar » pourrait également avoir été un pseudonyme de Raymond Deleule, issu de Ceux de la Libération-Vengeance, qui, depuis la fin de 1942, était à Marseille, en charge de tous les Groupes francs de Franc-Tireur avant d'être nommé, en juin 1943, adjoint du chef des Groupes francs des MUR (voir Serge Ravanel, *op. cit.*, p. 121-124) et en charge des régions Marseille et Montpellier (voir Dominique Veillon, *op. cit.*, p. 350). Toutefois, Deleule n'étant pas officier, Vialar pourrait peut-être avoir été un pseudonyme du colonel Poitevin, chef de Franc-Tireur à Montpellier.

155. NARA, RG 226, E 110, B 2, F 23, *France Field Int. Reports - Theater Office Correspondance - Draft History*, « Rapport de la 3e mission en France de Tomy, au sujet des arrestations, de la Gestapo et des dépenses », p. 1.

pements et rations pour 200 000 hommes. D'après Brown, « le colonel Camil *[Duboin]* et ses officiers (qui ont esquissé le plan original depuis adopté comme plan de référence des actions de résistance en France) m'ont dit que moins d'une quinzaine de jours après le début de l'action, les guérillas pourraient occuper une bande de la côte méditerranéenne entre Saint-Tropez et Cannes, ce qui faciliterait grandement le débarquement de l'aide pour les forces de guérilla. Je possède les détails de ce plan que je peux fournir, si on le demande, au Quartier Général d'Afrique du Nord[156] ».

Connaître le colonel Duboin était sûrement connaître Léon Brown. Ils ont été arrêtés ensemble, dans le même lieu, le même jour, et ils collaboraient. Léon Brown était en effet venu s'installer à Toulon après avoir été brûlé à Nice. Engagé à Franc-Tireur, il avait pris en charge les Groupes francs de ce Mouvement puis, à la faveur de la création des MUR, avait été nommé inspecteur régional des Groupes francs de la nouvelle structure[157]. Vers la même époque (impossible à dater faute d'information), il apparut comme responsable des Groupes francs de la région R1 (centrée sur Lyon)[158] – ce qui en fait un autre possible « Vialar ».

En tout cas, Léon Brown devait à ses fonctions locales puis lyonnaises de connaître des secrets importants. Après son arrestation, il les livra presque tous à Dunker, ce qu'atteste le rapport « Flora ». Il parla notamment de Delabre, ce qui revenait à donner la piste de Frédéric Brown. Plus grave encore, il parla de responsables nationaux basés à Lyon. Il dénonça « Alain », « Chef National pour les liaisons entre la France et Londres » – certainement Daniel Cordier qu'il indiqua comment joindre, *via* « Théobalt Jacques, 40, rue Montesquieu à Lyon où *[Léon]* Brown devait diriger les radios et les postes émetteurs ». Tout porte à croire que « Théobalt Jacques » était Jean-Louis Théobald, agent de liaison entre Jean Moulin et le général Delestraint, avec lequel il fut d'ailleurs arrêté à Paris, le 9 juin, sous le nom de « Terrier ».

156. NARA, RG 226, E 194, B 99, F 419A, *French Resistance Tomy (Algiers) Paris-SO-OP-1,4,14, « Project for the Creation of Centers of Armed Resistance in France, the Action of Which Would Precede an Allied Invasion »*, décembre 1943, 7 p.

157. C. L. Flavian, *op. cit.*, p. 154.

158. Marie Granet et Henri Michel, *op. cit.*, p. 235, organigramme R1. Gérard Chauvy, *op. cit.*, p. 140, indique que, selon Marie Granet, Léon Brown était membre des GF de Combat, « il les a même dirigés pendant un certain temps à Marseille après Nathan-"Murat" ». Selon le même auteur, p. 142, Madeleine Baudoin estime pour sa part que Léon Brown n'avait « pas occupé de hautes fonctions au sein de la Résistance ».

Léon Brown donna aussi des informations que Dunker chargea ensuite Multon d'apporter à la Gestapo de Lyon, notamment « la nouvelle boîte aux lettres des Mouvements Unis, section sabotage des trains, à Lyon » – celle de René Hardy, où fut trouvé le message en clair le convoquant à Paris, le 9 juin, pour un rendez-vous avec Delestraint.

Léon Brown donna encore la piste lyonnaise du chef de Franc-Tireur, Jean-Pierre Lévy : « Au cas où on réclamerait le mot de passe (dit Brown), il faut sous la menace du revolver (...) dire : "Le colonel Duboin a déjà fourni l'adresse". »

Léon Brown donna probablement[159] aussi l'adresse de Frenay, à Mâcon, où fut prise Berty Albrecht.

Léon Brown fournit enfin à Dunker des informations précieuses, soigneusement notées dans le rapport « Flora » :

> « *Moyens*
> (d'après les propres dires de Frenay à Brown)
>
> 1. *L'Argent* est parachuté par les avions anglais. Frenay reçoit ainsi 5 millions de francs en mars 1943. Ces moyens proviennent des dépôts français à la Banque d'Angleterre, des bénéfices réalisés par les bateaux français qui naviguent au service de l'Angleterre et de l'exploitation des colonies françaises. En outre, des pourparlers avaient déjà eu lieu concernant l'envoi d'or américain par l'intermédiaire de la Suisse.
> 2. Les officiers qui appartiennent à l'AS connaissent les armes cachées depuis l'armistice jusqu'au 11 novembre 1942. l'AS est approvisionnée en armes et en explosifs par l'organisation COPA (Centre des Opérations de Parachutage et Atterrissage) directement subordonnée à Moulin, alias Max. »

Tout cela était exact à un rien près : en mars 1943, Combat n'avait pas reçu 5 millions de francs, seulement 4 400 000 francs[160].

Que Frenay qui, à l'instar des autres hauts dirigeants, n'évoque jamais Léon Brown, ait révélé une information aussi importante à un chef de second rang est surprenant. Qu'il ait également parlé des tractations financières avec l'OSS-Berne, et même fait allusion à de l'or, est difficile à admettre.

Mais Frédéric Brown, lui, pouvait avoir eu connaissance des secrets

---

159. Le texte de « Flora » est ambigu. La construction paraît indiquer que Brown a donné la boîte aux lettres de Frenay, à l'*Hôtel de Bourgogne*, à Mâcon. Mais la phrase suivante indique : « Ces boîtes aux lettres ont été connues à la suite de l'arrestation, ici, du Chef-Courrier Le Couster. »

160. Colonel Passy, *op. cit.*, p. 382, « État des versements effectués par Rex ».

financiers des MUR, soit par l'OSS-Alger, soit par les radios qu'il chapeautait ou contrôlait. En a-t-il parlé à Léon Brown, qui en aurait ensuite parlé à Dunker comme s'il tenait personnellement ces informations de Frenay ? C'est possible, mais, n'en sachant rien, on peut seulement dire qu'elles étaient de nature à valoriser Léon Brown et à impressionner Dunker. Elles pouvaient lui inspirer confiance en son nouvel agent et, en retour, valoir à celui-ci une petite marge de manœuvre.

Car Léon Brown ne disait pas tout à Dunker. Et même il jouait à l'occasion triple jeu. Après sa trahison, affirme le commissaire Goubbil, Léon Brown « reprit contact avec moi et me communiqua de précieux renseignements sur les arrestations éventuelles d'agents de services spéciaux français et étrangers (...). C'est ainsi que j'ai eu à rendre service à un réseau américain qui opérait dans la région du Sud-Est et dont le chef était également un nommé Brown, alias Fred (je crois) et sujet américain [161] ».

Frédéric Brown rentre à Alger

Dans la nuit du 7 au 8 mai 1943, Frédéric Brown s'embarqua pour Alger à bord du sous-marin giraudiste *Marsouin*. Les raisons d'être satisfait ne lui manquaient pas. En trois mois, il avait implanté le premier réseau OSS en France, installé des émetteurs, recruté et formé des radios, récupéré des équipes de renseignement bien placées, noué de bonnes relations avec des dirigeants locaux de Franc-Tireur et de l'AS, attiré des communistes décidés, repéré des terrains de parachutage, rassemblé enfin une importante documentation militaire et politique dont le joyau était le « plan complet de la défense anti-aérienne allemande en France, y compris le code de transmission qui avait été obtenu d'un major allemand contre de l'or [162] ».

---

161. « Attestation du commissaire Goubbil », 3 août 1945, reproduite par C. L. Flavian, *op. cit.*, p. 299. Me E. Alexander (AN, 72 AJ 104, lettre à Henri Michel, 24 février 1967) a confirmé de son côté que Léon Brown jouait, selon lui, au moins par moments, un triple jeu. Il affirme notamment que le général Joseph Bardi de Fourtou, de Nice, chef régional de Groupes francs, puis chef départemental AS des Alpes-Maritimes, aurait ainsi évité l'arrestation. Mais le rapport « Flora » est formel : Bardi de Fourtou est porté arrêté le 25 mai 1943, c'est-à-dire le lendemain du jour où, officiellement, Léon Brown changea de camp. On peut d'ailleurs s'interroger sur le long délai entre son arrestation et sa trahison. En règle générale, la réussite d'un retournement exige la rapidité. « Lorsque la Gestapo voulait remettre un résistant en circulation, elle le gardait le moins longtemps possible pour ne pas éveiller les soupçons de ses amis », note Henri Noguères, *La vérité aura le dernier mot*, *op. cit.*, p. 179.

162. Kermit Roosevelt, *op. cit.*, p. 174.

Ce bilan glorieux était toutefois contrebalancé par une colonne débit. Aux conflits avec les giraudistes et aux infidélités des policiers du réseau s'ajoutaient la mort du colonel Duboin, l'identification de Delabre et de « Dick » Vincent, ainsi que le repérage répété de Lili Méré, peut-être même leurs surveillance et filature. Enfin, les Allemands avaient pour le moins entendu parler du « capitaine canadien Murchie » et, au pis, l'avaient identifié.

Ce n'était pas tout.

Avant de regagner Alger, Brown, fidèle à sa passion du contre-espionnage, avait récupéré le contenu d'une corbeille à papiers d'un service allemand. Emmenés à Alger, les documents furent envoyés à Londres pour étude. La conclusion de l'OSS-Londres arriva bientôt : « A l'évidence, les notes se rapportent aux opérations de *Mexico*[163]. »

La station *Mexico* était donc « brûlée » dès avant le retour de Brown à Alger, pendant qu'il l'utilisait intensivement. Basée à Toulon, contrôlée par Michel Hacq, manipulée par Hector Richez, *Mexico* avait envoyé, de février à mai, près de cinq cents messages à Alger[164]. Si les Allemands n'avaient pas « cassé » le code de *Mexico*, il leur aurait suffi de repérer son lieu d'émission pour retomber sur le radio Richez qui, on se le rappelle, leur avait échappé de peu fin février, puis de filer ses agents de liaison pour découvrir le réseau. S'ils possédaient le code, ils savaient tout.

Mais de cela Brown ne se doutait pas en arrivant, le 12 mai, à Alger. Tout fier de lui, il s'empressa d'aller rendre compte à Henry Hyde, nouveau chef du SI de l'OSS arrivé pendant l'absence de Brown. « Les premiers mots qu'il m'adressa lorsque je le rencontrai le 15 mai 1943 furent : "Vous êtes un idiot" (...) Je me suis aperçu que Hyde avait besoin, pour son organisation, de mes anciens employés (...). J'ai protesté auprès du colonel Eddy, qui ne m'a pas répondu[165]. »

En fait, Brown venait de tomber dans ce que nombre d'observateurs appelaient déjà le « panier de crabes » algérois. La négociation Giraud-De Gaulle approchait, les esprits étaient échauffés, les coups bas pleuvaient. Hyde, giraudiste convaincu, guerroyait contre Roseborough, sympathisant gaulliste. Ce jour-là, on venait d'apprendre à Alger la publication à Londres du fameux communiqué doublement mensonger

---

163. NARA, RG 226, E 190, B 25, F 777, mémo de Maddox à Roseborough, 8 juin 1943. L'OSS-Londres, ajoute Maddox, est « un peu déconcerté » par l'OSS-Alger qui avait envoyé les papiers en disant n'en avoir rien tiré. « S'ils ont réellement été trouvés dans une poubelle allemande, ils sont d'un considérable intérêt pour vous », commente sèchement Maddox.

164. Kermit Roosevelt, *op. cit.*, p. 174.

165. F. Brown, cité par Fabrizio Calvi, *op. cit.*, p. 155.

du CNR. Hors d'eux, les antigaullistes anglo-saxons rêvaient de porter un coup décisif à De Gaulle.

Troisième voie et liquidations

La Croix-Rouge américaine a maintes fois servi de couverture aux services secrets de ce pays. L'ayant dirigée avant guerre, le major David K. Bruce avait été mobilisé dans l'armée de l'air, puis incorporé à l'OSS, où il avait créé le *Secret Intelligence*. En 1943, âgé de quarante-cinq ans, il était à la tête de l'OSS-Londres. Ses lettres hebdomadaires, personnelles et secrètes, à Donovan reflètent l'embarras d'un grand patron de l'OSS désireux d'aider la Résistance française mais paralysé par les Britanniques et les conflits politiques.

Le 27 mars 1943, ayant constaté que l'aide extrêmement modeste parachutée aux groupes de Savoie n'a pas suffi à leur permettre de faire du bon travail, Bruce en conclut qu'il en ira de même pour l'Armée secrète si l'on ne se décide pas à faire mieux. Il a donc demandé, et obtenu de Manuel, adjoint de Passy au BCRA, la liste des équipements nécessaires à l'AS[166]. Le 7 avril, Manuel et Jacques Bingen voient le second de Bruce, Maddox. Les deux Français se plaignent amèrement d'avoir tous les terrains de parachutage nécessaires mais de ne recevoir que des miettes. En mars, ils attendaient cinquante-six parachutages et dix atterrissages, ils n'en ont eu que six et quatre. Et le mois en cours ne s'annonce pas meilleur[167].

Le 17 avril, Bruce, qui a commencé à secouer les hautes sphères, informe Donovan de la situation qu'il vient de découvrir : « Le SOE a, depuis le début, pris en main l'AS au profit des militaires britanniques. Les Français ont tout naturellement essayé de négocier avec l'OSS indépendamment du SOE et de l'amiral Stark. Si cet état de choses continuait, il conduirait à de très fâcheuses complications[168]. »

Deux faits nouveaux surviennent alors, qui vont encore compliquer la tâche de Bruce.

---

166. NARA, RG 226, E 190, B 227, F 376, *Col. Bruce's Corresp. with Gen. Donovan, London-OSS-OP-17*, 27 mars 1943, 3 p.

167. NARA, RG 226, E 190, B 254, F 776, *Chrono File April-May 1943, London-OSS-OP-34*, William P. Maddox au directeur du SI, *« Memorandum on Equipment for the Secret Army in France »*, 8 avril 1943, 2 p. Le colonel Passy, *op. cit.*, p. 186, indique qu'aussitôt rentré de France, le 16 avril, il prit Brossolette comme adjoint à la place de Manuel, limogé de cette fonction.

168. NARA, RG 226, E 190, B 227, F 376, *Col. Bruce's Corresp. with Gen. Donovan, London-OSS-OP-17*, 17 avril 1943, 6 p.

Le 17 avril, Maddox apprend à ses supérieurs que les Français de Londres sont au bord de la scission à propos de l'attitude de De Gaulle envers Giraud. Le général Catroux (représentant de De Gaulle à Alger), René Massigli (tout nouveau commissaire aux Affaires étrangères de De Gaulle), Charles Vallin (Croix-de-Feu déçu par Vichy et ramené à Londres par Brossolette), ainsi qu'Emmanuel d'Astier de la Vigerie sont prêts à démissionner si De Gaulle s'entête. Ils pourraient « former le noyau d'un troisième groupe français consacré à l'union de toutes les forces françaises. Cela provoquerait une fracture ouverte dans la France combattante. Quelques personnes comme Félix Gouin, qui dirige le groupe parlementaire composé d'une douzaine de sénateurs et députés français, actuellement rallié à la France combattante, suivraient certainement [169] ».

L'apparition d'une troisième force ayant tout pour réjouir la Maison-Blanche, le Département d'État et les giraudistes de Washington, les bases OSS vont redoubler d'attention et surveiller tout spécialement les signes de différenciation politique entre Résistance intérieure et Résistance extérieure.

Le 27 mai, l'OSS-Londres ayant reçu deux nouveaux rapports sur la situation en France, une note d'accompagnement met aussitôt l'accent sur un seul point : « La distinction entre "Gaullisme" et de Gaulle (...) coïncide avec toutes les informations que nous avons pu obtenir ici de gens ayant récemment été en France [170]. »

Quinze jours plus tard, rappelons-le, Jean Moulin distinguera lui aussi entre "gaullisme" avec guillemets et gaullisme sans, pour conclure à la nécessité de faire du gaullisme sans De Gaulle.

D'autre part, le 16 avril, Passy et Brossolette rentrent de France où, lors de la mission Arquebuse-Brumaire, ils se sont heurtés à Moulin.

---

169. NARA, RG 226, E 190, B 254, F 776, *Chrono File April-May 1943, London-OSS-OP-34*, William P. Maddox à Whitney Shepardson, *« Giraud-De Gaulle Negociations »*, 1 p. Maddox transmettait trois rapports sur le sujet.

170. NARA, RG 226, E 190, B 252, F 761 (Shepardson W. H.), *London-OSS-OP-32-34*, de Russel D'Oench à Whitney Shepardson, 27 mai 1943, *« Reports from ONI on French Situation »*, 1 p. Un autre long rapport, daté d'avril et basé sur les déclarations d'un « dirigeant socialiste français », pas autrement identifié, concluait ainsi : « L'informateur dit finalement qu'il veut que les partis politiques et d'autres groupes soient protégés contre les pressions financières gaullistes qui existent actuellement : notamment la CGT et les syndicats catholiques, les socialistes, les radicaux, les Démocrates populaires, la Fédération républicaine et certaines organisations semi-militaires. La période actuelle, dit l'informateur, est critique. Il y a, pour la première fois, une certaine réaction anti-de Gaulle en France ; les services degaullistes redoubleront leur pression. On doit agir vite. Une situation similaire peut se produire à nouveau dans le futur, mais ce n'est pas du tout certain » (NARA, RG 226, E 97, B 31, F 538, *Algiers-SI-OP, « Report in the Political Situation in France (April 1943), Existing Organizations in France »*, 9 p.).

Passy rencontre aussitôt Maddox – qui le trouve en pleine forme [171] – et le revoit quelques jours plus tard, lors d'un déjeuner avec Bruce. Le 24, Bruce informe Donovan en commençant par une formule sibylline : « Étant donné les circonstances, *[Passy]* a eu de la chance d'en sortir vivant », avant d'enchaîner sans transition : « Il n'y a aucun doute que les Allemands sont en train de réduire rapidement l'influence potentielle de l'Armée secrète par l'envoi des jeunes hommes en Allemagne » [172].

Passy s'était-il mal exprimé, avait-il été mal compris ? Dans ses Mémoires, il ne mentionne pas ces rencontres avec Maddox et Bruce mais avoue avoir, dès son retour, remplacé Manuel (favorable à Moulin et à l'équipement de l'AS par les Américains) par Brossolette (hostile à Moulin). De plus, le chef du BCRA admet aussi avoir mis en garde les autorités gaullistes londoniennes contre la connaissance « superficielle [173] » qu'avait Delestraint de la Résistance, et contre les prétentions « dictatoriales [174] » de Moulin. Enfin, comme, le 8 février, Brossolette avait craint de voir le Service du travail obligatoire « vider complètement nos organisations des meilleurs éléments susceptibles de combattre [175] », il est hautement probable qu'en parlant à Bruce et Maddox, Passy a surestimé le risque de voir tari le recrutement de l'AS.

Ce n'était sûrement pas le meilleur argument à faire valoir pour encourager Bruce à aider l'Armée secrète et à braver les Britanniques. Lesquels, acharnés à conserver leur monopole sur la Résistance en France et toujours aussi peu soucieux de laisser l'OSS l'entamer, mettent leur veto au projet américain d'aide directe [176].

Le 24 avril, Bruce informe en effet Donovan que le général Gubbins, du SOE, excipant de l'accord OSS-SOE, a « suggér*[é]* qu'aucune décision ne soit prise à ce sujet, spécialement en ce qui concerne la livraison de matériel et de fonds, sans passer par Londres [177] ».

Moulin, doit-on noter, fait éclater l'« affaire suisse » le 25 avril.

---

171. NARA, RG 226, E 190, B 254, F 776, *Chrono File April-May 1943, London OSS-OP-34*, William P. Maddox à Whitney Shepardson, « *The Return of Colonel Passy* », 21 avril 1943, 1 p.

172. NARA, RG 226, E 190, B 227, F 376, *Col. Bruce's Corresp. with Gen. Donovan, London-OSS-OP-17*, 24 avril 1943, 4 p.

173. Colonel Passy, *op. cit.*, p. 186.

174. *Ibid.*, p. 182.

175. AN, 3 AG 2/42, B/3/1, « Rapport Brumaire 1 », 8 février 1943.

176. Colonel Passy, *op. cit.*, p. 186 et suiv., où l'auteur fait longuement état de ses réserves sur l'AS, sans toutefois jamais mentionner sa crainte de voir son recrutement tari par les effets du STO.

177. *Ibid.*

Dès lors, malgré les efforts de Bruce, qui, le 1er mai, écrit : « 50 000 Français ou plus derrière les lignes me semble être la plus intéressante des possibilités, surtout au regard des difficultés que nous aurions à affronter pour introduire un nombre semblable de parachutistes sur le même territoire[178] », et malgré aussi sa tentative d'obtenir l'appui de l'armée américaine, à laquelle il demande en vain de définir sa doctrine sur l'AS, celle-ci demeure sous la coupe exclusive de Londres.

Mais, à peine les Britanniques ont-ils damé le pion à l'OSS, que Churchill et Roosevelt, exaspérés par l'affaire du faux communiqué du CNR rédigé par Moulin, puis manipulé par De Gaulle, angoissés à l'idée de voir sous peu le trublion arriver à Alger où, ils le comprennent enfin, Giraud n'est pas de taille à résister, alarmés enfin par les désertions qui se multiplient dans les armées de Giraud au profit de la France combattante, décident d'en finir une fois pour toutes. Et, s'ils en ont eu connaissance, la note du 9 juin 1943, « L'état d'esprit de la population en France », selon laquelle « la bourgeoisie communisante est gaulliste et la masse ouvrière communiste »[179], n'a pu leur apparaître que comme une invite supplémentaire à agir vite et fort. Le « gaullo-communisme » doit être liquidé. Et la première occasion sera la bonne.

Elle se présente dès le 9 juin avec la démission de De Gaulle du CFLN qui, de manière aussi imprévue qu'inespérée, laisse Giraud seul en piste et lui permet de reprendre tranquillement ses habits de commandant en chef civil et militaire. Avec Churchill en première ligne et Roosevelt en couverture, en une semaine, du 14 au 19 juin, une série de coups fulgurants et mortels va être portée au gaullisme.

Le 14, Churchill, qui juge « impératif » d'empêcher De Gaulle d'user de « l'énorme pouvoir fondé sur notre argent pour servir ses intérêts politiques en France[180] », coupe brusquement et totalement les vivres aux gaullistes, mesure à effet immédiat[181].

Le 17 juin, le Cabinet de guerre londonien examine le plan *Cockade* (Cocarde) et son volet *Starkey*, vaste opération d'intoxication qui vise à convaincre les Allemands d'un proche débarquement en France. Concluant : « Plus grand sera le degré de réalisme atteint par *Starkey*,

---

178. NARA, RG 226, E 190, B 227, F 376, *Col. Bruce's Corresp. with Gen. Donovan, London-OSS-OP-17*, 1er mai 1943, 5 p.

179. NARA, RG 226, E 125, B 6, F 92, *Bern-OSS-INT-72*, « État d'esprit de la population en France (de très bonne source) », signé « François », 9 juin 1943.

180. PRO, M. 396/3, note de Churchill, 19 juin 1943.

181. Jean-Louis Crémieux-Brilhac, « La Résistance française et la politique des Alliés », *Cahiers de l'IHTP*, Paris, n° 27, juin 1994, p. 23, et, du même auteur, *op. cit.*, p. 562, où la traduction diffère légèrement.

plus forte sera l'incitation à l'insurrection *[incontrôlée]* des armées patriotes[182] », le Cabinet charge le SOE de parer au danger de soulèvements intempestifs. Réponse du SOE : « Soumettre *[les armées secrètes]* à la plus stricte discipline du Haut Commandement allié à Londres[183]. »

Quatre jours plus tard, la réunion de Caluire aura pour objet la réorganisation de la direction de l'AS, et Henri Aubry expliquera ensuite y avoir emmené Hardy, « car, seul, je n'aurais pas pu avoir gain de cause pour empêcher que les Forces armées de la Résistance intérieure passent brutalement sous le contrôle direct et aux ordres de la French Section *[du SOE]*[184] ».

Le 18 juin, c'est au tour des maquis de voir leur sort tranché par les Anglo-Saxons. A Berne, Allen Dulles et le général Legge signent un ordre dont les attendus, mélange de stupidité bureaucratique et de parfait mépris pour les Français, méritent de passer à la postérité :

> « Dans les faits, c'est la liquidation des maquis (...). En renvoyant les gens des maquis et en refusant d'accueillir de nouvelles recrues, il faut souligner que c'est la conséquence d'une politique à long terme :/ a) les travailleurs qui, en conséquence, devront aller en Allemagne ont la possibilité de rendre un service particulièrement important, peut-être plus important que celui qu'ils peuvent rendre maintenant en France, à savoir organiser et mener à bien un espionnage et sabotage de masse qui est déjà en cours avec un succès considérable./ b) Il n'est pas actuellement possible d'éviter les rafles par les armées d'occupation de populations civiles dans les territoires occupés. Si 5 000 s'enfuient, 10 000 autres peuvent être pris à leur place./ c) C'est pourquoi il vaut mieux utiliser la faille mortelle du plan allemand d'importation d'étrangers hostiles, et créer en Allemagne, parmi ceux-ci, une situation essentiellement équivalente à celle qui existe déjà dans les pays occupés[185]. »

Bref, on préfère voir les ouvriers français durement exploités en Allemagne par Hitler plutôt que de voir De Gaulle exploiter leur lutte armée de libération.

---

182. PRO, AIR 20/4547, *War Cabinet, Joint Plan Staff, Operation « Cockade », « Report by the Joint Planning Staff, JP (43) 209 (Final) »*, 17 juin 1943, p. 7.

183. PRO, CAB 80/41 et WO 219/743, *Final Draft Cockade*, 8 juillet 1943, p. 2. Ce rapport synthétise les travaux en cours depuis des semaines, sinon des mois.

184. Aubry, déposition du 4 mai 1948, citée par François-Yves Guillin, *op. cit.*, p. 259.

185. NARA, RG 226, E 133, B 9, F 95, *Bern-SI-INT-57-65, Memo re Maquis*, 18 juin 1943 ; en marge : « Préparé par (nom illisible) », signé par A. Dulles et le général Legge.

Le 19 juin, deux jours après que, on s'en souvient, Roosevelt a informé Eisenhower d'une imminente rupture avec De Gaulle, Churchill lève toute ambiguïté sur la signification des décisions précédentes et fait ressortir leur cohérence en mettant définitivement les points sur les « i ». Il exige que « la direction de la Résistance soit retirée à De Gaulle et à ses équipes [186] ».

Mais à qui la confier ?

Roseborough risque tout

Arthur Roseborough n'avait pu suivre ces manœuvres d'un cœur léger. Sinon par inclination du moins par raison favorable au gaullisme, à peine moins hostile à Giraud qu'il l'avait été à Darlan, ne mâchant pas plus ses mots à propos de la politique washingtonienne qu'à celui de ses inspirateurs et serviteurs civils et militaires à Alger, il a une vue plus réaliste de la situation et du rapport réel des forces. Pour lui, il est impensable de confier à Giraud la direction de la Résistance intérieure. C'est inimaginable parce qu'il sait au moins depuis l'automne 1942, depuis sa rencontre avec Frenay et d'Astier à Londres, que les Mouvements ne l'accepteront pas. Et c'est impossible parce qu'il a vu Giraud le 8 mai et l'a entendu de ses propres oreilles se dire opposé aux actions de sabotage et de résistance en France, celles-ci devant être réservées, au moment idoine, en appui du débarquement [187].

Dans ces circonstances, il ne lui reste qu'à tenter le tout pour le tout. Il doit briser d'abord le monopole britannique sur la Résistance intérieure.

Devenu chef de la 2 677e compagnie provisoire du Quartier général, Roseborough signe, le 11 juin, une note au colonel Eddy.

C'est une déclaration unilatérale d'indépendance. L'OSS n'entend plus respecter le monopole de Londres en matière d'opérations et de renseignement en France. L'OSS sera libre de sélectionner, entraîner, diriger, transporter ses agents en France. L'OSS pourra aussi communiquer directement avec eux et diffuser leurs renseignements comme bon lui semblera. Devenue l'égale des services de renseignements britanniques, l'OSS aura désormais pleine et entière voix au chapitre. Dorénavant, l'OSS agira à sa guise en France :

---

186. Jean-Louis Crémieux-Brilhac, « La Résistance française et la politique des Alliés », art. cit., p. 23.

187. NARA, RG 226, E 110, B 2,F 23, *France Field Int Reports. Theater Officers Correspondance, « Notes on Conversation with Gen. Giraud »*, par A. W. Roseborough, 6 mai 1943, 2 p.

« 1. Planification du travail avec les groupes de résistance en France./ 2. Approvisionnement, armement et entraînement de groupes de résistances, ou de commandos, ou d'unités paramilitaires (...)./ 3. Planification du sabotage et de la désorganisation derrière les lignes ennemies./ 4. Utilisation de terrains pour les troupes aéroportées, choix des terrains, organisation des comités de réception, de défense locale et de protection./ 5. Planification et exécution de campagnes de rumeurs, de guérilla, de propagande radio clandestine et autres formes d'actions dans les territoires soumis à l'ennemi./ 6. Droit de recruter des militaires ou des civils français pour nos services./ 7. Droit de désigner des observateurs ou des officiers de liaison avec la Résistance et les groupes paramilitaires dans les territoires occupés./ 8. Droit d'établir des bases avancées dans tout territoire libéré pour la réalisation de toutes les activités ci-dessus [188]. »

Donovan partage-t-il totalement le point de vue de Roseborough ? C'est vraisemblable puisque, le 13 juin, il demande au Comité des chefs d'état-major de mettre des avions à la disposition de l'OSS. Commence alors un véritable feuilleton bureaucratique où les militaires excipent d'une foule de raisons pour laisser l'OSS sans moyens propres de transport aérien [189]. Jusqu'à la fin juin, la situation est à ce point bloquée que Henry Hyde (SI-OSS-Alger), qui a des agents à envoyer en France (Mario Marret et Jean Alziari de Roquefort), doit, le 28, les accompagner à Londres d'où, au prix d'une mini-crise avec les Britanniques, ils seront finalement parachutés [190].

Malgré l'urgence extrême, Roseborough n'est absolument pas en mesure d'envoyer un agent en France.

Survient alors un miracle. Alors que les militaires prétendent qu'aucun des avions stationnés par centaines en Afrique du Nord n'est disponible, alors que l'IS et le SOE font l'impossible pour empêcher l'OSS d'envoyer des agents en France, soudain un Halifax de la RAF

---

188. NARA, RG 226, E 97, B 8, F 118 (Personnel), *Algiers-OSS-OP-1, 2*, mémo du lieutenant W. A. Roseborough au colonel W. A. Eddy, 11 juin 1943, 1 p.

189. NARA, RG 226, E 97, B 39, F 670. Le 21 juin, Roseborough revient à la charge auprès du chef d'état-major de l'*Air Command Mediterranean*. Malgré l'appui, le 24, d'Eddy, Forrest B. Royal répond, le 26, par un refus. Les 5, 9, 10 juillet, Roseborough envoie de nouveaux mémos, toujours sans succès. Le 11, une réunion est décidée. En octobre, enfin, OSS-Alger a des avions (NARA, RG 226, E 97, B 39, F 674). Le 21 octobre, par câble n° 4097 (NARA, RG 226, E 97, B 40, F 711), on apprend que le premier test de parachutage sur la France depuis Alger a été passé avec succès la nuit précédente.

190. NARA, RG 226, E 190A, B 10, F 22, *Washington REG-INT-172*, mémo de Maddox à Shepardson, 2 p., à propos de la « crise » entre « Broadway » (*Intelligence Service*) et « Baker Street » (SOE-Londres). Sur cet épisode, *cf.* Fabrizio Calvi, *op. cit.*, p. 182-187.

s'avère libre, et, non moins soudainement, les Britanniques acceptent d'effectuer un parachutage pour l'OSS-Alger sur le Midi de la France, le premier jamais effectué depuis l'Afrique du Nord.

L'explication fournie par les historiens de l'OSS est cousue de fil blanc. Selon eux, ce stupéfiant revirement de situation serait dû au fait qu'une des radios britanniques du Midi de la France avait été prise et qu'il fallait en installer une autre[191]. En réalité, la seule station britannique capturée dans la région, *Napo*, l'avait été le 11 mai et, le 28 juin encore, on l'a dit, Hyde avait été contraint d'aller à Londres quémander un avion à Dansey.

Sans aucun doute, c'est un autre argument qui vint à bout de la prétendue pénurie d'avions. Une autorité supérieure imposa la décision. Et cette autorité était assez forte pour briser le veto des services et des militaires britanniques.

Si l'on se souvient que Churchill était à Alger jusqu'au 4 juin et si l'on sait que le parachutage de Frédéric Brown à Saint-Jean-de-Sault avait été d'abord prévu le 6[192], si, enfin, l'on prend en considération que Brown avait rendez-vous avec Moulin avant la réunion de réorganisation de l'AS, la mise à disposition d'un avion perd tout mystère.

Le réseau Roseborough

L'indépendance de l'OSS proclamée et la question du transport réglée, restait à Roseborough à donner ses directives à l'agent qu'il avait recruté.

C'était Frédéric Brown qui, vexé d'avoir été insulté et furieux d'avoir été ensuite isolé par Henry Hyde, avait à point nommé proposé ses services. Ne portant pas non plus le giraudiste Hyde dans son cœur, Roseborough avait volontiers récupéré Brown qu'il avait aussitôt envoyé suivre un stage de commando et de parachutisme pendant que lui-même pesait les avantages et inconvénients du personnage.

En fait, il n'avait guère le choix. L'impatience de Brown à repartir en France était déjà un bon point, qu'il eût laissé derrière lui un réseau constitué en était un autre, mais le plus important était que, fort d'une expérience unique, rompu à la clandestinité, lié aux organisations et mouvements méridionaux, Brown était sur la place d'Alger le seul

---

191. Kermit Roosevelt, *op. cit.*, p. 174-175. « En acceptant de parachuter la mission OSS, le SOE demanda à "Tommy" *[Brown]* d'emporter des radios et de l'argent pour reconstruire la station. »

192. Louis-Frédéric Ducros, *op. cit.*, t. 2, p. 111.

agent à la fois disponible et apte à mener à bien les missions prévues par Roseborough, tout en étant le seul aussi que, vu les services précédemment rendus, les Britanniques pourraient difficilement refuser de ramener en France, sa rupture avec les services giraudistes marseillais et ses bonnes relations avec les communistes de la même région constituant par ailleurs une quasi-garantie qu'il ne s'écarterait pas des missions fixées.

Il aurait deux objectifs à atteindre : l'un à terme, l'autre immédiat.

Pour préparer les conditions de la réussite d'un futur débarquement, il aurait à faire du renseignement et de l'action. Tout en développant le réseau déjà en place qu'il doterait de nouvelles radios, il aurait aussi à préparer des terrains de parachutage, d'atterrissage et de débarquement, à prendre contact avec les maquis pour lesquels il pourrait obtenir des parachutages d'armes et de matériel. Quant à l'argent, il n'aurait pas à lésiner[193]. Pratiquement doté des pleins pouvoirs, il aurait en quelque sorte à être la tête de pont américaine en France.

Brown l'entendit bien ainsi. Après son retour en France, sa modestie coutumière valut à nombre de ses nouveaux interlocuteurs de l'entendre dire avec son accent à couper au couteau : « Je suis les yeux et les oreilles de l'Amérique[194]. »

« Je suis la voix de l'Amérique », aurait-il pu également prétendre sans davantage exagérer, puisque aussi bien sa seconde mission était d'apporter à Jean Moulin la bonne parole américaine.

Devait-il lui remettre un message écrit ou verbal ? On l'ignore. Ce message venait-il du seul Roseborough ou de plus haut ? On ne sait. Mais, vu la détermination de Roosevelt à liquider De Gaulle et vu la décision de Churchill de retirer aux gaullistes la direction de la Résistance, compte tenu enfin de ce que l'on sait de Roseborough, il n'est guère difficile d'imaginer le sens général du message :

– soit Washington et Londres offraient leur appui à Moulin s'il rompait avec De Gaulle et amenait la Résistance intérieure de leur côté ;

– soit Roseborough proposait son soutien et son aide pour sauver ce qui pourrait l'être, au premier chef l'AS et les maquis, si lui, Moulin, se maintenait à la tête de la Résistance intérieure en refusant de la faire changer d'obédience ;

---

193. Un mois après le retour de Brown en France, le bruit courait qu'« il aurait débarqué avec deux milliards en poche pour les maquis » (CD-MUR, Bénouville à Monod, 15 juillet 1943, p. 4).

194. NARA, RG 226, E 194, B 99, F 419A, *French Resistance Tomy (Algiers) Paris-SO-OP-1, 4, 14, « Verbatim Report by "Roger"* [Cammaerts] *on an American Working in the Montelimar Area »*, 19 novembre 1942, et, même réf., *« Interview with Jockey with Reference to Fred Brown »*, 17 novembre 1942.

- soit, enfin, le message combinait les deux offres, un compromis étant possible sur la base d'une Résistance intérieure faisant du gaullisme sans De Gaulle.

Ce que rapporte Monod, à savoir que Roseborough avait mis sur pied une organisation très complète et avait des projets très précis de ravitaillement des maquis, va dans le même sens que la lettre du 10 juin de Moulin à Pierre Kaan qui distingue entre Résistance gaulliste et Résistance "gaulliste" pour affirmer sa volonté de maintenir la « pureté » de la Résistance intérieure et de respecter la volonté d'« indépendance » de celle-ci.

S'il s'agissait bien de cela, si le message apporté d'Alger avait bien pour objet de garantir à Moulin les moyens nécessaires à la vie et au développement indépendant de la Résistance intérieure, alors il est clair que Roseborough était l'homme idoine pour piloter toute l'opération. Non seulement il misait ouvertement sur la Résistance intérieure depuis l'automne 1942, non seulement il n'était suspect d'aucun penchant vichyste ou giraudiste, mais encore, cherchant de longue date à rompre au profit de l'OSS le monopole britannique sur la Résistance, il avait les moyens d'y parvenir. Car il était seul à disposer dans l'OSS et dans la Résistance intérieure d'une poignée de vieux amis habitués à travailler ensemble.

Comme lui, c'étaient tous des avocats du cabinet *Sullivan & Cromwell.*

Outre Allen Dulles, qui avait intégré cette firme dirigée par son frère Foster en 1930, un autre ancien de *Sullivan & Cromwell* était le chef de l'OSS-Genève : Max Shoop.

Né le 23 septembre 1887 en Pennsylvanie, Shoop avait passé de longues années au bureau parisien de *Sullivan & Cromwell*, où il avait été sept ans durant le patron de Philippe Monod. Les aléas de la guerre n'avaient pas rompu leur relation. En juin 1940, ils s'étaient revus à Bordeaux. Puis, tandis que Shoop, revenu aux USA, entrait à l'OSS, Monod, réfugié à Cannes, avait rejoint Combat, tout en étant en relation avec le général Cochet et avec le premier poulain des Américains, le général La Laurencie [195]. En contact avec le consulat des États-Unis à Marseille depuis mai 1941 [196], Monod avait, le 6 (ou le 7) novembre 1942, reçu un appel téléphonique de Shoop, qui, de passage à Marseille, lui donnait rendez-vous à Cannes. « Je savais qu'un homme de ce calibre n'était pas revenu en France pour y régler quelques dossiers [197] », dira plus tard Monod.

---

195. AN, 397 AP 1, « Note de Philippe Monod sur la Délégation en Suisse ».
196. NARA, RG 84, B 42, *Marseilles Consulate, General Records*, 1941, vol. XXXI, lettre signée « G. M. A. », 14 mai 1942.
197. AN, 397 AP 1, « Note de Philippe Monod sur la Délégation en Suisse ».

Le lendemain, les Alliés avaient débarqué en Afrique du Nord et Shoop franchi la frontière suisse juste avant sa fermeture, Noel Field et Allen Dulles faisant de même simultanément. Quelque temps rompu, le contact Shoop-Monod avait été renoué à la fin du mois de février 1943, quand Michel Pérez, dit « Micha », jeune ami genevois de Monod qui « rend*[ait]* des services » au SR de l'armée suisse tout en étant « le bras droit » de Shoop[198], avait invité Monod à le retrouver à Annecy. C'était pour confirmer la proposition formulée en novembre par Shoop : l'OSS était plus que jamais disposée à aider financièrement la Résistance. Monod avait immédiatement prévenu Frenay et, lors d'une réunion tenue début mars à Caluire[199], on avait décidé de s'informer davantage. Environ quinze jours plus tard, Monod, porteur d'un rapport sur l'Armée secrète rédigé à la hâte par Morin-Forestier et Aubry mais revu par Frenay, était chez Shoop, à Genève, puis à Berne, chez Dulles. Là, les trois anciens de *Sullivan & Cromwell* n'avaient eu aucune peine à jeter les bases d'un accord dont Monod était aussitôt allé rendre compte à Combat. De passage à Lyon, il avait vu Bénouville, qui l'avait escorté jusqu'à Villefranche-sur-Saône où Frenay résidait alors. Une réunion à Mâcon, en présence notamment de Claude Bourdet et du général Davet[200], avait abouti à la décision de renvoyer Monod à Berne, cette fois accompagné de Bénouville.

Le 4 avril, avec la complicité de Pérez et du SR suisse, ils avaient passé la frontière à Machilly. Les conversations avec Dulles et Shoop ayant confirmé tous les espoirs, Monod avait fait un rapide voyage en France pour rendre compte. Le 12 avril, après plusieurs entretiens avec Dulles et Shoop, Bénouville était à son tour rentré, avec 1 million de francs en poche, le « cadeau de fiançailles[201] » (3 autres millions) devant suivre par transfert bancaire.

---

198. NARA, RG 226, E 194, B 85, F 376, *NY-SI-PRO3*, *Washington Field Station Files*, mémo de R. L. Brittenham à John C. Hughes, 4 janvier 1943, donnant les coordonnées de « Micha Pérez » à transmettre à D'Oench, qui les a réclamées le 28 décembre 1942. *Cf.* aussi, NARA, RG 226, E 194, B 93, F 404, laissez-passer délivré par Thomas Cassady à Michel Pérez, « attaché à l'Armée des États-Unis et en service actif », 23 novembre 1944.

199. AN, 397 AP 1, « Entretien avec Philippe Monod », 18 juin 1955, ainsi que « Note de Philippe Monod à propos du livre de Bénouville, *Le Sacrifice du matin* ». Participèrent à cette réunion Claude Bourdet, Michel Brault, François Morin-Forestier, Henri Aubry et Pierre de Bénouville, ainsi que, selon une autre liste donnée également par Monod, Michel Rebattet et René Hardy. Selon Henri Frenay, *La nuit finira*, *op. cit.*, p. 301, la réunion se tint à Saint-Clair, au point A. Selon Guillain de Bénouville, *op. cit.*, p. 309, la réunion se tint aussi au point A, « une assez belle propriété à l'extérieur de Lyon ».

200. Y participent aussi : Berty Albrecht, Rebattet, Soulage.

201. DS-MUR, lettre du 7 juin 1943, Bénouville à Davet et Monod : « Dans le dernier courrier, je vous ai informés que le cadeau de fiançailles est bien arrivé. Ouf ! »

Née du réseau des anciens de *Sullivan & Cromwell,* la Délégation en Suisse des MUR, sortie intacte de la tempête politique du printemps, était devenue une articulation entre la Résistance intérieure et l'OSS. Le fait n'avait pu échapper à Roseborough. Et la Délégation en Suisse devait lui apparaître comme une carte importante dans son « projet très complet de ravitaillement des maquis » puisque, lorsqu'il envoya Brown à Moulin, il prit soin de lui adjoindre l'incertain « Georges », chargé, lui, d'aller à Berne informer Dulles et Monod des plans de leur ami de l'OSS-Alger.

Outre le trio Monod-Shoop-Dulles, l'habile Roseborough pouvait encore compter sur un autre vieil ami de *Sullivan & Cromwell,* le « chef national maquis » des MUR, Michel Brault.

Avant guerre avocat parisien du *Lloyd* britannique, Brault avait, à ce titre au moins, connu les avocats de *Sullivan & Cromwell.* En juillet 1940, à Bayonne, il avait rencontré l'inévitable Max Shoop qui, dit-il, lui avait déconseillé de gagner Londres, mieux valant demeurer faire du renseignement en France [202]. Si cela est exact – et la rencontre du même Shoop avec Monod à la même époque et dans la même région semble le confirmer –, il est clair qu'à peine la France écroulée les Américains préparaient déjà leurs futurs réseaux.

Rentré à Paris début août, Brault a la stupéfiante idée d'entamer sa carrière de résistant en se faisant agent double chez les Allemands, parmi lesquels il pense s'infiltrer grâce à une Américaine de sa connaissance mariée à un espion allemand. Il semble avoir renoncé à son projet en rencontrant une jeune femme qui allait vite le plonger dans le monde qui l'avait d'abord attiré, celui dans lequel les agents doubles le sont tellement qu'ils ne savent plus très bien eux-mêmes où est leur fidélité véritable.

Elle s'appelait Mathilde Carré et est entrée dans la légende des maudits sous le nom de « la Chatte ». En relation avec le commandant Simoneau et le colonel Achard, des services secrets vichystes, elle était aussi connue des Américains de Vichy [203], et c'est peut-être ainsi qu'elle entendit parler de Brault, avocat officiel de l'ambassade des États-Unis. Toujours est-il qu'elle alla le voir et sut se montrer assez convaincante pour être embauchée comme dactylo, son amant, l'officier polonais

202. AN, 397 AP 1, « Entretien avec Michel Brault », 30 septembre, 5 octobre 1949.

203. Il existe une abondante littérature sur « la Chatte », parmi laquelle on peut lire Gordon Young, *L'Espionne n° 1 : la Chatte*, J'ai lu, Paris, 1969, p. 23. Mais on prendra connaissance avec profit – et pas mal de stupéfaction – de l'étude que lui a consacrée Pierre Raynaud, en collaboration avec Charles Le Brun, in *Les Vomécourt*, chap. « L'Interallié », dactylographié, 73 p., s.l.n.d. (Toulouse, 1990), consultable aux AN, Fonds Pierre Raynaud.

Czerniawski (Armand), devenant non moins officiellement garçon de courses. En réalité, celui-ci organisait et dirigeait un réseau polonais, contrôlé par l'*Intelligence Service*, lié au 2e Bureau et au SR Air de Ronin, connu en outre des Américains. Brault ayant présenté nombre de relations utiles à ses nouveaux « employés », leur réseau se développait vite et bien quand la Chatte, arrêtée, changea de camp, livra à peu près tout ce qu'elle savait, notamment ses radios et ses codes, trahit ses compagnons et s'engagea avec « Armand » dans un double jeu bientôt devenu triple, en tout cas si compliqué qu'il n'est même pas certain que – c'est dire – Dansey lui-même en comprît tout [204].

De son côté, Brault n'avait pas perdu son temps. En possession d'un authentique *Ausweis* délivré par les autorités allemandes, il lui arrivait d'aller à Vichy « remettre des papiers » à l'ambassade américaine où il voyait le major Schow, officiellement attaché militaire mais, bien entendu, représentant des services secrets de l'armée des États-Unis [205].

D'autre part, dans les tout derniers jours de décembre 1941 ou les premiers de janvier 1942, Brault avait participé à une réunion de résistants, à Paris, où se trouvaient Frenay et peut-être Lemaigre-Dubreuil, futur mentor de Giraud mais déjà bien en cour dans les milieux américains de Vichy, ainsi que Pierre de Vomécourt, agent britannique de première importance [206]. Toutefois, quelques jours plus tard, le 16 janvier 1942, sans doute à cause de la Chatte, Brault avait dû fuir, alerter Schow à Vichy et Dulles à Berne, sans oublier les services français et britanniques. Réfugié à Cagnes-sur-Mer, il avait retrouvé Philippe Monod qui l'avait mis en contact avec Claude Bourdet [207], Henri Frenay, Max Shoop.

Un an plus tard, vers février 1943, les MUR lui ayant offert de diriger leur service de renseignement, Brault avait envoyé des émissaires à l'OSS-Berne et demandé à partir pour Londres [208]. L'échec de son

---

204. NARA, RG 226, E 190A, B 5, F 11, *Wash-REG-INT-153-155, Records Relating to Resistance History, Subject RIF/6*, interrogatoire de Renée Borni, *alias* Violette, 16 octobre 1944.

205. AN 397 AP 1, entretien avec M. Brault.

206. *Ibid.* Brault donne la liste suivante des participants : Frenay, Pierre de Vomécourt, Teddy Rasson, Pierrat, Élisabeth Dussauze, Ingrand, Lemaigre-Dubreuil, « venu tout de suite à la résistance et qui y avait amené pas mal de camarades de la Cagoule ». Henri Frenay, *La nuit finira*, *op. cit.*, p. 138, donne une liste différente : Élisabeth et Paul Dussauze, André Noël, Jacques Dhont, Tony Ricou, Jeanne Sivadon, Odile Kienlen, Henri Ingrand, Jacques Lecompte-Boinet, Charles Le Goalez, François Morin-Forestier. Il ne fait aucune allusion à Lemaigre-Dubreuil et n'évoque pas la présence de Brault. Mais, p. 140, il relate sa première rencontre avec celui-ci, en présence de Pierrat et de Vomécourt, sans toutefois mentionner Lemaigre-Dubreuil.

207. Claude Bourdet, *op. cit.*, p. 81.

208. NARA, RG 226, E 190, B 254, F 775, *London-OSS-OP*. Maddox écrit à H. B. Taylor, le 19 mars 1943, pour signaler que Shoop ou Dulles (« notre homme en

projet avait amené Jean Gemähling, ancien du Centre américain de secours à Marseille, à la tête du SR-MUR, tandis que Claude Bourdet, qui entendait utiliser les excellentes relations de Brault avec les services secrets anglo-saxons, lui proposait, lors d'une visite à Cagnes, de prendre la direction du nouveau service des Relations extérieures, c'est-à-dire la liaison avec les services secrets.

Toutefois Frenay avait préféré Bénouville, Brault héritant de la Direction nationale des maquis [209]. Ce n'était ni un lot de consolation ni une sinécure. Pour cause de Service du travail obligatoire décrété à la mi-février, les jeunes hommes requis se réfugiaient dans les campagnes, les forêts et les montagnes où les maquis se multipliaient et grossissaient à vue d'œil sans que l'on sût quoi faire de ce petit raz de marée inattendu et sans que l'on eût les moyens de vêtir, chausser, nourrir, entraîner et armer ces jeunes troupes.

Héritant d'une situation ingérable, Brault s'attaqua à la tâche sans jamais parvenir à faire l'unanimité sur son nom et son action, les critiques et les contestations ne venant pas seulement des communistes [210]. Pour couronner le tout, l'ordre de liquidation des maquis lui était parvenu à la mi-juin. Autant dire qu'il était prêt à accueillir favorablement l'offre d'aide de son ami Roseborough.

Le plan de Roseborough n'avait donc rien d'utopique. Avec Dulles à Berne, Shoop à Genève, Monod à la Délégation des MUR en Suisse, Brault aux maquis des MUR, il avait assez d'atouts en main pour développer un efficace réseau d'aide aux troupes des Mouvements de la zone sud ; et si Jean Moulin acceptait son offre, il contrôlerait de surcroît par le haut l'AS dans tout le pays. D'un mot, toutes les forces armées de la Résistance intérieure seraient sous sa coupe.

S'il réussissait, il ferait d'une pierre plusieurs coups : ayant damé le pion simultanément aux Britanniques, aux giraudistes, aux politiques et militaires américains, aux communistes et même à De Gaulle, il serait en mesure de mettre Washington devant le fait accompli. Et qui

---

Suisse ») demande au Comité national français d'approuver la venue de Brault à Londres : « *[Il]* représente plusieurs groupes français de Résistance (...) son voyage vaut la peine. »

209. AN 397 AP 1, entretien avec Brault, p. 12 : « (...) à Bénouville (qui, peut-être, dit Brault, aurait été mieux fait pour les maquis) (...) furent confiées les Affaires étrangères ».

210. AN, 397 AP 1, « Entretien avec le lieutenant-colonel Claude André Pavelet (Villars) », chef de maquis R3 : Brault n'était « pas du tout fait pour être chef national Maquis (...) certaines de ses initiatives furent néfastes (...) Jérôme *[Brault]*, n'était pas aimé dans les maquis (...) Il est fort heureux qu'on ait décidé de l'envoyer en Angleterre ».

pourrait alors ne pas entériner son initiative si la Résistance intérieure avait échappé à De Gaulle tout en restant sous le contrôle d'un Moulin soutenu par lui ?

Mais s'il échouait, il aurait des ennuis.

C'est exactement ce qui arriva. Le 28 juin, neuf jours après la rencontre Brown-Moulin et sept après Caluire, Washington déterra subitement le rapport au vitriol rédigé par Roseborough à la mi-février 1943 [211]. Avec quatre mois de retard on le sanctionna officiellement pour avoir critiqué la politique des États-Unis et dénoncé l'accord avec Darlan. En réalité, ce rapport servit de prétexte au limogeage de son auteur [212] et à la « purge (…) des autres progaullistes de l'OSS en Afrique du Nord [213] ». Le 21 juillet 1943, Donovan releva Roseborough de ses fonctions [214]. Aussitôt chassé d'Alger, expédié à Londres [215], puis à Washington [216], il y arriva en août. Demeuré sans affectation à l'OSS, ses multiples tentatives de retourner en Afrique échouèrent. Découragé, il écrivit à son successeur à la tête du 2 677e détachement expérimental d'Alger : « Comme vous pouvez l'imaginer, cela fut une tragédie personnelle pour moi [217]. »

Mais qu'avait-on fait payer au juste à Roseborough, l'échec de son plan ou autre chose ?

Certainement pas l'échec de son offre à Moulin qui, aussitôt revenu à Lyon, ordonna de convoquer la réunion d'installation des nouveaux dirigeants de l'AS et distribua par avance les deux rôles principaux.

---

211. NARA, RG 226, E 97, B 14, F 237, *North African Situation, Algiers SI-INT-1, 2*, mémo de Warwick Potter à Mme Barnes.

212. Fabrizio Calvi, *op. cit.*, p. 155 : « Les Américains tiendront rigueur *[à Roseborough]* d'avoir critiqué les accords Eisenhower-Darlan de novembre 1942. Rappelé à Washington (…). »

213. Richard Harris Smith, *op. cit.*, p. 177. L'auteur précise que sous la houlette de Henry Hyde, le *Secret Intelligence* d'OSS-Alger devint le point de ralliement des antigaullistes locaux, de Lemaigre-Dubreuil à Saint-Exupéry, « vieil et proche ami de Donovan » et « lumière intellectuelle du groupe ». Anthony Cave Brown, *op. cit.*, p. 320-327, estime pour sa part que Roseborough ne pouvait s'entendre avec les services giraudistes auxquels, depuis janvier 1943, Donovan versait mensuellement 70 000 dollars.

214. NARA, RG 226, E 97, B 42, F 731, câble de Donovan, 21 juillet 1943, qui désigne le capitaine Paul Van der Stricht coordonateur des activités SO des missions OSS à Londres, Alger, Le Caire.

215. NARA, RG 226, E 190, B 227, F 376, lettre de Bruce à Donovan, 30 juillet 1943, qui signale la présence à Londres de Roseborough.

216. *Ibid.*, lettre de Bruce à Donovan, 9 août 1943, qui signale que Roseborough est en route pour les États-Unis.

217. NARA, RG 226, E 168A, B 1, F9, Roseborough W. A., *New York-SI-PERS-4, Field Station Files*, lettre de Roseborough, New York, à Ted Ryan, Alger, 24 novembre 1943.

Comme inspecteur général de l'AS pour la zone nord, il choisit Raymond Aubrac, qui avait été élève de l'université Harvard et du *Massachusetts Institute of Technologie* (MIT), avant de créer à Washington un bureau de patentes plus ou moins lié aux milieux juridiques new-yorkais [218]. Au printemps 1943, Aubrac était favorable à l'idée de voir la Résistance intérieure subventionnée par les Américains : « Je peux dire que je comprenais le désir d'une aide américaine et que j'avais un petit espoir de voir les Américains amener leur puissance, non seulement au camp allié sur le plan de la guerre mondiale, mais aussi à la Résistance intérieure [219]. »

Et en remplacement du général Delestraint, au lieu de choisir le second de celui-ci, le général Desmazes, Moulin désigna, à titre intérimaire, le colonel Schwartzfeld, membre de France d'Abord, une organisation dirigée par les frères Georges et Marcel Cotton. « Le groupe Cotton est plutôt orienté vers l'action militaire, mais n'est pas d'obédience gaulliste [220] », écrit l'historienne Dominique Veillon. En fait, les frères Cotton appartenaient à la « chaîne Armor » du réseau OSS « Médusa ». En novembre 1944, l'OSS déclara officiellement :

> « Georges Cotton (...) avait une petite équipe sous ses ordres qui travaillait étroitement avec lui et aucun d'eux ne s'est jamais refusé à rendre service en faveur de la Cause. Cette équipe comprenait : (...) Schwartzfeld, colonel [221]. »

D'autre part, le plan de Roseborough n'avait pas non plus échoué du côté de la Délégation en Suisse des MUR. A peine informé par « Georges », Monod écrivit à Bénouville :

> « Il faut que nous sachions profiter de cette situation et nous le pouvons si nous savons agir vite et frapper juste. Tout d'abord, nous demandons aux Américains de faire d'urgence savoir à Roseborough que Jérôme *[Brault]* son ami s'occupe des maquis sur le plan national et en le priant de donner ordre à ses émissaires de passer par lui ou du moins par le délégué qui représenterait conjointement le maquis et

---

218. Raymond Aubrac, *op. cit.*, p. 38-43.

219. Id., *Libération*, 9 juillet 1997, p. XII. R. Aubrac évoque ici, et dans d'autres passages voisins, l'épisode de l'« affaire suisse » précédemment traitée.

220. Dominique Veillon, *op. cit.*, p. 330.

221. NARA, RG 226, E 194, B 93, F 404, *Paris SI-OPS-21*, « Première liste. Personnes ayant travaillé pour nos services, section "Medusa", chaîne "Armor" », par Frank Schoomaker, avec lettre d'accompagnement de T. G. Cassady à Jacques Soustelle, DGER, 28 novembre 1944. Autres personnes ayant appartenu à l'équipe de Georges Cotton : Marcel Cotton, Maurice Dreyfus, Marceau Rodes, Marguerite et Suzanne Stobz, Georges Courty, Simone Lévy. La liste d'"Armor", classée par ordre alphabétique, compte vingt-deux autres noms, allant de la lettre A à la lettre F. La suite manque.

> l'AS (...). Je crois qu'à cet égard l'amitié que Roseborough a pour Jérôme et moi en ajoutant à l'affaire un facteur de confiance personnelle devrait nous aider beaucoup. »

Mais Monod s'élevait contre les initiatives déjà prises par les envoyés de Roseborough :

> « L'affaire Roseborough, dont les émissaires ont déjà parcouru les maquis, nous a valu aujourd'hui même la visite d'un de nos chefs AS qui avait reçu il y a trois jours *[le 1er juillet]* un de ces envoyés *[Brown ?]* qui lui demandait d'assister à une réunion au cours de laquelle les besoins des maquis et de l'AS seraient examinés. Ce chef que j'appellerai F *[?]* a refusé très sagement cette invitation tant qu'il n'aurait pas de garantie. Sur le conseil de Faure *[Valette d'Osia]* et de Montout *[?]* il est venu nous en demander (...). F qui repart demain ira donc dès son retour voir Jérôme, lui expliquera en détail ce qu'il sait et ce qu'il a appris ici. Ensemble, ils envisageront ce qu'il faut faire pour que la liaison avec Roseborough profite à l'ensemble de l'organisation au lieu d'être une source de désordre, de confusion et d'indiscipline. »

Toujours prudent et clairvoyant, Monod ne se contentait pas de se demander si les projets de Roseborough étaient bien réels, il y voyait aussi l'indice d'une profonde divergence de vues entre Anglo-Saxons :

> « Pour le moment on peut en tirer une conclusion qui est encourageante ou au contraire décourageante suivant le point de vue auquel on se place, c'est que la politique américano-britannique en ce qui concerne l'aide aux maquis manque d'unité. Les projets de Roseborough, s'ils correspondent à la réalité, sont en complète contradiction avec ce que nous savons des intentions de Londres qui aboutiraient en fait à liquider les maquis et à intégrer à l'AS ses éléments les plus sûrs en ne conservant que quelques noyaux des effectifs maquis. »

Ayant ainsi montré qu'il était informé de l'arrêt du 18 juin portant liquidation des maquis (et son correspondant l'était visiblement aussi) mais qu'il ne voyait pas la cohérence de mesures que nous savons, nous, en réalité complémentaires, Monod se raccrochait aux bonnes paroles prodiguées par Shoop, particulièrement éclairantes :

> « Il est juste de dire que tel n'est pas l'avis de Perrichon *[Shoop]* qui croit que l'unité de vues existe entre Londres et Alger et que la contradiction n'est qu'apparente. Je crois qu'un proche avenir nous dira s'il a ou non raison[222]. »

---

222. DS-MUR, Monod à Bénouville, 4 juillet 1943. Le 5 juillet 1943, Monod, sans se départir de sa prudence, écrivit à Jérôme (Brault) pour l'informer de la liaison avec Roseborough : « L'affaire d'Alger, dont notre ami Arthur *[Roseborough]* est le metteur

A l'heure où il écrivait ces lignes, Jean Moulin et toute la nouvelle direction de l'AS étaient aux mains des Allemands depuis treize jours.

Et c'était cela que Roseborough allait payer au prix fort. Car le désastre de Caluire était une conséquence indirecte du retour de son émissaire.

Le retour de Frédéric Brown

Le 19 juin 1943, quand Brown sauta au-dessus des champs de lavande de Saint-Jean-de-Sault, il savait que de graves événements s'étaient produits pendant son absence. Mais tous ne lui étaient pas connus.

Les problèmes avaient commencé deux jours après son départ de France. Du sous-marin *Marsouin* qui, dans la nuit du 7 au 8 mai, l'avait embarqué pour le ramener à Alger, cinq hommes avaient pour leur part débarqué. Les ayant juste croisés dans l'obscurité, Brown les avait laissés aux bons soins du comité d'accueil dirigé par Michel Hacq et « Max » Delabre.

Tous étaient français, mais ils appartenaient à trois services secrets différents.

Étienne Bollot était un radio envoyé par Henry Hyde pour créer un second réseau OSS. On ne sait s'il eut le temps de mener à bien sa mission car il fut arrêté en juillet, traité en espion et fusillé. Sa chute était vraisemblablement due à ses contacts locaux.

Deux autres agents, Gabriel Francart (Ber) et Louis Georges Gay (Ney ou Jules), appartenaient à l'*Intelligence Service*. Agé de trente-neuf ans, Francart fut sans doute heureux de voir Hacq sur la plage. Ancien

---

en scène, est encourageante s'il est exact qu'il s'agisse d'un programme de grande envergure et non d'opérations isolées, destinées à relever le moral ou à tromper l'attente de ceux qui espèrent. » Le 7, Davet ayant vu Shoop et Legge, Monod écrit à Bénouville : « Les Américains sont plus que jamais décidés à s'en tenir à une politique d'attente qui leur est imposée mais qu'ils regrettent (...). Nous avons obtenu de Poirier *[Legge]* l'assurance que, si un jour prochain l'aide aux maquis reprenait, rien ne se fera que par notre intermédiaire. » Le 15 juillet, Bénouville, accaparé par des urgences et par l'affaire Hardy, réagit enfin pour reprocher à Monod d'avoir envoyé quelqu'un directement à Brault, qui, du reste, a manqué de peu être arrêté et s'est « mis au vert ». Il faut, dit-il, « organiser au plus vite une entrevue entre Jérôme et l'envoyé d'André *[Roseborough]* (...) je voudrais y assister ». Il réclame une adresse où joindre l'envoyé afin d'organiser la rencontre avec Brault. Au demeurant, il n'est pas surpris : « Nous étions au courant par des membres du mouvement Carte rattaché de la présence en France d'un officier américain qui aurait débarqué avec deux milliards en poche pour les maquis. Je ferai contacter ce type qui doit être un des émissaires de l'envoyé d'André et te tiendrai au courant. Mais quel désordre ! »

de la police judiciaire, il le connaissait déjà (mais Hacq disait le contraire). Quant à Gay, il avait, semble-t-il, milité auparavant dans les rangs de la Résistance lyonnaise.

Les deux derniers appartenaient aux services giraudistes. Leur identité est un peu douteuse, mais le recoupement de plusieurs sources permet de conclure avec un fort degré de vraisemblance qu'il s'agissait du capitaine Avallard (Jean-Marie, Roger) et du lieutenant Christian Durmeyer (Merlin, Christophe Dunoyer) [223]. Le premier avait auparavant fait l'objet d'un rapport très critique de l'OSS [224], et le second était l'un des bons amis de René Hardy. En 1941 et 1942, ils avaient par deux fois tenté de gagner ensemble l'Afrique du Nord. C'était aussi le fils du général Durmeyer, qui, en 1942, avait fait entrer Hardy dans l'AS du Gard [225].

Trois jours après l'arrivée de ces agents, le 10 mai, la radio SOE *Napo*, celle de Jacques Roux, avait alerté Alger en accusant Francart de double jeu. Deux jours plus tard, la radio d'Hacq et de Richez, *Mexico*, accusait à son tour Francart d'avoir, dès son arrivée, lié une relation avec une femme louche, apparemment slave et adorant les bijoux. Plus grave, Francart avait été vu au bar *Noailles*, connu pour être un repère d'Allemands. Franchement inquiétant était aussi le fait qu'il avait cherché à apprendre des noms et des adresses, notamment en questionnant Jacques Roux.

Entre-temps, le 11 mai, *Napo* était tombée aux mains des Allemands. Roux et Delabre s'en étaient tirés d'extrême justesse ; Gay, présent sur

---

223. Michel Garder, *op. cit.*, p. 372 et 374, donne Avallard arrivé par le sous-marin de juillet, de même que Navarre (p. 266). Mais, p. 264, ce dernier, qui confirme qu'Avallard et Durmeyer faisaient équipe, indique que leur mission consistait à implanter le réseau « TR Jeune », dont la mise en place débuta en mars 1943. Paul Paillole (*op. cit.*) confirme la mission Avallard-Durmeyer (p. 508) et ajoute qu'avant le départ d'un autre agent, Pimont, en juillet (p. 507), il avait donné à celui-ci la possibilité de joindre « TR Jeune » et que la mission « Larva » de « TR Jeune », celle d'Avallard et Durmeyer, transmit les messages de Pimont par l'opérateur radio « Dick » (Vincent). D'où résulte qu'Avallard et Durmeyer étaient arrivés avant juillet. Pour leur part, Fabrizio Calvi (*op. cit.*, p. 149) et Gilbert Guillaume (*op. cit.*, p. 247) donnent Avallard et Durmeyer arrivés par le *Marsouin* du 7-8 mai. Gay, dans son interrogatoire, à Londres, le 15 février 1944, indique que « Merlin » (Durmeyer) et « Roger » (Avallard) sont arrivés par le *Marsouin* du 7-8 mai. Le rapport Abwehr du 14 mars 1944 donne également « Roger » et « Christian » (Avallard et Durmeyer) arrivés en mai. Hacq, dans son rapport d'août 1943 au réseau Ajax, donne le capitaine « Roger », du 2e Bureau d'Alger, arrivé par le *Marsouin* du 7-8 mai.

224. NARA, RG 226, E 190A, F 5, B 3, *Records Relating to Resistance*, réf. ancienne 384-001-505/6, source « M. C. », synthèse du 3 novembre 1943.

225. AN 334 AP 24, premier procès Hardy, 20 janvier 1947, interrogatoire, p. 27-28. Guillain de Bénouville, *op. cit.*, p. 143.

les lieux, ne devant qu'à sa présence d'esprit de n'être pas pris. Mais deux émetteurs-récepteurs, des messages codés et décodés, ainsi que le livre servant à chiffrer (*Du contrat social*, de Jean-Jacques Rousseau) étaient tombés aux mains de l'ennemi. De surcroît, les parents de Jacques Roux avaient été arrêtés. Plus tard, en 1944, à Londres, Brown réitéra les accusations contre Francart, et son opinion fut adoptée par le contre-espionnage américain : « BER *[Francart]*, (...) est un traître [226]. »

Ce n'était pas tout. Louis Georges Gay avait lui aussi fauté. Non content de partager les beuveries de son équipier et de négliger les conseils de prudence, il avait mené la belle vie et s'était incrusté chez Jacques Roux alors qu'on savait douteuse la sécurité de l'appartement. En 1944, à Londres, les enquêteurs qui entendaient Brown interrogèrent en même temps Gay. Leur verdict fut clément : « Personne ne semble avoir accusé Gay de rien et il n'y a ni plainte ni preuve de sa déloyauté [227]. » Alors pourquoi l'avait-on soumis à une enquête de contre-espionnage ?

En réalité, l'affaire Gay était rien moins que limpide.

Tout d'abord, selon Gay, Francart avait été arrêté le 11 mai, mais relâché presque aussitôt par un inspecteur français nommé Bresset. Puis Francart avait à nouveau disparu le 20 juin pour ne reparaître que le 2 juillet, justifiant son absence par un voyage à Paris. Mais Brown ajoutait que Francart était accusé par le pasteur Roux de l'avoir trahi délibérément lors d'une confrontation organisée par les Allemands. Francart aurait dénoncé le pasteur en disant : « C'est lui, il a un émetteur chez lui [228]. » Et cette trahison aurait eu lieu, si l'on comprend bien les déclarations très confuses et pleines de réticences de Brown, vers le 20 juin.

Ensuite, et c'est le plus ahurissant, à en croire un rapport de l'Abwehr, Gay aurait momentanément pénétré la Gestapo marseillaise. Le 13 juin, pour une raison jamais mentionnée dans les documents accessibles, il se serait présenté au SD de Marseille, auquel il aurait offert ses services [229]. Il aurait dit arriver d'Afrique du Nord, amené par sous-marin, pour contacter Jacques Roux, Francart et Hacq. « Pour prouver sa bonne foi, il permit aux Allemands d'arrêter Francart le

---

226. NARA, RG 226, E 194, B 99, F 419A, *French Resistance Tomy (Algiers) Paris-SO-OP-1,4,14, « Captain Fred Brown »*, BSSGC/KV/1075 à BSS, 23 février 1944.

227. *Ibid.*, mémo du major Richard Warden à Blum, 29 février 1944, confirmant mémo BSSGC/KV/1075, 23 février 1944. *Cf.* aussi, mêmes réf. NARA, *« Interrogation of Ney, @ Jules, Real Name Louis Georges Gay »*, 15 février 1944, 5 p.

228. *Ibid., « First Interrogation of Fred Brown »*, 15 février 1943.

229. NARA, RG 226, E 119, B 4, F 22, *« Brown Fred, London-X2-INT-2, 8 »*, chronologie de l'affaire Brown d'après les rapports CE allemands, anonyme.

29 juin, et s'engagea à retourner en Afrique du Nord pénétrer le service américain pour le compte des Allemands [230]. » Gay étant reparti pour Alger le 14 juillet, *via* l'Espagne [231], et la Gestapo n'ayant plus entendu parler de lui, elle pensa s'être fait rouler.

Gay avait-il tenté cette opération de pénétration de sa propre autorité ou sur ordre – et de qui ? Pourquoi avait-il tenté ce coup extrêmement risqué le 13 juin ? Pour quelle raison avait-il tant tenu ce jour-là à fréquenter la Gestapo et à se trouver dans ses murs ? Voulait-il y voir quelqu'un ? Avait-il un message à passer à un détenu ?

Ni Gay ni les enquêteurs du contre-espionnage de l'OSS ne se posèrent l'une quelconque de ces questions et ne soufflèrent mot de tout cela dans leurs rapports.

Dans ces conditions, c'est peu de dire qu'en sautant au-dessus de Saint-Jean-de-Sault Frédéric Brown se jetait sur un terrain miné. A l'exception des maquisards venus réceptionner le parachutage, tous ceux qui étaient arrivés de l'extérieur (« Max » Delabre, « Dick » Vincent, Michel Hacq, Lili Méré) étaient non seulement repérés par les Allemands et susceptibles d'être suivis, mais, de surcroît, ils étaient pris dans un inextricable réseau d'intrigues, de relations louches et de trahisons.

De plus, le comité d'accueil présent à Saint-Jean-de-Sault comportait un autre personnage compromis : Jean-Marie Fournier.

Sous-officier de l'armée de l'air, Fournier avait été arrêté le 20 mai par la police française pour s'être soustrait au travail en Allemagne. Ayant bénéficié d'un délai de grâce destiné à mettre ses affaires en ordre, il s'était réfugié chez un ami, à Saint-Raphaël. Là, en attendant de pouvoir passer en Afrique du Nord [232], il avait sollicité et obtenu l'aide de Michel Hacq. N'ignorant certainement pas que Fournier appartenait au 2e Bureau [233], sans doute au SR Air, Hacq lui avait offert une place à bord de l'avion qui, le 6 juin, croyait-il alors [234], devait atterrir à Saint-Jean-de-Sault, déposer Brown et regagner Alger.

Si Hacq s'était mieux enquis des relations de Fournier, il aurait

230. NARA, RG 226, E 190, B 30, F 122, *Bern OSS-PTS-13, « German Penetration of the American Intelligence Service »*, p. 2.

231. NARA, RG 226, E 194, B 99, F 419A, *« Interrogation of Gay »*, 15 février 1944. Gay fut arrêté en Espagne, relâché le 23 novembre et, par Madrid et Gibraltar, parvint à Casablanca, puis à Londres, où il arriva le 12 février 1944, en même temps que Frédéric Brown, pour y être interrogé.

232. Sylvain Villard, *op. cit.*, p. 122-123.

233. NARA, RG 226, E 194, B 99, F 419A, *« First Interrogation of Fred Brown »*, p. 2 : « Fournier, un officiel du 2e Bureau ».

234. Louis-Frédéric Ducros, *op. cit.*, t. 2, p. 111.

appris qu'il fréquentait l'incertaine Yvette Costal (mais si Yvette Costal était Lili Méré, Hacq était d'autant mieux disposé envers son protégé). Toujours est-il qu'Yvette Costal était amie d'un autre radio clandestin, Henri Thibaudet, et d'Albert Hécart, beau-frère de Fournier. Mais, depuis 1941, elle était aussi amie d'un certain Jean Jalabert[235]. Or, « au début de 1943, Jalabert était réapparu. Il se présentait alors comme israélite et cherchait une filière pour passer en Afrique du Nord. Yvette Costal l'avait présenté à Thibaudet et à Hécart, pensant qu'ils aideraient cet homme en détresse ».

En réalité, comme on s'en souvient, Jalabert était au service des Allemands et il était en train de remonter la filière « Acropolis », laquelle, on le sait, déboucha sur l'affaire « Flora » et sur l'arrestation de Léon Brown, suivie de la trahison de celui-ci. Depuis le mois de mai, Jalabert faisait équipe avec Léon Brown. Il en fut d'ailleurs de même jusqu'à ce qu'ils périssent ensemble, au printemps 1944, exécutés l'un et l'autre par les Allemands qu'ils avaient voulu doubler au profit des services secrets français. Entre-temps, ils avaient commis plusieurs graves forfaits.

Pour ce qui nous intéresse directement, le plus significatif de ceux-ci concerne le seul Jalabert.

Peu de temps après son arrivée à Saint-Jean-de-Sault, Frédéric Brown fut logé dans la villa *Esperanza*, 23, rue Martin-Brignaudi, quartier Roucas-Blanc, à Marseille. La maison appartenait à la famille Fournier et servait de base à une filière d'évasion vers l'Afrique du Nord. A une date qui varie selon les témoignages, mais, semble-t-il, entre le 3 et le 9 juillet, une équipe de la Gestapo l'investit et y trouva, paraît-il, l'incertaine Yvette Costal, qui aurait été arrêtée en même temps que Lili Méré. Comme par hasard, et selon cette dernière, les assaillants étaient dirigés par Bauer, responsable du bureau Palmiéri, pour lequel, on se le rappelle, travaillait le soi-disant agent double et futur époux de Lili Méré.

L'intérêt de l'arrestation de Lili Méré n'échappe pas du tout au SD. Le contre-espionnage américain s'est plus tard basé sur des rapports de l'Abwehr pour noter : « *[L']* importance *[de Lili Méré]* doit avoir été reconnue puisque le rapport de son interrogatoire fut fait par le "Chef du Sipo et SD" » en personne[236]. Et le X 2, se basant toujours sur les

235. *Ibid.*

236. NARA, RG 226, E 190, B 30, F 122, *Bern OSS-PTS-13, « German Penetration of American Intelligence Service »*, p. 3. Le chef du Sipo-SD marseillais était alors le *Sturmbannführer* Muller (ou Mueller), *alias* Moritz (NARA, RG 226, E 190A, B 10, F 22, *Washington-REG-INT-172, « Heads of German Intelligence Organisations in Marseilles »*, de « Saint London » à « Saint Washington ».

documents de l'Abwehr, ajoute : « Lili More *[Méré]* révèle d'importantes informations sur Murchie *[F. Brown]*, plus que ce qui était par ailleurs connu [237]. »

Ainsi donc, Lili Méré aurait été arrêtée au début du mois de juillet 1943. Or, juste avant, vers le 29 juin et jusque dans les premiers jours de juillet, peut-être jusqu'au 7 [238], elle avait séjourné, avec Frédéric Brown et « Max » Delabre, à Thines, près des Vans, en Ardèche. Ils y avaient logé dans une autre maison de la famille Fournier. Pendant leur séjour, ils avaient repéré les terrains de parachutage possibles et installé une radio, celle de Gaston Vincent, *Azur*. Avant de regagner Marseille, Lili Méré avait même laissé des affaires personnelles dans la maison [239], comme si elle avait l'intention d'y revenir bientôt.

Mais, le 31 juillet, après l'arrestation de Lili Méré et son interrogatoire par le chef de la Gestapo, le vieil ami d'Yvette Costal et néanmoins agent de la Gestapo Jalabert arrive à Thines, où de jeunes FTP de la Drôme, convoqués par « Dick » Vincent, bivouaquent depuis le 18 juillet dans l'attente d'un parachutage promis par Brown. Excipant de son amitié avec Jean-Marie Fournier, Jalabert contacte les FTP et repère les lieux. Le 4 août, alors que Frédéric Brown est peut-être à proximité immédiate, un fort contingent de soldats allemands arrive, attaque les jeunes FTP et, malgré leur résistance désespérée, en tue sept ou huit, un ou deux parvenant à s'échapper [240].

Le chercheur qui a étudié cette tragédie s'est demandé comment la Gestapo de Marseille avait pu, le 9 juillet ou très peu après, présenter à Albert Hécart (le beau-frère de Fournier et lié à l'incertaine Yvette Costal), arrêté entre-temps, un plan de la région de Thines en lui

---

237. NARA, RG 226, E 119, B 4, F 22, *Brown Fred*, *London-X2-INT-2,8*, chronologie de l'affaire Brown selon les rapports du contre-espionnage allemand, anonyme.

238. NARA, RG 226, E 97, B 40, F 707, *London Correspondance*, *Algiers-SO-OP-9*, « Rapport de la 3e mission en France par Tomy », p. 1 : « Vers le 29 juin, étant parti pour établir mon état-major à Vans (Ardèche) (…). Après avoir tout réglé à Toulon, le 7 juillet 1943, je suis parti vers Marseille (…). » On ne saurait accorder une importance démesurée aux dates données par Brown, elles sont presque toutes erronées.

239. Sylvain Villard, *op. cit.*, p. 88n : « Selon une lettre adressée par Brown à sa collaboratrice (archives privés *[en fait celles de F. Brown]*) ».

240. Dans les interrogatoires de F. Brown, à Londres, en 1944, il n'est jamais question de l'affaire de Thines. Brown y fait allusion dans son rapport de troisième mission, mais la situe entre le 15 et le 20 août, n'indique pas que les victimes étaient FTP (l'une d'entre elles était liée à l'OS du PC), et met tout sur le compte des Anglais qui auraient provoqué le drame en refusant *in extremis* de faire le parachutage. En réalité, les refus de parachutage, bien réels, sont intervenus après l'affaire de Thines – premier document daté du 7 août 1943, *in* NARA, RG 226, E 190, B 254, F 777, *Chrono File, June-August 1943, London OSS-OP-34* ; voir aussi plusieurs documents *in* NARA, RG 226, E 97, B 711, *Algiers SO-OP*.

demandant de préciser l'emplacement du terrain de parachutage. « A ce moment, les Allemands avaient donc recueilli d'autres informations dont la provenance n'est pas connue [241] », constate-t-il fort justement. Est-il bien nécessaire d'en dire davantage [242] ?

Disons-le tout net : la tragédie de Thines s'explique mieux si l'on sait fausse la version officielle de l'arrestation de Lili Méré.

Elle était entre les mains des Allemands bien avant la première décade de juillet. Elle avait été prise avant le 13 juin, jour où, comme on l'a vu, Gay avait tenté d'infiltrer la Gestapo marseillaise.

Les preuves sont dans la correspondance de la Délégation en Suisse des MUR.

Le 2 juillet 1943, Armand Magescas, adjoint de Bénouville, écrit à Philippe Monod et au général Davet :

> « Ce mot m'a été dicté pour vous par 3 *[Bénouville]* qui est actuellement en zone Nord. Il répond à votre courrier 27, mais il n'a eu connaissance ni de votre courrier 28, ni de votre courrier 29. »

Il convient de rectifier une erreur, sans doute due à l'urgence explicitement évoquée par Magescas dans le même paragraphe : les derniers courriers en provenance de Genève n'étaient pas numérotés 27, 28, 29, mais 17, 18, 19. Le 17 datait du jeudi 10 juin [243].

C'est donc en réponse à une lettre du 10 juin que, le 2 juillet – avant la date officielle d'arrestation de Lili Méré –, Bénouville fait écrire à Monod :

> « *Affaire 21.4.16.6.18.14.14.2.* – Les ordres sont immédiatement donnés aux G*[roupes]* F*[rancs]*. L'impossible sera fait. Je vous tiendrai au courant. »

Dans le dossier de la correspondance de la Délégation en Suisse, au-dessus du groupe chiffré, Henri Frenay a écrit : « Lily Meré ».

---

241. Louis-Frédéric Ducros, *op. cit.*, p. 113. Le prisonnier interrogé était Albert Hécart, beau-frère de Jean-Marie Fournier.

242. Dans sa note à la DST, Lili Méré attribue à Fournier la responsabilité de la tragédie de Thines. Elle affirme aussi qu'il aurait avoué lors d'un « procès » public que lui aurait fait le maquis de Sault, vers le 15 octobre 1943. Mais elle précise avoir connu une seule personne dans l'assistance, le fils du colonel Beyne, chef du maquis. Questionné par l'auteur, Henri Beyne (conversation du 22 septembre 1998) affirme catégoriquement n'avoir pas été à Sault à cette époque et n'avoir jamais entendu son père lui parler de ce prétendu jugement. Max Fischer, second du maquis, n'a pas davantage entendu parler de cette histoire (entretien du 25 septembre 1998).

243. DS-MUR, Magescas (3 bis) à 1 et 2 (Davet et Monod), 2 juillet 1943. Le courrier 18 était du 12 juin pour le feuillet « A » et du 14 pour le « B ».

Ensuite, jusqu'au 30 août 1943, il est trois autres fois question de Lili Méré dans la correspondance. Le sens des messages ne varie pas. Aucune modification de la situation de Lili Méré n'est jamais signalée. Si elle avait été arrêtée entre le 3 et le 9 juillet, ce changement de statut n'aurait pas manqué d'être noté. De plus, tous les messages évoquent explicitement ou implicitement une opération de Groupe franc en faveur de Lili Méré. Quelle opération les Groupes francs étaient-ils susceptibles d'organiser pour elle, sinon une évasion ?

Le 16 août, Bénouville répond à une relance de Monod : « *Affaire 21.4.16.6.18.14.14.12./* Nous faisons l'impossible. » Le 18, Monod, qui n'a sans doute pas encore reçu la réponse de Bénouville, s'impatiente. Il consacre à Lili Méré les vingt dernières lignes de sa lettre à ce dernier, écrivant notamment :

> « Je reviens à la charge de façon très pressante au sujet de Mlle 21.4.16.6.18.14.14.2. Les Cadet *[Américains]* m'en parlent à chacune de nos rencontres. Je veux absolument leur donner l'impression, non pas que nous pouvons réussir une opération à tout coup, et cela ils le comprennent fort bien, mais au moins que la question a été sérieusement étudiée, qu'un rapport a été reçu et que si l'affaire n'a pas abouti, c'est parce qu'elle est irréalisable (...). »

Irrité par cette leçon, Bénouville réplique sèchement, le 30 août :

> « *Mademoiselle 21.4.16.6.18.14.14.2.* En ce qui concerne cette personne, une enquête a été ordonnée, immédiatement entreprise et une opération est en préparation. Il est inutile que vous m'expliquiez tout l'intérêt que cette question présente pour nous. J'ai fait le nécessaire et j'espère pouvoir arriver à une solution. »

Comme toujours, Philippe Monod n'a rien exagéré. L'OSS tenait énormément à récupérer Lili Méré. On lui accordait une telle importance qu'on suivait de près l'évolution de l'opération. Le 10 septembre, un mémo est adressé à Allen Dulles :

> « *MEMO for 110* [A. Dulles] *re*[port] *LILLI at Marseilles*
> Rien de sûr encore, mais 405 a informé que l'affaire est en mains à Marseille et qu'ils sont prêts à faire les pas nécessaires. Cela paraît impliquer que la personne a été localisée, mais le message n'est pas plus explicite que cela. [Signé] 284[244]. »

---

244. NARA, RG 226, E 125, B 10, F 172, *Bern-OSS-INT-88,90*. « 284 » était probablement Max Shoop. « 405 » pourrait être Davet, Monod ou, peut-être, Bénouville. En américain, Marseille prend un « s » final.

Pourquoi Allen Dulles portait-il pareil intérêt à un agent de second rang et qu'il n'avait aucune raison de connaître personnellement ?

Et pourquoi a-t-on déployé tellement d'efforts, et, comme on va le deviner, tellement d'argent, pour la faire évader ?

Sans doute depuis juillet Lili Méré était détenue dans les locaux de la Gestapo marseillaise, rue de Paradis. Elle y jouissait d'un traitement exceptionnel. D'après le témoignage au-dessus de tout soupçon de Marguerite Lécuyer, une compagne de chambrée (on ne saurait employer le mot « cellule » car la porte était souvent, voire toujours ouverte), incarcérée peu après le 15 septembre : « Lili Méré (...) a proposé ses services pour taper à la machine. Les Allemands ont accepté qu'elle fasse ce travail : elle descend donc dans un bureau de temps en temps pour l'accomplir[245]. »

Il y a mieux.

Dans la nuit du 3 au 4 octobre 1943, quatre prisonniers s'évadent du siège de la Gestapo marseillaise. Parmi eux se trouve le sous-lieutenant P. Viger, de l'ORA, qui, totalement à son insu, va servir à rendre l'évasion vraisemblable. Le deuxième est Francart, dont on a dit les graves accusations portées et retenues contre lui. Le troisième est « Max » Delabre, dont on a noté « l'exécution sommaire non imputable à la Gestapo », en avril 1944. Le dernier fuyard est Lili Méré.

Tous sont détenus au septième étage de l'immeuble[246]. A 3 heures du matin, ils sortent de leurs cellules, se rejoignent et s'apprêtent à descendre l'escalier. A l'étage, il y a un garde. La porte de la pièce où il se trouve est entrouverte. Le garde lit ostensiblement. Quarante ans plus tard, Viger n'en est toujours pas revenu : « Nous avons (...) bénéficié d'une chance inouïe (...). Et pourtant, lorsque je suis passé dans *[devant ?]* le bureau, si j'ai vu la porte, j'ai également vu le visage du gardien lisant un document placé sur sa table. Ce document devait être particulièrement intéressant[247] ! »

Parvenus sans encombre au rez-de-chaussée – sept étages plus bas, tous peuplés d'Allemands –, les quatre fuyards se retrouvent devant une porte. Naturellement, elle est ouverte. Ils traversent alors un jardin, surplombé par un autre immeuble où brillent les lumières d'appartements, tous habités par des Allemands. Rien ne se passe. Au bout du jardin, il y a une rue en contrebas, bordée de garages creusés sous le jardin. Les « évadés » se laissent glisser. Viger : « La descente

245. Témoignage de Lécuyer, *in* Sapin (général Jacques Lécuyer) *et al.*, *Méfiez-vous du toréador*, AGPM, Toulon, 1987, p. 117.

246. Témoignage de P. Viger, *ibid.*, p. 158-166.

247. *Ibid.*, p. 161.

est bruyante. L'explication en est fort simple : en nous laissant glisser, nous avons raclé, avec la pointe des pieds, les portes en tôle ondulée de quatre garages situés en contrebas. » Rien ne se passe. Arrivés dans la rue, ils voient une sentinelle allemande. Viger : « Pas d'affolement, calmement nous passons devant cette silhouette. Un coup d'œil jeté furtivement la personnifie. C'est un factionnaire allemand ! A-t-il été gêné par la lumière de la lampe ? Était-il somnolent, ou rassuré par notre attitude, ou était-il dur d'oreille ?/ Autant de questions auxquelles il m'est impossible de répondre »[248].

Tout commentaire est superflu.

A l'évidence, la Gestapo, soudoyée par de l'argent de l'OSS, avait laissé filer Lili Méré.

Ainsi s'expliquent peut-être la discrétion ultérieure de Lili Méré et les déclarations de Dunker, qui, après la guerre, tint beaucoup à « certifie*[r]* qu'aucun membre de l'OSS arrêté n'a parlé sur l'activité de l'OSS[249] ». Sans doute espérait-il sauver sa tête. Mauvais calcul. Il fut exécuté.

En atterrissant à Saint-Jean-de-Sault, Brown n'avait aucune chance de passer inaperçu, Lili Méré était là.

Et elle ne pouvait s'y trouver si elle n'avait pas été retournée par les Allemands, desquels, assurément, elle avait gagné la confiance en parlant trop, notamment du rendez-vous de Saint-Jean-de-Sault. Entre l'arrestation de Lili Méré et l'atterrissage de Frédéric Brown, ils avaient eu le temps de prendre connaissance des messages échangés *via* la radio *Mexico* entre Alger et Marseille pour organiser le parachutage et le rendez-vous avec Moulin.

Les Allemands connaissaient le jour, l'heure approximative, le lieu du rendez-vous Brown-Moulin. Il leur suffisait d'exercer une surveillance discrète autour de ce rendez-vous pour repérer Moulin en Avignon et le suivre jusqu'à Lyon.

Trois jours plus tard, le 21, c'est sur les pas de Moulin, dans les cinq minutes qui suivent son entrée chez le Dr Dugoujon, que Barbie et ses hommes font irruption. S'ils y étaient arrivés en filant Hardy, ils auraient surgi quarante minutes plus tôt, et Moulin, alerté par le remue-

248. *Ibid.*, p. 162.

249. C. L. Flavian, *op. cit.*, p. 279, rapport de police sur Dunker, 17 mai 1945, où il date l'arrestation de Lili Méré de « juillet 1943 ». Dunker s'est aussi montré très discret sur Delabre. Interrogé par l'inspecteur principal Hervé Cosquer, de la DST, il a déclaré : « Delabre, que j'ai interrogé (...) il m'est impossible de me souvenir actuellement de ce qu'il a pu me raconter » (AN, 68 Mi 17, interrogatoire Dunker, 12 mai 1945, p. 17).

ménage, les voitures, les gardes armés, les badauds attroupés, aurait passé son chemin.

La preuve absolue que Barbie suivait Moulin est que celui-ci est arrivé avec trente minutes de retard chez le Dr Dugoujon. Personne, absolument personne, ne pouvait le prévoir. Barbie n'a pu arriver à point nommé que parce qu'il savait que Moulin serait à la réunion et qu'il le filait.

Chapitre 5

Le 21 juin de René Hardy

Quand René Hardy s'éveilla, il pleuvait sur Lyon. Il avait passé la nuit chez les Damas, dans leur maison en bordure de la Saône. En aval, sur la même rive droite de la rivière, quai Saint-Vincent, il avait trois jours plus tôt participé à une réunion avec les principaux chefs de Combat. On avait discuté de l'avenir et décidé de transférer à Paris les directions des services centraux. Lyon était devenue une ville trop dangereuse. Tout s'était bien terminé, personne n'avait été arrêté. Mais le soir, Lydie Bastien lui avait fait une scène. Elle l'accusait d'avoir passé les nuits précédentes avec Marcelle Will, la belle Alsacienne qui lui servait aussi de secrétaire. Fin mai, il avait, c'est vrai, emmené Marcelle dans une ferme isolée des Cévennes, mais s'ils y étaient restés une dizaine de jours enfermés, c'était seulement pour mettre au point les cent trente-sept pages et les plans du projet de sabotage des trains. Et les autres nuits ? s'était entêtée Lydie. Il avait crié que ce n'était pas avec Marcelle qu'il couchait, que c'était à la Gestapo ! Elle s'était tue. La nuit les avait réconciliés.

La veille, un soleil superbe avait éclairé la ville. Comme si de rien n'était, il était allé de rendez-vous en rendez-vous. Comme si de rien n'était, il avait retrouvé Aubry au bout du pont Morand – un pont aussi surveillé que les autres, mais comment éviter les ponts à Lyon ? La blonde secrétaire d'Aubry avait apporté 200 000 francs pour boucler son budget mensuel et était repartie à un repas de première communion. Les poches bourrées d'argent, il était allé déjeuner avec Aubry. Au restaurant, ils avaient encore parlé de cette réunion avec Moulin. Il avait cédé, promis d'y aller. Bénouville serait content. Le soir, il avait demandé à Lydie d'aller à sa place en mission à Limoges, puis d'aller à Paris où il la rejoindrait. Elle n'était pas d'accord. Un mauvais pressentiment. Trop de gens seraient à cette réunion. C'était trop dangereux. Il ne devait pas s'y rendre. Elle pouvait le remplacer. Impossible, il s'était engagé. Il était obligé. D'ailleurs, il avait déjà pris rendez-vous avec Aubry pour y aller sensemble.

Lydie s'éveillait maintenant. Très brune sur une peau très blanche.

Vingt ans. Et lui déjà trente-deux. De beaux bras ronds, des jambes sans fin. C'était une beauté, les hommes la regardaient. Il y avait en elle quelque chose de mystique dont elle n'était pas encore consciente, reste peut-être de cinq années de pensionnat dans un couvent détesté. Elle était roublarde et pure. S'il avait pu penser – mais il n'avait pas de mots face à elle –, il lui aurait parlé de son regard de Gitane. S'il avait alors su écrire autre chose que des protestations d'amour, il n'aurait pas rimaillé son « corps nu et lisse offert dans sa virginité », mais, comme Ernest de Gengenbach, prêtre défroqué devenu surréaliste et plus tard amant de Lydie, il aurait fait d'elle une paraphrase « du *Dies Irae*, le Duel de la Vie et de la Mort »[1]. Il était fou d'elle ; il la trompait depuis le début. Depuis ce 23 janvier dernier où il l'avait connue. C'était un soir à Lyon, une semaine après sa cooptation par Frenay et Delestraint à la direction de l'Armée secrète. Il était aux *Archers*, dînant avec Jean Chanton. Elle y était aussi, avec une amie. Il s'était présenté : « Delaunay, capitaine Delaunay. » Ils s'étaient revus presque tous les soirs au café de *La Paix*. Ils marchaient au bord du Rhône, s'embrassaient dans les traboules, gravissaient les pentes de Fourvière comme si c'était l'Acropole. Que cela plaise ou non, il l'emmenait aux rendez-vous. Elle avait adoré remplir des missions, s'acquittant fort bien de celles confiées par Bénouville. Elle se demandait confusément si la vérité n'était pas un concept surfait.

Lydie quitta le quai de Serin vers 7 h 30, son train était à 8 h 05. En la voyant s'éloigner, il se sentit un peu rassuré. Ces jours-ci, il ne pouvait s'empêcher de soupçonner tout le monde. En tout cas, elle serait à l'abri – mais pas Marcelle revenue trop tôt de Nîmes. Quant à lui, vu la situation, il pouvait se féliciter de disposer d'un repaire aussi sûr. Qui soupçonnerait les Damas de l'héberger ? Il y avait quelque chose d'amèrement ironique à se cacher chez des gardiens de prisons – elle à Saint-Joseph, lui à Saint-Paul –, quand depuis dix jours il vivait dans l'angoisse et la peur de finir à Montluc. Mais Germaine comme Léon Damas et leur fille Jeanine connaissaient les vertus du secret. De toute façon, il ne leur disait pas tout.

Peu avant 8 h 30, il vérifia le contenu de ses poches. Des 200 000 francs d'hier, 60 000 lui restaient, plus 100 000 déposés en passant chez les Bastien, quai Pierre-Scize, plus 35 000 confiés à Lydie pour Limoges, plus 5 000 pour son salaire du mois – le compte y était. Il examina sa fausse carte d'identité : Roger Husson, né à Toul, le 30 juin 1909,

1. La première citation est tirée d'un poème de René Hardy, *op. cit.*, p. 381. La seconde est d'Ernest de Gengenbach, *L'Expérience démoniaque*, Eric Losfeld éd., Paris, 1968, p. 174, ouvrage dans lequel l'auteur évoque longuement Lydie Bastien.

demeurant à Chamelande, Dordogne. La carte était toute neuve, trop même. Elle avait été officiellement délivrée six jours plus tôt par la préfecture de Périgueux. Il vérifia le petit pistolet Herstal, n° 99 829, calibre 6.35, s'assura que le chargeur contenait ses cinq cartouches et que la sixième était dans le canon. Il enfila ensuite son veston en prince de Galles tirant sur le marron, glissa l'arme dans la poche secrète cousue dans la manche gauche, à la hauteur de l'emmanchure, là où les mains policières palpent rarement, posa son chapeau sur ses cheveux blonds et sortit.

La pluie faiblissait quand il se mit en marche. Il avait des rendez-vous. C'était le premier jour de l'été.

Lydie Bastien

Dans ses Mémoires, Frenay met publiquement en cause Lydie Bastien. « Si Lydie, à l'insu de René *[Hardy]*, était déjà au service de la Gestapo, tout pourrait s'expliquer [2] », pensait-il en déjeunant un jour de 1945 avec elle, ce qui l'amena à lui assener : « Lydie, ma conviction est faite. Si dans cette affaire il y a un coupable, c'est vous [3]. » Elle avait pleuré en silence.

Frenay avait ainsi systématisé une idée qui rôdait depuis des mois et dont Henri Gorce-Franklin, chef du réseau de renseignement Gallia, s'était fait l'écho auprès du BCRA au début de 1944. Ayant reçu après Caluire un rapport qui mentionnait « l'arrestation de la fiancée » d'Hardy, il le soupçonnait d'avoir « trahi pour la sauver et lui éviter les tortures et la mort » [4].

Directeur de la DST, Roger Wybot était d'un avis diamétralement opposé. Décrivant Lydie comme « un bel animal nonchalant aux yeux

---

2. Henri Frenay, *La nuit finira*, *op. cit.*, p. 485.

3. *Ibid.* Pour sa part, René La Combe, ex-adjoint d'Hardy, partageait un sentiment voisin. Dans sa lettre à Hardy du 6 décembre 1946 (AN, 68 Mi 14), il écrit : Lydie « demeure parmi les compagnons un personnage inquiétant qui fait dire qu'entre elle et toi il y a un secret terrible qui fait que tu n'as pas pu jeter la lumière sur le drame de Caluire ». Guillain de Bénouville, *op. cit.*, p. 603, semble avoir, un temps (fin 1944-début 1945), envisagé qu'Hardy ait pu céder au chantage de Barbie menaçant Lydie Bastien : « On est faible dans les autres. »

4. AN, 397 AP 3, témoignage Gorce-Franklin, juin et juillet 1947 ; le même, à des détails de formulation près, dans 72 AJ 57. La citation donnée ici est une compilation des deux sources. Voir aussi *Forces françaises combattantes*, n°s 101 et 102, mars et juin 1978, les articles du même où il évoque Caluire et indique ne pouvoir publier *in extenso* son rapport au BCRA, rédigé immédiatement après l'événement, faits et noms à l'appui.

immenses », il la défendit vigoureusement après l'avoir interrogée et fait vérifier ses déclarations : « Rien ne permet de supposer un seul instant, comme on le fit, que Lydie Bastien ait pu être elle-même un agent de la Gestapo, chargé de faire tomber Hardy. C'était proprement insensé (...). Lydie Bastien fut la victime de sa légende et de sa beauté [5]. »

Quant à Klaus Barbie, interrogé sous protection américaine le 14 mai 1948, à la question : « Lydie Bastien a-t-elle joué un rôle dans cette affaire ? », il répondit : « *[Elle]* ne reçut que de rares visites de son fiancé Hardy et resta en dehors de nos transactions. Il est même probable qu'elle ait ignoré le jeu de son fiancé. » Interrogé à nouveau, toujours en Allemagne et dans les mêmes conditions, il maintint par deux fois sa première déposition, ajoutant seulement qu'il n'avait pas personnellement connu la jeune femme mais que son adjoint Steingritt avait eu des relations avec elle [6]. Elle le démentit catégoriquement [7] sans être contredite.

Après avoir constaté que les dires de Barbie au sujet de Lydie Bastien constituent l'une des seules constantes de ses dépositions, sorte de soupe d'approximations fluctuantes, de mensonges grossiers et d'affabulations sophistiquées enrichies de rares lambeaux de vérités, notons qu'un autre collaborateur de Barbie, Lutjens, confondit un temps Lydie Bastien avec Lucie Aubrac, avant que, confronté à la seconde, il la reconnaisse et démente avoir eu affaire à Lydie [8]. A part cela, le dossier de la DST relatif à l'instruction de l'affaire Hardy contient encore un ragot recueilli auprès d'une collaboratrice des Allemands selon laquelle le chef de la censure à Lyon, le comte Schœnfeld, lui avait confié tenir du gestapiste Knab que la réunion de Caluire avait été dénoncée par une femme jalouse et que cette « dénonciatrice était dans l'entourage » d'Hardy [9].

---

5. Philippe Bernert, *Roger Wybot et la bataille pour la DST*, France-Empire, Paris, 1975, p. 151-152.

6. Les auditions de Barbie sont intégralement reproduites *in* René Hardy, *op. cit.*, p. 519-556, et les citations données ici sont p. 521, 525, 549.

7. AN, 68 Mi 16, audition Lydie Bastien, 20 août 1948.

8. Audition de Lucie Aubrac, 30 avril 1948, citée par Gérard Chauvy, *Aubrac, Lyon 1943*, Albin Michel, Paris, 1997, p. 252.

9. AN, 68 Mi 15, audition de Mme de Sabate, 9 janvier 1948. Dans AN, 68 Mi 16, audition de Lydie Bastien du 7 mars 1949, celle-ci dément avoir jamais rencontré un certain Albertini et nie par conséquent lui avoir confié, en juin 1944, au restaurant *Sempé*, 6, place Bugeaud, à Alger : « Pour rendre de grands services, il faut savoir pénétrer dans le camp ennemi. C'est ainsi que moi-même, grâce aux puissantes relations que j'avais à la Gestapo, j'ai pu rendre d'éminents services à la Résistance » (*cf.* commission rogatoire du juge Gonnot, AN, 68 Mi 16).

Rien ne confirme donc vraiment le jugement de Frenay sur Lydie et rien n'infirme absolument celui de Wybot.

Mais, aussi opposés soient-ils, leurs verdicts ne tiennent pas compte d'une dimension jamais évoquée de l'action de Lydie, à savoir les missions dont elle fut chargée et ses relations avec un certain Théodore Bourry.

Dès son premier interrogatoire, à Alger, le 3 juillet 1944, et sans perdre une minute puisqu'elle aborde le sujet à la deuxième des onze pages de sa déposition, Lydie Bastien déclare pourtant :

> « J'ai été désignée pour me rendre à Paris pour y rencontrer Jean Castellane, ami de Duroc *[Bénouville]*, et lui dire que Frenay et Duroc avaient résolu de soutenir Laval au lieu de le "contrer" dans les milieux collaborationnistes, ceci pour avoir une activité plus élastique. J'ai vu Castellane et je lui ai transmis les ordres. Ensuite, ce dernier m'a remis d'importants papiers concernant les arrestations effectuées par la Gestapo et la Milice de Darnand. Puis je suis rentrée à Lyon. Mes parents étaient au courant (...) [10]. »

Elle apporte ensuite des précisions. L'homme qu'elle voyait à la demande de Bénouville appartenait au Mouvement social révolutionnaire (MSR), une officine politique pétainiste. Elle le rencontrait à son domicile, 12, rue des Marronniers [11]. Le message destiné à Laval était en rapport avec les rumeurs qui circulaient alors et le soutien proposé visait à « empêcher à tout prix l'arrivée d'un *Gauleiter* en France [12] » D'autres messages transmis par Lydie avaient pour objet d'essayer « de soulager le sort de Jacques Renouvain *[Renouvin]*, prisonnier des Allemands. Cette même personne *[Castellane]* m'a communiqué d'autre part, entre autres renseignements pouvant intéresser l'état-major interallié, des listes de patriotes qui devaient être arrêtés quelques jours plus tard par la Milice. Ces renseignements qui m'étaient confiés étaient remis par mes soins à de Bénouville, ou plus exactement à son secrétaire Nizan *[Alain de Camaret]* [13] ».

Les rares vérifications possibles incitent à ajouter foi aux dires de Lydie Bastien. A plusieurs reprises des rumeurs ont en effet couru sur le remplacement de Laval par un *Gauleiter*, Laval y faisant lui-même

10. AN, 68 Mi 14, audition de Lydie Bastien par la Sécurité militaire, Alger, 3 juillet 1944.

11. Raymond Abellio, *Sol Invictus*, Ramsay/Jean-Jacques Pauvert, Paris, 1980, p. 314, confirme que Castellane habitait rue des Marronniers, à Auteuil.

12. AN, 68 Mi 15, audition de Lydie Bastien, 29 mars 1947, p. 2.

13. AN, 68 Mi 16, audition de Lydie Bastien, 7 mars 1949.

allusion lors d'une conférence de presse tenue en février 1943[14]. Il est non moins vrai que Jacques Renouvin, chef national des Groupes francs, et, on le sait, ami de longue date de Bénouville, avait été arrêté, à Brive, le 29 janvier 1943, puis détenu à Fresnes, tandis que ses amis, au premier rang desquels Bénouville et Jean Chanton, tentaient de communiquer avec lui dans l'espoir de le faire évader[15].

Ainsi, à peine connue d'Hardy, Lydie avait été mêlée à une affaire qui tenait particulièrement à cœur à Bénouville, lequel confirma ensuite que Castellane était « un de ses agents[16] ».

Castellane était en effet un de ses proches. Évoqué par Pierre Gallet à propos de la situation à Nice à l'automne 1940, il était également lié à Raymond Abellio, nom de plume de Georges Soulès, qui en a parlé dans ses Mémoires. Soulès et Castellane étaient tous deux dirigeants du MSR, officine peuplée de cagoulards (du tueur Filiol à Deloncle, sans oublier le financier Eugène Schueller) et subventionnée par Pétain et Laval, Marcel Déat ne refusant pas toujours son concours financier à ce parti collaborationniste qu'un autre ami de Bénouville et Castellane, Pierre Mussetta, rejoignit finalement.

Castellane, écrit encore Soulès, « depuis son arrivée à Paris à l'automne de 1941 (...) n'avait en effet jamais cessé de rester en relation avec son ami Pierre Guillain de Bénouville, ancien royaliste comme lui[17] ». Puis, « à partir de l'automne 1942 », selon Soulès, en 1943 seulement selon Jean Gemähling, Castellane commença à passer des informations. « Quand elles n'étaient pas directes, assure Soulès, les relations entre Castellane et Bénouville ou Gemähling furent assurées par divers émissaires et notamment René Hardy et Lydie Bastien[18]. »

Que René Hardy ait assuré une liaison Bénouville-Castellane avant son arrestation à Caluire et également après son évasion, en août 1943, a été reconnu au second procès[19]. Que Lydie Bastien ait parfois sup-

---

14. Voir, par exemple, Maurice Martin du Gard, *La Chronique de Vichy, 1940-1944*, Flammarion, Paris, 1948, p. 329.

15. Voir Claude Antoine, *op. cit.*, p. 84-95. Guillain de Bénouville, *op. cit.*, p. 341, écrit : Chanton « avait réussi à reprendre contact avec Renouvin par l'intermédiaire d'un agent du Deuxième Bureau qui avait des complicités dans le personnel français et s'était chargé de faire parvenir à Renouvin un papier ».

16. AN, 68 Mi 17, lettre de Bénouville à Hardy, 9 mars 1945.

17. Raymond Abellio, *op. cit.*, p. 313.

18. *Ibid.*, p. 314. Abellio, p. 497, publie un document de Jean Gemähling, chef du SR des MUR, attestant que, « depuis 1943 », Castellane fournissait, *via* Bénouville, des renseignements provenant souvent de la LVF, de la Gestapo ou de la police vichyste, et qui concernaient fréquemment des personnes menacées d'arrestation.

19. AN, 334 AP 50, second procès Hardy, 25 avril 1950, interrogatoire, p. 126. Parlant de l'activité d'Hardy après son évasion du 3 août 1943, le président résume : « Vous établissez des contacts avec les réseaux de renseignements, notamment avec Richard,

pléé Hardy dans cette tâche, elle l'a dit à l'instruction de ce procès en déclarant qu'après le 21 juin 1943 elle « accomplissai*[t]* des déplacements en mission pour des renseignements pour Barrès *[Bénouville]*, fonction qu'Hardy avait ébauchée auparavant et que je continuais [20] ». Et qu'après l'affaire de Caluire elle ait utilisé des relations nouées à l'occasion de ses missions pour demander à Laval et même à Knochen, chef des services de sécurité allemands à Paris, d'aider Hardy, elle ne l'a pas caché [21].

Il n'est donc guère douteux que Lydie Bastien fut employée à des missions de confiance. Certes, sa beauté était un atout susceptible de l'aider à franchir les contrôles policiers, et s'il s'était seulement agi de transporter des papiers, il n'y aurait rien à redire. Mais la charger de délivrer verbalement des messages politiques ultra-secrets impliquait d'avoir une confiance totale en cette jeune femme connue depuis si peu de temps.

En fait, tout porte à croire que Lydie Bastien devait à une de ses relations d'avoir tout de suite été considérée comme au-dessus de tout soupçon.

Après la Libération, la mère de Lydie déclara avoir été arrêtée avec son mari en septembre 1943 et libérée à la mi-octobre, « sur l'intervention de la maison américaine dont *[m]*on mari était directeur [22] ». Il s'agissait, ajouta-t-elle, de la firme *Markt et Cie*, dont le siège était 107, avenue Parmentier, à Paris.

L'enquête montra qu'à cette adresse existait effectivement la société *Kelvinator* qui dépendait de la société *Markt*, au capital de 20 000 livres sterling, juridiquement anglaise, mais dont la majorité des intérêts étaient aux USA. Depuis décembre 1940, le président-directeur général de *Markt* était Théodore Bourry [23]. Il avait succédé à son beau-frère Lewitz, sujet américain, reparti aux États-Unis, et produisait de l'outillage vendu depuis l'Occupation aux Allemands [24].

De son côté, le père de Lydie révéla dès 1943 les relations de

---

les services secrets du Maréchal et avec Castellane. HARDY : Oui. Contacts que j'avais assurés en 1943 à la demande de Bénouville. »

20. AN, 68 Mi 16, audition de Lydie Bastien, 12 juillet 1948, p. 3.

21. AN, 68 Mi 14, audition de Lydie Bastien par la Sécurité militaire, Alger, 3 juillet 1944, p. 7, et AN, 68 Mi 15, audition de Lydie Bastien, 29 mars 1947. Elle a vu « Mme Aube, fille adoptive de Laval », les 11 et 16 juillet 1943, puis Laval lui-même, le 18, qui promit d'alerter René Bousquet, ce qu'il ne fit pas, dit-elle. De plus, la secrétaire de Laval la mit en relation avec un certain Lanz, vraisemblablement agent de la Gestapo, qui demeurait 10, villa Ribert (?), à Paris XVIe.

22. AN, 68 Mi 14, audition de Jeanne Bastien, 29 septembre 1944.

23. AN, 68 Mi 15, chemise 612073/6, note sur la société *Markt*.

24. AN, 68 Mi 14, rapport de l'inspecteur Auguste Bernard, 4 août 1943.

Bourry, au demeurant assez naturelles vu son emploi, avec le secrétariat d'État à la Production industrielle, alors dirigé par Jean Bichelonne. Et il ajouta un détail digne d'attention : Bourry avait un soir partagé le dîner de la famille Bastien, chez eux, quai Pierre-Scize, à Lyon. René Hardy était présent [25].

Or la date de ce repas n'est pas anodine. Il avait eu lieu le 7 juin 1943. Juste avant le départ d'Hardy pour Paris, quelques heures avant sa première arrestation [26].

Bourry intéressait beaucoup la police de Vichy parce que le 22 juin, lendemain de Caluire, elle avait récupéré un billet clandestinement adressé par Hardy aux parents de Lydie. Hardy y avait griffonné : « Il serait peut-être bon d'alerter Mr Bourris, *[le]* secrétaire d'État qui est son ami, ainsi que le Ministre et le Dr Ménétrel, dont vous m'avez parlé (...). Revoyez aussi Jacques-Pierre. Peut-être pourra-t-il faire quelque chose pour moi [27]. »

Si l'on ignore qui était « Jacques-Pierre » et si rien ne permet d'identifier le ministre évoqué, en revanche le secrétaire d'État était assurément Jean Bichelonne, l'un des plus acharnés partisans de la collaboration avec l'Allemagne [28]. Quant au Dr Ménétrel, c'était, on le sait, l'homme réputé être le plus influent auprès de Pétain. Mais c'était aussi, on le dit rarement, l'homme que les services de répression allemands plaçaient en 1943 au premier rang de leur liste des soixante-sept personnalités civiles à arrêter en priorité quand serait déclenchée leur opération de grand « nettoyage ». Ménétrel était, selon eux, le « chef secret du mouvement de la Résistance française [29] ».

Ainsi, aussitôt après son arrestation, Hardy avait cherché aide et protection du côté de Vichy, et il l'avait fait par le truchement de Théodore Bourry, patron d'une société américaine et beau-frère d'un industriel américain [30].

---

25. *Ibid.*, audition de Raoul Bastien, 29 juin 1943.

26. *Ibid.*, audition de Lydie Bastien par la Sécurité militaire, Alger, 3 juillet 1944 : « Mon mari a quitté Lyon pour Mâcon un lundi, j'en suis sûre parce que le soir de ce même jour, il avait dîné chez mes parents avec le président-directeur général de l'affaire de mon père, M. Bouris. » Hardy l'avait déjà dit, le 6 juin 1944, lors de son audition par la Sécurité militaire à Alger (*ibid.*, p. 11).

27. *Ibid.*, lettre d'Hardy, 22 juin 1943. Selon Lydie Bastien (*ibid.*, audition par la Sécurité militaire, Alger, 3 juillet 1944, p. 9), Bourry aurait été, croit-elle, interrogé à Paris, par la police française, à cause de cette lettre.

28. Bichelonne cosigna, le 5 juillet 1944, un manifeste extrémiste, mais, le 12 juillet, n'osa pas le défendre devant Laval (voir le texte du manifeste et le compte rendu de la réunion avec Laval *in* Me Jacques Baraduc, *Tout ce qu'on vous a caché*, L'Élan, Paris, 1949, p. 280-284 et 294.

29. *Ibid.*, les documents sont reproduits p. 199 et suiv., notamment p. 204.

30. Le manifeste signé par Bichelonne (*cf.* note 28) contient cette phrase : « Quelles

Il serait particulièrement instructif de savoir si, par hasard, les sociétés *Kelvinator* et *Markt* avait eu pour avocat l'un de ceux de *Sullivan & Cromwell.*

Hardy agent secret

Qu'Hardy ait espéré une aide de Vichy est une réaction naturelle de la part d'un homme qui entretenait depuis longtemps des relations avec le 2e Bureau.

Il n'en a du reste pas vraiment fait mystère.

Lors de sa première audition, à Alger, le 6 juin 1944, il déclare à la Sécurité militaire avoir fait, en juillet-août 1939, un premier « voyage d'agrément dans la vallée du Rhin en Allemagne », puis un second, peu après, qui le mena en Lettonie, Finlande, Suède, Norvège, Angleterre, pour s'achever au Havre le 12 septembre 1939. Lors de ce périple, il avait rejoint sa première épouse en Lettonie [31] avant de continuer en compagnie de Cayeux, officier de réserve d'artillerie, et de Ferrus, également officier de réserve. Lors de l'escale anglaise, ils avaient remis aux autorités françaises de Londres un dénommé Robert Kauffman, selon eux agent allemand [32].

Une enquête de la Sécurité militaire a confirmé la réalité de ce voyage. Hardy avait circulé avec un passeport (n° 35816) établi à Paris le 12 août 1939 (le jour même où Ribbentrop avait proposé un « échange de vues » à Moscou, prélude au pacte germano-soviétique, signé le 24). Passant par l'Allemagne le 22, Hardy avait traversé la Pologne et la Lituanie pour entrer en Lettonie. Revenu en Pologne, il en était reparti le 4 septembre pour l'Estonie, puis la Finlande, passant en Suède le 7, franchissant la frontière norvégienne et s'embarquant pour la Grande-Bretagne avant d'arriver au Havre le 16 septembre 1939. Le rapport de la Sécurité militaire ajoutait : « Le but de ce voyage n'était pas connu de sa famille (...). A fait de fréquents voyages en Allemagne, sans en indiquer les raisons. Serait susceptible de faire partie du 2e Bureau français ou encore de l'IS *[Intelligence Service]* [33]. »

---

que soient les assurances d'avenir que les Anglo-Américains aient pu donner personnellement à certains éléments vichyssois (...) », *op. cit.*, p. 282.

31. AN, 68 Mi 16, audition de l'ex-épouse Hardy, née Odette Boudehen, 8 février 1949.

32. AN, 68 Mi 14, audition de René Hardy par la Sécurité militaire, Alger, 6 juin 1944, p. 2.

33. *Ibid.*, renseignements SM 151 (Gard) sur René Hardy, 14 octobre 1944.

D'autre part, toujours en 1944, Hardy déclare avoir effectué en 1940, alors qu'il était mobilisé en Corse, un stage d'officier de renseignement régimentaire. Après la débâcle, il avait pris contact avec le chef de bataillon Comte-Devolx, vieux militant de l'Action française [34], et, ensemble, ils avaient vu secrètement le consul de Grande-Bretagne à Ajaccio. Leur espoir de provoquer la sécession de la Corse s'étant avéré vain, ils s'étaient séparés sans se perdre de vue. En tout cas, pour la seconde fois en deux ans, Hardy avait eu affaire aux Britanniques.

Par la suite, Hardy avait été arrêté, en mai 1941, alors qu'avec d'autres il tentait de gagner l'Afrique du Nord. Incarcéré à Toulon, il avait connu Bénouville en prison et, par celui-ci, le général Davet, lié au SR Air. Dans les mêmes circonstances, il avait aussi connu le général Durmeyer dont l'un des fils était détenu dans la même prison et pour les mêmes raisons. Sa peine purgée, il avait revu le général Durmeyer et ses fils et, par eux, était entré en contact « avec le colonel Rivet qui, mentionne seulement Hardy, s'occupait de l'organisation du camouflage de l'armée [35] ».

En fait, le colonel Rivet était le « patron des Services spéciaux de la Défense nationale de*[puis]* 1936 [36] ».

On l'a déjà souligné, les services secrets français collaborèrent avec leurs homologues américains dès 1940.

Or, Hardy, qui grâce au général Durmeyer était entré à Combat et avait semble-t-il occupé courant 1942 un rang subalterne dans l'AS du Gard, fut subitement promu au poste stratégique de chef du sabotage ferroviaire. Entre-temps, Comte-Devolx, devenu chef des contrôles téléphoniques en Avignon, s'était mis à communiquer à Hardy des secrets allemands recueillis dans l'exercice de ses fonctions. « J'ai deux sources de renseignements particulièrement importantes, nota Hardy dans ses aveux du 24 mars 1947 : interceptions téléphoniques sur le QG allemand d'Avignon et censure téléphonique, télégraphique et postale du gouvernement de Vichy [37]. ». Hardy a confirmé le fait lors de son premier procès [38] et a ajouté des détails lors du second [39].

Personne n'a démenti, tout le monde feignant de n'avoir pas entendu

34. René Hardy, *op. cit.*, p. 142.

35. AN, 334 AP 50, second procès Hardy, audience du 25 avril 1950, interrogatoire.

36. Paul Paillole, *op. cit.*, p. 13. Rivet demeura à ce poste sous Vichy, puis avec Giraud, à Alger, jusqu'en 1944.

37. AN, 72 AJ 1910, « Aveux » d'Hardy, 24 mars 1947, p. 2.

38. AN, 334 AP 24, premier procès Hardy, 20 janvier 1947, interrogatoire, p. 119.

39. AN, 334 AP 50, second procès Hardy, 25 avril 1950, interrogatoire, p. 74, où Hardy dit avoir aussi alimenté le réseau Mithridate, contrôlé par les Britanniques, et transmis par Bénouville les informations sur les transports de troupes allemands.

ni compris ce que cela signifiait. Or il est certain que les écoutes opérées par Comte-Devolx tout comme celles faites à Vichy ne devaient rien à la spontanéité et tout à l'obéissance aux ordres du 2e Bureau.

Ce travail de renseignement effectué par Hardy en sus de ses responsabilités de chef du sabotage des chemins de fer était parfaitement contraire aux directives de Londres qui exigeaient de séparer action et renseignement. Qu'Hardy ait été autorisé à mélanger les genres atteste d'un statut particulier. S'il le devait peut-être à la qualité des informations recueillies, il le devait surtout à la qualité de ceux à qui il les envoyait.

Hardy a dit les avoir remises au réseau Interallié, contrôlé par les Britanniques. Mais Charles Thévenon, qui assurait la liaison entre Hardy et Comte-Devolx [40], a indiqué : « Je crois que Hardy communiquait ces renseignements aux Alliés par l'intermédiaire des missions militaires à Berne (Suisse) ; j'ignore par quels moyens ces renseignements passaient en Suisse [41]. »

La correspondance de la Délégation en Suisse des MUR renseigne un peu à ce sujet.

Elle montre qu'Hardy réclamait et obtenait des faveurs de l'OSS-Berne. Ainsi avait-il reçu du général Legge, le chef du service secret militaire américain à Berne, un petit appareil photo *Minox* [42]. Plus significatif, le 27 mai 1943, Bénouville, alors financièrement aux abois car les Américains n'envoyaient pas l'argent promis, écrit à Monod : « Le service Didot *[Hardy]* par exemple a besoin d'urgence de 300 000 f [43]. »

Plus révélateurs encore sont des documents conservés dans les archives de l'OSS. On y trouve tout d'abord un exemplaire intégral (treize pages dactylographiées) du plan détaillé de l'organisation du « Bloc de guerre SNCF », rédigé et signé par « Didot », suivi de dix pages de projets, budgets et comptes rendus des opérations de sabotage effectuées jusqu'au 15 avril 1943 [44]. Le plus instructif est aux paragraphes « Matériel nécessaire » et « Réception du matériel ». Hardy demande des explosifs (plastic, bombes à retardement, plaques incendiaires, détonateurs, crayons d'allumage, cordon Bickford) à livrer « via

---

40. Selon René La Combe, adjoint et successeur d'Hardy, Charles Thévenon aurait été recruté par Hardy en juin 1943, après avoir été emprisonné trois mois à Tarbes.

41. AN, 68 Mi 15, audition de Charles Thévenon, 19 janvier 1948.

42. CDS, lettre de Magescas à Monod, 2 juillet 1943, et réponse de Monod à Bénouville, 9 août 1943, et AN, 334 AP 24, premier procès Hardy, 20 janvier 1947, interrogatoire, p. 48, où Hardy déclare avoir abandonné dans le train, dans la nuit du 7 au 8 juin, un *Minox* qui lui « avait été envoyé de Suisse, par l'intermédiaire du général de Bénouville, par l'attaché militaire américain à Berne ».

43. CDS, lettre de Bénouville à Monod, 27 mai 1943, p. 2.

44. NARA, RG 226, E 123, B 9, F 99, *French Underground* # 6.

Annemasse (...) par caisses de 50 kilos » et, plus tard, par parachutage.

On retrouve la trace de cette commande, ou d'une autre, dans une lettre de Bénouville à la Délégation des MUR : « (...) si vous avez du matériel pour Didot, vous pouvez prévenir Odier de le faire déposer au bâtiment principal de la gare (...) de 6. 25. 14. 10. 18. 18. 13. 14 *[Annemasse]* [45]. »

A l'évidence, l'OSS-Berne s'intéressait beaucoup à Hardy et à tout ce qu'il faisait (et peut-être même aux Bastien [46]).

Un autre document le confirme. Il s'agit de deux feuillets de renseignements militaires et politiques relatifs aux départements de la Somme, du Pas-de-Calais et du Nord. Hardy n'y avait aucun réseau connu et, d'ailleurs, le rapport ne concerne en rien les sabotages ferroviaires. Daté du 25 avril 1943, le document s'achève par deux phrases flatteuses pour les États-Unis : « La sympathie pour les Américains grandit. On compte surtout sur eux. »

Or, cas rare sinon unique, ce papier a été transmis à l'OSS en soulignant son origine par une mention manuscrite : « De la part de Bardot *[Hardy]* [47]. » Comme si à cette date, où les rapports entre Combat et OSS-Berne en étaient encore à leurs balbutiements, ce pseudonyme était déjà familier aux agents américains en Suisse.

Enfin, on note qu'en 1950, au second procès Hardy, un témoin américain a déposé en sa faveur. Le colonel Brown, chef de la sécurité du SHAEF *(Supreme Headquarters Allied Expeditionary Force)*, appartenant par conséquent au service secret militaire des USA, est venu dire à la barre : « Il est inadmissible qu'il *[Hardy]* soit coupable » et se retira en lançant à l'accusé : *« You are a good fellow »* [48].

---

45. CDS, Bénouville à Monod, 14 juin 1943, post-scriptum, p. 3.

46. *Ibid.*, 30 mai 1943, p. 4 : « (...) je vous signale que Bardot *[Hardy]* me demande une réponse en ce qui concerne le dossier Bastiou *[Bastien ?]* transmis par vous à nos amis ».

47. *Ibid.* On ignore qui transmettait ces documents à l'OSS. Comme Hardy était en relation étroite avec Cotton (René Hardy, *op. cit.*, p. 253) depuis que, en janvier 1943, Morin-Forestier les avaient présentés en demandant à Cotton « de mettre à *[la]* disposition *[d'Hardy]* tous les services de France d'Abord » (AN, 68 Mi 15, déposition G. Cotton, 9 juin 1948), Cotton lui fournissant une couverture officielle comme ingénieur dans son entreprise (AN, 68 Mi 14, audition d'Hardy par la Sécurité militaire, Alger, 6 juin 1944, p. 11), et comme nous savons que les frères Georges et Marcel Cotton appartenaient au réseau OSS « Médusa », chaîne « Armor », on peut supposer que Médusa transmettait les renseignements d'Hardy, la transmission s'opérant sans doute par les wagons postaux évoqués par Hardy (AN, 334 AP 24, premier procès, audience du 20 janvier 1947, interrogatoire, p. 31).

48. AN, 68 Mi 17, compte rendu d'audience par un observateur de la DST, audience du 6 mai 1950. Ici, le colonel Brown est dit Anglais et prénommé « Thomas », tandis qu'Hardy, *op. cit.*, p. 357 et 359, le prénomme « J. » et apporte des précisions convaincantes sur sa nationalité américaine. Par ailleurs, il ne semble pas que ce colonel Brown ait été Frédéric Brown.

Après avoir noté que, fort curieusement, personne, ni pendant l'instruction, ni lors des procès, ni dans la presse de l'époque, ni dans les ouvrages sur l'affaire de Caluire et Hardy, ne jugea bon d'évoquer ses relations avec les services secrets français (sauf pour ironiser et en douter [49]), on doit également constater que, à une exception codée près [50], nul ne fit non plus jamais publiquement la moindre allusion aux relations d'Hardy avec les Américains.

Pourtant Hardy en parle dès son interrogatoire algérois de 1944, y fait encore référence lors de son premier procès (1947), y revient plus longuement lors du second (1950), mais se ravise en 1984 en passant le fait sous silence dans son autobiographie [51].

De toute façon, il a toujours pris soin de ne jamais donner la clé de décryptage.

Retournons à 1940. Hardy travaille à la régulation des grandes lignes de la gare Montparnasse, à Paris. C'est un poste particulièrement propice à l'observation du trafic allemand en direction de l'Ouest et ce alors que l'invasion de la Grande-Bretagne est à l'ordre du jour tandis que fait rage la bataille maritime pour l'approvisionnement de celle-ci. A la fin de l'année, un de ses amis, le lieutenant Bocq, qui fait du renseignement militaire en Bretagne tout en aidant des volontaires à gagner l'Angleterre, le présente à un

> « nommé Ledantec, ancien représentant de la SDN *[Société des nations]* en Chine, qui s'occupait également de Résistance. Il *[Bocq]* me présenta à lui un soir à l'apéritif, à la brasserie *Dumesnil*, dans le but bien entendu de nous faire faire connaissance et de travailler ensuite en commun. Ledantec (...) me recommanda un certain Lehmann, journaliste, agent d'assurance, officier de réserve [52] ».

Lehmann était en contact avec la femme du colonel Igre, elle-même liée à Madeleine De Gaulle, et Ledantec « assurait la liaison avec l'agent de Londres [53] ».

---

49. Henri Noguères, *La vérité aura le dernier mot, op. cit.*, p. 180 : « S'il n'avait pas été gonflé de vanité, s'il ne s'était pas pris pour un virtuose de la guerre secrète, Hardy (...). » Une bonne occasion d'évoquer les relations d'Hardy avec le 2e Bureau avait pourtant été fournie par le commissaire Brives, qui, dans sa déposition au second procès, insista sur ce point (AN, 334 AP 50, audience du 29 avril 1950, p. 44 et 45 *ter*) sans éveiller le moindre intérêt chez quiconque.

50. Guillain de Bénouville, *op. cit.*, p. 143.

51. René Hardy, *op. cit.*, p. 156-157.

52. AN, 68 Mi 14, audition d'Hardy par la Sécurité militaire, Alger, 6 juin 1944.

53. AN, 334 AP 50, second procès Hardy, audience du 25 avril 1950, interrogatoire, p. 60.

Tout se passe bien jusqu'à ce que, en avril 1941, un employé des chemins de fer allemands avertisse Hardy qu'il est « brûlé » et va être arrêté [54]. Contraint de prendre le large, Hardy est chargé par Ledantec d'établir une filière de passage entre Paris, Vichy et l'Espagne et de l'inaugurer en emportant des documents. Outre deux codes confiés par Ledantec, l'un chiffré, l'autre conventionnel, qui serviront à assurer le secret des échanges entre Londres et la France, Hardy emportera également une lettre pour le général anglais Matthews, un message destiné à de Larminat, officier français gaulliste, et d'autres papiers « chiffrés émanant de hauts militaires, d'importantes personnalités de Vichy [55] ».

Hardy quitte Paris début mai. Après un périple qui le voit passer à Bayonne et Pau, il se retrouve à Marseille où, comme on le sait, il s'embarque clandestinement pour l'Afrique du Nord le 13 mai. Sans doute dénoncé par le 2e Bureau Marine [56] (fief darlaniste aussi antibritannique qu'antigaulliste), Hardy est pris avec quatorze compagnons et tous ses documents, plus « une page d'indicatifs qui donn*[ait]* les noms des destinataires et des expéditeurs [57] ».

Sévèrement accusé par la Sécurité du territoire, inculpé comme agent d'une puissance étrangère, motif finalement écarté, il écope, en juillet 1941, de seize mois de prison.

Les faits parlent d'eux-mêmes : l'homme qui mit le pied d'Hardy à l'étrier, qui lui fit immédiatement assez confiance pour le lier à un réseau déjà en rapport avec Londres – rare à la fin 1940 –, qui, ensuite, lui confia une mission et le dota de codes, ce « nommé Ledantec » n'était pas n'importe qui.

Et Hardy le savait, qui confia à un ami cheminot, au début de 1941, sa décision de quitter la SNCF « pour se consacrer à la Résistance où il estimait pouvoir jouer un rôle important [58] ».

Ledantec est resté d'une discrétion exemplaire. Pendant toutes les années où son ancienne recrue fit les gros titres de la presse, il ne se manifesta jamais. Et jamais non plus il n'excita la curiosité de personne, surtout pas celle des nombreux enquêteurs qui, en France et ailleurs, fouillaient les coins et recoins de l'affaire Hardy, interrogeant des centaines de témoins, du cantonnier de Caluire aux ministres de la

---

54. AN, 334 AP 24, premier procès Hardy, audience du 20 janvier 1947, interrogatoire, p. 25.
55. René Hardy, *op. cit.*, p. 157.
56. AN, 334 AP 24, premier procès Hardy, audience du 20 janvier 1947, interrogatoire, p. 27.
57. « Mémoires du colonel Hardy », *Le Matin*, 18 mars 1947.
58. AN, 68 Mi 15, déposition d'Emmanuel Corbet, 18 juin 1948.

République, mais pas le « nommé Ledantec ». Aucun document sur Ledantec ne figure au dossier d'instruction de la DST. Et c'est regrettable.

De Ledantec, Hardy a seulement dit le nom et sa qualité d'ancien représentant de la Société des nations en Chine. C'est très peu pour dresser un portrait-robot permettant de l'identifier à coup sûr. Mais, d'un autre côté, rares sont certainement les Ledantec à avoir été en Chine et liés à la Société des nations.

Dans la correspondance de la Délégation en Suisse des MUR, un Le Dantec est fréquemment cité. C'était le pseudonyme d'Allen Dulles [59].

D'autre part, Allen Dulles avait été en Chine dans sa jeunesse [60] et, plus tard, en tant que diplomate du Département d'État, il avait eu l'occasion d'y retourner [61]. Enfin, il avait eu maintes fois affaire à la Société des nations.

Sans être catégoriquement établie, l'existence d'une relation directe Hardy-Dulles depuis la fin de 1940 apparaît fortement probable.

L'ascension d'Hardy

Vue à la double lumière de ses liens avec le 2e Bureau et avec l'OSS, la subite promotion d'Hardy du rang de simple militant local à la tête du sabotage ferroviaire, service d'emblée conçu comme stratégique dans la perspective du débarquement allié [62], s'explique mieux. Car, jusqu'à présent, la raison du choix d'Hardy à ce poste demeurait floue. On savait seulement que Frenay l'avait rencontré à Montpellier, à la toute fin de 1942, alors que, avec Michel et Yves Durmeyer et un troisième officier, il venait de tenter une nouvelle fois d'aller en Afrique du Nord – cette Afrique du Nord où, précisément, les Américains avaient débarqué tandis qu'une partie du 2e Bureau, notamment Rivet, s'y installait.

59. Guillain de Bénouville, *op. cit.*, p. 142, écrivant manifestement sous le contrôle d'Hardy le récit de leur rencontre à la prison de Toulon, n'orthographie pas le nom comme il l'est dans les procès-verbaux d'audition, souvent approximatifs car fréquemment notés d'après la phonétique ; il écrit « Le Dantec », tout comme il l'a fait au début de sa lettre du 10 février 1944 à Dulles : « Fabri à Le Dantec ».

60. Leonard Mosley, *op. cit.*, p. 45-46.

61. *Ibid.*, p. 89.

62. L'« Instruction sur l'organisation du bloc de guerre SNCF » (NARA, RG 226, E 123, B 9, F 99) d'avril 1943, « unique document » fondateur, signé par Didot, place le projet, dès sa première ligne, sous le signe du « débarquement allié en un point quelconque de l'Europe ».

On peut par ailleurs se demander pourquoi Frenay préféra Hardy à tout autre. Garnier, Thévenon, Plaisantin auraient aussi bien pu être choisis [63]. Déjà sur la brèche, plus compétents en matière de sabotage, pas moins instruits, ils avaient les qualités requises. Mais Hardy l'emporta. Lui aussi ancien du 2e Bureau, Frenay le savait-il en contact avec ses précédents employeurs ? Et Chevance-Bertin, pilier de Combat à Marseille, en rapport avec les diplomates américains (la liaison était faite par un abbé, vicaire de Saint-Giniez, et frère de Mme Winter, laquelle avait une entrée permanente au consulat [64]), a-t-il plaidé en faveur d'Hardy, qu'il connaissait [65] ? Et Bénouville, alors en train de rejoindre Frenay, a-t-il parlé au chef de Combat en faveur de ce compagnon de prison qu'il avait présenté au général Davet et qui connaissait aussi le général et les fils Durmeyer ? Autant de questions sans réponse.

Quoi qu'il en ait été, à la mi-janvier 1943 Frenay arrête son choix et présente Hardy au général Delestraint. L'accord de celui-ci obtenu, une note de Frenay à Morin-Forestier, chef d'état-major de l'AS, fixe les objectifs de l'organisation de « Didot » et décide qu'elle dépend verticalement de l'AS et horizontalement du NAP (Noyautage des administrations publiques), qui régleront son budget à égalité. Et très vite, dès le 2 février, Didot rend compte de ses premiers contacts tout en définissant les structures de son fief [66].

Tout commence donc bien pour Didot lorsque, le mois suivant, un rival sérieux apparaît.

De son côté, Max Heilbronn réfléchissait depuis longtemps au

---

63. *Cf.* AN, 72 AJ 74, « Historique NAP Fer », témoignage de Plaisantin.

64. AN, 68 Mi 17, procès-verbaux d'audition n° 3 et n° 6 de Mme Freize-Millaud, secrétaire de Chevance-Bertin. Sur Marguerite Winter, citoyenne américaine, *cf.* NARA, RG 84, B 43, *Marseille Consulate General Records*, 1941, vol. XXXII, lettre du 19 décembre 1941 de William Peck, consul des USA, demandant un permis de séjour pour M. Winter qui « doit se tenir constamment en contact avec le consulat » de Marseille. Dans AN, 68 Mi 14, audition de Mme Winter, 7 mars 1945 : « Mon frère était l'agent de liaison du général Bertin entre l'ambassade d'Amérique et lui. C'est M. Benton qui était consul général. Il était aussi chargé de transmettre tous les renseignements (...). » Son frère, abbé, fut arrêté le 9 août 1943. La lettre de La Combe à Hardy du 17 mars 1946 (*ibid.*) montre qu'ils savaient tous deux qui était Mme Winter et qu'Hardy la connaissait sans doute.

65. AN, 334 AP 50, second procès Hardy, déposition Chevance-Bertin, 2 mai 1950, p. 95, où Chevance déclare avoir conseillé à Frenay de nommer Hardy.

66. AN, 72 AJ 47, note manuscrite de « C » (Charvet : Frenay) à Morin-Forestier ; lettre du 2 février 1943 de « Didot » à « Lefebvre » (Morin-Forestier) ; demande de « C » à « Didot » d'une carte générale de la zone non occupée sur laquelle seront portées les possibilités « au fur et à mesure du développement de l'affaire » ; enfin, note très déférente, non datée, de « Didot » à, sans doute, Morin-Forestier.

sabotage des trains. Le révérend père Chaillet, créateur de *Témoignage chrétien*, l'ayant mis en contact avec Hardy, il le trouve « réticent » et « affecta*[n]*t d'être un personnage fort important » [67]. Frenay s'étant entremis pour apaiser des relations « méfiantes », les deux hommes se revoient en mars sans plus de succès. Là-dessus, un ami de Chaillet revient de Suisse où il a vu Allen Dulles [68]. Il apporte un message à Heilbronn. Selon celui-ci, le message disait à peu près : « Le commandant Hennequin *[Heilbronn]* est-il toujours dans les mêmes dispositions ? Veut-il agir immédiatement ? en octobre prochain ? ou au printemps 1944 ? Si oui, qu'il se tienne prêt et qu'il dise quel argent et quel matériel lui sont nécessaires [69]. »

Finalement, grâce aux bons offices de Chaillet et Frenay, les rivaux acceptent de collaborer et, en dépit de conceptions tactiques divergentes, finissent par s'accorder sur un plan détaillé de sabotage des chemins de fer de la zone sud. Fin mai, Heilbronn va même rejoindre Hardy et Marcelle Will dans une ferme du Gard, où, aidés par un cartographe, ils mettent la dernière main au dossier « Électrification », nom de code du plan de sabotage.

Le dossier compte cent trente-sept pages, répertorie « huit cent soixante-quatorze objectifs » et énumère « cinq cent trente-cinq gares, non pas désignées par leur nom mais par un numéro afin de demeurer incompris en cas de saisie » [70].

Cela fait, ils retournent à Lyon, Heilbronn fin mai, Hardy le 3 ou le 4 juin.

Les ennuis vont commencer.

Hardy arrêté le 7 juin

Le 6 juin, à Lyon, se produit un événement anodin, mais qui va revêtir ensuite une certaine importance. Ce jour-là, Hardy déjeune avec Bénouville dans un petit restaurant de l'avenue de Saxe. A une table voisine, Lazare Rachline, ami de Bénouville qui travaille avec un réseau britannique dirigé par le major Gerson, est en panne de cigarette. Hardy lui en offre une. Le repas achevé, Hardy suit Bénouville à son domicile tout proche, rue Tronchet. Frenay y loge, dans l'attente de son

67. AN, 397 AP 1, témoignage Max Heilbronn, 22 décembre 1950.

68. AN, 397 AP 3, témoignage Louis Cruvillier, lettre du 4 janvier 1957 et note sur la création de *Témoignage chrétien*.

69. AN, 397 AP 1, témoignage Heilbronn, 22 décembre 1950, p. 4.

70. Maurice Garçon, *op. cit.*, p. 178-179.

départ toujours repoussé pour Londres [71]. Hardy en repart avec une avance budgétaire [72] à remettre à Jean-Guy Bernard, son correspondant pour la zone nord, qui l'attendra le 8, à Paris, à l'arrivée du train [73]. Hardy a déjà préparé son départ et fait retenir sa place pour le 7 au soir.

Le 7, Lydie Bastien, qui doit accompagner Hardy à Paris mais n'a pu louer qu'une seule couchette, reporte son départ d'un jour. Le soir, elle dîne chez ses parents avec Hardy et Théodore Bourry. Est-ce leur première rencontre ? On l'ignore. De quoi parlent-ils ? On n'en sait rien. Mais, soit que la discussion s'éternise, soit que le repas dure plus longtemps que prévu, on oublie un peu l'heure et il faut prendre un taxi pour arriver à temps à la gare, non sans avoir au préalable déposé Bourry à la brasserie des *Archers*.

Le train est à 22 heures. Hardy arrive sur le quai juste à temps pour apercevoir Rachline, l'homme à la cigarette, qui prend le même train. Dans sa hâte d'embarquer, il ne voit pas Multon, qu'il découvre peu après dans le couloir du wagon en cherchant sa couchette [74].

Hardy regarde Multon. Il l'a déjà vu, le sait traître ; il craint d'être dénoncé.

Multon dévisage Hardy. Il se souvient de lui, sait qu'il le sait traître ; il craint d'être abattu.

L'échange de regards et l'instinctif mouvement de recul de Multon n'échappent pas au compagnon de ce dernier, Robert Moog.

Agent de l'Abwehr prêté à Barbie, Moog est un redoutable limier. S'il est dans ce train avec Multon, c'est qu'il va à Paris arrêter le général Delestraint qui a rendez-vous avec celui qu'il connaît seulement sous le nom de Didot et qu'il n'a jamais vu. Il connaît leur rendez-vous parce que le message de convocation de Didot pour le 9, au métro Muette, à Paris, a été subtilisé quinze jours plus tôt par un agent allemand dans une boîte aux lettres brûlée. Lu, le mot a été remis en place sans qu'il y paraisse.

---

71. AN, 334 AP 50, second procès Hardy, témoignage Frenay, 2 mai 1950, p. 9, 13, où Frenay confirme cette rencontre.

72. AN, 397 AP 50, second procès Hardy, audience du 25 avril 1950, interrogatoire, p. 80 et 159. Guillain de Bénouville, *op. cit.*, p. 410-411.

73. AN, 68 Mi 15, déposition Lydie Bastien, 29 mars 1947, p. 3. Maurice Garçon, *op. cit.*, p. 87. Jean-Guy Bernard, mort en déportation, n'a pu confirmer. Par ailleurs, aucune somme n'a été saisie sur Hardy lors de son arrestation dans le train. Peut-être Lydie Bastien en était-elle porteuse.

74. Les débats du second procès Hardy ont montré de façon convaincante que celui-ci n'a découvert Multon qu'à bord du train, Rachline étant seul à maintenir que cela se produisit sur le quai. Le témoignage de Mme Bloch et les rapports d'arrestation rédigés par les Allemands attestent du contraire ; même le réquisitoire final, prononcé le 8 mai 1950, reconnaît, p. 6, la réalité de la rencontre Hardy-Multon dans le couloir du train.

Ce que Moog ignore, c'est que, si le mot a bien été récupéré par la secrétaire d'Aubry, qui l'a donné à son patron, celui-ci, sachant la boîte brûlée, n'a ni transmis le message à Didot ni informé Delestraint que Didot n'irait pas au rendez-vous. Le général est donc parti pour Paris où il compte avoir rendez-vous avec Didot, tandis que Didot va maintenant à Paris pour voir Jean-Guy Bernard et sans savoir qu'il a rendez-vous avec Delestraint.

En voyant Multon sursauter à la vue d'un voyageur, Moog se demande s'il ne s'agit pas de Didot.

Et il a une bonne raison de se le demander.

Il sait que Didot a rendez-vous à 9 heures du matin, le surlendemain, et qu'il devra être à l'heure car la règle est stricte : après cinq minutes de retard, un clandestin n'attend plus. Or si Didot, calcule Moog, attend le dernier moment pour aller à Paris, s'il prend le train de nuit Lyon-Paris dans la nuit du 8 au 9, il arrivera en principe à 8 h 05 gare de Lyon et aura seulement cinquante-cinq minutes pour aller au métro Muette. Si le train a du retard, et c'est presque la règle, Didot, qui devra faire le trajet par le métro, avec au moins un changement et une perte de temps pour semer d'éventuels suiveurs, manquera son rendez-vous. Donc, conclut Moog, Didot ne prendra certainement pas le train de la nuit du 8 au 9.

L'éventualité qu'il voyage dans la journée du 8 n'est pas à exclure totalement, mais elle est peu probable. Les trains de jour sont plus lents, encore plus bondés et davantage surveillés.

Didot a par conséquent pu choisir de voyager cette nuit.

« Est-ce Didot ? » demande Moog à Multon tandis qu'Hardy demande du feu à Rachline et en profite pour le prier discrètement d'alerter Bénouville s'il lui arrive malheur, car Multon est dans le train.

« C'est possible, mais je n'en suis pas certain », répond Multon à un Moog perplexe [75].

Cinq ans plus tard, le véritable patron de Moog, Eugen Kramer, chef du poste Abwehr de Dijon, écartera l'éventualité un moment envisagée selon laquelle Moog et Multon s'étaient trouvés dans le même

75. AN, 68 Mi 17, premier interrogatoire de Multon, 9 février 1945. François-Yves Guillin, *op. cit.*, p. 245, affirme que Multon « confirme » à Moog qu'il s'agit bien de Didot. Toutes les déclarations de Multon sont contraires et Moog, opportunément disparu, n'a pu confirmer ou démentir. Sa maîtresse Mauricette Eychenne (AN 68 Mi 15, audition du 25 avril 1947, p. 2) affirme que Moog a surpris « le mouvement de recul » de Lunel voyant Hardy, et ajoute « après explications, Didot fut identifié par Moog », mais ne dit pas quand cette identification eut lieu. Elle précise même n'avoir rien su de l'arrestation dans le wagon. Quant à Barbie, on verra l'inanité de ses déclarations. Guillin, il faut le noter, n'avait pas eu accès à tout le dossier DST d'instruction de l'affaire.

wagon qu'Hardy parce qu'ils le filaient. Fondant sa conviction sur les confidences de Moog, il dira : « A mon avis, cette arrestation qui a été opérée dans le train, entre Lyon et Chalon-sur-Saône, a été faite par hasard [76]. » C'est de loin l'hypothèse la plus solide.

Mais revenons au train. Pendant que Moog s'interroge sur la conduite à tenir, Hardy fait la connaissance du voyageur qui occupe la seconde couchette de son compartiment. Fonctionnaire de Vichy, Denis Cressol part en mission en tant qu'inspecteur du commissariat général aux Sports [77]. Ils bavardent tandis que Moog, toujours à l'affût, remarque deux jeunes femmes. Elles semblent connaître celui auquel Hardy a demandé du feu ainsi que l'homme qui voyage avec lui. Il se promet de les interroger tous plus tard. Comme il ignore que l'un est le major Victor Gerson, du MI 9 britannique, que le fumeur est son adjoint, dont l'une des femmes est l'épouse et l'autre, Mme Bloch, une résistante très liée aux services anglais, ils en seront quittes pour une bonne frayeur.

A 23 h 37, le train s'arrête à Mâcon. Hardy ne descend pas et Moog prend ses dispositions. Il demande à deux collègues qui se trouvent dans le train de garder les issues du wagon. Sans doute profite-t-il de l'arrêt pour faire prévenir la gendarmerie allemande de la gare suivante, Chalon-sur-Saône [78], car, à 0 h 43, quand le train y fait halte, trois *feldgendarmes* montent directement dans le wagon.

Moog arrête Hardy, puis Cressol, qui proteste vivement, le tout sous l'œil du contrôleur des Wagons-Lits, tandis que Rachline et Mme Bloch observent discrètement [79].

Le train doit repartir à 0 h 54. Moog a juste le temps de remettre ses prisonniers au commissariat de la gare, de discuter en allemand avec le commissaire, de fouiller les bagages et d'examiner encore les papiers d'Hardy, qui voyage sous sa véritable identité. Rien d'anormal. Malgré tout, il téléphone (ou fait téléphoner) à la Gestapo lyonnaise [80].

---

76. AN, 68 Mi 15, audition par le commissaire de police Henri Guyader, 26 janvier 1948, p. 4.

77. AN, 68 Mi 17, note du 30 mars 1946 sur Cressol. Dans AN, 68 Mi 16, audition du lieutenant-colonel René Bousquet du 21 décembre 1948, affirmant qu'en juillet 1943, à Lyon, Cressol mit une chambre à la disposition de l'organisation de résistance à laquelle il appartenait – vraisemblablement l'ORA.

78. François-Yves Guillin, *op. cit.*, p. 246, citant le dossier d'instruction du procès Multon.

79. AN, 72 AJ 1911, témoignage Lazare Rachline, 9 octobre 1951, et AN, 334 AP 50, second procès Hardy, déposition Rachline, 5 mai 1950, p. 2-4, et déposition d'Alphonse Morice, 2 mai 1950, p. 131-134, ainsi qu'auditions Morice (AN, 68 Mi 15) des 18 et 28 février 1947. Audition de Mme Bloch à la Sécurité militaire, 4 juillet 1944.

80. AN, 334 AP 50, second procès Hardy, 26 avril 1950, interrogatoire, p. 162 et suiv., où le président constate que le contrôleur Morice confirme l'appel téléphonique à

Probablement ne crie-t-il pas victoire et s'abstient-il d'affirmer qu'il vient d'arrêter Didot, car Barbie mettra plus de deux jours avant de venir récupérer Hardy. Délai impensable s'il avait été identifié en tant que Didot, l'un des hommes les plus recherchés de France, celui qu'on partait justement arrêter à Paris. Mais fait établi qui permit à Hardy et à son avocat de marquer un point gagnant lors du second procès : « Si j'avais été vraiment signalé avec certitude comme étant le chef des sabotages des chemins de fer, je n'aurais pas été oublié pendant deux jours et demi à la prison de Chalon. Non, on serait venu exploiter mon arrestation immédiatement [81]. »

Laissons Hardy en prison à Chalon où, du reste, rien de fâcheux ne lui arrive dans l'immédiat, pour suivre Moog et Multon.

Ils ont repris leur place dans le train où le contrôleur Morice a noté les arrestations au dos de sa feuille de route et revendu 490 francs les deux couchettes libérées aux amis policiers de Moog [82].

Arrivés à Paris, Moog et Multon passent la journée du 8 à organiser l'arrestation de Delestraint. Le 9, bien avant 9 heures, le piège est en place. Des policiers allemands en civil ont pris position aux alentours du métro Muette. Moog reconnaît le général à son allure militaire, va à sa rencontre et se présente de la part de Didot qui, dit-il, attend au métro Passy pour des raisons de sécurité. Delestraint rouspète contre ce changement car, dit-il, Gastaldo les attend, Didot et lui, au métro Pompe.

Fort heureusement, il n'ajoute pas qu'ils ont ensuite rendez-vous tous ensemble à la mairie du 16e arrondissement avec le colonel Sauvebœuf, chef militaire de l'OCM, et avec le patron du mouvement Ceux de la Libération, lesquels, lors de réunions dans les jours précédents, ont accepté d'être présentés à Didot [83].

Après avoir promptement remis Delestraint à la Gestapo de la rue des Saussaies, Moog se rue au métro Pompe pour arrêter Gastaldo.

Toujours aussi suspicieux, Moog prend le temps d'observer avant d'agir. La photo de Gastaldo ayant été largement diffusée, il le voit attendre en compagnie d'un jeune homme qui s'avérera être Jean-Louis Théobald, agent de liaison entre Moulin et Delestraint. Moog voit aussi un passant grand et fort dire quelque chose à Gastaldo. A

---

la Gestapo lyonnaise, appel révélé par Barbie lors de son deuxième interrogatoire (18 mai 1948, *in* René Hardy, *op. cit.*, p. 523) parmi un flot de mensonges – il dit être allé dès le lendemain chercher Hardy.

81. AN, 334 AP 50, second procès Hardy, 26 avril 1950, interrogatoire, p. 164.

82. AN, 68 Mi 15, auditions de Morice, 18 et 28 février 1947, ainsi que nombreux documents relatifs à la recherche, compliquée à souhait, du fameux rapport et des fiches de location de la couchette.

83. *Ibid.*, lettre de Gastaldo au juge Gonnot, 21 juin 1948.

peine les arrestations opérées, il voudra savoir qui c'était. « Un type qui demandait l'heure », mentira le chef du 2ᵉ Bureau de l'AS alors qu'il s'agissait du colonel Sauvebœuf[84]

Tout auréolé de ses succès et toujours accompagné de Multon, Moog est de retour à Lyon au matin du 10. C'est pour constater sans plaisir que Barbie n'a pas daigné aller à Chalon chercher ce Hardy soupçonné d'être Didot. Ne pouvant ignorer plus longtemps l'avis de Moog, Barbie l'envoie à Bourg-en-Bresse avec Multon perquisitionner au domicile de Delestraint sur lequel on avait trouvé son carnet d'adresses[85]. Puis il prend la route de Chalon.

Barbie se targuera plus tard d'avoir salué Hardy d'un aimable : « Bonjour, monsieur Hardy[86]. » Cette prétendue révélation sensationnelle était censée prouver qu'il n'ignorait rien du prisonnier, car, dans sa version, Multon lui avait d'avance tout révélé sur Didot, y compris son vrai nom. Mais comme Hardy avait sans conteste été arrêté sous son nom véritable, il aura beau jeu, lors de son second procès, de marquer un nouveau point décisif en faisant simplement remarquer que, si Barbie lui avait lancé : « Bonjour, monsieur Didot », c'est là que, pour le coup, il aurait été dans de mauvais draps[87].

Partis de Chalon vers 17 heures, arrivés à Lyon en toute fin d'après-midi, Barbie et Hardy demeurent six ou sept heures en tête à tête dans les locaux de la Gestapo.

On ne saura vraisemblablement jamais ce qu'ils se dirent. L'un et l'autre ont donné des versions diamétralement opposées, aucun témoin n'a apparemment assisté à toute leur discussion, aucun procès-verbal n'a été retrouvé, ni même, selon Barbie, dressé[88].

Barbie a toujours soutenu qu'Hardy avait alors trahi sans faire beaucoup de manières. Hardy a toujours maintenu avoir roulé Barbie en niant être Didot, en tenant des propos politiques conciliants, en mettant en avant son physique avantageusement aryen, en promettant de rendre service si l'occasion s'en présentait, en allant jusqu'à s'engager à renouer avec des gens qu'il savait être de la Résistance – bref, comme il l'écrivit plus tard, en « jou*[ant]* au plus con[89] ».

---

84. *Ibid.*

85. *Ibid.* Gastaldo va beaucoup plus loin à ce propos. Alors qu'il a toujours accablé Hardy, il proteste soudain de son amitié pour celui-ci et déclare que Delestraint est responsable de son arrestation car il avait noté le rendez-vous du métro Pompe sur son carnet. Pour le reste, il persiste à dire Hardy coupable.

86. Second interrogatoire de Barbie, 16 juillet 1948, *in* René Hardy, *op. cit.*, p. 532.

87. AN, 334 AP 50, second procès Hardy, audience du 26 avril 1950, interrogatoire, p. 164.

88. Audition Barbie, 16 juillet 1948, *in* René Hardy, *op. cit.*, p. 534.

89. *Ibid.*, p. 210.

Des deux thèses, celle de Barbie est la plus faible. En fait, il n'a rien contre son prisonnier. L'identité a été vérifiée : Hardy est réellement entrepreneur de motoculture à Garons, Gard. Aucun document compromettant n'a été trouvé sur lui, ni dans ses bagages. Multon n'exclut pas qu'il s'agisse de Didot, mais ne l'affirme pas. Moog n'a rien pour prouver son intuition – et c'est un homme de l'Abwehr, un rival tortueux.

De son côté, Hardy est dans une situation dramatique mais pas catastrophique.

Qu'on ait mis deux jours et demi à le transférer à Lyon prouve qu'on ne prend pas son cas très au sérieux. Que Barbie ne le brutalise pas confirme que, s'il a des doutes, la preuve lui manque – sinon, il aurait déjà cédé à son penchant connu de tortionnaire. Que ce gestapiste peu connu pour sa finesse ait choisi de discuter prouve enfin que, dans la pire des hypothèses, il songe à le recruter. Et si tel est le cas, tous les espoirs sont permis car nombreux sont les résistants, et non des moindres, qui ont rusé et sont sortis de la Gestapo après avoir promis de trahir pour disparaître aussitôt libres. Le cas le plus fameux est celui de son ami Henry Ingrand, devenu chef des MUR de la région R6, celle de Clermont-Ferrand, après avoir été longtemps détenu par la Gestapo [90].

Objectivement, Hardy le sait – et c'est dans son jeu un atout psychologique majeur –, la Gestapo peut être prise à son propre piège. S'il parvient à la berner et à se faire libérer, Barbie aura un seul moyen de le tenir : Lydie Bastien, dont une lettre a été trouvée dans la valise fouillée à Chalon.

C'est là son point faible. Mais, aussi longtemps qu'elle restera à Paris, où elle a dû aller comme prévu, le péril sera contenu.

Barbie prétendra plus tard avoir relâché Hardy après avoir demandé à ses supérieurs l'autorisation d'employer son prisonnier comme agent double. Nul n'a vu ces prétendus rapports et télégrammes. En revanche, interrogé après la guerre, Ernst Floreck, ex-membre de la section VI du SD de Lyon en 1943, à ce titre proche collaborateur de Barbie, a déclaré : « D'après ce que m'a raconté *[Barbie]*, Didot-Hardy avait été arrêté par le SD de Lyon et interrogé par Barbie. Ce dernier ne sachant pas qu'il avait affaire à un agent important, le remit en liberté, en lui

---

90. AN, 397 AP 2, témoignage d'Ingrand, non daté, et, 397 AP 3, témoignage d'Anne-Marie Boumier, « Note confidentielle », 19 mars 1955, ainsi que témoignage de Jacques Lecomte-Boinet, 5 janvier 1956, et témoignage de Philippe Le Forsonney, 22 novembre 1956, selon lesquels Ingrand, arrêté en 1942, détenu à Sarrebrück, a gagné la confiance des Allemands, notamment en se déclarant anticommuniste, et, ayant promis de trahir Frenay, leur a échappé à la première occasion.

faisant promettre de travailler pour nous. Didot-Hardy accepta pour sauver sa vie probablement[91]. »

Hardy libéré le 11 juin

Barbie libère Hardy dans la nuit du 10 au 11, vers minuit. Seul responsable de sa décision, il risque gros s'il s'est trompé. Mais Multon, revenu de Bourg-en-Bresse dans l'après-midi et qui a pu observer Hardy dans les locaux de la Gestapo[92], n'a pas été plus catégorique qu'auparavant. D'autre part, Barbie n'a rien obtenu d'Hardy, ni sa véritable adresse dans la banlieue lyonnaise, à Saint-Just, qui n'a fait l'objet par la suite d'aucune surveillance remarquée et n'a jamais été perquisitionnée[93], ni celle de son bureau, rue d'Enghien, qui n'a subi aucun désagrément, ni aucune autre. La seule adresse qu'il n'a pu cacher, puisque les Allemands ont une lettre de Lydie, c'est celle des Bastien.

Muni d'un laissez-passer qui l'autorise à circuler malgré le couvre-feu pour se rendre quai Pierre-Scize, Hardy descend l'avenue Berthelot en direction du Rhône.

Même s'il en prend d'abord le chemin, il se garde d'aller chez ses futurs beaux-parents. Aussitôt le pont Gallieni traversé, il disparaît

---

91. AN, 68 Mi 15, déposition Floreck, 22 avril 1948, p. 2. Que Floreck accole toujours ici le pseudonyme Didot au patronyme Hardy n'implique pas que dans les propos de Barbie qu'il rapporte celui-ci avait fait le lien le 10 juin. Si tel avait été le cas, Barbie, sachant qu'Hardy était Didot, n'aurait jamais commis la bourde de le libérer. A propos de cette déposition de Floreck, il convient aussi de noter que les policiers qui l'interrogeaient ont tenté de le mettre en contradiction avec une déposition précédente, du 12 mai 1947, dans laquelle il avait parlé d'un certain « Ninot ou Ninon » qui, selon un vague souvenir, aurait été un agent de Barbie et serait « devenu l'un des principaux chefs de la résistance SNCF dans le département des Bouches-du-Rhône. Nous avons pu réussir plusieurs opérations importantes grâce aux renseignements donnés par Ninot ». Mais Floreck maintint, en 1948, être « absolument sûr que Barbie était désillusionné de son insuccès auprès de Didot-Hardy ». Hardy, que l'on sache, n'a jamais provoqué par ses déclarations la chute d'aucun groupe de la Résistance Fer et n'a pas davantage opéré spécialement dans les Bouches-du-Rhône. Au détriment du témoignage de Floreck, il convient de souligner que celui-ci, à ce que l'on sait – mais c'est un point discuté –, n'arriva à Lyon qu'à l'automne 1943. Sa conviction, comme celle de Kramer citée plus haut, repose donc sur des informations de seconde main. C'est du reste le cas de la plupart des témoignages allemands.

92. AN, 68 Mi 14, audition Multon, 19 mai 1945, p. 1.

93. AN, 68 Mi 15, audition Jean Bessiron, logeur d'Hardy à Saint-Just. Il atteste que le logement d'Hardy n'a été ni surveillé ni perquisitionné, qu'Hardy y est passé plusieurs fois et que La Combe y a logé en août 1943 jusqu'à son arrestation, en octobre 1943.

dans la gare de Perrache. Il en connaît le dédale comme sa poche et est le mieux placé pour savoir que c'est l'un des bastions de son organisation. Il se réfugie, dira-t-il sans être contesté à son second procès, « dans le grand immeuble de l'exploitation donnant sur les quais, et j'ai attendu ».

Il ne fait pas qu'attendre. Par un mot à ses chefs il les informe de sa « mésaventure » et, peut-on supposer, charge un cheminot de son organisation de le faire parvenir à destination [94].

Puis il prend « un train d'ouvriers du matin, à 7 heures, *[et]* repr*[end]* à Givors le train de la ligne du Theil [95] » pour Nîmes [96]. Il a choisi cette ligne car il sait l'autre, celle qui longe la rive gauche du Rhône, beaucoup plus surveillée [97].

A Nîmes, il voit une demi-douzaine de personnes. Elles en témoigneront, parfois avec complaisance, à l'occasion du premier procès, ensuite fort sérieusement car menacées d'inculpation pour faux témoignage [98]. Aucun doute ne subsiste quant à la réalité de la présence d'Hardy à Nîmes ce jour-là, mais le motif l'ayant conduit là plutôt

---

94. René Hardy, *op. cit.*, p. 222n, affirme avoir « rencontré » Bénouville « le 11 juin au matin » pour l'informer. Bénouville a naturellement réagi avec force (*cf.* sa lettre à Hardy du 3 février 1984, *ibid.*, p. 486-489), et Noguères (*La vérité aura le dernier mot*, *op. cit.*, p. 162-163) a montré l'invraisemblance de cette rencontre en arguant de l'impossibilité où se serait trouvé Hardy de trouver le temps de voir Bénouville en sus d'aller de son domicile de Saint-Just à la gare de Perrache entre le lever du couvre-feu (6 heures) et le départ du train pour Nîmes (7 h 15). Mais outre qu'Hardy n'avait pas fini sa nuit à Saint-Just – et cela, Noguères se devait de le savoir –, la lettre de Bénouville à Monod du 15 juillet 1943, citée précédemment, confirme Noguères en ceci qu'il n'y eut pas de rencontre, mais confirme aussi Hardy en ceci qu'« il *[les, c'est-à-dire Frenay et Bénouville]* a prévenus de sa mésaventure par un mot et est reparti en mission ».

95. AN, 334 AP 50, second procès Hardy, audience du 25 avril 1950, interrogatoire, p. 93.

96. L'édition du *Chaix*, ligne 812, montre que le Lyon-Nîmes, parti à 7 h 15 de Lyon, s'arrêtait à Givors à 7 h 40 pour arriver à Nîmes à 12 h 51.

97. AN, 334 AP 24, premier procès Hardy, audience du 20 janvier 1947, interrogatoire, p. 47. AN, 68 Mi 16, 21 mars et 14 avril 1949, enquête sur les horaires des trains Lyon-Nîmes du 11 juin. Le commissaire Pajanacci en signale un, absent du *Chaix*, partant à 8 heures et arrivant à Nîmes à 12 h 25.

98. AN, 68 Mi 15, commission rogatoire du 20 mars 1947 concernant Bailly, Guigon et Choisy, de Nîmes et Montpellier, pour faux témoignage. Guigon, le 29 mars 1947, prouve, journal de son père à l'appui, qu'il a vu Hardy le 11 juin, vers 15 heures, à Nîmes, comme il l'avait précédemment affirmé. Voir aussi les dépositions d'Alfred Boissier, Jean Bailly, Georges Chouber, etc., dans AN, 68 Mi 14. Voir aussi René Hardy, *op. cit.*, p. 223, ainsi que Maurice Garçon, *op. cit.*, p. 105. A noter cependant que le cheminot Pierre Deloncle paraît avoir soutenu imperturbablement qu'Hardy avait couché chez lui entre le 9 et le 14 juin (AN, 68 Mi 17, dos. 15, compte rendu d'audience par la DST, 5 mai 1950).

qu'ailleurs demeure problématique. Avait-il dans cette ville ou aux alentours un contact fixe avec quelqu'un susceptible de lui venir en aide (dans cette hypothèse, on songe à la famille Durmeyer et au 2e Bureau), à moins qu'il ne se fût agi d'un contact avec un réseau américain (dans ce cas, on songe à Jean Bailly qui disposait du même appareil photo miniature qu'Hardy [99]). Peut-être, tout simplement, avait-il jugé urgent d'aller consolider son alibi professionnel tout en avertissant ses amis qu'ils risquaient d'être interrogés à son sujet car il venait d'avoir une mésaventure [100].

Mais le plus probable est qu'il a dit la vérité pendant son second procès en évoquant son état d'esprit après sa libération : « J'étais dans un état d'esprit de panique, de "fiche le camp" tout de suite, de disparaître, de couper tout. Je ne pensais plus à rien du tout qu'à me tirer de cette situation le plus vite et de Lyon immédiatement [101]. »

Simultanément, tandis qu'à Nîmes Hardy se calme et reprend courage, à Lyon, quai Saint-Vincent, dans l'appartement où Frenay vient tout juste de s'installer après avoir soudainement quitté celui de Bénouville, une importante réunion a lieu.

Au moins six responsables de Combat sont là : Frenay, Bourdet, Bénouville, Aubry, Malacrida, d'Ivernois [102]. Ils apprendront seulement le lendemain les arrestations de Delestraint et de Gastaldo, mais savent déjà que quelque chose est arrivé à Hardy. Aubry dira plus tard : « Il a été fait allusion à l'imprudence d'Hardy, alias Didot, qu'on savait être parti à Paris dans un train dans lequel se trouvait Lunel, alias Multon. Je ne pourrais donner de plus amples détails là-dessus. Ce renseignement a pu être donné par de Bénouville ou un de ses amis [103]. »

Que l'information soit venue du messager de Rachline ou par le mot d'Hardy, voire par les deux, ils connaissent l'essentiel : après avoir eu un sérieux ennui dans le train, Hardy est libre. Il n'y a donc pas de

---

99. AN, 68 Mi 17, déposition de J. Bailly, 1947. Hardy avait un *Minox* fourni par le général Legge et on en réclamait d'autres (DS-MUR, lettre d'Armand Magescas à Monod, 2 juillet 1943 : « un petit appareil comme Bardot »).

100. AN, 334 AP 50, second procès Hardy, audience du 25 avril, interrogatoire, p. 96, où Hardy déclare avoir évoqué l'épisode (expurgé) du train devant ses amis.

101. *Ibid.*, p. 94.

102. AN, 397 AP 2, témoignage de François d'Ivernois du 24 mars 1943, où il dit avoir été en contact avec le consul des USA à Marseille dès septembre 1942.

103. AN, 68 Mi 15, audition Aubry, 23 mars 1948; AN, 397 AP 2, témoignage Aubry, 3 mai 1955; AN 334 AP 50, second procès Hardy, audience du 4 mai 1950, déposition Aubry, p. 3, et, même référence, audience du 26 avril, interrogatoire, p. 184; ainsi que François-Yves Guillin, *op. cit.*, p. 259, et lettre à l'auteur du 30 mai 1995.

quoi s'alarmer outre mesure, et le vocabulaire en témoigne. Pour Bénouville, c'est une « mésaventure » ; pour Aubry une « imprudence ». Aucune conséquence grave n'est à redouter. Bénouville en est certain. Si Hardy avait trahi, Frenay et lui-même seraient déjà pris. Et comme un acte vaut tous les discours, il n'a pas déménagé, restant rue Tronchet avec ce qu'il a de plus cher, sa fiancée.

Ce jour-là, à cette heure-là, Bénouville a parfaitement raison de faire confiance à son ami. Mais à leur insu, un fait nouveau s'est déjà produit à Paris, qui va bouleverser la donne.

Depuis le 9, depuis son arrestation, Gastaldo était interrogé sans désemparer. Les Allemands en savaient déjà long sur lui et sur l'AS grâce aux nombreux documents saisis le 15 mars à Lyon et plus tard à Marseille ou ailleurs. Le 11, à 6 heures du matin, ils mettent sous ses yeux un télégramme de trois feuillets recto-verso, arrivé de Lyon et issu de deux sources différentes [104]. Le texte est en allemand, langue familière au prisonnier, et fait état d'une réunion à laquelle il a participé avec divers dirigeants, dont Didot. Les interrogateurs exigent leurs signalements, sauf celui de Delestraint, qu'ils détiennent, et celui de Frenay, qu'ils ont déjà. Gastaldo ment sur tous, mais donne celui de Didot.

Il se justifiera à son retour de déportation en assurant que le télégramme identifiait explicitement Didot à Hardy et le disait arrêté à Chalon-sur-Saône.

L'affirmation est douteuse. Si les Allemands qui avaient arrêté Hardy étaient si sûrs et certains qu'il s'agissait de Didot, quel besoin avaient-ils de demander à Gastaldo de le leur décrire ? Et quel besoin auraient-ils eu de lui poser aussi cette question : « Saviez-vous que Didot s'identifiait avec Hardy » si Hardy avait déjà admis être Didot ?

A la décharge de Gastaldo, qui n'a jamais déclaré en public avoir donné le signalement de Didot, il faut souligner que, sachant sa propre arrestation due à celle de Delestraint, il avait tout lieu de penser sincèrement celle-ci due à Didot puisque seul Didot avait eu rendez-vous au métro Muette et qu'il ne pouvait imaginer que Didot avait ignoré ce rendez-vous. Le croyant traître, il n'avait vu aucune raison de le ménager [105].

---

104. AN, 68 Mi 15, premier procès Hardy, déposition Gastaldo, p. 5 : « La dernière partie du télégramme émane d'une autre source. » Cette déclaration déclenche un tel tohu-bohu qu'on « oublie » de demander au témoin quelles sont ces deux sources. L'une est évidente : la Gestapo lyonnaise. Mais la seconde ? L'Abwehr ? Le fameux et introuvable agent infiltré à la direction de l'AS ?

105. Toutes les citations et données sur cet épisode sont tirées de AN, 397 AP 3, témoignage Gastaldo du 15 juillet 1945 ; AN, 68 Mi 15, déposition Gastaldo au premier procès Hardy, 1947 ; audition Gastaldo à Batna, 3 juin 1948 ; lettre de Gastaldo au juge

Vengeance ou bévue, la déclaration de Gastaldo ne reste pas sans conséquence. Quand Barbie reçoit de Paris le signalement de Didot, il réalise soudain sa monumentale erreur. Il doit retrouver Hardy-Didot au plus vite s'il ne veut pas finir sur le front russe. Là-bas, c'est l'apocalypse permanente. En moyenne, les Allemands tuent quotidiennement 15 000 Soviétiques, militaires ou civils, vieillards, femmes et enfants. Mais chaque jour ils perdent en moyenne près de 5 000 hommes.

De son côté, à Nîmes, Hardy a assez retrouvé son calme pour comprendre l'urgence qu'il y a à alerter Lydie Bastien. Il faut qu'elle se sache repérée et réalise qu'étant la seule piste dont dispose Barbie pour retrouver Hardy, elle doit absolument rester éloignée de Lyon. Mais où la joindre ? Si elle est allée comme prévu le retrouver à Paris, elle y est peut-être encore. Pour s'en assurer, il doit revenir à Lyon et voir les Bastien.

Le 12, à 6 heures du matin, il quitte Nîmes par le train qui le dépose à Lyon à 11 h 55.

Il téléphone aussitôt au bureau de Raoul Bastien. Il est absent. En attendant de le joindre, il prend connaissance des rendez-vous sollicités durant ces derniers jours. Heilbronn en a demandé un à 14 heures. Vu leurs relations, s'y dérober est presque impossible. Et quoique le lieu soit particulièrement mal choisi et qu'il se sente lui-même très angoissé, Hardy se rend place Bellecour. Ici et là, une demi-douzaine d'agents de liaison patientent, bien repérables. Inquiet, il répète à Heilbronn : « Ça va mal, ça va mal », et ne dissimule pas le danger latent qu'il y a à le voir [106]. Ils se séparent deux ou trois minutes après.

Presque aussitôt, Heilbronn est arrêté et brutalement sommé d'avouer qu'il est Didot jusqu'à ce que les sbires comprennent leur erreur : « C'était l'autre. » Changeant aussitôt de tactique, ils veulent maintenant savoir où trouver Didot [107]. Au crépuscule, après 21 heures, ils abandonnent soudain la partie.

Comme si la question de savoir où trouver Didot était résolue.

Pendant ce temps, ignorant le sort de Heilbronn, Hardy est revenu au bureau de la rue d'Enghien, puis est allé, avec son adjoint La Combe,

---

Gonnot, 21 juin 1948 ; AN, 334 AP 50, déposition Gastaldo au second procès Hardy, audience du 3 mai 1950, p. 41-59. Enfin, il convient de savoir que le témoignage de Gastaldo au second procès Hardy a été d'un grand poids. Le réquisitoire s'achève ainsi : « Contre le capitaine Hardy, je crois le colonel Gastaldo. » Voir également François-Yves Guillin, *op. cit.*, p. 269.

106. Déposition Heilbronn, 13 avril 1948, reproduite *in* René Hardy, *op. cit.*, p. 224-225.

107. *Ibid.*

chez les Bastien. Lydie est toujours à Paris, les rassure-t-on, et Hardy décide d'y partir le soir même pour la retrouver. Avant de se retirer, Hardy fait le ménage parmi les papiers qu'il a cachés dans la maison et en brûle certains [108].

Avant de reprendre le train pour Paris, Hardy a encore deux visites à faire.

Selon les Mémoires de Frenay, Hardy voit Bénouville [109]. Et selon une déposition de Frenay recoupée par le témoignage de Claude Bourdet, il le voit aussi : « Je l'ai rencontré la dernière fois avant de quitter la France aux environs du 10 juin 1943, c'est-à-dire postérieurement à la date de l'arrestation [110]. »

Aucune donnée n'est disponible sur le motif de ces rencontres, ni sur le contenu des discussions.

Toutefois, on a difficilement pu éviter d'y examiner la situation d'Hardy. Autant la veille, lors de la réunion quai Saint-Vincent, la prendre au tragique ne s'imposait pas, autant on n'a pu manquer de la reconsidérer puisque, entre-temps, un mot a appris à Frenay les arrestations de Delestraint et Gastaldo tandis que, selon toute vraisemblance, le messager de Rachline a de son côté informé de la plus que probable arrestation d'Hardy dans le train.

On ne saurait spéculer sur le contenu des échanges durant ces rencontres, mais il est difficile de ne pas constater que les déclarations ultérieures de Frenay et Bénouville sont contredites par la lettre de Bénouville à Monod du 15 juillet 1943. Elle se réfère explicitement à « l'affaire du train » et affirme qu'Hardy a prévenu de « sa mésaven-

---

108. AN, 68 Mi 16, audition Jeanne Bastien, 29 mars 1947. Mme Bastien hésite sur la date, s'arrête au 11 ou 12 juin, mais dit aussi que c'est la veille du retour de sa fille de Paris, c'est-à-dire le 16.

109. Henri Frenay, *La nuit finira, op. cit.*, p. 483-484 : Hardy « a failli être appréhendé par Multon dans le train qui l'emmenait à Paris. Deux jours après il a raconté à Bénouville comment il lui avait échappé ». Deux jours après l'arrestation, c'est-à-dire le 10, Hardy est détenu et n'a donc pu voir Bénouville. Deux jours après sa libération, cela signifie le 12 ou le 13 ; seule est possible la date du 12 puisque le 13 Hardy est invisible, à Paris ou ailleurs.

110. AN, 68 Mi 14, audition (21 lignes) de Frenay, le 8 décembre 1945. Frenay déclare avoir quitté la France le 17 juin et, à la date de ce témoignage, refuse d'admettre l'arrestation d'Hardy dans le train, évoquée au conditionnel dans la suite de sa phrase. Il ajoute : « S'il avait voulu me faire arrêter, cela lui aurait été facile. » A notre connaissance, Frenay n'a plus évoqué cette rencontre, cependant confirmée par Claude Bourdet, *op. cit.*, p. 227 : « Je l'avais reçu avec Frenay dans un bureau qu'utilisait Frenay à la Croix-Rousse. » La dater du 12 est la seule solution plausible, Hardy ayant été invisible à Lyon du 12 au soir jusqu'au matin du 15 (il dit être alors rentré de Paris), personne n'ayant non plus affirmé l'avoir vu le 15, jour au soir duquel Frenay quitta Lyon pour Londres.

ture par un mot ». En ajoutant que ni Frenay ni lui n'ont été arrêtés alors que Hardy aurait pu les faire arrêter puisqu'il connaissait leur adresse, l'auteur de la lettre suggère de surcroît qu'il sait qu'Hardy n'a pas parlé. Ce qui peut impliquer qu'il a été interrogé.

Le témoignage inédit de Jean Gemähling, chef du service de renseignement des MUR, lève l'ambiguïté. Il affirme avoir rencontré Bénouville deux fois.

Sans pouvoir toutefois la dater exactement, il situe leur première entrevue avant Caluire. Il veut faire savoir à Bénouville sa conviction qu'Hardy a été arrêté dans le train et qu'on doit s'en méfier s'il le nie. « "Hardy, m'a dit Bénouville, je le vois sans difficulté et tu peux constater qu'il ne m'a pas fait arrêter. Tu pourras le rencontrer si tu veux." Je n'avais nulle envie d'accepter cette invitation », écrit l'ancien chef du SR des MUR, qui la refusa [111].

Du contenu de sa deuxième rencontre avec Bénouville, après Caluire, vers le 25 juin, Gemähling conserve un souvenir précis qu'il a tenu à rédiger lui-même.

Pour en saisir le sens, il convient de se souvenir que, lors de cette discussion, comme lorsqu'il écrit son témoignage, Gemähling n'a pas connaissance de la deuxième arrestation d'Hardy et croit que l'échange porte sur la première, celle entre le 7 et le 11, et sur la responsabilité d'Hardy dans l'affaire de Caluire. D'où le télescopage d'éléments dont un (en italiques dans la citation ci-dessous) a évidemment trait à la première arrestation et les autres à la deuxième :

> « Bénouville m'affirma que Hardy n'était pas le traître qui avait donné la réunion de Caluire, laquelle d'ailleurs a pu être l'objet de plusieurs dénonciations (...). Bénouville savait toutefois que Hardy avait été interrogé par la Gestapo et avait eu avec Barbie une discussion théorique, une sorte de joute oratoire sur le danger communiste. *Mais Barbie ne savait pas qu'il était Didot et l'avait mis en liberté, le considérant comme sans importance (...)*/ Le plus important pour moi de ce que j'ai retenu de cette conversation est ceci : Parlant à Bénouville de l'état d'agitation mentale et de nervosité dont il m'avait dit que Hardy présentait les symptômes, "Ce sont, lui ai-je dit, ceux d'un homme qui a été interrogé par la Gestapo et qui se sent directement menacé". J'ai senti Bénouville prêt à admettre qu'en effet c'était le cas. Mais, avant de le dire, j'ai vu Bénouville se reprendre. "Non, non, m'a-t-il répondu. Hardy est parfaitement débarrassé de cette crainte. La Gestapo ne le menace pas."/ J'ai eu l'impression très nette qu'il ne me disait pas

111. Lettre de Jean Gemähling à l'auteur, 13 avril 1998, après notre entretien du 7, et ma correspondance du 8. Également correspondance de l'auteur du 18 et confirmation téléphonique de Gemähling le 22.

toute la vérité. C'est une conviction intime qui n'est probante que pour moi, mais qui pour moi est essentielle [112]. »

En effet, le 12 juin, Hardy a de nouveau disparu. Il affirme avoir pris le train de 22 heures pour Paris, mais force est de constater qu'à peu près à la même heure les Allemands ont cessé de demander à Heilbronn où trouver Didot et force est également d'admettre qu'à partir de là et jusqu'au 16 juin aucun témoin n'a confirmé l'emploi du temps qu'il a toujours soutenu avoir eu.

Il serait parti sans encombre et aurait séjourné à Paris les dimanche et lundi de Pentecôte (13 et 14) avant de rentrer à Lyon le 15. Ni les Corbet, au domicile desquels il serait passé, ni Mme Renoncourt, son agent de liaison, ni Lydie, personne ne l'a vu [113].

A-t-il été arrêté au départ du train ? dans la capitale ? lors du voyage de retour ? à son arrivée à Lyon ? Impossible à dire. Seule certitude, Bénouville écrit à Monod qu'*avant* le départ de Frenay, c'est-à-dire avant le 15 au soir, Didot, « condamné à mort à Paris, *y* a été arrêté ».

Hardy repris

Un jour – entre le 12 au soir et avant le 15 au soir – Hardy se retrouve face à Barbie.

Plus question de jouer au plus fin. Barbie a cette fois toutes les cartes en main. Et soit que Hardy le prenne de vitesse en offrant de collaborer, unique moyen de recouvrer une liberté synonyme de fuite, soit que Barbie en ait pris l'initiative, ils concluent un pacte.

Sur quelle base ? Dans une lettre plus que discutable, Barbie assure que l'anticommunisme en fut le fondement [114], Hardy démentant sans démentir vraiment [115], tandis que Gemähling y croit. Le fait est que les

---

112. *Ibid.*

113. René Hardy, *op. cit.*, p. 234. L'unique témoignage venant à l'appui d'Hardy est celui de l'Allemand Max Hartwig (AN, 68 Mi 17, déposition Hartwig, 21 août 1947) qui a prétendu avoir, à la demande de Barbie, escorté Hardy à Paris. A lire ses dépositions, on constate que c'est seulement à la dixième – et dernière – qu'il mentionna le fait. Et l'on note que c'est *in extremis*, manifestement à la demande pressante de l'interrogateur, qu'il accepta d'en parler dans un *post-scriptum.* Mais, le 6 avril 1948, conduit sur les traces de ses prétendues déambulations parisiennes avec Hardy, il se montra incapable de retrouver les lieux et adresses.

114. *Cf.* la critique pertinente d'Henri Noguères, *La vérité aura le dernier mot, op. cit.*, p. 187 et suiv.

115. René Hardy, *op. cit.*, p. 204n, nie l'existence du pacte basé sur l'anticommunisme, mais, p. 292, écrit : « J'ai affirmé publiquement (...) que Jean Moulin était crypto-communiste (...) ; je ne retire rien à mes déclarations. »

deux hommes étaient anticommunistes, l'un parce que nazi, l'autre après avoir été brièvement membre du PC. Que Barbie ait choisi ce terrain est plausible, qu'Hardy l'ait accepté ne l'est pas moins.

Un autre élément milite en faveur de cette hypothèse. A cette époque, le péril communiste était l'antienne favorite des policiers nazis désireux de retourner des résistants, le cas de Grandclément, à Bordeaux, passant pour le plus réussi [116] même si la vérité fut peut-être plus complexe. Et, sincère ou tactique, l'argument anticommuniste ne tombait pas toujours à plat. La hantise de voir le PCF dominer la Résistance n'était pas rare chez certains résistants [117] et elle prévalait parmi les giraudistes et l'ORA. D'autre part, jouer sur cette corde sensible était, dans le cas d'Hardy, particulièrement astucieux. Trop évidemment patriote pour trahir sa cause, il pouvait accepter de collaborer s'il la croyait trahie par les communistes. De surcroît, il avait à justifier à ses propres yeux son retournement. Certes, il n'avait pas l'intention de respecter cet engagement, simple moyen de recouvrer sa liberté. Mais le fait d'en discuter de façon assez convaincante pour amener Barbie à le croire sincère avait quelque chose de trouble et de troublant. Quelle était la part de vérité en lui, anticommuniste, et quelle était la part de rouerie ?

Dans son roman le plus personnel, *Gautier sans amour*, il y a ces phrases où s'expriment les voix d'une conscience tourmentée :

> « "Choisis", semblent-elles me chuchoter à l'oreille, "choisis d'être l'admirable ou l'abominable personnage, choisis, nous avons le pouvoir de réaliser l'un ou l'autre, tu es libre : choisis, choisis, choisis" (...). Tout se passe, pour elle et pour moi, comme si mon choix n'était pas réellement fait. C'est cette ambiguïté de mon attitude qui me trouble car les conséquences de ma décision sont pesées avec une mesure impure (...). Gautier et moi-même avons ce don étrange de créer des malentendus dont nous sommes souvent victimes [118]. »

Barbie crut à la trahison d'Hardy, du moins l'affirma-t-il toujours haut et fort. Pour sa part, Moog s'en est « toujours méfié [119] ». Et Multon, qui, une semaine environ après l'affaire du train, c'est-à-dire vers le 15, croisa Hardy dans les locaux de la Gestapo, s'illusionnait si peu sur la sincérité d'Hardy qu'après l'avoir entendu lui dire : « Salaud, la

116. Voir AN, 72 AJ 57, déposition de Gorce-Franklin (Gallia), à Londres, le 25 février 1944, p. 9 ; ainsi que Gilles Perrault, *op. cit.*, p. 255-258.
117. *Ibid.*, p. 261.
118. René Hardy, *Gautier sans amour*, Denoël, Paris, 1965, p. 283, 284, 275.
119. AN, 68 Mi 16, audition Kramer, 26 janvier 1948.

Résistance connaît ta véritable activité, tu ferais mieux de partir[120] », il alla aussitôt se réfugier auprès de son épouse[121].

Mais quelle qu'ait été l'ambiguïté d'Hardy, le jeu de Barbie était de rendre irréversible son retournement. Il devait le compromettre définitivement aux yeux des résistants. Ne pouvant exiger la livraison de dirigeants ou de simples militants sans le « brûler » aussitôt, ne pouvant prendre les Bastien ou leur fille en otages sans s'aliéner sur-le-champ sa bonne volonté affichée, l'unique option à la portée du policier était d'obtenir la livraison de documents.

C'est là qu'Hardy attend Barbie, mais son espoir est déçu. Car s'il peut sortir pour aller récupérer des papiers, Barbie le fait escorter[122].

Cela se passe dans l'après-midi du 16.

Sûrs d'eux sont les époux Damas, militants de France d'Abord[123]. Le 16 juin, « après 19 heures », dans le tramway connu sous le nom de « Train bleu », Léon Damas rencontre fortuitement Hardy. Gardien de prison, Damas est *a priori* un observateur attentif. Son affirmation répétée selon laquelle Hardy est en compagnie de Lydie Bastien n'est pas à négliger. La jeune femme a toujours dit être revenue à Lyon le 16 ou le 17, mais le plus vraisemblable est que Léon Damas confond avec une rencontre ultérieure, le 19, également dans le tram, où Lydie Bastien était en effet présente, et dont elle a témoigné[124]. Mais Léon Damas a certainement vu Hardy ce jour-là en compagnie d'une femme. Selon Hardy, c'était Marcelle Will, laquelle a démenti. L'inconnue était vraisemblablement un agent de la Gestapo.

Quant à l'essentiel, Léon Damas est formel : Hardy lui dit être « brûlé » et inquiet d'être filé. Damas lui propose l'hospitalité. Hardy

---

120. AN, 68 Mi 17, auditions Multon, 9 février 1945, et Mi 14, 19 mai 1945. Au premier procès Hardy, audience du 20 janvier 1941, le sténogramme consigne, en la mettant dans la bouche du président, une légère mais significative différence de formulation : « Salaud, la Résistance sait ce que vous avez fait ; il est préférable pour vous de partir. » Et Hardy confirme : « J'ai traité effectivement Multon de salaud » (AN, 334 AP 24, interrogatoire, p. 53 et 55).

121. AN, 68 Mi 14, audition Augusta Multon, 16 février 1945, qui situe l'arrivée de son époux à Preuilly « mi-juin » et son départ pour Marseille le 14 juillet.

122. Dans son interrogatoire du 16 juillet 1948, en réponse à la 21e question, Barbie affirme que Steingritt escortait Hardy (*in* René Hardy, *Derniers Mots*, *op. cit.*, p. 536). On verra plus bas qu'une femme a également pu l'escorter.

123. *Cf.* Bruno Permezel, *Résistants à Lyon, 1 221 noms*, BGA, Permezel, Lyon, 1995, p. 131-132.

124. AN, 68 Mi 15, audition de Lydie Bastien, 29 mars 1947. Elle relate que, jalouse, elle soupçonnait Hardy de la tromper : il n'avait pas couché avec elle depuis son retour – nuits du 17 et du 18. Le 19, lui fait dire drôlement le procès-verbal, il « a cédé à mes injonctions et a décidé de passer la nuit avec moi », chez Damas, rencontré par hasard dans le *Train bleu* pour Neuville.

refuse, dit disposer ce soir-là d'une chambre en banlieue, mais accepte l'invitation pour la nuit suivante [125]. Là-dessus, ils se séparent.

Toujours dans l'après-midi du 16, vraisemblablement avant de rencontrer Léon Damas, Hardy est passé chez les Bastien.

Jeanne Bastien est catégorique : elle a reçu Hardy la veille du retour de Lydie, donc vraisemblablement le 16. Un homme l'accompagnait. Hardy reconnaît la visite et avoir été accompagné. Par qui ? lui demanda-t-on au second procès. Il ne s'en souvenait plus : ce pouvait être « Nizan », c'est-à-dire Alain de Camaret, bras droit de Bénouville, ou un agent de liaison, à moins qu'il se fût agi du chef du réseau « Mithridate », Herbinger. Trou de mémoire fâcheux si l'on sait que Mme Bastien affirmera avoir revu l'inconnu parmi les Allemands venus les arrêter, son mari et elle, le 2 septembre 1943, Lydie se souvenant quant à elle avoir entendu Hardy lui crier un jour de dispute, en 1946, qu'il s'agissait d'un agent de la Gestapo. Explication d'Hardy : « Elle m'énervait avec ses questions, je lui ai répondu ce qu'elle avait envie d'entendre à cette époque ! » [126].

Alain de Camaret étant mort en déportation en 1945, Hardy ne risquait pas son démenti. Et il ne redoutait pas davantage celui de Herbinger qui fut longtemps son plus actif défenseur [127].

---

125. AN, 68 Mi 15, auditions Léon Damas, 7 et 8 juin 1948, et Mme Damas, 8 juin. Leur fille Jeanine, également membre de France d'Abord, entendue le 8 juin, hésite entre le 16 et le 17 mais confirme le fait et, comme ses parents, déclare qu'Hardy et Lydie ont couché chez eux du 17 au 20 juin. De son côté, Hardy, *op. cit.*, p. 255, indique avoir couché, le 15, « dans un boui-boui » de Collonges. Il aurait alors été non pas avec Lydie mais avec Marcelle Will (AN, 334 AP 50, second procès Hardy, audience du 25 avril 1950, interrogatoire, p. 102), laquelle conteste avoir jamais vu Hardy entre le jour du départ de celui-ci pour Paris, le 7, et le 19 (AN, 68 Mi 16, audition Marcelle Will, 30 décembre 1948). Cela ne troubla guère Me Maurice Garçon qui, lors du second procès, déclara : « Le 16, il couche dans la banlieue de Lyon et passe la nuit avec Mme Will » (*op. cit.*, p. 111). Dans ses Mémoires, sans mentionner la rencontre avec Léon Damas et sans parler de Lydie Bastien, Hardy assure avoir dormi le 16 dans son bureau de la rue d'Enghien. Toutes ces contradictions montrent clairement l'embarras d'Hardy sur son emploi du temps ces jours-là et témoignent du fait qu'il était alors entre les mains des Allemands.

126. AN, 334 AP 50, second procès Hardy, audience du 26 avril 1950, interrogatoire, p. 198. La première visite était celle du 12 juin. Lydie Bastien relate la présence d'un Allemand, et non pas de « Nizan », qu'elle connaît, avec Hardy, le 16 juin, chez ses parents, dans son audition du 29 mars 1947, p. 14 (AN, 68 Mi 15). Mme Bastien relate que l'un des Allemands venus l'arrêter avec son mari, le 2 septembre 1943, a dit : « C'est bien là que je suis déjà venu avec Hardy » (AN, 68 Mi 14, audition Jeanne Bastien, 29 septembre 1944).

127. AN, 72 AJ 63, réseau Mithridate et témoignage de Pierre Jean Herbinger (Bressac) du 28 octobre 1947, ainsi que AN, 72 AJ 524, sous-dossier « Affaire Hardy », lettre circulaire de Bressac en faveur d'Hardy, du 26 janvier 1946, adressée à presque tous les dirigeants de la Résistance.

Il y a tout lieu de croire Mme Bastien : Hardy était avec un Allemand.

De cet épisode reste un fait essentiel. Le président du second procès a affirmé que, ce jour-là, chez les Bastien, on a « trié des papiers ». Hardy a confirmé en prétendant avoir récupéré un carnet sans importance.

C'est sûrement autre chose qu'il a récupéré. Entre le 15 et le 18 juin, le policier allemand Max Hartwig a interrogé Hardy sur des plans de sabotage des chemins de fer.

Hartwig était arrivé à Lyon quelques jours plus tôt. Il appartenait à un commando spécial chargé de la lutte contre l'AS et de la destruction des émetteurs dans la région. Placé sous l'autorité du commissaire Werth, ce commando dépendait directement de Berlin et devait collaborer avec Barbie sans lui être hiérarchiquement soumis [128]. Barbie précisa : « Werth a eu forcément connaissance de l'affaire Hardy et il m'a demandé, si je me rappelle bien, l'autorisation de faire interroger Hardy par l'un de ses hommes. Je me suis naturellement déclaré d'accord [129]. » Ce fut Hartwig.

La question des plans paraît avoir dès lors échappé à Barbie. Dans ses premiers interrogatoires, il n'en parle pas. Dans le dernier, après avoir d'abord nié qu'il en ait été jamais question entre Hardy et lui, il cède à l'insistance manifeste de son interrogateur pour débiter un chapelet d'invraisemblances : « Hardy *[a]* reconstitué le plan en question de mémoire. » Comment aurait-il pu se souvenir de centaines de noms codés ? « Il n'a pas travaillé sur des documents saisis », continue Barbie. C'est donc qu'il les avait fournis. « C'est pendant les premiers jours de son arrestation que Hardy a établi un tel plan (...) », prétend-il sans préciser de quelle arrestation il parle [130].

Hartwig a été moins menteur. Bien qu'il ne puisse dater exactement le jour de l'interrogatoire auquel il soumit Hardy – entre le 15 et le 18 juin, dit-il [131] –, il donne un luxe de détails convaincants. Il dispose d'un grand plan de 50 centimètres sur 75 et d'une vingtaine d'autres sur calque ou « bleu ». Il a pour mission de demander à Hardy d'expliquer les indications portées « en des points déterminés d'un réseau de voies ferrées de la région de Lyon (...). *[Il]* m'indiqua que c'étaient

128. Réponse à la 46e question, *in* René Hardy, *Derniers Mots*, *op. cit.*, p. 548.

129. Réponse à la 22e question, *ibid.*, p. 536.

130. Réponse aux 39e et 37e questions, *ibid.*, p. 545-546.

131. AN, 68 Mi 15, audition de Hartwig, 30 juin 1947, p. 2, où il dit « vers le 17 ou le 18 juin ». A sa quatrième audition, il dit « entre le 15 et le 18 ». Lors de ses dernières auditions, il dit « le 9 ou le 10 », ce qui est totalement impossible pour le 9 (Hardy est à Chalon) et invraisemblable pour le 10 (Hardy arrive à Lyon en fin d'après-midi, puis reste en tête à tête avec Barbie jusqu'à sa libération, vers minuit).

des points des lignes de chemin de fer qui devaient sauter au moment du débarquement des Alliés et de la retraite allemande [132] ».

Hartwig a bien précisé qu'il questionnait Hardy sur la base de plans de la seule région lyonnaise. Il ne s'agissait donc pas de ceux concernant l'ensemble de la zone sud.

D'autre part, comme Hartwig n'a jamais parlé de pages dactylographiées, dont on sait avec certitude qu'elles accompagnaient le plan général d'« Électrification", qui, lui, concernait l'ensemble de la zone sud, tout porte à conclure qu'Hardy avait livré seulement des documents partiels, peut-être une étude locale préliminaire au plan général.

En d'autres termes, Hardy a échangé des plans de détail contre sa liberté surveillée. Hardy, a reconnu Barbie, insistait pour être libéré « très rapidement (...). Ce plan était le gage de sa bonne volonté [133] ». Hartwig a confirmé le succès d'Hardy, « mis en liberté probablement le lendemain de l'interrogatoire que je lui ai fait subir au sujet des plans ».

Dans l'après-midi du 17, plusieurs résistants voient Hardy. Sa liberté de mouvements leur paraît totale mais son inquiétude n'a pas échappé à certains. C'est qu'à l'angoisse née de sa situation, angoisse qu'il justifie par la répétition inlassable du déjà lointain épisode du train, s'ajoute la crainte de nouvelles catastrophes.

La première ne tarde pas. Par une de ces coïncidences auxquelles on a peine à croire même si elles doivent peut-être tout au hasard, Lydie Bastien reparaît à Lyon quelques heures après la mise en liberté d'Hardy.

Elle arrive de Paris où, le 8 juin au soir, comme convenu, elle était

---

132. « Acte d'Accusation », second procès Hardy, intégralement reproduit *in* Maurice Garçon, *op. cit.*, citation p. 53. Voir également, AN, 68 Mi 15, audition Hartwig, 30 juillet 1947, p. 2. Hartwig avait déjà déposé plusieurs fois et a été encore interrogé par la suite. Ces différentes auditions montrent éloquemment qu'on voulait absolument lui faire dire que l'interrogatoire sur les plans avait eu lieu le 9 ou 10 juin, c'est-à-dire aussitôt après l'arrestation dans le train. Le 17 ou 18 juin dont parlait Hartwig ne convenait pas du tout aux enquêteurs qui auraient alors dû admettre la réalité d'une deuxième arrestation d'Hardy après le 12. Hardy, dans ses Mémoires, *op. cit.*, p. 234-251, s'est acharné à monter en épingle les contradictions et incohérences des dépositions d'Hartwig, soulignant à juste titre combien on l'avait poussé vers la solution acceptable. Il n'avait pas tort, mais – et c'était de bonne guerre – se gardait de montrer la cohérence de ces dépositions avec la réalité de sa deuxième arrestation. Enfin, il n'est pas inutile de noter que Hartwig obtint un non-lieu après avoir déposé comme on le souhaitait, et ce n'est peut-être pas un hasard si le sténogramme de sa déposition au second procès Hardy a partiellement disparu.

133. Interrogatoire Barbie, 16 juillet 1948, réponses aux 17e et 37e questions, *in* René Hardy, *Derniers Mots*, *op. cit.*, p. 534 et 545.

partie avec le projet de rejoindre Hardy. On connaît assez bien son emploi du temps dans la capitale [134].

Le soir de son arrivée, le 9, elle s'est rendue au rendez-vous prévu, chez les Corbet, 222, avenue du Maine. Hardy n'y a pas paru, et Paule Renoncourt, agent de liaison de Jean-Guy Bernard, lui a appris que celui-ci n'a pas trouvé Hardy la veille, à l'arrivée du train de Lyon. Inquiète, mais sachant fréquents les aléas de la vie clandestine, elle a gardé le contact avec Paule Renoncourt, mais en vain. Le 12, Hardy n'a pas paru davantage chez les Bourry où il devait dîner avec elle. Le dimanche de Pentecôte, en allant chez sa tante et son oncle, boulevard Exelmans, elle a rencontré dans la rue une connaissance, beau-frère d'un certain Pinault. Il avait eu vent d'arrestations dans le train Lyon-Paris, le lundi ou le mardi précédent. « Il tenait ce renseignement d'un de ses amis qui avait fait le voyage ce jour-là [135]. » Désormais fort inquiète, Lydie a voulu vérifier l'information et a demandé son aide à Théodore Bourry. Le lendemain étant férié, il a téléphoné le mardi 14 à un ami de la direction des Wagons-Lits. Celui-ci, M. Moreau, a reçu la jeune femme dans l'après-midi du 15 et confirmé l'arrestation des voyageurs ayant occupé les couchettes n°s 7 et 8 dans le Lyon-Paris de la nuit du 7 au 8. Ignorant les noms, il l'a adressée au bureau des Wagons-Lits de la gare de Lyon où on lui a communiqué l'identité du contrôleur témoin des faits, M. Morice, sans toutefois pouvoir lui donner celle des personnes arrêtées. Elle a alors décidé de rentrer à Lyon vérifier auprès du bureau de l'agence Cook où, le 7, elle avait loué la couchette d'Hardy.

Ayant pris le train dans la matinée du 17, elle arrive à Lyon à 16 h 06 et se rend directement chez ses parents. Elle est « décomposée [136] », certaine qu'Hardy a été arrêté. Sa mère la rassure : il est passé le 12 et encore la veille. Certes, il a failli être pris dans le train mais s'est échappé. Il va du reste venir dîner. « Je l'ai revu deux heures après », dira Lydie [137].

---

134. AN, 68 Mi 14, audition de Lydie Bastien, 3 juillet 1944, qui diffère quelque peu des suivantes. Il convient de remarquer que l'audition de 1944 a lieu à une époque où Hardy nie avoir été arrêté dans le train, Lydie le couvrant – en connaissance de cause ou non. Les auditions suivantes (*ibid.*, 10 juillet 1944 et 27 février 1945), ainsi que, et surtout, celle du 29 mars 1947 (AN, 68 Mi 15) et du 20 août 1948 (AN, 68 Mi 16), de même que sa déposition au second procès Hardy (AN, 334 AP 50, audience du 2 mai 1950, p. 99 à 130), reproduisent globalement le même récit, celui restitué ici.

135. Le dossier d'enquête ne montre pas que l'on a cherché à identifier cet ami. Peut-être s'agissait-il de Rachline ou de Vic Gerson.

136. AN, 68 Mi 14, audition Lydie Bastien par la Sécurité militaire, Alger, 3 juillet 1944, p. 8.

137. *Ibid.*

En attendant ce dîner, elle va voir Bénouville[138].

Avait-elle à lui rendre compte d'une mission remplie à Paris, a-t-elle voulu l'informer de ce qu'elle avait appris sur l'histoire du train, espérait-elle retrouver Hardy chez lui ? Elle n'a pas donné les raisons de sa visite, se bornant à évoquer les propos de son interlocuteur qui confirme la « mésaventure » du train et achève de la rassurer avec le récit de sa rencontre impromptue avec Hardy, quelques heures plus tôt, suivie de leur visite commune aux *Bains d'Ainay* pour y prendre une douche[139].

Toute à son soulagement, Lydie Bastien a-t-elle omis de parler à Bénouville de sa petite enquête auprès des Wagons-Lits et des résultats ambigus obtenus ? A-t-il, pour sa part, oublié d'évoquer la joyeuse surprise éprouvée en retrouvant, bien vivant et libre, son ami, ce René Hardy dont le matin même il annonçait à Monod l'arrestation à Paris, la probable exécution et le remplacement par son second ? On l'ignore.

On sait en revanche que, comme prévu, Lydie Bastien retrouve Hardy chez ses parents. D'abord trop heureuse pour ne pas boire ses paroles et avaler avec elles la version édulcorée de l'affaire du train, elle succombe ensuite à la jalousie en le voyant la quitter. Elle le soupçonne d'aller retrouver Marcelle Will quand, bien innocemment, il part coucher seul chez les Damas.

Dans sa solitude, Hardy ne peut pas ne pas réaliser que le retour de Lydie vient de procurer à Barbie le moyen de le tenir et de l'obliger à demeurer sur place. Fuir avec elle serait mettre les Bastien en danger, partir sans elle serait la jeter dans les mains de la Gestapo. Il est coincé sur place. Gagner du temps est l'unique solution, mais c'est une folie. « C'était une imprudence en général que de rester à Lyon, le fait d'aller à une réunion, d'aller partout », dira-t-il à son second procès[140].

Dès le lendemain, 18 juin, Hardy participe à une réunion. Quai Saint-Vincent, chez Élisabeth Renard, les principaux dirigeants de Combat sont là : Claude Bourdet, Baumel, Bénouville.

Hardy dira ensuite qu'y participa aussi « quelqu'un qui devait partir pour la Suisse », et pensera à Monod ou Davet. Il se trompait, Monod et Davet étant déjà à Genève. Mais il n'avait pas tort pour autant puisqu'il s'agissait de Charles d'Aragon, alors à Lyon et en instance de

---

138. AN, 68 Mi 14 et 15, auditions Lydie Bastien, 27 février 1945 et 29 mars 1947.

139. Situé 7, rue Bourgelat, l'établissement était la propriété de Clémentine Drouet, militante de Combat ; *cf.* Bruno Permezel, *op. cit.*, p. 150. Bénouville situe la rencontre dans l'après-midi du 18 (*Le Figaro-Magazine*, 20 juin 1987).

140. AN, 334 AP 50, second procès Hardy, audience du 25 avril 1950, interrogatoire, p. 115.

départ pour la Suisse [141]. « J'entends la voix cassée de Bénouville dominer quelques conversations nerveuses », écrira d'Aragon avant d'évoquer la physionomie d'Hardy « un homme à la figure anguleuse *[venu]* se mêler enfin au petit nombre de ceux qui l'attendaient » [142].

En un adjectif et un adverbe (« nerveuses » et « enfin »), Aragon a discrètement mais pratiquement tout dit de l'ambiance de ces jours-là et des craintes suscitées par Hardy.

Le sujet de cette réunion n'est pas exactement connu. Le président du second procès ayant avancé qu'elle avait pour but de préparer la réunion de Caluire, dont, affirme-t-il, Bénouville savait déjà la proximité, Hardy se rebiffa : « Aucun rapport. » Il ajouta cependant : « L'affaire du remplacement du général Delestraint a été envisagée par Bénouville ; il m'en a fait part » [143].

Qu'il ait été abordé en tête à tête, à l'occasion de cette réunion ou lors d'une autre rencontre, le fait est qu'on discute la question de la succession de Delestraint.

La position de Bénouville est claire : pas question de laisser Moulin choisir seul le remplaçant de Delestraint et pas question non plus que la décision soit prise sur-le-champ. En tant que responsable militaire des MUR, il a son mot à dire :

> « Cette question m'intéressait directement (...). Je voulais, et le Comité directeur voulait avec moi que la question soit au moins réservée (...). Je savais que Max *[Moulin]* arguerait du fait que le général Delestraint ayant reçu *[de De Gaulle]* une lettre de commandement, cette lettre devrait normalement servir à son successeur (...). Je savais que Max tenterait d'imposer son point de vue dans la discussion et je voulais que nos délégués soient en nombre *[pour s'y opposer]* [144]. »

Hardy juge « parfaitement légitime » le point de vue de Bénouville et trouve que la future réunion ressemble trop à « un soviet [145] ».

---

141. Charles d'Aragon, *op. cit.*, p. 130, DS-MUR, lettre de Bénouville à Monod du 14 juin 1943, où il se félicite de la décision des Américains de spécialiser Pierre de Leusse dans les « bonnes œuvres », Aragon devant désormais tenir le premier rôle politique. Mais Bénouville met en garde ses amis : Aragon, « sans doute par un léger snobisme, s'est laissé entraîner dès avant la guerre jusqu'au flirt communiste. Je ne vise pas ici ses opinions personnelles dont je n'ai cure, mais il faudra dans vos conversations tenir compte de ce fait (...) Je vais mettre son départ sur pied ces jours-ci ».

142. *Ibid.*, p. 131-132.

143. AN, 334 AP 50, second procès Hardy, audience du 26 avril 1950, interrogatoire, p. 202.

144. Déposition de Bénouville du 4 mai 1948, citée par René Hardy, *Derniers Mots*, *op. cit.*, p. 291-292.

145. AN, 334 AP 50, second procès Hardy, audience du 25 avril 1950, interrogatoire, p. 112.

Le mot n'est pas innocent. Et Hardy, ancien du PC, en connaît le sens. L'essence du soviet est d'instaurer un double pouvoir. Parler de soviet n'est pas seulement soupçonner à mots à peine couverts Moulin de communisme, c'est surtout le soupçonner à mots voilés de vouloir instaurer un pouvoir rival de celui de De Gaulle. C'est supposer – ou savoir ? – qu'il s'apprête à faire du "gaullisme" sans De Gaulle.

Sur ce point, on l'a vu, telle était en effet l'intention de Moulin et, à cet égard, Bénouville voyait juste. Mais il commettait assurément une erreur de perspective en le suspectant de vouloir placer l'AS sous la coupe de communistes.

En réalité, comme Aubry l'a laissé échapper en parlant de mise de l'AS sous tutelle de la *« French Section »* du SOE, Moulin veut confier la direction de l'AS à l'ingénieur radio et colonel de réserve Émile Schwartzfeld, du réseau OSS Médusa [146], celle du 4e Bureau au colonel Lacaze, lui aussi de France d'Abord, l'inspection générale de la zone nord à Aubrac, qui « comprenai*[t]* le désir d'une aide américaine » et comprenait aussi « tous les chefs de mouvements *[qui]* souhaitaient obtenir une aide matérielle directe des Américains afin d'être indépendants de la France libre » [147], à Lassagne enfin, ex-adjoint de Gastaldo et comme tel au courant des relations nouées avec les Américains et Britanniques de Berne, le 2e Bureau.

La méprise de Bénouville sur les intentions de Moulin est probablement imputable à une banale querelle de pouvoir. Tout nouveau responsable des affaires militaires des MUR, il voit sans plaisir Moulin préparer à son insu le remaniement de la direction de l'AS, opération dans laquelle Combat perdra le peu de poids qu'il lui restait. Certes, les relations avec le général Delestraint et avec Gastaldo n'étaient pas bonnes depuis qu'ils faisaient équipe avec Moulin, mais enfin ils venaient tous deux de Combat et, de plus, depuis mai, Bénouville les avait habilement « doublés » : « Je crois que tout va bien s'arranger puisque le remplaçant de *[Morin-Forestier]* a engagé spécialement une secrétaire qui prendra double de tout pour moi. Ceci bien entendu est un secret entre le chef de l'État-Major *[Aubry]* et moi [148]. »

Enfin, de même que Moulin voit dans le remaniement de la direc-

---

146. NARA, RG 226, E 194, B 93, F 404, *Medusa Chain Armor*, Cassady à Soustelle, 28 novembre 1944. *Cf.* aussi Bruno Permezel, *op. cit.*, p. 526, sur G. Cotton, OSS et « Armor », et, p. 608, sur E. Schwartzfeld (Clair), ainsi que, p. 433, sur son épouse Laetitia.

147. Raymond Aubrac, *Libération*, 9 juillet 1997, p. XII. Aubrac parle ici de ses sentiments à l'époque de l'« affaire suisse », mais on ne voit pas pourquoi ils auraient changé du tout au tout en quelques semaines.

148. DS-MUR, lettre de Bénouville à Monod, 30 mai 1943, p. 3.

tion de l'AS l'occasion de réaliser son plan, Bénouville y voit celle de réaliser le sien.

Avant les arrestations de Delestraint et Gastaldo, il considérait toujours ouverte la bataille pour le contrôle de l'AS : « Les six chefs de régions *unanimes* se sont mis derrière Xaintrailles *[Frenay]*. D'autre part, les éléments paramilitaires de zone nord nous ont fait savoir que tout en approuvant la nomination de Vidal *[Delestraint]*, ils voulaient d'abord s'entendre avec nous », avait-il écrit le 8 à Monod[149].

Après, soutenu par Bourdet, il refuse de voir le chef de l'AS choisi à l'extérieur des Mouvements et désire imposer ses candidats contre ceux de Moulin (il atteindra son objectif après Caluire avec la nomination de Dejussieu-Pontcarral, mais échouera dans son projet de réinstaller Morin-Forestier au poste de chef d'état-major[150]).

Tout cela, Hardy le comprend parfaitement. Il rechigne cependant lorsque Bénouville veut l'envoyer à la future réunion. « Je n'y tenais pas parce que je savais qu'il y aurait des incidences politiques[151] », déclara-t-il à son second procès, sans doute pour masquer sa vraie raison, la peur qui l'a saisi à cette perspective. Peur de provoquer un désastre, peur d'être repris : « Je vis dans les transes d'une filature dont je ne m'apercevrais pas[152]. »

Hardy n'est pas un inconscient. Il mesure sa dangerosité mais se sait aussi cloué sur place. Il sent le risque de « commettre une imprudence fatale en voulant être trop fort et en ne fuyant pas assez vite ». Il se demande s'il ne « présume pas de ses forces »[153]. Il cherche à gagner du temps en répondant « à chaque question posée par les Allemands *[qu'il est]* sur le point d'aboutir mais qu'on *[l]*e laisse encore libre quelques jours[154] ».

Ses chances de leurrer longtemps les Allemands en leur cachant ses contacts avec les hautes sphères de la Résistance sont infimes, et il ne peut l'ignorer. Car Lyon est devenue la ville de tous les dangers. Tous

149. DS-MUR, lettre de Bénouville à Monod, 8 juin 1943, p. 2. Souligné dans l'original.

150. DS-MUR, lettre de Bénouville à Monod, 19 juillet 1943 : « En ce qui concerne la nomination de Bourguignon *[Dejussieu]* au commandement suprême, je crois qu'il est plus habile de ne pas la demander demain et de prier Henri *[Frenay]* de la faire prononcer immédiatement chez Liliane *[à Londres]*. Ainsi Sergent *[Morin-Forestier]* reprendrait la place de 2. 24. 7. 23. 24. 24. 23. 26. *[Gastaldo ?]* et tout serait rentré dans l'ordre. L'AS serait retombée dans l'obédience des Mouvements sans l'ombre d'une difficulté. » Dans le même courrier, télégramme à ce sujet de Bénouville à Frenay.

151. AN, 334 AP 50, second procès Hardy, audience du 25 avril 1950, interrogatoire, p. 112.

152. AN, 72 AJ 1910, « Aveux » d'Hardy, 24 mars 1947, p. 5.

153. *Ibid.*

154. *Ibid.*

les résistants savent depuis des mois que la police se vante d'avoir repéré les principaux dirigeants et d'être capable de retrouver n'importe quel Lyonnais en trois jours grâce aux mouchards astucieusement postés sur les ponts [155]. Aussi adopte-t-il la seule tactique possible : il redouble de précautions pour cacher aux Allemands ses relations secrètes avec les chefs tout en s'affichant avec des subalternes pour rassurer la Gestapo.

« Il avait toujours peur d'être pris, repris ou suivi. Il avait très peur de compromettre ses camarades (...). Quand il avait, à Lyon, à rencontrer quelqu'un, il avait toujours eu le temps de faire quelques feintes pour dépister ceux qui pouvaient éventuellement le suivre », dit Lydie Bastien [156]. Lui-même note : « Je prends toutes les préoccupations *[précautions]* en entrant dans les immeubles, je sors le moins possible (...). J'apprends la réunion de Caluire, (...) je ne pense pas *[y]* aller [157]. »

La veille de la réunion, il est si indécis qu'il demande leur avis à Marcelle Will, Bossé et Lydie Bastien. « Je l'ai supplié de ne pas y aller, considérant cette grande réunion comme une chose dangereuse », dira Lydie [158]. Simple bon sens qui l'amenait à respecter spontanément une autre directive sur la sécurité, prise le 9 février 1943 après l'arrestation de onze résistants à Saint-Étienne, et qui interdisait toute « réunion à plus de trois, si sûr que paraisse le lieu de réunion [159] ». Pourtant, aussitôt après s'être fait administrer cette leçon de prudence par Lydie, tous oublient la circulaire du 31 janvier 1943 qui faisait « interdiction formelle de prendre des repas en commun au restaurant » et vont ensemble dîner au *Kléber*.

Mais la vigilance d'Hardy ne se relâche jamais. Pendant le repas, un individu paraît les surveiller. Il le remarque et, sans attendre le plat suivant, décampe avec Lydie pour se replier chez les Damas, auxquels, séance tenante, il demande conseil, violant de la sorte une autre règle de sécurité qui interdit de parler d'un rendez-vous futur à une personne non convoquée. Mme Damas : « Hardy nous a relaté qu'il avait un rendez-vous qu'il appréhendait ; Lydie Bastien lui avait offert d'aller à

155. AN, 72 AJ 47, documents saisis sur Christine Denoyer à Lyon, cote 85, « Note sur la sécurité », direction des MUR, 31 janvier 1943.

156. AN, 334 AP 50, audience du 2 mai 1950, témoignage Lydie Bastien, p. 123-124.

157. AN, 72 AJ 1910, « Aveux » d'Hardy, 24 mars 1947, p. 5-6. Orthographe et syntaxe respectées.

158. AN, 68 Mi 14, déposition de Lydie Bastien, Alger, 3 juillet 1944, p. 2.

159. AN, 72 AJ 47, documents saisis sur Christine Denoyer, cote 86, « Origine B. I. à KKK », signé « C. R. ».

sa place et que lui irait à Limoges. Hardy a répondu que ça lui était impossible, qu'il était obligé d'y aller[160]. »

Qu'est-ce qui *oblige* Hardy à aller à une rencontre si redoutée ? Certes, la perspective d'avoir à abandonner la direction de son organisation lui « fend*[ait]* le cœur[161] », mais, aussi humainement compréhensible que soit ce sentiment, il n'a pu à lui seul l'obliger à se rendre à Caluire. Reste donc seulement à constater cette banalité que rien ni personne n'aurait pu l'obliger à gagner la maison du Dr Dugoujon si dès le 17, dès sa réapparition, on l'avait *obligé* à déguerpir.

Bénouville a écrit à Hardy : « Si, une seconde, je t'avais su suivi, tu penses bien que je t'aurais appliqué les précautions dont nous avons dû entourer plusieurs de nos camarades qui avaient réussi à persuader les Allemands de les relâcher, en leur faisant miroiter la possibilité d'une collaboration. Cela veut dire que je t'aurais donné, pour quelques mois, un refuge, par exemple dans un de nos maquis, où tu aurais été à l'abri de leurs poursuites[162]. »

Bénouville n'a pas donné à Hardy l'ordre de disparaître.

Il faut donc admettre que, le 17 juin dans l'après-midi, quand il retrouve Hardy, bien qu'il ait appris, par Hardy lui-même, qu'une « mésaventure » lui était arrivée dans un train dix jours auparavant, et, par Rachline, que cette prétendue péripétie avait revêtu toutes les apparences d'une arrestation ; bien qu'il ait, le même jour, appris à Monod l'arrestation d'Hardy à Paris, doutant si peu de l'information qu'il l'a cru exécuté et a entériné sa succession par son second ; bien que, lorsqu'il retrouve Hardy, celui-ci ait « l'apparence d'un clochard qui vient de passer plusieurs nuits au violon[163] » – malgré tout cela, Bénouville ne se pose aucune question : « Je n'avais pas de raison de me méfier (...)[164]. »

Il ne s'interroge pas davantage les jours suivants, bien que Gemähling l'avertisse personnellement, bien que le réseau Gallia confirme, bien que les collaborateurs de Jean Moulin se méfient[165].

Faisant confiance à son ami, il reste inébranlablement fidèle au premier sentiment éprouvé quand il l'a retrouvé, quand il s'est « réjoui » à

160. AN, 68 Mi 15, déposition de Mme Damas, 7 juin 1948, p. 1.

161. AN, 334 AP 50, second procès Hardy, audience du 26 avril 1950, interrogatoire, p. 193.

162. Bénouville, lettre à Hardy du 3 février 1984, *in* René Hardy, *Derniers Mots*, *op. cit.*, p. 488.

163. Guillain de Bénouville, *op. cit.*, p. 411.

164. Id., *Le Figaro-Magazine*, 20 juin 1987, p. 105.

165. Daniel Cordier, *Jean Moulin, l'inconnu du Panthéon*, *op. cit.*, t. 1, p. 253, 771, assure que Moulin « prescri*[vit]* à ses collaborateurs de se méfier de tout rendez-vous donné par Hardy », mais ne donne pas la source de l'information.

l'idée qu'Hardy pourra aller à la future réunion car « c'est un sacré bon renfort », et maintient sa consigne : « Il faut que tu y ailles »[166].

Henri Noguères a cru devoir écrire dans son dernier ouvrage :

> « Il est bien évident que, s'il était vrai que Pierre de Bénouville, qui avait remplacé Frenay au comité directeur des MUR, et assumait l'ensemble des responsabilités militaires dont le fondateur de Combat avait la charge avant son départ, ait décidé de cacher à tous les responsables de la Résistance l'arrestation et la libération d'Hardy, puis ait donné à celui-ci, bien que le sachant en liberté "surveillée", l'ordre de se rendre à la réunion du 21 juin, il serait inutile de chercher un autre responsable pour le drame de Caluire[167]. »

Bénouville savait qu'Hardy avait été arrêté dans le train, puis libéré. Et si Hardy lui avait caché avoir été repris, puis mis en liberté surveillée, ne disposait-il pas d'assez d'éléments, comme sa lettre du 17 juin le montre, pour craindre que tel soit le cas ? « La sécurité est une règle qui ne souffre pas d'exception », a-t-il fort justement noté[168].

Hardy au pont Morand

Le samedi 19 juin, une nouvelle pression s'exerce sur Hardy pour le pousser à aller à Caluire.

Après avoir passé la nuit seul chez les Damas, il retrouve Lydie dans la matinée. Ils marchent ensemble rue de l'Hôtel-de-Ville quand, par hasard, ils croisent Henri Aubry.

Celui-ci est rentré le matin même de Marseille. Sa secrétaire, Madeleine Raisin, vient de l'informer que « Baumel et Bénouville souhaitent ardemment » le voir aller à la réunion avec Hardy. Il profite de l'occasion pour dire à celui-ci : « Il faut que tu viennes avec moi à la réunion que veut faire Moulin (…)[169]. »

Mais Hardy montre si peu d'enthousiasme à cette perspective qu'Aubry offre d'en reparler le lendemain, à 11 h 30, au pont Morand. Entre-temps, il aura parlé avec Bénouville qu'il doit voir dans l'après-midi.

---

166. Guillain de Bénouville, *op. cit.*, p. 411, et *Le Figaro-Magazine*, 20 juin 1987.
167. Henri Noguères, *La vérité aura le dernier mot*, *op. cit.*, p. 159.
168. Guillain de Bénouville, *op. cit.*, p. 198. D'autres remarques sur la sécurité, p. 214 : « la Résistance n'est pas un jeu d'enfant » ; p. 393 : « ici, l'intention vaut le crime ».
169. AN, 334 AP 50, second procès Hardy, audience du 4 mai 1950, déposition Aubry, p. 3, 6.

Selon Aubry, lors de cette entrevue avec Bénouville et en présence de Jacques Baumel, secrétaire général des MUR,« il a été dit et redit qu'il fallait absolument qu'il *[Hardy]* vienne avec moi [170] ».

Au second procès Hardy, s'adressant à l'accusé, le président l'a clairement lavé du soupçon de s'être imposé à Caluire et a défini les responsabilités de Bénouville et Aubry :

> « Ce n'était qu'à la demande d'Aubry qui lui-même agissait sur la suggestion de Bénouville que vous avez été convié par Aubry (...). Bénouville vous avait aussi parlé au cours de rencontres antérieures de cette réunion et de son objet, et du désir qu'il avait de vous voir éventuellement y assister [171]. »

Le dimanche 20, il fait grand beau sur Lyon. Après avoir passé la nuit avec Lydie Bastien chez les Damas, Hardy expédie un premier rendez-vous, à La Croix-Rousse (avec Garnier, un agent de liaison et deux saboteurs) et se dirige ensuite vers le pont Morand.

De son côté, après avoir assisté à la messe, Aubry prend le même chemin. Non content d'avoir fixé le rendez-vous sur un pont, c'est-à-dire, comme on l'a noté, en un lieu constamment surveillé, il a, de surcroît, convoqué sa propre secrétaire à la même heure qu'Hardy ainsi que Gaston Defferre, l'un des chefs de la Résistance socialiste, une demi-heure plus tôt, à 11 heures.

Mais, de même qu'il n'avait pas pensé, le mois précédent, à alerter Delestraint et Hardy au sujet de leur rendez-vous parisien brûlé, il a maintenant oublié son rendez-vous avec Defferre [172]. Il a donc vingt minutes de retard [173] lorsqu'il découvre un Defferre mécontent d'avoir dû violer les règles de sécurité en attendant si longtemps. Ils discutent néanmoins en faisant les cent pas pendant qu'Hardy attend au bout du pont où le rejoint Madeleine Raisin, porteuse comme prévu de 200 000 francs.

A proximité, Barbie observe la scène.

---

170. *Ibid.*, p. 6.

171. AN, 334 AP 50, second procès Hardy, audience du 27 avril 1950, interrogatoire, p. 250-251. L'observateur de la DST au procès note, le 4 mai 1950 : Bénouville se fait « reprendre par le président (...). Le témoin est obligé de reconnaître qu'il a envoyé Hardy à Caluire (...). Le commissaire du gouvernement fait remarquer au Tribunal : "Je vous fais remarquer que M. de Bénouville est cité par l'accusation, cela vous donne l'orientation du procès" » (AN, 68 Mi 17, compte rendu d'audience).

172. Audition Aubry, 18 avril 1947, *in* René Hardy, *Derniers Mots*, *op. cit.*, p. 263.

173. AN, 334 AP 50, second procès Hardy, audience du 4 mai 1950, déposition Aubry, p. 6, et AN, 72 AJ 233, dos. 1, p. 11, lettre (particulièrement confuse) de Defferre à Henri Michel, 20 septembre 1963.

Presque tous les détails de cet épisode ont fait l'objet de querelles acharnées (Barbie était-il ou non assis sur un banc ? Était-il caché derrière un journal ? Hardy s'est-il ou non assis sur le même banc ? Etc.), l'unique point d'accord général étant que Barbie était effectivement là, lui-même confirmant avec empressement cette preuve patente de la trahison d'Hardy.

A y regarder de près, ladite preuve est problématique.

Pour commencer, Barbie ne s'est décidé à révéler sa présence au pont Morand que lors de son troisième interrogatoire. Et c'était en réplique à une question qui contenait presque tous les éléments de la réponse. Ne révélant donc rien qui ne soit déjà connu, il confirma volontiers avoir vu « Hardy rencontrer deux hommes ». Mais la question n'ayant pas mentionné la présence de Madeleine Raisin, il n'en parle pas. D'ailleurs, Mme Raisin n'éveille manifestement aucun souvenir en lui : huit questions plus loin, interrogé à propos de l'arrestation ultérieure de celle-ci, ce personnage ne lui dit toujours tellement rien (« Je ne me souviens pas avoir arrêté personnellement, comme le dit votre question, cette Mme Raisin[174] ») qu'il ne profite pas de l'occasion, ainsi qu'il lui est arrivé de le faire parfois, pour revenir en arrière et signaler l'avoir vue au pont Morand.

En fait, tout pousse à conclure qu'il n'a pas vu Mme Raisin.

Il y a plus étrange. Au second procès, Me Maurice Garçon affirme dans sa plaidoirie : « Lorsque Hardy est venu au pont Morand, il a rencontré d'abord son ami Baumel qu'il devait voir avant Aubry. Avec Baumel, il est resté en conversation un assez long moment et Barbie n'a pas vu Baumel[175]. »

Barbie n'a en effet jamais parlé de Baumel et ne l'a certainement pas davantage vu que Mme Raisin.

Voilà donc un rendez-vous espionné par Barbie où il ne voit pas deux personnages sur cinq.

Il y a enfin l'énorme surprise provoquée par un subordonné de Barbie. Ni Aubry, ni Mme Raisin, ni Defferre, ni Hardy n'avaient évoqué la présence d'un second Allemand au pont Morand, lorsque, au cours de son dernier interrogatoire, Barbie révèle que Steingritt était avec lui. Cette fois, rien dans la question ne lui a suggéré la réponse. Interrogé aussitôt, Steingritt confirme.

---

174. Barbie, interrogatoire du 16 juillet 1948, *in* René Hardy, *Derniers Mots*, *op. cit.*, p. 545. A signaler toutefois : Mme Raisin (AN, 68 Mi 16, audition du 19 novembre 1948) indique que Barbie, au cours d'un interrogatoire, lui aurait dit l'avoir vue.

175. Maurice Garçon, *op. cit.*, p. 113. Il avait été convenu la veille, lors de la rencontre de 16 heures entre Bénouville, Baumel et Aubry, que Baumel donnerait un complément d'argent à Hardy (*cf.* déposition Aubry, 4 mai 1950, p. 6, *in* AN, 334 AP 50).

Avec ce double témoignage concordant, l'accusation tient enfin la preuve de la trahison d'Hardy.

Deux ans plus tard, tout s'écroule. Cité comme témoin au second procès Hardy, Steingritt déclare mensongère sa déposition précédente. Son interrogateur la lui a extorquée en prétendant Hardy à l'article de la mort et en lui posant des « questions de telle sorte que mes réponses étaient toutes préparées ». Maintenant, il veut dire la vérité et se place sous la protection de la cour. L'ayant non sans mal obtenue, il ruine alors méthodiquement la thèse de l'accusation. Non content de mettre généralement en doute l'allégeance d'Hardy à Barbie (« J'ai été étonné par le fait que Barbie se soit décidé à mettre Hardy en liberté étant donné qu'il ne disposait pas de garanties de sa part »), il ajoute, à propos du pont Morand : « *[Barbie]* m'a donné l'ordre de le surveiller pour le protéger (...). Ce fait m'a convaincu que Barbie n'était pas sûr de son affaire »[176].

En clair, la preuve d'une connivence entre Barbie et Hardy n'était pas faite. En conséquence, la cause de la présence de Barbie au pont Morand restait à établir.

L'accusation est « effondrée », écrit *Le Monde*[177], qui, dans l'émotion générale, omet de relever un détail instructif. Selon Steingritt, Barbie est resté en observation sur le pont (et non pas assis sur un banc, comme l'accusation l'affirmait) et y est demeuré « environ dix à quinze minutes » avant de s'en aller.

Cette précision chronologique bouleverse tout. Réexaminons l'affaire à sa lumière :

• 11 heures : Hardy rencontre Baumel qui lui remet de l'argent[178]. Après avoir discuté un moment, Baumel part. Hardy reste seul.

• 11 h 20 : Aubry, qui a oublié Defferre, arrive. Ils vont et viennent sur le pont où, selon Steingritt, Barbie se trouve aussi, un journal à la main. Aubry et Defferre discutent tandis qu'Hardy patiente au bout du pont.

• 11 h 30 : Madeleine Raisin arrive et rejoint Hardy. Ils attendent Aubry. Il vient à eux dès Defferre parti.

---

176. AN, 334 AP 50, second procès Hardy, audience du 5 mai 1950, déposition Steingritt, p. 3, 11, 12. A signaler : dans son audition du 2 août 1948, Steingritt affirmait que Moog était également présent, surveillant la scène d'un peu plus loin. Il disait également avoir vu Mme Raisin.

177. André Fontaine, *Le Monde*, 7-8 mai 1950, reproduit dans *Procès d'après guerre*, dossier présenté par Jean-Marc Théolleyre, La Découverte-*Le Monde*, Paris, 1986, p. 93.

178. AN, 334 AP 50, second procès Hardy, 26 avril 1950, interrogatoire, déclaration du président confirmée par Hardy, p. 202, 204.

Que Barbie n'ait vu ni Baumel ni Mme Raisin implique qu'il est arrivé après le départ de Baumel et parti avant l'arrivée de Mme Raisin.

Que Barbie ait seulement vu Hardy avec deux hommes (Aubry et Defferre) pendant les dix à quinze minutes où, selon Steingritt, il est resté sur place implique qu'il est arrivé entre 11 h 15 et 11 h 20. C'est-à-dire à peu près en même temps qu'Aubry.

Si, au lieu de supposer que la présence des deux Allemands s'explique par la trahison d'Hardy, on fait l'hypothèse qu'elle résulte d'une filature, la chronologie des arrivées et des départs confrontée à la liste des gens vus par Barbie permet de conclure que n'ont pas été filés :

- Jacques Baumel – Barbie l'aurait vu.
- Madeleine Raisin – Barbie l'aurait vue.
- Gaston Defferre – si Barbie l'avait suivi, il aurait vu Baumel.
- René Hardy – si Barbie l'avait suivi, il aurait vu Baumel.

En revanche, si Barbie arrive sur les traces d'Aubry et reste sur place une dizaine de minutes, il manque Baumel et Mme Raisin, mais voit Defferre et Hardy.

Barbie a catégoriquement accusé Hardy d'avoir trahi le rendez-vous. Si telle est la vérité, pourquoi n'est-il pas venu à 11 heures pour identifier Baumel, un homme qui, secrétaire général des MUR, était un de ses objectifs prioritaires [179] ? Et, toujours dans l'hypothèse de la trahison d'Hardy, pourquoi Barbie aurait-il demandé à Steingritt de venir en protection ? Enfin, si Hardy l'avait invité à venir, pourquoi Barbie ignorait-il non seulement combien de personnes il aurait loisir de repérer mais même qui elles seraient ? Longtemps après les faits, il ne savait toujours pas que Mme Raisin avait été là, continuait à prendre Defferre pour l'« agent de liaison » [180] d'Hardy, et soutenait avec son aplomb habituel que celui-ci était venu le voir dans l'après-midi pour lui préciser que « le plus grand des deux hommes était Aubry ».

Sans doute le « traître » Hardy, non content d'oublier de prévenir que Baumel et Mme Raisin seraient là et non content d'oublier ensuite de révéler qu'ils étaient venus et qui ils étaient, avait-il aussi oublié de donner le moyen de reconnaître Aubry en donnant son signalement.

Dans ces conditions, on se demande ce que le « traître » Hardy a trahi.

Et pourtant, il a réellement commis une trahison en n'alertant pas

---

179. Au second procès Hardy, Aubry, racontant ses interrogatoires après Caluire, rapporte : « L'essentiel des interrogatoires de Barbie était d'avoir Berneix *[Baumel]*. Il n'avait pas la boîte postale de Berneix et il voulait à tout prix l'avoir. Il savait qu'il était secrétaire général des MUR » (AN, 334 AP 50, audience du 4 mai 1950, déposition Aubry, p. 13).

180. Barbie, 3e audition, 16 juillet 1948, réponse à la 27e question, *in* René Hardy, *Derniers Mots*, *op. cit.*, p. 539.

ses compagnons. Vu la place où il se trouvait et étant donné sa hantise permanente d'être filé, il devait être aux aguets et, mieux que quiconque, à même de repérer Barbie. Le croire lorsqu'il nie avoir remarqué la présence du chef gestapiste est impossible [181]. Il a forcément vu Barbie, mais n'a rien dit.

Reste le cas Aubry.

Hardy l'a toujours soupçonné d'être arrivé au pont Morand avec Barbie à ses basques. Loin d'infirmer cette éventualité, l'examen de l'épisode la confirme plutôt. Et que, après Caluire, Aubry ait confié au Dr Dugoujon : « Barbie me suivait depuis des semaines [182] », va encore dans le même sens.

Il y a des zones d'ombre dans la biographie d'Aubry à cette époque, mais il est clair qu'il était repéré. Connu de la plupart des dirigeants locaux de la Résistance marseillaise où il avait commencé sa carrière, il était également connu de nombreux militants arrêtés qui avaient parlé, notamment de Multon [183]. Treizième de la quatrième liste du rapport « Flora », son signalement complet, ses pseudonymes, ses fonctions au sommet de l'AS étaient notés et avaient fait l'objet de rapports. Présent à Lyon fin mai-début juin, Multon a pu donner sa piste aux Allemands, à moins qu'il ait été repéré à Marseille, pendant son séjour, du 12 au 19 juin.

Surtout, ce n'est pas seulement l'affaire du pont Morand qui soulève des interrogations. C'est l'ensemble de l'attitude d'Aubry, avant comme après Caluire, qui apparaît étrange.

Que dire de son incompréhensible conduite à propos du rendez-vous Hardy-Delestraint à Paris, sinon qu'elle est d'autant plus suspecte que c'était lui qui, le 24 mai, lors d'une réunion avec Gastaldo et Delestraint, avait décidé qu'Hardy irait les rejoindre à Paris ?

Comment comprendre son comportement bizarre ensuite, décrit par Mme Raisin comme très perturbé, un état qui l'amenait, comme il l'a dit lui-même, à oublier un rendez-vous avec Defferre ?

Comment expliquer sa soumission à la Gestapo après Caluire, quand, après avoir été maltraité, il fit des déclarations consignées en cinquante-deux pages, accepta de diriger un faux journal clandestin, puis d'être libéré sous contrôle allemand [184], liberté relative dont il ne

---

181. Hardy, *op. cit.*, p. 268.

182. AN, 334 AP 50, second procès Hardy, audience du 3 mai 1950, déposition Dugoujon, p. 91, confirmant sa déposition du 21 septembre 1944.

183. AN, 68 Mi 16, audition Aubry, 5 avril 1949.

184. AN, 68 Mi 15, déposition Aubry, 1er avril 1947, auditions Misselwitz, 11 avril 1947, et audition Meiners du même jour, ainsi qu'audition Aubry, 18 avril. Dans sa déposition du 15 juin 1948, Meiners accuse catégoriquement Aubry d'avoir dénoncé Delestraint.

profita pas pour vite disparaître et rejoindre ses anciens amis, attendant la Libération pour confesser ses fautes à Raymond Aubrac, alors commissaire de la République à Marseille, lequel, avec une magnanimité tranchant sur son acharnement envers Hardy [185], se borna à lui demander « d'essayer de se racheter [186] » ?

Et que penser encore d'Aubry, qui, lors des enquêtes sur Caluire et Hardy, ne cessa de varier dans ses déclarations, allant jusqu'à parler d'un mystérieux personnage, un certain « André », selon lui agent allemand, mais que l'on n'a jamais retrouvé ni même identifié, et qui l'aurait abusé depuis le mois de mai [187] ?

Que faire aussi d'une lettre du général Desmazes, l'adjoint du général Delestraint, qui, le 29 mai 1945, écrivant au ministre de la Guerre, relate son premier interrogatoire, le 24 août 1943, au cours duquel le gestapiste en train de le questionner s'exclame : « Mais enfin, c'est A. qui vous a dénoncé », le général Desmazes précisant : « A. était un membre de notre état-major de Lyon » [188].

Comment ne pas partager la discrète suspicion de François-Yves Guillin qui, dans sa biographie de son ancien chef et ami, le général Delestraint, fait grand cas du témoignage catégorique d'un résistant déporté, Jean Sussel, selon lequel, à Dachau, le chef de l'AS lui avait révélé avoir « été arrêté sur dénonciation d'une personne assez importante de son entourage immédiat, qui avait assisté à son interrogatoire à la Gestapo et à qui l'officier interrogateur allemand avait remis une enveloppe pour prix de ses services [189] », aucune de ces précisions ne pouvant concerner Hardy ?

Enfin, comment évaluer la déposition de Hans Schmitz, capitaine de l'Abwehr à Paris, qui, interrogé sur le contenu de fiches de son service retrouvées à l'état-major de l'armée allemande (OKW), explique :

---

185. *Ibid.*, lettre de Wybot au directeur général de la Sûreté, 4 avril 1947, selon lequel Aubrac soupçonne Hardy d'avoir « donné » le résistant bordelais Robert Ducasse et d'avoir « subi la pression d'agents de l'ennemi recherchés par la justice ».

186. AN, 68 Mi 17, audition Raymond Aubrac, 28 février 1949, p. 2.

187. René Hardy, *Derniers Mots*, *op. cit.*, p. 508-518, analyse minutieusement les dires d'Aubry au sujet d'« André » et en fait bien ressortir l'incohérence. Gérard Chauvy, *Histoire secrète de l'Occupation*, *op. cit.*, p. 174-175, émet l'hypothèse qu'« André » serait Moog. Ce n'est pas impossible. Dans ce cas, Aubry porterait l'essentiel de la responsabilité de toute l'affaire.

188. AN, 72 AJ 1899, lettre au ministre de la Guerre, 29 mai 1945, p. 4. C'est Desmazes qui donne seulement l'initiale du patronyme. A l'état-major de l'AS deux noms seulement commençaient par la lettre A : Aubrac et Aubry.

189. François-Yves Guillin, *op. cit.*, p. 273. La citation donnée ici vient de AN, 68 Mi 17, note de Wybot du 18 mai 1945. Jean Sussel a déposé deux fois, le 29 mai 1945 et le 13 avril 1948 (même réf. AN). A noter qu'Aubry avait été transféré à Paris le 26 juin et y jouissait d'un régime de faveur.

« Aubry, comme il est dit *[dans les fiches]* a été arrêté dans l'affaire "Rolland", qui a été traitée par l'agent allemand Léo (...) le pseudo Rolland d*[evant]* être celui qui a été attribué à l'affaire de Résistance polonaise [190]. » A quelle date cette arrestation dans une affaire jamais mentionnée à propos de Caluire ? On l'ignore.

Face à ces graves questions, et même si l'on se refuse à établir le moindre rapprochement avec cet officier français traître dont parle le rapport Kaltenbrunner du 27 mai 1943, on peut seulement espérer qu'une étude future permettra de laver Aubry de tout soupçon. En attendant, le plus probable est que, usé par trois années de clandestinité, Aubry était à bout de forces. Ses oublis avant Caluire le prouvent, son effondrement après le confirme. Tout indique qu'il n'observait plus les règles de sécurité. Et tout convie à penser qu'il était suivi en allant au pont Morand.

Retrouvons Aubry et Hardy tandis qu'ils s'éloignent du pont. Sans doute Aubry a-t-il jugé qu'un bon repas l'aiderait à décider Hardy à aller à la réunion. Et ainsi, sous le chaud soleil de juin, ils se dirigent vers le centre-ville, Aubry la tête lourde de pensées, Hardy les poches bourrées des fonds remis par Baumel et Mme Raisin, ainsi que d'un exemplaire « du plan de sabotage ferroviaire » qu'elle lui a remis en même temps [191].

Arrivés dans le quartier de la place Bellecour, ils s'attablent au *Pélican*, un restaurant de la rue Thomassin. Conformément aux directives de Bénouville, Aubry revient à la charge : Hardy doit l'accompagner à la réunion, à deux ils représenteront la « tendance » et s'opposeront à Moulin. Plus question de tergiverser, précise Aubry, elle aura lieu demain.

On ignore si cela se passe avant ou après l'acceptation d'Hardy, toujours est-il qu'Aubry sort un moment du restaurant. Il tiendra à préciser plus tard qu'il est allé téléphoner à sa femme [192], donnera même le numéro demandé, mais à notre connaissance rien ne sera vérifié. On ignore donc d'où il a téléphoné (d'une cabine publique, d'une poste ouverte le dimanche, d'un appareil privé ?) et à qui il a vraiment parlé.

Cela fait, revenu au restaurant, il achève de se mettre d'accord avec

---

190. AN, 68 Mi 16, audition Schmitz, 24 janvier 1949.

191. AN, 68 Mi 15, audition Mme Raisin, 17 juin 1948. Elle déclare alors avoir reçu d'Aubry, le 11 juin, un exemplaire du plan – manifestement celui établi par Hardy et Heilbronn – avec ordre d'en faire huit copies à adresser aux chefs de régions. Aubry confirme lors de son audition du 23 août 1948 (même réf. AN).

192. AN, 334 AP 50, second procès Hardy, audience du 4 mai 1950, témoignage Aubry, p. 8.

Hardy. Ils se retrouveront le lendemain entre 13 h 30 et 13 h 45, au départ du funiculaire de la Croix-Paquet qui monte vers la Croix-Rousse, quartier mitoyen de Caluire. Là-dessus, ils se séparent.

A 15 heures, Hardy passe chez les Bastien mettre en sécurité l'essentiel de l'argent reçu [193]. Il en repart avec Lydie pour son bureau où il trouve Marcelle Will et Roger Bossé. Ils discutent de sa participation à la réunion du lendemain, puis, ayant invité Bossé à déjeuner avec lui juste avant la réunion, il part avec Lydie. S'assurant en chemin qu'ils ne sont pas filés [194], il l'emmène passer la nuit chez les Damas. Avant de se coucher, on débat avec les Damas de l'opportunité de sa participation à la réunion. Lydie y est tout à fait opposée. Il répond qu'il est obligé.

Demain, il verra Jean Moulin.

Les préparatifs de Caluire

De retour à Lyon le samedi 19, Jean Moulin reprend aussitôt la ronde de ses rendez-vous, interrompue par sa courte absence.

Avant de partir pour le Midi, il avait prié De Gaulle de ne surtout pas informer les chefs de Mouvements présents à Londres de l'arrestation de Delestraint [195] et il avait aussi ordonné à ses propres collaborateurs de « soigneusement cache*[r]* aux chefs de Combat [196] » présents à Lyon l'imminence d'une réorganisation de l'AS.

Or ils avaient appris la nouvelle le 12 et vite compris l'intention de Moulin de régler la succession sans eux. Furieux, ils avaient réagi en investissant Aubry du « commandement des Forces paramilitaires en France au titre de Combat [197] » et l'avaient chargé de s'opposer à Moulin pour « empêcher que les Forces armées de la résistance intérieure passent brutalement sous le contrôle direct et aux ordres de la *French Section* [198] ».

Comment Frenay, auteur de ces décisions prises avant son départ, avait-il appris que l'AS devait passer sous le contrôle des Anglo-Saxons ? On l'ignore.

Mais c'était vrai. Pour parer aux dangers des plans *Cockade* et *Starkey*, l'état-major britannique avait, on l'a vu, décidé, le 17 juin, de

193. AN, 68 Mi 14, audition Lydie Bastien, 27 février 1945.
194. AN, 68 Mi 15, audition Lydie Bastien, 29 mars 1947.
195. Daniel Cordier, *Jean Moulin, l'inconnu du Panthéon*, *op. cit.*, t. 1, p. 251.
196. *Ibid.*, p. 253.
197. François-Yves Guillin, *op. cit.*, p. 259.
198. *Ibid.*, citant déposition Aubry du 4 mai 1948.

« soumettre *[les armées secrètes]* à la plus stricte discipline du Haut Commandement Allié à Londres[199] ». Et, à Washington, le *Plan Group*, instance d'élaboration stratégique de l'OSS, suivait le mouvement en s'intéressant pour la première fois à la Résistance française : « Il y a semble-t-il 50 000 à 100 000 hommes dans les "armées secrètes" ou les groupes de partisans de trois organisations, Libération Française (Combat), Libération et Franc-Tireur (...). Nous devons prévoir de les activer dans le sud de la France, à la fois dans les régions atlantique et méditerranéenne de débarquement (...)[200]. »

A l'évidence, les Anglo-Saxons considéraient leur pouvoir sur la Résistance intérieure comme un fait acquis.

En outre, si, le 14 juin, les Britanniques avaient sans préavis coupé les vivres à De Gaulle et aux siens[201], avant que, le 19, Churchill ordonnât de retirer « la direction de la Résistance à de Gaulle et à ses équipes[202] », une exception notable avait été faite pour Moulin. Dans la nuit du 15, les 40 millions de francs et les 200 000 livres sterling qui lui étaient destinés avaient été livrés[203].

Dans ces circonstances, Frenay et les autres dirigeants de Combat pouvaient subodorer une manœuvre de Moulin.

« L'intrigue est la rançon fatale de la clandestinité », a fort bien dit Claude Bourdet[204]. Mais il s'agissait moins ici d'intrigue que de grande politique.

Sa volonté et ses qualités avaient placé Moulin à la tête des meilleures forces de la nation, au confluent de toutes les lignes de conflits, mais aussi en point de mire des Puissances. Et maintenant, alors que Roosevelt et Churchill avaient condamné De Gaulle et le gaullisme, alors

---

199. PRO, CAB 80/41 et WO 219/743, *Final Draft Cockade*, 8 juillet 1943, p. 2. En tout état de cause, le SOE ne faisait que profiter de l'occasion pour réaliser sa vieille ambition de contrôle direct des armées secrètes.

200. James Grafton Rogers, *op. cit.*, p. 111-115, notes du 23 juin au 2 juillet 1943.

201. Jean-Louis Crémieux-Brilhac, « La Résistance française et la politique des Alliés », art. cit., p. 23, et, du même, *op. cit.*, p. 562, où la traduction diffère légèrement.

202. PRO, M. 396/3, note de Churchill, 19 juin 1943.

203. BCRA, « Interrogatoire de De Graaf », 18 octobre 1943, p. 21-22. Jean-Louis Crémieux-Brilhac, « La Résistance française... », art. cit., p. 23, et *op. cit.*, p. 562, affirme que l'interdiction d'envoyer des fonds s'appliquait aussi « aux 80 millions prêts à être expédiés dans la nuit du surlendemain et destinés à la Délégation générale », mais que Churchill en autorisa personnellement l'envoi « sous réserve que les fonds ne transitent pas par le BCRA » et qu'on « veille à ce que la direction du mouvement de résistance ne tombe pas sous la coupe de De Gaulle ou de ses satellites en Angleterre ». La livraison eut lieu dans la nuit du 15 au 16, par le *Hudson*, qui, avant de repartir avec Frenay et sept autres passagers, amena Bouchinet-Serreulles et Péri ainsi que quatorze colis (Hugh Verity, *op. cit.*, p. 102), Bruno Larat assurant la réception et apportant l'argent à Lyon où De Graaf reçut au moins huit valises (BCRA, même réf.).

204. Claude Bourdet, AN, 397 AP 2, entretien avec Marie Granet, p. 26.

que De Gaulle lui-même semblait s'avouer vaincu en parlant de tout recommencer, seul, à Brazzaville, alors que Giraud ne faisait manifestement pas l'affaire, que pouvait-il penser, lui, préfet jacobin, qui n'était pas gaulliste, sinon : « Pour le moment il faut être avec les Anglo-Saxons ; après, on verra » ?

« C'est l'AS qu'il faut sauver », avait-il « supplié » De Gaulle en annonçant la disparition de Delestraint. Il n'avait pas eu de réponse. Il n'avait plus le choix.

Certes, l'intrigue s'imposait à lui, mais elle lui était imposée par l'implacable jeu des hautes sphères mondiales et par les rapports de force sur le terrain. Rien à voir avec les médiocres manœuvres auxquelles s'adonnaient simultanément des rescapés de la IIIe République, ni avec le « complot radical » déniché par Bénouville qui mettait en cause « Maurice Sarraut, les radicaux et les maçons complétant l'œuvre de Chautemps et de Cot aux États-Unis »[205]. Il n'avait nul besoin d'eux. Le modeste délégué d'un État virtuel lointain avait maintenant à décider en chef d'un État clandestin concret.

Le 16, il était passé à l'acte.

L'idée était-elle de De Graaf, comme on l'a dit[206] ; lui était-elle propre, comme c'est plus vraisemblable ; toujours est-il qu'après avoir obtenu l'accord du colonel Schwartzfeld pour assurer l'intérim de Delestraint[207], Moulin, sans perdre une minute, avait ensuite vu André Lassagne, jusque-là adjoint de Gastaldo[208]. C'était pour le prier « de

---

205. CDS, lettre de Bénouville à Monod et Davet, 16 août 1943, p. 3, précisant la nature du « complot » exposé par Bénouville à Camaret et rapporté par celui-ci à Davet et Monod dans sa lettre du 2 juillet. Ce « vaste complot radical », appuyé par les Anglo-Saxons avec la complicité de Pétain « voire même celle des Allemands », avait pour « but (...) la réhabilitation du personnel parlementaire », tous craignant « l'autoritarisme » de De Gaulle et s'employant d'ores et déjà à choisir une administration et un gouvernement prêts à couper l'herbe sous le pied du comité d'Alger pour maintenir la France en état de faiblesse. Face à cette « manœuvre radicale », il fallait « imposer notre contre-plan » dès le débarquement, « au besoin un peu brutalement », et, en attendant, « dans les mois à venir, voire dans les semaines, car le temps nous est compté et très limité », militer pour « imposer l'élection du chef de l'État au suffrage universel », l'action politique primant désormais sur l'action militaire. En fait, cette excitation, due à la croyance en l'imminence du débarquement, résultant du plan *Cockade*, avait pour principal mérite de dévoiler la conception gaulliste du futur pouvoir, réalisée après 1958.

206. Gérard Chauvy, *Histoire secrète de l'Occupation*, *op. cit.*, p. 265.

207. *Cf.* Henri Calef, *op. cit.*, p. 377.

208. On retrouva dans son appartement, après son arrestation, des pièces d'or pour une valeur de 400 000 francs (AN, 68 Mi 14, « Rapport sous la dictée de M. et Mme Lonjarret, 7 quai de Serbie, Lyon », 8 octobre 1944). C'est un indice assez sûr de relations avec les services anglo-saxons qui utilisaient souvent ce moyen de financement.

chercher pour les jours à venir un lieu d'accueil pour une réunion concernant des questions relatives à l'AS [209] ».

On touche ici à l'un des points les plus sensibles de l'affaire de Caluire.

On soutient que Lassagne fixa le jour et l'heure de la réunion le 19 en fin d'après-midi, lors d'une rencontre avec Aubrac et Aubry. C'est certainement exact puisqu'on ne voit pas comment il aurait pu le faire plus tôt, Aubry étant revenu le matin et Moulin à la mi-journée.

Est en revanche invraisemblable l'affirmation constamment soutenue d'après laquelle le lieu de la réunion fut fixé par Lassagne après la discussion chez Lonjarret.

Il l'avait été bien avant le 19.

Raymond Fassin a déclaré peu après Caluire :

> « J'avais suggéré l'idée de cette réunion qui devait dans mon esprit se faire entre le général *[Delestraint]* et tous les chefs de bureaux, dont nous étions, et tous les éléments destinés à constituer l'ossature de son état-major. Nous en avions discuté avec Lassagne qui avait dit pouvoir nous fournir un local à Caluire. Il avait été envisagé une première fois de faire la réunion le mercredi 9 juin [210]. »

Le « local à Caluire » était la maison du Dr Dugoujon. Fin mai, Lassagne, son ami d'enfance, lui avait demandé de « prêter sa villa pour des réunions importantes, étant donné que jamais je n'avais eu d'activité dans la résistance et que, d'autre part, ma villa paraissait bien située [211] ».

La réunion prévue le 9 fut reportée d'une semaine pour cause d'absence de Delestraint et Gastaldo, à Paris.

Après le 12, Delestraint et Gastaldo ayant été arrêtés, l'ordre du jour avait nécessairement changé. Il ne pouvait plus être question d'améliorer l'organisation du sommet de l'AS, il s'agissait de le réorganiser. Le 16, Moulin, sur le départ, demanda forcément à Lassagne de reporter à nouveau la réunion mais d'être prêt à la tenir dès son retour.

---

209. Henri Calef, *op. cit.*, p. 377.

210. « Interrogatoire du capitaine Barsac *[Fassin]*, *alias* Sif, 28 juin 1943 », reproduit *in extenso* par Gérard Chauvy, *Aubrac, Lyon 1943*, *op. cit.*, p. 423-429.

211. AN, 334 AP 50, second procès Hardy, audience du 3 mai 1950, déposition Dugoujon, p. 86. L'Allemand Meiners, qui interrogea Dugoujon à Paris, a déclaré : « D'après les dires de Dugoujon, l'affaire de Caluire se serait passée de la façon suivante : quelques jours avant son arrestation, un étudiant en médecine, qu'il connaissait depuis un certain temps, lui avait demandé une chambre dans son pavillon pour y tenir une réunion avec quelques amis (...). Je crois qu'il m'avait dit *[que cet étudiant était]* Lassagne » (AN, 68 Mi 15, audition Meiners, 9 avril 1947). Lassagne était professeur.

« Vers le 17 ou le 18, déclara le Dr Dugoujon, André Lassagne me dit : "Bientôt nous allons avoir besoin de ta maison"[212]. »

Sachant pouvoir compter sur ce lieu, Lassagne ne modifiera pas son plan initial quand, dans l'après-midi du 19, Moulin lui demandera d'organiser la rencontre pour le 21.

Que Lassagne ait décidé du lieu avant de fixer le jour et l'heure avec Aubry et Aubrac, le 19 en fin de soirée, est aussi attesté par Aubry.

Aubry : « Je l'avais vu *[Lassagne]* le samedi 19 juin, après déjeuner, vers 14 h, et il m'avait dit que je devais le rencontrer le lundi 21 juin, à 13 h 45, au pied de la ficelle *[le funiculaire]* de Caluire et qu'il me conduirait au rendez-vous avec Max *[Moulin]*[213]. »

Ainsi, plusieurs heures avant de retrouver Aubry pour, comme on le prétend, fixer le lieu, Lassagne parlait déjà du funiculaire et de Caluire.

L'information est confirmée par le fait qu'à l'occasion du déjeuner du lendemain, dimanche 20, avec Hardy, Aubry est à même de convoquer Hardy le lundi entre 13 h 30 et 13 h 45 au départ du funiculaire allant vers Caluire.

Mais Aubry n'était pas le seul à savoir où se tiendrait la réunion bien avant que, selon la version officielle, la décision ait été prise.

Moulin le savait depuis trois jours. Il était parti pour Nice le 16 au soir conscient qu'à son retour il irait chez le Dr Dugoujon.

Cela résulte des déclarations du Dr Dugoujon au second procès Hardy. Relatant les faits survenus chez lui le 21, il rappelle qu'après avoir arrêté Aubry, Hardy, Lacaze, Larat et Lassagne au premier étage, Barbie s'intéressa aux patients de la salle d'attente : Aubrac, Schwartzfeld, Moulin. Les papiers de Moulin sont au nom du peintre Jacques Martel.

Alors, dit le Dr Dugoujon, Moulin, « qui avait pris ses précautions, a exhibé une lettre d'un médecin qui m'était destinée et qui avait pour but de me demander un spécialiste pour les rhumatismes. Je me souviens, c'est l'explication qu'il a donnée pour expliquer sa présence[214] ».

Aubrac n'a pas mentionné l'existence de cette lettre, Barbie non plus.

Mais Aubry s'en est souvenu. Le 21 juin au soir, détenu avec

---

212. Témoignage Dugoujon recueilli par Gérard Chauvy, *Histoire secrète de l'Occupation, op. cit.*, p. 255, 272.

213. AN, 68 Mi 15, audition Aubry, 18 avril 1947.

214. AN, 334 AP 50, second procès Hardy, audience du 3 mai 1950, déposition Dugoujon, p. 88. A la demande du président, Dugoujon ajoute (p. 95) qu'il n'a pas lu cette lettre « trouvée sur Max et il *[Barbie]* l'a commentée en ma présence auprès d'un policier allemand ».

Moulin dans une cave de la Gestapo, ils ont échangé quelques mots. Moulin espérait se faire passer pour un patient. Il avait, « pour appuyer ses dires, une lettre d'un médecin de Nice [215] ».

Comme Aubry ignorait certainement la présence de Moulin à Nice le 17 juin et comme le Dr Dugoujon affirme que cette lettre le concernait personnellement, Moulin, peut-on affirmer, était allé à Nice en sachant que l'attendait une réunion chez le Dr Dugoujon [216].

Qu'il se soit muni d'un alibi confirme sa prudence bien connue, mais prouve aussi que cette réunion l'inquiétait.

Il n'était d'ailleurs pas le seul à se faire du souci. Sa rencontre avec Raymond Aubrac et Pascal Copeau, le 16 dans l'après-midi, avant son départ de Lyon, en témoigne.

Moulin et Copeau sont de vieux complices. « Nous avons beaucoup comploté avec Max *[Moulin]* pour éliminer les chefs historiques », dira plus tard Copeau [217]. L'accord entre eux est donc aisé. Seul point litigieux, Copeau désire participer à la réunion. Moulin objecte qu'elle concerne les seuls « militaires » et qu'il est un « politique ». En revanche, Aubrac qui, lui, est de l'AS devra y aller. Aubrac objecte à son tour. Libéré de prison depuis un mois, il « exige des mesures de protection exceptionnelles » avant d'accepter [218].

Moulin a-t-il promis ces mesures ? On l'ignore. Le fait est qu'il n'y en eut aucune, ni normales ni exceptionnelles.

Anomalie si flagrante qu'elle attire l'attention du chef des Groupes francs de Combat, Marcel Rivière. « J'ai dit : "C'est de la connerie, il faut mettre un service de protection." On a décliné mon offre [219]. »

---

215. AN, 397 AP 2, témoignage Aubry, 3 mai 1955. Pour sa part, Charles Benfrejd, *op. cit.*, p. 176, affirme, sans citer sa source, que l'auteur de la lettre était un médecin de Marseille. Enfin, Éric Piquet-Wicks, *op. cit.*, p. 131, évoque la lettre mais la dit écrite par le médecin lyonnais de Moulin. Quoi qu'il en soit, cette lettre était un alibi puisque, dans sa lettre du 17 à sa mère et à sa sœur, Moulin s'affirme en parfaite santé. Henri Calef, *op. cit.*, p. 386n, met en doute la réalité de la lettre. Il ignore manifestement la déclaration sous serment de Dugoujon, ainsi que le témoignage d'Aubry et ne tient pas compte du fait que l'existence de la lettre a été reconnue lors de l'interrogatoire d'Hardy (audience du 27 avril 1950, p. 262).

216. Henri Noguères, *La vérité aura le dernier mot*, *op. cit.*, t. 3, p. 464, écrit que la « présence *[de Moulin]* parmi les malades se trouvait justifiée… ». Les points de suspension, bien entendu dans l'original, masquent l'histoire de la lettre du médecin.

217. Pierre Leenhardt, *op. cit.*, p. 132. Sur les intrigues de Copeau contre Frenay et Combat, ainsi que sur celles, incessantes depuis des mois, et particulièrement virulentes, de D'Astier contre Moulin, voir Laurent Douzou, « Libération Sud », in *Jean Moulin et la Résistance en 1943*, Cahiers de l'IHTP, CNRS, Paris, n° 27, 1994, p. 77-95, ainsi que, du même, *La Désobéissance. Histoire du mouvement Libération Sud*, Odile Jacob, Paris, 1995.

218. Henri Calef, *op. cit.*, p. 377.

219. *France-Soir*, 9 juin 1972, cité par René Hardy, *Derniers Mots*, *op. cit.*, p. 474.

Nous ignorons qui est « on ».

Rivière ne fut pas le seul à mentionner *a posteriori* sa perplexité du moment. Pellet, ancien du réseau « Marco Polo », confia que son organisation savait les Allemands au courant d'une réunion de l'AS à Caluire et avait demandé à intervenir : « Londres n'ayant pas voulu que deux organisations fussent décapitées avait répondu que ce n'était pas notre rôle de faire la police [220]. »

Qui était « Londres » ? On l'ignore.

Lorsque, le 19, Moulin rentre à Lyon [221], aussitôt après avoir vu Lassagne, il rencontre Claude Bouchinet-Serreulles, arrivé de Londres depuis trois jours. Ils passent l'après-midi à discuter dans le parc de la Tête-d'Or et se quittent après être convenus de dîner ensemble le lendemain.

En fin de journée, rue Centrale, Moulin retrouve Copeau, cette fois accompagné de Claudius-Petit. « Les trois hommes déambuleront interminablement. Échange de vues plus que discussion malgré la durée de la conversation, car il n'apparaît aucune divergence », assure un historien bien mieux renseigné que nous [222].

En fait, on ignore ce qui s'est dit si longuement, de même que l'on ne sait pas grand-chose des discussions du lendemain (dimanche 20), dans l'après-midi, avec Raymond Aubrac, au parc de la Tête-d'Or.

Selon Aubrac, proposition lui fut alors faite de devenir inspecteur général de l'AS pour la zone nord. Selon Lucie Aubrac rapportant les propos que Moulin aurait tenus à son époux, celui-ci avait été chargé d'organiser de « grandes formations maquis d'une part, (...) des unités plus petites, d'autre part, hiérarchisées et solidement encadrées dans les villes (...) [223] ».

Si c'est exact, Moulin agissait comme si l'ordre de liquidation des maquis lancé par l'OSS-Berne ne le concernait pas, mais respectait en revanche au pied de la lettre la volonté du SOE d'imposer une stricte discipline militaire à l'AS.

---

220. AN, 72 AJ 63, « Marco Polo », témoignage A. Pellet.

221. On passe naturellement sur les prétendus rendez-vous de Moulin à Lyon le 17, dont la source originale semble être dans AN, 72 AJ 220, par la suite plus ou moins reprise, avec des retouches, dans Henri Calef, *op. cit.*, p. 378-380, où l'on apprend, par exemple, l'existence de deux rencontres avec Claude Bouchinet-Serreulles. D'autres ont également brodé sur l'arrivée de ce dernier (il aurait été parachuté alors qu'il arriva par l'avion ayant emporté Frenay, le 15). Cordier a sévèrement remis la chronologie en ordre par sa lettre à De Graaf du 16 juin 1980 (AN, 72 AJ 233). A noter cependant qu'à notre connaissance personne n'a inventé de rendez-vous à Jean Moulin, à Lyon, le 18.

222. Henri Noguères, *La vérité aura le dernier mot, op. cit.*, p. 51.

223. Lucie Aubrac, *op. cit.*, p. 70.

On n'est guère mieux informé du contenu de la longue discussion entre Moulin et Bouchinet-Serreulles pendant le dîner du 20, dans « un petit bistrot en bord de Saône ». Moulin aurait insisté sur la nécessité de discipliner les différentes organisations militaires : « Le commandement de l'Armée secrète, aurait-il dit, la coordination des différentes organisations militaires doivent être entièrement revus et reconsidérés, aussi bien en zone Nord qu'en zone Sud. Il est urgent de créer, d'organiser et de structurer des états-majors qui, actuellement, ne fonctionnent pas, ou fonctionnent en ordre tout à fait dispersé. »

Il s'agissait donc, encore et toujours, de discipline. Mais, selon Bouchinet-Serreulles, aux yeux de Moulin l'autorité chargée de mettre en œuvre cette discipline procédait moins de De Gaulle que de lui, Moulin, car Delestraint avait été sous ses ordres comme « adjoint direct ». De surcroît, le pouvoir de Delestraint avait moins tenu de la « bénédiction » reçue du chef de la France combattante que de celle reçue du « commandement suprême allié », son adoubement ayant été réellement formalisé à l'occasion d'une conférence « avec le Chef d'état-major Impérial, le général Sir Alan Brook » [224].

Autrement dit, comme l'affirmait l'OSS, les militaires britanniques avaient d'emblée mis la main sur l'AS, et Moulin, semble-t-il, s'en accommodait.

Il n'est donc guère étonnant qu'avant de finir leur discussion et le repas, Moulin propose à Bouchinet-Serreulles, qui se définissait lui-même comme n'étant pas un « produit du BCRA [225] », de s'occuper des problèmes militaires.

Le lundi 21, à la première heure, les deux hommes se revoient sur les quais du Rhône. Moulin donne à Bouchinet-Serreulles des indications relatives à la réunion de l'après-midi, le présente à Aubrac qui attend un peu plus loin [226], et s'éloigne pour aller retrouver Defferre.

« Il était inquiet et nerveux », racontera celui-ci en mettant cet état sur le compte des « difficultés qu'il avait avec les dirigeants d'un certain nombre de mouvements de Résistance qu'il devait rencontrer après moi » [227].

A 10 heures, rue Paul-Bert, Moulin rencontre Aubry. Il pleut et les

---

224. Bouchinet-Serreulles cité par Henri Noguères, *La vérita aura le dernier mot*, *op. cit.*, p. 57.

225. AN, 72 AJ 233, dos. 1, doc. 37, lettre de Bouchinet-Serreulles à Henri Michel, 18 novembre 1963.

226. Aubrac affirme pour sa part avoir été présenté à Bouchinet-Serreulles seulement en début d'après-midi (interrogatoire d'Aubrac par le BCRA, Londres, 19 février 1944, reproduit *in* Gérard Chauvy, *Aubrac*, *Lyon 1943*, *op. cit.*, p. 322).

227. Defferre, cité par Henri Noguères, *La vérité aura le dernier mot*, *op. cit.*, p. 58.

deux hommes déambulent sous des parapluies. « L'entrevue *[fut]* assez orageuse », relatera Aubry en expliquant qu'il voulait faire comprendre « que les Résistants de France ne pouvaient accepter de décisions autoritaires, prises sans leur assentiment ». Quand Moulin lui reprocha « d'avoir refusé des armes à des groupes de l'Ain et de la Corrèze *[et fit]* remarquer que, ces armes ve*[nant]* de Londres, il conv*[enait]* de les distribuer selon les directives de Londres (...). Aubry *[rétorqua qu'il]* considérait comme dangereux de donner des armes à des groupes communistes (...), qu'il va*[lait]* mieux les garder en dépôt pour le moment où elles seraient utiles » [228].

Une fois encore, Moulin avait donc mis en avant le respect des directives britanniques.

Ils se séparent vers midi, conscients que leur rencontre de l'après-midi sera difficile.

Moulin s'éloigne sous son parapluie.

Aubry a encore oublié quelque chose. Il n'a pas pensé à prévenir Moulin qu'Hardy sera à la réunion.

Edmée Delétraz

Pendant ce temps, Edmée Delétraz est entrée en scène.

Agent du chef de l'IS à Genève, lui-même homme de Dansey ; agent de Groussard, patron du réseau « Gilbert » contrôlé par l'IS et d'obédience giraudiste ; agent du réseau de Cottoni en rapport avec l'IS ; agent du réseau « Pat O'Leary » du MI 9 britannique ; agent du réseau « Serge » du 2e Bureau français [229] ; cette femme de trente-sept ans est néanmoins au mieux avec Moog, vingt-huit ans, agent de l'Abwehr prêté au SD qui se dit volontiers agent de l'IS ; et elle joint à ses déjà trop nombreuses accointances des relations avec le réseau « Ajax », lié aux Britanniques en attendant de l'être à l'OSS, rien de tout cela ne l'empêchant de faire aussi partie du service de renseignement de l'ORA giraudiste [230].

---

228. AN, 397 AP 2, témoignage Aubry, 3 mai 1955.

229. AN, 334 AP 50, second procès Hardy, audience du 29 avril 1950, témoignage Delétraz, p. 1.

230. AN, 68 Mi 14, auditions Delétraz, 14 décembre 1944 et 18 février 1945, ainsi que, *in* Mi 16, 24 novembre 1948. AN, 68 Mi 15, auditions Devigny, 27 mai et 5 juin 1948 ; audition Me Dupuis, 16 juin 1948, et lettre de Georges Wyss, de Genève, à Mme Delétraz, 27 janvier 1947 ; audition Dr Bacharach, 9 mai 1948. Mi 16, audition Yvonne Bel, 14 mai 1948 ; audition Joannès Nony, 14 mai 1948, et audition Marguerite Nony, 14 mai 1948 ; auditions Groussard, 21 juin et 5 novembre 1948 ; audition Saumande, 19 janvier 1949 ; audition Plateau, 19 avril 1949. Mi 17, lettre de Wybot,

Dans la matinée du 21 juin, vers 11 heures, cette entreprenante personne qui a, rappelons-le, concouru à des arrestations de résistants, se présente en des lieux qu'elle sait être des relais du réseau « Groussard » ou de l'ORA. Elle y expose son histoire.

Elle sort de l'hôtel *Terminus,* annexe de la Gestapo, où, débite-t-elle, on lui a appris qu'un certain « Didot, dit Hardy », arrêté « lors d'un de ses déplacements à Paris » et qui a accepté de travailler pour les Allemands tout en demeurant en rapport avec Londres, a, une heure auparavant, trahi une réunion prévue pour l'après-midi, à laquelle il participera et où se trouvera le délégué du général De Gaulle. Elle est venue donner l'alerte et demander qu'on prévienne les patriotes menacés.

Sur ce, elle repart [231].

Elle n'a pas dit qu'elle est chargée de filer Hardy.

On l'apprendra lors de l'enquête. D'après elle, Hardy ignorait l'adresse de la réunion et était d'accord pour se laisser filer. Pour lui permettre de le suivre, on le lui avait « présenté », vers 11 h 30, au siège de la Gestapo, avenue Berthelot.

De ses déclarations paraît résulter qu'elle avait profité du trajet entre les deux bases de la Gestapo pour donner l'alerte [232]. L'enquête, assez minutieusement menée pour qu'on vérifiât même la durée du parcours qu'elle affirmait avoir fait, a établi la réalité de la démarche de Delétraz. Du reste, elle a littéralement inondé Lyon de ses avertissements, non seulement dans la matinée, mais aussi vers midi, et encore le soir.

Si un traître fut jamais connu avant de commettre son forfait comme après, c'est bien Hardy.

L'intervention la plus importante de Delétraz reste bien entendu la première, quand il était encore temps de donner l'alerte. Son avertissement vint notamment à la connaissance de Mme Richard, épouse

---

28 juillet 1950. *In* AN, 334 AP 50, second procès Hardy, déposition Delétraz, 29 avril 1950, p. 1 à 44. Entretien de l'auteur avec Henri Gorce-Franklin, 11 mai 1998, ainsi que lettre du 12 et conversation du 22. Voir aussi, « Courrier Gallia » sur l'affaire de Caluire, reproduit *in* Henri Noguères, *La vérité aura le dernier mot*, *op. cit.*, p. 258, ainsi que J.-P. Meysonnier, *op. cit.*, p. 27.

231. AN, 68 Mi 14, audition lieutenant Fluhr, 16 décembre 1944, audition Allamelle, 14 décembre 1944, audition commandant Bousquet, 12 décembre 1944, note de Wybot, 5 décembre 1944. Mme Delétraz avait vu Fluhr dans les locaux de la Croix-Rouge où elle était venue parler au capitaine Menant, absent. Fluhr l'avait ensuite introduite auprès du commandant de La Brosse, qui en a témoigné à la barre du second procès Hardy, le colonel Richard et Claudius-Petit déposant également à ce sujet.

232. Fondé sur les auditions et la déposition de Mme Delétraz au second procès Hardy, ainsi que sur le rapport déjà cité de Gorce-Franklin, ce résumé ne prend pas en compte la version, par trop avantageuse, qu'elle donna à Paul Dreyfus, rapportée par *Le Dauphiné libéré* du 3 au 7 juillet 1984.

d'un officier et membre de l'ORA[233]. Quelle qu'ait pu être sa méfiance envers une inconnue disant elle-même fréquenter la Gestapo, Mme Richard a transmis l'information à des responsables de l'ORA. Ne sachant que faire puisqu'ils ignorent tout de cette réunion, ils alertent quand même l'AS en faisant déposer un message dans la boîte aux lettres de Lassagne. Mais l'avertissement arrivera trop tard[234].

Telle est la version officielle du rôle d'Edmée Delétraz. Elle a le mérite de la simplicité et l'inconvénient de la fragilité. Hormis la réalité des démarches d'alerte, tout le reste repose sur les seules déclarations de cette femme compliquée.

Hardy a naturellement rejeté ce témoignage en bloc, et son avocat a accablé Delétraz lors de sa comparution au second procès Hardy (on n'avait pas jugé bon de l'entendre au premier). Naturellement, Hardy n'a pas manqué de remarquer, à très juste titre : « J'ai constaté que les témoignages allemands qui, pourtant, *[sont]* très précis, ne semblent pas connaître Mme Delétraz[235]. »

Même Barbie, auquel une dizaine de questions relatives à Delétraz ont pourtant fourni tous les éléments de réponse, n'a presque rien dit d'elle en général et rien du tout sur son rôle particulier dans l'affaire de Caluire. Il s'est seulement souvenu qu'« une femme a participé à la filature ». Il n'a pu dire son nom[236].

Étrange pour le soi-disant personnage clé de l'histoire.

La mémoire de Mme Delétraz s'est également montrée défaillante lorsqu'on lui demanda, à l'audience, comment Hardy était vêtu ce jour-là.

Si l'on note enfin qu'un seul témoin, d'ailleurs spécialement digne de foi, le policier résistant Jean Curvat, déclara avoir vu une femme blonde dans les voitures allemandes qui se dirigeaient vers la maison du Dr Dugoujon alors que Delétraz ne l'était pas, on peut s'interroger sur la réalité de la filature qu'elle affirme avoir faite[237].

---

233. Henri Gorce-Franklin, « Souvenirs de Résistance », *Forces française combattantes*, n° 101, mars 1978, p. 3, où il reprend son témoignage *in* AN, 397 AP 3, de juin 1947. Dans AN, 68 Mi 17, Bénouville écrit à Hardy, le 9 mars 1945, qu'il s'est « toujours méfié » de Richard, sur lequel il porte un jugement très sévère.

234. AN, 68 Mi 14, « Rapport sous la dictée de Mme et M. Lonjarret », 8 octobre 1944, selon lequel, le 25 juin, à son retour de Paris, il trouve les avertissements de Bousquet, Petit et Gervil dans la boîte aux lettres. Voir aussi « Courrier Gallia », cité *supra*.

235. AN, 334 AP 50, second procès Hardy, audience du 27 avril 1950, interrogatoire, p. 258. Me Maurice Garçon s'en est pris à Mme Delétraz à l'audience du 29 avril, p. 30-43.

236. Barbie, interrogatoire du 16 juillet 1948, réponse à la 28e question, *in* René Hardy, *Derniers Mots*, *op. cit.*, p. 541.

237. AN, 334 AP 50, second procès Hardy, audience du 29 avril 1950, déposition Delétraz, p. 44. AN, 68 Mi 16, audition Curvat, 29 juin 1948.

Reprenons son récit.

Son point le plus fort est en même temps le plus faible.

Même si Barbie soutient comme elle qu'au matin du 21 juin Hardy ignorait où se tiendrait la réunion, et même si Hardy est trop heureux d'abonder pour une fois dans leur sens, rien ne prouve que cela soit exact.

Car s'il est possible que personne n'ait donné à Hardy l'adresse exacte, Aubry, pendant le déjeuner de la veille, lui avait fourni une indication capitale en fixant leur rendez-vous au bas du funiculaire de la Croix-Paquet.

D'une part, tout Lyonnais savait que la « ficelle » montait à la Croix-Rousse, quartier mitoyen de Caluire. D'autre part, nombreux étaient les initiés à savoir que les réunions les plus importantes se tenaient exclusivement en trois lieux désignés sous les noms de code « points A, B, C ».

Recenser les témoignages relatifs à ces points est instructif. Deux d'entre eux sont restés dans tous les esprits, mais le troisième a longtemps été victime d'un trou de mémoire collectif [238]. On a tout de même fini par apprendre leur localisation. L'un était à Saint-Clair-du-Rhône, un autre à Lyon (rue d'Enghien), le dernier à Caluire.

Philippe Monod fut le premier à ébrécher le tabou. La conférence d'état-major qui avait décidé son départ en Suisse s'était tenue « au début de mars 1943 (...), dans une maison de Caluire, appelée point A [239] ». Henri Frenay lui emboîta le pas en 1956, mais, frappé à son tour par le syndrome du point C [240], il dut attendre 1973 pour retrouver la mémoire : « Les réunions sont (...) fixées aux points A, B ou C », les « initiés » savaient que le dernier était le domicile « du Dr Dugoujon à Caluire » [241].

Quelques années après, Louis Martin-Chauffier confirma : « Ils se réunissaient tantôt chez nous, tantôt sur l'autre rive du Rhône à Caluire, chez le Dr Dugoujon : c'est là que Jean Moulin fut arrêté [242]. »

---

238. Par exemple, Dominique Pagel, ex-secrétaire de Michel Brault, *in* AN, 72 AJ 48, témoignage du 7 octobre 1949. En 1945, Bénouville avait parlé des points A et B, *op. cit.*, p. 309, 320 et 288, sans parler de la villa du Dr Dugoujon. Hardy, lors de son premier procès, avait également évoqué le point B (AN, 334 AP 24, interrogatoire, 20 janvier 1947, p. 90), et s'était prudemment abstenu de parler des autres. Dans ses Mémoires, *op. cit.*, p. 284, il évoque les points A et B, à Lyon et Saint-Clair, « où Jean Moulin se rendait et où je l'ai rencontré », mais oublie le point C.

239. AN, 72 AJ 48, témoignage Monod, 18 juin 1948 (aussi dans AN, 397 AP 1).

240. AN, 397 AP 2, témoignage Frenay, 13 février 1956.

241. Henri Frenay, *La nuit finira*, *op. cit.*, p. 271.

242. *Le Figaro littéraire*, 3 décembre 1964.

Loin d'être un lieu « vierge », comme on l'a toujours soutenu [243], la maison du Dr Dugoujon était connue des « initiés ». Dès l'instant où Aubry avait parlé d'emprunter le funiculaire de la Croix-Paquet, l'« initié » Hardy avait su la rue d'Enghien et Saint-Clair exclus. Restait Caluire. Et la villa Dugoujon.

Car il connaissait cette maison. Selon le témoignage de Monod, il avait participé, tout comme Aubry, à la réunion du début mars [244].

De sorte que, dès l'instant où Aubry lui a donné rendez-vous à la « ficelle », et à supposer qu'Aubry ne la lui ait pas carrément dite, il a deviné l'adresse.

Mais il ne l'a pas donnée aux Allemands. Sinon, quel besoin auraient-ils eu de le faire suivre ?

Deuxième point fragile du récit de Delétraz : Hardy accepta de se faire suivre et le fut par elle seule.

En réalité et à en croire Barbie, loin d'être menée à la légère, par une seule personne, la filature fut menée dans les règles de l'art, avec relais et estafettes, par du personnel compétent. Barbie se rappelait fort bien avoir mobilisé ses meilleurs agents : « Moog Pierre (K 30), Saumande (K 4) et Doussot [245] », mais, comme déjà noté, se souvenait à peine de la présence d'une femme parmi les fileurs.

Pourquoi Delétraz n'a-t-elle jamais parlé des autres fileurs ? C'était pourtant son intérêt le plus évident. Seule à suivre Hardy, elle s'expo-

---

243. AN, 334 AP 50, second procès Hardy, audience du 3 mai 1950, déposition Lassagne : « Je souligne qu'il n'y avait eu, auparavant, aucune réunion chez le Dr Dugoujon, à Caluire ; par conséquent, il ne pouvait pas être question de maison surveillée ou connue. » Même référence, déposition Dugoujon : « (...) une villa où jamais aucune réunion n'avait eu lieu ».

244. AN, 397 AP 1, témoignage Ph. Monod, 18 juin 1955.

245. Barbie, interrogatoire du 16 juillet 1948, réponse à la 28e question, *in* René Hardy, *Derniers Mots*, *op. cit.* p. 541 (les indicatifs K 30 et K 4 signifient qu'il s'agissait d'agents de Kramer, de l'Abwehr-Dijon). Steingritt, audition du 2 août 1948, reproduite *in* Ladislas de Hoyos, *op. cit.*, p. 349 et suiv., confirme en ajoutant d'autres noms. Le cas de Doussot est complexe. Passé au maquis en 1944 avec armes et bagages, arrêté deux fois et deux fois évadé, il dut à l'insistance courroucée du juge Gonnot d'être finalement interrogé. Ce fut pour déclarer qu'il s'était engagé à la Gestapo lyonnaise « sur ordre du CNR » et qu'il informait le SR Dupleix ainsi qu'un réseau dirigé par l'officier britannique « Tiburce », en réalité Albert J. Browne-Bartroli, arrivé en France le 21 octobre 1943, et agent de SOE-F. Assertions officiellement confirmées par Laurent Bazot et le lieutenant Henri Dufournet, l'ultime surprise venant de Londres avec une attestation du *War Office*, signée, le 18 mai 1945, par le colonel Buckmaster, du SOE-F, qui confirmait les dires de Doussot (voir AN, 68 Mi 15, Doussot, 21 avril 1948). Quant à Saumande, détenu à Fresnes, il ne put être interrogé par le commissaire H. Guyader « en raison des instructions reçues de M. le commandant Gonnot, en accord avec le capitaine Misoffe » (AN, 68 Mi 15, rapport Guyader sur Kramer, p. 7, 26 janvier 1948).

sait au reproche de n'avoir pas profité de sa liberté pour alerter ses victimes, par exemple en entrant chez le Dr Dugoujon. Au contraire, si elle avait dit être en équipe, elle aurait aisément pu justifier sa passivité par la crainte d'être vue et dénoncée par ses collègues.

Mais, dans ce cas, on n'aurait pas pu ne pas lui demander pour quelle raison on avait mobilisé les as de la Gestapo et de l'Abwehr pour filer un Hardy soi-disant complice ?

Sauf à penser que le pluriel employé par Barbie qui parle d'« opérations de filature » signifie qu'on suivait plusieurs personnes, les affirmations de Delétraz tournent à l'incohérence.

Reste le point décisif : on filait Hardy pour découvrir le lieu de réunion. Cette affirmation est évidemment le pilier central de l'accusation. Si Barbie est arrivé chez Dugoujon en suivant Hardy, le responsable de Caluire est tout trouvé. Dans le cas contraire, il est innocent.

A l'exception des rapports Kaltenbrunner du 29 juin et « Flora », qui reposent nécessairement l'un et l'autre sur les dires de Barbie, aucun document n'incrimine Hardy dans la livraison de Caluire. Tout repose sur les déclarations de Barbie et Delétraz.

Celles de Barbie relèvent du fameux pâté d'alouette : un peu de vrai dans beaucoup de faux. A l'en croire, Hardy aurait confié « quatre ou cinq jours avant la date fixée » qu'une réunion des chefs de la Résistance « devait avoir lieu le 21 juin » [246]. Dans ce cas, Hardy avait plus d'avenir dans la voyance que dans la Résistance : même Moulin ne pouvait savoir le 16 que la réunion aurait lieu le 21, et personne n'a pu fixer la date avant son retour, le 19.

Passons sur le fait que, toujours à en croire Barbie, Hardy aurait appris la nouvelle par un « document venu de Paris », ce qui n'a aucun sens, et constatons que, toujours selon Barbie, Hardy devait être conduit à la réunion par « un agent de liaison ».

Ainsi, le traître Hardy, qui ne cachait rien à son maître, avait apparemment oublié de lui dire qu'il irait à la réunion avec Aubry, lequel ne pouvait en aucun cas être considéré par Barbie comme un agent de liaison.

Enfin, Barbie insiste sur un point : Hardy aurait marqué à la craie jaune les endroits où il passait, le portail de la villa Dugoujon, l'escalier et la porte de la pièce du premier étage, celle de la réunion. Négligeons le fait qu'Hardy aurait dû faire ces marques alors qu'Aubry et Lassagne étaient avec lui, oublions que, naturellement, aucun témoin n'a jamais vu la moindre marque de craie, et retenons plutôt que, de

246. Barbie, interrogatoire du 16 juillet 1948, réponse à la 28e question, *in* René Hardy, *Derniers Mots, op. cit.*, p. 541.

l'aveu même de Barbie, c'est ainsi et non grâce à Delétraz que les Allemands ont « su avec précision que la réunion se tenait chez le Dr Dugoujon ».

Il y a toutefois quelque chose d'intéressant dans cette histoire de craie. L'idée, assure Barbie, avait été proposée par le gestapiste Wenzel au cours de la réunion préparatoire à l'opération.

Pour une fois, il y a là du vrai : une réunion préparatoire eut réellement lieu et Wenzel y assistait.

Mais Steingritt aussi. Le début de son témoignage est très précis, bien que, ensuite, il reprenne l'histoire des traces de craie. Ils étaient au moins huit dans le bureau de Barbie, rue Berthelot. Il y avait Barthel, Krull, Mischker, Moog, Schmitt, Wenzel. Il s'agissait de « mettre au point les détails de l'action ». Cela se passait environ « une heure avant » les arrestations. Et « Barbie et K 30 *[Moog]* savaient où devaient se rencontrer les Chefs de la Résistance (...) Barbie a précisé l'endroit [247] ».

L'interrogatoire dans lequel Steingritt a fait ces déclarations est celui qu'il a rectifié au second procès Hardy. Il a alors renié certaines de ses réponses au motif que les questions les lui avaient suggérées, a invalidé une partie de son récit de la réunion, mais pas la réalité de celle-ci, encore moins l'heure à laquelle elle s'est tenue – environ une heure avant les arrestations.

Du reste, Steingritt eût-il désiré nier cette donnée décisive qu'il n'aurait pu justifier son revirement en arguant qu'on lui avait, là aussi, suggéré la réponse. S'il y avait une chose qu'on n'avait pas pu chercher à lui faire dire, c'était bien que la réunion préparatoire avait eu lieu « une heure environ » avant les arrestations et qu'on y avait parlé du Dr Dugoujon. Citer ce nom à ce moment signifiait en effet qu'on n'avait nul besoin de filer Hardy puisqu'on savait déjà où il allait.

Supposons véridique le témoignage de Steingritt.

Dans ce cas, la reconstitution de la chronologie confirme que les Allemands connaissaient nécessairement l'adresse de la réunion avant que Delétraz ait pu la leur apprendre.

Sachant que les témoignages fixent l'arrivée des Allemands chez Dugoujon au plus tôt à 14 h 30 et au plus tard à 15 h 05 [248], Barbie

---

247. Steingritt, interrogatoire du 2 août 1948, reproduit *in* Ladislas de Hoyos, *op. cit.*, p. 349. Son interrogatoire du 6 décembre 1948 dit le contraire.

248. Déposition Lassagne, 7 avril 1948 : « Je suis arrivé avec Hardy et Aubry vers 14 h 20. » Hardy et Aubry confirment. Déposition Aubry 15 février 1945 : « Nous avons discuté pendant 20 à 25 minutes » avant l'arrivée des Allemands. Dépositions Dugoujon, 21 septembre et 27 décembre 1944, ainsi que 10 avril 1948 : « Vers 14 h 30,

pouvait-il, environ une heure avant, entre 13 h 30 et 14 h 05, connaître l'adresse alors que Delétraz avait commencé à filer Hardy vers 13 h 45, qu'elle l'avait vu entrer chez Dugoujon vers 14 h 20 et qu'il lui avait fallu une demi-heure environ pour revenir auprès de Barbie [249] ?

A l'évidence, Barbie ne pouvait connaître entre 13 h 30 et 14 h 05 un résultat obtenu vers 14 h 50.

La conclusion est inévitable : si les Allemands avaient l'adresse une heure avant d'intervenir, ils la tenaient d'une autre source que Delétraz. Mais pas d'Hardy, car, dans ce cas, il aurait été inutile de le filer.

Trois autres éléments incitent à ajouter foi au témoignage de Steingritt et à douter que la filature d'Hardy ait procuré l'adresse.

Le premier est vague. Le 1er juin 1943, le service de renseignement de Gemähling avait averti : « Milice prétend avoir localisé la centrale des mouvements de résistance chez un grand médecin lyonnais. Une surveillance est exercée depuis plusieurs jours [250]. » Plusieurs médecins lyonnais ayant aidé la Résistance, rien ne prouve que la note concernait le Dr Dugoujon, mais rien ne l'infirme.

La seconde information est parfaitement explicite. Le 25 juin, Gemähling savait que le jour de la réunion « la Gestapo surveillait les lieux *[la villa Dugoujon]* depuis midi [251] ».

La troisième donnée est encore plus précise. De Graaf, secrétaire de Moulin, a déclaré au BCRA :

> « Dès le surlendemain de l'arrestation, Claudius *[-Petit]* a pu, par l'intermédiaire d'un commissaire de police qu'il connaissait, nous donner l'information suivante : (...) la Gestapo était prévenue dès le matin ;

---

j'ai vu entrer dans mon jardin (...) cinq ou six » Allemands. Déposition Lacaze, 26 décembre 1945 : « Vers 14 h 45, Hardy s'est levé, a regardé par la fenêtre deux ou trois autos qui venaient d'arriver (...) quelques minutes après, trois individus ont fait irruption dans la pièce, pistolet au poing. » Déposition Lassagne, 7 août 1948 : « Vers 14 h 45 on entendit arriver une ou plusieurs voitures sur la place » (tous ces documents sont reproduits partiellement *in* René Hardy, *Derniers Mots*, *op. cit.*, p. 316 et suiv.). Seul Aubrac fixe « vers 15 heures » son arrivée en compagnie de Moulin et de Schwartzfeld (dépositions Aubrac, 3 juin 1944 et 21 avril 1948, reproduites *in* Gérard Chauvy, *Aubrac*, *op. cit.*, p. 325 et 331). Tous s'accordent à fixer l'irruption de Barbie quelques minutes après l'arrivée de Moulin, Schwartzfeld et Aubrac.

249. Mme Delétraz n'a jamais dit avoir transmis l'adresse par téléphone et a toujours affirmé l'avoir rapportée après avoir refait en sens inverse le trajet aller, jusqu'au funiculaire. A l'aller, elle avait mis trente-cinq minutes.

250. AN, 68 Mi 14, « Dossier communiqué par Jean Gemähling », message « Pipeno à Socrate », 1er juin 1943. « Socrate » était le pseudonyme de Gemähling pour les réseaux sud-est sous sa coupe.

251. *Ibid.*, message de Socrate, 25 juin 1943.

elle a pris ses quartiers à 11 heures dans la mairie qui était un excellent endroit parce que la maison du docteur se trouvait juste en face ; elle a envoyé des voitures rôder toute la matinée dans les rues de Caluire [252]. »

Si les Allemands ont réellement pris position à 11 heures dans la mairie, d'où, en effet, on surplombe la place Castellane et la villa Dugoujon, alors il est clair que la filature d'Hardy était inutile.

Mais il n'est pas moins clair qu'à 11 heures Delétraz était précisément en train de dénoncer Hardy. C'est-à-dire de le désigner par avance comme le traître sur lequel tout retomberait.

D'autre part, les déclarations de Steingritt et De Graaf sont encore corroborées indirectement par le fait que, selon toute vraisemblance, les Allemands n'étaient pas seuls sur les lieux. Des témoignages impliquent des policiers français collaborateurs dans l'événement ou signalent la présence inusitée de représentants de l'ordre dans les parages.

Mme Damas : « Trois agents de police *[ont]* vu Hardy se sauver *[de chez Dugoujon et ont]* assisté à l'échange de coups de feu [253]. » Steingritt : « Personnellement, je n'ai pas tiré (...). A ce moment-là, quelques hommes de la police française qui se trouvaient dans les environs pour une opération qui n'avait aucune liaison avec la nôtre ont également tiré [254]. » Coïncidence pour le moins étrange.

Enfin, Me Maurice Garçon clama au second procès Hardy : « Je suis certain que, avant Hardy, ils *[les Allemands]* ont su que la réunion se tiendrait chez le docteur Dugoujon [255]. »

Certitude d'avocat, bien entendu. Mais pas nécessairement due à la seule éloquence ou au seul souci d'étayer sa théorie sur le rôle véritable d'Edmée Delétraz. Car, lorsque Me Maurice Garçon assène qu'elle a, le matin du 21 juin, dénoncé Hardy sans saisir l'après-midi l'occasion d'avertir les résistants filés, l'argument est fort. De même, lorsqu'il s'écrie : « Barbie espérait qu*['en dénonçant Hardy]* elle le ferait abattre par ses propres amis [256] » et que nous apprenons qu'elle a déclaré avoir espéré que « la Résistance avertie aurait supprimé Didot avant de prendre le large [257] », la réfutation est malaisée.

Et l'on en vient à se demander si toutes les contradictions, toutes les

252. De Graaf, interrogatoire au BCRA, Londres, 18 octobre 1943, p. 28. Reproduit *in* Gérard Chauvy, *Aubrac, Lyon 1943*, *op. cit.*, p. 439. Le commissaire de police informateur était probablement Kubler.

253. AN, 68 Mi 15, déposition G. Damas, 7 juin 1948.

254. Steingritt, interrogatoire du 2 août 1948, reproduit *in* Ladislas de Hoyos, *op. cit.*, p. 350.

255. Maurice Garçon, *op. cit.*, p. 125.

256. *Ibid.*, p. 119.

257. AN, 68 Mi 14, audition Delétraz, 18 février 1945.

versions, tous les à-peu-près, sans parler des mensonges relevés dans les dépositions de Barbie et Delétraz, doivent tout au hasard et rien à une volonté d'en faire un bouc émissaire.

Faire retomber la responsabilité d'une mauvaise action sur quelqu'un qui ne l'a pas commise, compromettre ainsi un ennemi autrement inatteignable et, mieux encore, obtenir son exécution par ses propres amis, est une manipulation si familière aux services secrets qu'elle est entrée dans leur jargon sous son nom russe, *maskirovka*, substantif formé sur « masque ».

A-t-on exhibé un faux coupable pour cacher le vrai ? Rien n'interdit de l'envisager.

Restent deux questions au sujet d'Hardy.

Elles sont inséparables. Comme la chronologie interdit désormais de croire aveuglément que de sa filature dépendait la découverte de l'adresse de la réunion, s'il a été réellement filé, dans quel but l'était-il ?

Deuxièmement : comment les Allemands sont-ils arrivés chez le Dr Dugoujon si Hardy ne les y a pas conduits ?

La réponse à la première question est évidente : s'il a été vraiment suivi, on le suivait pour savoir où il allait. La Gestapo voulait connaître ses activités cet après-midi-là parce qu'il n'avait pas dit ce qu'il comptait faire alors qu'elle savait qu'il y aurait une réunion.

La méfiance des Allemands explique mieux la filature d'Hardy que leur confiance.

Réciproquement, la méfiance d'Hardy envers les Allemands explique mieux que sa complicité une coïncidence mystérieuse survenue ce jour-là.

Avant d'y venir, tentons de nous placer dans sa situation.

Tenu d'un côté par Barbie, il est, de l'autre, obligé d'aller à la réunion. Il mesure évidemment les risques qu'il va faire courir à tous. Depuis la veille, depuis l'épisode du pont Morand où il a vu Barbie l'observer, il ne peut plus se faire d'illusions. La crainte d'être suivi l'obsède. Le dimanche soir, par deux fois il débat avec ses proches de sa participation à la réunion. Il redoute autant d'être repris que de provoquer un drame. Pour conjurer sa première peur, il décide d'emporter une arme. Mais que faire pour conjurer la seconde, pour, comme il l'a écrit dans ses « Aveux », ne pas vivre « dans les transes d'une filature dont *[il]* ne s'apercevrait pas » ?

L'unique contre-mesure à sa portée est de frapper un grand coup pour endormir la méfiance de la Gestapo, gagner sa confiance. Il doit à tout prix la convaincre qu'il joue franc-jeu. Il doit donner un gage énorme, fournir la preuve définitive qu'il est devenu un vrai agent double. Il doit payer d'avance sa liberté de mouvement.

Dans la matinée du 21, il croit avoir trouvé la solution. Il se rend à la Gestapo. Et il livre ce à quoi il tient le plus : le fruit de tout son travail. Il donne son plan de sabotage des chemins de fer en zone sud, le dossier « Électrification ».

On ignore comment cela s'est passé exactement, mais le fait est que le dossier « Électrification » a disparu le 21 juin. Parti ce jour-là de Lyon, il n'est jamais arrivé à la Délégation en Suisse [258].

Ce dossier disparu – celui-là précisément, pas un autre exemplaire – reparaîtra pourtant miraculeusement aux procès Hardy.

L'accusation du second procès est catégorique :

> « Un exemplaire *[du dossier « Électrification »]* était destiné à M. Frenay aux fins de transmission à Londres ; le second à M. de Bénouville pour les archives déposées en Suisse (...)/ Quant à l'exemplaire de M. de Bénouville, après avoir été produit par la défense au procès devant la Cour de Justice de la Seine, il était remis par M. Constant au magistrat instructeur *[du second procès]*, qui, à la date du 3 décembre 1948, en prononçait la saisie./ Bien qu'incomplet, il a été authentifié avec certitude par présentation tant à l'accusé qu'à certains témoins, tels que MM. de Bénouville, Heilbronn, Frenay [259]. »

L'origine du dossier « Électrification » utilisé lors des procès a été confirmée par le président (« C'est celui de Bénouville qui figure au dossier [260] ») et par Hardy :

> « LE PRÉSIDENT : M. de Bénouville, dès la présentation du document, l'a reconnu comme étant l'exemplaire que vous avez remis. Il était destiné...
> HARDY : ...aux archives...
> LE PRÉSIDENT : ...à être envoyé en Suisse, aux archives. Il dit qu'on connaissait déjà la dénomination "Plan vert".
> HARDY : Il est en contradiction avec mon propre adjoint et avec Heilbronn. Nous ne connaissions pas cette appellation [261]. »

---

258. DS-MUR, Bénouville à Monod, courrier « 1 000 », 21 juin 1943 ; Monod à Bénouville, 25 juin et 30 juin 1943. Voir les détails *supra*, chap. 3.

259. Maurice Garçon, *op. cit.*, p. 47-48.

260. AN, 334 AP 50, second procès Hardy, audience du 26 avril 1950, interrogatoire, p. 222. Le dossier « Électrification » a fait l'objet de nombreux débats tout au long du procès car, rappelons-le, l'une des principales accusations portées contre l'accusé était de l'avoir livré.

261. *Ibid.*, p. 243.

Impossible d'expliquer par quelle magie cette résurrection fut possible, et pas moyen de dire comment la disparition eut lieu. On se borne à constater le fait : le plan de sabotage des chemins de fer de la zone sud disparaît à l'instant précis où Hardy a un besoin vital d'inspirer confiance à des Allemands auxquels aucun cadeau ne pouvait autant faire plaisir.

Intoxiqués par les Britanniques, le SD et l'Abwehr se demandent si un double débarquement allié n'est pas programmé pour l'été, l'un à l'ouest, l'autre au sud. Ils redoutent que les opérations de sabotage ferroviaire retardent ou empêchent l'arrivée de leurs renforts dans les zones d'opérations. A leurs yeux, la valeur du dossier « Électrification » est inestimable. Qui le leur donne est sûr.

Ainsi calcula peut-être Hardy et sans doute fut-il fier de lui et du bon tour joué à l'ennemi. Car son cadeau était un leurre.

Le plan « Électrification » était caduc depuis cinq jours. Le 16 juin, Claude Bouchinet-Serreulles avait apporté le véritable plan de sabotage des chemins de fer[262], celui élaboré à Londres par le BCRA en collaboration avec l'état-major interallié, le vrai « Plan vert ». Il ne coïncidait pas avec celui élaboré par Hardy[263].

Sacrifier le plan « Électrification » n'était pas seulement possible, c'était aussi utile. Sans valeur désormais, il pouvait encore servir à tromper l'ennemi en attirant son attention sur des objectifs abandonnés, ceux du « Plan vert » échappant à sa vigilance.

Si tant est qu'Hardy raisonna de la sorte et agit en conséquence, le fait est qu'il se trompa. Sa munificence ne calma nullement la suspicion de Barbie et de Moog. Ils ordonnèrent au contraire de le filer. Non pour connaître le lieu de la réunion, mais pour savoir où l'arrêter au cas où ils ne le trouveraient pas à Caluire. Alors en pleine offensive contre toutes les structures clandestines, les détruisant méthodiquement et arrêtant systématiquement les dirigeants, comment auraient-ils pu laisser libre un soi-disant agent double qui leur mentait ?

La deuxième question s'impose alors : si Hardy n'a pas donné Caluire, comment l'adresse de la réunion fut-elle connue ?

---

262. De Graaf, interrogatoire par le BCRA, 18 octobre 1943, p. 22 : « Le courrier *[arrivé avec Bouchinet-Serreulles]* se composait ce mois-là (...) d'instructions et de plans pour l'AS (...). Autant qu'il m'en souvienne il se composait :(...) d'un certain nombre de plans de lignes de chemin de fer (plans verts). (...). »

263. AN, 68 Mi 16, dépositions lieutenant-colonel André Manuel et colonel Edmond Combaux, 20 janvier 1949 ; déposition Lucien Galimand, 21 janvier 1949 ; déposition Maurice Duclos (Saint-Jacques), 3 février 1949 ; déposition André Mamy, 8 février 1949, tous s'accordant à dire que le « Plan vert » était sans rapport avec celui dit d'« Électrification », qu'il était déjà élaboré en février (Delestraint l'avait vu à Londres) et qu'il était, en juin, « en cours de mise en place ».

Les services de répression et d'espionnage nazis bénéficiaient de l'aide de nombreux informateurs. En 1943, a-t-on pu estimer, 32 000 Français émargeaient aux divers services policiers allemands [264]. Les archives de l'OSS contiennent de longues listes d'agents de la Gestapo et de l'Abwehr dans les grandes villes. Celle de Lyon, partielle, compte des dizaines de noms français et étrangers (suisses, russes, polonais, britanniques, tchèques) [265]. Un historien lyonnais a allongé la liste et souligné le rôle de la Milice et de son service de renseignements (700 membres), ainsi que du PPF de Jacques Doriot (400 à 500 personnes), auxquels le Service des Sociétés secrètes (antimaçonnique), des bandes de nervis (Francis André), des isolés et des auteurs de lettres anonymes prêtaient main-forte [266].

De surcroît, si des policiers de l'État français étaient engagés dans la Résistance, d'autres étaient des collaborateurs. L'un des plus acharnés était l'inspecteur Michel Lentz, évoqué à propos des arrestations de la mi-mars [267]. C'est des millions, a-t-on dit, qu'il aurait touchés après Caluire : « Toute l'affaire aurait été vendue à la Gestapo par le fameux commissaire Lentz, du quai Perrache (...) avec la collaboration d'un certain Ranoux [268]. »

Ce dernier, on le sait, a été accusé d'avoir livré à la Milice des boîtes à lettres de Gastaldo, Moulin, Hardy, Aubry, France d'Abord. Par ailleurs, une boîte du COPA (Centre des opérations de parachutages et d'atterrissages), le service de Bruno Larat, l'un des organisateurs de la réunion de Caluire et aussi une de ses victimes, était surveillée depuis « deux ou trois jours », la boîte voisine ayant été précédemment enfoncée [269].

D'une façon générale, la discrétion ne semble pas avoir été la caractéristique principale du COPA. Selon plusieurs témoignages, la veille de Caluire l'une des secrétaires de Larat, Francine Dreyfus, décida de

264. Philippe Harzer, *Klaus Barbie et la Gestapo en France*, Le Carrousel, Paris, 1983, p. 112.

265. NARA, RG 226, E 194, B 106, F 446, *Paris-X2-PTS-7*.

266. Marcel Ruby, *Klaus Barbie de Montluc à Montluc*, L'Hermès, Lyon, 1983.

267. NARA, RG 226, E 123, B 9, F 95, *France-Maquis BERN-SI-INT-57-65*.

268. AN, 68 Mi 14, « Dossier communiqué par Jean Gemähling », note « Gambetta à Socrate », 1er juillet 1943. Le 2, « Charrette » (Michel Caillaud ?) informe que Lentz s'est partagé avec deux gestapistes l'argent saisi au bureau d'Aubry. Le 3, Gemähling (Socrate) informe « Gambetta » : « Lentz ainsi qu'un autre inspecteur français participaient à l'action de la Gestapo à Caluire. » Le 24 novembre 1945, le commissaire Jean Col, de Grenoble, affirme que Lentz, d'origine alsacienne, a coopéré avec la police allemande aux arrestations de Caluire. Col, selon le rapport du 7 juin 1945 du commissaire Jouhaneau au juge Berry, magistrat instructeur du premier procès Hardy, avait été chargé de l'enquête sur Caluire par la police de Vichy (AN, 68 Mi 14).

269. Marguerite Cotton, procès-verbal 2419/19, publié *in* René Hardy, *Derniers Mots*, *op. cit.*, p. 560.

ne plus mettre les pieds au bureau du COPA, 47, rue de la République, où trop de jeunes gens défilaient, dont trop de têtes inconnues[270]. Au précédent bureau COPA, 27, rue Sala, les habitants de l'immeuble avaient remarqué les allées et venues de jeunes aux allures mystérieuses, leur propension à brûler des papiers, leurs chuchotements. Un honnête voisin avait même dû avertir le chef de France d'Abord qu'il entendait les propos tenus dans l'appartement mitoyen du sien[271].

D'autre part, des messages en clair de Daniel Cordier et de Van Dievort qui donnaient des adresses de boîtes à lettres du COPA et de Jean Moulin ont été découverts en 1946 dans des boîtes abandonnées où on les avait déposés par erreur[272]. Non moins fâcheux est un témoignage rapporté avec plaisir par Hardy. Selon Hélène Van Dievort, secrétaire de De Graaf, lui-même secrétaire de Moulin, « le bureau de la rue Terme où elle travaillait n'était même pas fermé sérieusement. La clé était déposée derrière une glace où la femme de ménage la prenait chaque matin pour le nettoyage. Tous les papiers étaient en clair[273] ». On ne sache pas que les Allemands en aient profité.

Tous ces faits sont sans rapport direct avec Caluire, mais montrent une propension certaine à la légèreté et aux imprudences. Des erreurs similaires ont pu mettre la Gestapo sur la piste de Caluire.

Par ailleurs, celle-ci avait procédé à de nombreuses arrestations au cours des semaines précédentes, à Lyon comme ailleurs. Beaucoup de documents avaient été saisis. Des résistants avaient parlé sous la torture[274]. D'autres avaient trahi. Quantité d'informations avaient été obtenues. Pour mentionner seulement le rapport « Flora », la Gestapo locale avait entendu parler de proches de Moulin et de Delestraint et connu des pistes susceptibles de mener à eux. Toujours à Marseille était récemment survenue l'arrestation de Lili Méré qui avait ensuite assisté au retour de Frédéric Brown.

Il n'y avait pas qu'à Marseille ou à Lyon qu'on trouvait des informations inquiétantes.

Selon les témoignages catégoriques du colonel Lacaze, le 17 juin, quatre jours avant Caluire, un ami lui avait révélé avoir appris « à

---

270. AN, 68 Mi 16, déposition F. Dreyfus, 26 juin 1948, et, *ibid.*, déposition G. Cotton, 22 juin 1948. Rue de la République, le COPA, camouflé sous l'enseigne commerciale *Durisol*, était hébergé par Clémence Volay (*ibid.*, déposition 22 juin 1948).

271. *Ibid.*, déposition du voisin, 25 juin 1948.

272. Lettre de G. Cotton à Lydie Bastien, 16 décembre 1948, reproduite *in* René Hardy, *Derniers Mots*, *op. cit.*, p. 557-559, avec les messages retrouvés.

273. Témoignage recueilli par G. Cotton en janvier 1947, *ibid.*, p. 286.

274. Le dossier DST sur Hardy contient des noms qu'il est inutile de citer.

Vichy que la police allemande *[était]* sur une grosse affaire à Lyon ». Sur quoi Lacaze avait refusé de se rendre à la réunion et ne s'était résolu à y aller que « pour leur dire à tous : allons-nous-en, nous allons être arrêtés » [275].

Le cas du colonel Lacaze, jusqu'alors peu actif dans la Résistance, amène à se demander sur quels critères les invitations ont été lancées et qui avait désigné les participants.

Non sans raison, on a énormément reproché à Aubry d'avoir invité Hardy sans avertir les autres. Le même reproche peut être fait à plusieurs. Le colonel Lacaze fut invité par Bruno Larat à l'insu du second organisateur de la rencontre, André Lassagne. De son côté, Claude Bouchinet-Serreulles assure avoir été invité par Moulin sans que quiconque fût prévenu puisque, dit-il, il attendit en vain un agent de liaison censé venir le chercher à 13 heures au sommet de la « ficelle » [276].

Ces improvisations ne furent pas les seules. Le colonel Granier avait également été invité (on ne sait par qui) mais refusa « d'aller à cette réunion si elle n'était pas protégée [277] ». A en croire un historien, « Aubrac, le 21 juin, est venu chercher Ravanel (...) pour l'emmener à la réunion de Caluire. Mais Ravanel venait de sortir [278]... ». Enfin, un certain Rochat (invité par on ne sait qui) aurait dû à son retard d'échapper à l'arrestation [279].

Aucune certitude n'existe quant au nombre de personnes effectivement convoquées.

De Graaf relate avoir décliné l'offre d'aller à la réunion, offre faite à l'improviste par Moulin auquel il parla vers 14 h 40, au terminus de

---

275. Lettre de G. Cotton à Lydie Bastien, 16 décembre 1946, *in* René Hardy, *Derniers Mots*, *op. cit.*, p. 557.

276. Henri Noguères, *La vérité aura le dernier mot*, *op. cit.*, p. 67, attribue le rendez-vous manqué de Bouchinet-Serreulles à un malentendu avec Moulin, qui, victime lui-même d'un autre malentendu, aurait cru que la réunion était à 14 h 30 alors qu'elle était à 14 heures. Ainsi, Moulin aurait donné rendez-vous à Serreulles une heure et demie avant la réunion, et ce en un lieu situé à quinze minutes de celle-ci. Comprenne qui pourra. De Graaf, dans son interrogatoire au BCRA, donne une version très différente qui dément toute l'histoire du rendez-vous manqué. Selon lui, Bouchinet-Serreulles avait déjeuné avec Moulin.

277. Lacaze, cité par G. Cotton dans sa lettre à Lydie Bastien évoquée ci-dessus. Granier était un ami et collaborateur du général Delestraint qui l'avait pris comme chargé de mission à l'état-major de l'AS, *cf.* François-Yves Guillin, *op. cit.*, p. 58, 65, 168-169, 193. Henri Noguères, *La vérité aura le dernier mot*, *op. cit.*, p. 63, confirme que Garnier était informé de la réunion.

278. *Ibid.*, p. 67n. Raymond Aubrac, *op. cit.*, p. 96, ne confirme pas. Serge Ravanel, *op. cit.*, non plus.

279. AN, 397 AP 3, document confié par Vincent Planque à Marie Granet, « Historique de Combat ».

la « ficelle ». Interrogé par le BCRA, il ne sut dire combien de convocations avaient été lancées : « entre 8 et 10 [280] ».

Hardy n'ayant pas été convoqué, on avait donc convié de une à trois personnes de plus que celles effectivement présentes chez Dugoujon. En fait, nul ne savait exactement qui devait venir. C'est sans doute pourquoi Lassagne ne s'opposa pas à la venue d'Hardy quand Aubry l'imposa *in extremis*.

Le flou en matière d'invitations apparaît toutefois presque négligeable eu égard au laxisme ayant prévalu en matière de sécurité. Non seulement, on l'a dit, cette grande réunion ne bénéficiait d'aucune protection ni d'aucun dispositif de guet, non seulement elle violait la règle édictée en janvier pour interdire les « réunions à plus de trois, si sûr que paraisse le lieu », non seulement était enfreint l'ordre qui obligeait à faire suivre toute personnalité importante par un « ange gardien » chargé de repérer une filature, non seulement l'arrivée des invités se déroula sur une soixantaine de minutes, ce qui obligea les premiers à attendre les derniers et à violer ainsi la directive qui interdisait de patienter plus de cinq minutes, mais encore l'obligation de « ne pas permettre, de quelque manière que ce soit, qu'une personne non convoquée soit informée du rendez-vous que vous avez pu prendre » fut à tel point négligée qu'en sus des neuf directement concernées une trentaine de personnes étaient plus ou moins informées.

Aubry en avait parlé à d'Ivernois, Malacrida et Simonin [281]. Hardy en avait discuté avec Lydie Bastien, Roger Bossé, Marcelle Will, le couple Damas (et peut-être leur fille avait-elle entendu la discussion). Moulin en avait parlé à Copeau, Defferre, De Graaf [282], Claudius-Petit, Bouchinet-Serreulles. Mme Delétraz en avait informé Maurice Plateau (son contact avec le réseau Groussard), les militaires Fluhr et Delabrosse, qui avaient eux-mêmes alerté Mme Richard, le commandant Benoni et le capitaine Bousquet. Dugoujon avait informé sa bonne, Marguerite Brossier. Lacaze en avait parlé à sa femme et à sa fille, son ami Faivre tenant lui-même d'une source vichyssoise non citée que les Allemands étaient sur une grosse affaire à Lyon. Aubrac en avait parlé à son épouse [283] et peut-être à Ravanel. Quelqu'un en avait parlé au colonel Granier. Rochat avait su on ne sait comment. Marcel Rivière

280. De Graaf, interrogatoire par le BCRA, 18 octobre 1943, p. 23.

281. Henri Noguères et Marcel Degliame-Fouché, *op. cit.*, t. 3, p. 440. Malacrida et d'Ivernois étaient inspecteurs de l'AS.

282. René Hardy, *Derniers Mots*, *op. cit.*, p. 285, ajoute : « Secrétaires et adjoints de de Graff sont informés, sinon du lieu, de moins de la date et de l'heure. » On ignore sa source.

283. Lucie Aubrac, *Ils partiront dans l'ivresse*, *op. cit.*, p. 74.

en avait eu connaissance, le réseau « Marco Polo » aussi. Bénouville savait, de même vraisemblablement que Claude Bourdet et les autres membres du Comité directeur des MUR réunis le même après-midi à Neuville [284].

Lacunaire, pareille liste se passe de commentaire. Il va de soi qu'aucune des personnes citées n'est suspecte d'indiscrétion, mais il est non moins évident que toutes n'avaient pas à savoir.

Pour ces quelques données venues à notre connaissance, combien d'autres nous échappent ? Et peut-on, face à tant d'imprudences, persister à soutenir la seule hypothèse de la trahison d'Hardy ?

Les invités arrivent

Avant 13 h 30, Lassagne passe chez Dugoujon. « *[Il]* m'a paru extrêmement énervé, presque anxieux », dira le médecin [285].

On peut s'interroger autant sur cette brève visite que sur l'inquiétude de Lassagne. Était-ce dans le cadre d'un procédure normale qu'il venait s'assurer de la tranquillité des lieux ? l'imminence de l'affrontement politique le rendait-elle nerveux ? avait-il remarqué des présences suspectes dans les parages ? savait-il la réunion menacée [286] ? On l'ignore.

---

284. Claude Bourdet, *op. cit.*, p. 226. Selon Michel Brault (AN, 68 Mi 15, déposition du 25 mai 1948), cette réunion aurait eu lieu le mardi 22. Il devait y parler à Moulin des besoins des maquis en armes et en fonds. Là encore, Moulin semble s'être préparé à agir comme si l'ordre de liquider les maquis ne le concernait pas davantage que celui de Churchill de couper les vivres aux gaullistes.

285. AN, 68 Mi 14, déposition Dugoujon, 27 décembre 1944.

286. Lassagne aurait peut-être pu être informé. Car, contrairement à ce qui est toujours soutenu, un avertissement était arrivé à bon port en temps utile. Au second procès Hardy, Claudius-Petit a déclaré avoir reçu, dans la matinée du 21, un message ainsi rédigé : « Lieutenant Tardy dit Ditot a passé la nuit à l'École de santé militaire, a reçu 75 000 F pour indiquer lieu rendez-vous réunion. Ne vous y rendez-pas. » Le billet, a-t-il précisé, lui était parvenu par le service de contre-espionnage du réseau Gallia qui avait un agent à l'École de santé (AN, 334 AP 50, second procès Hardy, audience du 29 avril 1950, témoignage Claudius-Petit, p. 47, 50). Cet agent était probablement Angèle Luciani, accusée ensuite par Mme Damas d'avoir été un agent double très liée à Doussot, agent de Barbie et des services britanniques (AN, 68 Mi 15, déposition Damas, 8 juin 1948). De son côté, Anne-Marie Bauer, résistante émérite, a également accusé Angèle Luciani (*cf. Les Oubliés et les Ignorés*, Mercure de France, Paris, 1993, p. 134 notamment). Son accusation résulte de son expérience personnelle et du témoignage de Lise Lesèvre, l'un des témoins du procès Barbie. Interrogée le 9 janvier 1948 (AN, 68 Mi 15), Angèle Luciani a confirmé avoir travaillé avec Doussot pour le SD.

En tout cas, Lassagne repart presque aussitôt pour aller attendre Aubry et Hardy à la « ficelle ».

Là-dessus, le colonel Lacaze arrive chez le Dr Dugoujon.

Il est encore plus inquiet que Lacaze. La veille, lorsque Bruno Larat l'a invité à la réunion, il a immédiatement demandé qu'on la « décommande [287] ». Aucun contrordre ne lui ayant été signifié, il a, ce matin même, chargé sa fille d'aller observer les parages et de remettre à Dugoujon un mot annonçant qu'une indisposition risque de le retenir au lit. En début d'après-midi, il a surmonté ses craintes et décidé d'aller à la réunion. Arrivé à Caluire, il examine un moment les abords de la villa. La présence d'un « simple d'esprit » qui depuis deux mois passe ses journées sur la place Castellane (que nul ne reverra après le 21 juin) ne le trouble pas outre mesure [288]. Il sonne chez Dugoujon vers 14 heures. La bonne le conduit au premier étage. Il attend dans la chambre du médecin.

Arrivent ensuite, dans un ordre impossible à déterminer tant les témoignages s'opposent, Bruno Larat, et, peu avant ou peu après, mais en tout cas vers 14 h 20, Aubry, Hardy et Lassagne. Ils sont maintenant cinq dans la chambre.

L'attente commence.

Une porte donne sur la cuisine, une autre sur le palier de l'autre côté duquel se trouve la salle à manger. Par la fenêtre, côté est, on voit l'étroit jardinet de la villa, les deux marches qui mènent au niveau de la place Castellane, les trente-six platanes de celle-ci.

L'attente dure.

Lassagne, qui ignorait Lacaze invité, a tout le temps de digérer son étonnement. Lacaze exprime ses craintes : « Allons-nous-en, nous allons être arrêtés. » Hardy fanfaronne en rappelant sa condamnation à mort et déplaît en se disant armé. Nul n'observe chez lui une tension particulière.

L'heure tourne.

On commence à se poser des questions. La réunion était fixée à 14 h 30, et Moulin n'est toujours pas là. On meuble la conversation en attendant. Les témoignages des quatre survivants (Larat est mort en déportation) sont plutôt succincts quant aux propos échangés. A les lire, on a le sentiment d'une gêne. Peut-être la perspective du conflit politique attendu les pousse-t-elle à la réserve.

---

287. Déposition Lacaze, 26 décembre 1945.

288. AN, 68 Mi 14, « Dossier communiqué par Gemähling », source « Gambetta ». Le « simple d'esprit » logeait chez Mme Chavant, amie des Edme, dont on reparlera un peu plus loin.

Le temps passe, il sera bientôt 15 heures.

Pourquoi Moulin a-t-il déjà près d'une demi-heure de retard ?

Costume gris, chapeau marron, lunettes de soleil sur le nez [289], il est en route mais accumule les retards. Il a déjeuné avec on ne sait qui (De Graaf dit avec Bouchinet-Serreulles, qui dément catégoriquement) et a retrouvé Aubrac. C'était à 14 heures, place Carnot, dira Aubrac, mais Lucie Aubrac dit 13 h 45 [290]. Puis ils ont pris le tram pour aller de la place Carnot à la place de la Croix-Paquet, départ du funiculaire. Ce trajet a pris un bon quart d'heure. Quatre à cinq minutes plus tard, la « ficelle » les a déposés au terminus. Il est alors environ 14 h 20. Leur retard n'est pas considérable, mais ils ne sont déjà plus en avance car il leur reste à peu près trois kilomètres à faire en tram pour arriver chez Dugoujon.

Mais voilà qu'ils vont encore être retardés. Schwartzfeld, censé les attendre au terminus du funiculaire, n'est pas là, et De Graaf non plus, qui devait l'y amener.

De Graaf avait donné rendez-vous à Schwartzfeld à l'angle de la place des Cordeliers et de la rue de la République.

« Le colonel est arrivé avec quelques minutes de retard » à notre rendez-vous, expliqua ensuite De Graaf [291]. Vers 14 h 15, il apparaît enfin, en manteau de loden gris pour cause de pluie. De Graaf et lui marchent jusqu'à la « ficelle ». Le trajet leur prend douze à quinze minutes. Ils arrivent au départ du funiculaire vers 14 h 30. Peut-être attendent-ils un peu la « ficelle » dont la fréquence est en principe de huit minutes. Elle les dépose au sommet au plus tôt à 14 h 35. « Nous sommes arrivés avec environ dix minutes de retard. Max *[Moulin]* était assis sur un banc avec Aubrac », s'est souvenu De Graaf en minimisant sans doute légèrement son retard [292]. Tous quatre se dirigent alors vers l'arrêt du tram 33. Moulin propose à De Graaf de les suivre ; il refuse et les quitte. A supposer qu'ils n'aient pas eu à attendre le 33, il les dépose une vingtaine de minutes plus tard à l'arrêt le plus proche de la mairie de Caluire. Ils atteignent le portail de la villa Dugoujon vraisemblablement sur le coup de 15 heures.

---

289. Précisions données par De Graaf, interrogatoire par le BCRA, 18 octobre 1943, p. 22.

290. Lucie Aubrac, *op. cit.*, p. 74 : « Dépêchons-nous de manger un morceau, dit Raymond. J'ai rendez-vous à deux heures moins le quart avec Max, place Carnot. »

291. *Ibid.*

292. *Ibid.* R. Aubrac parle d'« au moins une demi-heure » (audition Aubrac, 21 avril 1948, reproduite *in* Gérard Chauvy, *Aubrac*, *op. cit.*, p. 331). La chronologie s'oppose à une aussi longue attente. Si tel avait été le cas, Moulin, Schwartzfeld et lui seraient arrivés chez Dugoujon après 15 h 15, ce qui contredit tous les témoignages, y compris celui d'Aubrac du 3 juin 1944 (*ibid.*, p. 325) : « nous sommes arrivés vers 15 heures ».

Ils sonnent.

Lassagne ne leur a pas dit qu'ils auraient à se présenter de sa part à la bonne, Marguerite Brossier. Ils arrivent si longtemps après les cinq premiers qu'elle les prend pour des patients. Alors en consultation, le docteur ne voit pas Aubrac, qu'il connaît déjà [293]. Il ne peut donc intervenir pour éviter le quiproquo.

Mme Brossier les fait entrer dans la salle d'attente. Il ne leur reste plus qu'à tuer le temps jusqu'à ce que le docteur appelle un nouveau patient et reconnaisse Aubrac, cousin du médecin qui le remplace à l'occasion, le Dr Alfred David, de Saint-Rambert [294].

La salle d'attente n'est pas très vaste. Située à gauche de la porte d'entrée, mitoyenne de la salle de radiologie, elle fait face au cabinet du docteur. Trois ou quatre patientes (Mmes Bidal, Brosse, Comte [295]) occupent presque tous les sièges. Le seul encore libre revient à Schwartzfeld. Aubrac et Moulin restent debout, adossés à la cheminée.

« Notre attente fut courte, écrit Raymond Aubrac. Moins de cinq minutes s'étaient écoulées quand la porte de la salle d'attente s'ouvrit avec fracas [296]. »

Les Allemands sont arrivés sur les pas de Moulin, Aubrac et Schwartzfeld.

Barbie surgit

A en croire Barbie, ses hommes et lui avaient attendu dans deux ou trois voitures garées au bord du Rhône. Mais qu'attendaient-ils au juste ? L'arrivée de Moulin.

Un témoin dira avoir vu passer dans Caluire trois voitures roulant au ralenti en direction sud-nord, mais il est peu vraisemblable qu'il se soit agi de celles de Barbie et de ses acolytes [297].

---

293. Déposition R. Aubrac, 20 mai 1992, *ibid.*, p. 344.

294. AN, 334 AP 50, second procès Hardy, audience du 2 mai 1950, témoignage L. Aubrac, p. 29, et, *ibid.*, témoignage Lassagne, 3 mai 1950, p. 3, qui indique qu'il avait eu le choix entre le cabinet Dugoujon et le cabinet David comme lieu de la réunion. *Cf.* également Bruno Permezel, *op. cit.*, p. 530.

295. AN, 68 Mi 14, déposition Marguerite Brossier, 27 décembre 1944, et Berthe Comte, 30 décembre 1944.

296. Raymond Aubrac, *op. cit.*, p. 97.

297. AN, 68 Mi 16, déposition Curvat, 29 juin 1948. Cette partie de sa déposition est sujette à caution. Curvat explique avoir suivi à vélo les véhicules jusqu'à la commune de Sathonay-Camp, limitrophe de Caluire au nord, mais assez loin, puis les avoir à nouveau filées à leur retour vers le centre de Caluire, jusqu'à la mairie. Les occupants du premier véhicule demandent alors l'adresse du Dr Dugoujon. On les envoie à l'an-

En tout cas, vers 15 h 05, une demi-douzaine d'Allemands arrivent place Castellane. D'après certains, ils ont garé non loin leurs voitures et arrivent à pied. D'autres disent le contraire.

Le lieu n'est peut-être pas inconnu de tous. En octobre 1942, au n° 1, impasse des Verchères, une voie qui part de la place Castellane, à trente mètres de chez Dugoujon, dans la maison de Mme Edme, militante de Libération, ils avaient surpris et arrêté en pleine émission un radio de Jean Moulin, Gérard Brault [298].

Armes à la main, Barbie et les siens entrent dans le jardinet.

« J'ai vu entrer dans mon jardin, sans avoir sonné, cinq ou six hommes, relatera le médecin ; je me suis présenté à la porte du perron ; à ce moment, l'un d'eux braquant son revolver me dit à voix basse : "Police allemande, vous avez une réunion chez vous" ; sur ma réponse négative il me repoussa sans rien dire dans mon bureau ; ils entrèrent tous, ouvrirent la porte du salon et tinrent en respect les personnes présentes ; sans aucun bruit deux ou trois d'entre eux montèrent au premier étage [299]. »

Selon Lassagne, peu avant l'irruption des Allemands, « Aubry regardait par la fenêtre ». Toujours aussi clairvoyant, il n'a pas compris qui arrivait [300]. Mais Barbie, Moog ou Steingritt, qui, depuis la veille

---

cienne, impasse des Verchères, d'où on les renvoie à la nouvelle, place Castellane. Or l'impasse des Verchères commence place Castellane. Comme Curvat indique s'être dissimulé à son arrivée sur les lieux « parmi les personnes qui se tenaient sur le terre-plein de la cour de la mairie », d'où, on le sait par ailleurs, des badauds observaient les opérations chez Dugoujon, il est invraisemblable que les Allemands suivis par Curvat soient passés devant la villa Dugoujon sans rien voir. Probablement Curvat avait-il suivi des voitures venues en renfort, peut-être appelées par téléphone depuis chez Dugoujon pour transporter un nombre imprévu de prisonniers. En tout état de cause, le fait que Curvat ait pu se dissimuler parmi les badauds de la mairie permet de situer son arrivée vers 16 heures. Son récit précis de l'évasion d'Hardy, corroboré par d'autres témoignages directs, atteste sa présence sur les lieux à ce moment-là.

298. Bruno Permezel, *op. cit.*, p. 76. Dans sa lettre à l'auteur du 13 octobre 1997, Gérard Brault précise : « le Dr Dugoujon (...) a par hasard assisté à mon arrestation ». Voir aussi Anne-Marie Bauer, *op. cit.*, p. 79 et suiv. Mme Edme, Sarroise mariée à un adjudant français, se disait volontiers membre de l'IS et recevait, dit-on, des aviateurs français. Suspectée par la Résistance au lendemain de Caluire, elle a fait l'objet d'une enquête du service de renseignement Gallia qui n'a pas confirmé les soupçons (AN, 68 Mi 14, « Dossier communiqué par Gemähling », trois notes de « Gambetta » à « Socrate » (Gemähling).

299. Dugoujon, « Rapport établi à la demande de M. le commissaire Brives », 21 septembre 1944. Dugoujon situe la scène à 14 h 30. Les dépositions suivantes, du 27 décembre 1944 et du 10 avril 1948, sont semblables.

300. Déposition Lassagne, 1948, citée par René Hardy, *Derniers Mots*, *op. cit.*, p. 323. Selon Lacaze, c'est Hardy qui regardait par la fenêtre et qui aurait dit : « Ils sont trois ou quatre » (déposition Lacaze, 26 décembre 1945, *ibid.*, p. 325). Mais Aubry confirme qu'il a regardé par la fenêtre après avoir entendu la porte de la grille s'ouvrir (déposition Aubry, 15 février 1945, *ibid.*, p. 319).

en tout cas, le connaissent de vue, ont, eux, bien compris où aller puisque, faute des prétendus coups de craie d'Hardy, ils vont directement dans la pièce où se trouvent les cinq.

« Au moment où nous nous trouvions autour de la table, dit Lassagne, la porte fut ouverte brusquement, en même temps qu'apparaissaient cinq ou six policiers allemands en civil armés de revolvers de fort calibre, qui nous ordonnèrent en français et en anglais : "Police allemande"[301]. »

En anglais ? Surprenante précision, que Lassagne est seul à apporter. Signifie-t-elle que les gestapistes voulaient faire les malins ou bien qu'ils croyaient avoir affaire à des agents britanniques ou américains ? On l'ignore, mais le détail vaut d'être noté.

Aussitôt, selon tous les témoins présents à l'étage, les intrus passent vigoureusement à l'action. « Barbie n'a manifesté aucune espèce de faveur spéciale pour Hardy », dira Lassagne devant le tribunal[302].

Barbie triomphe. Il interpelle Aubry par son pseudonyme : « Te voilà, Thomas, tu es moins gai qu'hier. Mais si, souviens-toi, quand tu étais avec Hardy, je lisais le journal à côté de lui, sur le banc. » Et à Lassagne, devant Aubry, il confie : « Votre armée secrète n'était secrète pour personne, surtout pas pour nous. Je connaissais toutes vos boîtes aux lettres, je lisais tous vos billets après les avoir décachetés à la vapeur et les remettais soigneusement en place. »

Vantardise ? Dugoujon, qui rapporta cette tirade, ajoute : « Cela expliquerait le retard dans la réception des messages dont Lassagne m'avait fait part depuis quelque temps[303]. »

Tandis qu'à l'étage on procède aux premiers interrogatoires et qu'on sanctionne par des coups les réponses inadéquates, au rez-de-chaussée, les patientes ont été rassemblées dans le cabinet du médecin tandis que celui-ci a été poussé dans la salle d'attente où il a rejoint Moulin, Aubrac et Schwartzfeld.

On leur pose des questions qualifiées de « sans importance » par le docteur. Moulin exhibe la recommandation médicale d'un médecin niçois. Un voisin trop curieux (le boulanger Alfred Fisher), en train d'observer les événements depuis la place Castellane, est amené *manu militari*. Mais, dans l'ensemble, un maigre espoir semble permis. Les Allemands ont l'air de distinguer entre les coupables du premier étage, maltraités, et les suspects du rez-de-chaussée, épargnés.

---

301. Déposition Lassagne, 7 avril 1948, *ibid.*, p. 323.

302. AN, 334 AP 50, second procès Hardy, audience du 3 mai 1950, témoignage Lassagne, p. 19.

303. Dugoujon, « Rapport au commissaire Brives », 21 septembre 1944, p. 2.

Hardy s'évade

A une heure que les témoignages ne permettent pas de fixer avec précision, presque sûrement aux alentours de 16 heures, Barbie ordonne de transférer tous les prisonniers à la Gestapo.

Une ou deux voitures sont garées sur la place, face au portail de la villa. Un factionnaire doté d'un pistolet mitrailleur garde l'entrée. On embarque d'abord les femmes. Mme Brossier est installée dans un véhicule. Mme Bidal, mariée au président local de la Légion, proteste. On lui botte les fesses [304]. Mme Comte la rejoint à l'arrière d'un véhicule quand Hardy, descendu du premier étage, apparaît sur le seuil du portail.

Mme Comte est bien placée pour voir. Son témoignage est très précis. Hardy est encadré par deux Allemands qui tiennent ses poignets. Steingritt dira qu'il était l'un des deux. Des témoins diront que l'un de ses poignets était entravé par une chaîne (« cabriolet ») tenue par l'un des Allemands. Hardy le confirmera.

Pourquoi ne lui a-t-on pas passé des menottes ? Sans doute les Allemands n'avaient-ils pas prévu d'arrêter tant de gens et n'avaient pas apporté assez de menottes, expliquera-t-il en substance, sans satisfaire les curiosités légitimes et fournissant ainsi un nouveau motif de suspicion.

La voiture est à quelques pas.

Marcel Pariaud observe depuis une fenêtre de la mairie. Il voit Hardy conduit vers la portière arrière la plus proche du portail. La banquette étant déjà occupée par les femmes, on contourne le véhicule.

Jean Curvat regarde depuis le terre-plein de la mairie. Il voit qu'on s'apprête à installer Hardy à l'avant, entre le chauffeur et le garde qui tient le « cabriolet ». On ouvre la portière avant droite, Hardy se baisse pour entrer, Steingritt doit relâcher sa prise.

Tous les témoins, y compris Raoul Pujolas, employé de la mairie, confirment avoir vu Hardy arracher brusquement le « cabriolet » à celui qui le tenait, le frapper et détaler.

Selon Lacaze, à l'intérieur de la villa, on entend alors une femme crier : « Le blond s'est échappé [305] ! »

Mme Comte : « L'homme *[frappé]* a chancelé et a battu des bras pour reprendre son équilibre. Le prisonnier s'est enfui en pliant sur ses jambes et en zigzaguant [306]. » Pujolas : « *[L'homme frappé]* chan-

304. AN, 68 Mi 14, « Dossier communiqué par Jean Gemähling », source « Gambetta ».
305. *Ibid.*, audition Lacaze, 26 décembre 1944.
306. *Ibid.*, audition Berthe Comte, 30 décembre 1944.

cela, et *[l'autre]* a pris la fuite [307]. » Pariaud : « *[Hardy]* s'est baissé et a lancé un coup de poing à l'estomac du policier et s'est enfui [308]. » Curvat : « Au moment où le policier allemand lui ouvrait la portière, cet homme a donné un violent coup de poing au policier et a pris la fuite sur la place [309]. » Ne résistant pas au plaisir de broder à son avantage, Hardy racontera : « *[Steingritt]* ouvrit d'une main la portière. Je le déséquilibrai et, le frappant de ma main gauche libre, lui fis un croc-en-jambe et lui claquai la portière dans le visage. Il s'affala sur l'aile en lâchant le maudit cabriolet, et je pris la fuite [310]. »

Barbie ne semble pas avoir assisté au début de l'incident. Sa version est toute différente : « Steingritt a pris Hardy. Lorsqu'ils se sont trouvés près de la voiture, Steingritt a lâché le cabriolet. Hardy l'a bousculé et il s'est enfui suivant le plan préparé. Tous les Allemands qui m'accompagnaient savaient que Hardy devait prendre la fuite. Je les en avais prévenus à la réunion préparatoire de l'opération [311]. »

Deux interrogatoires de Steingritt, en 1948, confirment la version de Barbie : « A environ deux mètres de la voiture, je lui ai dit à voix basse en allemand : *"Los."* C'est-à-dire : "Va-t'en." Hardy a alors brusquement retiré le bras que je retenais et il a pris la fuite pendant que je faisais semblant de trébucher [312]. »

En 1950, au second procès Hardy, Steingritt dément tout :

> « Au sujet de l'arrestation de Caluire, dans mes précédents interrogatoires, j'ai déclaré que j'avais été chargé d'arrêter et de relâcher Hardy. La question avait été posée, dans cet interrogatoire, de telle sorte que j'avais été obligé de fournir cette réponse./ Pour respecter la vérité, je dois déclarer, aujourd'hui, que cet ordre ne m'avait pas été donné de cette manière ; qu'il s'agissait d'une arrestation pure et simple, Hardy ayant réussi, ensuite, à s'échapper [313]. »

Des historiens s'abstiennent de citer ce démenti formel [314]. Il est clair

---

307. *Ibid.*, audition Raoul Pujolas, 22 juin 1943.

308. Cité par Gérard Chauvy, *Histoire secrète de l'Occupation*, *op. cit.*, p. 281, et AN, 68 Mi 14, audition Pariaud, 27 décembre 1944, ainsi que AN, 334 AP 50, second procès Hardy, audience du 2 mai 1950, témoignage Pariaud, p. 64.

309. AN, 68 Mi 16, audition Curvat, 29 juin 1948.

310. René Hardy, *Derniers Mots, op. cit.*, p. 340.

311. Barbie, interrogatoire du 16 juillet 1948, reproduit *ibid.*, p. 542.

312. Interrogatoire Steingritt, reproduit *in* Ladislas de Hoyos, *op. cit.*, p. 350.

313. AN, 334 AP 50, second procès Hardy, audience du 5 mai 1950, déposition Steingritt, p. 4.

314. Ni Gérard Chauvy, *Histoire secrète de l'Occupation*, *op. cit.*, ni Henri Calef, *op. cit.*, ni Henri Michel, *op. cit.*, ni Daniel Cordier, *Jean Moulin, l'inconnu du Panthéon*, *op. cit.*, ni Ladislas de Hoyos, *op. cit.*, ni Henri Noguères, *La vérité aura le dernier mot*, *op. cit.*, ni Laure Moulin, *op. cit.*, n'en font état.

qu'à l'ignorer, cette évasion paraît suspecte. Trop belle pour être vraie.

On en connaît pourtant d'autres tout aussi improbables et pourtant réelles. Par exemple, celle relatée au second procès Hardy par Joseph Gastaldo, qui s'évada, de jour, sous les yeux de Lassagne et de trois généraux, d'un wagon de marchandises dans lequel se trouvaient quatre SS armés de mitraillettes [315]. On pourrait en citer bien d'autres, et Claudius-Petit eut certainement raison de remarquer, lors du second procès Hardy : « L'évasion de Caluire n'était pas chose impossible, on a vu plus extraordinaire [316]. »

Les sceptiques trouvent particulièrement suspecte la deuxième phase de l'évasion – et on les comprend.

Pour eux, les Allemands ont volontairement laissé Hardy s'enfuir : ils ont peu et mal tiré, n'ont pas utilisé leurs pistolets-mitrailleurs, n'ont pas sérieusement poursuivi ni recherché l'évadé.

Mais la preuve matérielle absolue serait qu'Hardy a été retrouvé blessé par balle. Comme les Allemands n'avaient pas cherché à l'atteindre, il n'a donc pas été touché. Par conséquent, il s'est lui-même blessé afin de rendre crédible son « évasion ».

Tout cela ne manque pas de logique.

L'examen des lieux, la reconstitution de la chronologie de l'action et la confrontation avec les témoignages des témoins neutres permettent toutefois une autre conclusion.

Quant aux lieux, l'étude du terrain et celle des plans établis par la police montrent que la place Castellane est petite. Trapézoïdale, sa superficie est inférieure à 2 000 mètres carrés. Elle était alors plantée d'une trentaine de platanes (moins nombreux aujourd'hui), et trois entrées d'abris souterrains, sans doute entourées de murets, s'ouvraient sur la place (ils n'existent plus) [317]. Huit platanes étaient situés sur la trajectoire de fuite d'Hardy. Ils encombraient largement l'angle de tir du seul Allemand présent sur la place et armé d'un pistolet-mitrailleur, angle de surcroît réduit à quelques degrés (cinq ou six) par les murets de deux entrées d'abris.

Cet Allemand se tient au portail. Il est à quelques mètres (deux à quatre), lorsque Hardy détale. La voiture fait obstacle entre le fuyard et lui. Le temps de réaliser, il se trouve devant l'alternative de tirer par-dessus le véhicule ou de faire plusieurs pas vers sa gauche. Dans le

315. AN, 334 AP 50, second procès Hardy, audience du 3 mai 1950, témoignage Gastaldo, p. 45.

316. *Ibid.*, second procès Hardy, audience du 29 avril 1950, témoignage Claudius-Petit, p. 50.

317. Un plan détaillé des lieux et des abords, à l'échelle 1/500, figure au dossier DST (AN, 68 Mi 17). S'y trouve aussi un plan de la villa Dugoujon.

premier cas, il devra tirer bras levés à hauteur des épaules et ne pourra qu'arroser au hasard ; dans le second, il perdra encore un peu de temps avant de pouvoir lâcher une rafale dans la bonne direction.

Tout soldat sait qu'un pistolet-mitrailleur est une arme de balayage, pas de précision. Pour cette raison déjà, ce tireur a peu de chances d'atteindre la cible qui fuit en zigzaguant. Il tire quand même une rafale.

Dugoujon l'entend depuis l'intérieur de la maison.

Le tireur comprend alors que son feu empêche ses deux collègues (ceux auxquels Hardy a échappé) de le poursuivre. Il sont dans l'axe de tir et risqueraient d'être atteints. Il cesse le feu.

Hardy a pu gagner deux à quatre secondes, mettons trois.

Un champion du monde court aujourd'hui le cent mètres en dix secondes. Un homme de trente ans en train de jouer sa vie, doté de longues jambes comme Hardy, sans graisse superflue, comme le montrent ses photos, parcourt de sept à huit mètres par seconde. La rafale de mitraillette a donné le temps de faire entre vingt et un et vingt-quatre mètres. Elle a précisément permis de franchir l'espace le plus dangereux, la vingtaine de mètres qui séparent Hardy de la première entrée d'abri et de la double rangée de platanes qui bordent la place du côté de la rue.

Trois autres Allemands sont là, près de la voiture. Le chauffeur Barthel est à gauche ; Steingritt et celui qui l'aidait à tenir Hardy sont du côté droit. Ils sont armés de pistolets (des Colt, semble-t-il, et, peut-être, un Mauser). Le temps de réagir, de dégainer, d'être surpris par la rafale de leur collègue, de viser, de tirer entre les arbres qui ferment l'angle de tir, Hardy est déjà à plusieurs mètres, peut-être une dizaine. Il est déjà difficile à toucher. Ils le manquent. Il zigzague de plus belle, slalome entre les arbres. Ils tirent encore. En vain. Dans une ou deux secondes, il atteindra la route et sera hors d'atteinte des tireurs de la place.

Enfin libérés par la fin du tir de la mitraillette, ils s'élancent enfin. Ils ont plus de vingt mètres de retard sur Hardy. Ils tirent en courant. Quatre ou cinq fois, diront les témoins. Tirs forcément imprécis car leur cible et eux-mêmes courent en zigzag. Leur dernière chance de toucher est pourtant là. Car Hardy sera ensuite sur la route et eux encore sur la place. Nettement en contrebas, il sera moins visible, pratiquement intouchable.

Cette description coïncide avec les récits des témoins.

Lacaze n'a rien vu mais a entendu « une quinzaine de coups de feu [318] ».

---

318. AN, 68 Mi 14, audition Lacaze, 26 décembre 1944.

Le Dr Dugoujon n'a rien vu non plus, mais a perçu, dans l'ordre, « des cris en allemand, des rafales de mitraillette, des coups de revolver, un bris de verre [319] ».

Pariaud, lui, a vu les Allemands rester « interloqués » et inactifs pendant environ « trente secondes ». Délai beaucoup trop long. N'importe qui parcourt deux cents mètres dans un tel temps. S'il en avait été ainsi, les tirs auraient commencé après que le tournant à gauche de la rue eut caché Hardy aux tireurs. Pariaud a rectifié son témoignage au second procès Hardy, parlant alors seulement d'un « moment de flottement ». Ensuite, raconta-t-il, « trois ou quatre » Allemands ont tiré « deux ou trois coups de revolver ». Et il apporta une précision extrêmement importante : « Hardy parut blessé au bras gauche. Je l'ai vu marquer le coup (...) il a soutenu son bras gauche avec sa main droite [320]. »

Mme Comte confirme. De la voiture, elle voyait Hardy zigzaguer quand un homme « vêtu de bleu marine qui *[lui]* a paru être le chef a bondi vers la voiture et en invectivant celui qui l'avait laissé échapper a crié : "*Schwein, schwein*" (Cochon, cochon), a tiré trois coups de pistolet Mauser sur le fuyard. A la deuxième balle le prisonnier a perdu son chapeau, à la troisième il a accusé le coup en fléchissant sur la hanche droite et en serrant le coude droit au corps. Aussitôt, il a fait un brusque écart à droite, a sauté trois ou quatre marches d'escalier et a disparu à mes yeux ».

Les dernières indications sont précieuses. Elles fixent l'instant où Hardy a paru touché. Presque horizontale, la place Castellane est en effet longée par la montée Castellane dont la pente est forte. Le raccordement entre les deux se fait par des marches. L'expérience montre que de sa place Mme Comte était, comme Pariaud, en mesure de voir Hardy marquer le coup.

D'après elle, le tireur au Mauser, peut-être Barbie, a touché juste avant les marches, à une quarantaine de mètres. C'est-à-dire au dernier moment où c'était possible, cinq ou six secondes après le démarrage d'Hardy. Cela concorde avec nos estimations.

Deux autres témoins ne démentent ni ne confirment la blessure, mais ils étaient moins bien placés.

Pujolas : « L*['Allemand]* bousculé, dès qu'il a retrouvé l'équilibre, a tiré son revolver et a tiré en direction du fuyard. J'ignore s'il a pu l'atteindre. »

---

319. Dugoujon, « Rapport établi à la demande du commissaire Brives », 21 septembre 1944.

320. Me Maurice Garçon citant Pariaud, *op. cit.*, p. 127.

Curvat : « Les deux policiers allemands qui se trouvaient à proximité de la voiture ont ouvert le feu à coups de pistolet en le poursuivant ; ils ont abordé la descente de Castellane, puis ont fait demi-tour pour revenir vers leur voiture ; la visibilitée étant masquée, je n'ai pu voir où se dirigeait le fuyard[321]. »

Le cantonnier Claude Rougis, soixante-sept ans, a vu ce qui a échappé à Curvat, Pariaud et Mme Comte. Il travaillait à cent mètres de là, au croisement de la montée Castellane et de la rue Victor-Hugo. « J'étais après racler ma rigole[322] », dira cet homme simple interrogé maintes fois (les 21, 22, 23 juin 1943 par la police de Vichy, en 1944 et 1948 par celle de la République).

Il a vu un homme courir sur la route, vers lui. Il était poursuivi par des hommes. Ils tiraient sur le fuyard, il a entendu « siffler les balles ». On tirait donc toujours sur Hardy. Le 22 juin 1943, il a estimé la distance entre Hardy et ses poursuivants à quinze mètres. En décembre 1944, il l'a estimée à « trente mètres environ ». En novembre 1948, sa déposition parle d'« une vingtaine de mètres ». Ses premières estimations se situent dans la fourchette des nôtres, la dernière correspond exactement à notre estimation.

Le 23 juin 1943, il dit à la police de Vichy que les poursuivants ont tiré « sans atteindre, du moins je le crois, celui qui était pourchassé » et qui a disparu au coin d'une haie.

En 1944, on veut savoir s'il a vu Hardy blessé.

Rusée, sa réponse rectifie la version donnée aux policiers de Vichy auxquels il n'avait manifestement pas fait confiance. Il nie donc la disparition du fuyard derrière la haie et raconte la vérité : Hardy a plongé dans un fossé et s'y est caché. Ses poursuivants ne l'ont pas vu et il s'est gardé de les renseigner. De « dépit, le plus petit des Allemands a tiré deux coups de feu dans la propriété voisine. J'ai pensé, continue Rougis, que c'était de "rage", puis ils ont discuté en allemand et l'un d'eux a saisi l'autre par le bras et ils ont fait demi-tour pour revenir en direction de la Mairie de Caluire. Le troisième policier les a imités. J'ai été surpris de la naïveté des Allemands ».

La dernière phrase peut avoir été la réflexion spontanée d'un cantonnier qui sait, lui, qu'au bord des routes il y a des fossés et qui s'étonne que tout le monde ne soit pas au courant. Mais elle sent surtout très fort l'insistance policière et va de pair avec l'absence de description du fossé dans ce procès-verbal d'audition. Or, situé au pied d'un mur de deux mètres cinquante de hauteur, le fossé était profond

---

321. AN, 68, Mi 16, audition Curvat, 29 juin 1948.
322. Cité par Ladislas de Hoyos, *op. cit.*, p. 113.

de deux mètres et plein de hautes herbes folles qui rendaient insoupçonnables sa présence et à plus forte raison sa profondeur, le bord de la route étant de surcroît envahi par des orties qui décourageaient la curiosité [323].

Hardy pouvait parfaitement être passé inaperçu.

Les Allemands partis, continue Rougis,

> « j'ai traversé la route et je me suis approché du fossé. A ce moment, le jeune homme a relevé la tête et je l'ai aperçu. Il m'a fait signe de ne rien dire et il s'est recouché. Je lui ai dit : "Ne bouge pas"./ Quelques minutes après, deux automobiles contenant les trois policiers et d'autres camarades ont descendu la montée Castellane se dirigeant vers l'Ile-Barbe. Ces voitures sont remontées un quart d'heure après. A ce moment-là, j'ai dit au jeune homme : "Ils sont remontés, tu peux partir, descends la montée Castellane et si tu entends une voiture cache-toi dans les fossés." Le jeune homme s'est levé et je lui ai demandé s'il était blessé. Il m'a répondu "non" en faisant un signe négatif de la tête. Je n'ai pas remarqué d'ailleurs qu'il ait de blessure à ce moment-là ; à mon avis, il n'était pas blessé./ Le jeune homme est parti en rasant les murs (...). Il était un peu pâle [324] ».

Malgré l'insistance manifeste des interrogateurs, le témoin n'a pas déclaré qu'Hardy lui avait *dit* être intact. Rougis a seulement dit avoir vu un « signe négatif de tête » et l'avoir interprété comme la réponse à sa question. Hardy n'a, bien entendu, pas manqué d'expliquer au tribunal le sens de son signe de tête : il voulait se défaire de Rougis, le signe lui signifiait de déguerpir.

D'autre part, si Rougis avait dit n'avoir pas « remarqué » de blessure, il n'avait pas affirmé qu'il n'y en avait pas. En fait, Rougis était d'« avis » qu'Hardy était indemne, mais ce n'était pas une constatation, c'était une opinion que, du reste, il nuançait aussitôt en soulignant la pâleur d'Hardy.

Bref, les témoignages de Rougis n'étaient pas concluants. L'accusation ne pouvait rien fonder sur eux, la défense non plus. Lorsque Rougis parut à la barre, le 2 mai 1950, ses « reparties savoureuses mirent la salle en joie, en dépit des observations d'un président qui souligna à plusieurs reprises qu'on n'était pas au spectacle [325] ».

---

323. La hauteur du mur et la profondeur du fossé sont portées sur le plan officiel des lieux conservé dans le dossier DST. Le détail n'a pas échappé à Me Maurice Garçon, qui en fait état dans sa plaidoirie, *op. cit.*, p. 128.

324. AN, 68 Mi 14, déposition C. Rougis, 29 décembre 1944.

325. André Fontaine, *in* Jean-Marc Théolleyre, *op. cit.*, p. 81.

Deux témoins ont vu Hardy touché, deux autres ne se sont pas prononcés, un dernier a pensé qu'il ne l'était pas. Dans l'impossibilité d'en avoir le cœur net, restait aux enquêteurs à établir s'il s'était blessé lui-même.

Quatre médecins et chirurgiens ont soigné Hardy. Ils ont été interrogés [326]. Tous décrivent une blessure par balle, avec orifices d'entrée et de sortie, et fracture ouverte du radius gauche à hauteur du tiers inférieur et du tiers moyen avec intégrité du cubitus. Les plaies ne portaient pas de trace de brûlure ou de poudre, indices sûrs d'un coup tiré à bout touchant.

Le Dr Pierre Monnier prodigua les premiers soins : « Mon attention n'a pas été attirée par des traces de poudre [327]. » André Ricard, chirurgien à l'hôpital de l'Antiquaille : « Les plaies ne présentaient pas les caractères de celles causées par un projectile tiré à bout portant [328]. » Jean-Louis Petit, externe des hôpitaux : « On ne relevait pas les signes caractéristiques d'une blessure tirée à bout portant [329]. » Dr Henri Pugeat : « Je ne me souviens pas avoir noté des renseignements permettant de dire si la balle avait été tirée à courte ou longue distance [330]. »

Un examen du veston porté le 21 juin par Hardy a été fait. On a noté un « stoppage grossier » sur la face interne de la manche gauche et des taches de sang sur la doublure « gris sale ». On n'a pas vu de traces de brûlure [331]. En 1949, un long rapport d'expertise a confirmé : « L'absence de toute trace de carbonisation sur le tissu de la manche gauche fait présumer que le coup de feu n'a pas été tiré à bout touchant [332]. ».

Mais le même rapport a noté l'existence « de traces de poudre sur la manche gauche du veston » et a fait état d'expériences montrant « que la distance de tir était inférieure à 40 cm ».

Hardy s'est donc blessé lui-même.

Un rapport d'experts impressionne toujours. Celui-là emporterait

---

326. Le dossier médical d'Hardy a été emporté par les Allemands lorsqu'ils ont repris Hardy, le 28 juin (témoignage de sœur Mélanie Arnaud, infirmière à l'Antiquaille, *in* AN, 68 Mi 16, audition du 23 décembre 1948).

327. AN, 68 Mi 14, auditions Monnier, 22 juin 1943 et 2 janvier 1945.

328. *Ibid.*, auditions Ricard, 3 janvier 1945 et 23 décembre 1948 (*in* Mi 16). A noter qu'Hardy (AN, 68 Mi 14, audition du 6 juin 1944, p. 16) signale lui-même que Ricard était un ami de ses futurs beaux-parents (les Bastien).

329. *Ibid.*, audition Petit, 4 janvier 1945.

330. AN, 68 Mi 16, audition Pugeat, 23 décembre 1948.

331. *Ibid.*, fin juin 1948.

332. Rapport des professeurs C. Sannié et H. Moureu, partiellement cité par Gérard Chauvy, *Histoire secrète de l'Occupation*, *op. cit.*, p. 289.

la conviction si ses auteurs avaient déterminé la nature de la poudre et le calibre du projectile. Leurs expériences avec du 9 mm et du 7.65, calibres présumés des armes allemandes, ainsi qu'avec du 6.35, calibre du pistolet d'Hardy, n'ont abouti à aucune certitude et ne leur ont pas permis de formuler une hypothèse.

Faisons-la : Hardy s'est blessé avec son arme.

Sachant qu'un Herstal 6.35 est un six coups (cinq cartouches dans le chargeur, une engagée dans le canon), sachant qu'Hardy a toujours soutenu avoir tiré sur ses poursuivants [333], sachant que, selon un témoignage indirect, trois agents de police ont assisté à « l'échange de coups de feu [334] », sachant que le premier procès-verbal d'audition d'Hardy, daté du 21 au soir, mentionne qu'il a tiré deux fois, ce que deux autres procès-verbaux réitèrent [335], sachant enfin qu'ont été ce soir-là placés sous scellés le Herstal, le chargeur et « quatre cartouches [336] » – sachant tout cela, avec quelle balle Hardy s'est-il tiré dans le coude ?

Réponse : avec la septième balle qu'il n'avait pas.

Mais il faut souligner fortement qu'aucun témoin direct ne mentionne avoir vu Hardy tirer sur ses poursuivants. Dès lors, tout repose sur sa parole.

Qu'il ait menti parfois, c'est certain. Qu'il ait menti toujours, c'est faux.

Une nouvelle preuve en est donnée par l'examen de la dernière accusation portée à son encontre.

Témoignant au second procès Hardy, Lucie Aubrac déclara avoir entendu, le 23 juin 1943, des amis policiers rapporter des propos tenus par des collègues ayant interrogé Hardy. Ces policiers lui auraient dit : « *[Il]* a tellement parlé qu'il nous a donné de A jusqu'à Z le

---

333. René Hardy, *Derniers Mots*, *op. cit.*, p. 341. Certains ont prétendu qu'Hardy n'était pas armé ou bien que son arme n'avait pu échapper à la fouille lors de l'arrestation. Dans ce cas, Hardy s'était blessé avec une arme qu'il n'avait pas. Conscients de cette absurdité, d'autres ont affirmé qu'il était armé mais que les Allemands avaient fait exprès de ne pas trouver l'arme. Elle était cachée dans une poche cousue dans l'emmanchure gauche de la veste. Le 24 mars 1947, lors de son arrestation puis de sa détention par la DST, Hardy portait à la même place un Mauser 7.65 qui resta ignoré jusqu'au 25 mars, à 20 h 30, quand il le remit lui-même au directeur de la prison (AN, 68 Mi 15, note du préfet de police, 26 mars 1947).

334. AN, 68 Mi 15, audition Damas, 7 juin 1948.

335. AN, 68 Mi 14, procès-verbal de Georges Kubler, commissaire à la Croix-Rousse, 21 juin 1943 ; rapport du commissaire Pitiot, à Vichy, 22 juin, à 16 heures ; procès-verbal du commissaire Chapelain, 23 juin 1943.

336. *Ibid.*, procès-verbal Kubler cité ci-dessus et note d'un commissaire de la police de Sûreté à Lyon (nom illisible), 3 août 1943. Il précise que les 60 000 francs saisis sur Hardy, sa carte d'identité au nom d'Husson, le pistolet et les quatre cartouches sont remis, sur ordre de sa hiérarchie, au *Hauptscharführer SS* Krull.

nom de tous les responsables qui étaient à Caluire, que cela ne peut être – et je me souviens de leur exacte expression – qu'un mouton[337]. »

Hardy n'a donné aucun nom.

La seule identité mentionnée par les procès-verbaux de ses auditions des 21 et 23 juin est la sienne. Dans la première, il ne dit ni d'où il venait, ni où il logeait, ni qui était à Caluire, ni le nombre de participants, ni nom, ni pseudonyme. Il indique uniquement son appartenance au « 3e bureau technique de l'AS » et dit être « chargé de la rédaction d'un plan d'opérations en cas de débarquement allié »[338]. Dans la deuxième, il ne donne toujours aucun nom, mentionne les pseudonymes « Thomas » et « André », évoque la présence d'un colonel et d'un envoyé du SOAM (Service des opérations aériennes et maritimes) et l'absence de « deux autres personnes ».

En fait, Hardy en dit moins que ce que la police sait déjà. Le 22, Vichy a été informé de l'arrestation de cinq membres de l'AS[339]. Le 23, le préfet régional Angéli a fait part à Laval des arrestations d'Aubry, Lacaze, Lassagne, Schwartzfeld – « Parisot » (en réalité Bruno Larat) étant dit « d'autre part arrêté »[340].

La source directe ou indirecte d'Angéli ne peut avoir été Hardy. S'il avait donné ces noms, il n'aurait pas dit Parisot arrêté « d'autre part » puisqu'il l'avait vu à Caluire et avait même évoqué sa présence en parlant du SOAM. Et il n'aurait pas livré le nom de Schwartzfeld : il ne l'avait pas vu à Caluire. Angéli tenait tout simplement ses informations de ses services ou des Allemands.

La preuve ultime qu'Hardy n'a pas donné les noms est que celui de Moulin n'apparaît ni dans ses auditions, ni dans aucun des rapports de la police de Vichy, ni dans le rapport Kaltenbrunner du 29 juin 1943, qui affirme : « Max *[Moulin]* lui-même n'est pas venu à la réunion[341]. »

---

337. AN, 334 AP 50, second procès Hardy, audience du 2 mai 1950, témoignage Lucie Aubrac, p. 29. Lucie Aubrac avait déjà publiquement accusé Hardy dans sa brochure *La Résistance, op. cit.*, p. 103. Lors de la même audience, Raymond Aubrac déclare pour sa part : « J'ai la conviction que lorsque Barbie voit Didot à Caluire, il s'attend à l'y voir, et que le comportement de l'un et de l'autre est le résultat d'une entente (p. 40). R Aubrac a constamment soutenu le même point de vue, n'écartant même pas, dans ses Mémoires parus en 1996 (*op. cit.*, p. 94), la possibilité qu'Hardy ait livré Delestraint, Gastaldo et Théobald : « Je ne suis pas en mesure d'affirmer cette responsabilité. »

338. AN, 68 Mi 14, rapport du commissaire Kubler, 21 juin 1943.

339. *Ibid.*, rapport du commissaire Pitiot à Vichy, 22 juin 1943, après 16 heures.

340. *Ibid.*, rapport du préfet régional Angéli au chef du gouvernement, 23 juin 1943.

341. Document reproduit *in* Gérard Chauvy, *Histoire secrète de l'Occupation*, *op. cit.*, p. 340.

Vers 17 heures, perdant son sang d'abondance, Hardy se réfugie chez la famille Damas, tout entière militante de France d'Abord. Commence aussitôt un incroyable ballet policier. Agents, inspecteurs, commissaires arrivent et repartent tandis que la hiérarchie est de toute part alertée. Dès 18 h 15, l'information circule dans les hautes sphères policières [342], et une heure et quart après, prévenu par Mme Damas, l'un des proches d'Hardy peut le rencontrer et avertir la Résistance [343]. Vers 23 heures, le blessé est transporté à l'hôpital Grange-Blanche. Transféré le lendemain à celui de l'Antiquaille, il est, le 24, placé en garde à vue par le procureur de la République, qui ne l'inculpe pas. Dans la matinée du 28, la Gestapo, qui a réclamé son dossier le 22, vient le chercher. Une religieuse assiste à la scène.

Elle aurait entendu Hardy murmurer : « Cette fois, je suis perdu [344]. »

Jean Moulin arrêté

Tandis qu'Hardy fuit, les autres dirigeants arrêtés sont transférés en voiture à l'École de santé militaire, siège de la Gestapo. Pendant le trajet, le Dr Dugoujon glisse à Lassagne : « Nous avons été vendus. » « Non, pas vendus, mais suivis », répond-il [345].

Vers 18 heures, tous sont enfermés dans la cave. Aubry, Dugoujon, Lacaze, Larat et Lassagne, considérés coupables, demeurent debout, menottés dans le dos. Les autres, Mme Brossier, Aubrac, le boulanger

---

342. AN, 68 Mi 14, « Documents Gemähling », note du 21 juin 1943, 18 h 15, et note du commissaire de police de la Croix-Rousse, ainsi que documents du service des Menées antinationales, notamment audition du gardien de la paix Edmond Ponroy, 22 juin 1943, et auditions par la police de la République, notamment du commissaire de police Marcel Riffet, 4 janvier 1945. *Cf.* également, AN, 334 AP 50, second procès Hardy, audience du 29 avril 1950, témoignage du commissaire Brives, p. 41, qui déclare : « Aucun service de police n'était volontaire pour prendre cette affaire. » Selon ce témoignage, les policiers de Vichy tenaient Hardy pour un officier du 2e Bureau.

343. *Ibid.*, « Dossier communiqué par Gemähling », message de Leblond (R. Bossé) : « J'ai vu Monge *[Hardy]* le 21 à 19 h 30 blessé au bras gauche », et message Franklin (Gorce) à Socrate (Gemähling), du 22 juin : « Monge-Bardot *[Hardy]* nous charge vous prévenir que : réunion générale a échoué. Monge blessé au bras gauche est en sûreté. Toujours même boîte courrier. Liaison continue. »

344. AN, 68 Mi 14, rapport de l'inspecteur principal Giraud, 29 septembre 1944. Il ajoute : « Des témoignages recueillis, il résulte cependant que les Allemands ont bien tiré sur Hardy et qu'il a été blessé par eux. » On sait qu'Hardy faussa une fois de plus compagnie aux Allemands le 3 août. Évasion, assura-t-il toujours. Mise en scène, répondirent ses détracteurs.

345. Dugoujon, « Rapport établi à la demande du commissaire Brives », 21 septembre 1944.

Fisher, Moulin et Schwartzfeld, ont droit à des sièges. Ils parviennent à échanger quelques mots.

Dugoujon demande à Larat ce qu'il devra répondre aux interrogateurs. « Ils savent déjà presque tout », répond-il. Quatre jours plus tard, juste avant leur transfert pour Paris, une nouvelle occasion se présentera. Aubry dira à Dugoujon : « Barbie me suivait depuis longtemps, peut-être plusieurs semaines. » Lassagne ajoutera qu'« il avait l'impression d'être filé depuis longtemps ».

Le mot de la fin revient à Dugoujon : « Je dois affirmer qu'à aucun moment il n'est venu à l'esprit de mes compagnons de voyage de Montluc à Fresnes qu'Hardy aurait pu être un dénonciateur [346]. »

Au soir de Caluire, vers 23 heures, après avoir été sommairement interrogés, tous sont transportés à la prison Montluc. La cellule 130 est affectée à l'artiste peintre Martel [347].

Les Allemands savent-ils déjà que Martel est Moulin ?

Les témoins affirment que non. Mais aucun n'affirme catégoriquement que les Allemands ignoraient avoir pris Moulin. Aubry, dont la crédibilité, on le sait, laisse à désirer, affirme avoir assisté à cette scène : « Alors que nous *[Lassagne et lui]* sommes en train de recevoir des coups, un grand bonhomme (...) arrive et dit en français, en jetant une liasse de courrier : "Max *[Moulin]* est parmi eux."/ Immédiatement, jubilation intense de Barbie et de son acolyte [348]. »

Déclaration ambiguë. Le « grand bonhomme » apprend-il à Barbie ce qu'il ignorait jusque-là, à savoir qu'il a pris par hasard Moulin chez Dugoujon ? Ou bien confirme-t-il que, comme prévu, Moulin y a bien été arrêté, même si l'on ignore encore lequel c'est ?

Quarante-huit heures durant, Barbie prend Lassagne pour Moulin et le maltraite en conséquence. Simultanément, Aubry, très maltraité, se met à parler. Sur le registre d'écrou de Montluc, une main allemande

346. *Ibid.*, et AN, 68 Mi 14, déposition Dugoujon, 27 décembre 1944, ainsi que AN, 334 AP 50, second procès Hardy, audience du 3 mai 1950, témoignage Dugoujon, p. 91.

347. AN, 68 Mi 14, « Dossier communiqué par Gemähling », liste des personnes arrêtées. Manifestement copié sur le registre d'écrou, ce document établit que Moulin a été ramené dans cette cellule le 24, à 0 h 30.

348. Aubry, cité par Henri Noguères, *La vérité aura le dernier mot*, *op. cit.*, p. 76. Gottlieb Fuchs, Suisse au service de la Gestapo, et qui travaillait à l'École de santé militaire, signale dans ses Mémoires, *Le Renard*, Albin Michel, Paris, 1973, p. 148, avoir remarqué l'« humeur joviale » de Barbie. Mais, s'il est possible que Fuchs ait collaboré avec le service social de la Résistance (*cf.* témoignage de Pierrette Brochay, 29 septembre 1955, AN, 397 AP 3), il n'est pas moins vrai qu'il avait un passé pro-nazi en Suisse et que le SR de l'armée helvétique le tenait en grande suspicion (*cf.* BA, 2001(E) 1, carton EPD 1946-1948/108, Fuchs G., « Enquête 1953 sur les sympathisants nazis »).

anonyme a écrit : « *Hosenträger* », littéralement « bretelle », c'est-à-dire « balance » en argot pénitentiaire.

Au matin du 23, Dugoujon voit Moulin à la promenade. Il est intact. A 14 heures, Moulin est appelé pour interrogatoire. Vers 21 heures, on le voit passer, mal en point, un bandeau sur la tête, boitant. Sur la porte de la cellule 130, on affiche : « *Allein* » – « Isolement ». A-t-il tenté de se suicider, comme Barbie l'a affirmé ? Le 24, il est interrogé toute la journée. Ramené dans sa cellule à minuit et demi, il est gardé, porte ouverte, par deux soldats. Il est dans un état pitoyable. Barbie l'a torturé.

A la fin du mois (on ignore quel jour), Moulin est transféré à Paris. On ne sait rien de précis, sauf qu'il semble mourant. Selon certaines rumeurs, la Gestapo parisienne aurait tenté de le soigner, d'autres supposent qu'on voulut le confronter à un détenu de Metz. Le fait est qu'on enregistra sa mort dans cette ville, le 8 juillet, mais d'autres documents parlent du 11 et du 15, et nul ne sait si les cendres d'un corps incinéré à Paris, le 9 juillet 1943, placées dans l'urne n° 10 137 et transportées au Panthéon le 18 décembre 1964, sont celles de Jean Moulin [349].

L'OSS se sent coupable

Le 22 juin, Claude Bouchinet-Serreulles câble au BCRA la nouvelle des arrestations [350]. Aussitôt répercutée à Alger, l'information y arrive alors que De Gaulle livre bataille pour enrayer l'offensive anglo-saxonne. Après trente heures d'âpres discussions, il estime être seulement parvenu à sauver le *statu quo* : « Le Comité *[français de libération nationale]* a (...) décidé de ne rien décider (...) Le problème n'est que différé [351]. »

Il a néanmoins marqué des points qui s'avéreront lourds de conséquences : le CFLN a décidé d'ignorer l'ultimatum anglo-saxon, De Gaulle garde autorité sur ses forces militaires extérieures et sur celles de l'intérieur, et il présidera un Comité militaire permanent chargé des options techniques, les décisions stratégiques relevant du CFLN tout entier où, grâce au revirement de Jean Monnet, il est désormais majoritaire.

---

349. Laure Moulin, *op. cit.*, p. 456, 462 et suiv.

350. AN, 72 AJ 234, télégramme de « Sophie - AAA pendant réunion CD zone sud », reçu le 24 juin. Le 27, Bouchinet-Serreulles rend compte de ses efforts pour venir en aide à Moulin. Il se plaint d'être peu ou pas aidé.

351. Télégramme de De Gaulle à René Cassin et Jacques Soustelle, 23 juin 1943, *in* Charles de Gaulle, *Mémoires de guerre*, t. 2 : *L'Unité*, *op. cit.*, p. 488.

C'est le début de la fin de Giraud et du rêve américain.

La « troisième force » dont *United Press* annonçait encore triomphalement la naissance le 18 juin, noms des dirigeants à l'appui [352], est à l'agonie. Déjà, des cadres de l'OSS-Alger l'ont compris, qui cachent à peine leur soulagement de voir battue la politique prônée par André Labarthe [353], et qui, bientôt, ne mâcheront plus leurs mots : « Les partisans de l'autoritarisme, les proVichy, les collaborateurs, les royalistes, sont autour de Giraud (...) Maintenant, les ennemis d'une France forte, indépendante et démocratique sont les Français partisans de l'autoritarisme et les vichystes, ainsi que certains éléments impérialistes Britanniques et Américains qui sentent que leur politique nationale serait mieux servie par une France faible et divisée [354]. »

En même temps, tandis qu'une partie importante de la presse anglo-saxonne exhale son dépit, une autre se réjouit discrètement de l'échec de la Maison-Blanche [355].

Au beau milieu de ce tohu-bohu, un porte-parole gaulliste ironise : « Les USA travaillent très dur à sauver la France des Français [356]. »

Pendant ce temps, derrière la façade, de violents remous agitent les profondeurs. Totalement cachés aux yeux du public, ils ne peuvent s'expliquer que par l'arrestation de Moulin.

A Boston, le 25 juin, quatre jours après Caluire, le R. P. Howard Brooks démissionne soudain de ses fonctions de secrétaire exécutif de l'association *Free World,* celle de Pierre Cot, Louis Dolivet, Henri Laugier, qui, en 1941, l'avaient envoyé à Marseille établir la liaison

---

352. « Un 3e groupe français à Alger ? », *La Gazette de Lausanne*, 18 juin 1943. Le quotidien lausannois donne la composition du groupe : Catroux, Monnet, Massigli, Couve de Murville, Mayer, Diethelm, Bonnet. Van Arkel, dirigeant OSS à Alger, répondant à un rapport reçu de Londres le 25 juin 1943, évoque les « conséquences fatales actuelles » de la politique de la troisième force chère à André Labarthe et dans laquelle il discerne vaguement la main d'André Girard (Carte) et nettement celle de l'IS (NARA, RG 226, E 97, B 32, F 557, *Algiers-SI-OP*, lettre à A. J. Goldberg, 11 juillet 1943).

353. *Ibid.*, lettre de Van Arkel à A. J. Goldberg, 21 juin 1943, rendant compte de l'état d'esprit des dirigeants gaullistes les jours précédents : « Tixier est particulièrement amer (...) et semble prêt à couper les relations tant avec les Anglais qu'avec les Américains (...). Toutes les sources me montrent que les groupes de résistance sont pour le degaullisme qu'ils soient ou non pour de Gaulle. »

354. *Ibid.*, lettre de Van Arkel à Goldberg, 11 juillet 1943, commentaire d'un rapport reçu de Londres, p. 4.

355. NARA, RG 226, E 97 B 32 F 559, *Algier-SI-OP-12,* revue de la presse américaine transmise par A. J. Goldberg au colonel Eddy, 1er juillet 1943, où Walter Lippmann avertit que l'Europe observe la façon dont l'Amérique traite la France et prédit qu'à continuer ainsi les USA pourraient bien se retrouver sans amis européens.

356. *Ibid.*

avec Moulin. Il justifie sa décision par ces quelques mots : « Les affaires de l'Association sont actuellement menées d'une manière qui n'est pas seulement non démocratique mais également irresponsable[357]. »

A Washington, le 28 juin, on déterre le rapport au vitriol rédigé en février par Arthur Roseborough.

A Marseille, au début juillet, la Gestapo arrête officiellement Lili Méré, et le réseau Brown s'égaille.

Simultanément, vers le 5 juillet, une terrible crise éclate entre De Gaulle et les USA.

Alors que les troupes alliées s'apprêtent à débarquer en Sicile (10 juillet), le chef de la France combattante ordonne au BCRA de rompre toutes les relations avec l'OSS. On ignore le motif de cette décision sans précédent. De Gaulle ne s'est pas exprimé à ce sujet et les mémorialistes les mieux informés, Soustelle et Passy, ont fait preuve d'une discrétion exemplaire.

La rupture est d'autant plus surprenante que les relations BCRA-OSS venaient d'être normalisées. Donovan, qui, apparemment par hasard, avait subitement quitté la capitale américaine le 21 juin pour Londres, avait rencontré André Manuel (BCRA) le 26, et, le même jour, l'OSS avait confirmé à celui-ci que les rapports fournis par le BCRA seraient transmis au service secret de l'armée américaine[358].

Pourtant, le 7 juillet, les premiers signes de crise apparaissent. Le chef de l'OSS-Londres, Bruce, se décommande à un dîner prévu le 8 juillet avec des dirigeants du BCRA. A quoi Passy, tout juste rentré d'Alger, répond par une maladie manifestement « diplomatique » qui l'empêche, le 13, de participer à un déjeuner au *Claridge*[359].

La gravité de la crise est ensuite attestée par des documents qui n'en révèlent jamais sa cause.

Le 21 juillet, le lieutenant-colonel Francis Miller (OSS-Washington) adresse à André Philip, commissaire à l'Intérieur, une lettre pour déplorer la rupture décidée par De Gaulle et dégager la responsabilité de l'OSS : « A notre connaissance, les causes de cet ordre participent de circonstances desquelles ce service *[OSS]* n'est en aucune manière responsable[360]. »

Le même jour, à Alger, Arthur Roseborough, responsable de la mission Brown envoyée à Moulin et auteur de l'offre d'armement et

---

357. NARA, INT 10, EU 249, lettre de H. Brooks au comité exécutif d'*American Free World Association*, 25 juin 1943.

358. NARA, RG 226, E 190, B 254, F 777, *Chrono File June-August 1943, London-OSS-OP-34*, lettre de Maddox à Manuel, 26 juin 1943.

359. *Ibid.*, lettres de Maddox à Manuel, 7 et 12 juillet 1943.

360. *Ibid.*, lettre de F. Miller à A. Philip, transmise par Maddox, 21 juillet 1943.

de financement de la Résistance intérieure, est limogé par Donovan.

Le lendemain, Hugh Wilson (OSS-Washington) revient à la charge pour affirmer à René Massigli, commissaire aux Affaires étrangères, que l'OSS n'est pas responsable de la politique américaine [361].

Le même jour, Whitney Shepardson, chef du *Secret Intelligence* (OSS-Washington), fait connaître à Passy sa « tristesse », son « bouleversement », et son « angoisse » [362].

Bref, les dirigeants d'OSS sont sinon à plat ventre, du moins à genoux. Reste à avouer.

Le 2 août, Donovan en personne écrit à Passy. Le ton de la lettre se veut aimable, le contenu est l'inavouable : « Je vous assure que cela n'a pas été la faute des nôtres, ou dû à des circonstances sous notre contrôle [363]. »

*

*   *

Le gouvernement des États-Unis d'Amérique n'a jamais reconnu la responsabilité directe et indirecte de ses agents dans l'affaire de Caluire. Au contraire, il a toujours caché son implication en feignant contre toute évidence de n'avoir même jamais entendu parler de Jean Moulin. Plus fâcheux encore, il a pris Klaus Barbie sous sa protection et ne l'a manifestement abandonné à son sort qu'en sachant que celui-ci ne serait pas jugé en France pour l'affaire de Caluire.

Il n'est pas difficile de deviner ce qui avait valu pareil soutien à Barbie : il savait que la filature de Jean Moulin avait commencé le 19 juin, à l'occasion de la rencontre organisée par l'OSS.

Quant à savoir pourquoi Jean Moulin avait accepté ce rendez-vous, la réponse est évidente : à cause d'une erreur politique. Devant la détermination de Roosevelt et de Churchill à se débarrasser de De Gaulle en juin 1943, il a cru celui-ci condamné. Dès lors, ne lui restait plus qu'à composer pour sauver la Résistance intérieure.

Jean Moulin est tombé accidentellement, moins victime de la trahison que des circonstances.

Paris, 1995-1998.

---

361. *Ibid.*, lettre de H. Wilson à R. Massigli, transmise par Maddox, 22 juillet 1943.
362. *Ibid.*, lettre de W. Shepardson à Passy, transmise par Maddox, 22 juillet 1943.
363. *Ibid.*, lettre de W. Donovan à Passy, 2 août 1943.

Annexes

Document n° 1

Rapport confidentiel du pasteur Howard L. Brooks au retour de sa mission en France, en août 1941.

Adressé à *International Free World Association*, 8 West, 40th Street, New York, non daté, mais apparemment rédigé dès le retour, il compte seize pages. Nous en reproduisons les plus significatives.

Le membre de phrase caviardé est : « *who are now cooperating with Americans and representatives of other nations in the Free World Association,* I left [...] ».

Référence : NARA, RG 226, E 92, B 99, F 17, *Central Files, WASH-REG-AO-7.*

I[redacted]a.
[redacted]t
[redacted]

9119-12

CONFIDENTIAL REPORT ON FRANCE *by Rd Howard L. Brooks.*

At the request of several Frenchmen (Pierre Cot, Louis Dolivet and Henri Laugier) [redacted], I left for France on April 19, 1941, in a dual capacity: First, as personal assistant to Dr. Robert C. Dexter of the Unitarian Service Committee, and second as representative of the above mentioned group. I arrived in Lisbon on April 29th and on May 20th I left for Marseilles which I reached on May 22. I went almost at once to Geneva where I spent May 25 and 26. For nearly three months I worked in unoccupied France with headquarters at the Unitarian Service Committee, 15 Rue Fortia, Marseilles. I visited several internment camps and went to the following cities: Lyons, Touloise, Pau, Perpignan, Chambery, Grenoble and Nimes, besides several small villages. I left France on August 16 coming out by way of Cerbere across Spain by rail to Lisbon where I arrived August 19.

My tasks were the following:

1. To establish a communication service which could provide French public opinion with more frequent and authentic news about the war, the prospect of victory, the plans for a democratic world order, American determination to defeat Hitler, and information about the efforts of the Free Frenchmen.

2. This communication service was also intended to allow news to come out from France directly from the different movements of resistance -- Parliamentarians, high officials who are against Nazism, colonial administrators, and other people, in the economic, religious, military, worker and other fields, in order to establish a real cooperation between them and the fighting forces abroad.

9119

- 2 -

The important link between France and the outside world should have been established in Geneva.

3. The third task was to encourage and to help the movements of resistance in France and the colonies against Nazism and against colaborationists. In order to establish communications, I went to Geneva.

COMMUNICATIONS

We had made arrangements to send a confidential cable from Lisbon. Mr. Shaw from the English Embassy established contact with me at once and through him I cabled Dolivet for further instructions since Mr. Li Yu-Ying, the key person for my activities in France, had left for America almost the same time that I left for Lisbon. Several airmail letters were also sent, signed "Johnson." One day a Mr. De Groot came to the office inquiring for a Mr. Johnson, and asking me if I were going to Marseilles. Since no one in the office knew of any Johnson, except a retired Minister in New Jersey, Mr. De Groot left in some embarrassment, leaving word to get in touch with him at his hotel if I needed him. This incident, plus a lost cable, convinced me that further communication was inadvisable except through secret channels. A second cable arrived through the same source as the lost one, giving me instructions, whereupon I left Lisbon almost at once. An important part of my mission was to arrange for cables to be sent from France to Miss Olson in New York by way of Geneva. I established contact with Mr. Lang in Geneva. A Mr. Sullivan from Berne had already seen him, saying that he had been sent from London to do anything for Mr. Lang that he could. While he did not know my name he knew about Dr. Dexter and the password previously arranged. I could not wait to see Mr. Sullivan personally and I arranged with Mr. Lang to send me a telegram as soon as he had given my cable to Mr. Sullivan. I received the telegram on June 6. I sent two other cables during the first week in July and arranged that after August 17 a weekly cable should be sent regularly from Lyons through the American Commercial Attache. I am sure that

- 3 - 9119-13

the first three cables were delivered at Geneva to Mr. Lang. None of these cables have been received by Miss Olson. Two of them contained important information on North Africa, another was about Free French propaganda in France with a brief critique of radio programs. Other cables contained information about French activities of vital importance to the Free World Association. Communication in or out of France is extremely difficult. I received an airmail letter from the United States with the German censorship stamp on it. Several French people told me that letters mailed to them in France are often opened. Carefully concealed material can be sent out from Marseilles to Lisbon by courrier.

SPIRIT OF THE FRENCH PEOPLE

The first newspaper I saw in France was an issue of Gringoire with a cartoon of President Roosevelt seated in a deck chair comfortably smoking a cigar. The caption read, "Lafayette, here we are." There was a constant attack in this paper on the United States. Other newspapers, while less extreme, constantly reflected the German point of view. Such American news as the speeches of Mr. Lindbergh, Senator Wheeler and other isolationists or pacifists were fully reported. The strike situation was also of great interest. All the newspapers and magazines of any liberal tendencies have been suppressed. Although I have no accurate check, it is believed that since May only censored editions of Swiss newspapers are sent into France.

The sentiment expressed by the average Frenchman on the street is one of discouragement and passivity. Over and over again, however, certain people told me that 80%, even 90%, of the French people were desperately hoping for an English victory. Even a small indication of English success heightens the morale of the discouraged population. For example, when Yugoslavia decided to resist, the population piled flowers around the statue of King Alexander in the Place de la Bourse at Marseilles. The first news of

- 5 -

9119-B

marketed through the prefecture. A farmer runs a serious risk if he sells a bit of cheese, butter, or potatoes to anyone who trys to buy from him. The thorough disgust of everybody with the Vichy regime is briefly expressed in the words "von Darlan' which are often used in private conversation. The fact that Germany has a million and a half French prisoners constantly weighs down the spirit of the French people. There is an almost desperate hope for American intervention. Over and over again, I was asked, "Will America go into the war and when?" Since there are two divisions of German soldiers near the Spanish border, it is believed that the Germans will certainly go into Spain, obtain the use of the French fleet, and occupy Africa the moment they are able to force full collaboration.

UNDERGROUND MOVEMENTS

So far as I know there are three important categories of underground movements in France: 1. Democrats, workers and religious movements; 2. De Gaullists; and 3. military and nationalistic movements. While there is a serious attempt being made to coordinate these, it has not gone very far and one can say without hesitation that a thorough coordination is essential.

There are many underground movements of more or less importance. Many of them are small local organizations without a well thought out plan. These people are waiting for the time to come when they will be called upon to do something. They hold secret meetings, get out type-written copies of various reports and in some instances are organized for military action. I was able to get in touch with three groups: LIBERATION NATIONALE, which publishes a paper called "Les Petites Ailes;" LIBERTE, and LIBERATION. The last two publish monthly papers of the same names. LIBERATION NATIONALE is undoubtedly the most important. It has a well written paper and includes

9119

- 6 -

statistical material about industrial life and food supplies, news about resistance in occupied France and other occupied countries, occasional reports of the resistance in Germany and brief reports of foreign news. In addition, there is a regular religious section which relates the spiritual life of France to the resisting movement. The Vichy program is interpreted and vigorously criticised. I met the head of LIBERATION NATIONALE (hereafter called L. N.)twice. The second meeting was at the British Consulate in Lyons. There were present two American Vice-Consuls, L. N., a Catholic Priest and myself. The program of LIBERATION NATIONALE as explained at this conference is threefold. First to furnish information to the French people; second to send important information to London; third to prepare a group of men for military action at the time when England supposedly invades the continent, and in cooperation with the English to furnish those men with arms and ammunition. Since March this group has been broadcasting information to London, signed L. N., without knowing whether or not it is received. At about the same time, through Major Scow, American Military Attache in Vichy, word was sent to the English asking for arms. A reply came back saying, "How do you want them sent, by plane or by boat? " Instructions were given to send them by boat. The place of a landing and the size of the packing cases were given in detail but no other word was received from London. Since about the middle of July the head of LIBERATION NATIONALE has been coordinating the resisting groups in occupied and unoccupied France. In occupied France, 35,000 copies of "Les Petites Ailes" are circulated weekly from Paris, Strasbourg and Brussells. Three formerly separate groups in the occupied zone, headed by French generals, now work as a single unit. In unoccupied France, the task is much more difficult. The greatest obstacle is the French police and the system of espionage which has been developed among Frenchmen. Nevertheless, it is claimed that the head of LIBERATION NATIONALE is in contact with every other important resisting group in unoccupied France (and

9119

there are at least eight of them known to me) and the coordinated activities are reaching more and more people every day. L. N. wants three things: to have direct communication back and forth between himself and the English in London. This can be arranged through Major Soow of the American Embassy in Vichy or through the Vice Consul in charge of British affairs in Lyon. He is very distrustful of the De Gaullists and does not wish to work with them. He explains his attitude in the following way. The De Gaullists have made several bad blunders, first at Dakar. Certain people in France now know that ten days before Dakar "everybody in London" was talking about what was to happen. There was even a banquet at which Dakar was toasted. In the late spring, a member of LIBERATION sent information to London about his movement. To his great dismay he heard a voice from B. B. C. say, "We are very grateful to our friends of LIBERATION in Lyon for doing such good work." It is also suspected that the De Gaullists in London may be holding up full cooperation between the resisting groups in France and London. At the beginning, L. N. appealed to the French people on a thoroughly nationalistic basis. They discouraged people from joining De Gaulle, pointing out that there was great need for strong men in France and that there was important work for them to do. They announced that theirs was a thoroughly French movement and took no support of any kind from foreigners.

The press, which is only a French edition of German nazism, is naturally attacking Jews, De Gaullists and democratic leaders who are working on the outside. For example, such people as Eve Curie, Genevieve Tabouis, Pertinax, de Kerillis, Pierre Cot, Louis Levy and Bernstein are very much attacked.

L. N. feels that De Gaulle has blundered seriously in Syria because they were ignorant of the military situation. De Gaulle himself is looked upon as a military man, a symbol of courage but a man not sympathetic to democracy, without a social plan, and seriously handicapped by his political ineptitude. While they hope for his military successes, they feel that he is a far from adequate representative of the French people.

In our conference, it was decided to contact the English directly through Berne. If, however, Berne could not give a guarantee that information would go directly to the British and not through Free French channels the information would not be sent. L. N. wants arms and ammunition. It is important to realize that any preparedness for serious action will take a long time. It would be utterly impossible for any such action to be prepared within a couple of months because of the great danger of discovery. L. N. claims to have engineers placed in strategic positions ready to disable whole factories, to blow up bridges, and to sabotage on a grand scale when the proper moment arrives. Finally, L. N. needs money. He would like at least 500,000 francs a month. Two channels have been set up by which funds could be transferred, one through Geneva and the other direct from New York to Lyons.

LIBERTE is largely an intellectual movement, organized by a group of professors and interested in strengthening the morale of the French people. Its program seems to be limited to educational work through its paper. Its paper is extremely well written.

LIBERATION on the other hand is interested primarily in military action. They have organized groups who are ready and willing to take up arms when the strategic moment comes. These three resisting groups as well as others are very far underground. Unimportant members of the different groups know nothing of the coordinating activities and a foreigner like myself can make contact with the important people only with great difficulty. It took me over two months to finally establish direct contact with L. N.

In conclusion, it can be said that with the proper support given to French public opinion, and with concrete help to the organizations of resistance, the whole country could become actively hostile and destructive towards the Germans.

Document n° 2

Rapport de W. Arthur Roseborough, chef du Secret Intelligence (renseignement) de OSS-Alger, sur Darlan.

Adressé aux supérieurs hiérarchiques de l'auteur, le rapport compte neuf pages. On donne ici les trois premières.

Référence : NARA, RG 226, E 97, B 14, F 237, *North African Situation, Algiers-SI-INT-1,2.*

a Rica hoeih 10,762
v Rosc borough
x Repoi -

Probably written 2/15/43

Date Received 2/26/43

SECRET

It is difficult to know where to start on a brief summary which is all I shall have time for now. I shall pass over the military situation with respect to which I claim no competence. It appears that in the opinion of some of our more serious minded officers it leaves much, in fact almost everything, to be desired. However, whatever may be the impression at home the actual command in the N.A. theater is definitely British though we are in the unfortunate position of getting the credit for the mistakes.

With respect to the political and intelligence situation - where I do immodestly claim some competence, the position is even more tragic than even you or I ever imagined.

The picture can't be painted in a few words, and I do not have time to treat it adequately. The official position of those charged with our political policy here is that we have done (and continue to do) what we did because it was necessary to win the war. The position of our military authorities is that they are not in politics and are not concerned with it - which is, of course, a blatant obvious error. They are in politics over their ears but do not have the wit to realize it or the competence to deal with the situation. The easy thing therefore is to close their eyes and refuse to see the obvious.

Page 2

I do not find it easy to explain what we have done and are doing here in the political field. Any conclusions I may draw now must be taken as tentative. These would seem to be the primary elements:

1. The absence of any clear controlling policy or principles in Washington.

2. Our lack of aptitude and just plain ignorance and stupidity in this field.

3. The temperament and background of the principal political advisers upon which the command here and apparently the War and State Departments at home rely.

4. The influence of the British.

5. The French we have to deal with here in N.A.

6. The lack of coordination and the friction between our military and our civilian departments.

The first of these elements is largely responsible for the sixth, but this is, of course, the traditional contempt and mistrust of the soldier for the civilian in time of war.

In the field of world politics we have - or had - one great asset - the belief in us as the great champions of democracy, of freedom and honesty. We are known to be naive, but were believed to be honest and straightforward. When, as we have done here, we abandon the one ground on which we could defend ourselves and descend into the arena of the anti-chamber and try to engage in the labyrinthian maze of Machiavellian diplomacy, we are lost in advance.

Page 3

Our political advisers and military leaders made the initial mistake of depending upon Giraud to turn the trick here in N.A. When that failed - as they were told it would, they would appear to have become panicky and lost their nerve. Darlan was perhaps not as bad as some of us believed, but in calling on him to save us we lost ourselves. We cut ourselves adrift and have not yet found our bearings or our courage to face the facts and deal with them. When Darlan was shot and Giraud, the man we had chosen, came in, he was no longer our man and no longer felt any obligation towards us.

The French are quick to sense weakness and to exploit it. They - and the British - have done so here to such an extent that our position has become ridiculous and pathetic.

Our C in C has laid down the basic principle that we are not here as an invading Army. The French are our Allies and friends and, whatever they may have done as individuals prior to "D" day, they are now to be trusted as friends and Allies. We all wish to God that this were true. But the fact is that French North Africa is not French and that many of the French here are not our friends and cannot be trusted. They are precisely those who are in control!

Virtually all of our proven friends - those who worked with us and risked their lives to prepare for the arrival of our troops - have now been put in jail, or in the case of Army officers, degraded and sent to outposts in the desert so as to be out of contact with us. We do not raise a finger to protect these people!

Document n° 3

Message d'Henri Frenay, chef de Combat, aux Américains, en mars 1943.

La première partie du rapport (quatre pages), consacrée à l'Armée secrète, manque dans les archives vues par l'auteur à Washington. La seconde partie est intégralement reproduite.

Les soulignages sont de l'auteur.

Référence : NARA, RG 226, E 125, B 10, F 172, *BERN-OSS-INT*.

3/43

Fresnay

II° Partie

Position politique des Mouvements unis

A/ Vis-à-vis du Gouvernement de Vichy et du Maréchal:

Dès leur origine, les Mouvements de résistance ont refusé de s'associer à l'armistice conclu par le Maréchal Pétain. Ils ont estimé qu'il trahissait à la fois l'honneur et les intérêts français. Le Maréchal a manqué à la parole donnée par la France à ses alliés en interrompant prématurément la lutte. Dans la guerre qui continuait, la France avait encore un rôle à jouer grâce à son Empire, à sa flotte, à ses armées d'Outre Mer. Les Mouvements de résistance ont toujours estimé que l'attitude qui consiste à refuser de se soumettre est toujours plus forte que celle qui consiste à faire une politique de "réalisme".

Si cependant, dans le désarroi des jours qui précédèrent l'armistice une erreur était possible, la politique de collaboration instituée par le Maréchal à Montoire , le 12 octobre 1940, n'était plus une erreur, mais un crime. Crime contre l'âme française qui se soumettait implicitement à l'idéologie nazie, crime contre nos intérêts puisque cette politique consistait à aider l'ennemi contre nos alliés.

Depuis cette date, Vichy a roulé sur la pente de la trahison. Les intérêts moraux et matériels de la nation ont été l'un après l'autre trahis. Petit à petit toute la force française a été mise au service de l'ennemi. Les libertés françaises une à une ont disparu. La République a été supprimée les patriotes pourchassés, incarcérés ou fusillés par les Allemands aidés par la police française.

Il serait trop long d'énumérer les infamies de ce régime. La conclusion des Mouvementsx unis est que tout homme qui a participé au Gouvernement de Vichy est un traître et qu'il sera après la guerre jugé comme tel.

Ces Mouvements estiment que la responsabilité de cette politique dégradante incombe entièrement au Maréchal Pétain. L'histoire prouvera à la suite de quelles longues et louches machinations il a pu prendre le pouvoir. Des documents accablants ont déjà été réunis sur ce sujet. Il s'agissait pour lui et quelques autres, et notamment Laval, de profiter de la défaite pour assassiner la République.

Le Maréchal porte en outre la responsabilité de l'armistice. Sans lui, les conseils de M.Paul Reynaud qui voulait continuer la lutte Outre-Mer auraient été suivis. La France n'aurait pas failli à son devoir. Seul le prestige du Maréchal a fait accepter à la France la honte de la capitulation.

Depuiscette date, c'està l'abri de ce même prestige d'ailleurs déclinant, que nombre de bons français ont accepté la politique honteuse que Vichy fait endosser au pays depuis deux ans et demi. Il est encore beaucoup d'honnêtes gens qui militent dans les rangs de la Légion et suivent la politique de Vichy parce que le Maréchal est pour eux un garant que cette politique coïncide avec les intérêts français. C'est par lui que les consciences ont été perverties, que beaucoup ne reconnaissent plus le bien du mal, le juste de l'injuste, le devoir et la trahison.

Sans lui, si le Gouvernement avait suivi la même politique, il n'est pas un Français qui l'eût accepté. Aux yeux de la résistance, il est le grand coupable, le principal accusé de demain.

Fresh mush

-6-

B/ La République et la volonté de renouvellement :

Depuis l'armistice le peuple français a été soumis à une contrainte croissante. Les libertés qu'il avait si chèrement acquises dans les 150 dernières années de son histoire lui ont été une à une retirées. Liberté de réunion et d'association, liberté de penser, liberté de la presse, liberté de croyance n'existent plus. La vie du français est maintenant insérrée dans des règlements draconiens où tout est interdit et rien n'est permis. Un système de règlements a été établi qui ne laisse plus aucune place à l'initiative en aucun domaine. Un régime policier féroce, la délation élevée en système font peser sur chaque citoyen une menace permanente. On n'ose plus parler librement, on se méfie de ses amis et de ses parents. Une terrible atmosphère d'oppression s'est appesantie sur la pays. Les prisons sont pleines à craquer, chaque jour on crée de nouveaux camps de concentration ; A la justice a succédé l'arbitrairé.

Or la suppression des libertés françaises a coincidé avec la suppression de la République. De ca fait le peuple aspire passionnément au retour de toutes ses libertés qu'il associe naturelement au rétablissement de la République. Les Mouvements de résistance sont associés à cette volonté.

Cependant les Mouvements de résistance, comme le reste de la population, éprouvent le besoin impérieux des institutions et des moeurs de l'avant guerre. Ce renouvellement s'exprime communément dans le terme de IV° République qui marque par là la volonté de rompre avec les erreurs et les faiblesses de la III° République défunte.

On entend généralement que la IV° République que nous voulons instaurer devra marquer la prééminence des valeurs morales qui ont été soit méprisées soit méconnues dans les années qui ont précédé la guerre. Le peuple estime qu'il a été le plus souvent trompé par ses dirigeants. Il exigera d'eux la sincérité, la concordance ente les paroles et les actes. L'ère du mensonge dans laquelle nous vivons appelle l'ère de la vérité.

La liberté à laquele nous aspirons ne devra pas être confondue avec la licence comme ce fut le cas trop souvent sous la III° République. La liberté a pour nous comme corollaire la plénitude de la responsabilité.

Nous voulons également un Gouvernement fort et durable. Autorité et durée étant les conditions mêmes de l'efficacité. Un contrôle périodique devra éviter les abus du pouvoir contre la collectivité.

Nous voulons enfin un régime économique et social juste non plus seulement en paroles mais en actes qui tende à la disparition de la condition prolétarienne.

Enfin un rajeunissement des cadres de la République nous apparait indispensable pour mener la révolution que nous voulons faire ? Nous pensons que les Hommes de la résistance, trempés par des années d'épreuve ont donné au pays les garanties qu'il est en droit d'exiger de ceux qui auront l'honneur de le diriger.

Telles sont, très grossièrement esquissées, les volontés des Mouvements de résistance qui ne font qu'exprimer les aspirations profondes du pays tout entier. Même les hommes politiques d'hier, même les partis politiques en cours de reconstitution participent à cette volonté de renouvellement. Ce serait une grave erreur de croire que la volonté nationale vise le rétablissement des hommes et des institutions passés.

C/ La résistance et le problème Giraud-de Gaulle :

La résistance ; républicaine comme il vient de l'être dit , a toujours déployé des efforts pourmaintenir unis tous les éléments susceptibles de concourir à la libérationet à larévolution . C'est à travers cette volonté d'union et ses sentiments républicains qu'elle juge le problème Giraud-de Gaulle ,

Lors de l'évaion du général Giraud , la réistance et surtout Combat applaudit à sonexploit . Le journal Combat lui consacra même une page entiè-re du journal.

Dès que nous eumes connaissance de sa volonté de concourir à la libé-ration du territoire nous décidames d'entrer en contact avec lui . Un des menbres du comité directeur de Combat lui rendit visite à deux reprises afin de connaitre ses intentions , lui communiquer les nôtres et envisager avec lui les modalités d'un travail en commun .

Ces entrevues furent décevantes . il nous apparut que si le général avait bien l'intention de joeur un rôle dans la libération dupays , il n'était pas disposé , ainsi que nous l'en sollicitions , à joindre ses efforts à ceux de la résistance en général et de la Fran ce combattante en particulier . Ces réticences me parurent tellement graves que je lui adres-sai une lettre dans laquelle je faisais l'histotique de la résistance fran-çaise , les raisosn pour lesquelles cette résistance avait reconnu comme chef le général de Gaulle et je terminai en insistant sur la nécessité que lui s'entende avec la France combattante après quoi nous marcherions allè-grement sous leurs bannière sconjuguées .

A cette lettre le général Giraud répondit par une fin de non recevoir polie mais ferme . J'ensouligne les termes suivants : "L'heure de la déci-sion n'a pas encore sonnée , lorqsque ce sera le moment je prendrai mes décisions en toute indépendance ."

Cette lettre fit naitre en moi les plus grandes appréhensions . Appré-hensions d'autant plus gran de que je n'ignorais pas que Giraud bénéfi-ciait dès ce moment de l'appui américain . Je pressentis les difficultés qui devaient venir quelques mois plus tard .

Survitnl'affaire d'Afrique du Nord , le départ de Giraud et sa prise de commandement . Mes craintesse révélaient parfaitement justifiées . Non seulement le premier discours public du général ne faisait pas une seule allusion aux FFC qui menaient le combat depuis deux ans mais encore il se terminait par le cri : Vive le Maréchal . En mme temps il se rangeait aux ordres de l'amiral Darlan , représentant authentique de Vichy et de la poli-tique de capitulation . Le Gouvernement de l'Afrique du Nord était confié aux hommes de Vichy , à nos ennemis de toujours et Giraud collaborait avec eux ! Dès lors la résistance française et le général de Gaulle qui en est l'expression ne pouvaient pl;s sous peine de renier leur propre attitude entrer en relation avec ceux qu'il se considèrent comme des traitres à la cause française .

C'est en vain que le Général de Gaulle multiplia les appels à l'adresse de Giraud . Celui ci ne lui repondit pas . Les patriotes gaullistes incar-cérés en AFN restaientinternés et leurs ennemis au pouvoir . C'était le comble de l'incohérence et de l'injustice .

Il est inutile de rappeler les évènements qui se déroulèrent en AFN et qui sont connus de tous . Ils devaientaboutir à la réunion de Casablanca au cours de laquelle Giraid et de Gaulle se sont rencontrés et dont rien de positif n'est sorti . Cepenadant les répercussions en France de cette divi-sion se précisaient dangereusement .

-7-

Tout d'abord le troubèe était jeté au sein même de la résistance organisée qui ne pouvait comprendre que l'entente ne se réalise pas aussitôt entre les deux généraux. Une grande partie de ce qu'on est convenu d'appeler les "élites" françaises se rangèrent derrière Giraud avec un empressement d'autant plus grand qu'elès avaient suivi Vichy jusqu'à ce jour et voyaient en Giraud leur bouée de sauvetage. L'armée de l'armistice dissoute contaminée par la propagande officielle voyat en de Gaulle un général félon et par une curieuse con tradiction un sauveur en Giraud.

Dès lors il y eut deux résistances, l'une organisée derrière le général de Gaulle et groupant en gros tous les éléments populaires, l'autre inorganique groupant en gros les éléments de la bourgeoises française. Alors que l'entente entre les deux hommes aurait eu pour résultat de réconcilier deux fractions de la population traditionnellement oposées, leur désaccord creusait davantage encore le fossé qui les séparait. La résistance n'augmentait pas en force, cependant que le pays politiquement se séparait en deux tronçons.

Il était d'autant plus difficile aux Mouvements gaullistes et au Comité national de Londres d'entrer en relationavec les autorités d'Alger qu'un groupe d'hommes inquiétants entouraient le général Giraud et qu'au demeurant le opinions politiques de ce dernier semblaient bien prouver qu'il ne s'agissait pas là d'unsimple hasard. Enfin il est prouvé que le général Giraud maintient des relations avec le cabinet du Maréchal Pétain.

Réctionnaire par sentiment, entouré des hommes de Vichy et des trusts en liaison avec Pétain il devenait évident que l'o pposition à de Gaulle n'était pas une question d'ambition personnelle, mais un calcul politique allant exactement à leencontre des volontés françaises et qui a manifestement pour but le maintien sousune forme ou une autre du régime de Vichy et le règne des banques et des trusts. A cettemanoeuvre il était impossible aux Mouvements de résistance de s'associer.

Il ne faut se faire aucune illusion, le danger est extrême et ses conséquences de papus xxxxxx sérieuse gravité. Si cet état de chose devait se prolonger la France serait divisée en deux clans : peuple et bourgeoisfie. Ce ne ser ni l'un ni l'autre quigagnera la partie, mais à coup sûr le communisme. Il aura beau jeu pour montrer aux masses populaires actuellement ave nous la route sur laquelle on le mène, il exploiterason juste ressentiment contre Vichy et le clan Giraud et ce sera la guerre civile.. S'il ne le fait pas actuellement c'est que la politique de l'URSS ne recherche pour le moment que le maximum d'effectifs dans la résistance et que Giraud en est un élément. Demain, il nèen ira plus de même.

Nous sommes extrêmement surpis et peiné que les américains se fassent les complices inconscients de ctte division si lourde de conséquences. Au nom d'un principe faussement démocratique, ilsveulent laisser au peuple français le soinde xx décider lui même de son destin. Ils le précipitent en réalité dans la guerre civile. S'ils avaientune connaisancerréelle de l'opini française, ils sauraient que la Nation à 80% a choisi de Gaulèe seul symbole susceptible non sulement de grouper derrière lui la majorité du pays, mais encore et surtout seul capable de neutraliser les communistes au èendemani même des hostilités. Comment pourrait on concevoir en effet que les communistes qui ont fait leur soumission à de Gaulle pourrait dans l'enthousiasme de la libération s'élever contre lui ?

Voila bien ce dont il devrait prendre conscience s'ils veulent à la fois aider la France et faire barrage au communisme

La position de la résistance vis à vis de Giraud est très simple . Elle découle de ce qui vient d'être dit . Que Giraud se sépare de son entou--rage et l'accord avec de Gaulle est réalisé immédiatement . Un comité natio--nal français est constitué en AFN . Du coup la résistance est unie et la guerre civile conjurée .

Je pense sincèrement que les américains ont le devoir et le droit d'intervenir pour faire aboutir cette solution .

D/ La résistance vis à vis des prtis politiques et des parlementaires:

Les partis poltiques français ont été balayés par le soufle de la dé--faite . Eux et leurs chefs au lendemain de l'armistice ont été frappés de stupeur . On n'entendit plus parler d'eux .

La résistance naquit spontanément et recruta dans tous les milieux , dans tous les partis . Dès l'origine les français ne se différencianent plus selon leurs préferences politiques qui avaient disparu ou du moins s'étaient estompées mais selon leur degré de résistance ou de soumission à la capitu--lation et au régime de Vichy. Dans nos rangs militèrent représentant non seulement de toutes les opinions mais de toutes les classes sociales . A la mesure de nos moyens nous avions réalisé l'union sacrée .

Non seulement les partis politiques et leurs chefs ne prirent pas la tête de la résistance , mais encore nous ne reçumes d'eux aucun appui . Seul le parti communiste , habitué de longue date à l'action clandestine , était resté cohérent et ses adhérents dès l'entrée en guerre de la Russie firent de la résistance active et même héroique .

Les partis avaint été d'ailleurs cruellement divisés par la défaite et la colaboration avec lAllemagne . Les partis de droite en général trahi--rent ou s'abstinrent . Composés en majorité d'éléments provenant de la borgeoisie il firent confiance au Maréchal , puis à Laval . Ce sont eux qui firent le nombre dans les rangs de la Légion des Combattants. Le PPF et l'Action française furent à lapointe d'avant garde de la trahison .

Les partis du centre ou de gauche (radicaux , alliande démocratique , socialistes) découvrirent dans leurs rangs un grand nombre de traitres qui se mirent au service de Vichy ou de l'Allemagne soit par intérêt soit par conviction .

La mort des partis politiques était bien cnsommée .

Cependant la guerre durait . Cette prolongation qui pour beaucoup était inespérée , fit renaitre à la fois les espoirs et les ambitions dans les rangs de ceux qui s'étaient tû prudemment . On assista alors un peu partout à cdes réunions groupant un certain nopbre de menbres des anciens partis . Les socialistes furent les premiers à se recenser . Au mois de jullet de l'année 1942 ils firent réapparaitre le jouranl "le Populaire" devenu clan--destin . Le terme parti SFIO qui figurat sur le premier numéro , fut rem--placé dans le second par celui de CAS (comité d'action socialiste) . Depuis lors la reconstitution du parti s'est accélérée du moins dans les cadres préalablement épurés . La masse en revanche qui avait adhéré dès l'ori--gine aux Mouvemenst de résistance répugne en général à entrer dans le parti reconstitué .

Les radicaux actuellement tentent un travail analogue qui est cependant beaucoup moins avancé .

La position prise par les Mouvements de résistance devant les essais de reconstitution des partis est la suivante . Elle tient compte de la volonté

-8-

mainte fois exprimée des militants à quelque parti qu'ils appartiennent. Cette opinion peut se résumer ainsi

A l'heure actuele une seule compte en France : l'unité de la résistance Cette unité a été réalisée par l'engagement au sein des Mouvements d'hommes appartenant à tous les partis et à toutes les classes sociales .

Les partis ne peuvent se différencier que par des programmes politiques différents recueillant l'adhésion desuns et l'opposition des autres . La reconstitution des partis équivaudriat donc actuellement à diviser la résis--tance donc à l'affaiblir . A ce titre la résistance y est opposée .

Les hommes qui militent dans la résistance se sont aperçus , parfois avec étonnement , que leurs opinions politiques sont très proches de celles professées par d'autres résistants qu'hier encore ils considèraient comme des ennemis . L'union quia été réaliéée est trop féconde pour qu'on la lai--sse menacer . Les militants sont bienconvaincus maintenant que les hommes se rassemblent plus d'après des valeurs humaines identiques que d'après des programmes .

Les partis politiques enfin ne peuvent avoir actuellement de bases sé--rieuses pour leur reconstitution . Il leur est impossible dans les circons--tances actuelles de bâtir un programme puisque trop d'éléments nous écha--ppent encore . La reconstitution équivaudrait donc à regrouper les mêmes hommes autour des mêmes programmes (ceux d'hier) . Les évènements nous ont appris que lesuns et les autres sont usés et dépassés par les évènements .

Laisser lespartis se reconstituer équivaudriat à empêcher la France de participer à la révolution mondiale que tout le monde pressent . Si les mêmes hommes , armés des mêmes programmes dirigent demain le pays , ils seront dans l'incapacité d'interpréter les évènements révoluionnaires que nous allons vivre et seront engagés par des programmes périmés .

C'est au nom même de principes démocratiques que nous sommes opposés à la reconstitution des partis . Nous voulons que la France soit à même de tirer des évènemenst prochains les enseignemsnst qu'ils comortent . Nous voulons que face à une situation nouvelle se constituent des partis nouveaux. C'est seulement ainsi que les français s'exprimeront librement .

A la suite des évènementsde juin 1940 la fonction parlementaire juit d'un immense et universel discrédit . Le pays reprochait à ses élus de l'a--voir insuffisamment préparé à la guerre et déavoir fait le lit de la dic--tature vichysxoise en votant les pleisnpouvoirs au Maréchal Pétain le IO juillet à Vichy . On leur reprocha ensuite de ne pas avoir pris la tête de la résistance pour la défense de nos libertés et déavoir ainsi trahi à trois refises leur mandat .

Depuis cette époque l'opinion semble avoir considérablement évolué . Les mesures d'oppression prises pat Vichy redonna un certain lustreà la Ré--publique et du même coup à ceux qui en étaient les représentants . Les persé--cutions dont ils furent l'objet rendirent sympathiques ceux là mêmes qui portent dans notre impréparation les plus lourdes responsabilités . Le pro--cès de RIOM en est l'exemple éclatant . Il est beaucoup de parlementaires enfin qui par leur attitude de résistance encore qu'ele ait été le plus souvent platonique ont gagné la confiance et l'estime de leurs mandants .

C'est en fonction de ces réactions populaires que les Mouvemats de rési--tance jugent les parlemantaires . Les parlemantaires , comme tous les aut--res français seront jugés demain non pas en fonction de leur attitude passé mais de leur attitude présente dans la résistance . Ceux qui aurotn résisté auront conservé tout leur prestige et devront servir le pays.. Ceux qui se seront abstenus ou auront trahi seront écartés ou châtiés .

D'une façon générale le pays ne veut plus entendre parler des ténors de l'ancienne politique dont le nom seul réveille les anciennes passions et divise la Nation . Il n'admettra en aucun cas que les rênes du pouvoir soient remises entre les mains de ceux qui l'ont mené à la catastrophe . Ce jugement peut être un peu simpliste est cepenadnt réel . Il faut en tenir compte comme d'un état de fait .

E/ La résistance vis à vis du communisme

La résistance considère les communistes comme des alliés , comme des camarades de combat . Son attitude vis à vis d'eux est celes des Nations unies vis à vis de l'URSS .

Elle rend hommage au courage des communistes qui ,dans la résistance ont le palmarèes le plus sanglant , elle n'oublie pas cependant qu'avant la décl-ration de guerre d'Hitler à la Russie , les communistes traitaient les gaullistes de"suppots du capitalisme anglo-saxon".

La résistance ne se fait aucune illusion . Ses alliés ne sont pas des amis . Si la politique française coïncide actuellement avec celle du Komintern , elle s'en séparera demain . Et les communistes suivront celle de Moscou et non de Paris .

En entrant en relation avec es communistes , la résistance s'est fixé deux buts : le premier est d'unir tout ce qui dans la guerre fait front à l'ennemi commun . le second est de tenter de rendre impossible aux communistes tout essai de révolution à leur profit .

Nous avons réussi sur le premier poit à établir avec eux une collaboration étroite qui portera ses fruits prochainement . Sur le second nous avons réussi a leur faire reconnaître le général de Gaulle comme le chef du Gouvernement provisoire de demain .

Cette reconnaissance par eux du général de Gaulle est lourde de conséquences heureuses . Il leur sera impossible aux yeux de leur troupe de se dresser contre lui au lendemain des hostilités c'est à dire à l'époque où précisément ils auraientle plusde chance de réussir un putsch . Il n'en serait pas de même si ele général Giraud prenait la direction du Gouvernement français . Ceci demande à être médité .

L'importande de cette reconnaissance est d'utant plus grande que les communistes représentent dans la classe ouvrière un pôle d'attraction qu'on ne peut sous estimer .

Il faut souligner enfin les relations très cordiales qui existent entre les communiste et nous .

F/ La résistance et son opinion en politique extérieure :

La résistance pense en génaral que l'Allemagne a mérité un châtiment exemplaire et qu'ilconvient de la mettre hors d'état de nuire pour longtemps Elle pense cependant que le châtiment dura être brutal mais de courte durée Il ne devra frapper que les responsables nazis si nombreux soient ils , et il pourrait s'agir de quelques dizaines milliers de personnes.

Elle ne croit pas qu'il serait sage ,comme ce fut le cas en 1918 , de faire supporter pendant denombreuses années au peuple allemand tout entier le fardeau dela défaite . Agir autrement , seria t selon elle , jeter des germes de trouble et de haine gravement préjudiciables ç l'entente nécessaire des peuples . Ce serait à nouveau contraindre à la révolte le peuple allemand .

Il existe cependant un problème allemand quil faudra résoudre . Ce prob-

-blème ne pourra être résolu en morcelant le sol allemand . L'unité allemande est acquise et nous nous en félicitons . Elle est unexemple après tant d'autres ce cet effort permanant et parfois douloureux des peuples vers uneunité toujours plus large et plus profonde . Nous souhaitons l'élargissement des frontières et non leur rétrécissement .

Le monde matche vers l'unité et voila ce quil faut comprendre. Nous souhaitons et voulons que l'unité européenne soit l'une de ses plus grandes étapes . On ne saurait se contenter de reconnaitre l'unité économique mondiale sans en tiree comme conséquence la nécessité de l'unité politique . Il y a unité complète ou il n'y a pas unité du tout .

Sans doute y aura t'il des difficultés de la part des petits Etats jaloux de leur indépendance . Il serait aisé de eur faire comprendre que cette indépendance n'a jamais été qu'un vain mot et que leur apparence de souveraineté dissimulait en réalité une permanence dans la vassalité . La vassalité économique de nos jours est une vassalité totale .

Ce que les nations demandent et exigent c'est que les valeurs pour lesquelles elles se battent aujourd'hui soient repspectées demain . Une nation n'est pas une fraction le territoire enserrée dans des frontières d'ailleurs mouvantes . Une Nation est une donnée spirituelle permanente caractérisée par une langue , des moeurs , des coutumes , unereligion et une conception propre de la vie . C'est cela pour quoi nous nous battonset mourrons aujourd'hui . Pour garantir cd patrimoine , des diplomates arriérés n'ont envisagé qu'une solution : faire des nations des états . Comme si la dignité d'états conférait à une nation la protection qu'elle revendique ! Il ne s'agit donc plus de réduire les états à la limite des nations , mais d'élargir les unions des Nations pour en faire des Etats économiquement viables . Il faudra en contre partie garantir aux nations au sein d'un même Etat la protection de son patrimoine spirituel . L'entreprise ne présente pas de difficultés insurmaontables .

Si les barrières politiques son abattues , si les conditions économiques faites au peuple allemand , comme à tous les autres d'ailleurs , confèrent à tous un niveau de vie suffisant , les raisons profondesde la guerre auront disparu .

Il ne s'agira plus que de se prémunir contre les dangers des haines nées surtout en Allemagneet par contre coup ailleurs des nationalismes déchainés . La socialisation des inudtries lourdes , la création d'armées internationales empécherontle retour à la force dans un avenir prochain . Pour calmer les esprits et apaiser les haines il faut que les nations se connaissent . Si la propagande entière est mise au service de cette idée , si on apprend dans ls écoles l'histoire du monde et non de la France seulement , si on organise en grand les voyages et les interpénétrations de pays à pays , en vingt ans le probème sera résolu et la paix définitivement assurée , en Europe du mins .

Telles sont grossièrement esquissées les grandes lignes de ce que souhaite la résistance française . Il estréconfortant de penser que dans le momentmême où la France souffre dans son corps et dans son âme , elle ne se laisse pas allaer à la colère et à la haine , mais laisse parler à la fois sa raison et son coeur .

Documents n° 4, 5, 6

A) Mémo d'Allen Dulles, chef de OSS-Berne, à l'ambassadeur américain en Suisse, Leland Harrisson.

LEXIQUE :

A. W. D.	Allen Welsh Dulles
M.	du Moulin de Labarthète, ambassade de Vichy à Berne
Vuillod	diplomate français à l'ambassade de Vichy à Berne (peut-être Marcel Vaidié).

Références : NARA, RG 226, E 123, B 11, F 117, *BERN-SI-INT-71-75*.

B) Lettres de la Banque de France à l'auteur

Références : archives de l'auteur.

MEMORANDUM

March 27, 1943

For: The Minister

From: A. W. D.

In reply to your inquiry, M. advised me as follows today. Practically the totality of the remaining French gold, now approximately three tons, has just been brought from Clermont-Ferrand and deposited in the Swiss National Bank here in Bern. M. says that less than one ton of the French Government gold now remains in France. He promised me a memorandum giving the exact details.

He sent Vuillod to the frontier to help get the gold over and a frontier incident with the Italians was arranged in the neighborhood of Bouveret and the gold was brought over.

BANQUE DE FRANCE

LE GOUVERNEUR

Monsieur Jacques BAYNAC
[redacted]

Paris, le 10 février 1998

Monsieur,

En réponse à votre demande du 23 janvier, je vous informe que nos archives mentionnent l'existence d'un transfert de 2371,9 kg d'or, effectué le 11 mars 1943 par chemin de fer entre la Banque de France à Chamalières et la Banque Nationale Suisse à Berne.

Nous ne disposons pas, en revanche, d'informations concernant la justification de cette opération effectuée pour le compte du Fonds de Stabilisation des Changes.

Veuillez agréer, Monsieur, l'expression de mes sentiments distingués.

BANQUE DE FRANCE

LE SOUS-GOUVERNEUR

Paris, le 6 août 1998

Monsieur Jacques BAYNAC
[redacted]

Monsieur,

En réponse à votre demande du 7 juillet, je vous informe que nos archives mentionnent l'existence des transferts d'or suivants effectués entre la Banque de France et la Banque Nationale Suisse à Berne au cours de l'exercice 1942 :

	Poids (en kg)	contrevaleur (en millions de F)
20 janvier	2135	101,6
13 février	3161	150,5
23 février	1953	93,-
13 avril	4128	196,6
23 avril	922	43,9
27 mai	3888	185,1
17 juillet	5331	253,8
28 août	3027	144,1
5 octobre	5027	239,3
7 novembre	4775	227,4
	------	------
	34347	**1635,3**

Comme nous vous l'avons indiqué le 10 février 1998, nous ne disposons pas d'informations concernant la justification de ces opérations effectuées pour le compte du Fonds de Stabilisation des Changes.

Veuillez agréer, Monsieur, l'expression de mes sentiments distingués.

Denis FERMAN

Document n° 7

Organigramme des Mouvements unis de résistance et de l'Armée secrète, élaboré par la Gestapo-SD de Marseille, entre mai et juillet 1943, sur la base des informations recueillies lors de l'affaire « Flora » et d'autres.

Faute de place, on n'a pas reproduit, sur le côté droit, le tableau des indicatifs de régions :

R1	Louvain - Lyon
R2	Menphis - Marseille
R3	Milan - Montpellier
R4	Leningrad - Limoges, Brive
R5	Turin - Toulouse
R6	Copenhague - Clermont-Ferrand

Manquent également le service régional R2 Propagande et le service régional Faux Papiers :

chef régional	Ziller, *alias* Gauthier
adjoint	Lucciani, *alias* Jeannot
imprimeur	Jaubert Drucker

Référence : AN, 72 AJ 104.

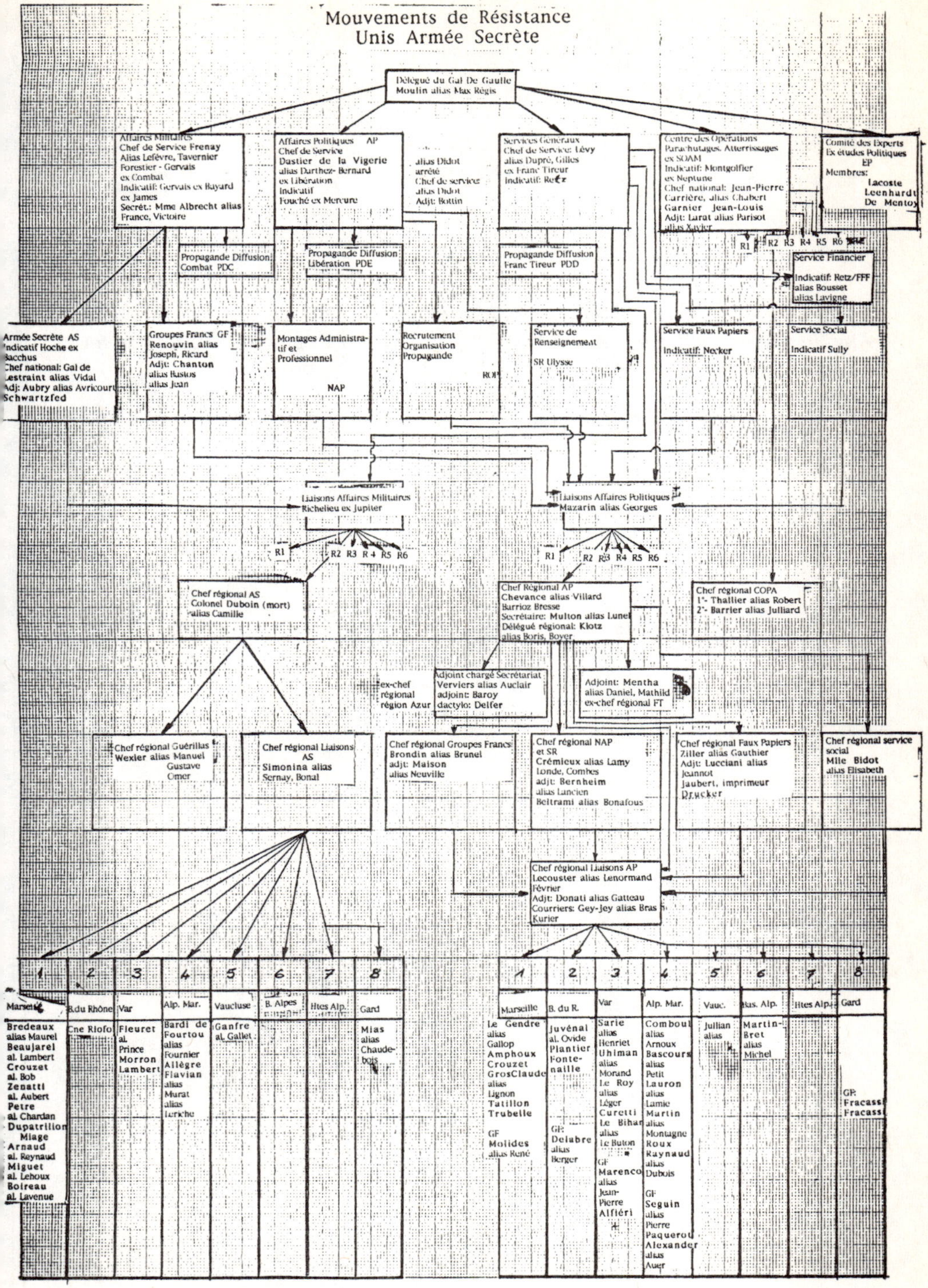

Mouvements de Résistance
Unis Armée Secrète
Délégué du Gal De Gaulle
Moulin alias Max Régis
Affaires Militaires
Chef de Service Frenay
Alias Lefèvre, Tavernier
Forestier - Gervais
ex Combat
Indicatif: Gervais ex Bayard
ex James
Secrét.: Mme Albrecht alias
France, Victoire
Affaires Politiques AP
Chef de Service
Dastier de la Vigerie
alias Darthez- Bernard
ex Libération
Indicatif
Fouché ex Mercure
alias Didot
arrêté
Chef de service
alias Didot
Adjt: Bottin
Services Généraux
Chef de Service: Lévy
alias Dupré, Gilles
ex Franc Tireur
Indicatif: Retz
Centre des Opérations
Parachutages, Atterrissages
ex SOAM
Indicatif: Montgolfier
ex Neptune
Chef national: Jean-Pierre
Carrière, alias Chabert
Garnier Jean-Louis
Adjt: Larat alias Parisot
alias Xavier
Comité des Experts
Ex études Politiques
EP
Membres:
Lacoste
Leenhardt
De Menton
Propagande Diffusion
Combat PDC
Propagande Diffusion
Libération PDE
Propagande Diffusion
Franc Tireur PDD
R1 R2 R3 R4 R5 R6
Service Financier
Indicatif: Retz/FFF
alias Bousset
alias Lavigne
Armée Secrète AS
Indicatif Hoche ex
Bacchus
Chef national: Gal de
Lestraint alias Vidal
Adj: Aubry alias Avricourt
Schwartzfed
Groupes Francs GF
Renouvin alias
Joseph, Ricard
Adjt: Chanton
alias Bastos
alias Jean
Montages Administratif et
Professionnel
NAP
Recrutement
Organisation
Propagande
ROP
Service de
Renseignement
SR Ulysse
Service Faux Papiers
Indicatif: Necker
Service Social
Indicatif Sully
Liaisons Affaires Militaires
Richelieu ex Jupiter
Liaisons Affaires Politiques
Mazarin alias Georges
R1 R2 R3 R4 R5 R6
R1 R2 R3 R4 R5 R6
Chef régional AS
Colonel Duboin (mort)
alias Camille
Chef Régional AP
Chevance alias Villard
Barrioz Bresse
Secrétaire: Multon alias Lunel
Délégué régional: Klotz
alias Boris, Boyer
Chef régional COPA
1°- Thallier alias Robert
2°- Barrier alias Julliard
ex-chef
régional
région Azur
Adjoint chargé Secrétariat
Verviers alias Auclair
adjoint: Baroy
dactylo: Delfer
Adjoint: Mentha
alias Daniel, Mathild
ex-chef régional FT
Chef régional Guérillas
Wexler alias Manuel
Gustave
Omer
Chef régional Liaisons
AS
Simonina alias
Sernay, Bonal
Chef régional Groupes Francs
Brondin alias Brunel
adjt: Maison
alias Neuville
Chef régional NAP
et SR
Crémieux alias Lamy
Londe, Combes
adjt: Bernheim
alias Lucien
Beltrami alias Bonafous
Chef régional Faux Papiers
Ziller alias Gauthier
Adjt: Lucciani alias
Jeannot
Jaubert, imprimeur
Drucker
Chef régional service
social
Mlle Bidot
alias Elisabeth
Chef régional Liaisons AP
Lecouster alias Lenormand
Février
Adjt: Donati alias Gatteau
Courriers: Gey-Jey alias Bras
Kurier
1 2 3 4 5 6 7 8
Marseille
B.du Rhône
Var
Alp. Mar.
Vaucluse
B. Alpes
Htes Alp.
Gard
Bredeaux
alias Maurel
Beaujarel
al. Lambert
Crouzet
al. Bob
Zenatti
al. Aubert
Petre
al. Chardan
Dupatrillon
Miage
Arnaud
al. Reynaud
Miguet
al. Lehoux
Boireau
al. Lavenue
Cne Riofo
Fleuret
al.
Prince
Morron
Lambert
Bardi de
Fourtou
alias
Fournier
Allègre
Flavian
alias
Murat
Leriche
Ganfre
al. Gallet
Mias
alias
Chaudebois
1 2 3 4 5 6 7 8
Marseille
B. du R.
Var
Alp. Mar.
Vauc.
Bas. Alp.
Htes Alp.
Gard
Le Gendre
alias
Gallop
Amphoux
Crouzet
GrosClaude
alias
Lignon
Tatillon
Trubelle
GF
Molides
alias René
Juvénal
al. Ovide
Plantier
Fontenaille
GF
Delubre
alias
Berger
Sarie
alias
Henriet
Uhiman
alias
Morand
Le Roy
alias
Léger
Curetti
Le Bihan
alias
Le Buton
GF
Marenco
alias
Jean-Pierre
Alfiéri
Comboul
alias
Arnoux
Bascours
alias
Petit
Lauron
alias
Lamie
Martin
alias
Montagne
Roux
Raynaud
alias
Dubois
GF
Seguin
alias
Pierre
Paquerot
Alexander
alias
Auer
Jullian
alias
Martin-Bret
alias
Michel
GF:
Fracass
Fracass

Document n° 8

Mémo du 18 juin 1943 sur la liquidation des maquis en France. Paraphé dans la marge droite par Allen Dulles et le général Legge, ainsi que par un certain « Mac », non identifié. Le mémo a été préparé par (illisible).

Les soulignages sont de l'auteur.

Référence : NARA, RG 226, E 123, B 9, F 95, *BERN-SI-INT-57-65*.

18.6.43 File

MEMO re MAQUIS

A. In regard to the "mâquis" the policy now is:

a) against concentrations of persons fleeing from the relève, both because of inability to provide for them materially during the summer and because of the impracticability and unselessness of resistance by those groups until the moment of unified action arises; and

b) to disperse a carefully selected part of such person amongst farmers and peasants, where they could be maintaind secretly at work or otherwise, and with whole or at least partial local support but

c) to maintain a skeleton liaison with the district chiefs, so as to be ready on short notice, first to receive parachutage of supplies at certain selected points, and second, to reassemble quickly when the moment arrives in groups which could be the rallyi points to which others might come; and

d) against any form of fighting which would risk the security or the lives of these people so hidden until the time that active action can be undertaken;

e) intention at the appropriate moment to parachute for these and other groups the necessary supplies.

In effect, it is the liquidation of the "mâquis"situation as such. It has been overpublicised and has therefore lost its practical usefulness for the immediate future. In the nature of things, it is not feasable to have clandestine concentrations for any extended period of time.

Prefarid Gy Midi Scamp Gen C. Tegge Mac Allof (Dolls)

B. A s counterpart to this policy, the Allied radios should cease urging the French to take to the "mâquis".

In urging resistance to the relève, it should be done in the form to indicate that fugitives should hide themselves with friends or relatives who may be able to take care of them, preferat ly in the country, and not to attempt to form groups until the time for action comes.

C. The mâquis movement was a spontaneous one and evidencing the finest spirit of French resistance, but because of the publici and of the time at which it occurred it is necessary to change the form which that resistance takes.

In sending people back from the "mâquis" and in refusing to receive new recruits, it should be emphasised that this is the result of a long range policy,-towit:

- 2 -

a) workers who as a result must go to Germany have the opportunity to do a particularly important service, perhaps more important than can be done by them presently in France, namely in organising and carrying out the mass espionage and sabotage which is already under way and with cons derable success.

b) It is not presently practicable to avoid the taking by force by the occupying armies of the civilian population of the occupied territories. If 5,000 flee, 10,000 others can be taken in their place.

c) Therefore it is better to take advantage of the vital weakness of the German plan of importing hostile foreigners, and to create in Germany, out of those host le foreigners, a situation substantially equivalent to that which already exists in the occupied territories.

Document n° 9

Lettre de Jean Moulin, à Nice, le 17 juin 1943.

Référence : reproduite d'après Sabine Zeitoun (voir Bibliographie).

Délégation Générale
Jean Moulin   Nice, 17 Juin 1943
N° 2. II

Chère maman
Chère Laure,

Deux mots pour vous donner de mes nouvelles et vous dire que je suis en parfaite santé.

Ici, tout va bien et les affaires ne marchent pas trop mal, malgré un ralentissement assez sensible de la vente des objets de luxe en général.

Nous avons eu la bonne surprise d'avoir deux achats faits par le Musée de Grenoble. C'est le conservateur du musée qui a fait lui même cet achat.

Le mois dernier, très belle exposition Othon Friesz avec 14 pièces de qualité.

J'espère que vous êtes toutes deux en bonne santé et que vous avez pu aller faire un tour à

Document n° 10

Organigramme des filières de courrier entre la Délégation en Suisse des MUR et Lyon ou Paris (vraisemblablement après l'été 1943).

Référence : Reconstitué d'après un document original publié par Jean-François Pierrier et également partiellement reproduit par Jean-Claude Croquet (voir Bibliographie).

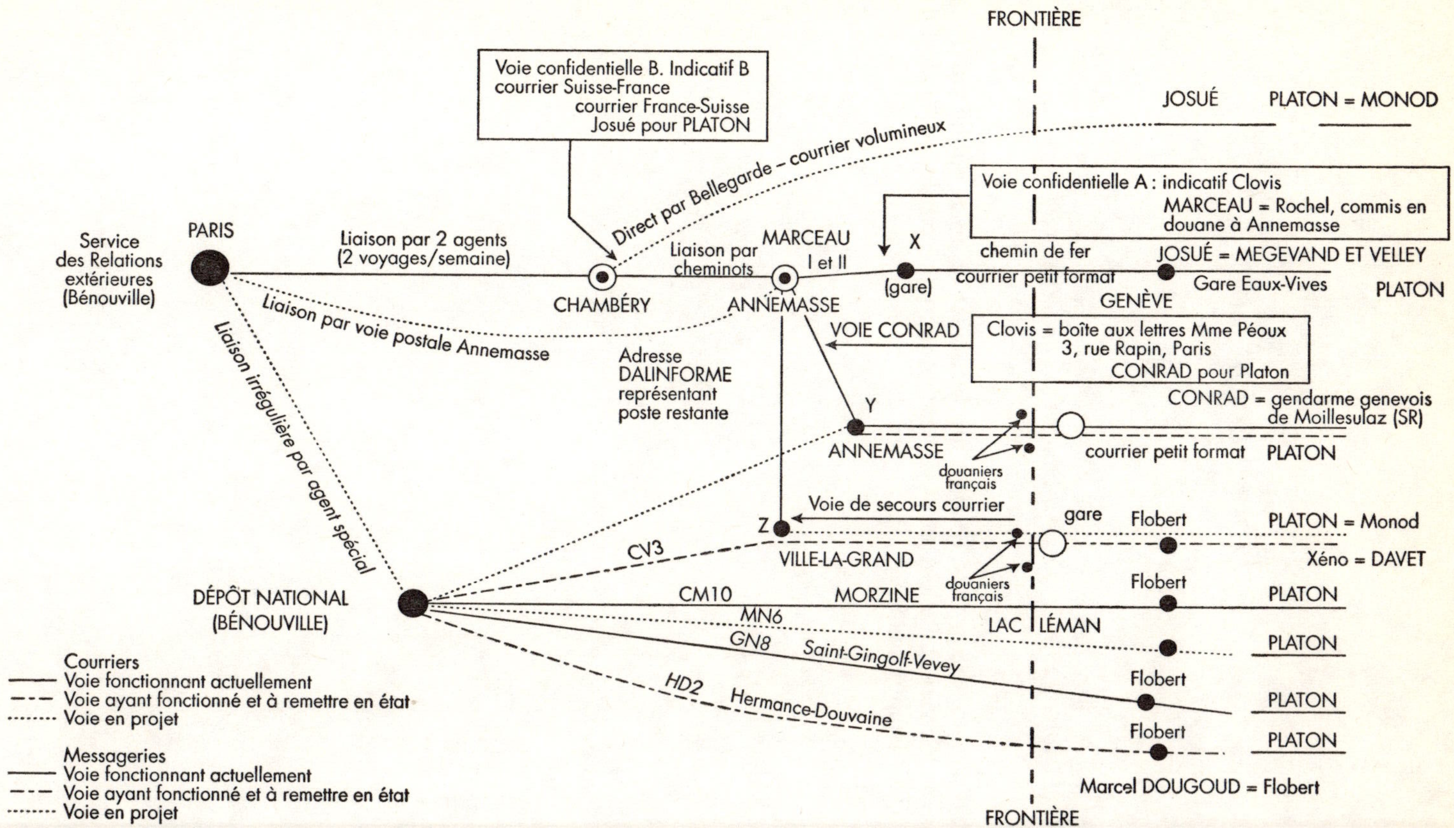
FRONTIÈRE
Voie confidentielle B. Indicatif B
courrier Suisse-France
courrier France-Suisse
Josué pour PLATON
JOSUÉ
PLATON = MONOD
Direct par Bellegarde – courrier volumineux
Voie confidentielle A : indicatif Clovis
MARCEAU = Rochel, commis en douane à Annemasse
Service des Relations extérieures (Bénouville)
PARIS
Liaison par 2 agents (2 voyages/semaine)
CHAMBÉRY
Liaison par cheminots
MARCEAU I et II
ANNEMASSE
X
(gare)
chemin de fer
courrier petit format
GENÈVE
JOSUÉ = MEGEVAND ET VELLEY
Gare Eaux-Vives
PLATON
Liaison par voie postale Annemasse
VOIE CONRAD
Clovis = boîte aux lettres Mme Péoux
3, rue Rapin, Paris
CONRAD pour Platon
Adresse DALINFORME représentant poste restante
Liaison irrégulière par agent spécial
Y
CONRAD = gendarme genevois de Moillesulaz (SR)
ANNEMASSE
douaniers français
courrier petit format
PLATON
Voie de secours courrier
Z
gare
Flobert
PLATON = Monod
CV3
VILLE-LA-GRAND
Xéno = DAVET
DÉPÔT NATIONAL (BÉNOUVILLE)
CM10
MORZINE
douaniers français
Flobert
PLATON
MN6
LAC
LÉMAN
PLATON
GN8
Saint-Gingolf-Vevey
Flobert
PLATON
HD2
Hermance-Douvaine
Flobert
PLATON
Marcel DOUGOUD = Flobert
FRONTIÈRE
Courriers
Voie fonctionnant actuellement
Voie ayant fonctionné et à remettre en état
Voie en projet
Messageries
Voie fonctionnant actuellement
Voie ayant fonctionné et à remettre en état
Voie en projet

Document n° 11

Mémo de 284 (Max Shoop ?) à 110 (Allen Dulles), du 10 septembre 1943, au sujet de Lili Méré.

Référence : NARA, RG 226, E 125, B 10, F 172, *BERN-SI-INT-88-90*.

Fry
284

September 1o, 1943

for 110

MEMO re LILLI at Marseilles

Nothing definite yet, but 405 has report that the matter is in hand at Marseilles and they are ready to take the necessary steps.

This would seem to inply that the party has been located, but the message was not more specific than that.

284

Document n° 12

Rapport du commissaire Michel Hacq sur ses relations avec le réseau OSS de Frédéric Brown, non daté (août 1943).

Les soulignages sont de l'auteur. La première ligne des p. 2 et 4 manquent.

Référence : Fonds Masson, archives départementales du Var.

RAPPORT du COMMISSAIRE PRINCIPAL DE POLICE
HACQ Michel,ex-chef de la Sûreté à TOULON (Var).

RESUME des services successifs rendus aux F.F.C et aux Alliés par ce fonctionnaire,avec le concours des Inspecteurs TORRICINI Paul et CORSINI Paul et de Melle MASSONI Jeanne,appartenant à la même Administration.-

---

J'ai l'honneur de vous exposer,ci-après,dans un résumé chronologique aussi bref que possible,les principales phases de l'activité déployée par moi-même et trois de mes collaborateurs au sein de la Résistance sur le sol national.

Dans l'exercice de notre fonction et,notamment,au cours des dix derniers mois,nous avons été appelés à tout moment et j'ajouterai, presque journellement,à oeuvrer pour la Résistance,soit en alertant l personnes recherchées par les Polices française et étrangère,soit en s botant les ordres du Gouvernement de Vichy (principalement lors des o pérations de police se rattachant au S.T.O.),soit en participant d'une façon plus active à la lutte que mènent les Alliés contre l'envahisseu allemand et italien,par la transmission régulière de renseignements de tous ordres,notamment d'informations militaires.

Toutefois,s'il m'est possible de fournir des précisions de dates et de lieux sur les principaux faits que je vais relater,par contre,je ne suis plus en mesure de retrouver avec certitude les dates de nombreux actes isolés qui,comme je l'ai signalé plus haut,trouvaient leur origine dans l'exercice même de la fonction de policier.

I.- <u>Période de juin 1940 à Novembre 1942</u>.-

Commissaire de Police depuis le 21 février 1934 (J'ai été admis dans cette fonction sur titre,étant titulaire de la Licence en Droit et de trois certificats d'études supérieures de langue allemande j'ai exercé successivement en Police Municipale à Vitré (I.et V.),puis à la 12e Brigade Mobile à Reims et au Contrôle Général des Services de Police Criminelle à Paris (Section Financière).En Mai 1937,j'étais chargé de la création et de l'organisation de la Brigade de Surveillance d Territoire de Belfort;c'est là que,jusqu'en 1939,j'ai participé à la lutte contre l'espionnage allemand en France.Durant ces deux années j'ai arrêté et déféré aux Tribunaux Militaires de Besançon et Dijon,un certain nombre d'agents importants de la Gestapo,qui furent condamnés à des peines diverses de travaux forcés,de mort et d'emprisonnement.

Lors de la mobilisation générale de Septembre 1939,j'ai été affecté à mon unité de réserve,le 10e Régiment de Génie à Besançon;quelques mois plus tard,j'étais versé dans l'affectation spéciale et envoy à Draguignan (Var) où je suis resté en Police Municipale jusqu'en février 1941,date à laquelle je fus affecté à la Police d'Etat de Toulon (5e Arrondissement).En Novembre de la même année,j'étais appelé à prendre la direction de la Sûreté de cette ville.

Durant cette période et jusqu'au 11 Novembre 1942,j'ai suivi de près l'organisation des groupements de Résistance et,sans prendre u part active à leur constitution et à leur développement,je n'ai jamais manqué de contrecarrer les ordres du Gouvernement de Vichy en m'absten ceux d'entre eux qui pouvaient être en danger. Il y a lieu de noter à ce sujet que, jusqu'à l'occupation totale du Territoire français par les troupes allemandes et italiennes, seule, la Police française était chargée en zône libre de la répression des menées dites "gaullistes" et "antinationales". Une complète passivité a donc permis, dans la plupart des cas, de limiter les dégâts et d'éviter des arrestations susceptibles d'entrainer une désagrégation de la Résistance.

Dès mon arrivée à la Sûreté de Toulon, en Novembre 1941, j'entrais en relations plus étroites avec deux Inspecteurs de ce Service, MM. TORRICINI et CORSINI, dont j'avais pu connaitre le rôle au sein de la Résistance. Je les mis de suite en confiance et, après avoir constaté notre complète identité de sentiments, je leur demandai un concours de tous les instants qu'ils ne me refusèrent plus par la suite. Sous mon couvert, ces Inspecteurs continuèrent à assurer la protection des distributeurs de tracts diffusés par les Mouvements de "Combat", "Libèration" et "Franc-Tireur"; à plusieurs reprises, ils s'occupèrent eux-mêmes de retirer dans les gares les valises contenant des tracts ou documents dangereux à transporter. Ils étaient également chargés d'alerter et de diffuser l'alerte chaque fois qu'il était nécessaire.

Enfin, dans le courant de l'année 1941, je fus appelé à héberger un membre influent du Groupe "Combat" à Toulon, M. MAURIN Maurice, ex-secrétaire général du Conseil Général du Var, relevé de ses fonctions par application de la Loi du 17-7-40. M. MAURIN, dont il sera encore parlé plus loin, resta chez moi jusqu'en juillet dernier, époque à laquelle il dût disparaitre avec moi de la région de Toulon, pour échapper aux recherches de la Gestapo et de l'Ovra.

II.- <u>Période de Novembre 1942 au 1er Août 1943</u>.-

Après les évènements du 11 Novembre 1942 et le sabordage de la Flotte de Toulon, le 27 Novembre suivant, cette dernière ville fut occupée, en partie par les troupes italiennes qui prirent le commandement militaire de l'Arrondissement Maritime, en partie par les Allemands qui s'arrogèrent le contrôle de l'Arsenal et des Etablissements de la Marine.

A partir de ce moment, mon activité reçut une orientation nouvelle. Le contact avec la Gestapo et l'Ovra, qui s'installèrent à demeure à Toulon et commencèrent à inquièter les organisations de Résistance, me mit à même d'engager la lutte avec ces polices ennemies dans toute la mesure de mes possibilités. Toujours avec le concours des Inspecteurs TORRICINI et CORSINI, je ne me suis plus jamais départi de cette ligne de conduite. En outre, j'ai définitivement engagé dans mon circuit Melle MASSONI Jeanne, dactylographe à la Sûreté, dont j'avais pu également apprécier les sentiments et la loyauté; cette dernière, en plus du travail de copie de documents auquel elle se consacra dès lors, servit également d'agent de liaison dans de nombreux cas.

1.- <u>ALERTE</u>.- Nous avons tout d'abord intensifié l'action de notre réseau d'alerte et nous avons pu ainsi prévenir, notamment les personnes ci-après, en temps utile:

a) Commandant FLEURET, alias "PRINCE" et M. SARIE, alias "HENRIET" chefs de "Combat" à Toulon, recherchés par la Gestapo et qui purent ainsi disparaitre. Par la suite, grâce à une indiscrétion de la Milice à la solde de la Gestapo, j'ai alerté les Dominicains du Monastère de St Maximin (Var), chez qui étaient cachés des patriotes et devaient se rendre le Commandant FLEURET et M. SARIE. Cette alerte, donnée 24 heures à l'avance, rendit les recherches de la Gestapo complètement infructueuses.

b) Colonel DUBOIN, chef régional de l'A.S., quelques jours avant qu'une perquisition soit effectuée chez lui, sur dénonciation de la Milice, pour recherche d'armes (Mars ou Avril 1943)- Un peu plus tard, le même Colonel DUBOIN fut arrêté par la Gestapo à Marseille; il est décédé récemment et se serait suicidé par absorption d'un produit toxique.

c) M. LENTHA, alias "MATHIL", chef régional de "Combat" et "Franc-Tireur" à Toulon; ce dernier, alerté à temps, put disparaitre 24 heures avant l'arrivée de la Gestapo à son domicile.-

d) M. CURETTI, marchand de charbons à Toulon, chef local de "Franc-Tireur", qui fut appréhendé par la suite, n'ayant pas tenu compte du conseil d'alerte qui lui était donné.

Je n'ai cité là que les personnalités les plus marquantes des Mouvements de Résistance alertées par nos soins à Toulon. J'ajouterai que nous nous tenions en liaison constante avec M. UIMAN, alias "MORAND", chef de "Franc-Tireur" pour la région de Marseille et qui fut également arrêté par les Allemands, à la suite de l'affaire Rex-Moulin.

Beaucoup d'autres patriotes, en danger d'arrestation, furent prévenus à temps; à plusieurs reprises également, des instructions d'alerte ont été diffusées par nos soins aux camps de réfractaires menacés.

2.- SABOTAGE DE LA REPRESSION.-

Dans ce domaine, l'affaire la plus importante est celle qui suivit la découverte, par M. GASTON-CARRERE, Commissaire de Police du 5e Arrondissement à Toulon, Légionnaire et Collaborateur, d'un dépôt clandestin de 500 mousquetons de l'armée, dans la banlieue toulonnaise, le 27 février 1943. Cette affaire, qui devait entrainer l'arrestation des trois Lycéens (les jeunes IMBERT, HURSTEL et PALTI) ayant effectué le transport des armes, faillit dévoiler toute l'organisation régionale du Mouvement "Combat", dépositaire de ces armes et l'arrestation de ses chefs; en effet, le jeune IMBERT, au courant de cette organisation, avait été frappé par le Commissaire Gaston-Carrère, au début de son interrogatoire. Il était sur le point de parler, lorsque je réussis à glisser les Inspecteurs TORRICINI et CORSINI dans l'exécution de l'enquête. Ces derniers se chargèrent eux-mêmes de l'interrogatoire des trois jeunes gens et leur dictèrent leurs réponses. Mon intervention indirecte permit, avec l'accord du Parquet de Toulon, de classer cette affaire, qui pouvait être grosse de conséquences, tout en ne dévoilant ni mon jeu, ni celui de mes collaborateurs. Un mois plus tard, le 23 Mars 1943, le Commissaire Gaston-Carrère fut mortellement blessé à son domicile par un patriote. En tant que chef de la sûreté, je fus alors chargé de l'enquête et, malgré les insistances de l'Intendance Régionale de Police et de Vichy, je réussis encore à faire trainer en longueur et les recherches restèrent sans résultat.

Je m'abstiens de citer et d'énumérer les cas nombreux où je parvins à clore infructueusement des enquêtes qui devaient normalement entrainer l'arrestation de patriotes et de bons Français dévoués à la cause de la Libération.

3.- TRANSMISSION DE RENSEIGNEMENTS MILITAIRES, ADMINISTRATIFS, POLITIQUES et AUTRES.-

Dès Novembre 1942, je suis entré en contact avec M. PETITJEAN Pierre, alors Commissaire de Police à la Surveillance du Territoire de Toulon, actuellement à Alger. (M. PETITJEAN a quitté la France pour Londres dans le courant du mois de Mars 1943). Ce fonctionnaire dirigeait un important réseau de renseignements pour les F.F.C. Je me suis mis à son entière disposition avec mon équipe et mes moyens (photographie de documents au Service anthropométrique de la Sûreté, établissement de papiers d'identité, recueil et copie de nombreuses informations etc.....). Comme il a pu en témoigner lui-même, je lui ai communi-

Défense Côtière, l'Administration, les Transports, l'organisation des réseaux téléphoniques et télégraphiques allemands et italiens etc.......

A son départ pour la Grande Bretagne, M. PETITJEAN me mit en relations avec l'Officier américain BROWN Fred, alias "Tommy", alias "Jim", venu d'Alger et chargé d'une importante mission de renseignements sur la Côte Méditerranéenne par le S.R. américain (O.S.S.). Mon collègue me sollicita pour continuer l'organisation du réseau BROWN, commencée par lui et j'acceptai.

Depuis cette date et, jusqu'au 9 juillet 1943, tout en remplissant mes fonctions de chef de la Sûreté à Toulon, je me suis entièrement et uniquement consacré à ce réseau avec mon équipe, à laquelle j'avais adjoint M. MAURIN, dont j'ai parlé plus haut et pour qui j'avais obtenu une couverture, en le faisant nommer au secrétariat de la Chambre Professionnelle Hôtelière du Var. En relations avec M. BROWN Fred, j'ai constitué un secteur de renseignements pour Toulon et la région côtière et j'ai dirigé les travaux d'un opérateur-radio, le nommé RICHES, qui avait été mis à ma disposition avec tout le matériel nécessaire et fut installé sur place.. Cet opérateur communiquait directement avec les Services d'O.S.S. à Alger.

En dehors des transmissions régulières et rapides de renseignements militaires ou maritimes (notamment les informations concernant le trafi du port de Toulon, les entrées et sorties de sous-marins, navires de guerres allemands ou italiens, pétroliers, chalands etc....), j'ai dirigé avec mon équipe une première opération d'embarquement et débarquement d'un sous-marin français venu d'Alger, dans la région de St Tropez; cette opération eut lieu dans la nuit du 7 au 8 Mai 1943 et fut pleinement réussi Elle fut effectuée par le S/M/français "Marsouin" qui embarqua M. BROWN e M. HUET, industriel parisien, porteur de plans interessant la Défense Nationale et débarqua cinq personnes chargées de mission par les Alliés en plus d'un important matériel, notamment cinq postes émetteurs de radio, des mitraillettes, armes et munitions. J'ai assuré la sécurité et le transport des personnes et du matériel, tant sur les lieux que jusqu'aux villes préalablement désignées. Parmi ceux qui furent débarqués ce jour là sur la Côte Méditerranéenne, se trouvaient deux agents du S.R. anglais (I.S), un agent d'O.S.S. et deux Officiers du 2e Bureau Français d'Algérie, dont le Capitaine ROGER.

Par la suite, toujours avec mon équipe, j'ai préparé un parachutage de matériel dans la région de Sault (Vaucluse). Ce parachutage fut exécuté, dans la nuit du 18 au 19 juin 1943, à l'endroit indiqué par un appareil anglais venu d'Alger; au cours de cette opération l'Officier américain BROWN Fred rentra en France.

Enfin, dans les nuits des 30 juin, Ier, 2 et 3 juillet 1943, j'ai organisé, au même endroit que précédemment (région de St Tropez) un deuxième embarquement par sous-marin, avec l'assistance d'Officiers du 2e Bureau Français (Groupe Georges Henri) de la région de Marseille. L'opération n'eut pas lieu, le sous-marin envoyé d'Alger n'ayant pu atteindre la Côte.

Dans le réseau BROWN, j'ai travaillé sous l'indicatif "USA-FORAIN 222" et tous renseignements plus détaillés sur l'activité de mon secteur pourront être fournis soit par le S.R. américain, soit par le 2e Bureau Français d'Alger.

J'ajouterai que, durant la même période, j'ai eu l'occasion de rendre service à plusieurs reprises au réseau anglais OLIVIER (I.S.), en assurant notamment avec mon équipe la protection de ses émission-radio. Dans le courant du mois d'Avril, le poste émetteur de ce réseau étant recherché par la Gestapo, je réussis à sortir tout le matériel du garage o il était entreposé à Toulon et à le transporter en lieu sûr à Marseille

Le 9 juillet dernier, dans la matinée, des forces importante de Police allemande et italienne cernaient à Toulon l'immeuble où opérait le radio de mon secteur, le nommé RICHES. Ce dernier fut surpri en cours d'émission et arrêté aussitôt. RICHES avait commis plusieurs imprudences (longueur des émissions notamment) et c'est ainsi que son émetteur fut détecté par la radiogoniométrie ennemie. Tout son matériel fut saisi.

Je pus alerter en temps utile M. BROWN, chef de réseau, qui venait d'échapper de justesse à la Gestapo et s'était réfugié dans la montagne. De mon côté, je quittai immédiatement Toulon avec mon équipe et me ~~réfugiai~~ rendis dans la région de Nice, laissant à M. MAURIN la liberté de trouver un refuge absolument sûr. J'appris par la suite que des agents de la Gestapo et de l'Ovra s'étaient présentés à mon domicile pour procéder à mon arrestation; en mon absence, ils auraient perquisitionné, sans résultat d'ailleurs, car je pus détruire tous les documents compromettants ayant mon départ de Toulon. Depuis cette date, la Gestapo et l'Ovra me recherchent activement dans toute la région de Marseille et de Nice; ils se sont même rendus, vers le 8 Août, ches des amis habitant une localité du Haut-Var, ches qui s'étaient réfugiés ma femme et mes trois enfants. Ils avaient l'intention d'appréhender ma femme, mais cette dernière put disparaitre à temps avec sa famille.

C'est donc vers la fin juillet, à la suite de ces évènements, que je suis entré en relations avec AJAX; ce dernier m'avait déjà contacté dans le courant du mois de mai, avant son départ pour Londres et je lui avais alors promis mon concours pour tout ce qui concernait les renseignements politiques et le dispositif d'alerte.

Dans l'obligation d'abandonner mon poste officiel et en instance de sanction administrative de la part du Gouvernement de Vichy, j'ai acceptai l'organisation et la direction de la Centrale du Réseau AJAX qui me furent offertes par ce dernier et je travaille à ce poste depuis le Ier Août 1943; par ailleurs j'ai abandonné toutes les liaisons que j'avais antérieurement avec d'autres réseaux et dont j'a parlé plus haut, pour me consacrer entièrement à ma nouvelle tâche.

Pour terminer, je tiens à signaler que je suis le promoteur de l'évasion à Nice, le II Août dernier, du Dr SIMOND Albert, arrêté par la Police de Sûreté de cette ville, le 8-3-43 et détenu administrativement à l'Hôpital Pasteur. Le Dr SIMOND était un des dirigeants du Mouvement "Radio-Patrie". ~~xxx xx~~ (Voir au Courrier AJA-2 Dossier M.I le rapport concernant les circonstances de cette évasion).

Document n° 13

Premier interrogatoire de Frédéric Brown, à Londres, le 15 février 1944, par le X 2 (contre-espionnage) de l'OSS en présence de représentants du SOE et du MI 5.

Les soulignages sont de l'auteur.

Référence : NARA, RG 226, E 194, B 99, F 419A, *French Resistance (Tomy) Algiers*, PARIS-SO-OP-1,4,14.

15.3.44.

FIRST INTERROGATION of Fred BROWN @ TOMMY.

1. Missions.

Source went to France on his third mission on the 19th June 1943 with the object of establishing an information service and wireless communication on behalf of O.S.S. in the South of France. Having carried out this mission to the best of his ability, he crossed to Spain in the middle of September with a view to returning to Algiers in order to arrange parachute operations for the resistance groups which he had contacted. While in Madrid he received instructions to return to France, as his organization was in danger, and he accordingly did so. Many members of his service were arrested and he himself took refuge in the Maquis in the district of Vercors, where he remained until the beginning of October. He then left for Spain a second time and finally arrived in Algiers on the 17th October. Source had previously carried out two missions, one in Corsica from 10th Dec. - 31st Dec. 1942 and a second in France from 1st Feb. - 8th May 1943. On this occasion he took with him two W/T sets for O.S.S., two for the French service and one for Colonel KESWICK of S.O.E.

2. NAPO @ PISTON. (S.O.E. W/Op)

During his second mission source trained and installed the W/Op NAPO later known as PISTON. NAPO was the son of Pasteur ROUX, the leading pasteur in Marseilles, who, by virtue of his position, had numerous influential contacts in the town and also relations with the Gestapo. Pasteur ROUX was introduced to source by pre-war business friends and he in turn introduced source to his son. Source stated that NAPO had some knowledge of W/T, but was a mediocre operator. After three weeks' training, however, he was able to function satisfactorily. Source installed him in a flat at 15 Place St. Michel with strict instructions that he was not to transmit continuously from that place. There were 5 or 6 places from which he could transmit and he was ordered to change frequently. About the 13th - 15th May, 1943, after source had left France, there was a police search at the flat. NAPO himself managed to escape, but his wife and father were arrested. He was hidden in the mountains and was later installed by source in the Haute Savoie, and provided with another W/T set which he now operates in the name of PISTON.

3. BER.

Source positively stated that NAPO was not located by D/F'ing, but that the search at his flat was entirely due to the indiscretions of the two English agents BER and NEY, who had arrived in the submarine on which source embarked for Algiers on 8th May. Source had arranged that these two agents should be taken on their arrival to NAPO's flat. They established themselves there, frequently brought women with them, were constantly drunk in public and generally behaved in a fashion likely to attract attention to themselves, with the above unfortunate results. It soon became evident that BER was acting as a double agent, as source, in the beginning of July (he first said the end of July, then the middle and finally the beginning of the month), saw a letter which Mme. ROUX, mother of NAPO, had received from her husband in prison through the intermediary of one of the French warders. In this letter, which was also seen by MAX and LYS, two of source's immediate associates, Pasteur ROUX stated that he had been confronted in prison by BER accompanied by a Gestapo agent in civilian clothes and that BER had immediately pointed to him, saying, "That's the man; he has a radio set at his house". Source gave orders that BER should be liquidated, but he has not been seen since. (N.B. According to

- 2 -

HEY, BER was arrested on July 5th.)

4. Arrest of MEXICO Operator in Toulon. 10th July, 1943.

Source considers that the arrest in Toulon of the W/Op MEXICO was due to information given to the Gestapo by BER. MEXICO did not know BER, but members of the MEXICO station, Police officers, were also in contact with BER and HEY.

5. Source's contact with the French Police.

It was during his second mission that source contacted the Police officials mentioned in the previous paragraph. He described them as a bunch of gangsters, whose sole object was to make money. The Chief of Police in Toulon swore that he was only working for source, but the latter learned from reliable friends that they were also working for the British and for the German Contre Espionage. HAG, Chef de Surete, was playing a similar game.

6. Contact with IMBERT and PERPERE. Feb. 1943.

Source also described IMBERT and PERPÈRE as gangsters. He was introduced to them by CAILLAUD of the 2me Bureau, who also introduced DUHAMEL, GEORGES HENRI and PIERRE. Source gave IMBERT 550,000 francs, for which he received no receipt and, when, at the end of Feb. 1943, he was ordered to sever relations with the 2me Bureau, he asked IMBERT to return the money. IMBERT only returned 25,000 in a letter addressed to CAILLAUD, so he stole 450,000 francs from source. Source then contacted Dick VINCENT in Marseilles and the resistance groups there with which VINCENT was connected wanted to liquidate IMBERT, but source would not allow this. He broke off relations with GEORGES HENRI and finally separated O.S.S. from the 2me Bureau altogether.

7. Third Mission.

a) Contacts.

Also during his second mission source had formed contacts among the various indigenous resistance groups in the south of France. One of these contacts was Dick VINCENT, who became source's chief assistant and, in that capacity, was extremely useful to him, because of his widespread relations in the Resistance Movement. With VINCENT's help source was able to build up his information service during his third mission. Among the people recruited were MAX and LYS.

b) Source's escape from the Gestapo. 9th July, 1943.

Source landed by parachute on the 19th June. He went first to Toulon to see the state of affairs there and then went on to Marseilles to contact VINCENT, who arranged that source should stay with FOURNIR, an official of the 2me Bureau. It so happened that FOURNIR was being sought for by the Gestapo and source was not informed of this. That night the Gestapo came, so MAX, source and VINCENT moved 10 kms. further on. On the 9th July source went to "Roucasblanc" and as he approached the house, he sensed that something was wrong, because everything was closed. One door was, however, open and, as source entered, he was immediately attacked by a Gestapo agent. Fortunately he was holding his pistol in readiness and, as he was quicker on the draw (the result of constant practice), he killed the German and withdrew, sheltering himself

/beneath the terrace

-3-

beneath the terrace. Another agent pursued him and was also killed; others continued to fire on him from within the house, but without effect. As he escaped he saw a Gestapo car and agents who tried to stop him. At 2. a.m. he took refuge with a friend called PICARD and next day learned that LYS had been arrested and also the MEXICO W/Op in Toulon.

c) <u>Organization of Information Service.</u>

During the months of July and August source endeavoured to contact the various resistance groups in order to establish his information service. He met with some difficulties and, towards the end of August, moved to Montelimar, where he organised his service afresh, recruiting among others LATTARD, ISSARD and the Comte d'Ardigne. In the beginning of Sept., having satisfactorily established W/T communications through the posts <u>OHIO (AZUR)</u>, <u>YORK</u> and <u>TEXAS</u>, a chain of contacts in the Rhone Valley and a second chain in case the first should be blown, source decided to leave France for Algiers via Spain in order to arrange parachute operations for the resistance groups which he had contacted. He accordingly left about the middle of Sept. and went to Carcassonne, where he saw CLAUDE. While with CLAUDE he saw VINCENT, whom he left in charge with strict instructions not to go to Marseilles or Toulon. Source proceeded to Madrid via Barcelona and, when in Madrid, received orders to return at once to France, as his organization was in difficulties.

d) <u>Arrest of MAX and VINCENT.</u>

On receipt of these orders source returned to Carcassonne by the same route by which he had crossed into Spain and learned from CLAUDE that <u>VINCENT had been arrested.</u> He had disobeyed source's instructions and had gone to Marseilles, probably to obtain information about his friend MAX, <u>who was arrested two days before.</u> He was followed on the Canebiere by the Gestapo on whom he fired, wounding a passerby, ran away at full speed, but was stopped by two French policemen, who handed him over to the Gestapo. Source has had no news of him since. He was probably tortured and it is possible that he talked, but source does not think that he would. <u>MAX was also tortured, but source is confident that he did not talk.</u> <u>Source attributes the arrests to denunciation by one of MAX's friends, who was also arrested and who gave full information to the enemy.</u> A search was made at his house. As he worked at the Bureau Control at La Ciotat, he would know the names of all the members of the organization. He is known to TUNIS, SFAX, VICTOR and AIME. MAX and LYS were later got out of prison and are now with PISTON in the Haute Savoie. Source was apparently also denounced, but the photographs given to the Gestapo to identify him were those of SOULT. A second photo was distributed, but it was not of source either.

e) <u>Source's return to France and arrests at Montelimar.</u>
<u>27</u>th Sept. 1943.

On hearing this bad news source went to Montelimar where he arrived on the 26th Sept. He wanted to contact his W/Op AZUR (OHIO), whose whereabouts at the time he did not know, as the place of transmission was /frequently changed.

- 4 -

frequently changed. He therefore went to LATTARD, who informed him that AZUR was at Crest, so source and ISSARD went there in one of LATTARD's lorries. They had only just left Crest together with AZUR and the W/T equipment, when a large force of the Gestapo arrived to arrest them. Source immediately warned LATTARD and the Comte d'ARDIGNE, telling the latter to hide everything, but next day, 27th Sept., ISSARD LATTARD and the Comte were all arrested and 5,000,000 francs were found at the Comte's house. ISSARD, a garage owner who acted as letter-box for the organization, was the first to be arrested and source later learned through the Commissaire de Police at Montelimar that he had given full information to the Germans. Source imagines that the arrests in Montelimar were also due to the man in Marseilles who had denounced MAX and VINCENT. It was obvious that, if anyone in Marseilles at one end of the chain of contacts was blown and knew the courier, he would know all the contacts along the chain up the Rhone valley to Montelimar.

f) <u>Source's security.</u>

After the arrests source went to the country for two days. He had many cars at his disposal, hidden in farms in the district and all provided with supplies of petrol and false papers. He does not think that he was sought for at that time, as he was stopped on the Pont de Valence by gendarmes and the Gestapo. Everything compromising was well hidden in the car and, after a brief control, source was allowed to continue. It was obvious that they did not recognise in him a suspect person and he saw that they did not know the name of FRED.

Later, however, source learned from the reports of the French resistance, that he was being actively sought for. The Gestapo went to Mme LATTARD and said that her husband would be released from prison, if she would give information about <u>FRED "L'ASSASSIN"</u>. They asked for a detailed description, distinguishing marks, dress and manner of speaking. They also tried to get his fingerprints from objects he had touched. When Mme. LATTARD denied all knowledge of source's whereabouts, they offered her a bribe of 1,000,000 francs. She was not arrested, but was badly knocked about. She did not talk. In this connection source stated that women were better able to withstand interrogation than men: Mme LATTARD did not talk, neither did Mme COLOMBIER nor <u>LYS</u>.

Source was in touch with the Commissaire de Police at Montelimar and was told that instructions had been given to the police by the Germans to the effect that, if FRED were captured, he was to be treated as a prisoner of war. Source thinks that this was a ruse to make him slacken his attention and lay aside his revolver. The Gestapo therefore knew that source was called FRED; they also knew that there was a foreign officer called TOMMY. <u>Only five of source's associates in the organization knew the name of BROWN, but of course source had many pre-war acquaintances who would know his name.</u> Major MULLER told him that the Gestapo wanted him alive or dead.

g) <u>Stay in Vercors and Departure from France.</u> Oct. 1943.

After two days spent in putting the Gestapo off his track, source reached the district of Vercors, where he joined the second chain of contacts which he had established in case the first should be blown. He very soon afterwards left France, arrived in Madrid and, on the 17th October, was flown from Gibraltar to Algiers.

h) <u>Attack on the Gestapo.</u> 2nd October.

On the 2nd October, three days before he left France, source was stopped by the Gestapo at the Carrefour de Pont St. Esprit and ordered to get down from his car. He realised that he would have to fight or be captured and so decided to fight. He had his Tommy gun and two hand grenades, one of which he flung among the Gestapo personnel and one into their car. Three of the Gestapo were killed and their car was destroyed. JEAN, who was with source, was wounded. MAX had similarly destroyed a Gestapo car and killed three of the men. Source stated that there are always four men in the Gestapo cars, one to drive, two to interrogate the people they stop and one concealed close by to fire if necessary.

8. <u>The Maquis.</u>

<u>During the short time he spent in Vercors</u>, source visited <u>all the Maquis camps in the district.</u> He considered that, if adequate help were given, men in the Maquis could be trained to good work. There are camps at the following places:-

Basses Alpes
Vercors
Cevennes
Haute Savoie
Valensole
> Saült
Florac (good local supplies of food and fuel)

On his return to Algiers, source had an interview with various influential people <u>including the Minister of War.</u> He put the case of the Maquis before them and ROUX asked the Minister of War for supplies and for a plan of campaign. The Minister promised that he would furnish a plan the following week, but a fortnight later it was still not forthcoming. ROUX said that he had summoned a meeting with Colonel ROMAND, the head of resistance in the Maquis, and at this meeting ROMAND declared that he could not ask the authorities for arms, as there was too much opposition. He gave source to understand that the politicians were afraid of arming the Maquis, lest the latter should be in a position to choose the best leaders of the Resistance Movement to govern France after the war.

9. <u>Arms for the Maquis.</u>

Source stated the following requirements:-

Tommy guns (the simple kind)
Grenades
Colt 32)
Colt 45) for each officer
Field Glasses)
Mines for the roads
Mortars 3 cm. for each group

Source does not consider that the Tommy gun is too

complicated and said that there are many men in the resistance groups who are now familiar with its use. It permits of accurate fire from a height at a distance of 500 yards. The Sten gun does not meet with favour in the Maquis. It is suitable for a coup de main or for liquidations, but not for serious action.

10. Communists.

One of source's chief assistants during his last stay in France was MAX, who was an active member of the Communist Party. From MAX source learned that the Communist organizations in Lyons and Paris were in communication by radio with Russia. Source was particularly definite upon this point.

Source also stated that the Communists are particularly active in the resistance movement in towns and industrial areas, but that so far they had not materially penetrated the Maquis. He insisted, however, that, if effective assistance were not immediately given to the Maquis by the Allies, the French peasants who were now wavering on the border of Socialism and Communism would turn to the Communists in despair of receiving aid from the Allies and that this would have very serious consequences after the cessation of hostilities.

Document n° 14

Pénétration du réseau Brown par les services allemands, depuis mars 1943, rapport OSS rédigé sur la base des documents trouvés à l'Abwehr-Dijon.

La page de présentation du rapport n'est pas reproduite, ni les deuxième et troisième parties respectivement consacrées à la pénétration de l'ambassade américaine en Suisse et à la capture de parachutistes et agents américains avant le Débarquement.

Référence : NARA, RG 226, E 190, B 30, F 122, *BERN-OSS-PTS-13*.

SECRET

I. Penetration of the American Intelligence Service.

The contents of the captured documents of Abwehrstelle DIJON indicate that the Germans had little if any knowledge of the existence of an American Intelligence Service in

Mar 43 France until March, 1943. At that time a V-mann drew attention to a "Canadian Captain Charles MURCHIE," to Richard KERKEN, and to Lilli MORE. The hint was not developed until July of that year, but in the meantime at least two attempts to penetrate the American Intelligence Service were made.

11 May On 11 May the radio direction-finding station at MARSEILLE picked up a W/T transmitter on Line 5506. A subsequent raid uncovered 2 sending-sets, 3 transmission-plans, coded and decoded radio messages, as well as the code-book (Rousseau's Contrat Social). The operator, Jacques ROUX, succeeded in escaping; but his wife and parents were apprehended. The materials and interrogations failed to provide information as to just how the American Intelligence Service was being run.

The second attempt at penetration, a double-agent venture, was thrust upon the Germans, as they later decided. A man named Georges GAY on 13 June 1943 came to the SD office at MARSEILLE with an offer to work for them. GAY's story was that he had gone to North Africa in the submarine "Casablanca" and had there been employed as an agent by the American Intelligence Service. He returned by submarine, with the mission of getting in touch with 3 other American agents, including ROUX (mentioned above), FRANCART, and HACQ. To prove his good faith, he enabled

SECRET

SECRET

SECRET

29 Jun 43 the Germans to arrest FRANCART on 29 June, and then engaged himself to go to North Africa for them to penetrate the American Service. The Germans later discovered that FRANCART had been suspected by the Americans of doing double-agent work for the Gestapo. (Incidentally, since FRANCART escaped from them in October 1943, it is likely that he was on the level with the Americans from the first.) Since nothing more was heard from GAY in North Africa, and perhaps also because it appeared improbable to them that he would have been sent to make contact with ROUX when ROUX had just escaped from the German trap and had lost all his equipment, the Germans decided it was a trick. GAY, they thought, had been working for the Americans all the time, with the mission of finding out how much information the Germans had on the American I. S.

July At the beginning of July 1943, a V-mann of SD, MARSEILLE, discovered that a MARSEILLE danseuse named Yvette COSTAL was involved in an organisation which was arranging for the escape of fugitive laborers to North Africa. This organisation used as its hide-out the Villa "Esperanza" in MARSEILLE. A

9 July German raid on the Villa on 9 July resulted in the capture of intelligence material (coded and un-coded messages, crystals, transmitting plans, money) and, more importantly, in the capture of several agents, notably Lilli MORE or MERE.

Lilli MORE, who had been the mistress of Capt Fred BROWN of SI, might have proved a major find; and her importance must have been recognised, since the report on her interrogation was

SECRET

~~SECRET~~

made by the "Chief of the Sipo and SD." From quotations made from this report, it appears that she attempted to cover up for the American Captain BROWN by asserting that she had been the girl-friend of Capt. MURCHIE (who had, according to the British, left France in April 1941) and attributing BROWN's activities to him. In view of the previous report that the Germans had received on MURCHIE (see p. 2, above), it is possible that this was part of a systematic American plan of chicken-feeding. At any rate, the Germans fully believed that MURCHIE was head of the organisation at this time, and were reluctant to change their opinion later. Lilli MORE's testimony must have provided the following information:

> "In 1940 MURCHIE fought in the Northern French Army and in April 1941 was sent to an internment-camp in Spain. In February 1943 he visited Lilli MORE in MARSEILLE and went from there in April 1943 to Switzerland and the U.K. On 25 June 1943 he returned by submarine to France and lived in Lilli MORE's house, Villa Esperanza, Rue Martin Brignaudi 23, MARSEILLE, until she was arrested. In this house espionage material, radio-traffic plans, and keys to codes were found, and from the radio messages available it was confirmed that MURCHIE alias 'TOMMY' plays an important part in an intelligence organisation in the South of France and also maintains relations with Resistance Groups in the mountains."
>
> -- "Amt Ausland report of 12 Oct 43.

The radio messages supplied the Germans with proof of TOMMY's important role, and one of them is summarised by the Germans as follows:

> "'TOMMY' complains about the unbelievable methods of the SR (Service de Renseignements -- an organisation of the Deuxième Bureau), saying that no existing patriotic organisation would have anything to do with the officers of this Bureau. 'TOMMY' himself had broken off his connection with the French SR, who had not fulfilled their promises to him in any way. He also states that the 'LIES'

~~SECRET~~

été dev... mais obtenu + illég. ...

SECRET

organisation is known along the whole of the south coast of France and that their two W/T stations are in danger. He asks that agents should not go about too much dressed as Englishmen and says that thanks to the TOULON police he was not arrested on 14 or 15 April. He is able to move about quite freely in the coastal area and managed to get through all controls as far as NICE. He often asks for 'DOLPHIN' and regrets not being able to meet him, but a lot of jobs have been prepared for him to do. He ('TOMMY') works with the sabotage section of the francs-tireurs and for the Armée Secrète."

The German conclusion is that the American I. S. is carrying on an espionage organisation in the South of France in connection with GIRAUD, and that MURCHIE is the head of it.

About the same time as the raid on the Villa Esperanza, the radio direction-finding station at TOULOUSE picked up a transmitter on

3 Jul Line 5507; and the chief operator, Hektor RICHEZ, was captured, along with sending- and receiving-sets, crystals, code materials, and radio supplies. By this arrest the Germans discovered the existence of three radio stations with American code-names: "Yankee" at ALGIERS, "Chicago" at MARSEILLE, and "Philadelphia" in the HAUTE-SAVOIE. RICHEZ's interrogation prpduced, as the German report admits, only a little information on the structure of the American I. S. He said he was under the orders of a certain "JIM" alias "TOMMY," said to be a Canadian and to live in the Hqs of the Partisans in the HAUTE-SAVOIE. His fellow-workers were the former Sergeant-Major Jean MESLET (his liaison with "JIM"), THORRY (or TORRICINI), a police-inspector in TOULON, Henry GEORGES, Capt in the French Deuxième Bureau in MARSEILLE. "JACQUES," operator of a linked W/T station in MARSEILLE, and a MORIN, believed by the Germans to be identical with a Dr ARNAUD, known to be connected with the espionage organisation HAFENMOLE and

SECRET

SECRET

subsequently arrested; they considered it possible that there was liaison between MURCHIE's organisation and the HAFENMOLE group. ARNAUD, say the Germans, "is alleged to have directed the material collected by his organisation to the British Legation in BERNE, but as MURCHIE was at one time in Switzerland and probably still keeps up his connections there from HAUTE-SAVOIE, it still has to be disproved that ARNAUD's information did not in reality go to the

23 Jul American I. S. in Switzerland." On 23 July Ast LYONS declared that MURCHIE's real name was AOWARD (sic).

As for RICHEZ, he was turned over to the Abwehr in Italy for questioning, and on his return trip to MARSEILLE was able to escape, along with another prisoner, Jean BALLOT, whose injudicious cover-name is given as "OSS-2." BALLOT had worked for a time with RICHEZ, after a submarine deal had put him ashore on the southern French coast on 15 May1943.

Aug About August 1943 penetration activities against the American I. S. were centralised under Sonderkommando AS (probably a special organisation to penetrate the Armée Secrète, with which the Americans were closely associated), with the help of SD Einsatzkommando MARSEILLE.

A by-product of the Villa Esperanza raid (see p. 3) was the flight of one FOURRIER to his villa near THINES, which he had placed at the disposal of a subversive group. The Wehrmacht and SD got

4 Aug wind of it, and on 4 August 1943 killed 7 and captured 1 of the group. Near the Villa was a hide-out the band had used in connection with going to and from North Africa.

26 Sep On 26 September 1943, the SD carried out operations against members of a resistance movement through which a certain VINCENT was

SECRET

SECRET

arrested and shot while trying to escape. This arrest led to the capture of another suspect in the neighborhood who later turned out to be the radio-operator Jacques BATAILLARD. On interrogation, BATAILLARD stated that he worked for the American I. S., was controlled by one "JACQUES," and sent his material to ALGIERS. His chief was a certain "FRED," whom the Germans had heard of through their raids on RICHEZ's and ROUX's stations and whom they believed to be Capt MURCHIE. Although BATAILLARD seems to have told them that the American Fred BROWN, "a major," alias "FRED," alias "FOI," took over from MURCHIE in August, the Germans were not convinced of BROWN's existence till after 12 October, when their report still speaks of MURCHIE alias "FRED" and says that his real name is probably "AOWARD."

BATAILLARD stated that he had received his radio training along with two other operators, PIERRE and BINI, at the home of one Paul LATHARD in MONTÉLIMAR, who was later apprehended. The chief radio-operator, who maintained liaison between the different French stations and frequently changed the location of his own to avoid detection, he identified as a certain "AZUR."

Possibly in part as a result of BATAILLARD's disclosures, the German radio direction-finding station in LES ALAZNAS/St. EULALIA picked up the W/T transmitter on Line 5535; and on 1 November 1943 the operator Louis BINI, alias "DARTMOUTH," was captured. He agreed to work for the Germans, but the numerous raids on American W/T stations had alarmed the leaders of the American Intelligence Service, and the most important ones had fled; so BINI temporarily lost contact. But, as the OSS, X-2 (SCI), PARIS, report S-1792, of 3 July 1945, discloses, in connection with BINI's interrogation,

1 Nov

SECRET

SECRET

the Germans were able to play him back successfullv for a considerable period.

There is some confirmation of the German statement that several American agents were trying to escape; on 10 November 1943, Michel HACQ (see p. 2), who had fled in July to MARSEILLE and subsequently to VICHY, was captured while trying to escape to North Africa.

25 Nov The same month, on 25 November, the radio direction-finding station near GRENOBLE picked up the W/T transmitter on Line 5511, and raided the station, which turned out to be that of "AZUR." His capture would have been very useful to them; but he was strongly guarded and succeeded, with his guards, in making a get-away. A week

2 Dec later, on 2 December, Jean Guillet du RAMEL, whose interrogation revealed some connection with the Americans, was arrested.

31 Dec At the end of 1943, in a top-secret report 31 December, the German Abwehrnebenstelle MARSEILLE makes the following summary of information in their possession:

> "From the above materials and the interrogations it is to be observed that the American Intelligence Service works closely with the French francs-tireurs and the Armée Secrète and from these organisations recruits its most trusted people. The Committees of OSS and OSS-France often appear; they have been charged with concealing foreign, especially French, agents. The organisation was provided with the necessary supplies through parachutings. Until the end of August a brisk traffic was maintained by submarine and airplane. Then contact with North Africa was kept up by couriers through Spain. The organisation had liaison with the leading people in each French Ministry, among others with LAVAL, as the radio messages establish beyond reasonable doubt.
>
> Conclusion: In the espionage case "Axis," the report deals mainly with the radio circuits and related personnel of the American I.S. The real Intelligence work, broader policies and their structure, is still unclear. From the radio messages, which were transmitted from the main station ALGIERS to the operator BINI, it is evident that a re-organisation of the network (radio) is to take place immediately.

SECRET

SECRET

Action: The continuace of BINI's played-back transmissions, the full utilisation of the old radio messages, and the searching interrogation of the persons captured to date will assist in further analysis. As soon as more information is at hand, a report will follow."

--- Abwehrnebenstelle MARSEILLE report, 31 Dec 43. (See Appendix, infra, for German list of persons involved in the "Axis" case.")

At the beginning of 1944, the Germans were still sniffing about the vestibule of the American Intelligence Service in France. Through their radio direction-finding system, and to a lesser extent through agents, they had disrupted the W/T system, and they had successfully played back the radio-operator BINI. On the other hand, they failed to capture "AZUR," the only operator who could have supplied them with a general knowledge of the whole network. Diverted by Lilli MORE, they failed to establish the identity of the leader of the American agents; rather than admit that their earlier hypothesis of MURCHIE's leadership was totally incorrect, they appear to have evolved or accepted an elaborate fiction of a change in command from MURCHIE to BROWN during the month of August. It is worth noting that the OSS is mentioned hardly at all, and then with the meagerest notion of its functions.

HACQ and Guillet du RAMEL, who had been arrested near the end of
14 1943 (see p. 8), were thoroughly interrogated; a German report of 14
ar March 1944 has a much clearer notion of what had been going on the year before. According to this report, Pierre PETIT-JEAN, Commissaire à la Surveillance du Territoire, had been the driving force of the American Intelligence Service.

"In April 1943 PETIT-JEAN introduced to HACQ a certain GILBERT and a BRAUN alias 'BROWN' alais 'BRUN' alias 'FRED.' GILBERT had been instructed by PAYOLLE, Chief of the French Bureau in ALGIERS, to put BROWN in touch with the French Deuxième Bureau in France for co-op-

> eration with the American Intelligence Service. Henri GEORGES was chief of the <u>Deuxième Bureau</u>.
>
> In May 1943, 5 more agents of the American Intelligence Service came from North Africa by submarine. They were FRANCART, GAY, ROGER, CHRISTIAN, and BALLOT. FRED went back by the same submarine."
>
> -- Abwehrtrupp 359 report, via Naval Liaison Staff AIX, to Abwehrleittrupp 351, via Ast LYONS, 14 March 1944.

The rivalry between French and American services is stated to have become so bitter that the head of the French Intelligence forbade his men to work together with the American or any other Intelligence service.

It is also clear from this report that the Germans were playing back a radio transmitter, no doubt that of BINI, and were hoping for more information. OSS is not mentioned in this report at all, and BROWN's connection with it is not recognised; he, in fact, is described as performing primarily a liaison job.

On the next page[1] is a diagram of the German conception of the Allied Intelligence Services, dated 27 April 1944.

In the diagram, OSS occupies the small box furthest to the right. The report to which the diagram is attached has this to say about the American Intelligence Service:

> "'Bureau Central de Renseignements et d'Action: Algiers.' <u>This is only partly understood</u>. It appears to stand in the same relation to the American Intelligence Service as the BCRA in London to the English

[1] This diagram is in the original report, a photostatted copy of which is in the V/48-F files.

~~SECRET~~

Intelligence Service.

Networks of 'O.S.S.' (Office of Strategic Service [sic]) in ALGIERS. In the last weeks several French agent-networks in southern France have been blown; they work or rather worked for this American Intelligence Service. The supposition arises that this American service is the employer, the networks however being run by BCRA, ALGIERS. It is established that the intelligence work from Africa to France will be increased."
-- Abwehrleitstelle III-F, West, 27 April 1944.

Considering that the American I. S. had been working in France through OSS for over a year, and that several of its agents had been arrested and some of its equipment captured, it is comforting to realise how conscious the Germans are in this and earlier reports of shooting in the dark. One has only to contrast the SHAEF report on "German Intelligence Activities in France," dated 15 February 1944, a time when we had not the advantage of occupying that country, to see how modest were the results of the German efforts to penetrate our service.

Document n° 15

Déclaration rédigée par Lili Méré, en 1945.

LEXIQUE :

Jean	Frank Boujard ?
Bauer	responsable de la section antijuive de la Gestapo-SD de Marseille et responsable du « bureau Merle » de Charles Palmiéri.

Référence : archives privées.

CAUSE DE MON ARRESTATION

Vers la fin Mai 1943, j'étais avec mes camarades, les frères VINCENT (Azur et Dick) Alexandre DELABRE (Max Jean) à la ferme FOURNEL à StJean de Sault Vaucluse, où nous étions chargés par Fred d'organiser son atterrissage ou parachutage qui devait avoir lieu courant Juin.

Nous restions en contact avec ALGER par notre Poste AZUR et aussi avec TOULON où le responsable OSS là-bas était Michel HAAG commissaire Central.
Nous avons reçu un message d'Alger nous disant de leur trouver des pilotes ayant reconnus des terrains en France avant de les faire passer en Algérie.

Nous transmettons les instructions à TOULON et à quelques jours de là, Michel et deux de ses hommes montèrent à SAULT avec Jean Marie FOURNIER, pilote aviateur (je crois qu'il était sergent). Michel nous dit qu'il avait contacté FOURNIER à SAINT RAPHAEL chez des resistants amis à lui.
Jean Marie FOURNIER nous dit avoir dans les propriétés de ses parents à Thines (Ardèche), un haut plateau ou nous pourrions faire atterrissages et parachutages.
Nous sommes allés à Thines et avons constaté que l'endroit remplissait les conditions.
Nous avons envoyé un message à O.S.S. Alger, pour lui en rendre compte.

Nous pensions que l'arrivée de Fred serait unatterrissage ou nous embarquerions Jean Marie FOURNIER. Ce dernier nous dit avoir à Marseille une villa qui du fait qu'il partait devenait libre et qu'il pouvait nous faire contacter son beau-frère qui pouvait nous être utile.

Nous décidâmes de faire aller Jean Marie FOURNIER à Marseille avec un camarade Jean (je ne connaissais pas son vrai nom. Ce garçon a été tué par les miliciens à THONON les BAINS au commencement 1944). Connaissant Jean Marie de vue en temps que client au restaurant, Je lui dis que je pensais que ce garçon avait une réputation de moeurs et de ce fait de ne pas le laisser seul dans Marseille où il pouvait trop parler à ses petits amis - XX -

Le 15 Juin et 18 Juin, Fred et un autre Officier, qui fut passé en SUISSE par Jean, furent parachutez. Fred nous dit que l'atterrissage se ferait dans un mois à THINES.

On laissa une parties des camarades à SAULT et nous partimes avec Jean Marie et quelques autres à Thines. Là, nous installames le poste Azur. Après avoir constaté l'état du terrain Fred demanda à Max une équipe pour mettre le terrain en état. Je crois que c'est 6 petits F.T.P. de Hte Savoie qui arrivèrent.

Etant recherchée par les Allemands, je devais m'embarquer à cet atterrissage. En attendant cet atterrissage, nous partimes, Fred, Jean, Max et moi-même prospecter des terrains dans le haut Var, puis nous sommes allés à TOULON, voir les gens du service de là-bas.
Puis à Marseille où nous nous installons dans la villa Espérance au Roucas Blanc, (je ne me rappelle plus le nom de la rue)
Fred et moi restons dans la Villa, pendant que Jean et Max partent en Haute Savoie chercher notre Radio NAPO (Jacques Roux), pour l'installer à Marseille avec un nouveau poste que Fred devait installer.

Le 9 Juillet vers 3 heures, Jean Max et Jacques arrivaient, Fred, prend le poste en question. S'en va avec eux, me disant qu'il serait de retour vers 7 heures. Je reste dans la villa, je suis dans la salle à manger entrain de tapper à la machine, lorsque je vois sur le perron 4 hommes. Il y avait (Heulse Bauer, Ollivieri et un chauffeur allemand) ils me

....../......

- (2) -

...andent mes papiers. Je leur dis :"Messieurs je vais vous les chercher", je vais dans ma chambre, je pense à tout ce que FRED avait laissé, valises, argent documents, postes etc....., je n'ai pas d'armes, qu'une grenade dans mon sac. J'ai toujours les Fritz derrières moi qui me suivent, en leurs tournant le dos, je prends la grenade dans mon sac, je tire la goupille. mais l'anneau me reste dans la main. Le reste est facile à comprendre.

Je me suis encore battue avec eux dans la rue en hurlant que la gestapo m'arrêtait. Aucun de mes camarades ne fut arrête car le soir les bôches firent la souricière mais ils purent s'en tirer après echange de coups de revolvers.

Après 3 mois je m'evade du 425 de la Rue Paradis en ouvrant les cellules à trois detenus, grâce à ma camarade de cellule ANDREE CAPELLE.

Pendant ma détention et au cours des interrogatoires que j'ai eu à subir, j'avais compris les causes de mon arrestation et si Dieu n'avait pas permis que je sorte vivante de cet enfer, la verite ne se serait jamais sue.

La voici :

"(Quand JEAN MARIE FOURNIER (voir alinéas) est venu à Marseille avec le camara de Jean, il a trompé la surveillance de Jean et est allé dans une boite de nuit (je crois que c'était Régina) Il a vu une de ses amies Yvette COSTAL (danseuse ou chanteuse) et lui a dit : " je suis maintenant rentré au Service Américain comme pilote et je vais passer en Afrique du Nord " .

(Nous avons sû que Fournier n'était entré chez nous que parce que son père fabricant de parfums lui avait coupé les vivres . Car FOURNIER depensait des sommes folles pour ces petits amis marins et aviateurs.)

Yvette Costal lui présentant charles Olivieri (nom de Gestapo JALABERT) comme un ami à elle , juif qui voulait passer de l'autre côté.

Ils sont allés à la boite de nuit Monseigneur où ils burent six ou sept bouteilles de champagne qu'Olivieri offrit . Jean Marie Fournier dit a Olivieri que l'attérissage était sûr puisqu'il se ferait dans ses propriétés et pour le voir Il lui donna l'adresse de la Villa Esperance . Olivieri lui promit 100.000Frs

Quand le 9 Juillet, la Gestapo m'arreta, c'est FOURNIER qu'elle venait arreter. Quand je fus arrêtée, les camarades demandèrent à Fournier une explication de mon arrestation. Il n'avoua pas la verite, mais dit qu'il supposait que l'on recherchait son pere ou son beau-frère qui était radio au 2° bureau de Nimes. Ce qui était faux puisque cette personne ne fut jamais ânquietée (Ce que j'ai sû après mon arrestation). Attendant l'atterrissage Max, Fred, Dick remontent à Thines Laissent à Thines Jean Marie Fournier, eux vont s'installer à quelques kilometres de là dans une autre ferme avec le poste.
Fournier devait faire la jonction entre le petit commandos de 7 gars qui arrangeaient le terrain et le P.C. de Fred et du poste, et prevenir en cas de quelque chose de suspect.
Quand on m'a arretée, ne trouvant pas Fournier, ils arrêtèrent toute la famille Fournier à qui les Allemands ont demandé où était leur proprieté, ils ont eu aussi l'adresse de Thines.
La soeur de Jean Marie a été détenue I ou 2 mois, son beau-frére a été gardé, je crois même qu'il a été déporté et suis sûre qu'il ne sait pas à cause de qui.
Olivieri un beau jour, je ne puis dire la date exacte, est arrivé à Thines avec sa petite valise à la main, il a demandé où était la maison de Fournier est arrivé devant Fournier, celui-ci ne lui a pas caché les 6 petits gars armés de mitraillettes. Je crois que Fournier lui a dit que l'atterrissage était retardé ou quelque chose comme cela. Olivieri est reparti. Fournier n'a pas été prevenir le P.C. et le lendemain matin les Allemands attaquèrent avec un mortier de campagne. Dès que les Allemands attaquèrent Fournier s'est enfui du P.C. en disant: Je ne sais ce qu'il arrive, nous sommes attaqués.

III

Les petits gars se sont défendus héroïquement et la maison où ils étaient retranchés sauta à 5 heures du soir. Ils sont tous morts ! Et les Allemands prirent des otages à Thines (je crois IO)De là Jean Marie Fournier a été e envoyé dans le maquis de Sault.xxx

x

Après mon évasion, je suis partie à Sault, vers le I5 octobre 1943. Nous avon attendu Jean Marie, dans la ferme Fournial. Nous l'avons arrêté dans son maquis. Il y avait Max (Alexandre Delaxx, mort. et Jacques Fournial alias Duval - Capitaine FTP la Marseillaise, actuellement habitant Paris, adresse par Colonel Cairol ou les anciens FTP Marseille.).

Devant tout le maquis réuni, nous avons interrogé Fournier. Parmi tous les gars réunis, je ne connaissais que le fils de Benne, le responsable des maquis de Sault à cette époque. A la libération colonel xxx F.F.I..

Nous avons interrogé Fournier correctement, et sans difficulté il a reconnu tous les faits que xxxx je viens de citer. Nous lui avons fait signer sa déposition que nous avons laissée entre les mains du responsable du camp. Nous avons laissé Fournier menotté en disant aux gars, d'en référer à leur responsable régional pour le juger.

Je sus plus tard, que grâce à ses intrigues ou à ses cadeaux Jean Marie Fournier s'est échappé. Il est actuellement dans l'armée de l'air.

Signé: Lily-Caroline MERE

Caroline Mère

Document n° 16

Lettre de W. Donovan, chef de l'OSS, à Passy, chef du BCRA, le 2 août 1943.

Référence : NARA, RG 226, E 190, B 254, F 777, *Chrono File-June August 1943.*

SECRET

August 2, 1943

My dear Colonel Passy,

Thank you for your very kind note of recent date. I of course regret that you have been put to any inconvenience, but I assure you that that has not been through any fault of ours, or due to circumstances within our control.

We are anxious that you, the British and ourselves should work together in this important field. As I suggested to you, I think the first thing to do is to have a meeting with a representative of Colonel Bruce, the British SOE and yourselves, and plan accordingly.

We appreciate very much your intelligence material and I can assure you it is of great value.

Very sincerely yours,

William J. Donovan
Brig. General

Lt. Colonel A Passy,
Fighting French Headquarters,
London, N.W. 1.

Sources

FRANCE

I. Archives nationales - Paris (AN)

Série 72 AJ, cartons :

2, 20, 35, 36, 37, 38, 39, 40, 41, 46, 47, 48, 57, 58, 59, 63, 65, 74, 75, 81, 82, 83, 84, 85, 86, 104, 124, 128, 129, 156, 220, 231, 233, 234, 512, 513, 514, 515, 516, 517, 521, 524, 615, 1797, 1834, 1899, 1900, 1910, 1911, 2032/2, 2111, 2116

Série AP :

334 AP 24 : papiers Bluet, sténogramme du premier procès (incomplet)
334 AP 50 : *ibid.*, second procès Hardy (incomplet)
307 AP 1, 397 AP 2, 397 AP 3 : papiers Marie Granet

Série 3 AG 2 :

42, 400, 401

Microfilms :

Série Z6
- 61, dossier 968 (procès Georges Labaume)
- 244, dossier d'instruction du premier procès Hardy
- 68 Mi 14 à 17, dossier d'instruction du premier procès Hardy
- 40 Mi 4, dossier Herbinger

II. Archives privées

- Correspondance de la Délégation en Suisse de Combat et des MUR (CDS et DS-MUR).
- Manuscrit de Pierre Gallet, *Une dernière pelletée de terre. Quatre ans auprès de Joseph Darnand.*

SUISSE

1. Archives fédérales - Berne (BA)

E 2001 (E) 1 B 2221F
E 2001 (E) 1 EPD 1946-1948/108
E 2001 (B) 3 B 4121 F
E 2001 (D) 230, 231
E 2001 (D) 3
E 27/9803 - 9815
E 27/9965 bd 13-14
E 27/9965 bd 20-23
E 2809/1/4
E 4320 (B) 1990/266
AF C 163812
BA C 163812

II. Archives cantonales de l'État de Genève (ACG)

- Fonds Paul de Saugy
Fonds Justice et Police Ef 2, n° 751, dossier Charles-René Hardy

USA

National Archives and Records Administration (NARA), à College Park, Maryland.

I. State Department

RG 59 ***Decimal Files :***

Cot, Phelps, Moutet, Mendès France, Chautemps, *Free World Association :*
351. 115 ; 761.00/9-244 ; 761. 62/669 ; 800.00B ; 801. 220/11 ; 811.00B/2128 ; 811.001 ; 811. 111 ; 851.01/178 ; 851.01/888 ; 851.01/3103 ; 851.01/3616 ; 851. 20211/10 ; 852. 20211 ; 861. 20200 ; 861. 20200/10 ; 861. 20210 ; 862. 202/11 ; *no #*.

Bio Files *in* DCR/C : Pierre Cot.

323. 244 - AA 1643C/C : OSS, *The Post-Liberation Role of CNR*, 28/11/44, 68 p.
323. 2 - AA4 0938/C : OSS, *Resolutions of French CNR*, 14/9/44, 76 p.
323. 2 - AF 6257C/C : OSS, *Post-Liberation Survey of the French Resistance Movement,* 28/4/45, 68 p.

RG 84 : *US Consulate*, Marseille :

Strictly Confidential, Box 1.
Confidential Files - 1940, Box 2
- 1941, Box 4
General - 1941 : Box 39 à 46

RG 84 : Vichy *Embassy*

Confidential Files, 1940-1942, Box 2, 4

Microfiches

INT-12 FR/ 1 *to* 1080 : *French Underground* (1940-1945) [280 : *Unitarian Relief Committee* ; 664 ; P. Cot : 671 : *French Communist Party* ; 77 : Luisa Cot-Phelps].
INT-10-EU-249

Microfilms

M 1642, Rol. 35 : *Cooperation OSS-SOE*, 1943-1945
Rol. 133-134 : *French SR*, janvier 1945

II. Office of Strategic Services (OSS)

On indique ici les cotes des cartons examinés. Les références exactes des documents cités dans le texte (*Entry, Box, Folder - E, B, F*) sont données dans les notes infrapaginales.

RG 226

Entry 92, *Box* 27, 45, 98, 99, 100, 193, 198
Entry 97, *Box* 1, 3, 7, 8, 10, 14, 18, 30, 31, 32, 33, 35, 36, 38, 39, 40, 41, 42, 45,
Entry 99, *Box* 50, 92
Entry 100, *Box* 34 *to* 40 (*id.* microfiche INT-2 FR)
Entry 123, *Box* 13
Entry 119, *Box* 4
Entry 123, *Box* 7, 9, 11, 12, 13
Entry 124, *Box* 5, 6, 25
Entry 125, *Box* 5, 6, 10
Entry 135, *Box* 62
Entry 136 A, *Box* 3
Entry 139, *Box* 265
Entry 168 A, *Box* 1
Entry 190, *Box* 20, 23 *to* 32, 179, 197, 227, 229, 230, 239, 246, 741
Entry 190 A, *Box* 3, 5, 10, 18
Entry 190 B, *Box* 22, 24, 32
Entry 194, *Box* 11, 61, 62, 85, 93, 99, 104, 106, 125, 146, 163

FBI

US Department of Justice (FOIPA)

Pierre Cot : 190 -HQ-1013723
Noel H. Field : 105-2175, sections 1, 2, 3, 4, 5
André Labarthe : 100-288895
105-150818 sections 1 et 2
Unitarian Service Committee : 100-23792, sections 1, 2, 3

GRANDE-BRETAGNE

Public Record Office (PRO)

M. 396/3
AIR 20/4547
CAB 80/41
WO 219/743

HONGRIE

Interrogatoires de Noel Field et lettre du même au CC du PCUS communiqués par W. Schweitzer

ENTRETIENS ET CORRESPONDANCES
(résistants, historiens, chercheurs, témoins, archivistes)

Antoine Claude, Arnoux Claude, Barbiéri Dante, général de Bénouville Pierre, Bermond Bernard, Beyne Henri, Bourgeois Daniel (Archives fédérales, Berne), Brault Gérard, Mme Brousse Jeanne, Mme Brown Suzanne, Bureau Jacques, Mme veuve Henri Calef, Cammaerts Francis, Ceffa Gilbert, Contat, Couve de Murville Maurice, Crémieux-Brilhac Jean-Louis, Croquet Jean-Claude, commandant Danis Jean, Faligot Roger, Fallas René, Fischer Maxime, Frenay Henri, Galdin Marcel, Gemähling Jean, Germain Michel, Guillin François-Yves, Guillon Jean-Marie, Halbeisen (archiviste de la Banque nationale suisse), Hass Roland, Héroguelle Robert, Hisard Gérard, Kahan-Farelle Pierre, Lebon Roger, Le Brun Charles, Mme veuve Louis Roger, Masse François, général Meyer Jean, Monod Philippe, Mme Neplaz-Bouvet J., Mme veuve Christian Ossola, Panicacci Jean-Louis, Permezel Bruno, Perrenoud Marc, Poliakoff Michel, Pornon Francis, Ravanel Serge, Raynaud Pierre, Rayon Camille, Richard Robert, Mme Santschi Catherine (Archives cantonales de l'État de Genève), de Saugy Paul, Schweitzer Werner, Slitinsky Michel, Stuart Duncan (*SOE Adviser*), Mme veuve Thierry-Mieg, Trichet Jean-Claude (gouverneur de la Banque de France), général Valette d'Osia Jean, Vernant Jean-Pierre, Villard Sylvain, Mme Vincent Hélène (conservatrice du musée de Grenoble), Miss Waller Mia (Archives nationales, Washington), Wolton Thierry.

FILMOGRAPHIE

Chronique des années brunes. 3 : *Maquisards, passeurs et compagnie.*
Schweitzer in der Französische Résistance, d'Irene Loebell.
Noel Field, l'espion fabriqué, de Werner Schweitzer
The Red Bomb, Rapide Production.
Jacqueline Bernard, de Jacques Bollot, prod. CERRHAVIS.
Pierre Kahan-Farrel, de E. Laborie, prod. CERRHAVIS.

Bibliographie

Cette bibliographie comprend seulement les ouvrages et articles utilisés lors des recherches ou cités dans le texte. Les astérisques signalent les titres les plus importants, basés sur les archives.

Accoce, Pierre, et Quet, Pierre, *La guerre a été gagnée en Suisse*, Librairie académique Perrin, Paris, 1966.

Affaire Rajk (L'). Compte rendu sténographique complet des séances du tribunal du peuple à Budapest, du 16 au 24 septembre 1949, Les Éditeurs français réunis, Paris, 1949.

Aglan, Alyan, *Mémoires résistantes, histoire du réseau Jade-Fitzroy, 1940-1944*, Éd. du Cerf, Paris, 1994.

Aglion, Raoul, *De Gaulle et Roosevelt*, Plon, Paris, 1984.

Albrecht, Mireille, *Berty*, Robert Laffont, Paris, 1986.

Alcorn, Robert H., *Pas de fanfares pour les espions (OSS)*, Robert Laffont, Paris, 1963.

Ambrose, Stephen, *Eisenhower*, Flammarion, Paris, 1986.

Amoretti, Henri, *Lyon capitale, 1940-1944*, France-Empire, Paris, 1964.

Amouroux, Henri, *La Grande Histoire des Français sous l'Occupation*, t. 3 : *Les Beaux Jours des collabos, juin 1941-juin 1942*, Robert Laffont, Paris, 1978.

Andrew, Christopher, et Gordievsky, Oleg, *Le KGB dans le monde, 1917-1990*, Fayard, Paris, 1990.

Anthoine, Roger, *Aviateurs piétons vers la Suisse, 1940-1945*, Secavia, Genève, 1997.

Antoine, Claude, *Un maquis dans la guerre, de la Mandallaz à la libération d'Annecy*, Meythet, 1992.

–, *L'Angoisse de l'aube, l'odyssée de Maurice Antoine pendant la Seconde Guerre mondiale*, La Fontaine de Siloé, Montmélian, 1996.

Aragon, Charles d', *La Résistance sans héroïsme*, Éd. du Seuil, Paris, 1977.

*Arnoux, Claude, *Maquis Ventoux*, Aubanel, Avignon, 1994.

Assouline, Pierre, *Monsieur Dassault*, Balland, Paris, 1983.

Aubrac, Lucie, *La Résistance (naissance et organisation)*, Robert Lang, Paris, 1945.

–, *Ils partiront dans l'ivresse*, Éd. du Seuil, Paris, 1984.

Aubrac, Raymond, *Où la mémoire s'attarde*, Odile Jacob, Paris, 1996.

*Aziz, Philippe, *Au service de l'ennemi*, Fayard, Paris, 1972.

–, *Le Livre noir de la trahison*, Ramsay, Paris, 1984.

Baraduc, Jacques, *Tout ce qu'on vous a caché. Les archives secrètes du Reich*, préface de Josée Laval, L'Élan, Paris, 1949.

*Bartosek, Karel, *Les Aveux des archives*, Éd. du Seuil, Paris, 1996.

Bar-Zohar, Michel, *Une histoire sans fard*, Fayard, Paris, 1997.

*Baudoin, Madeleine, *Histoire des groupes francs (MUR) des Bouches-du-Rhône*, PUF, Paris, 1962.

Bauer, Anne-Marie, *Les Oubliés et les Ignorés*, Mercure de France, Paris, 1993.

*Bénédite, Daniel (Ungemach), *La Filière marseillaise. Un chemin vers la liberté sous l'Occupation*, Clancier-Guénaud, Paris, 1984.

Benfredj, Charles, *L'Affaire Jean Moulin. La contre-enquête*, Albin Michel, Paris, 1990.

Bénouville, Guillain de, *Le Sacrifice du matin*, La Palatine, Genève, 1945.

Bernadac, Christian, *Dagore, les carnets secrets de la Cagoule*, France-Empire, Paris, 1977.

*Bézy, Jean, *SR Air*, France-Empire, Paris, 1988.

Bitoun, Pierre, *Les Hommes d'Uriage*, La Découverte, Paris, 1988.

Bonjour, Edgar, *Histoire de la neutralité suisse pendant la Seconde Guerre mondiale*, La Baconnière, Neuchatel, 1971, t. V.

Bourdet, Claude, *L'Aventure incertaine*, Stock, Paris, 1975.

*Bourdrel, Philippe, *La Cagoule*, Albin Michel, Paris, 1970 ; n[lle] éd. très augmentée : *La Cagoule. Histoire d'une société secrète du Front populaire à la Ve République*, Albin Michel, Paris, 1992.

Bower, Tom, *Klaus Barbie, itinéraire d'un bourreau ordinaire*, Calmann-Lévy, Paris, 1984.

Brome, Vincent, *Histoire de Pat O'Leary*, Amiot-Dumont, Paris, 1957.

Brooks, Howard, *Prisoners of Hope*, L. B. Fisher, New York, 1942.

Cahiers de l'IHTP, *Jean Moulin et la Résistance en 1943*, Cahier n° 27, juin 1994, CNRS, Paris.

Cailliau, Michel (Charette), *Histoire du MRPGD ou d'un vrai mouvement de résistance (1941-1945)*, Saint-Brieuc, 1987.

*Calef, Henri, *Jean Moulin, une vie*, Plon, Paris, 1980.

Calvi, Fabrizio, *OSS, la guerre secrète en France*, Hachette, Paris, 1990.

Carte (André Girard), *Peut-on dire la vérité sur la Résistance ?*, Éd. du Chêne, Paris, 1947.

Casey, William, *La Guerre secrète contre Hitler*, Robert Laffont, Paris, 1991.

Catroux, général, *Dans la bataille de Méditerranée, 1940-1944*, Julliard, Paris, 1949.

*Cave Brown, Anthony, *Wild Bill Donovan. The Last Hero*, Time Books, New York, 1982.

*–, *La Guerre secrète, le rempart des mensonges*, Pygmalion-Watelet, Paris, 1981, 2 vol.

Ceretti, Giulio, *A l'ombre des deux T. Quarante ans avec Palmiro Togliatti et Maurice Thorez*, Julliard, Paris, 1973.

*Chauvy, Gérard, *Histoire secrète de l'Occupation*, Payot, Paris, 1990.

–, *Aubrac, Lyon 1943*, Albin Michel, Paris, 1997.

Chevance-Bertin, Maurice, *Vingt Mille Heures d'angoisse, 1940-1945*, Robert Laffont, Paris, 1990.

Chosson, Henri, Desgranges, Marcel, Lefort, Pierre, *Drôme nord, terre d'asile et de révolte, 1940-1944*, Peuple libre, s.l.n.d.

Churchill, Winston, *Mémoires. La Deuxième Guerre mondiale*, Plon, Paris, 1948-1950, 6 vol.

Closon, Francis, *Le Temps des passions*, Presses de la Cité, Paris, 1974.

Comité d'histoire de la poste et des télécommunications - IHTP (CNRS), *L'Œil et l'Oreille de la Résistance. Actes du colloque des 21-23 novembre 1984*, Érès, Toulouse, 1986.

Cookridge, E. H., *Missions spéciales, l'épopée du Vercors*, Fayard, Paris, 1967.

–, *« Mettez l'Europe à feu ». Organisation et action du SOE en Europe occidentale (1940-1945)*, Fayard, Paris, 1968.

*Cordier, Daniel, *Jean Moulin et le Conseil national de la Résistance*, CNRS, Paris, 1983.

*–, *Jean Moulin, l'inconnu du Panthéon*, Jean-Claude Lattès, Paris, 1989-1993, 3 vol.

*Costello, John, et Tsarev, Oleg, *Deadly Illusions*, Crown Publishers, New York, 1993.

Couderc, Frédéric, *Les RG sous l'Occupation. Quand la police française traquait les résistants*, Olivier Orban, Paris, 1992.

*Crémieux-Brilhac, Jean-Louis, *La France libre, de l'appel du 18 Juin à la Libération*, Gallimard, Paris, 1996.

Cristofol, Jacqueline, *Batailles pour Marseille. Jean Cristofol, Gaston Defferre, Raymond Aubrac*, Flammarion, Paris, 1997.

Croquet, Jean-Claude, *Chemins de passage. Les passages clandestins entre la Haute-Savoie et la Suisse de 1940 à 1944*, La Salévienne, Saint-Julien-en-Genevois, 1996.

Crusoë (Lemaigre-Dubreuil), *Vicissitudes d'une victoire,* Éd. de l'Ame française, Paris, 1946.

Cuny, Michel, et Petitdemange, Françoise, *Fallait-il laisser mourir Jean Moulin ?*, éd. des auteurs, Lyon, 1995.

Dabringhaus, Ehrard, *L'Agent américain Klaus Barbie*, Pygmalion-Watelet, Paris, 1986.

Daix, Pierre, *J'ai cru au matin*, Robert Laffont, Paris, 1976.

Delpla, François, *Aubrac, les faits, la calomnie,* Le Temps des cerises, Paris, 1997.

Demontès, Adolphe, *L'Ardèche martyre*, Mazel, 1946.

Devigny, André, *Un condamné à mort s'est échappé*, Gallimard, Paris, 1956.

–, *Je fus ce condamné*, Presses de la Cité, Paris, 1978.

*Douzou, Laurent, *La Désobéissance. Histoire du mouvement Libération Sud*, Odile Jacob, Paris, 1995.

Ducros, Louis-Frédéric, *Montagnes ardéchoises dans la guerre*, Roto-Drôme, 1977, 3 t.

Dulles, Allen, *Les Secrets d'une reddition*, Calmann-Lévy, Paris, 1967.

Dunlop, Richard, *Donovan, America's Master Spy*, Rand McNally & Company, Chicago, 1982.

*Faligot, Roger, et Kauffer, Rémi, *Les Maîtres espions*, Robert Laffont, Paris, 1972, 2 vol.

*–, *Service B*, Fayard, Paris, 1985.

–, *As-tu vu Cremet ?*, Fayard, Paris, 1991.

Farago, Ladislas, *The Game of the Foxes. The Untold Story of German Espionage in the United States and Great Britain during World War II*, David McKay Company, New York, 1971.

Faux, Emmanuel, Legrand, Thomas, Pérez, Gilles, *La Main droite de Dieu. Enquête sur François Mitterrand et l'extrême droite*, Éd. du Seuil, Paris, 1994.

Foot, Michael R. D., *SOE in France*, Her Majesty's Stationary Office, Londres, 1966.

– et Langley, J. M., *MI 9, Escape and Evasion, 1939-1945*, Little Brown, Boston-Toronto, 1980.

Frenay, Henri, *L'Énigme Jean Moulin*, Robert Laffont, Paris, 1977 ; éd. complétée, 1989.

–, *La nuit finira*, Robert Laffont, Paris, 1973.

–, *Volontaires de la nuit*, Robert Laffont, Paris, 1975.

Fuchs, Gottlieb, *Le Renard. Trente ans après, l'interprète de Barbie parle*, Albin Michel, Paris, 1973.

Gallet, Pierre, *Une dernière pelletée de terre… Quatre ans auprès de Joseph Darnand*, manuscrit inédit, s.l.n.d.

Garcin, Jean, *Nous étions des terroristes*, Barthélemy, Avignon, 1996.

Garçon, Maurice, *Plaidoyer pour René Hardy*, Fayard, Paris 1950.

*Garder, Michel, *La Guerre secrète des services spéciaux français 1935-1945*, Plon, Paris, 1967.

Gaulle, Charles de, *Mémoires de guerre*, Plon, Paris, 1954-1959, 3 vol. ; rééd. Le Club français du livre, Paris, 1969.

–, *Lettres, notes et carnets*, Plon, Paris,1980-1983, 3 vol.

*Gautschi, Willi, *Le Général Guisan*, Payot, Lausanne, 1989.

Gengenbach, Ernest de, *L'Expérience démoniaque* (Lydie Bastien), Éric Losfeld, Paris, 1968.

Gillois, André, *Histoire secrète des Français à Londres, de 1940 à 1944*, Hachette, Paris, 1976.

Girard, André (Carte), *Bataille secrète en France*, Brentano's, New York-Paris, 1944.

Girard de Charbonnières, Guy de, *Le Duel Giraud-de Gaulle*, Plon, Paris, 1984.

Giraud, Henri, *Mes évasions*, Julliard, Paris, 1947.

–, *Un seul but, la victoire. Alger, 1942-1944*, Julliard, Paris, 1949.

*Giraud, Henri-Christian, *De Gaulle et les Communistes*, Albin Michel, Paris, 1988-1989, 2 vol.

Gisevius, Hans Berndt, *Jusqu'à la lie*, Payot, Lausanne, 1947, 2 vol.

Goubet, Michel, et Debauges, Paul, *Histoire de la Résistance en Haute-Garonne*, Milan, s.l., 1986.
Gourévitch, Anatoli, *Un certain monsieur Kent*, Grasset, Paris, 1995.
Granet, Marie, *Cohors-Asturies, histoire d'un réseau de résistance*, Éd. des Cahiers de la Résistance, Bordeaux, 1974.
– et Henri, Michel, *Combat. Histoire d'un mouvement de résistance de juillet 1940 à juillet 1943*, PUF, Paris, 1957.
Griotteray, Alain, *La droite était au rendez-vous*, Robert Laffont, Paris, 1985.
Grisoni, Dominique, et Hertzog, Gilles, *Les Brigades de la mer*, Grasset, Paris, 1979.
Groussard, colonel, *Chemins secrets*, Bader-Dufour, Paris-Lausanne, 1945.
–, *Services secrets*, La Table ronde, Paris, 1964.
Guillaume, Gilbert, *Mes missions face à l'Abwehr, contre-espionnage, 1938-1945*, Plon, Paris, 1973.
*Guillin, François-Yves, *Le Général Delestraint, premier chef de l'Armée secrète*, Plon, Paris, 1995.
Guillon, Jean-Marie, *Le Var, la guerre, la Résistance, 1939-1945*, Conseil général du Var, s.l.n.d.
Guy, Claude, *En écoutant de Gaulle. Journal 1946-1949*, Grasset, Paris, 1996.
*Gun, Nerin E., *Pétain, Laval, de Gaulle*, Albin Michel, Paris, 1979.

Hardy, René, *Derniers Mots*, Fayard, Paris, 1984.
–, *Sentinelle perdue* (roman), Robert Laffont, Paris, 1959.
–, *Amère Victoire* (roman), Robert Laffont, Paris, 1955.
–, *Gautier sans amour* (roman), Denoël, Paris, 1965.
*Harris Smith, Richard, *OSS, The Secret History*, Berkeley, 1972.
Hernandez, Jésus, *La Grande Trahison*, Fasquelle, Paris, 1953.
*Hoyos, Ladislas de, *Barbie*, Robert Laffont, Paris, rééd.,1987.
Hull, Cordell, *Memoirs*, MacMillan, New York, 1957-1958.
Hyde, Henry M., *Room 3603*, Farrard, Strauss & Giroux, New York, 1965.

*Jansen, Sabine, « Louis Dolivet », *Communisme*, L'Age d'homme, Paris, n°s 40-41, 1995.
Jaquillard, R., colonel, *La Chasse aux espions en Suisse. Choses vécues, 1939-1945*, Payot, Lausanne, 1947.
Joxe, Louis, *Victoire sur la nuit*, Flammarion, Paris, 1986.

Kerillis, Henri de, *De Gaulle dictateur, une grande mystification de l'histoire*, Beauchemin, Montréal, 1945.
Klehr, Harvey, Haynes, John Earl, et Firsov, Frederick Igorevitch, *The Secret World of American Communism*, Yale University Press, New Haven-Londres, 1995.
*Koch, Stephen, *La Fin de l'innocence*, Grasset, Paris, 1995.
*Krautkramer, Elmar, *Vichy-Alger, 1940-1942*, Economica, Paris, 1992.
Kriegel, Annie, et Courtois, Stéphane, *Eugen Fried, le grand secret du PCF*, Éd. du Seuil, Paris, 1996.
Krivitsky, Walter (Grinsberg), *Agent de Staline*, Coopération, Paris, 1940.

Lacouture, Jean, *De Gaulle*, t. 1 : *Le Rebelle*, Éd. du Seuil, Paris, 1984.
*Langer, William, *Le Jeu américain à Vichy*, Plon, Paris, 1948.
Lartéguy, Jean, et Maloubier, Bob, *Triple Jeu, l'espion Déricourt*, Robert Laffont, Paris, 1992.
Lash, Joseph P., *Roosevelt and Churchill, 1939-1941. The Partnership that Saved the West*, Norton & Company, New York, 1976.
Leenhardt, Pierre, *Pascal Copeau*, L'Harmattan, Paris, 1994.
Lévêque, Gérard, *La Suisse et la France gaulliste 1943-1945 (problèmes dipomatiques et économiques)*, diplôme de l'IUHEI, Genève, 1979.
Lewendel, Isaac, *Un hiver en Provence*, L'Aube, La Tour-d'Aigues,1996.
Lewis, Flora, *Pion rouge, l'histoire de Noel Field*, Gallimard, Paris, 1967.
L'Herminier, Jean, *Casabianca*, Presses-Pocket, Paris, 1972.
Liddle-Hart, Basil, *Histoire de la Seconde Guerre mondiale*, Fayard, Paris, 1965.
*Loftus, John, *L'Affreux Secret*, Plon, Paris, 1985.
*– et Aarons, Mark, *Des nazis au Vatican*, Olivier Orban, Paris, 1991.
London, Artur, *L'Aveu, dans l'engrenage du procès de Prague*, Gallimard, Paris, 1969.
London, Lise, *Le Printemps des camarades*, Éd. du Seuil, Paris, 1996.
Loustaunau-Lacau, Georges, *Mémoires d'un Français rebelle*, Robert Laffont, Paris, 1948.

Marenches, Alexandre de (en collaboration avec Christine Ockrent), *Dans le secret des princes*, Stock, Paris, 1985.
Martinet, Jean-Claude, *Histoire de l'Occupation et de la Résistance dans la Nièvre, 1940-1944*, Delayance, La Charité-sur-Loire, 1980.
Méré, Charles, *La Captive* (pièce en trois actes), La Sirène, Paris, 1920.
Meunier, Pierre, *Mon ami Jean Moulin*, Éd. de l'Armançon, Paris, 1993.
*Michel, Henri, *Jean Moulin l'unificateur*, Hachette, Paris, 1971.
Modine, Youri I., *Mes camarades de Cambridge*, Robert Laffont, Paris, 1994.
Monnet, Jean, *Mémoires*, Fayard, Paris, 1976.
Monzie, Anatole de, *Destins hors série*, Les Éditions de France, Paris, 1927.
Mosley, Leonard, *Dulles. A Biography of Eleanor, Allen and John Foster Dulles and their Family Network*, Dell Book, New York, 1979.
*Moulin, Laure, *Jean Moulin*, Presses de la Cité, Paris, 1969.
Murphy, Robert, *Un diplomate parmi les guerriers*, Robert Laffont, Paris, 1965.
Muselier (amiral), *De Gaulle contre le gaullisme*, Éd. du Chêne, Paris, 1946.

*Navarre, Henri, *Le Service de renseignements 1871-1944*, Plon, Paris, 1978.
*Noguères, Henri, *La vérité aura le dernier mot*, Éd. du Seuil, Paris, 1985.
*–, et Degliame-Fouché, Marcel, *Histoire de la Résistance en France*, Robert Laffont, Paris, 1982, t. 3.
Nouveau, Louis, *Des capitaines par milliers*, Calmann-Lévy, Paris, 1958.

Orlov, Alexandre (Feldbine, Leiba, Lazarévitch). *The Secret History of Stalin's Crimes*, Jarrolds, Londres, 1955.

*Paillole, Paul, *Services spéciaux (1939-1945)*, Robert Laffont, Paris, 1975.
*Passy, colonel, *Souvenirs, 2e Bureau Londres*, Raoul Solar, Monte-Carlo, 1947.
*–, *Souvenirs, 10, Duke Street, Londres (le BCRA)*, Raoul Solar, Monte-Carlo, 1947.
*–, *Missions secrètes en France. Souvenirs du BCRA, novembre 1942-juin 1943*, Plon, Paris, 1951.
*Paz, Abel, *Durrutti, le peuple en armes*, La Tête de feuilles, Paris, 1972.
Péan, Pierre, *Le Mystérieux Docteur Martin, 1895-1969*, Fayard, Paris, 1993.
Pendar, Kenneth, *Alger 1942*, La Table ronde, Paris, 1966, et version intégrale Beauchemin, Montréal, 1946.
Permezel, Bruno, *Résistants à Lyon, 1 144 noms*, BGA Permezel, Lyon, 1992.
–, *Résistants à Lyon, 1 221 noms*, BGA Permezel, Lyon, 1995.
Perrault, Gilles, *La Longue Traque*, Jean-Claude Lattès, Paris, 1975.
Perrette, Jean-François, *Le Général Delestraint*, Presses de la Cité, Paris, 1972.
Perrier, Guy, *Pierre Brossolette, le visionnaire de la Résistance*, Hachette, Paris, 1997.
*Pierrier, Jean-François (Gilbert Ceffa), *Chronique des années brunes à la frontière genevoise*, Éd. Le Courrier, Genève, 1984.
Piketty, Guillaume, *Pierre Brossolette, un héros de la Résistance*, Odile Jacob, Paris, 1998.
Piquet-Wicks, Éric, *Quatre dans l'ombre*, Gallimard, Paris, 1957.
Ponchardier, Dominique, *Les Pavés de l'enfer*, J'ai lu, Paris, 1969.
Poretski, Élisabeth K., *Les Nôtres*, Denoël-Les Lettres nouvelles, Paris, 1969.
Pornon, Francis, *Le Beau Frank, la vie aventureuse d'un homme de l'Internationale*, Le Temps des cerises, Paris, 1997.
Pouzet, Jean-Claude, *La Résistance mosaïque*, Jeanne Laffitte, Marseille, 1990.

*Ranelagh, John, *The Agency. The Rise and Decline of the CIA*, Simon & Schuster, New York, 1987.
**Rapport de la commission d'historiens constituée pour examiner la nature des relations de Pierre Cot avec les autorités soviétiques* (Serge Bernstein, Robert Frank, Sabine Jansen, Nicolas Werth), B & Cie, Paris, 1995
Ravanel, Serge, *L'Esprit de résistance*, Éd. du Seuil, Paris, 1995.
Read, Anthony, et Fisher, David, *Operation Lucy. Most Secret Spy Ring of the Second World War*, Coward, McCan & Geoghegan, New York, 1980.
–, *Colonel Z. The Secret Life of a Master of Spies* (Sir Claude Dansey), Viking, New York, 1984.
Reile, Oscar, *L'Abwehr. Le contre-espionnage allemand en France de 1935 à 1945*, France-Empire, Paris, 1970.
Rémy, *Morhange, les chasseurs de traîtres*, Flammarion, Paris, 1975.
Rogers, James Grafton, *Wartime Washington. The Secret OSS Journal of -, 1942-1943*, University Publications of America, Frederick, Maryland, 1987.
Rote Kappelle, The CIA's History of Soviet Intelligence and Espionage Net-

works in Western Europe, 1936-1945, University Publications of America, Frederick, Maryland, 1986.
*Roussel, Éric, *Jean Monnet 1888-1979*, Fayard, Paris, 1997.
Ruby, Marcel, *La Guerre secrète, les réseaux Buckmaster*, France-Empire, Paris, 1985.
–, *Klaus Barbie de Montluc à Montluc*, L'Hermès, Lyon, 1983.

Saint-Laurens, Pierre, *Contes de faits. Souvenirs-témoignages 1939-1944* (réseau Morhange), Signes du monde, Toulouse, 1995.
Sanche, Gustavo, *Comment j'ai piégé Klaus Barbie*, Messidor, Paris, 1987.
Sapin (général Jacques Lécuyer) *et al.*, *Méfiez-vous du toréador*, AGPM, Toulon, 1987.
*Schneir, Walter et Miriam, *Invitation to an Inquest*, Pantheon, New York, 1983.
Schoenbrun, David, *Soldiers of the Night. The Story of the French Resistance*, Sutton Press, New York, 1980.
Sempé, Abel, *Au service de l'économie et de la liberté en Gascogne* (la Résistance dans le Gers), Aire-sur-l'Adour, 1980.
Silvestre, Paul et Suzanne, *Chronique des maquis de l'Isère, 1943-1944*, PUG, Grenoble, 1995.
*Soudoplatov, Pavel et Anatoli (en collaboration avec Jerrold et Leona Schecter), *Missions spéciales*, Éd. du Seuil, Paris, 1994.
Soustelle, Jacques, *Envers et contre tout*, Robert Laffont, Paris, 1947, 1950, 2 vol.
Stead, Philip John, *Le 2e Bureau sous l'Occupation*, Fayard, Paris, 1966.
Storck-Cerruty, Marguerite, *J'étais la femme de Jean Moulin*, Horvath, Roanne, 1976.
Surdez, Denys, *La Guerre secrète aux frontières du Jura 1940-1944*, Transjura, s.l., 1985.

*Tchikov, Vladimir, et Kern, Gary, *Comment Staline a volé la bombe atomique aux Américains*, Robert Laffont, Paris, 1996.
*Terrisse, René, *Grandclément, traître ou bouc émissaire ?*, Aubéron, (Bordeaux ?), 1996.
Théolleyre, Jean-Marc, *Procès d'après-guerre* (René Hardy), La Découverte-*Le Monde*, Paris, 1985.
Tillon, Charles, *Les FTP*, Julliard, Paris, 1962.
Trepper, Léopold, *Le Grand Jeu*, Albin Michel, Paris, 1975.

*Veillon, Dominique, *« Le Franc-Tireur », un journal clandestin, un mouvement de résistance, 1940-1944*, Flammarion, Paris, 1977.
Venona, Soviet Espionage and the American Response, 1939-1957, edited by Robert Louis Benson and Michael Warner, National Security Agency & Central Intelligence Agency, Washington, 1996.
Vergès, Jacques, *Le Salaud lumineux, conversations avec Jean-Louis Remilleux*, Michel Laffon et Éd. N° 1, Paris, 1990.
Verity, Hugh, *We Landed by Moonlight. Secret RAF Landings in France,*

1940-1944, éd. revue, Air Data Publications, Manchester, rééd. 1995 ; trad. fr. : *Nous atterrissions la nuit*, Presses de la Cité, Paris, 1988.
Vidal-Naquet, Pierre, *Le Trait empoisonné. Réflexions sur l'affaire Jean Moulin*, La Découverte, Paris, 1993.
Villard, Sylvain, *La Tragédie de Thines*, Michel Rigaud, Coux, 1993.
Villemarest, Pierre de, *GRU*, Stock, Paris, 1988.
–, *A l'ombre de Wall Street. Complicités et financements soviéto-nazis*, Godefroy de Bouillon, Paris, 1996.
Villon, Pierre, *Résistant de la première heure. Entretien avec Claude Willard*, Éd. sociales, Paris, 1983.
*Viorst, Milton, *Les Alliés ennemis. De Gaulle-Roosevelt*, Denoël, Paris, 1967.

Weber, Eugen, *L'Action française*, Livre Club Diderot, Paris.
Weinstein, Allen, *Perjury. The Hiss-Chambers Case,* Alfred A. Knopf, New York, 1978.
Winks, Robin W., *Cloak & Gown, Scholars in the Secret War, 1939-1961*, Morrow and Co, New York, 1987.
*Wolton, Thierry, *Le Grand Recrutement*, Grasset, Paris, 1993.

Young, Gordon, *L'Espionne n° 1 : la Chatte*, J'ai lu, Paris, 1969.

*Zeitoun, Sabine (éd.), *Jean Moulin unificateur de la Résistance*, Éd. de la Ville de Lyon/Centre d'histoire de la Résistance et de la déportation, Lyon, 1993.
Zénoni, André, *Entre lac et montagnes du Chablais, haut-lieu de la Résistance française, Saint-Gingolf et sa région frontière dans la Résistance, 1940-1945*, Montfort SA, Monthey (Suisse), s.d. (1995).

Index des noms cités

Table des matières

RÉALISATION : PAO ÉDITIONS DU SEUIL
IMPRESSION : BUSSIÈRE CAMEDAN IMPRIMERIES À SAINT-AMAND (CHER)
DÉPÔT LÉGAL : NOVEMBRE 1998. N° 33164 (985219/1)